JN412216

한국사

51

민족문화의 수호와 발전

국사편찬위원회

자문위원

김 운 태　　이 만 열　　조 동 걸

편찬위원

도 진 순　　정 재 정　　한 시 준

집필(민족문화의 수호와 발전)

강 영 환　　고 부 자　　금 장 태　　김 광 식
김 근 배　　김 승 태　　노 동 은　　노 영 택
심 승 구　　오 광 수　　유 민 영　　이 만 열
정 승 모　　정 진 석　　조 규 태　　차 기 진
최 기 영　　한 규 무　　한 복 진

기획 · 편집

강 영 철　　이 근 택　　고 성 훈　　고 숙 화

복간 간행 : 김 용 곤 · 장 득 진

한국사 간행취지

우리 겨레가 앞으로 어떻게 살아갈 것인가 하는 문제는 우리들은 물론 우리와 더불어 살아가는 세계인들의 관심사일 것이다. 이에 대한 해답은 과거에 어떻게 살아왔는가 하는 우리 역사에 대한 인식을 통해 찾을 수 있을 것이라고 생각된다.

본 위원회에서는 이미 1970년대에 『한국사』 25권을 간행하여 해방 이후 한국사의 연구성과를 집대성함으로써 한국사에 대한 인식을 새롭게 한 바 있다. 그 이후 한국사회는 놀라운 성장과 발전을 이루었고 역사학계도 상당한 연구성과를 축적하였다. 이러한 변화에 발맞추어 한국사학계는 새로운 『한국사』 편찬의 필요를 느끼게 되었다.

이에 본 위원회는 일차적으로 한국사 연구지원비를 마련하여 역사학계로 하여금 1980년대 중반까지 연구성과가 미진하다고 생각되는 분야를 연구할 수 있도록 하였다. 이어서 1989년부터 1990년까지의 준비를 거쳐 1991년에는 '신편 한국사 편찬위원회'를 따로 구성하고 총 60권에 달하는 새로운 『한국사』를 편찬하기로 하였다. 그리고 다음과 같은 『한국사』 편찬의 목표를 세웠다.

① 한국의 역사와 문화에 대한 객관적 인식의 토대를 제공할 수 있는 한국사를 편찬한다.

② 민족의 창조적 문화활동과 민족사의 내재적 발전을 드러내는 한국사를 편찬한다.

③ 최근까지의 연구성과를 체계화하고 새로운 영역을 개척함으로써 한국사 연구의 지평을 넓힌다.

④ 한국사 연구와 관련하여 고고학·인류학·사회학·경제학 등 인접학문의 연구성과를 수용하여 한국사 인식의 폭을 넓히는 데 기여한다.

새로운 『한국사』를 펴내면서 우리 모두가 바라는 바는, 민족의 통일에 대비해야 하고 급격히 변화하는 시대상황 속에서, 한국사 연구자의 깊이 있는 연구를 도와주고 독자들의 역사인식을 드높일 수 있는 길잡이 구실을 할 수 있었으면 하는 것이다.

국사편찬위원회 위원장

목 차

개 요 1

Ⅰ. 교 육

1. 일제의 교육정책 15

1) 식민지 교육정책의 기본성격 16
2) 제1차 〈조선교육령〉과 식민지 교육제도 19
3) 민족교육기관에 대한 탄압 21

2. 민족교육의 정비 23

1) 문화정치와 교육실태 24
2) 민족운동의 전환과 실력양성론 27
3) 제2차 〈조선교육령〉과 민족교육 29

3. 민족교육운동의 전개 32

1) 사립학교 교육 33
2) 민립대학설립운동 35
3) 민중계몽 교육운동 39

4. 민족교육의 수난 52

1) 침략전쟁과 황국신민화정책 52
2) 황민화교육과 민족교육의 수난 53

Ⅱ. 언 론

1. 일제의 언론정책 57

1) 법적 규제 57
2) 사전탄압과 사후탄압 59

2. 무단통치기의 언론 62

1) 총독부 기관지 독점기 62
2) 도쿠토미의 《국민신문》과 《매일신보》 65
3) 잡지의 발달 67

3. 문화정치기의 언론 68

1) 3·1운동 직후의 여러 독립신문 68
2) 상해의 《독립신문》 71
3) 3대 민간신문의 창간 73
4) 《시대일보》와 《중외일보》 77
5) 일제의 언론탄압 80

4. 1930년대의 언론 85

1) 논조의 위축과 사세의 신장 85
2) 잡지 발행 경쟁과 일본제품 광고 87
3) 문자보급-농촌계몽운동 89
4) 3대 민간지의 폐간 93

Ⅲ. 국학 연구

1. 국어학 ………… 99

1) 국어연구 단체의 조직과 국어연구 ………… 99
2) 국어운동의 전개 ………… 108
3) 조선어학회사건 ………… 114

2. 국문학 ………… 117

1) 국학파의 연구 ………… 118
2) 실증주의적 국문학 연구와 그 분화 ………… 125

3. 국사학 ………… 132

1) 민족주의사학 ………… 133
2) 사회경제사학 ………… 138
3) 실증사학 ………… 143

Ⅳ. 종 교

1. 일제의 종교정책 ………… 151

1) 일제 종교정책의 기조 ………… 151
2) 무단통치기의 종교 억압·통제정책 ………… 155
3) 문화정치기의 종교 회유·분열정책 ………… 162
4) 침략전쟁기의 종교 이용·탄압정책(1931～1945) ………… 165

2. 천도교 · 대종교 ········ 178

1) 천도교 ········ 178
2) 대종교 ········ 191

3. 불 교 ········ 197

1) 식민지 불교의 성립 ········ 197
2) 3 · 1운동과 불교계의 각성 ········ 202
3) 불교자주화의 시련 ········ 208
4) 조계종의 성립과 식민지체제에 좌절 ········ 213

4. 유 교 ········ 217

1) 일제강점기의 유교문제 ········ 217
2) 유림의 항일운동과 일제의 탄압 ········ 220
3) 계몽운동과 유교개혁운동 ········ 224
4) 일제의 유림 회유정책과 분열정책 ········ 230
5) 일제의 동화정책과 유교전통의 파괴 ········ 234
6) 일제하의 유교의 특성 ········ 237

5. 개신교 ········ 239

1) 식민지시기 개신교의 상황 ········ 239
2) 개신교의 토착화를 위한 노력 ········ 244
3) 민족문화의 수호와 발전을 위한 활동 ········ 248

6. 천주교 ········ 259

1) 교육활동 ········ 260
2) 출판 · 언론활동 ········ 267
3) 문학 · 건축 · 예술활동 ········ 273

V. 과학과 예술

1. 과 학 281

1) 국내 과학기술교육의 여건 282
2) 민간 주도의 해외유학 288
3) 과학기술자들의 활동 292

2. 음 악 297

1) 제1기-무단통치기의 음악 298
2) 제2기-문화통치기의 음악 306
3) 제3기-전시체제하의 음악 313

3. 미 술 323

1) 전통 화단과 서양화의 이입 323
2) 서화협회와 조선미술전람회 324
3) 서양화의 정착과 새로운 모색 326
4) 근대적 성격의 조각 329
5) 전시체제하에서의 미술 330

4. 체육・무용 331

1) 일제하 근대체육의 성장과 시련 331
2) 일제하 근대무용의 시련과 성장 354

5. 연극 · 영화 364

1) 1910년대－전통극과 신파극 364
2) 3 · 1운동이후～1920년대－소인극운동 367
3) 1930년대－대중극 · 신극과 영화의 발전 370
4) 1940년대－연극 · 영화의 암흑기 375

VI. 민속과 의식주

1. 민　속 381

1) 식민지시기 민속의 변화 381
2) 생산관련 민속 384
3) 가족과 친족 387
4) 촌락과 향촌사회 389
5) 신앙과 의례 391
6) 세시풍속, 예능 및 설화 393

2. 의생활 396

1) 의생활 변화의 흐름과 양상 396
2) 흐름의 대세 397
3) 변화의 양상 402

3. 식생활 412

1) 식생활 환경의 변화 412
2) 식품의 종류와 유통 417

4. 주생활 429

1) 주생활 개선을 통한 주택개량운동 429
2) 근대건축가들의 등장과 문화주택 432
3) 도시형 한옥의 등장 436
4) 조선주택영단의 설립과 영단주택의 건설 441

개 요

I

일제 강점기는 민족문화의 측면에서 보면 명암이 엇갈리는 시기이다. 일제에 의해 민족문화가 수난과 탄압을 받았던 시기이면서, 그런 상황 아래에서 새롭게 태어날 수 있는 계기가 되었기 때문이다.

일제는 강점 이전부터 한국의 문화를 조사했다. 그것은 식민지화를 위한 준비이기도 했다. 가령 19세기 후반에 들어 일제의 한국 진출과 함께 한국의 고대사를 탐구한 것은 그들의 한국 진출을 정당화하기 위한 것이었다. 이러한 역사 연구를 바탕으로 하여 그들의 한국 강점과 식민지화를 정당화하는 식민주의사관이 안출되었다는 것은 익히 아는 바다. 또 강점에 앞서 한국의 지리와 산업을 전반적으로 조사하면서 한국의 사회・문화 등에 관해서도 관심을 갖고 연구한 것도 그들의 한국 진출과 침략을 위한 준비작업의 일환이었다고 할 수 있다.

한국을 강점하자 일제는 중추원이라는 기관을 세우고 그 기관의 임무의 하나로 한국의 민속을 비롯하여 한국의 문화 전반에 걸친 조사를 대대적으로 전개했다. 겉으로는 한국의 전통문화를 보전하기 위함이라고 했으나, 사실은 한국의 주체적인 혼백이 내재되어 있는 전통문화를 말살하기 위한 준비작업이었다. 비록 그런 목적으로 조사된 것이지만, 식민지시기에 수난받아 멸절되다시피 된 전통문화의 잔해를 찾는 데에 당시의 조사가 유용하게 된 것은 아이러니가 아닐 수 없다.

일제는 초기에 '무단통치'를 실시하고 3・1운동 후에는 '문화통치'를 한답시고 내선일체의 동화정책을 확장했다. '문화통치'라는 것이 최소한의 언론과 교육시설 등을 허용하여 피식민지인들의 불만을 무마하려 한 것이었지만, 한국인은 그런 정책을 기회로 이용하여 사라져가는 민족문화를 창조적으로 계승·발전시키는 계기로 삼으려 했다. 그러다가 1930년대 만주사변과 중일전쟁이 발발하면서 본격적인 전시체제로 돌입하게 되자, 일제는 한국인에 대해 皇國臣民化政策 즉 민족말살정책을 강제했다. 동화정책을 민족말살정책으로 강화시킨 것이었다. 민족말살정책 아래서는 우선 한국의 국어와 국문, 역사를 교육에서 거의 제외시켰을 뿐만 아니라 그런 상황에서 한국어문과 한국사를 연구하는 것 자체도 불온시 될 수밖에 없었다. 연구된다 하더라도 그것을 발표하고 공유할 마땅한 공간을 갖지 못했다. 전시체제의 강화와 민족말살정책의 심화는 곧 한국 민족문화의 맥을 끊을 정도로까지 심대했다.

이런 악조건과 탄압을 받으면서 거기에 저항하여 민족문화를 수호·보존하는 것은 독립운동의 한 방편이었다. 국권을 탈취당했지만 민족정신과 전통문화를 토대로 하여 국권회복을 꾀하는 것이 독립운동이라면, 독립운동의 중요한 방편으로서의 민족문화의 보존과 활용은 식민지 한국인의 중요한 과제가 아닐 수 없었다. 이 때 민족문화를 수호·보존한다는 것은 단순히 과거의 전통문화를 墨守하는 것이 될 수 없었다. 창조적으로 계승하고 시대변화에 따라 발전시키는 것을 의미했다. 이것은 또한 변화된 환경과 시대에 자기 생존을 모색하기 위해서는 기존의 문화의 틀을 바꾸던가 아니면 그 내용을 새롭게 담지 않으면 안되었음을 의미하는 것이기도 했다.

한국이 식민지로 전락한 것은 시대변화에 대응하여 자기 문화의 변신을 적절하게 도모하지 않았기 때문이라고 할 수 있다. 근대 문화의 도전에 적절하게 대응하지 못한 채 전통을 묵수하고 거기에 안주하려는 일면이 있었음을 부정할 수 없다. 자기의 문화를 근대적인 틀과 방법으로 재해석하고 근대사회의 자양분으로 제공할 수 있어야 했다. 여기에 일제하의 한국문화의 양면성이 있다고 할 수 있다. 저항과 변신의 논리라고 할 수 있다. 일제의 탄압에 대해서는 저항으로 맞서야 했지만, 이민족 지배하에서 낡은 봉건적인 틀과 내용으로서는 거기에 저항할 역량을 비축할 수 없었다. 따라서 식민지 환경을 극복하거나 자기 생존을 꾀할 수 없었기에 과감하게 자기 변신을 꾀하여 만 했다는 뜻이다. 따라서 일제 강점기는 문화적인 관점에서 보면, 일제의 문화침탈에 대해서는 저항과 보존의 시기였지만, 변화되고 있는 환경에 대해서는 능동적인 수용을 꾀한 시기였다고 말하지 않을 수 없다.

독립이란 형식적으로는 민족(혈통)과 주권을 제대로 유지하는 것이지만, 내용적으로는 민족적인 전통과 문화를 제대로 수호하는 것이다. 혈통과 주권을 형식적으로 유지하면서도 언어와 문자를 비롯한 자신의 문화와 전통을 상실했기 때문에 사실상 독립의 지위를 보전하지 못한 경우도 역사상 없지 않다. 朴殷植이 그의 저서에서 국가와 역사와의 관계를 可視的인 '形'과 불가시적인 '神'으로 나누고 비록 '형'이 훼손되었다 하더라도 '신'이 존속·불멸하면 '형'은 때가 이르면 부활할 것이라고 한 것이나, 그가 또 나라의 구성요소를 정신적인 '魂'과 물질적인 '魄'으로 나누고, '혼'이 멸하지 않으면 '백'도 망하지 않는다고 주장한 것은 식민지하의 문화보존이라는 것과 관련해서 중요한 지적이라고 하지 않을 수 없다. 그가 지적한 '혼'의 요소는 국교·국학·국문·국사이며, '백'의 요소는 錢穀·卒乘·城池·船艦·器械 등을 가리켰다.

Ⅱ

우선 일제강점기의 교육과 관련, 일제는 몇 차례(1911·1922·1938·1943)에 걸쳐 개편한 〈조선교육령〉과 〈사립학교규칙〉을 비롯한 각종 규칙을 만들었는데, 이것들을 통해 나타난 식민지 교육정책과 기본성격을 규명하면서 그러한 교육환경 속에서 민족교육운동은 어떻게 전개되었으며 어떠한 수난을 당하게 되었는가를 살피는 것이 중요하다. 일제가 〈조선교육령〉 등을 통해 밝힌 식민지 교육정책의 기본은 식민지에 충성스럽고 선량한 국민을 육성한다는 것이었지만, 사실은 "조선 사람들을 자기들에게 순종하는 식민지 노예로 만드는 것"으로서 '우민화 정책'과 실용적인 인물의 양성 및 민족교육의 온상인 사립학교에 대한 탄압으로 구체화되었다. 이러한 기본방침에 따라 각종 식민지 교육제도를 만드는 한편 기존의 민족교육을 정비하고 탄압을 가했던 것이다.

무단통치하에서 민족적인 차별교육과 사립학교에 대한 탄압을 일방적으로 당하고 있던 조선민중은 '문화통치'하에서 실력양성론에 입각한 민족독립의 방편으로서 교육운동을 일으키게 된다. 민립대학설립운동 같은 목표가 뚜렷한 운동이 있긴 했지만, '문화통치'하의 실력양성론은 개량주의로 흐르는 측면도 없지 않았다. 일제에 저항하면서 민족독립을 추구하는 교육운동으로는, 전통적인 서당교육이 반일애국적인 성격으로 변화하는 가운데, 기존의 종교기관 중심의 사립학교는 물론 새로 설립된 노동야학과 농민학교 등이 조선어문과 역사·지리 등을 교수하여 민족의식을 일으키고 교육 대상을 민중층으로 확대해 갔던 것이다. 그러나 1930년대 이후 전시체제에 돌입하면서 황민화정책과 내선일체 교육이 강화되면서 그나마의 민족교육도 탄압을 받아 그 명맥을 유지하기가 힘들게 되었다.

Ⅲ

일제 강점기에는 언론에 대한 총독부의 회유와 탄압정책이 반복되었지만 한국인의 의식을 계몽하기 위한 언론의 노력은 간헐적으로 경주되었다. 일제는 1910년 8월 강점과 동시에 《데국신문》·《황성신문》·《대한매일신보》 등의 민족언론을 완전히 없애버리고 총독부의 기관지로 한국어신문 《매일신보》와 일어신문 《경성일보》 그리고 영어신문 《The Seoul Press》만 두었다. 《매일신보》는 원래 영국인 베델(E. T. Bethell, 裵說)이 창간한 《대한매일신보》였는데, 1908년 영국인 만함(A. W. Marnham, 萬咸)을 거쳐 대한제국의 국운이 기울어지면서 총독부에 매도되었던 것이다. 일제의 '무단통치' 시기에는 이렇게 총독부 기관지만 존재했다.

조선인에 의한 신문은 3·1운동 후에 간행되었다. 3·1운동 직후 국내에서 지하신문으로서 간행된 '독립신문'이 있는데, 《조선독립신문》·《독립자유민보》 등이다. 이 신문들은 조선의 독립을 국내외에 알리면서 독립운동을 적극적으로 전개하려는 뜻에서 간행된 것이었으나 간행을 주동한 인물들이 구속됨으로 계속되지 못했다. 최근의 연구에 의하면, 3·1운동을 계기로 국내외에서 간행된 지하신문류는 거의 60여 종에 이르렀다. 해외에서 간행된 신문 중에는 상해의 《독립신문》이 있는데, 이 신문은 망명지의 어려운 여건 속에서도 6년 이상 상해임시정부의 활동과 국내외 독립운동을 전했다는 점에서 당시 독립운동의 열망의 정도가 어떠했는가를 증언하고 있다.

3·1운동은 일제의 식민통치에 형식상의 변화를 가져왔다. 강점이래 강행한 '무단통치'의 한계를 느끼게 된 일제는 1920년 '문화통치'의 명분하에 《조선일보》와 《동아일보》·《시사신문》을 허용하고 그 뒤에 《시대일보》·《중외일보》·《조선중앙일보》 등을 허용했다. 일제의 언론기관 허용이 곧 언론의 자유를 의미하는 것은 아니었으므로 그들은 지면통제와 검열, 심한 경우에는 압수·정간·폐간 등으로 언론을 탄압했다. 그런 상황에서도 '민족지'들은 빈틈을 헤집고 민족의식을 고취하기도 하고 문자보급운동 등 농촌운동에도 힘썼다. 일제는 1930년대 후반 전시체제가 강화되면서 '민족지'에 대해 굴종을 강요하다가 끝내 폐간시키고 말았다.

Ⅳ

일제 강점기에 민족문화에 대한 자각이 가장 강렬했던 분야는 국어·국문·국사 등의 민족공동체가 공유하는 전통문화에 관해 연구하는 국학이었다. 이 때의 국학 연구는 민족적 자각이나 사명감 없이는 좀처럼 접근하기 어려웠다는 점에서 그것 자체가 민족운동이라고 할 수 있다.

국어학의 연구는 일제 강점하에서 자기 언어를 연구하여 보존·발전시키기 위한 것으로 민족주의적인 성격을 띠고 있었다. 국어학은 한말 周時經의 연구와 학맥을 계승하면서 조선어연구회(1921) 및 조선어학회(1931)를 중심으로 국어학 연구의 주류를 이루고 있었다. 거기에 비해 경성제국대학에서 조선어를 공부한 졸업생들이 배출되면서 조선어문학회가 조직(1931)되었고, 조선어학회의 문자통일운동에 반대하는 일부 연구자들은 조선어학연구회를 조직(1931)했다. 그 외에 조선음성학회(1935)와 국학 전반을 다루는 진단학회

(1934)도 출현하였다.

국어 연구는 주로 철자·문자·어휘의 연구를 통해 국어학 연구를 체계화하는 한편 국어 문법을 주로 정리하고 있었다. 그 결과 〈한글맞춤법통일안〉 등을 통해 표기법이 정리되고 따라서 각종 국어사전이 편찬될 수 있었으며, 문자보급운동도 한층 활기를 띠게 되었다. 이밖에 국어사·향가·고어 및 어원연구에도 괄목할 만한 업적을 남겼다. 국어의 연구는 민족공동체의 가장 중요한 자산인 말과 글을 연구한다는 점에서 처음부터 민족운동적인 성격을 띠고 있었기 때문에 일제는 이를 불온시했다. 일제가 '조선어학회사건'을 일으켜 수많은 국어학자들을 수감하고 때로는 옥사토록 한 것은 이 때문이었다.

국문학 연구는 문학작품을 통해 민족의 정신사 및 사상사를 탐구하는 분야로 민족문화의 중요한 영역으로 간주된다. 국문학 연구는 安廓이 《조선문학사》(1922)를 발간한 이래 경성제국대학에서 조선문학을 전공한 졸업생들이 배출되는 1930년대에 본격화되었다. 국문학 관계 연구서를 남긴 학자로는 경성제대 출신의 金台俊·趙潤濟와 소설가로 이름난 金東仁, 좌익 평론가로 알려진 林和, 그밖에 金在喆·鄭魯湜 등을 들 수 있다. 이들의 관심 영역은 조선의 한문학과 소설·연극·시가·창극 등 다양한 분야에 걸쳐 있었다.

일제 강점기에 국사학은 한말 일제 강점초기에 성립된 민족주의사학이 계승되는 가운데 마르크스 역사학과 실증주의 역사학이 성립되는 것으로 요약할 수 있다. 한말부터 활동하던 朴殷植·申采浩 등의 민족주의적인 역사학자들은 국망 이후 해외로 망명하여 연구를 계속, 저술들을 발표했다. 신채호의 일련의 논문·저서들과 박은식의 저서들이 일제 강점기간에 국내외에서 발표·간행되었고, 국외에서 간행된 저술들은 국내로 반입되어 비밀리에 읽혀졌다. 박은식과 신채호의 민족주의사학을 계승하여 국내에서는 鄭寅普·安在鴻·文一平 등이 그 학맥을 이었고, 뒷날 신민족주의의 孫晋泰 등에게 영향을 미쳤다.

한편 1920년대부터 수용되기 시작한 마르크스주의의 영향으로 유물사관에 입각한 논문·저술들이 나오게 되었는데, 白南雲은 그 대표적인 인물이다. 마르크스주의 역사학은 1930년대에 이르러 구체적인 연구결과를 내기 시작하여 본격적으로 역사학의 한 장르를 형성하게 되었다. 또 이 때는 대학에서 학문으로서의 역사학을 전공하는 학자들이 배출됨으로 역사학의 기본이라 할 실증주의에 입각한 역사학이 하나의 學群으로 성립되었는데, 이를 실증주의역사학이라고 한다. 이렇게 일제 강점기의 역사학은 유파를 달리하고는 있었지만, 일제의 식민주의사학에 대항하는 성격을 띠고 있었다.

국학연구와 관련하여 1930년대에 특이한 것은 '조선학'이라는 용어가 전면에 나서고 있다는 점이다. '조선학'에 종사하는 이들은 丁若鏞의 저서 등 조선 후기 실학시대의 여러 저술들을 복간하면서 그 연구에도 심혈을 기울였다. 이 때 '실학'이라는 용어를 처음 사용하면서 실학시대를 조명하는 작업도 곁들였는데, 조선학과 실학의 탐구에서는 서구의 이론을 상당한 수준으로 원용하였고, 그런 기준에서 보더라도 과학적인 방법을 수용하고 있었다고 할 정도로 새로운 학문 연구방법이 원용되고 있었다.

V

민족문화와 관련, 일제 강점기의 종교정책과 한국의 종교를 거론하지 않을 수 없다. 일제는 천황제 국가로 발돋음하면서 神社神道를 초종교적인 절대우위의 존재로 확립해 갔고, 이를 교파신도나 불교·기독교 등 일반종교 위에 군림토록 하여 타 종교를 지배·통제케 함으로써 천황제 국가의 정신적인 틀을 강화했다. 그들은 식민지 한국의 종교기관에 대해서는 회유와 탄압정책으로 당근과 채찍을 병행하면서 철저히 그들의 통제하에 두려고 했다. 그들은 또 '정교분리 정책'을 강화하여 식민지의 종교가 정치문제에 개입할 수 있는 통로를 차단했고, 선교계 학교에서는 '교육과 종교의 분리'라는 명목으로 종교교육이나 종교의식을 막으려고 했다. 일제는 〈종교법〉·〈사립학교규칙〉·〈사찰령〉 등으로 한국의 종교를 통제하거나 신앙의 자유를 속박하였다. 이런 분위기 속에서도 한국의 종교들은 민족주의적으로 되어 갔거나 반대로 일제에 굴종하는 모습을 보였다.

먼저 민족계 종교로서 천도교와 대종교를 들 수 있다. 천도교는 19세기

후반 崔濟愚가 창건한 이래 민중 속에 파고 들어 동학농민운동을 일으키기까지 했으나 20세기에 들어서서 일진회의 출현으로 그 이미지가 크게 훼손되어 심지어 의병의 공격 대상이 되었다. 이런 상황에서 孫秉熙는 1905년 12월에 천도교를 창시, 조직을 정비하면서 교세를 급격하게 신장시켜, 3·1운동 때는 그 주동적 역할을 감당할 수 있게 되었다. 1920년대에는 문화운동론과 사회변혁론을 수용하면서 사회·문화의 변화에 크게 영향을 미치게 되었고, 출판·청년·농촌운동을 통해 사회기층 속에 파고 들어 민족종교로서의 위치를 굳게 했다.

大倧敎는 1909년 한말 羅喆에 의해 重光, 檀君敎로 이름하였다가 그 이듬해 대종교로 바꾸고 조직을 정비하였다. 일제의 강점 후 대종교는 교리연구와 교사편찬에 주력하는 한편 국내외에 본·지사를 설치하고 국내외에 설치한 46개소의 施敎堂을 통해 포교활동을 강화하였다. 원래 민족주의적인 성격인 강렬한 대종교는 해외독립운동가들이 대부분 직간접으로 관련을 맺고 있었는데, 특히 만주에서는 교육운동과 무장항일운동을 통해 민족독립운동에 크게 기여하였다. 때문에 1931년 만주사변 후 대종교는 일제로부터 가장 혹심한 탄압을 받게 되어 한 때 포교활동이 중단되었다.

불교는 일제가 1911년 식민통치의 일환으로 제정한 〈사찰령〉의 억압을 받아 불교내부의 민주적인 전통이 사라지고 점차 일제의 행정 체제에 편입되었고 그 때문에 일제의 조종에 따른 내부적 갈등이 조장되었다. 총독부의 〈사찰령〉은 주지의 권한을 강화시켰고 종래의 민주적인 山中公議制度를 퇴진시켜 불교계의 자주성을 훼손하였다. 불교계의 개혁·유신운동은 이같은 분위기에서 전개되었고, 유신운동의 선봉에 섰던 韓龍雲·白龍城은 3·1운동 때에 불교계를 대표하여 33인으로 참여했으며, 중앙학림 학생들은 독립선언서 배포 활동에 적극 가담하였다. 불교 자주화와 통일운동은 그 뒤에도 계속되었으나 〈사찰령〉의 한계를 극복하지 못한 데다가 전시체제가 강화되면서는, 다른 종교와 마찬가지로 불교계의 굴종을 더욱 심화시켰다.

유교는 일제의 침략에 대해 의병운동 혹은 상소운동으로 강력하게 저항했고 강점 후에도 국외에 망명하거나 의병투쟁과 무력항쟁을 계속하는 한편 교육사업과 계몽운동, 독립청원을 통해 일정하게 항일독립의식을 고양하고 전통문화를 수호하면서 일제와의 타협을 거부했다. 유림이 3·1운동의 33인 대표로는 참여한 적이 없지만, '파리장서사건'을 일으켜 일제에 대한 저항의식을 나타냈다. 이런 항일 의지는, 더러 친족적인 결속이나 학맥에 의해 이뤄지기도 했지만, 대부분 개인적인 신념에 근거해 있거나 아니면 은둔적인 성격을 벗어나지 못하여 일제의 조직적인 탄압을 극복하는 데는 한계가 노출되고 있었다.

한말 서세동점과 함께 수용된 기독교(개신교)는 반봉건·반침략의 성격을 띠면서 외래종교의 한계를 극복, 토착화되어 갔다. 한말에 이미 매국원흉 제거에 앞장섰을 정도로 행동적이었던 기독교는 일제의 경계와 탄압의 대상이 되어 '105인 사건'의 최대의 희생자를 양산하게 되었다. 기독교는 이렇게 민족적 생존이 박탈당하고 신교의 자유가 위협당하게 되는 상황에서 3·1운동에 적극적으로 나서게 되었다. 1920년대에 기독교계에는 내세지향적인 부흥운동이 일어나는 한편 절제운동·물산장려운동·농촌운동 및 사회운동에도 적극적인 관심을 보였다. 그러나 1930년대 말부터 전시체제가 강화되면서 신사참배가 강요되자 대부분은 타협하게 되고 소수만이 이기에 항쟁하면서 신앙적·민족적인 지조를 지켰다.

조선 후기 수용되어 몇 차례의 수난을 겪었던 천주교는 정교분리론과 교회보호론에 치중하면서 일제의 종교정책과 식민지체제에 순응하는 결과를 가져오게 되었다. 일제하 천주교의 교세가 확장되지 않았던 것은 이 점과 무관하지 않다. 천주교는 교회의 내적인 종교활동에 역점을 두고 교육·출판·언론·미사전례 등의 문화활동을 전개하고 있었다. 그런 상황에서 일제에 대한 적극적인 저항을 기대한다는 것은 교회의 분위기와는 다른 것이었다.

Ⅵ

일제 강점기의 과학기술과 예술의 문제는 문화적인 변화를 가장 극명하게 나타내는 분야로서, 일제의 세력과 함께 불어닥친 서구적인 것이 한국의 전통적인 것을 구축하거나 멸절시키려 했다는 점과, 그런 상황에서 민족예술을 어떻게 수호하려고 했는가 하는 점을 중심으로 고찰되어야 할 것이다. 이 때 한국의 전통적인 것은 전근대적인 것으로 혹은 야만적인 것으로 치부되었다. 먼저 과학기술활동은 이 때가 근대적인 것이 갖추어지는 시기로 근대 이전과 이후를 연결시켜주는 역할을 감당하긴 했으나, 수용과 연구의 주체는 일본인들이었고 한국인들은 여기에서 철저히 배제되고 있었다. 이 점은 한국에 설립된 이공계통의 고등교육기관이나 각종 연구소 등에서도 마찬가지였다.

연극과 영화, 근대 미술·음악, 체육·무용에서도 일본을 통해 수용된 서구의 것들이 근대적인 것이라는 이름으로 성행하게 되었다. 이 중에는 이전의 관점에서 보면 장르 자체가 전혀 생소한 것도 있었다. 이런 속에서 전통적인 예술은 설자리를 점차 잃게 되었다. 소위 새 예술을 소개하는 기관은 각종 학교도 있었지만, YMCA와 YWCA같은 기독교계 기관과 교회도 한 몫을 하고 있었다. 이 때 수용된 서구의 예술은 기존의 한국의 전통적인 것에 대해서는 나름대로의 가치를 부여하지 않은 채, 일방적인 수용을 강행했기 때문에 일제 강점기는 예술문화의 교란기라고 할 수 있을 것이다. 그러나 이런 속에서도 주체성 있는 예술인들은 자신의 전통을 어떻게 서구적인 것과 조화하여야 하며, 한국의 예술을 어떻게 서구적인 기법으로 소화하고 표현하느냐를 고민하게 되었다. 일제 강점기의 이런 상황 속에서 한국 예술의 전통적인 맥을 이어가려는 노력이 있었다면, 국권회복운동 못지 않게 소중하게 평가되어야 할 것이다.

일제 강점기는 민속과 의식주의 측면에서도 많은 변화가 수반되는 시기였다.

일제는 강점과 더불어 한국의 향촌에서 전래되고 있던 각종 洞祭와 민속놀이를 억압하거나 제거하기에 혈안이 되었다. 그런 행사들은 그 때까지도 향촌공동체의 유대를 강화하고 일체화를 공고히 하는 데에 절대적이었기 때문이다. 일제로서는 향촌사회를 비롯하여 공동체적 유대가 공고한 지역에 파고 들어 분할통치를 획책하고 있었는데, 그 역기능을 갖고 있는 향촌사회의 민속놀이는 그들의 분할통치에 장애물이라고 간주했다.

이와 함께 식민지하에서 의식주 또한 점차 변화될 수밖에 없었다. 의식주면에서 전통 계승이 곧 한국의 민족주의를 강화시킨다고 판단한 일제는 변화를 이끌어내려고 했지만, 그런 변화는 유림 혹은 기층민중에 의해 의도적으로 거부되었다. 이런 점들은 총독부의 역할과 관련하여 살펴야 할 것이다.

〈李萬烈〉

Ⅰ. 교 육

1. 일제의 교육정책
2. 민족교육의 정비
3. 민족교육운동의 전개
4. 민족교육의 수난

Ⅰ. 교 육

1. 일제의 교육정책

일제의 교육정책은 식민지 지배정책의 일환으로 실시된 식민지 교육정책이다. 본래 교육은 국가발전의 기초로서, 국민교육은 국민국가 건설의 기반인 것이며, 시민교육은 자유민주사회건설의 기초인 것이다. 따라서 식민지시대의 교육정책은 한국을 식민지로 개편하고 한국인을 식민지인으로 창출하기 위한 식민지교육에 주안점이 두어져 있었고 더 나아가 한국인을 일본인화하는 것이 목적이었다.

일제 식민지통치는 소위 한일합방에서 3·1운동까지의 무단통치기와, 3·1운동 이후의 문화정치기, 그리고 1931년부터의 대륙 침략기지화 시기 등으로 구분할 수 있다. 무단통치기는 일제가 식민지 지배의 기초작업을 추진하면서 한국을 원료공급기지와 상품소비지로의 편성을 진행하는 시기였다. 문화정치기는 거족적인 항일 투쟁을 겪고 난 후 한민족에 대한 통치책의 전환이 필요하다고 인식하여 추진된 교활한 식민지 정책이 실시된 시기였다. 이 시기에는 문화정치라는 미명하에 민족분열을 획책하면서 수탈을 강행하였다. 친일인사의 육성 등 교활하고 악랄한 분열통치를 실시하면서 산미증식을 통해 수탈을 더욱 강행하였다. 1931년 만주를 침략한 일제는 한국을 대륙침략의 병참기지로 조성하기 위해 민족성 말살정책을 강행하였다. 이와 같은 일제의 침략정책을 효율적으로 추진하기 위해 식민지 교육정책이 추진되었다.

따라서 일제의 식민지 교육정책은 식민지 지배정책의 시대적 변화에 따라 동시에 전환되었으나 기본 틀은 변함이 없었다. 그 기본 틀은 한국인에게 식민지 체질을 형성시키면서 식민지정책에 필요한 인간을 양성하는 것인데 다음 세 가지가 핵심이다.

첫째로는 우민화 정책이다. 즉 구교육문화를 온존시키고 신교육의 발전을 저해시킴으로써 고등교육을 억제하여 한국인을 우민화시키는 것이다.

둘째로는 실용적 사역인 양성의 교육을 실시하는 것이다.

셋째로는 민족교육의 온상인 사립학교에 대한 탄압이었다.

1) 식민지 교육정책의 기본성격

일제가 실시한 식민지 교육정책의 본질을 한마디로 말한다면 식민지 지배정책을 달성하기 위한 것으로, 이와 같은 식민지 교육정책의 기본방침은 전체 일제지배기를 통해 변함이 없었다. 다만 식민통치정책의 변화에 따라 그에 대한 대책으로 교육정책도 변하였을 뿐이다.

식민지 교육정책의 기본 법령은 〈조선교육령〉으로 1911년에 제정되었고 그 후 3차에 걸쳐 개정되었다. 즉 1922년과 1938년 그리고 1943년에 개정되었는데 그것은 일제의 식민지 통치정책이 변했기 때문이었다. 1922년의 개정은 3·1운동 이후 소위 문화정치의 실시 때문에 있게 된 것이고, 1938년에는 대륙침략이 본격화되면서 소위 내선일체를 강화하기 위해 개정하였고, 태평양전쟁에서 일제가 불리해지자 강력한 국가적 목적에서 1943년 다시 개정하였다.

제1차 〈조선교육령〉은 무단통치의 목적을 달성하기 위해 제정되었다. 일제가 감행한 무단통치시기는 식민지지배의 기초를 닦으려고 한 단계로서 특징지어진다.

일본제국주의자들은 강점 초기부터 조선에서의 노예교육을 식민지통치의 중요한 구성부문의 하나로 내세웠다. 일제가 추구한 식민지 노예교육의 기본목적은 조선사람들을 '우민화'하여 식민지 정책에 순응하게 하며 나아가서는 조선민족을 완전히 '일본화'하려는 데 있었다.

일제는 이러한 목적으로부터 출발하여 1911년 8월 23일에 칙령 제229호로 〈조선교육령〉을 공포하였다.

한국 식민지 지배에 있어서 교육이 담당했던 역할은 특히 중대하다. 그것은 일본의 한국 지배의 근본방침이 '동화정책'으로 불리워지는 것으로, 그 본질이 한국인의 민족성을 말살하여 한국인을 일본인의 아류화하는 것에 있었기 때문이다.

〈교육령〉이 '병합'보다 1년 늦어진 것은 "교육은 국가의 백년대계이며 반도 통치의 성쇠가 좌우되는 중요한 관건이다. 그러므로 새로운 총독정치를 반도에 선포함에 있어 가장 신중한 연구"를 필요로 했기 때문임에 틀림없다. 그 '국가 백년의 대계'를 짊어진 〈교육령〉의 본질은, "교육은 특히 덕서의 함양과 국어(일본어)의 보급에 역점을 둠으로써 제국신민의 자격과 품성을 갖추도록 해야 한다"[1]는 조선총독의 말 속에 담겨있다. 일제 강점자들은 〈조선교육령〉에서 "교육은 〈교육에 관한 칙어〉의 취지에 따라 충성스럽고 선량한 국민을 육성하는 것을 본의로 한다"(제2조), "보통교육은 보통의 지식지능을 주되 특히 국민으로서의 성격을 함양하는 국어(일본어를 말함)를 보급하는 것을 목적으로 한다"(제5조)라고 규정하였다.

일제 강점자들이 〈조선교육령〉에서 규정한 '충성스럽고 선량한 국민의 육성'과 '국민의 성격'을 기른다고 한 것은 조선사람들을 자기들에게 순종하는 식민지 노예로 만든다는 것이었다. 이것은 사실상 일제가 조선에서 실시할 식민지 노예교육의 근본방향을 밝힌 것이다.[2] 〈조선교육령〉을 공포한 일제는 〈보통학교규칙〉, 〈고등보통학교규칙〉, 〈여자고등보통학교규칙〉, 〈실업학교규칙〉, 〈사립학교규칙〉 등을 제정·공포하고 계속해서 〈전문학교규칙〉(1915), 〈개정사립학교규칙〉(1915), 〈교원시험규칙〉(1916), 〈서당규칙〉(1918), 〈교원심득〉(1916) 등 교육에 관련된 법령과 규칙 및 통첩을 제정하고, 이들을 근거로 하여 한국에 대한 식민지화 교육정책을 용의주도하게 추진하였다.

1910년대의 일제 초기에 있어서 식민지적 질서를 유지시키기 위해서 일본제국주의가 내세운 식민주의 교육정책은 〈조선교육령〉과 〈사립학교규칙〉에 포함되어 있으며, 그것들에 의거하여 일본인 통치의 충량한 국민을 육성하기 위해서는 천황제사상의 주입이 필요했고, 일본의 제국신민다운 자질·품성을 구비하는 것이 제1의 요소이기 때문에 일본어 학습은 필수요건이었으며, 실용교육 역시 일본제국주의의 산업방침을 실행하기 위한 필수교육이었다.

제1차 〈조선교육령〉을 통하여 일본이 한국에서 추진한 식민지화 교육정책

1) 朝鮮總督府, 《施政25年史》(1935).
2) 박득준, 《조선근대교육사》(한마당, 1989), 203쪽.

을 구체적으로 고찰하면 다음과 같다.[3]

첫째, 한국인을 일본제국에 적합한 소위 '충량한 국민'으로 만들고자 하였다. 일본은 한국인을 충량한 일본인으로 동화시키기 위하여 소위 '제국신민의 교육'을 강력히 추진하였다. "교육은 〈교육에 관한 칙어〉의 취지에 기초하여 충량한 국민을 육성하는 것을 본의로 한다"(〈조선교육령〉 제1조)고 천명한 바와 같이 이른바 충량한 국민의 양성이 일본이 취한 대한국 식민지화 교육의 기조였다. 일본이 한국의 식민지화를 위해서 교육정책의 기본으로 내세운 충량한 국민이란 한국인을 그들의 천황과 일본제국에 절대적으로 충성하고 일본제국주의에 절대 복종하는 양순한, 즉 무기력하고 그들의 부림을 잘 받는 노예적인 隷民을 말하는 것이었다.

둘째, 시세와 민도에 맞는 교육을 실시한다는 구실로 한국인의 우민화를 꾀하였다. 일본은 한국을 그들의 완전한 식민지로 삼기 위한 예비조치의 하나로 한국인을 우민화하기 위해 한국인에게는 가급적 저급한 교육을 실시하려는 기본방침에 따라 소위 시세와 민도에 맞는 교육을 표방했다. 그것은 한국인 학생에게 일본국민으로 지켜야 할 의무를 알리는 일과, 저급한 노동자로서 즉 그들이 사역할 수 있는 노무자로서 일할 수 있는 능력을 기르는 저급한 실업교육을 시키겠다는 우민화교육, 민족적 차별교육을 뜻하는 것이다.

이상과 같은 일본의 기본방침은 제도상으로는 각급 학교의 교육연한을 단축시키고 행정적으로 보통학교 교육을 위주로 하는 현실적 조치로 나타났다. 즉, 일제는 시세와 민도에 맞는 교육을 실시한다는 구실 아래 종전의 학제를 전면적으로 개편하여 보통학교의 수업연한을 4년으로 단축시킨 것을 비롯하여 고등보통학교 4년(여 3년), 실업학교 2~3년, 전문학교 3년 또는 4년이라는 단축된 교육체계를 만들어서 한국인에게 적용시켰던 것이다. 이와 같이 일제는 〈조선교육령〉을 제정하여 각급 학교의 교육연한을 전체적으로 단축시키고, 저급한 초등교육을 확장하여 한국인을 그들이 부리기 좋은 일본의 속국인으로 만들려고 하였다.

셋째, 중등교육에 있어서는 저급한 근로인을 만들기 위한 실업교육 내지

---

3) 정재철, 《일제의 대한국식민지교육정책사》(일지사, 1985), 294~296쪽.

직업교육을 강화토록 하였다. 일본은 한국에 대한 식민지 교육방침에 따라 한국인을 저급한 노동자로 육성시키려고 하였다. 그리고 이를 위해 조선총독부는 저급한 실업교육 실시에 중점을 두고, 초등학교에서부터 실과교육을 강력히 실시하였다.

넷째, 일본어 교육에 역점을 두었다. 일본은 한국을 식민지화하기 위해 일본어를 보급시키고, 이를 통해 한국인의 말과 문자, 그리고 한국의 민족문화를 말살하여 그들이 표방한 이른바 황국신민과 충량한 국민을 만들려고 하였다. 이것을 통하여 한국의 전통과 문화, 그리고 생활양식을 말살하고, 그들의 언어와 문화, 그리고 생활양식을 타민족에게 강요하여 한국민족을 동화시키겠다는 심산인 것이었다.

일본은 일본어 교육을 강화하기 위하여 한글을 조선어라 표기하는 대신 일본어를 '국어'로 표시하여 초등학교에서부터 일본어 교육을 실시하였을 뿐만 아니라, 보통교육의 목적을 일본어 보급에 두었었다. 그리고 일본어 교육을 강화하기 위해 각급 학교의 교과과정에 일본어의 비중을 가장 높게 하였다. 즉 보통학교에서는 주당 총 교수시간의 5분의 2를 일본어에 배당하고, 고등보통학교에서는 주당 7시간씩 배당하였다.

조선총독은 교육에 관한 법령의 제정권을 비롯하여 교과도서의 편찬에 이르기까지 광범한 교육행정을 전담하였고, 교육행정기구로는 조선총독부에 학무국을 두어 소관의 교육행정사무를 관장하였다.

2) 제1차 〈조선교육령〉과 식민지 교육제도

〈조선교육령〉에 명시된 학제는 보통학교·고등보통학교·여자고등보통학교·실업학교·전문학교 등으로 되어 있다. 〈조선교육령〉을 통하여 조선총독부가 마련한 학제는 학교의 계통을 될 수 있는 대로 간단하게 하고 그 수업연한을 짧게 하며, 교육내용을 극히 실용적인 것으로 하는 것이었다. 이같이 일본은 소위 시세와 민도에 맞는 교육을 실시한다는 구실로 일본의 학제나 당시 한국에 거주하던 일본인을 대상으로 한 학제에 비해 열등한 학제를 마련하여 한국인에게 가급적 저급한 교육을 실시하도록 하였다. 결국 일본이 〈조선교육령〉을 통하여 제정한 한국인의 학제는 교육수준이 낮고, 교육연한이 짧으며, 대학은 설치하지 않았으며, 가능한 한 간이한 것뿐만 아니라 원칙적으로 학교간의 연계성을 인정하지 않았던 것이다.[4]

〈조선교육령〉을 통해 일제는 한국인을 대상으로 하는 교육을 보통교육·실업교육·전문교육으로 하고, 보통교육기관으로 보통학교·고등보통학교·여자고등보통학교 등을 설치하여 일본제국 국민으로서의 국민성 함양과 일본어의 보급에 치중토록 하였다. 특히 초등교원 양성에 있어서는 독립된 기관을 두지 아니하고, 관립의 남녀고등보통학교에 교원속성과와 사범과를 두어 보통학교의 교원을 양성하도록 하였다. 실업교육기관으로는 농업학교·상업학교·공업학교·간이실업학교를 두고, 전문교육기관으로 법률·경제·의학·농상공업 등에 관한 전문학교를 설치하도록 하였다.[5]

이에 따라 일제는 각급 학교를 개편·설치하였다. 그러나 전문학교는 1916년 4월에 이르러서야 개편 설치되었다. 또한 초등교육 양성을 위해 한성고등보통학교와 평양고등보통학교·한성여자고등보통학교 등의 관립 남녀 고등보통학교에 교원속성과와 사범과를 두고, 임시 교원양성소를 한성고등보통학교와 한성고등여학교에 부설하였다.

교육체계에 따라 민족차별의 한국인보통학교는 4년제, 일본인소학교는 6년제로 규정하였으며 중등학교에서도 한국인 고등보통학교의 연한은 4년간으로 그것도 여자고등보통학교의 연한은 3년으로, 일본인중학교는 5년간으로 구별하여 설정하였다.

이리하여 한국인 자제들의 초등 및 중등 교육기간은 8년제로, 일본인들의 초등 및 중등 교육기간은 11년제로 되었다. 일제가 이처럼 같은 초등 및 중등 교육임에도 불구하고 조선인학교와 일본인학교와의 차이를 엄청나게 둔 것은 식민지적인 차별교육을 주자는 데 그 목적이 있었다. 즉 일본인들에게는 지식수준을 더 높게 하여 식민주의자로서의 우월감을 가지게 하고 반면에 한국학생들에게는 자주적인 사상의식과 지식을 소유하지 못하게 하려는 데 있었다.[6]

---

4) 정재철, 위의 책, 300쪽.
5) 조선총독부 학무국 편, 《조선교육요람》(1915), 17쪽.

식민지 노예교육체계에 의한 민족적 차별은 민족별 초등교육기관수와 재학생수의 대비에서도 찾아 볼 수 있다.

1911년 현재 한국에는 1만 7,884명의 재학생을 가진 134개의 일본인소학교와 2만 4,537명의 재학생을 가진 204개의 한국인보통학교가 있었다. 그런데 당시 총인구의 96%가 한국인이었고 나머지 4%가 일본인이었다는 것을 고려한다면 이것은 실로 대비조차 할 수 없는 엄청난 차이였다. 이러한 차별은 같은 해에 일본인 취학기아동의 100%가 소학교에 취학하였는데 대하여 한국인 취학기아동은 겨우 1.7%가 보통학교에 취학한 데서 구체적으로 찾아 볼 수 있다.

식민지 교육정책에서 특히 강조한 것은 간이실용주의교육이었다. 간이실용주의교육은 한국인의 민족의식 성장을 억제하고 기술이 발전하지 못하게 제한조치를 취하면서 식민지노예로 부려먹는 데 필요한 최소한도의 '실용적' 기능을 양성하는 노예교육정책의 한 단면을 보여주는 것이었다.

이 교육체계에서는 학생들이 4년제 보통학교를 거쳐 2~3년제의 간이실업학교를 나오고 곧바로 사회에 진출하게 되어있었다. 이것은 본질에 있어서 식민지적 직업교육을 통하여 값싼 노동력을 양성하는 체계였다.

간이실용주의 교육체계에 의하여 6세에 6년제 소학교에 입학하는 일본인 학생들과는 달리 한국학생들은 8세가 되어서야 4년제 보통학교에 들어가게 되어있었다. 일제는 4년제 보통학교를 졸업한 한국학생들을 전문교육이나 고등교육을 받을 수 없게 하였다.

특히 이 시기 각급 교육기관에 있는 일본인 교원들은 군대와 같은 제복을 입고 교단에 나섰다. 제복을 입은 자들이 학교교원으로 나타난 것은 일제의 식민지 노예교육제도하에서만 볼 수 있는 특이한 현상이었다.

3) 민족교육기관에 대한 탄압

일제는 식민지 노예교육정책을 실시하는 것과 함께 민족교육에 대한 탄압

---

6) 박득준, 앞의 책, 205쪽.

을 감행하였다. 민족교육을 말살하기 위하여 무엇보다 먼저 당시 청소년 학생들에게 민족의식과 반일애국정신을 고취하는 거점이었던 사립학교를 탄압하는 데 열중하였다.

일제는 사립학교들에 대한 전면적인 탄압을 감행할 수 있는 '법적 근거'를 마련하기 위하여 이미 한말에 제정한 〈사립학교령〉을 개악하여 1911년 10월 〈사립학교규칙〉을 공포하였으며, 1915년 3월에 그것을 또다시 개악하였다.

〈사립학교규칙〉에서 사립학교를 설립할 때는 조선총독의 인가를 받도록 규정하였다. 1911년 초부터 초대총독이었던 데라우치 마사타케(寺內正毅)는 지방장관들에게 사립학교들을 새로 설립하지 못하게 지시하였으며, 이미 설립된 사립학교의 경우 교육내용 및 교원·학생들의 움직임에 대한 일상적인 감시를 행하여 식민지 악법에 조금이라도 저촉되거나 그러한 요소가 있다고 인정될 경우 거리낌없이 강제로 폐교시켰다.

일제의 이와 같은 악랄한 탄압책으로 말미암아 사립학교를 통한 반일민족교육운동은 커다란 장애에 부딪치게 되었으며 사립학교들이 해마다 급격히 감소하였다. 1910년에 1,973개의 사립학교수가 1912년에는 1,317개로, 1914년에는 1,240개로, 1919년에는 690개로 각각 줄어들었다. 이것을 보아도 일제침략자들이 강점 초기부터 각종 악법들을 제정·공포하여 사립학교에 대한 탄압을 감행했음을 잘 보여준다.

이 시기 사립학교들에 대한 일제의 탄압이 극도에 이르고 그로 말미암아 사립학교를 통한 반일민족교육이 더욱 어렵게 되자 적지 않은 애국적 지식인들은 아직 일제의 주의가 심하지 않았던 서당을 반일민족교육운동의 새로운 거점으로 전환시키기 위한 활동을 적극 전개하였다. 그리하여 일제시기 초기에 많은 서당들이 점차 사립학교와 같이 반일민족교육의 중요한 장소로 전환되게 되었다.

그리하여 일제는 "학교와 같이 다수 학동을 수용하고 학년·학기에 의하여 학반을 조직하고 각종 사항을 교수하는 따위의 것은 서당으로서 할 일이 아니다"[7]라고 강조하면서 1918년 2월 총독부령 제18호로 〈서당에 관한 규

7) 총독부훈령 제9호 〈서당 규칙발포에 관한 건〉(《조선총독부관보》 제1661호, 1918년 2월 2일).

칙〉을 공포하고 탄압하였다.

일제는 〈서당규칙〉에서 반일적인 서당을 설립하는 것을 억제하기 위하여 서당설립에 대한 屆出制를 설정하였으며, 이 규칙에 위반되고 식민지 통치질서를 해치거나 교육상 '해롭다'고 인정될 때에는 해당 도장관이 그에 대한 처분조치를 취할 수 있다는 것을 규정하였다.

또한 일제는 〈서당규칙〉에서 '금고형'이상의 형을 받은 사람, 사상과 행동이 '불온'한 사람은 서당을 개설하거나 그 교원으로 될 수 없다는 것을 규정함으로써 서당이 애국적 지식인들에 의하여 운영되지 못하도록 하였다. 일제는 〈서당규칙〉을 제정하여 서당에 대한 탄압을 단행하였지만 한국인의 민족교육열은 날로 고조되어 오히려 3·1운동 이후 급격히 증가되었다.

〈盧榮澤〉

2. 민족교육의 정비

3·1운동을 겪고 나서 일제는 무단통치방법으로는 한국지배가 불가능하다는 것을 깨닫고 소위 문화정치를 실시하여 식민통치의 전환을 가져왔다. 그러나 그 전환은 한국인을 위한 것도 아니고 식민통치의 후퇴도 아니었으며 다만 통치방법의 전환일 뿐이었다.

문화정치란 한국인의 독립의지를 약화시키기 위한 회유책이며 친일파 육성을 통한 민족분열책을 획책한 것이었다. 또 한국인의 열등의식을 조장하기 위한 교활한 정책이었다.

이에 순응이라도 하듯이 중산층(부르주아지)의 민족주의운동은 위선적인 타협주의에 빠지거나 민족운동의 추진력을 크게 상실하게 되었다. 위장된 친일이라고 할 수 있는 민족개량주의에 매몰되어 민족개조론까지 주장하고 자치론·준비론을 강조하면서 투쟁을 포기하였다.

반대로 농민·노동자들은 민족운동의 전면에 대두하여 반일운동과 사회운동을 적극적으로 전개하였다. 특히 사회주의운동이 본격화되면서 사회주의운동과 결합된 농민운동·노동운동은 중산층의 민족운동을 압도하게 되었다. 그런데 중산층 주도의 운동이나 민중 주도의 운동이나 모두 민족실력 양성의 필요성을 인식하여 경제자립운동과 교육계몽운동에 치중하였다.

중산층은 사립학교를 통한 민족교육과 민립대학설립운동 그리고 민중계몽교육에 치중하고 농민과 노동자 그리고 여성들은 민중계몽교육운동에 전력을 기울였다. 특히 민중들은 3·1운동과정에서 자아 인식과 자각이 고조되고 제반문제에 능동적으로 대응하는 자세를 갖추고 행동화하게 되었다. 각 계층별 문제를 주체적으로 해결하고자 민중운동을 주도하게 되었다.

이와 같은 배경에서 민족교육은 정규교육과 비정규교육 그리고 중산층주도의 운동과 민중주도의 운동으로 분명하게 구분됨으로써 운동의 주체와 운동방식 그리고 목표에서 각기 특성을 갖게 되었다.

1) 문화정치와 교육실태

총독부는 문화정치를 실시하면서 그 핵심 내용을 다음과 같이 천명하였다. 종래 총독의 임용이 무관에 한정되었던 것을 바꿔 그 제한을 완전히 없애고, 재래의 헌병경찰제도를 폐지하여 보통경찰제도를 채택하고, 관리·교원 등의 제복에 착용하던 대검을 폐지하고－이로써 총독정치의 기본을 순수한 문치주의로 하는 방침을 분명히 하고－시정상의 강령은 ① 치안의 유지, ② 민의의 창달, ③ 행정의 쇄신, ④ 국민생활의 안정, ⑤ 문화 및 복리의 증진 등으로 정하였다.

그래서 일시동인의 聖意(천왕의 의지)에 기초하여 공명정대한 정치를 행하고 선량한 민중을 애호함과 동시에 다만, 국헌에 반항하고 병합의 정신에 어긋나는 등의 불령배에 대해서는 추호도 가차없이 단속하는 방침으로 나간다고 하였다.[1] 이렇듯 '순수한 문치주의'를 표방하면서도 첫 번째로 '치안유지'를 내걸고, '합병의 정신', 즉 한국을 식민지로서 지배하는 것에는 변함이 없이, 민족의 자주독립을 희구하는 것은 반항하는 불령분자로 보아 "추호도 가차없이 단속한다"는 식민지 지배자의 의도가 명확하게 나타나 있었다.

---

1) 朝鮮總督府, 《施政25年史》(1935), 314~315쪽.

그리고 통치 실상을 보면 그 기만성과 식민지 지배의 본질이 확실해진다.

우선 관제개혁에 의해 총독은 형식상 종래와는 다르게 문무관 어느 쪽에서도 임용한다고 했지만, 일제 말까지 모두 무관이었고 문관이었던 예는 없었다. 이것이 이른바 '순수한 문치주의'였다.

또한 문화정치기의 통치방식은 무단통치기의 그것과 본질에 있어서 전혀 다르지 않았고 보다 교묘하게 강화되어진 것이었다. 다른 제 개혁도 행해졌지만, 그 주된 내용은 소위 '내선융화'를 내걸음과 동시에 한국인의 일부를 회유하여 이들을 식민통치에 봉사시키는 것이었다. 중추원(총독의 자문기관)에 많은 한국인을 참가시키고, 또 참여관제도(도지사의 자문기관으로 한국인 참가)를 활용하는 것 등과 함께 소위 '민의창달'을 표방하면서 지방제도 개정이 행해졌다.[2] 이에 의해서 도평의회 · 부(시) · 면(촌)협의회 등이 설치되어 극히 제한적이지만 어쨌든 선거가 행해졌다. 그러나 이것들은 모두 도지사 · 부윤(시장) · 면장(촌장)의 자문기관이었다. 그 선임도 도평의회는 실질적으로는 총독의 임명에 의한 것이었고, 부 · 면 협의회는 선거제였지만 여러 가지 府稅나 面賦課稅를 5원 이상 납부하는 사람만이 유권자가 될 수 있었다. 때문에 유권자는 1920년에 府 · 面을 합쳐서 일본인이 7,650명, 한국인이 6,346명에 불과하여 한국의 총인구 1,678만 명 중 극히 일부였고, 특히 한국인 인구 중에서 한국인 유권자가 차지하는 비중이 미미하다는 것은 말할 나위도 없다. 따라서 대다수의 한국인에게는 인연이 없는 것이었다(도평의회의원의 1/3은 총독이 임명, 그 외는 부면협의회원 중에서 총독이 임명하는 것이었다). 그래서 결국 "당국을 칭송하는 자를 위한 약간 은급을 주는 정책적 기관에 그치고 말아 교육의 근본방침을 정할 때에도, 산업의 대방침을 세울 때에도, 지조를 일시에 3할이나 올린 때에도 단 하나의 의견도 받아들여지지 않고… 개선은 일종의 광고에 불과"한 유명무실한 실효 없는 무용지물로 끝났던 것이다.[3]

이 시기에는 식민지 지배자측으로부터의 '교육의 보급과 개선'도 행해졌다. 한국에는 일본인 아동만을 위한 소 · 중학교도 있었지만 이것에 대응하는 것으로 별도의 한국인 아동을 위한 보통학교와 고등보통학교 및 여자고등보통

2) 渡部學 저, 김성환 역, 《한국근대사》(동녘, 1984), 146쪽.
3) 《동아일보》, 1920년 4월 1일.

학교가 있었다. 공립보통학교에 대해서 보면 1921년의 675개교, 14만 9,965명의 취학자에서 1930년에는 1,639개교, 46만 6,063명의 취학자로 각각 학교수 2.4배, 취학자수 3.1배로 증가했다. 고등보통학교는 공·사립을 합쳐 7개교(1,065명)에서 16개교(4,554명)로 증가했다. 하지만 총인구 48만 8,000여 명에 불과한 일본인을 위한 공립중학교가 1930년의 11개교(5,686명), 공립고등여학교가 24개교(7,724명)이었던 것과 비교해서 생각하지 않으면 안된다.[4] 이 외에 한국인 생도를 주로 한 실업학교, 한국인과 일본인의 공학을 원칙으로 한 관립전문학교와 한국인 경영의 사립전문학교, 특히 경성제국대학이 창립되었다. 거기에서는 틀림없이 '보급개선'의 흔적을 볼 수 있지만 보통학교의 취학률은 1930년에 있어서도 18.5%에 불과했다. 이것은 식민지 통치하에서 한국인이 매우 빈궁하여 교육기회의 혜택을 받지 못했다는 면과 동시에 일제 공교육에 의한 식민지적 동화교육을 거부하고 민족교육을 지키려는 저항이 나타난 것이기도 했다. 그것은 재래의 서당에서 한문학습을 통해서 은밀히 민족적 교육을 실시한 것이라든지 또는 야학교 등의 형태에서 보여진다.

이상에서 본 바와 같이 문화정치는 무단정치의 본질적 개선 혹은 완화를 의미하는 것은 아니었다. 그것은 무단정치의 서툴고 노골적인 통치방식을 세련되고 보다 교묘하게 바뀌었던 것에 불과했고 식민지 통치라는 본질에 있어서는 종래와 거의 다른 점이 없었다. 오히려 종래 이상으로 철저하고 체계화된 것이었다. 그리고 이것을 보다 교묘하게 행하기 위해 민족운동의 분열을 위한 각양각색의 수단·술책이 취해졌던 것이다. 이러한 그들의 의도는 일면에서는 성공하여 지주계급·예속부르주아지 등 일부의 소위 '친일분자'를 식민지 통치에 협력시켰지만, 진정한 민족주의자·노동자·농민을 중심으로 한 독립운동을 저지할 수는 결코 없었다. 이리하여 독립운동과 식민지 통치자의 탄압은 서로가 치열하게 대립하여 갔다. 당시 일본제국주의는 그 국내적·국제적 모순에 봉착하여 이를 극복하기 위해 한국에 대한 식민지지배를 전반적으로 강화시킬 필요가 있었다. 대륙침략 기지로서 한국을 유지하기 위해서는 필연적인 일이었고 특히 한국에 대한 경제 수탈은 이 시기에 한층

---

4) 朝鮮總督府 學務局 編, 《朝鮮諸學校一覽》(1937년도).

강화되어 한국인의 몰락은 더욱 촉진되었다.5)

2) 민족운동의 전환과 실력양성론

3·1운동 후 국내에서의 직접 항일투쟁이 거의 불가능해진 1920년부터 내외의 민족주의자가 뒤흔들리기 시작했다. '점진주의'와 '급진주의'의 분화가 그것이다. 민족주의 우파를 대표하는 점진주의자는 일본과의 정면대결을 피하고 문화정치를 내건 일본의 새로운 정책에 일단 영합해서 반일운동을 교육진흥·국산품애용 등의 타협적 운동으로 바꾸자고 주장했다. 이에 민족주의 좌파를 대표하는 급진주의자는 비타협적인 철저한 투쟁을 주장하였다.

이러한 민족주의자의 동요와 분화현상은 완전한 식민통치체제 아래서는 독립운동이 몹시 어려운 점, 그리고 3·1운동의 실패와 베르사유 강화회의·워싱턴군축회의 때의 독립청원운동의 실패에서 온 좌절감, 또는 반일 독립운동의 전략·전술을 에워싼 의견대립 때문이기도 했다. 그와 함께 조선의 민족자본이 지니는 정치적 취약성을 반영하는 민족주의자의 동요와 그것을 이용한 일본의 파괴공작·민족분열정책 때문에 겉으로 드러난 것이라고 말할 수 있다. 특히 민족주의자에 대한 일본의 파괴·분열공작은 격화되어 식민지체제라는 국내 여건과 중국의 반식민지화, 일본군의 시베리아 점령이라는 국외 여건 아래 강행되었던 것이다.6)

사실 3·1운동 직후의 단계에서 친일파·예속자본을 빼놓고 민족주의자의 일본에 대한 태도는 일반적으로 비타협적이었다. 그러나 민족주의자는 점진주의라는 이름 아래 일본 통치자와의 정면충돌을 피하는 개량주의노선을 택해 교육·산업·문화의 향상을 수단으로 삼는 이른바 실력양성론으로 기울었다.

이 합법적 조직에 바탕을 둔 계몽주의적 운동은 그 목적이 '민족의 장래'를 생각하는 애국적인 동기에서 나온 것이지만 해방과 독립을 싸워 차지한다는 것을 깃발로 내걸었던 민족주의 본래의 처지로 말하면 일보 후퇴한 것이라 볼 수 있다. 당국이 정치단체를 빼놓고 각종의 이른바 '문화단체'를 허

5) 渡部學, 앞의 책, 150쪽.

6) 강동진, 《일제의 한국침략정책사》(한길사, 1980), 379쪽.

용한 것은 반일운동의 진정화를 노린 일종의 '안전판'이었을 뿐이었다. 그러나 민족주의자는 이 안전판에만 달라붙어 독립 달성을 위해 보다 효과적인 수단으로 교육·문화적 측면을 중요시하는 경향이 짙었다.

이와 같은 개량주의적 경향은 이미 한말에도 있었다. 특히 의병투쟁에 반대한 애국계몽운동계열에서는 교육·문화적 운동에 역점을 둔 비투쟁적 운동방식으로 개량주의에 빠지기 쉬운 요소를 지니고 있었던 것이다.

결국 문화운동이란 민족해방운동의 하나로서 민족주의자가 외친 것이 아니라, 총독부 권력이 점진적·타협적 요소를 이용하여 민족주의 우파를 지배체제 쪽으로 끌어들여 그들로 하여금 민중의 치열한 반일·독립의 의사를 대일 타협의 방향으로 유도해서 민족독립운동을 거세시키려고 꾀한 민족분열정책의 하나였다.[7]

문화정치에서 추진한 문화운동은 조선의 독립을 먼 장래에 기하기 위해 문화적 생활을 증진시킨다는 것으로 이것은 일제의 식민지 지배를 인정하는 것을 전제로 하는 것이었다. 즉 식민지 지배체제를 부인하지 않고 식민지배에 대한 정면도전을 회피하면서 문화운동에 치중하도록 하는 것으로 문화통치는 기만적이며 무단통치의 본질을 은폐하려는 것이었다.

이와 같은 일제의 문화통치는 일부 민족주의자들이 개량주의로 운동노선을 변경(변절)하여 일제를 적대시하는 직접 투쟁을 포기하고 먼 장래의 독립을 위해 문화운동에 치중하는 운동과 일치성을 이루게 되었다.

그리하여 일제가 문화통치를 추진하기 위해 주장한 참정권 획득 청원과 실력양성 그리고 민족성 개조 등 세 가지 강령을 개량민족주의자들이 수용하는 형태가 되었다. 따라서 자치론자인 李光洙의 민족개조론·선실력양성론 등은 이러한 맥락에서 추진되었던 것이다.

여하튼 민족개량주의자들의 실력양성운동에서도 민중계몽교육 등 교육진흥운동이 전개되었다.

7) 강동진, 위의 책, 386쪽.

3) 제2차 〈조선교육령〉과 민족교육

3·1운동을 계기로 일제의 식민지 통치방식이 문화정치로 전환되면서 식민지 교육정책도 수정되었다. 이미 위에서 언급한 바와 같이 문화정치가 기만적이고 교활한 정책이었던 것처럼 이 시기의 교육정책도 식민지 교육정책을 보다 더 심화시킨 방향으로 추진되었다.

문화정치는 문화주의라는 외형의 틀속에서 민족말살과 동화주의 정책을 본격화하는 것으로 이 시기의 교육정책은 이러한 식민지 정책의 틀을 구현하기 위한 융화정책을 반영하게 되었던 것이다.

결국 3·1운동을 계기로 한국에 대한 일본의 식민지 정책이 변경됨에 따라 한국에 대한 교육정책도 표면상으로는 변경되었으나 근저에 깔려 있는 동화주의와 황민화정책은 결코 수정되거나 포기되지 않았다. 그리하여 일제는 한국인에 대한 교육에도 융화정책을 반영시켜 교육제도에 수정을 가하였다. 종래에 저급하게 짜여졌던 학교체계를 고쳐, 일본의 학제와 비슷한 제도로 개편했으며, 사립학교에 대한 탄압도 표면상 완화하는 것처럼 보이게 했다. 즉 이것은 한국 국민의 반일감정을 무마하려는 유화책에 불과할 뿐만 아니라 오히려 일시동인·내선일체·내지연장주의 등의 정책 슬로건을 내세우면서 한국 국민에 대한 동화주의 교육을 더욱 본격화해 갔다. 이에 따라 한국인은 일본인과 같이 되지 않으면 공교육체계에서 교육을 받을 수 없는 환경이 만들었던 것이다.

결국 3·1운동 후 일제의 교육정책은 표면상 한국인의 교육을 일본의 교육과 동일한 수준으로 높여 놓은 듯이 보이게 했으나, 학교교육의 실제에 있어서는 교묘하게 차별을 했을 뿐만 아니라, 한국인 설립의 사립학교 성장을 억제하고, 오히려 동화주의 교육을 더욱 본격화하였던 것이다.

제2차 〈조선교육령〉으로 새로 개정된 교육제도의 요점은 다음과 같다.[8]

8) 손인수, 《한국근대교육사》(연세대 출판부, 1971), 169쪽.

① 보통학교의 수업연한을 4년에서 6년으로, 고등보통학교는 4년에서 5년으로, 여자고등보통학교는 3년에서 4년(또는 5년)으로 연장하였다.
② 종래 각급 학교에서 폐지되었던 한국어가 필수과목으로 부활하였다.
③ 한국인과 일본인과의 공학을 원칙으로 했다.
④ 새로 사범학교와 대학 설치의 길을 마련하였다.
⑤ 실업교육 · 전문교육 · 대학교육은 일본의 제도에 따랐다.

또한 제2차 〈조선교육령〉에 의한 학교제도의 특징은 다음과 같다.

① 한국인이 취학하는 학교와 일본인을 대상으로 하는 학교를 별도로 두어 전자를 보통학교 · 고등보통학교 · 여자고등보통학교라 하고, 후자를 소학교 · 중학교 · 고등여학교라 칭하게 하였다.
② 각급 학교의 수업연한을 연장하여 보통학교는 4년에서 6년으로, 고등보통학교는 4년에서 5년으로, 여자고등보통학교는 3년에서 4년으로, 실업학교는 2~3년에서 3~5년으로 하였다.
③ 그리하여 종전에 초등학교에서 전문학교에 이르기까지 11~12년이었던 전체 교육연한이 11~16(17)년으로 연장되었다.
④ 실업학교는 보통학교에서 접속하는 3~5년 과정의 중등학교로 하고, 실업보습학교는 4년제 보통학교 수료자를 수용하는 2년제 직업교육기관으로 삼았다.
⑤ 실업교육 · 전문교육 · 대학교육은 일본의 학제에 준하였다.
⑥ 초등교원 양성기관으로 사범학교(특과사범학교, 관립사범학교), 고등교육기관으로 대학을 신설토록 하였다.
⑦ 보통학교(6년)에 2년제의 고등과를 둘 수 있도록 하였다.
⑧ 이밖에 공립보통학교에 부설학교와 간이학교를 부설할 수 있도록 하고, 고등보통학교와 여자고등보통학교에 보습과를 설치할 수 있도록 하였다.

당시 《동아일보》는 일제가 새로 개악한 〈조선교육령〉을 공포하자 그것을 폭로 · 규탄하고 논설에서 "생각하건대 조선사람의 일상생활에 필요한 까닭이 아니라 조선민족과 일본민족을 융합하여 일층 적절히 말하자면 동화하여 혼연한 그 민족을 성하게 하여 일본제국의 영원한 기초를 정하자 함이니… 본 교육령의 입법자가 또한 여차한 심사로써 이 법을 정한 것이 분명하니 이는 순연한 교육 그것을 목적한 것이 아니라 일종의 정치적 목적을 포함하였으며 정치적 목적을 포함하되 자유정치의 이상을 포함한 것이 아니라 특히 제국주의적 이상을 간직한 것이다"[9]라고 본질을 비판하였다.

일제가 개정한 〈조선교육령〉의 내용을 요약하면 교육체계는 일반교육체계와 값싼 노동력양성을 위한 특수한 식민지 노예교육체계로 되었다.

일반교육체계는 6년제 보통학교, 5년제 고등보통학교, 3~5년제 여자고등보통학교, 5년제 전문학교, 2년제 대학 예과, 4년제 대학으로 구성되었다. 일제가 일부 학제·학년을 늘이면서 일반교육체계를 새로 확대 개편한 것은 식민지정책에 필요한 심부름꾼을 체계적으로 키우는 것이 더욱 절박한 문제였기 때문이었다. 이런 요구로부터 일제는 조선사람들의 향학열에 편승하여 '선정'이나 베푸는 듯이 가장하면서 식민지인 양성을 위한 새로운 일반교육체계로 개편하였던 것이다.

또한 이 일반교육체계는 계급적 차별에 기초한 것이었다. 일제가 '조선사람본위'의 교육을 실시한다고 하였지만 절대다수의 민중의 자녀들은 학교교육을 자유롭게 받을 수 없었다. 오직 일제의 식민지정책의 요구에 순종하는 지주 등 부유층의 자녀들만이 마음대로 공부할 수 있었다. 이러한 계급적 차별에 따라 우선 일반교육체계의 기층단위인 6년제 보통학교마저 그 설립의 지역적 범위를 극히 제한하였다. 일제는 조선인들에게 교육받을 앞길을 열어준다고 선전하면서도 6년제 보통학교는 큰 도시에 집중시키고 군에 1~2개밖에 설립하지 못하게 하였으며 4년제 보통학교는 대부분 농촌지역에 두도록 하였다. 그러므로 조선인구의 압도적 다수를 차지하고있던 농민의 자녀들은 저급한 노동력을 양성하는 교육체계에서 벗어날 수 없었다.

일제는 또한 학교 입학조건과 진학제도를 새로 규정하였다. 당시 6년제 보통학교·고등보통학교·전문학교·대학교의 입학자격을 얻자면 예외없이 재산증명서와 가정의 정치적 동향에 대한 교장 및 경찰서의 '평정'이 있어야 하였다. 《동아일보》 편집자들은 당시 서울시내 보통학교의 입학실태를 보도하면서 "비록 입학자격을 구비한 자라도 재산의 유무를 가려 학비가 충분치 못 한자는 전부 입학을 허용하지 않았다"[10]라고 하였다. 이러한 현상은 서울에만 국한한 것이 아니라 전국적인 현상이었다.

---

9) 《동아일보》, 1922년 2월 10일.
10) 《동아일보》, 1921년 3월 27일.

이와 같이 빈곤한 가정의 자녀들은 보통학교에도 가기 힘들었다. 1921년에 4년제 보통학교의 월사금은 40전이고 입학비용은 4원30전이었다. 학교경비에 보탤 '부과금'·'후원비' 등을 제외하고도 학생 1명당 1년간의 학비는 모두 20원 이상이었다. 당시 농민의 1년 평균 수입이 30원 정도였다는 것을 고려하면 농민들이 자기 자녀들을 보통학교에 보내기가 곤란하였음을 짐작할 수 있다.

일제는 일반교육체계의 보통학교인 6년제 보통학교의 학비를 4년제 보통학교의 학비보다 거의 2배나 높게 함으로써 한국인의 자녀들이 6년제 보통학교에 입학할 수 없게 의도적으로 제한해 놓았다.

새로 개악한 일반교육체계에서는 전문학교나 대학 예과·본과 같은 고등교육기관에 있어서 일제의 민족적 및 계급적 차별정책이 더욱 두드러지게 나타났다.[11] 일제는 〈조선교육령〉에서 한국인들에게도 대학교육의 길을 열어놓았으나 실제는 친일분자나 대지주의 자제 외에는 대학입학은 거의 불가능하였다. 또한 한국인에 의한 대학설립은 절대 불허하였다.

〈盧榮澤〉

3. 민족교육운동의 전개

민족교육이란 민족을 단위로 하여 형성된 근대국가가 민족보존과 민족국가의 발전을 위해 의도적으로 실시하는 교육을 말한다. 특히 국난에 직면한 후진사회에서는 자위적 목적으로 모든 민족구성원을 대상으로 민족교육이 강조된다. 島山 安昌浩는 민족이 죽고 살고 노예되고 독립됨이 판정되는 것은 지력과 경제력에 달려있다고 하면서 교육을 강조하였다.

3·1운동 이후에는 교육열이 고조되었을 뿐만 아니라 중산층이나 민중 모두 계몽교육을 통한 실력양성의 필요성을 절감하여 각계 각층에서 민족교육운동이 다양하게 전개되었다.

---

11) 박득준, 《조선근대교육사》(한마당, 1989), 244쪽.

문화정치라는 일제의 식민지정책의 변화에도 영향을 받았지만 무엇보다도 3·1운동 이후 각 계층의 교육에 대한 인식이 앙양되었기 때문이었다.

중산층 주도의 민족교육운동은 대체로 사립학교 교육을 통한 민족의식교육과 민립대학설립운동이 중심을 이루고 있었다. 중산층도 참여한 민중주도의 민족교육운동은 서당이나 야학과 같은 비정규의 교육기관을 통한 계몽적 성격의 민중운동이 중심을 이루고 있었다.

일생동안 민족교육운동에 헌신한 玄相允은 민족교육의 중요성을 농사에 비유하여 강조하였다. 즉 비록 나쁜 종자라도 밭이 좋으면 그 결과는 양호한 것이며 비료를 잘 주어 소득을 증대시키는 것은 교육의 임무라고 하였다. 교육은 사람의 환경을 개선시켜 우수한 인재를 얻는 수단이라고 하면서 민족교육을 강조하였던 것이다.[1)]

이처럼 민족의 발전과 독립을 위해서는 민족교육이 절실히 요구된다는 인식에서 애국지사와 지도자들은 사립학교를 설립·경영하였다.

또는 사립학교 교사로서 학생들의 교육을 통해 민족문제를 해결하겠다는 의지를 가진 애국청년들도 많았던 것이다.

1) 사립학교 교육

일제시기에 국내에서의 반일민족교육운동은 합법적 또는 비합법적인 방법으로 사립학교교육·서당교육·야학교육 등 세 가지 형태로 진행되었다.

정규학교 교육인 사립학교 교육은 여전히 반일민족교육운동에서 중요한 자리를 차지하고 있었다. 한말 민족교육운동의 중심체였던 사립학교들은 합방후 일제의 탄압으로 급격히 줄어들었을 뿐 아니라 남아있는 사립학교에서도 일제의 감시와 통제에 의하여 반일애국교육의 합법적 활동이 거의 상실되게 되었다. 이리하여 반일민족교육운동에서 사립학교들이 차지하는 지위가 그 이전시기에 비하여 약화되기는 했으나 의연히 이 학교들은 그 운동의 중요한 거점의 하나가 되고 있었다.

1) 현상윤, 〈우심학적종족개량론〉(《동광》 32, 1932년 7월).

사립학교에서 민족교육이 이루어지고 따라서 일제의 탄압이 있게 된 사실은 일제초기 조선총독 데라우치 마사타케(寺內正毅)가 각 도 장관들에게 다음과 같이 지시한 사실만 보아도 명백히 알 수 있다.

> 학교가 법규를 준수하는가 안하는가, 교원들이 그 직책을 다하는가 안하는가 하는 것을 감시하지 않으면 안된다. 그리고 교육용 서적은 舊學部가 편찬하였거나 인정하여 허락한 것을 사용하도록 할 것이다. 그런데 사립학교에 있어서는 왕왕 그 밖의 것을 제멋대로 사용하고 있다. 또한 사립학교 가운데 唱歌나 그 밖의 것으로써 독립정신을 고취하며 또한 제국에 대한 반항을 장려하는 것이 있다. 이와 같은 것은 애당초 그 사용을 허용하지 않는 것이기 때문에 취체상 더욱 주의를 요한다(寺內正毅傳記編纂所, 《寺內正毅伯爵傳》, 1920년, 629쪽).

이 시기에는 우리 나라의 사립학교들은 세 가지 부류로 구분되어 있었다.

첫째 부류의 사립학교는 애국적 인사들에 의하여 설립 운영된 것으로서 그 수는 사립학교 총수의 3분의 2를 차지하고 있었다. 이 사립학교들은 처음부터 자라나는 청소년들을 반일 애국사상과 근대적 지식으로 교육하기 위하여 설립된 것이었다. 이러한 학교들 가운데서 일부는 그 운영자들의 우유부단성으로 인하여 합방후 식민지 노예교육정책에 순종하였지만 대부분의 사립학교들은 그것을 반대하고 계속 반일민족교육기관으로서의 역할을 하였다.

두 번째 부류의 것은 일제의 합방을 전후하여 일제의 탄압을 모면하려고 그 간판을 종교학교로 바꾸어 단 사립학교들이었다. 그렇지만 이 학교들은 여전히 애국적 지식인들이 주관한 학교들로서 반일민족교육기관으로서의 사명을 수행하고있었다.

셋째 부류의 것은 외국인 선교사들에 의해 설립된 선교계 학교였다. 이들 선교계의 종교학교는 종교교육뿐만 아니라 민족교육도 실시하여 민족교육기관으로서의 역할을 수행하였다.2)

사립학교 중에는 고등교육기관인 전문학교도 몇 개 있었는데 일제 중기에 설치되어 있던 사립전문학교는 모두 8개였는데 6개교는 개편되거나 신설된 것이고 2개교는 旣設의 전문학교였다.

---

2) 박득준, 《조선근대교육사》(한마당, 1989), 220쪽.

즉 사립전문학교로는 1922년에 각종학교인 보성법률상업학교에서 개편된 보성전문학교, 1925년에 각종학교인 숭실학교에서 개편된 숭실전문학교와 이화학당 대학과에서 개편된 이화여자전문학교, 1929년 경성치과의학교에서 개편된 경성치과의학전문학교, 1930년에 불교전수학교에서 개편된 중앙불교전문학교와 조선약학교에서 개편된 경성약학전문학교 등이 있었고, 기설의 연희전문학교와 세브란스 연합의학전문학교 등이 있었다.[3]

2) 민립대학설립운동

민립대학설립운동은 물론 실패된 운동이었으나 민족의 힘으로 대학을 설립하려는 운동을 전개했다는 점에서 중요한 의미를 갖는 것이다.

3·1운동 이전의 제1차 〈조선교육령〉에서는 조선에서 대학을 설립할 수 없도록 규정하고 있었다. 따라서 대학설립의 법적 근거가 마련된 것은 1922년 2월 6일 개정·공포된 〈조선교육령〉에 의해서였다.

소위 제2차 〈조선교육령〉이라고 칭하는 이 〈조선교육령〉의 개정된 내용중 핵심적인 것은 한국에서 대학교육과 사범교육의 실시가 가능해졌다는 것이다. 개정된 '〈조선교육령〉에 관한 유고'[4]에서 교육의 쇄신을 위해 교육제도를 개정하게 되었다고 하면서 이제 새로이 사범교육과 대학교육을 하게 되었다고 하였다. 그리고 內鮮 공통의 정신에 의해 일본 내지와 동일한 제도하에서 교육시설의 확충과 완비에 힘쓸 것이라고 하였다.

《동아일보》 1922년 1월 27일자에 의하면 총독부 학무국장은 교육령 개정에 대해서 언급하면서 종래의 〈교육령〉은 그 취지가 한국인을 본위로 한 것이었으나 신교육령은 일본인과 한국인이 동일하게 적용되는 것이라 하였다. 그리고 실업교육·전문교육·대학교육은 일본인·한국인 모두 일본 본토의 〈실업교육령〉·〈전문학교령〉·〈대학령〉에 의한다고 하였다.

민립대학설립에 대한 주장이 하나의 실천적 운동으로서 전국적 규모로 전개된 것은 1923년의 일이지만 그 이전에도 사립대학설립에 대한 주장이나

---

3) 김영우·피정만, 《최신한국교육사연구》(교육과학사, 1995), 404쪽.
4) 朝鮮總督府, 《朝鮮總督府施政年報》(1921년), 7쪽.

관립대학설립에 대한 주장은 있어 왔다. 한말의 애국지사 安重根은 프랑스인 천주교 성직자에게 대학설립을 요청하였다가 거절당한 바 있었다. 개신교에서는 일찍부터 선교계의 대학설립을 꾸준히 추진하였으나 자금문제와 교육개정 이전의 교육령에 대학에 대한 규정이 없어 좌절되었다. 한편 민족주의운동 지도자들은 한말 국채보상운동으로 모금된 기금으로 민립대학설립을 추진하였으나 법규미비와 총독부의 회피로 실패하였다.

한국에서 대학설립에 대한 구체적 논의와 추진이 본격화되기는 3·1운동 이후의 일이었다.

1921년 5월 교육법 개정을 위하여 구성된 임시교육조사위원회에서 대학설치를 결정하였다. 그 때 한국인측에서도 전국각지의 유지의 이름으로 관립대학설립을 총독부에 건의하였다. 총독부는 1922년 초부터 대학교육 실시를 구체적으로 추진하면서 1922년 4월 개정된 〈교육령〉을 공포함으로써 대학설립의 법적 근거를 마련하였던 것이다.

민립대학설립운동이 추진된 과정을 보면 1922년 2월 《동아일보》가 민립대학설립을 주창하고 1922년 4월 조선청년연합회총회에서 민립대학설립을 주장하여 이것이 민립대학 설립운동의 선도적 역할을 담당하였다.

민립대학설립운동은 조선교육회를 모체로 하여 추진되었다. 조선교육회는 1920년 6월에 韓圭卨·李商在·兪鎭泰 등 애국인사들을 중심으로 조직되었는데 조선교육회는 민족교육의 발전을 위하여 苦學生學校를 운영하고 외국에 유학생을 파견하는 등 애국교육활동을 전개하였다.

이 조선교육회 회원들에 의하여 민립대학 창설이 발기되고 1922년 11월에 이상재를 대표로 하여 조선민립대학기성준비회가 결성되게 되었다. 그리고 1923년 3월 29일 서울 종로의 중앙기독교청년회관에서 조선민립대학기성회 발기총회가 개최되었다. 그리고 그해 4월 2일에 중앙집행위원회를 열어 위원장에 이상재, 상무위원에 兪星濬·李昇薰·韓龍雲 등이 선출되었다.

조선민립대학기성회가 조직되자 《동아일보》는 다음과 같이 그 발기의 목적과 의의를 강조하면서 적극 지지하였다.

> 우리의 체면, 조선인의 생명보존이 이 대학기성과 관계가 있다고 하여도 결

> 코 과언이 아니다. 보라, 이 민립대학은 첫째 민중의 힘으로써 하는 최고학부이며, 둘째 민족의 이상으로써 하는 최고 결정이라. 이 민중에 기본한 최고학부의 발달로 인하여 조선인민의 과학이 발달할지며 다만 발달할 뿐 아니라 조선민족을 위한 발달이 될지며 실로 조선인 소유의 문화가 될지며 이 민중적 이상의 최고 결정이 그 가치를 발휘함으로 하여 조선사람의 전도방향은 비로소 과학에 기본한 확실성을 갖게 될지니 이렇게 생각하고 또 이를 생각하면 민립대학의 기성은 다만 우리들에게 지식을 줄 뿐 아니라 과학에 기본하여 발달할 생명을 우리에게 부여하는 것이 되는 도다. … 조선민족이 빈하고 약하나 실로 마음과 힘을 합치면 어찌 이 사업을 기성치 못하리오(《동아일보》, 1922년 12월 16일).

발기총회에서 가결된 민립대학창설의 총체적 계획에는 다음과 같은 내용이 반영되었다.

민립대학창설의 제1기 사업은 기본금 400만 원으로 부지 5만 평을 사서 교사 10동과 강당 1동을 짓고 교원을 양성하는 한편 법과 · 문과 · 경제과 · 이과의 4개학과를 설치하며, 제2기 사업은 300만 원으로 공과를 신설하고 이과와 다른 과를 확장하며, 제3기 사업은 300만 원으로 의과와 농과를 설치하고 운영하게 하는 것이었다.

이 기성회발기총회가 있은 후 전국 백여 곳의 부 · 군에 지방부가 설치되면서 민립대학 설립운동은 전국적으로 전개되었다. 그러나 1년도 채 안되어서 그 열기가 식어지고 용두사미처럼 되어 실패로 끝나버렸다.

이 운동의 실패원인은 무엇보다도 일제의 탄압과 1923년의 대홍수와 같은 재해의 탓도 있지만 다른 요인들도 작용하였던 것이다.

곧 가장 큰 실패원인은 이 운동의 지도자와 간부들의 희생적인 활동 부족과 열성 부족이었다. 당시로서는 막대한 거금을 모금하고 민중의 자발적이며 희생적인 기부금을 받기 위해서는 무엇보다도 지도자와 간부들의 절대적인 희생적 활동이 요구되었으나 그들의 실제 활동은 지극히 부진하였다.

또한 이 운동의 추진세력과 운영체제에 대한 민중의 불신이 그 실패원인이었다. 그것은 그 이전의 민족운동 즉 노동공제회 등 기타 단체의 모금된 기금이 행방도 모르게 된 불미스러운 일들이 민중의 불신을 사게 되어 헌금을 기피하게 되고 따라서 지방부는 중앙으로의 송금을 기피하였다.

또한 당시 한국인의 극심한 경제적 빈곤이 실패원인이 되었다. 일제의 경제침탈정책으로 민중은 극도로 빈곤하였고, 친일적 지주들이나 부호들은 일제의 눈치를 보면서 헌금을 기피하였던 것이다. 그러나 무엇보다도 중요한 것은 당시의 역사적 상황에서는 중산층 주도의 민족운동의 지지기반이 미약하였거나 상실되었기 때문에 실패하게 된 것이라 하겠다.

3·1운동 후 1920년대는 자각된 민중들이 계층별 사회운동에 보다 적극적이었다. 농민운동·노동운동·청년운동·여성운동·형평운동 등 사회운동이 보다 조직적으로 적극화되면서 민중들은 경제적 빈곤으로부터의 해방을 위한 경제자립운동과 무지로부터 해방되기 위한 민중계몽교육에 능동적으로 열중하고 있었다. 이들에게는 생존권 확보와 자유와 해방을 쟁취하기 위한 문제에 관심이 더 컸던 것이니 민립대학설립운동에 대해서는 외면할 수밖에 없었다.

더욱이 1923년부터는 사회주의운동이 보다 조직적이고 본격화되어 우파민족주의자들의 입지가 더욱 위축되기 시작하고 있었다. 그리고 3·1운동 당시 선도적이었던 천도교와 기독교는 민립대학운동에 비협조 내지는 소극적이었다. 3·1운동 후 천도교는 독자적으로 문화운동을 전개하고 있었으며 기독교는 자체의 연희전문학교와 이화여자전문학교의 대학승격 문제에 주력하고 있었기 때문에 이 운동에 호응하기가 어려웠다.

이처럼 중산층 주도의 민족운동의 지지기반이 미약한 가운데 이들 중산층들은 1923년에 물산장려운동과 민립대학설립운동을 동시에 추진함으로써 힘의 분산과 지지기반의 분산을 스스로 자초하고 말았다.

따라서 중산층 주도의 민립대학설립운동은 그 중심적 지지기반이 거의 없는 상태에서 전개되었기 때문에 모금은 거의 힘든 일이었다. 이 운동에 있어 가장 핵심적인 것은 헌금의 모금이었는데 모금이 잘 안되는 상태에서 외형적 조직이나 선전에만 치중된 결과가 되어버렸고 이 운동은 실패하였다.[5)]

이처럼 이 운동이 실패하는 동안 총독부는 1921년부터 추진하여 오던 관립대학을 경성제국대학이란 명칭으로 1924년 개교하게 되었다.

---

5) 노영택, 〈민립대학설립운동연구〉(《국사관논총》 11, 국사편찬위원회, 1990).

3) 민중계몽 교육운동

(1) 민중교육기관 설립의 배경

민족운동과정에서 민중이 역사의 주체로서 그리고 민족의 주체로 인식된 것은 3·1운동 이후의 일이었다. 특히 申采浩는 3·1운동을 겪으면서 민족운동의 새로운 주도세력으로 민중을 발견하였다. 신채호는 1923년 〈조선혁명선언〉에서 민족독립의 방법으로서 민중직접혁명을 선언하고 민중에 의한 혁명이 아니고서는 독립은 불가능하다고 인식하였다. 신채호는 민중을 민족사의 실체적 주체로 인식하면서 민중은 농민·어민·노동자를 지칭하는 것이지만 특히 농민이 민중의 중심임을 강조했다. 일제시대 농민이 전 인구의 9할을 점하였던 점과 3·1운동 이후 부르주아지를 중심으로 하는 민족주의자들이 대개 개량주의에 매몰된 점을 생각할 때 민중이 민족운동의 주체가 되는 것은 당연한 것이었다.

일제하에서 민중의 실태는 말할 수 없이 비참한 지경에 처해 있었다. 사회경제적 측면에서는 일제의 가혹한 소작제도와 경제수탈정책에 의해 생활이 파멸상태에 빠져 있었다. 지적 측면에서는 극히 무지몽매한 상태였다. 따라서 이와 같은 빈곤과 무지로부터 민중을 해방시키지 않고서는 민족운동을 추진할 수가 없었던 것이다.

민중계몽교육운동은 이러한 배경에서 민중의 무지로부터의 해방과 지적향상을 위해 전개된 운동이었다.

민중계몽교육운동을 담당한 기관은 서당과 야학이었다. 특히 개량서당과 야간 강습소인 야학이 중심을 이루었다. 더욱이 주간에는 가사와 생업에 종사해야 하는 문맹 성인과 아동들을 위해서는 야학이 절대적으로 필요했던 것이다. 이와 같은 민중교육기관은 비정규적인 교육기관이었으나 일제하의 민중에게는 비중이 크고 보편적인 교육기관이었다.

일제하에서 사립학교들이 가혹한 탄압에 의해 위축되어 있었던 것과는 달리 서당교육은 오히려 발전하고 있었다.

원래 서당은 한문을 배워주고 봉건유교사상을 주입시키는 것을 기본사명으로 하는 봉건적인 초등교육기관이었다. 서당교육의 이러한 성격 때문에 일제는 식민지시대 초기에는 서당에 대하여 신경을 쓰지 않았을 뿐 아니라 오히려 장려하는 온존책을 실시하였다가 점차 통제하게 되었다. 그리하여 민족교육운동을 추진한 주체들은 사립학교의 탄압을 피하면서 일제의 서당 온존책을 역이용하여 서당을 민족교육기관으로 설립·경영하게 되었다. 더욱이 학교 설립 경비와 운영비 등 경제적 측면에서도 서당이 유리하였고 농촌 마을마다 용이하게 설립할 수 있어 교육보급에도 크게 기여할 수 있었던 것이다. 그리하여 서당의 수가 급격히 증가하였다. 1911년부터 1916년에 이르는 6년 사이에 서당의 수는 1만 6,540개로부터 2만 5,486개로 늘어났다. 같은 기간에 학생수는 14만 1,504명으로부터 25만 9,531명으로 늘어났다.[6] 이것은 같은 기간에 서당수는 1.5배 이상, 학생수는 1.8배 이상 각각 늘어났다는 것을 말해 준다.

이러한 서당의 급격한 성장은 단순히 숫자적인 증가만을 의미한 것이 아니었다. 이것은 서당의 반일애국적인 성격의 변화과정을 동반하였다. 이 시기에 설립된 서당들은 대부분이 애국적 지식인들과 민중들에 의하여 세워진 것으로서 비록 서당이라는 명칭이었지만 본질상 정규 사립학교와 다름이 없는 반일민족교육기관의 성격을 갖춘 것들이었다. 이처럼 성격이 개량된 서당을 개량서당이라고 칭하였는데, 근대적 교육기관으로 변신한 개량서당은 종래의 재래 서당과는 달리 많은 학생들을 수용하여 근대적인 교육기관과 같이 학년·학기·학급을 구성하고 한문이나 동몽선습 뿐 아니라 일제에 의하여 금지당한 조선역사와 조선지리 과목을 비롯하여 조선어와 산술 등 청소년들 속에서 반일민족의식을 고취하고 근대적 지식을 주는 과목들을 교육했다. 이와 같은 성격의 개량서당들은 근대적인 민족교육기관의 한 형태로서 당시 우리 나라의 반일민족교육운동에서 큰 역할을 하였다.[7]

개량서당과 함께 민중교육운동의 핵심이 된 것은 야학이었다.

이미 한말부터 출현하기 시작한 야학은 새로운 발전 추세를 보이면서 급

---

6) 朝鮮總督府,《朝鮮總督府統計年報》(1918년).

7) 노영택, 〈일제하의 서당연구〉(《역사교육》 16), 1974.

속히 확대되었으며, 일제시기 야학은 노동야학을 비롯하여 농민야학·여성야학 등 다양하였다.

1910년대에 우리 나라에는 전주 제1노동야학, 울산 신화리 노동야학 등 많은 노동야학들이 새로 설립되었으며 이미 한말부터 설립·운영되어 오던 마산 노동야학, 합천 적중 노동야학과 같은 야학들이 더욱 확장되었다.

마산 노동야학은 1914년 10월에 건평 140㎡에 6개의 교실을 가진 큰 규모의 야학으로 확대되었으며 야학생의 수도 수백 명에 달하였다. 당시 노동야학의 야학생 규모는 보통 수십 명으로부터 수백 명 정도였으며, 전주 제2노동야학과 같이 규모가 큰 노동야학은 200명 이상의 야학생들을 수용하였다. 또한 적지 않은 노동야학들은 그 학제도 정규적인 사립학교의 것을 따랐다.[8)]

이와 같이 일제시대 민족교육운동은 사립학교 뿐 아니라 서당·야학 등 여러 가지 형태로 진행되었으며, 이곳에서는 청소년학생들에게 반일애국사상을 심어주며 민족자주의식을 배양하는 것을 교육내용의 기본으로 하였다.

그리고 이같은 민중교육기관이 꾸준히 설립된 역사적 배경은, 첫째로 정규교육기관의 부족, 둘째로는 빈곤한 민중의 취학이 거의 불가능했다는 점이다. 즉 의무교육제가 실시되지 않았기 때문에 초등학교도 교육비 부담이 컸으며 아동들도 노동현장이나 가사에 종사해야만 했던 생활상태 그리고 이미 취학의 기회를 상실한 문맹성인들을 위해서는 서당이나 야학이 절실히 요청되었다. 셋째로는 3·1운동 이후 민중의 자각과 교육열이 크게 고조되었다는 점이다. 넷째로는 민족운동전개과정에서 주도세력들이 민중계몽교육의 필요성을 절감했기 때문이었다. 또한 다섯째로는 3·1운동 이후 1920년대에 열화같이 전개된 청년운동·여성운동·농민운동·노동운동·형평운동 그리고 사회주의운동에 의해 농촌계몽운동·문맹퇴치운동 등 민중계몽 교육운동이 활성화되었기 때문이다. 또한 개신교·천주교·천도교·불교 등 각 종교단체에서 적극적으로 민중계몽에 주력했기 때문이었다.[9)]

일제 경찰당국도 한국인들이 실력양성을 목적으로 교육열이 급격히 발흥하였고 공립학교와 사립학교는 수용력이 태부족하여 야학과 같은 민중교육

8) 박득준, 앞의 책, 223쪽.
9) 노영택, 《일제하 민중교육운동사》(탐구당, 1979), 189~190쪽.

기관이 설립되었다고 하였다.[10)]

《동아일보》는 "금일의 상태하에서는 농촌에 있어서 보통학교의 증설도 필요하지만 서당·강습소·야학 등의 시설도 매우 필요하다. 왜냐하면 1면 1교가 되어도 교통관계로 통학이 불능인 경우가 많고, 경제관계나 학령을 초과한 관계, 학교수용력의 부족때문에 이같은 보조교육기관의 필요를 통감하게 된다"[11)]고 하였다. 즉 교육시설의 부족, 학령을 초과한 성인, 경제적 빈곤 그리고 통학거리가 먼 농촌의 경우에는 민중교육기관이 절대적으로 필요함을 강조하고 있는 것이다.

3·1운동 후 1920년대에는 민족실력양성운동이 크게 대두되었다. 특히 중산층의 민족운동지도자들은 민족의 실력을 양성해야만 민족독립운동이 효율적으로 전개될 수 있다고 확신했으며 민중이 민족의 중심이 됨을 인식하여 민중의 실력을 향상시키는 것이 급선무라고 생각하였다.

또한 3·1운동의 주도세력으로 등장된 민중은 스스로 실력을 향상시켜야만 자신들의 생존권 확보와 사회적 지위향상이 가능하다고 자각하게 되었고 더 나아가 민족독립도 가능하다고 인식하였다. 전반적으로 1920년대 국내 민족운동의 주요과제는 실력향상이었는데, 이 실력향상은 경제적 빈곤으로부터의 해방을 위한 경제자립과 지적 무지몽매로부터의 해방을 통한 지적·교육적 향상 등 두 방향에서 추진되었다.

그 중에서도 모든 계층의 사회운동에서 공통적으로 시급한 선결과제로 삼았던 것이 무지로부터의 해방을 위한 민중계몽교육이었다. 특히 농민층·노동자층의 자각이 고양되어 민중의 교육열이 고조되었다. 교육열은 고조되었으나 반면에 일제의 식민지 교육정책으로 인하여 교육시설은 부족하고 의무교육이 실시되지 못하였기 때문에 이러한 상황의 타개책으로 각종 형태의 민중교육기관 설립이 요청되었던 것이다. 그리하여 노동야학·농민야학·여성야학·각종 강습회·개량서당 등 비정규의 민중교육기관이 설립되어 미취학 아동은 물론 취학의 기회를 상실한 성인들을 수용하였던 것이다.

이러한 민중교육기관의 설립주체는 각 종교단체와 사회운동단체 그리고

---

10) 慶尙北道警察部, 《高等警察要史》(1934), 43쪽.
11) 《동아일보》, 1932년 5월 15일, 社說.

지방유력자나 부락공동인 경우도 있었다. 교육의 필요성을 자각하게 된 농민들이 부락공동으로 개량서당이나 야학을 설립·운영하였고, 뜻을 가진 지방유력자나 열성적인 사람들이 개인적으로 민중계몽교육에 앞장섰던 것이다.[12)]

조선농민사를 통해 천도교 농민운동을 주도한 李晟煥은 민족운동이나 실력운동 혹은 사회운동이 전개되고 있으나 크게 성공되지 못하고 있는데, 이를 위해서는 민중의 각성이 필요하다는 주장을 하였는바, 결국 농민의 의식화와 각성없이는 아무 것도 성공할 수 없으므로 이를 위해서는 농민계몽교육 즉 문맹퇴치운동을 하여야 한다는 것이었다. 이성환은 1927년 교육주간을 맞아 문맹퇴치운동이 고조되고 있음을 상기시키고 대중에 대한 문맹퇴치운동이 절실히 요구된다고 하였다.[13)]

1927년 함흥지방의 농민교육자 조사를 마치고 돌아온 조선농민사의 한장경도 "오랫동안 남에게 속아 살고 눌려 오던 농민대중은 이제야 눈을 뜨고 살길을 찾게 되었다. 그리하여 그 첫걸음으로 문맹퇴치의 필요를 느끼고 야학을 세우게 되었다"[14)]고 하였다.

조선농민사는 1928년 1월호의 〈社告〉에서 "농민의 문맹퇴치에 일층 더 주력하기로 함"이라고 하였다.

김도현은 "간단하게 말하면 농촌계몽으로부터 시작해야겠다는 것이다. 글자 모르는 농민에게 먼저 우리의 피와 살인 알기 쉬운 우리 글을 배워주어서 한사람도 글자 모르는 사람이 없도록 하는 것이 가장 먼저 할 일이다"[15)]라고 하였다.

조선농민사는 "이 시대는 민중의 시대이다. 우리 조선 민중도 이 길에 함께 나서자면 먼저 문자를 알아야 한다. 문자 모르는 사람은 장님과 일반이다"[16)]라고 부르짖고 있었다. 또한 "우리는 力을 양하자. 오직 력이다. 력뿐이다. 그러기 위해서는 배우고 또 배우자. 신조선 건설의 기초공사는 노동자와 농민의 문맹을 퇴치함에 있다"[17)]고 하였다.

---

12) 노영택, 〈일제시기의 문맹률 추이〉(《국사관논총》 51, 국사편찬위원회, 1994).
13) 《朝鮮思想通信》, 1927년 12월 22일.
14) 《조선농민》, 1927년 12월호.
15) 《조선농민》, 1929년 3월호.
16) 《조선농민》, 1930년 1월호.

김병순은 "농민들이 그 생을 보지하며 그 명을 유신케 함에 당하여 지식을 계발치 아니하고 활로는 타개될 수 없는 것이니 문맹지옥의 타파는 얼마나 중대성을 가지고 있는 가"[18]하고 부르짖었다.

천도교 농민운동 지도자들의 주장은 한결같이 농민이 무지몽매한 상태에서는 아무 것도 성취될 수가 없다는 것이다. 따라서 먼저 시급한 선결과제는 이들의 문맹을 타파하여야 그들의 의식화와 각성이 가능하고 그때 가서야 농민운동이니 지위향상이니 하는 문제들이 해결될 수 있다는 주장이었다.

(2) 민중교육기관의 성격

일제하 서당은 본래 서당의 전통적 기능인 초등교육기관으로서의 기능을 계승·발전시켰다. 특히 개량서당은 교과내용이나 교사의 질에 있어 근대교육기관으로서의 면모를 갖추었다.

한편 야학에서는 근대교육을 받은 청년지식인들이 근대적 교과로 학생들을 교육했다. 교과내용에서 보아도 근대학교와 같은 교과를 설정하여 시대에 맞는 초등교육의 기능을 유지했다.

이들 서당과 야학에서는 당시의 사립학교와 마찬가지로 무엇보다 먼저 조선역사·조선지리·조선어 교수를 통하여 민족의식을 고취하였다. 일제는 한국사람들의 민족의식을 영원히 말살하기 위하여 각급 학교에서 조선역사와 조선지리을 법적으로 금지시켰다. 따라서 조선역사와 조선지리를 학생들에게 가르치면 식민지악법에 저촉되어 가혹한 처벌의 대상이 되었다. 이러한 상황이었으므로 조선역사와 조선지리 수업은 일제의 눈을 피해가면서 비밀리 진행하지 않으면 안되었다.

함경북도 경성의 사립 온천학교에서는 비밀리에 우리의 역사와 지리를 교육하였는데, 1916년의 함경북도 경무부 비밀자료에는 이에 대하여 "지금 학생들에게 비밀리에 가르치고 있는 '조국생각가'와 安重根을 찬양한 몇 수의 불온 창가 및 불온 사상을 담고있는《조선사》·《대조선사》등의 교재들과 불온하기 때문에 발행이 금지된《초등본국역사》·《초등본국지리》등을 발견

17)《조선농민》, 1930년 5월호, 농민독본 선전문.
18)《농민》, 1933년 11월호.

하였고 학생잡기장에 '조선어를 읽으라'고 표제한 불온 문서를 필기한 것을 발견하였다"[19]고 기록되어 있다.

이러한 조선역사와 조선지리의 교육을 통한 반일애국교육은 사립학교에서는 물론 서당들에서도 일반적으로 적용된 방법의 하나였다.

당시 전라남도 경무부장의 자료보고를 통해서도 서당에서의 교육내용을 엿볼 수 있다. 즉 전라남도 곡성군 곡성면의 한 서당교사가 《봉성진 및 문선언즉기》라는 책을 교재로 삼아 학생들을 가르쳤다고 하면서, 이 책에서는 일제침략자들을 반대한 싸움에서 목숨을 바친 崔益鉉 등 애국적 유생들의 민족적 절개를 따를 것을 호소한 내용들과, 이토 히로부미(伊藤博文)·하세가와 요시미치(長谷川好道) 등 조선 침략원흉들이 우리 민족 앞에 저지른 만행을 신랄히 폭로한 내용들이 서술되어 있었다고 하였다.[20]

한편 사립학교·서당·야학 등 초등교육기관에서는 한글을 교수하기 위한 조선어교육도 다양한 형식과 방법으로 진행하였다. 이미 일제강점 전에 출판된 《유년필독》·《초등국어어전》을 비롯한 여러 가지 국어책들을 가지고 교육하였다. 그리고 사립중등학교에서는 周時經이 쓴 《말의 소리》·《국어문법》 등에 대한 교수를 계속하였다. 그리하여 일제에 의한 민족어 탄압책동이 노골화되었던 조건에서도 순수한 민족어를 지켜나가는 데서 일정한 기여를 할 수 있었다.[21]

또한 이 시기 반일민족교육에서 보편적으로 실시된 방법의 하나가 애국적인 창가보급이었다. 애국적 지식인들은 국가의 성쇠는 국민정신에 달려있고 국민정신을 함양시키는 데는 가곡이 제일이라고 여겨 학생들에게 애국창가를 비밀리에 보급하는 데 특별한 관심을 가졌다. 애국적 지식인들은 당시 일제 강점자들이 각급 학교들에서 창가수업을 '천황주의'를 설교하는 중요한 수단의 하나로 삼고있던 조건을 역이용하여 학생들에게 애국적 창가를 보급하였다. 그들은 학생들에게 애국창가를 널리 보급하기 위하여 무엇보다 먼저 비밀리에 애국창가집을 편찬하는 데 적극 힘썼다. 그리하여 개성의 한영서원

19) 姜德相, 《現代史資料》 25(みすず書房, 1966), 15쪽.
20) 姜德相, 위의 책, 18쪽.
21) 박득준, 앞의 책, 227쪽.

을 비롯하여 여러 학교들에서 창가집이 비밀리에 출판되어 학생들 속에 널리 이용·보급되었다.[22]

이상에서 보는 바와 같은 일제의 가혹한 식민지 통치하에서도 사립학교와 서당 그리고 야학에서 여러 가지 형식과 방법으로 반일애국교육을 교육함으로써 학생들과 민중들에게 반일정신과 애국심을 키워줄 수 있었다.

그리고 민중교육기관이 민족교육을 실시할 수 있었던 조건은 서당이나 야학 교사들의 의식과 그들의 언동이 학생들에게 민족의식과 애국심을 고취하였기 때문이다.

《동아일보》 1936년 2월 1일자를 보면, 입학문제 좌담회 석상에서 김태영이 언급하기를 당국이 서당의 경영자 또는 교원이 부적하다는 이유로 서당을 많이 폐지하고 있다고 하였다. 이것은 서당의 경영자와 교사들의 민족의식이 서당교육에 반영되었음을 의미하는 것이다.

당시 충청남도 논산군 두마면에 본부를 둔 신흥종교단체인 만인교 교주 정창선은 민족의식을 고취하기 위해 개량서당을 개설하여 민족독립을 위한 인재를 양성하고 있었다.[23]

3·1운동에 참가한 서당교사와 학생들의 사례도 많았는데 황해도의 경우 신천군 용천에 있는 기독교회 부속의 서당학생들이 만세시위를 기도하다 체포되었고 재령군 청석두의 기독교도와 서당학생들이 만세시위를 벌렸다.[24]

또한 평안북도 용강군 해운면에 거주하는 서당교사 김정식도 태극기를 만들어 사당학생들에게 나누어주고 만세를 부르게 했다.[25]

(3) 민중교육운동의 주체

민중교육기관을 설립하여 운영한 민중교육운동의 주체는 첫째 각 종교단체, 둘째로 청년단체, 셋째로 형평운동단체, 넷째 농민운동단체, 다섯째 노동운동단체, 여섯째 여성운동단체, 일곱째 부락공동이나 지방유지, 여덟째는 민

22) 姜德相, 《現代史資料》 15(みすず書房, 1966), 10~17쪽.
23) 慶尙北道警察部, 앞의 책, 76쪽.
24) 姜德相, 앞의 책(1966b), 337쪽.
25) 獨立運動史編纂委員會, 《獨立運動史 資料集》 5(1966), 820쪽.

중계몽교육에 뜻을 가진 개인 등으로 분류할 수 있을 것이다.

개신교는 한말 개화기부터 수많은 사립학교를 설립하여 근대교육발전에 기여하였거니와 일제하에서도 정규사립학교 뿐 아니라 야학이나 개량서당을 설립하여 문맹퇴치와 민중계몽에 앞장섰던 것이다.

교회는 자신의 조직력과 인적자원·물적자원을 동원하기에 유리했고 교회당이나 부속건물을 활용할 수 있어 민중교육기관의 운영이 용이하였다.

천주교도 야학이나 개량서당을 설립하여 문맹퇴치와 민중계몽교육에 힘썼다. 평양의 교구장 홍용호 신부(1943년 평양교구장에 취임하여 1944년 주교가 됨)는 일제하 천주교의 문맹퇴치운동의 성과와 그 필요성을 다음과 같이 역설하였다.

> 가장 한심한 것은 읽을 능력이 있으되 읽기를 게을리하는 것과 또한 읽을 능력이 없는 문맹들이 너무나 많이 있는 것이다. 문맹들은 참으로 가련한 자이다. 가톨릭에게 동정심이 있다면 먼저 저들을 향하여 동정하여야 할 것이오. 우리에게 구제사상이 있다면 먼저 저들을 구제해야 할 것이다. 아! 모르는 이들이여. 배워라. 가톨릭 식자들이여. 가르치라! 이것은 그대들의 가장 신성한 사도직이다. 각 교회와 집회에서는 문맹퇴치의 기관을 설립하라. 각 성당, 각 공소, 각 동리에는 반드시 언문학교부터 먼저 시작하라(《가톨릭연구》, 1934년 2월호).

홍용호 신부는 선교의 선행사업으로서 문맹퇴치와 계몽을 주장하였지만 당시 민족사회의 시대적 당면과제였던 문맹퇴치의 의지를 표시하고 있는 것이다.

천도교는 3·1운동 후 문화운동에 주력하였는데 3·1운동 후의 국내 민족운동이 민족실력 양성운동·문화운동·사회운동·교육운동으로 전환됨에 따라 천도교도 이와 같은 성격의 민족운동에 주력하였던 것이다. 특히 천도교는 농민운동에 큰 비중을 두고 농민계몽·문맹퇴치에 주력했다.

이처럼 각 종교단체를 비롯하여 부락공동 혹은 개인이 야학·강습소·개량서당 등 수많은 민중 교육기관을 설립·운영함으로써 문맹퇴치와 민중계몽교육에 크게 기여하였다.

1920년대에는 청년운동이 전국 각처에서 고조되었다. 각지에서 청년단체의 조직이 경쟁적으로 있게 되어 각종 청년단체가 조직되지 않은 지방이 없었다고 해도 과언이 아니다. 또한 개신교·천주교·불교 등 종교단체의 청년단체들이 수없이 조직되었다.

이들 청년단체들은 각종 활동을 전개하면서 가장 중요시한 것이 민중계몽·문맹퇴치를 위한 민중교육기관의 설립·운영이었다. 청년단체들은 당시 민족의 시대적 선결과제였던 민중의 문맹타파와 계몽을 위해 야학이나 개량서당을 설립·운영하였다. 이러한 활동은 청년 스스로가 직접 교육을 담당하고 청년회관이나 기타 건물을 이용하면 용이하였기 때문에 청년단체들은 거의 예외없이 민중계몽교육·문맹퇴치 활동을 전개하였다.

1920년 12월에 창립된 조선청년연합회 헌장에는 본회의 목적을 달성하기 위해 각종 사업을 행하는 가운데 강습회 또는 야학을 개최하고 청년취학의 편의를 도모할 것을 결정하고 있다.[26]

청년운동 못지않게 노동운동에서도 문맹퇴치 활동이 전개되었다. 노동운동의 전개과정에서 무엇보다도 시급한 과제로 강조된 것이 노동자의 계몽을 위한 사항이었다.

1920년 4월 최초의 노동운동 단체로 조직된 조선노동공제회는 노동사회 개선의 목적을 위해 첫째로 지식계발을 실천사항으로 주장하였다. 무지몽매한 노동자들의 계몽은 무엇보다 시급한 과제였고 노동자들의 자녀들은 경제사정으로 학교에 취학시킬 수 없어 이들을 교육하는 문제가 가장 시급한 과제였다. 이것은 단순히 농민의 문제라기보다 전민족적 문제였던 것이다.[27] 정종명은 〈농민의 문맹퇴치〉라는 제목으로 《조선사상통신》에 기고한 글에서 "무산대중의 계급적 해방운동이 중요하다. 무산무식한 조선농민을 훈련하는데 최대의 정력을 경주해야 한다… 무엇보다도 먼저 신문잡지라도 읽을 수 있도록 문맹퇴치해야 한다"[28]라고 주장하였다.

임병천도 80% 이상의 농민 대부분이 문맹이니 농민의 문맹타파를 위해

26) 《매일신보》, 1920년 12월 2일.
이돈화, 〈조선청년 연합회의 성립에 취하여〉(《개벽》, 1921년 1월호).
27) 노영택, 앞의 글(1994).
28) 《朝鮮思想通信》, 1928년 1월 30일.

농민야학·여성야학을 설립하고 농민 자녀들을 위한 교육에 힘써야 한다고 하였다.[29]

일제시기 서당과 야학 등 민중교육기관은 민중계몽과 실력향상에 크게 기여하였다. 또한 서당과 야학에 의한 민중교육운동은 민족교육운동의 중심에 위치하고 있었다. 왜냐하면 정규사립학교는 학교수가 제한적이었고 도시 중심적이었다. 그에 비하면 민중교육기관은 9할이 농민이었던 일제시기에 전국 보편적 민중교육기관이었고 민족주의교육에 기여할 수 있었다.

공립학교에서는 지적교육은 우세하였다고 볼 수 있으나 민족교육이라는 측면에서는 민중교육기관의 교육과는 비교될 수 없었다.

3·1운동 후 민족의 주체이며 역사의 주체로 등장된 민중이 그 역할을 수행할 수 있도록 실력을 향상시킨 것은 민중교육운동의 공헌이었다고 할 수 있다.[30] 다음 표는 각종 초등학교와 서당의 통계표인데 일제시대 교육실태를 파악할 수 있는 자료가 될 것이다. 야학은 공식 통계자료가 없기 때문에 제외하였다.

〈표 1〉 각종초등학교 누년통계표

(1911년~1942년)

년도별	공립보통학교		사립보통학교		사립 각종학교 (일반 종교)		총학생수(명)
	교수(명)	학생수(명)	교수(명)	학생수(명)	교수(명)	학생수(명)	
1911	152	21,842	54	2,428	2,085	?	?
1912	342	41,063	25	2,021	1,323	55,313	96,376
1913	366	47,066	18	1,646	1,285	57,514	104,520
1914	382	50,753	20	1,834	1,214	53,885	106,472
1915	410	58,757	17	1,436	1,090	51,725	111,918
1916	426	65,653	19	1,489	973	48,643	115,785
1917	435	73,157	24	2,055	827	43,643	118,855
1918	469	76,061	36	3,613	780	35,197	114,871

29) 《朝鮮思想通信》, 1929년 3월 26일.
30) 노영택, 앞의 책, 126쪽.

년도별	공립보통학교		사립보통학교		사립 각종학교 (일반 종교)		총학생수(명)
	교수(명)	학생수(명)	교수(명)	학생수(명)	교수(명)	학생수(명)	
1919	535	76,918	33	3,295	698	34,975	115,188
1920	641	102,024	38	4,819	661	51,008	157,851
1921	755	152,305	36	6,308	625	57,074	215,687
1922	900	228,674	44	8,373	653	71,157	308,204
1923	1,040	293,318	56	11,643	637	68,443	373,404
1924	1,152	332,222	63	11,634	628	68,520	412,376
1925	1,242	365,741	78	17,102	583	55,622	438,465
1926	1.309	387,747	81	18,070	573	49,795	455,613
1927	1,395	400,037	81	19,460	550	46,248	465,745
1928	1,463	409,584	81	19,803	533	47,908	477,295
1929	1,620	420,608	78	19,966	508	47,689	488,263
1930	1,750	436,475	79	21,041	489	47,422	504,938
1931	1,860	445,813	80	21,827	461	45,647	513,287
1932	1,980	470,074	82	23,563	446	46,122	539,759
1933	2,291	606,446	83	26,645	457	57,274	690,365
1934	2,403	679,909	86	29,864	430	62,927	772,700
1935	2,546	759,790	87	33,017	412	70,128	862,935
1936	2,692	842,247	85	35,086	394	75,027	950,360
1937	2,776	946,743	92	39,793	393	80,352	1,056,888
1938	2,878	1,081,908	100	45,000	357	77,722	1,204,630
1939	3,005	1,242,017	117	51,754	335	75,989	1,369,760
1940	3,129	1,407,695	134	57,878	300	69,981	1,535,554
1941	3,252	1,589,106	145	63,548	284	69,745	1,722,399
1942	3,360	1,794,291	141	63,454	252	54,323	1,912,068

* 조선총독부통계연보에 의거(노영택, 〈일제하의 서당연구〉, 《역사교육》 16, 1974 ; 노영택, 《일제하 민중교육운동사》, 탐구당, 1979, 98~99쪽에서 재인용).

〈표2〉

서당 누년 통계표

(1911년~1942년)

년도별	서당(개)	직원수(명)			생도수(명)		
		남	녀	계	남	녀	계
1911	16,540	16,711	–	16,771	141,034	570	141,604
1912	18,238	18,435	–	18,435	168,728	349	169,077
1913	20,268	20,807	–	20,807	195,298	391	195,689
1914	21,358	21,570	–	21,570	203,864	297	204,161
1915	23,441	23,674	–	23,674	229,028	522	229,550
1916	25,486	25,831	–	25,831	258,614	917	259,531
1917	24,294	24,507	13	24,520	264,023	812	264,835
1918	23,369	23,590	23	23,613	260,146	829	260,975
1919	24,043	24,173	12	24,185	275,261	659	275,920
1920	25,492	25,602	19	25,621	290,983	1,642	292,625
1921	24,195	24,507	24	24,531	295,280	2,787	298,067
1922	21,057	21,663	36	21,699	275,952	4,910	280,862
1923	19,613	20,240	45	20,285	251,063	5,788	256,851
1924	18,510	19,067	34	19,101	226,430	5,324	231754
1925	16,873	17,347	43	17,390	203,580	4,730	208,310
1926	16,188	16,524	41	16,565	192,241	4,597	196,838
1927	15,069	15,485	24	15,509	184,541	4,719	189,260
1928	14,957	15,429	40	15,469	186,195	5,477	191,672
1929	11,469	11,885	23	11,908	157,066	5,181	162,246
1930	10,036	10,477	73	10,550	144,913	5,979	150,892
1931	9,208	9,527	67	9,594	140,034	6,867	146,901
1932	8,630	8,939	70	9,007	134,639	8,029	142,668
1933	7,529	7,889	75	7,964	137,283	10,822	148,105
1934	6,843	7,997	111	7,408	139,381	14,303	153,684
1935	6,209	6,766	110	6,876	142,468	19,306	161,774
1936	5,944	6,455	88	6,543	147,558	22,441	169,999
1937	5,681	6,110	101	6,211	145,365	27,421	172,786
1938	5,293	5,724	108	5,832	142,055	30,401	172,456
1939	4,686	5,099	140	5,245	129,967	34,540	164,507
1940	4,105	4,599	156	4,755	121,837	36,483	158,320
1941	3,504	3,941	156	4,097	111,240	38,944	150,184
1942	3,052	3,556	173	3,729	106,033	47,751	153,784

〈盧榮澤〉

4. 민족교육의 수난

1) 침략전쟁과 황국신민화정책

1931년 만주를 침략하여 그곳을 지배하게 된 일제는 1937년 중일전쟁을 도발하여 대륙침략을 본격화하였다. 그리하여 전시체제를 구축하기 위해 한국에 대해 황국신민화정책 즉 황민화정책을 강행하였다.

황민화정책이란 한마디로 조선인을 '황국신민' 즉 일본인으로 만들기 위한 여러 가지 정책을 총칭하는 것이다. 대체로 그 정책은 신사 참배, 궁성 요배, 국기 게양, 〈황국신민서사〉 제창, 기미가요 보급, 일본어 보급, 지원병제도의 실시, 제3차 〈조선교육령〉 개정, 창씨개명 등을 말한다.

그 중에서도 핵심은 1938년 2월에 공포된 〈육군특별지원병령〉, 1938년 3월의 〈조선교육령〉 개정과 1940년 2월부터 시행된 창씨개명 등 세 가지였다. 이것은 1936년 8월 관동군사령관 육군대장 미나미 지로가 조선총독에 취임하면서 일본의 군사적 목적에 의해 강행된 것이다.

특히 〈조선교육령〉 개정은 황민화정책을 영구히 강행할 수 있는 교육적 기반을 형성하기 위한 중심체가 되었다. 〈조선교육령〉 개정에 앞서 1937년 10월 2일 일제는 〈황국신민의 서사〉를 제정하여 항시 그것을 제창하도록 강요하였다. 〈황국신민의 서사〉는 일반 및 상급학교용과 소학교용 두 종류가 있었는데 소학교용은 다음과 같다.

1. 우리들은 대일본제국의 신민입니다.
2. 우리들은 마음을 합하여 천황폐하께 충성을 다합니다.
3. 우리들은 인고 단련하여 훌륭하고 씩씩한 국민이 됩니다.

소학교용 쪽에 제정의 의도가 보다 단적으로 나타나 있다. 일본어도 아직 잘 알지 못하는 소학생시절부터 매일 아침 이것을 제창시켜, 뇌리에 문자 그대로 주입시켰던 것이다.

다음에 징병제도를 향한 포석으로서, 1938년 2월 〈육군특별지원병령〉이 공포되었다(〈해군지원병령〉은 1943년). 이것은 물론 일본군의 부족 병력 보충이라는 현실적 요구에 의한 것이었지만, 동시에 한국에서는 그것이 '사상동원', '내선일체'의 대중적 운동으로서 추진되었다.

그러나 무엇보다도 황민화교육은 황민화정책에서 가장 핵심을 이루는 것이었다.

2) 황민화교육과 민족교육의 수난

황민화교육은 한국인을 일본인화하여 침략전쟁의 도구화하려는 목적으로 강행된 것이었다. 민족을 말살하는 것이 황민화정책의 주요과제였기 때문에 황민화교육에서는 민족말살을 위한 온갖 방법이 강구되었다.

황민화교육의 추진을 위해 조선총독부는 1938년 3월에 제3차 〈조선교육령〉을 제정하고, 각급 학교의 규정을 새로 제정하여 학제를 개편하였다. 한편 일제는 한국인 학생들을 황국신민으로 만들기 위해 각급 학교에서 일본어·일본역사·수신 등의 교과를 강화하는 반면 조선어를 선택과목으로 약화시킴으로써 황민화교육을 강화하고 동화주의 교육을 그들의 군사목적에 합치되는 방향으로 추진토록 하였다. 그리하여 1940년대에 이르러 황국신민화 교육의 군사체제화가 급속히 추진되었다. 전체주의의 이념과 군국주의 체제하에 총력전시체제화 교육이 강조된 군국일본의 정책이 한국에도 그대로 적용되고, 이를 추진키 위해 조선총독부는 1943년에 또 다시 〈조선교육령〉(제4차)을 제정하였던 것이다.[1)]

황민화교육정책이 강행되는 과정에서 가장 큰 수난을 당한 것이 사립학교였다. 왜냐하면 이때의 사립학교들은 여러 가지 방법으로 일제의 교육정책에 맞서 나름대로 민족주의에 입각한 교육을 실시하였기 때문이었다. 당시 일제가 민족교육을 실시하는 사립학교에 대해 가한 탄압책은 다음과 같이 구체화되었다.

1) 김영우·피정만, 《최신한국교육사연구》(교육과학사, 1995), 431쪽.

(1) 사립학교의 개폐 : 조선총독부는 사립학교의 교육목적과 내용을 변경하도록 하고, 민족주의 색채가 농후한 사립학교는 공립학교로 개편토록 하였다. 이같은 조치에 따라 조선총독부는 남궁억이 설립 운영하던 모곡학교를 공립학교로 개편하고, 조선어학회사건(1942)으로 학교장이 검거된 경상북도 김천중학교를 공립으로 개편하였으며, 보성 · 연희 · 이화 · 숙명 등의 사립전문학교가 개편되었다.

(2) 한국인 교원의 축출과 일본인의 지도권 장악 : 조선총독부는 사립학교의 한국인 교장을 축출하고 대신 일본인 교장을 두거나 일본인을 교두로 삼게 하여 이들 일본인이 학교의 실권을 잡고 학교를 그들의 구미에 맞는 방향으로 운영하도록 하였다. 그리고 문교당국은 일본인 시학관을 수시로 사립학교에 파견하여 사립학교의 교육내용과 교육활동을 감독하였다. 이같은 조치에 따라 조선총독부는 연희전문학교에 일본인 교장을 파견하고, 이화여자전문학교에 일본인 교두를 파견하였으며, 오산중학교에도 일본인 교장을 파견하였다. 특히 조선총독부는 한일인 공학원칙을 명분으로 하여 신설되는 사립학교에는 반드시 일본인 교장을 두도록 하였다.

(3) 교명 변경과 사립학교의 설립 불허 : 조선총독부는 특정 사립학교에 대해 민족적 색채가 농후하다는 이유를 붙여 교명을 바꾸도록 하였다. 그리하여 대구의 信明학교는 南山으로 교명을 바꾸고, 원산의 루씨여자고등보통학교가 항도고등여학교로 개명되었다. 그리고 일제는 사립학교의 설립을 원칙적으로 불허하였다,

(4) 재단법인 조직 강요 : 조선총독부는 모든 사립학교에 대하여 단기간내에 재단법인을 조직할 것을 명하고, 이에 응하지 않는 학교는 폐쇄한다고 위협하였다. 이는 사립학교의 충실을 도모하기 위해서가 아니라 미션계 사립학교와 민족주의적 사립학교를 통제하려는 데 그 근본 의도가 숨어 있었다.

(5) 신사참배 강요 : 조선총독부는 선교계 학교에 대해서도 신사참배를 강요하고, 이에 응하지 아니하는 학교를 강력히 응징하였다.

이 결과 신사참배를 거부했다는 이유로, 숭실전문학교 · 숭실중학교 · 숭의고등여학교 · 신성학교 · 보성여학교 · 계성학교 · 신명여학교 · 명신학교 · 신흥학교 등 장로교 계통의 선교학교들이 폐교되었다.

〈盧榮澤〉

Ⅱ. 언 론

1. 일제의 언론정책
2. 무단통치기의 언론
3. 문화정치기의 언론
4. 1930년대의 언론

Ⅱ. 언 론

1. 일제의 언론정책

1) 법적 규제

한일합방 후 조선총독부의 일관된 언론정책은 철저한 강압과 통제에 바탕을 두고 있었다. 그러나 역대 총독의 통치방식과 상황의 변화에 따라서 약간의 차이를 보이기도 하였는데 탄압·통제의 강경정책과 함께 때로는 홍보·회유의 온건정책을 가미하였다. 이러한 강·온 양면정책은 일본이 한국침략을 시작한 한말부터 써온 수법이었다.

탄압정책의 첫 단계는 한국인들이 신문을 발행하지 못하도록 근원적으로 억제하는 방식이었다. 1910년 8월의 한일합방 후 강압적인 무단정치를 실시하면서 총독부는 한국인들이 발행하고 있던 기존의 신문을 모두 없애버리고 서울에서 발간되는 한국어 신문은 총독부의 기관지 《매일신보》 하나만 남겨두었다. 반면에 신문을 발행하고자 하는 일본인들에 대해서는 한국인과는 다른 차별적인 법령을 적용하여 일인들은 서울과 각 지방 도청소재지에서 신문을 발행할 수 있었다.

1920년에는 이른바 '문화정치'를 실시한다는 명분으로 제한된 숫자의 신문 발행을 허용하였다. 이로써 《조선일보》·《동아일보》·《시사신문》(1924년부터는 《시대일보》·《중외일보》·《중앙일보》·《조선중앙일보》)의 3개 민간지가 허용되었으나, 신문에 대한 지면통제와 검열, 언론인에 대한 사법처분 등 다양하게 언론탄압을 가하였다. 특히 1930년대에는 일본의 군국주의 체제가 강화되면서 언론통제는 더욱 엄격하고 조직적인 양상을 띠었다. '국책적 차원'에서 정보를 관리하고 신문의 기사와 편집 내용까지 간섭하는 상황이 되었다. 이

같은 탄압은 1940년 8월에 《조선일보》와 《동아일보》의 발행을 금지할 때까지 지속되었다.

총독부가 이와 같은 강압적 탄압과 병행하여 실시한 홍보·회유의 방법은 크게 세 가지로 대별할 수 있다. 첫째는 자체 언론기관으로서 기관지를 창설하여 침략정책을 홍보하고, 反日여론을 억압하는 것이었다. 일본은 총독부의 기관지 《매일신보》와 일어판 《경성일보》, 영어판 《*The Seoul Press*》를 동원하여 총독부의 정책을 선전하는 역할을 맡도록 하였다. 특히 문화정치를 표방했던 1920년대 이후에는 선전과 홍보에 많은 노력을 기울였다. 무단정치기에는 강압적인 명령으로 시행하던 식민지 통치방식의 기조를 유지하면서 한편으로는 계몽적인 행정홍보와 함께 총독부의 치적을 선전하였다. 선전영화를 제작하여 지방을 순회하며 상영하고 포스터와 기관신문을 활용하는 등의 방법을 동원하였다. 이때의 선전과 홍보정책을 일컬어 흔히 총독부의 '광고정치'라고 비판하는 소리도 있었다.[1] 1925년 2월 25일자 《조선일보》의 사설은 "누구나 조선총독부 정치를 비난할 때에 '광고정치'라 한다"고 말하면서 총독부가 정치적인 실적을 지나치게 선전 홍보하고 있음을 비판하였다.[2]

둘째로는 국제여론을 유리하게 유도하기 위한 홍보전략이었다. 이를 위해서는 외국인을 대상으로 출판물을 발행하고, 외국인 기자를 친선초대하여 선전에 동원하였다. 총독부의 영어 기관지 《*The Seoul Press*》가 그 같은 역할을 맡은 선전매체였다. 《*The Seoul Press*》는 통감부가 발행하기 시작했던 1907년부터 일본의 한국 침략을 적극적으로 선전하고 홍보하기 시작하였는데, 특히 1908년 6월 《대한매일신보》 사장 영국인 베델(裵說, E. T. Bethell)에 대한 제2차 재판이 열리기 직전인 5월 23일에는 영문과 일어로 된 팜플렛 〈한국의 선동 신문〉(*Incendiary Journalism in Korea*, 같은 내용의 일어판은 〈韓國に於ける排日新聞紙〉)을 발행하여 《대한매일신보》의 국한문판 및 영문판 신문을 비난한 것을 비롯해서, 베델의 재판이 끝난 뒤에는 3일간에 걸친 공판내

---

1) 《동아일보》, 1921년 6월 20일, 〈廣告는 商戰의 砲彈, 국가의 정치도 광고에 달려, 최근에 생긴 놀랄만한 사실〉.

2) 《조선일보》, 1925년 2월 25일, 사설 〈朝鮮經濟政策의 變遷, 廣告政治는 變解原理의 反證〉.

용을 전문 수록한 책자《한국에서의 외국어 신문－베델에 대한 재판》(*Foreign Journalism in Korea, Proceedings Against Mr. E. T. Bethell*)을 발행한 일도 있었다.[3] 신민회 사건으로 梁起鐸 등 민족진영 인사들이 대량으로 투옥되어 재판에 회부되었을 때인 1912년에는 일어판《朝鮮陰謀事件》과 영어판《*The Conspiracy in Chosen*》이라는 제목으로 검사의 기소장, 피고들에 대한 신문 내용, 판결문 등을 수록한 책자를 발행했고, 3·1운동 때에도 이를 비난하는 팜플렛 〈조선의 '독립'운동〉(*The Korean 'Independence' Agitation*)을 발행하였다.

셋째 비판적인 언론인 또는 언론기관을 매수하고 신문을 회유하는 방책이었다. 이는 총독부가 집계한 일제하의 언론탄압 자료에서 나타나는 〈간담〉과 같은 항목이 회유와 협박의 구체적인 사례로 볼 수 있다.

2) 사전탄압과 사후탄압

신문에 대한 탄압과 통제는 크게 2단계의 장치가 마련되어 있었다. 신문을 제작하기 전 단계의 '사전탄압'과 제작된 신문에 대한 '사후탄압'이 그것이다. 사후탄압은 다시 '行政處分'과 '司法處分'이 있었다.

'행정처분'이란 기사를 삭제하거나 또는 신문의 발매 반포를 금지하고 신문을 압수하는 처벌이다. 이에 비해 '사법처분'은 문제가 되는 기사의 집필자와 제작 책임자에게 벌금 또는 체형을 가하는 것이다. 그러나 중대한 사안인 경우는 행정처분과 함께 언론인을 처벌하는 사법처분을 병합하는 것이 통례였다.

신문과 언론인에 대한 처벌인 사법처분과 신문기사의 압수 등 행정처분의 처벌을 가한 법적 근거로는 光武 〈신문지법〉(1907. 7)을 비롯하여 〈출판법〉(1909. 2), 〈보안법〉(1907. 7), 〈치안유지법〉(1925. 4), 〈제령 제7호〉(1919. 4)와 형법의 〈명예훼손〉(제320조) 등 여러 가지 법률을 적용하였다. 사법처분과 함께 매일 발행되는 신문을 검열하여 제작된 신문의 기사를 삭제하고 신문을 압수하거나 정간(발행정지), 폐간(발행금지)과 같은 행정처분을 자행하는 일상

---

3) 정진석,《대한매일신보와 배설》(나남, 1987), 263~268쪽.
———, 〈The Seoul Press와 일본의 對韓 침략 홍보〉(《신문과 방송》, 1986년 4월호), 74~87쪽.

적인 탄압도 빈번하였다.[4] 언론탄압의 형태를 도식화해 보면 아래와 같다.

일제의 언론 탄압

- 행정처분
  - 사전탄압
    - ① 간담
    - ② 주의
    - ③ 경고
    - ④ 금지
    - ⑤ 해제
  - 사후탄압
    - ① 삭제
    - ② 발매금지(또는 압수)
    - ③ 발행정지(정간처분)
    - ④ 발행금지(폐간처분)
- 사법처분 ― 즉결처분 또는 정식재판에 의한 벌금이나 체형

일제의 언론탄압은 한국인들에게만 국한되지는 않았다. 일본 안에서도 "발매 반포금지를 주로 한 형식의 검열제도는 외국에서도 전혀 그 유례가 없는 독특한 것"이라는 비판을 받을 정도였다.[5] 그러나 식민지 한국에서의 언론탄압은 일본에 비해서 훨씬 더 嚴酷하였고 한국 안에서도 한국인에게는 일본인에 비해서 가혹한 차별적 법률을 적용하는 정책으로 억압하였다.

일제는 한국인과 일본인들에게 각기 다른 두 가지 종류의 법률을 적용하는 차별정책을 썼다. 한국인들이 발행하는 정기간행물(계속출판물)에 대해서는 광무 〈신문지법〉을 적용하고 단행본(보통출판물)에 대해서는 〈출판법〉을 적용하였으나 일인들에게는 〈신문지규칙〉과 〈출판규칙〉을 적용하였다.

〈신문지법〉은 1907년 7월 24일에 李完用 내각이 법률 제1호로 제정 공포

4) 정진석 편, 《일제시대 민족지 압수기사모음》 I · II (LG상남언론재단, 1998).
———, 〈일제의 민족지 압수기사연구〉(《한국근대언론과 민족운동》, 커뮤니케이션북스, 2001), 158~209쪽.

5) 奧平康弘, 〈檢閱制度〉(《講座 近代 日本法 發達史》 11, 1967), 6쪽.

한 것인데 신문·잡지 등 정기간행물에 적용되었던 법률로서 흔히 광무 〈신문지법〉이라 부르는 것이다. 이 법은 처음 공포될 당시에는 전문이 38조였으나 이듬해인 1908년 4월 20일에 개정하여 전문 41조와 부칙으로 되었는데, 갖가지 금지사항을 나열한 외에도 이 법을 위반하는 경우에는 삭제·압수·발행정지(정간)·발행금지(폐간) 등의 행정처분과 병행하여 언론인에 대한 사법처분을 가할 수 있도록 된 악법이었다. 한국인들은 신문을 발행하려면 당국으로부터 허가를 받아야하는 '許可制'를 채택하여 발행허가 자체를 원천적으로 봉쇄할 수 있도록 하였을 뿐 아니라, 발행이 허가된 신문이라도 '保證金'을 납부하도록 하여 재정적인 부담을 가중시키는 등으로 신문발행을 어렵게 만들어 두었다. 〈신문지법〉은 신문만이 아니라 잡지를 포함한 정기간행물을 규제하기 위한 법률이었으므로 한국인들은 신문과 잡지를 통틀어 원칙상으로는 〈신문지법〉에 의한 허가를 얻어야 했다. 그러나 〈신문지법〉에 의한 정기간행물은 〈출판법〉에 의한 간행물에 비하면 다소 편리한 점이 있었기 때문에 총독부는 이를 허가해 주지 않기 위해서 〈출판법〉에 의해 잡지 발행을 허용하는 변칙적인 정책을 쓰기도 하였다.

정기간행물이 아닌 일반 출판물(단행본)은 〈출판법〉의 적용을 받도록 되어 있었다. 1909년 2월 23일에 공포된 이 법은 전문 18조로, 조판하기 전에 원고를 사전에 검열한 다음에 인쇄한 출판물을 배포하기 전에 다시 '納本檢閱'을 받도록 의무규정으로 두고 있어서 2중의 통제장치하에 놓여 있었다.

그러나 일본인에게 적용했던 〈신문지규칙〉(통감부령 제12호, 1908년 4월 30일 공포)과 〈출판규칙〉(통감부령 제20호, 1910년 5월 20일 공포)은 한국인에 비해서 규제가 훨씬 완화된 법률이었다. 한국인들에게 적용한 〈신문지법〉은 정기간행물의 발행을 '허가제'로 묶어둔 반면에 일본인들에게 적용한 〈신문지규칙〉은 '屆出'만 하면 신문을 발행할 수 있도록 되어 있었다. 한국 안에서도 일본인과 한국인을 차별하는 법률을 적용했던 것이다.

일제는 근본적으로 한국인들에 대해서는 '허가' 자체를 극도로 제한하여 한일합방 뒤 1919년 3·1운동이 일어날 때까지 10년 동안은 한국인에게 단 한 건의 신문 발행도 허가해 주지 않았다. 따라서 〈신문지법〉에 의해 발행된 한국어 일간지는 합방 전에 발행허가를 받은 총독부 기관지 《매일신보》와 경남 진주에서 발행되던 《경남일보》가 1914년경까지 발행되었다. 그밖에 종교 월간잡지 《天道敎會月報》와 의약 전문지인 《中外醫藥申報》(월간)가 〈신문지법〉에 의한 정기간행물이었다. 이와 같이 무단정치 기간에 한국어로 발행되는 정기간행물은 몇 종의 잡지와 미국인 선교사들의 명의로 발행하는 주간 종교신문 《基督申報》(1915년 12월 8일 창간)만이 명맥을 잇고 있었다. 이에 비해 일본인들은 1919년 이전까지 서울과 지방을 합쳐서 26개의 신문 또는 잡지를 발행하고 있었다.

〈鄭晉錫〉

2. 무단통치기의 언론

1) 총독부 기관지 독점기

합방 후 한말에 발행되던 대표적 신문 《데국신문》·《황성신문》·《대한매일신보》와 같은 민족 언론은 완전히 압살당하고 한국인들은 표현 기관을 갖지 못하였다. 일제는 합방과 함께 대한제국이라는 국호를 없애고 '대한', 또는 '황성'·'제국' 등 한국의 독립을 상징하는 단어는 일체 사용하지 못하도록 했으므로 신문의 題號도 수난을 겪었다. 《大韓新聞》은 《漢陽新聞》으로, 《皇城新聞》은 《漢城新聞》으로, 《大韓民報》는 《民報》로 각각 바뀌었다. 《대한매일신보》는 《매일신보》가 되었다. 그러나 이름을 바꾼 신문들도 총독부 기관지 《매일신보》 외에는 며칠 사이에 모두 사라지고 말았다.

이리하여 한국어로 발행되는 일간지는 총독부 기관지 《매일신보》(국한문판과 한글판 2종 발행)밖에 남지 않았기 때문에 학자에 따라서는 민간지가 발간되지 못했던 1910~1919년 사이의 10년을 '無新聞期'('지하 신문기'와 '반민족신문기')로 규정하거나,[1] '암흑기'로도 부른다.[2] 1940년 8월부터 1945년 8월 사

---

1) 林根洙, 〈韓國 커뮤니케이션史 硏究의 方法에 관한 一考察〉(《新聞硏究》, 1975년 봄호), 116~146쪽.

2) 李鍾洙, 〈조선신문사〉(《東光》, 1931년 12월호), 73쪽.

이에는 두 번째로 민간지가 발행될 수 없었기 때문에 역시 '무신문기'에 해당한다고 규정짓는다. 이 시기에도 《매일신보》는 발행되었지만 이는 총독부의 기관지였기 때문에 민족주의적인 관점에서 신문이 없는 '무신문기'라는 것이다. 그러나 달리 생각하면 민족지가 발간될 수 없었던 시기에 나왔던 《매일신보》 역시 '신문'임에는 틀림이 없으며, 일제 통치기간의 시대상을 반영하는 史料的인 가치는 오히려 그만큼 더 커진다고 볼 수 있다. 일제의 식민통치를 옹호하는 반민족적인 신문이기는 하지만 민족지가 발간될 수 없었던 시기에는 《매일신보》가 중요한 사료로 활용될 수 있기 때문이다. 그런 의미에서 1910~1920년과 1940~1945년 사이를 '무신문기'로 규정하는 것은 적절하지 못하다고 볼 수밖에 없다.

총독부는 무단정치 기간에는 한국어신문 《매일신보》, 일어신문 《경성일보》, 영어신문 《더 서울 프레스》(《*The Seoul Press*》)와 같은 기관지 독무대가 되도록 하였으며, 민간지의 발행을 허용한 후에도 이들 기관지에는 여러 가지 특혜를 주면서 보호·육성했다. 세 기관지의 창간과정은 모두가 별개의 신문으로 출발하여, 합방 후에는 통합되었다가 다시 분리되는 단계를 거치게 된다.

《매일신보》는 러일전쟁 직후인 1904년 7월 18일 영국인 베델(Ernest Thomas Bethell, 裴說)이 창간한 《大韓每日申報》를 매수하여 제호를 바꾼 것이다. 《대한매일신보》는 梁起鐸·朴殷植·申采浩 등 민족진영 인사들이 참여하여 한말의 가장 영향력 있는 대표적인 언론기관이었다. 일제의 탄압과 싸우던 베델은 1908년 5월 27일부터 발행인 명의를 영국인 만함(Alfred W. Marnham, 萬咸)으로 바꾸어 《대한매일신보》를 발행하다가 1909년 5월 1일에 사망하였다. 대한제국의 국운이 기울자 만함은 이 신문을 통감부에 700파운드를 받고 매도하였다. 만함이 평가했던 《대한매일》의 매도 금액은 500파운드였는데 통감부는 만함이 평가한 액수보다 더 많은 돈을 주고 매수하였던

霞 汀, 〈朝鮮新聞發達史〉(《新東亞》, 1934년 10월호), 56쪽.
車相瓚, 〈朝鮮新聞發達史〉(《開闢》, 1935년 3월호).
崔 埈, 《韓國新聞史》(일조각, 1965), 186쪽.
위의 논문이 모두 1910~1920년 사이를 '암흑기'로 부르고 있다.

것이다. 만함은 이 금액에 만족했고, 통감부도 그 동안 골칫거리였던 이 신문에 관련된 문제를 완전히 해결했기 때문에 크게 기뻐했다.[3)]

일본이 이 신문을 매수한 것은 한일합방을 불과 3개월 앞둔 시점인 5월 21일이었다. 통감부는 이 신문을 매수한 사실을 비밀에 부친 채 발행인을 李章薰으로 잠시 변경해 두었다가 한일합방이 되자 즉시 친일적인 신문으로 논조를 바꾸었다. 합방 이튿날인 1910년 8월 30일부터 《대한매일신보》의 '대한' 두 자를 떼고 《每日申報》로 제호를 바꾸어 본격적인 총독부의 친일기관지가 되었다. 그러나 지령은 《대한매일신보》를 그대로 이어받아 국한문판은 제 1642호, 한글판은 제 939호부터 출발했다. 《매일신보》는 합방 후에 발행한 첫 호에 〈同化의 主義〉라는 논설을 싣고 합방으로 일본과 한국이 공동의 번영을 누릴 수 있게 되었다고 주장하였다.

《京城日報》는 1906년 9월 1일에 통감부 기관지로 창간되었다. 이 신문은 통감 이토 히로부미(伊藤博文)가 "유력한 신문을 발행하여, 對韓보호정치의 정신을 내외에 선양하고, 日鮮融和의 大義를 唱導"한다는 명목으로 창간하였다. 이토는 주한 일본공사관의 비밀 기관지였던 《漢城新報》와 기쿠치 겐조(菊池謙讓)의 《大東新報》를 매수하여 새 신문을 창간하면서 《경성일보》라 이름지었다.[4)]

영문 일간지 《더 서울 프레스》는 원래 영국인 하지(Alfred Weekley Hodge)가 1905년 6월 3일에 창간하였는데 1906년 12월경 통감부가 매수하여 기관지로 만든 신문이었다. 이토는 이 신문을 베델의 《코리아 데일리 뉴스》(《*Korea Daily News*》)와 선교사 헐버트(Hulbert)의 《코리아 리뷰》(《*Korea Review*》)에 대항하려는 목적에서 발행하였는데 합방 후에는 총독부의 기관지가 되어 일본의 한국 침략정책을 외국인들에게 홍보하였다.

---

3) 정진석, 《대한매일신보와 배설》(나남, 1987), 458~363쪽.
런던에 있는 영국 공공기록보관소(Public Record Office) 소장문서, FO 262/1065, Bonar가 MacDonald에게, 21 May 1910, No. 34 : FO 371/877, Bonar가 Gray에게, 21 May, No. 30, pp. 205~212.

4) 藤村生, 〈京城日報社 由來記, 歷代社長の能不能と其退社理由〉(《朝鮮及滿洲》, 1924년 9월호), 39~48쪽.

2) 도쿠토미의 《국민신문》과 《매일신보》

《매일신보》는 국한문판과 한글판 두 가지 신문을 발행하는 유일한 한국어 신문이었다. 그러나 《매일신보》는 독립된 신문사가 아니라, 총독부의 일본어 기관지인 《경성일보》에 통합되어 《경성일보》의 일본인 사장과 편집국장의 지시·감독을 받으면서 발행되었다.

《경성일보》와 《매일신보》를 통합한 새 《경성일보》의 최고 책임자로는 일본 貴族院의원이면서 《國民新聞》의 사장인 도쿠토미 소호(德富蘇峯)가 취임하였다. 도쿠토미는 25살 때인 1887년 2월에 民友社를 창설하여 월간지 《國民之友》를 발행하기 시작한 이래 《국민신문》(1990. 2), 《家庭雜誌》(1992. 9), 《더 파 이스트》(The Far East, 1996. 2)를 연달아 창간하였다. 도쿠토미는 정치인이면서 언론인이었고, 동시에 역사학자였던 거물로 서울에 상주할 형편이 아니었으므로 《경성일보》의 감독이라는 지위에서 요시노 타자에몽(吉野太左衛門)을 《경성일보》 사장에 임명하였다.[5] 요시노는 도쿠토미가 경영하는 《국민신문》에서 부편집장 겸 정치부장, 理事 등을 역임했던 인물이다. 이로써 《경성일보》—《매일신보》는 총독부의 기관지이면서 도쿠토미의 감독하에 위탁경영하는 형태로 운영되었다.

《매일신보》의 판권에 기재된 형식상 편집인과 발행인은 한국인이었다. 합방 직전 통감부가 《대한매일신보》를 매수했을 때에 발행인으로 내세웠던 이장훈은 합방 후에도 잠시 편집인 겸 발행인으로 남았다가 2개월 후인 10월 22일에 물러나고 이때부터는 발행 겸 편집인 卞 一, 인쇄인은 李蒼으로 바뀌었다. 변일은 《대한매일신보》 때부터 이 신문에 근무했던 사람이다. 《매일신보》의 발행인과 편집인은 경영이나 편집에 실질적인 권한은 없고 '편집장' 정도의 제작실무를 맡은 사람에 불과했다.

《매일신보》는 1912년 3월 1일부터는 한글판 신문을 폐지하는 대신 사회면인 제3면을 한글전용으로 제작했다. 한글판 《매일신보》는 1907년 5월 23일에

5) 藤村生, 위의 글, 39~48쪽.
《京城新報》, 1910년 10월 6일, 〈京城日報の披露〉.

창간되어 국한문판과 함께 합방 후까지 발간되었으나 5년만에 국한문판에 통합된 것이다. 《매일신보》는 한글판을 '폐간'하는 것이 아니라 어디까지나 '확장'이며 '合刊'이라고 주장하는 〈社告〉를 게재하였다. 한글판을 없애면서 우리 나라 신문으로는 처음으로 한글 5호 활자를 사용하기 시작했다. 이 한글 5호 활자의 글자체는 閔友植의 부인이 쓴 한글 궁체로서 자모는 동경에 있는 민우사의 협조를 얻어 만든 것이다.[6] 민우사도 도쿠토미가 경영하는 출판 잡지사였다.[7] 민우사는 1898년부터 인쇄업을 시작하였기 때문에 《매일신보》의 한글활자 개량작업을 맡았던 것이다.

1913년 11월 11일 경성일보사는 자본금 7만 원의 합자회사로 조직을 바꾸었다.[8] 그러나 이전과 마찬가지로 《매일신보》는 합자회사 《경성일보》가 발행하는 자매지 성격을 띠고 있었다. 합방 후 《매일신보》의 제작을 실질적으로 담당한 편집장이었던 변일은 1915년 1월에 물러나고,[9] 1월 30일부터는 鮮于日이 발행 겸 편집인이 되었다. 선우일도 판권에 발행 겸 편집인으로 기재되어 있었지만 사내의 지위는 일인 편집국장 아래에 있는 편집장이었다. 1915년의 《매일신보》 편집진은 편집장 선우일, 硬派主任 趙重桓, 軟派主任 李相協이었다.[10]

1918년 6월에 감독 도쿠토미가 《경성일보》에서 손을 떼자 《매일신보》와 일본 《국민신문》과의 관계도 종지부를 찍었다. 같은 해 9월 18일부터는 《매일신보》는 편집과장 이상협이 발행 겸 편집인이 되었다. 그 직후인 이해 11월 4일부터는 월요일 휴간제를 없애고 연중 무휴간제로 발행되었다. 1년 뒤인 1919년 8월 이상협이 《동아일보》 창립에 참여하기 위해 《매일신보》를 떠나자 方台榮이 발행 겸 편집인에 취임했다.

---

6) 《매일신보》, 1938년 5월 1일, 좌담회 참조.
7) 和田守・有山輝雄, 〈民友社・國民新聞社の成立展開〉(《德富蘇峰 民友社關係 資料集》 民友社 思想文學叢書 제1권, 일본 : 三一書房, 1986), 428~429쪽.
8) 《朝鮮總督府官報》, 1913년 11월 11일.
9) 《매일신보》, 1915년 1월 17일, 〈退社之辭〉.
10) 《新聞總覽》(일본 전보통신사, 1915년판), 673쪽.

3) 잡지의 발달

무단정치기에 가냘프게나마 민족언론의 명맥을 이어 내려온 것은 잡지였다. 이 기간의 대표적인 잡지는 최남선이 창립한 新文館에서 발행한《소년》(1908. 11~1911. 5, 통권 23호 발행)에서 비롯하여 어린이 신문《붉은 져고리》(1911. 1~1911. 6, 월 2회 발간, 12호 발행),《새별》(1913. 4~1915. 1, 15호 발행),《아이들 보이》(1913. 9~1914. 9, 13호 발행)를 거쳐《청춘》(1914. 6~1917. 9, 15호 발행)에 이르는 여러 잡지들이었다. 이들 잡지도 정치와 시사문제를 다룰 수는 없었지만 민중의 계몽과 근대화, 문학의 발전, 그리고 민족의식의 고취 등을 편집의 주된 방향으로 삼아 발행되었다.[11]

일반 종합잡지의 발행이 어려웠기 때문에 종교잡지와 일본에서 유학생들이 발행한 잡지가 이 시기 잡지의 주류를 이루었다. 이 기간에 발행된 잡지는 50여 종 가까이 되는데[12] 종교계통 잡지가 24종으로 절반을 차지한다. 그 가운데는 천도교 기관지《天道敎會月報》가 대표적인데 1910년 8월 15일에 창간되어 1937년 5월까지 295호가 발간되는 동안 종교잡지였지만 교리연구와 선교의 목적 외에 민중계몽에도 관심을 기울였다. 이 밖에 侍天敎의《侍天敎月報》(1911. 2~1913. 4), 불교의《朝鮮佛敎月報》(1912. 2~1913. 8),《海東佛敎》(1913. 11~1914. 6) 등이 있었다.

일본 유학생들의 잡지도 계속 발간되어《學界報》(1912. 4),《學之光》(1914. 3),《女子界》(1915. 8),《基督靑年》(1917. 11),《學友》(1919. 1),《三光》(1719. 2),《緣星》(1919. 11) 등이 있었으나 오래 발행되지는 못했다.

특이한 현상으로는 일인들이 한국어로 발행하는 잡지도 나타났는데 세 가지 부류가 있었다. 첫째는 관청 또는 단체가 발행하는 것으로서 한국인들에게 선전을 목적으로 하는 것이었다. 1923년에 창간된《朝鮮地方行政》, 1929

---

11) 金根洙,《한국잡지사》(청록출판사, 1980), 68~72쪽.

12) 白淳在는 49종, 金根洙는 46종을 열거하고 있다.
白淳在, 〈한국잡지발달사〉(《한국잡지총람》, 한국잡지협회, 1973), 63쪽.
金根洙, 위의 책, 60~62쪽.

년에 창간된《朝鮮消防》같은 것이 이에 속한다. 두 번째는 실제로는 한국인이 발행하면서 원고의 사전검열을 피하기 위해서 일인 명의를 사용하는 것이었다. 일인 명의를 빌려 잡지를 발행하는 경우에는 〈신문지규칙〉 또는 〈출판규칙〉의 적용을 받아 발행할 수 있었으며, 그런 경우 발행의 허가제가 아닌 계출에 의해 잡지를 발행할 수 있다는 이점과 함께 원고검열을 사전에 받지 않아도 되었기 때문에 잡지 발행이 훨씬 용이했다. 세 번째는 일인이 한국의 대중을 상대로 출판사업을 벌이어 이를 판매할 목적으로 발행하는 상업적 목적의 잡지가 있었다. 이 부류의 잡지로는 다케우치 로쿠노스케(竹內錄之助)가 중심이 되어 발행한《新文世界》(1913. 2),《新文界》(1913. 4),《우리의 가명》(1913. 12),《半島時論》(1917. 4) 등이 있다.

이 기간에 새롭게 나타난 특징은 1910년대 후반에 이르러 본격적인 문학잡지가 등장하기 시작했다는 사실이다. 서구문학을 주로 소개한《泰西文藝新報》와 순문예지《創造》가 이러한 예인데, 이들 잡지는 20년대 초반에 나타나는 여러 문학 동인지의 선구적인 역할을 맡게 되는 것이다.《태서문예신보》는 1918년 9월 26일에 창간된 타블로이드판 8면 신문 형태의 주간지로서 3·1운동 직전인 1919년 2월 17일까지 모두 16호가 발행되었다. 내용은 주로 서구문학작품을 소개하는 것으로 金億이 롱펠로(H. W. Longfellow), 투르게네프(I. S. Turgenev), 예이츠(W. B. Yeats) 등의 작품을 소개했다.《창조》는 3·1운동 한 달 전인 1919년 2월 1일 동경 유학생들이 창간했는데, 1921년 5월까지 서울에서 발행되었으므로 1920년대의 잡지로 분류할 수 있다.

〈鄭晉錫〉

3. 문화정치기의 언론

1) 3·1운동 직후의 여러 독립신문

1919년 3월 1일 독립 만세운동을 일으키면서 민족진영에서는 신문 발간의 필요성을 절실히 느끼게 되었다. 따라서 국내외에서 독립신문이라는 제호의 지하신문들이 서울과 각 지방을 비롯하여 해외에서도 여러 종류가 비슷한 시기에 나오기 시작했다.

제일 먼저 나온 신문은 독립운동이 일어난 3월 1일에 창간된 《조선독립신문》이다. 이 신문 발간의 주동 인물은 李鍾一·李鍾麟·朴寅浩·尹益善·金弘奎 등이었다. 이종일은 1898년 8월에 《뎨국신문》을 창간 운영해 왔던 한말 언론의 주요 인물이었고, 3·1운동 당시는 천도교가 경영하는 普成社와 《천도교회월보》의 사장으로, 33인 가운데 한 사람이었다.[1]

《조선독립신문》은 3월 1일 윤익선을 사장으로 첫 호를 발간했는데 33인의 민족대표가 〈독립선언서〉를 발표하여 이 운동이 전국적으로 전개될 것임을 알렸다.[2] 그러나 첫 호를 발간한 후 이종일과 사장 윤익선이 체포되자, 이종린과 張倧健이 뒤를 이었고, 그 후로도 여러 사람의 또 다른 후계자들이 비밀리에 발행하여 이해 6월 22일까지 36호를 발행했고, 8월 29일에는 국치기념호까지 발행하였다.[3] 이 신문 창간당시의 사장이었던 윤익선은 보성법률상업학교 교장이었다. 그는 〈출판법〉 위반혐의로 기소되어[4] 1년 6개월 뒤인 1920년 9월 2일에 출옥했다.[5]

《獨立自由民報》라는 지하신문도 있었다. 이를 발간하던 柳然化·崔碩寅·白光弼은 〈출판법〉 위반혐의로 체포되어 징역 1년 반을 선고받고 복역하다

---

1) 정진석, 《역사와 언론인》(커뮤니케이션북스, 2001), 87~115쪽.
2) 윤병석, 〈조선독립신문의 拾遺〉(《中央史論》 1, 중앙대, 1972), 77~95쪽.
——, 〈1910년대 일제의 언론정책과 '독립신문'류〉(위암장지연기념사업회 편, 《한국근대언론과 민족운동》, 커뮤니케이션북스, 2001), 136~157쪽.
최 준, 〈삼일운동과 언론의 투쟁〉(《三一運動 50주년 紀念論集》, 동아일보사, 1969), 325~337쪽.
3) 《朝鮮獨立新聞》의 내용은 국사편찬위원회 편, 《韓國獨立運動史》 자료 5(탐구당, 1975), 1~10쪽 참조.
4) 《매일신보》, 1919년 9월 16일, 〈出版保安法違反犯의 豫審終結決定書, 尹益善 이하 七名〉.
鄭光鉉, 〈三一運動 被檢者에 대한 適用法令〉(《三一運動 50주년 紀念論集》, 동아일보사, 1969), 467~470쪽.
《獨立》, 1919년 10월 2일, 〈尹 獨立社長의 公判〉.
5) 《매일신보》, 1920년 8월 23일, 〈九月二日 滿期出獄될 獨立新聞사장 尹益善〉.
《동아일보》, 1920년 9월 3일, 〈獨立新聞 事件의 尹益善씨 出獄〉.

가 1921년 2월 28일에 석방되었다.[6] 3·1운동을 계기로 발간되기 시작한 지하신문은 이 밖에도 전국 각지와 해외에서까지 여러 종류가 발간되었다.[7] 대부분 실물은 남아 있지 않지만 현재 그 제호나마 알 수 있는 것은 국내에서 발행된 것이 29종, 서북간도 등 만주에서 발행된 것 13종, 러시아 연해주(露領沿海) 5종, 상해를 비롯한 중국 7종, 미국과 프랑스 파리의 5종 등이다.[8] 이같은 상황에서 친일신문도 나타났다. 1919년 7월 21일 鮮于日이 만주 봉천에서 창간한《만주일보》는 일본당국의 지원을 받아 발행된 친일지로 3·1운동 후 해외에서 우리말로 발행된 첫 일간신문이었다.[9] 상해에는 독립운동가들이 모여들기 시작하여 임시정부가 수립되면서 항일운동의 본거지로 되면서 신문발행의 분위기가 성숙되었다.

상해의 대한민국 임시정부는 3·1운동 후 국내외에 선포된 여러 개의 임시정부를 통합하여 성립되었다. 상해 임시정부에 앞서 제일 먼저 성립된 것은 블라디보스토크의 대한민국 의회정부였고, 국내에서는 서울의 한성 임시정부, 상해의 임시정부 등이 있었다. 상해에 모인 독립운동가들은 1919년 4월 10일과 11일 제1회 임시 의정원 회의를 열고 李東寧을 의장으로 하여 국호를 대한민국으로 정하고 年號 및 官制, 임시 憲章 10개조와 헌장 선포문 등을 채택하였다. 임시정부는 국무총리에 이승만을 선출하고 6부의 총장과 차장, 국무원 비서장을 뽑고, 4월 13일에는 이를 내외에 공포하여 대한민국 임시정부를 수립하였다.[10] 이 상해 임시정부를 주축으로 블라디보스토크와 서울 등 여러 갈래의 임시정부를 통합하여 9월 11일 대한민국임시정부가 새로이 출범한 것이다.

임시정부는 신문과 선전의 중요성을 일찍부터 잘 알고 있었다. 1919년 5월 12일 국무위원 趙琬九는 국무원에서 결의한 시정방침 연설 가운데 정치

---

6) 《동아일보》, 1921년 3월 1일, 〈獨立自由民報事件 三氏 出獄〉.

7) 朝鮮總督府 警務局圖書課, 《朝鮮出版警察概要》(1934년판), 117~132쪽.
정진석, 《언론과 한국현대사》(커뮤니케이션북스, 2001), 340~341쪽 참고.

8) 윤병석, 앞의 글(2001), 153~155쪽.

9) 정진석, 앞의 책(2001b), 341~344쪽.

10) 朴殷植, 《韓國獨立運動之血史》 상(서문문고 191, 1975), 225~228쪽.
李康勳, 《大韓民國臨時政府史》(서문문고 184, 1975), 11~53쪽.
李炫熙, 《大韓民國臨時政府史》(集文堂, 1983), 47~83쪽 참조.

고문과 신문고문 각 1명을 두어야 한다고 말했고,[11] 임정의 중심인물이었던 안창호가 가장 열성을 기울여 추진했던 일이 선전사업이었다.[12] 8월 29일에 개정한 대한민국임시정부 임시헌법에는 대한민국의 인민은 법률의 범위 안에서 "언론·저작·출판·집회·결사의 자유"를 향유할 수 있도록 하였다(제8조 3항).

상해에 모인 한국인들은 新韓靑年團과 居留民團을 조직했는데 신한청년단은 1919년 3월 또는 4월 무렵부터 《우리소식》이라는 등사판 통신을 주간으로 발행하기 시작했다.

2) 상해의 《독립신문》

《독립신문》은 임시정부가 수립되기 20일 전인 8월 21일에 李光洙를 사장으로 창간되었다. 국내에는 아직 민간신문 발행이 허가되기 전이었는데 임시정부를 중심으로 나라 안팎에서 일어난 민족독립운동을 고취하면서 상해를 비롯하여 국내와 중국·만주·러시아·미주지역에 걸쳐서 널리 배포되었다.

《독립신문》을 국내에 배포하거나 열람하다가 일경에 체포 투옥된 사람도 많았지만, 신문의 운영자금을 마련하기 위해서 위험을 무릅쓰고 비밀활동을 벌인 사람도 있었다. 어려운 망명생활 가운데서도 여러 사람들이 내 놓는 성금으로 신문은 몇 번이나 끊어질 듯한 고비를 넘기면서도 6년에 걸쳐 발행되는 동안 임시정부의 정책을 선전하고 도우며 독립군의 단결에 힘쓰고 밖으로는 세계에 우리 사업을 선전하여 독립운동에 큰 역할을 담당하였다.[13]

이 신문은 1919년 8월부터 1925년 11월 종간될 때까지의 기간을 세 시기로 구분해 볼 수 있다. 첫 번째는 사장 이광수와 영업부장 李英烈이 주도했던 시기로 창간으로부터 1921년 6월까지이다. 두 번째는 金希山(본명 金承學)이 운영했던 시기로 1921년 10월부터 1924년 12월까지이며, 마지막으로는

11) 金正明, 《朝鮮獨立運動》 II－民族主義運動篇－(東京 : 原書房, 1967), 196쪽.
12) 주요한 편, 《安島山全書》(샘터사, 1979), 621~787쪽의 안창호의 일기에는 그가 선전사업에 힘쓴 사실들이 많이 기록되어 있다.
13) 《독립신문》, 1922년 6월 3일, 〈獨立新聞과 獨立運動〉.

1925년 1월 무렵부터 이해 11월까지 朴殷植이 사장이었던 시기이다.

창간 당시의 사장은 이광수였으나 창간 과정에서부터 이 신문의 실질적인 구심점은 安昌浩였다. 안창호는 창간을 발의하고 미국에서 자금을 들여오기도 하였다. 안창호는 통합된 임시정부의 노동국 총판이라는 지위였으나 임시정부의 실질적인 중심인물이었다. 사장 이광수와 출판부장 朱耀翰은 안창호의 가장 가까운 측근들이면서 흥사단 단원이었다.[14] 이 시기는 논조에 있어서도 안창호의 영향이 컸다. 독립운동의 방략과 임시정부의 통합운동 등에 관해서 안창호의 노선을 대변했다. 이광수가 썼다는 〈국민개업〉(1921. 4. 2)이나 1920년 6월에 게재된 연재논설 〈赤手空拳〉은 안창호의 독립운동 방략을 그대로 옮겨놓은 것이다.[15] 《독립신문》은 일반적으로 상해 임시정부의 기관지로 알려져 있다. 넓은 의미에서는 기관지로 볼 수도 있지만, 엄밀히 따지면 기관지라고 보기 어려운 부분도 있다. 임정과 여러 면에서 밀접한 연관성은 있지만 독자적인 언론기관으로 운영된 측면도 크기 때문이다.

이광수에 이어 《독립신문》의 경영을 맡았던 김승학은 원래 만주지방의 독립군에서 활동한 경력이 있었기 때문에 이 시기에는 만주지방에 기반을 둔 독립운동 조직 또는 개인적인 후원자가 많았던 것이 특징이다. 마지막 사장 박은식이 취임했을 때에는 경영이 매우 어려웠다. 그는 곧 제2대 대통령에 선출되었으나 악화된 신문의 경영을 회복시키지 못한 채 사망하고 말았다. 독립운동의 전반적인 상황이 침체기에 들어섰고 국제 및 국내 정세가 불리하게 돌아가면서 신문을 유지해 나가기도 어려워졌다.

이 신문 발간을 위해서는 여러 사람이 헌신했지만, 이국 땅에서 탄압 받는 가운데 재정적 궁핍을 참으면서 6년 이상이나 신문을 이끌어 왔던 원동력이 된 것은 해외와 국내에 있는 국민들의 독립에 대한 열망이었다. 따라서 이 신문을 단순히 임시정부의 기관지로 보는 것은 정확한 성격 규정이라 할 수 없으며, 어느 개인이나 어느 독립운동 계보의 기관지는 더구나 아니었다.

---

14) 정진석, 앞의 책(2001b), 278~333쪽.

15) 주요한, 《島山 安昌浩傳》(三中堂, 1975), 132쪽 이하 참조.

3) 3대 민간신문의 창간

1920년은 한국 언론사에 큰 전환점이 그어진 해였다. 총독부는 합방 이후의 강압적인 '무단정치'를 '문화정치'로 위장하면서 무단정치 시대의 헌병경찰 대신에 보통경찰제도를 시행하는 등 몇 가지 변화를 보였는데 이러한 정책 변화의 하나로 한국인들에게도 제한적으로나마 일간지의 발행을 허용하였다. 이리하여 《조선일보》·《동아일보》·《시사신문》의 3개 민간지가 창간되어 10년 동안 막혀 있던 민족진영의 의사를 제한된 상황 속에서나마 표출할 수 있게 되었다. 이로써 언론 상황은 새로운 단계로 접어들었다.

(1)《조선일보》

1920년 3월 5일 '신문명 진보의 주의'를 선언하면서 서울 관철동 249번지에서 창간되었다.《조선일보》의 발기인은 금융인·자선사업가·변호사·의사·교육가·일반실업인 등 39명으로 자본금 20만 원 규모의 '조선일보설립 발기인조합'을 조직하여 창간준비가 진행되었는데 그 가운데 11명이 친일 경제단체 大正實業親睦會 소속이었다. 사장 趙鎭泰(천일은행 두취), 발행인 겸 부사장 芮宗錫, 편집국장 崔 岡이 대정실업친목회 회원이었으나 자본금 20만 원 가운데 실제로 불입한 금액은 5만 원에 지나지 않았고, 경영은 순탄치 못하였다. 창간 당시에는 인쇄시설조차 제대로 갖추지 못한 상태였으므로 3월 5일에 창간호를 내놓은 뒤 5월 9일까지 겨우 제5호를 발간한 다음에야 정상적으로 발행할 수가 있었다. 6월 12일에는 사장 조진태와 부사장 예종석이 물러나고 편집국장 최 강이 발행인을 겸하였다가 창간 5개월만인 8월 12일부터는 대정실업친목회와의 관계를 청산하고 주주들이 독립적으로 운영하게 되었다.[16] 이리하여 8월 15일자로 劉文煥이 사장에 취임하였으나 12월 2일에 또다시 발행인이 바뀌어 權丙夏가 뒤를 이었다. 1921년 4월 8일에는 宋秉畯에게 판권이 넘어가면서 사장은 南宮薰, 편집국장은 鮮于日이 맡았다.

---

16)《조선일보 80년사》(조선일보사, 2000), 102쪽.

1924년 9월에는 申錫雨가 송병준으로부터 8만 5천 원을 주고 경영권을 인수하여 《조선일보》의 판권은 이때부터 완전히 민족진영으로 넘어와 새로운 모습을 갖추게 되었다. 신석우는 발행인 겸 부사장이 되고 민중의 지도자로 명망이 높던 月南 李商在를 사장에 추대하였다. 이사진으로는 安在鴻·백계현·白寬洙·李相協·최익선·金東成·愼九範 등이 취임하고 편집진도 크게 보강 정비하는 동시에 '조선민중의 신문'이라는 새로운 표어 아래 경영·제작 양면에서 혁신을 단행하여 일신된 모습을 보였다.

이때의 혁신은 《동아일보》의 창간 실무에 주도적 역할을 맡았던 李相協이 同社의 내분으로 《동아일보》를 떠나면서 여러 명의 기자들을 이끌고 《조선일보》로 와서 지면에 새로운 활력을 불어넣었다. 혁신 《조선일보》의 제작진으로는 편집국장 閔泰瑗을 필두로, 논설위원 안재홍·金俊淵·辛日鎔, 편집부에 이송은·이상길·손영주, 사회부에 金炯元·김달진·朴憲永·林元根·金丹冶·鄭寅翼, 지방부에 洪悳裕·洪南杓, 공장장 최익선 등이었는데 이들 가운데는 사회주의자들도 끼어 있었다.

이상재가 사장에 취임한 후에 《조선일보》는 다양한 사업을 새로 선보였다. 11월 23일부터는 민간신문 최초로 조석간을 발행하기 시작했으며, 민간지로는 첫 여기자 崔恩喜를 채용했고, 12월에는 《조선일보》 본사와 관철동의 우미관 사이를 연결하는 라디오 공개방송을 실시하였다. 국내에서 정규 라디오 방송이 시작되기 전에 처음으로 공개 시험방송을 실시한 것이다. 일본에서 도입한 윤전기를 이용하여 컬러 인쇄를 선보인 것은 이듬해 2월 12일이었다. 1925년 2월 21일에는 김준연을 러시아에 특파하여 〈勞農 러시아의 觀相〉을 40여 회에 걸쳐 연재하였다.

1927년 2월 15일 민족주의 진영과 사회주의 진영을 총망라한 항일민족 단일전선 新幹會가 결성되었는데, 1932년에 이 단체가 해산될 때까지 《조선일보》는 신간회의 본부와 같은 역할을 맡아 이를 바탕으로 6개 악법철폐운동을 전개했다. 신간회의 회장에는 사장 이상재가 추대되었고 부사장 신석우, 주필 안재홍 등이 신간회를 주도한 사람들이었다. 전국 1백 38개 신간회 지사도 대부분 《조선일보》 지국이 겸했으며 사원 가운데도 회원이 많았다. 1927년 3월 29일 이상재가 사망한 후에는 신석우가 사장에 취임하여 1931년

5월까지 재임한 뒤에 퇴임하자 부사장 안재홍이 후임 사장이 되었다.

(2) 《동아일보》

1920년 4월 1일에 창간되었다. 발행 겸 편집인 李相協, 인쇄인 李容文의 명의로 총독부의 발행허가를 얻었는데, 주식을 인수한 78명은 각 도의 유지를 망라하였고, 그 가운데 중심인물은 중앙학교의 교장 金性洙였다. 창간 당시의 사장은 朴泳孝, 편집감독 柳瑾·梁起鐸, 주간 張德秀, 발행인 겸 편집국장은 이상협이었다. 창간사에서 밝힌 주지는 "조선민중의 표현기관으로 자임하노라", "민주주의를 지지하노라", "문화주의를 제창하노라"의 세 가지였다.

초기의 편집진은 대부분이 20대 청년들이 주축을 이룬 '청년 신문'이었다. 사장 박영효와 편집감독 유 근은 같은 나이인 59세였고, 양기탁은 49세였으나 실질적으로 제작을 담당한 기자들은 대부분이 20대였다. 발기인 대표 김성수가 29세였고, 주간 장덕수가 25세, 편집국장 이상협이 27세, 논설위원 겸 정치부장 秦學文이 26세 등이었다. 논설기자도 장덕준(28세)·金明植(29세)이 20대 후반이었다. 평기자 가운데는 김정진(32세) 만이 30을 넘었을 뿐, 金東成(30세)·南相一(24세)·廉想涉(23세)·韓基岳(22세)·柳光烈(21세)·李瑞求(21세)·김형원(20세) 등으로 20대 초반이 많았다. 일제치하 대부분의 기간 동안《동아일보》의 경영을 맡게 되는 송진우가 1921년 9월에 사장에 취임했던 때는 32세였다.

그러나 젊은 청년들이 만드는 신문은 내부의 갈등과 외부로부터의 도전에 직면하였다. 총독부로부터 신문이 빈번한 압수를 당하여 창간된 첫 해에《조선일보》와《동아일보》가 모두 정간처분을 받았다. 당시의 사회전반에 걸쳐서 청년들의 진보적인 사고는 노년층 또는 儒林과도 대립하는 상황이었다. 《동아일보》 내부에서도 청년층과 노년층의 세대차이에 의한 갈등이 있었다. 초대 사장 박영효는 명의만 빌려준 셈이었고 2개월 동안 재임한 뒤에 물러났다. 박영효가 단명으로 사장직을 내 놓아야했던 것은 다른 이유도 있었지만 세대차이가 빚은 갈등도 주된 원인의 하나였다. 29세의 청년 논설기자 김명식이 집필한 연속사설 〈조선 父老에게 고함〉(1920. 5. 4~9, 6회 연재)과 權悳圭가 기고하여 5월 8·9일 양일간에 걸쳐 게재한 〈假明人 頭上의 一棒〉이

유림의 불만을 사서 불매동맹까지 일어나자 박영효가 이를 감당치 못하겠다 하여 사장직을 내 놓은 것이다.17) 김명식의 사설은 고질적인 낡은 인습을 비판하고 父老의 각성을 촉구하면서 새 문화를 받아들이는 데 젊은 세대가 앞장설 것을 강조한 내용이고, 권덕규는 조선유교의 末流가 慕華 사대사상으로 인해 자주정신을 상실하고 있음을 지적하면서 구세력을 비판하였다.18)

1923년 5월에는 이광수가 촉탁으로 입사하였다. 이듬해 5월에는 趙東祜가 논설기자로 입사하였고, 1925년 7월에는 朱耀翰이 입사하였다. 이들 세 사람은 상해에서 《독립신문》을 만들던 사람들이다. 《동아일보》의 주요 제작진 가운데는 당시에, 또는 후에 사회주의자로 활약하는 사람들도 상당수 있었다. 장덕수에 이은 제2대 주필 겸 편집국장 洪命憙(1924. 5~1925. 4), 이광수에 이은 제4대 편집국장 金俊淵(1927. 10~1928. 5), 영업국장 洪璔植(1921. 9~1924. 5)을 비롯하여 조동호 등 기자들 가운데도 적지 않은 사회주의자들이 있었으나 1924년과 그 이듬해에 대부분이 《조선일보》로 옮겨갔다.

《동아일보》도 처음에는 경영이 어렵기는 했지만 다른 민간지에 비해서는 비교적 안정된 경영 상태였는데 1921년 9월 주식회사 체제를 갖추면서 宋鎭禹가 사장에 취임했다. 송진우는 1919년 3월, 3·1운동의 지도자 48명과 함께 투옥되어 옥고를 치른 후, 동아일보사가 주식회사로 그 기반을 굳힐 무렵에 입사하여 3차례에 걸쳐 사장을 맡으면서 한 생애를 《동아일보》와 더불어 보내게 되었다.19) 《동아일보》는 민족의식을 고취하는 여러 사업을 벌였다. 창간 첫 해 8월에는 미국 국회의원단의 극동시찰을 기회로 장덕준·金東成 두 기자를 북경에 파견하여 국내의 실정을 알리는 외교활동을 전개하였으며, 1921년 김동성의 국제기자대회 참석, 1922년의 재외동포 위문모금운동(3월 6일부터 약 1년간), 재외교포 위문을 위한 순회강연과 安昌男의 고국방문 비행 주최, 1923년 9월 일본 관동대지진 때의 교포 학살 참상을 취재·보도하는 활동 등을 전개했다. 1924년 4월부터는 중부·서북·삼남의 3개 지방판 분리

17) 金明植, 〈筆禍와 論戰〉(《三千里》, 1934년 11월호), 32~35쪽.
18) 《東亞日報社史》 1(동아일보사, 1975), 134~138쪽.
19) 정진석, 앞의 책(2001a), 223~265쪽.
김학준, 《고하 송진우평전》(동아일보사, 1990).
고하선생전기편찬위원회, 《독립을 향한 집념—고하 송진우전기》(동아일보사, 1990).

편집을 시도하여 지방판 발행을 선도하였다.[20)]

《동아일보》는 다양한 문화행사와 스포츠 행사도 주최했다. 창간 첫해에 일본의 성악가 柳兼子 초청 독창회, 일본 유학생 순회강연회 등을 비롯해서 1923년 6월 30일에 처음으로 시작한 전국 여자 정구대회는 국내 최초의 여자 공개 스포츠였으며, 동아수영대회(1929. 9. 1), 동아마라톤대회(1930. 4)도 체육진흥에 이바지했다. 광복 후 1947년 8월에 시작한 전국 중학 지구별 초청 야구대회 주최는 현재 황금사자기 쟁탈 전국 고교야구 정패전으로 계속되고 있다.

(3) 《시사신문》

1920년에 창간된 또 하나의 민간신문은 閔元植이 발행한 친일지 《時事新聞》이었다. 이 신문은 《동아일보》와 같은 날인 4월 1일에 창간되었는데 민원식이 주재하던 協成俱樂部를 國民協會로 개칭하여 그 기관지로 총독부의 허가를 받았다. 사장 민원식, 부사장 金明濬, 주간 李東雨, 편집주임 金 丸, 경리주임 方漢復의 진용으로 출발했다. 그러나 이른바 '內地延長주의'를 표방하는 이 신문의 친일적인 논조로 말미암아 독자들로부터 외면당하다가 1921년 2월 16일 민원식이 동경에서 항일투사 梁槿煥에게 살해당하자 자연히 폐간되고 말았다. 그 후 월간 《시사평론》, 일간 《民衆新聞》(1930년 2월 1일 창간)으로 판권이 이어 내려오다가 1934년 무렵에는 주간으로 바뀌었으나 독자의 관심을 끌지 못한 채 사라졌다.

4) 《시대일보》와 《중외일보》

총독부 기관지 《경성일보》는 민간신문이 출현하는 때인 1920년에는 기구를 개편하여 일제 강점 후 《경성일보》의 편집국장 밑에 한 개의 部와 같은 형태로 예속되어 있던 《매일신보》를 독립된 편집국으로 승격시키는 내용의 社則을 개정했다. 《매일신보》는 합방 후 10년만에 《경성일보》에 소속된 상태이

20) 동아일보사, 《민족과 더불어 80년》(동아일보사, 2000).

기는 했지만 독립기구로 승격한 것이다. 《매일신보》는 이전까지 硬派와 軟派의 2개 부로 나뉘어 있었는데, 편집국이 독립하면서 논설부·편집부·외사부·사회부·지방부의 5개 부서가 설치되었다.[21] 그러나 사장 이하 이사 등 경영진을 비롯하여 영업·광고 등의 업무부분은 모두 일인들이 독점했다.

(1) 《시대일보》

《조선일보》·《동아일보》보다 4년 늦게 출발한 또 하나의 민간지가 《時代日報》이다. 《시대일보》는 1926년 8월 무렵에 폐간하였으나 뒤를 이어 《中外日報》(1926. 11. 15), 《中央日報》(1931. 10. 14), 《朝鮮中央日報》(1933. 3. 7)로 이름이 바뀌면서 1936년 9월 4일까지 3대 민간지의 하나로 발행되었다. 이 신문은 제호가 달라질 때마다 새로운 경영주가 총독부의 허가를 받아 창간하는 형식을 취했다. 발행허가를 새로 얻고, 제호가 달라지고 경영주가 바뀌었기 때문에 법적으로는 각기 별개의 다른 신문이 나온 것이다. 그러므로 이 신문에 관련된 사람도 다양하고 복잡하다. 그러나 경영주와 제호는 달라지면서도 기존 신문의 시설과 인력을 인수하여 창간되었으므로 실은 《시대일보》에서 출발한 하나의 신문이 제호를 바꾸고 경영주를 달리하여 계승된 것으로 볼 수도 있다.

《시대일보》는 崔南善이 1924년 3월 31일에 창간하였다. 최남선은 3·1운동으로 투옥되었다가 출옥한 뒤에 1922년 9월 3일부터 타블로이드판 20페이지의 주간 신문 《東明》을 발행하였는데 이듬해 6월 3일까지 통권 41호를 발간한 후 주간 신문의 발행은 중단하고 새로운 일간지 《시대일보》를 창간하였다.

《시대일보》는 편집과 내용이 기존 신문보다 신선하여 독자들로부터 좋은 반응을 얻었다. 그러나 최남선은 신문 경영에 소요되는 막대한 자본을 계속해서 투입할 만한 재정적인 능력이 없었다. 여러 사람으로부터 자본을 끌어들일 계획이었으나[22] 약속했던 사람들이 이를 이행하지 않았던 것이다. 신문

---

21) 《매일신보》, 1926년 6월 1일, 〈我社의 回顧 二十年〉.

22) 김상태 편역, 《윤치호일기》(역사비평사, 2001), 1923년 10월 13일(248쪽), 11월 4일(248~249쪽)에 최남선이 윤치호를 상대로 시대일보의 창간자금을 모금하

은 구독료와 광고료가 주된 수입원인데 구독자의 숫자도 제한되어 있었고, 빈약한 당시 조선의 경제 상황에서 광고의 유치도 여의치 않았다.

최남선은 경영난 타개를 위해 창간 2개월 후인 6월 2일, 邪敎집단이었던 普天敎에 발행권을 넘기는 조건으로 경영에 소요되는 자본을 끌어들인다는 계약을 맺었다. 이 사실이 알려지자 사회적으로 일대 물의를 빚게 되어 최남선은 신문 경영에서 손을 떼고 말았다.[23] 최남선의 후임으로는 洪命憙가 사장에 취임하였으나 경영난을 타개하지는 못하고 1926년 8월 중순부터 발행을 중단하였다. 이와 함께 무한 책임 사원 전원이 퇴사하여 회사는 해산되었고, 《시대일보》의 발행 허가도 소실되어 2년 5개월 정도의 짧은 수명으로 종간하고 말았다.

(2)《중외일보》

《시대일보》가 발행을 중단하자 李相協이《中外日報》라는 제호로 바꾸어 9월 18일 총독부로부터 새로운 신문의 발행 허가를 얻었다. 이상협은《시대일보》의 인원과 시설을 인수하여 11월 15일《중외일보》를 창간하였다. 편집 겸 발행인은 이상협, 인쇄인은 金正琪였다. 이상협은 신문 제작의 鬼才로 알려진 인물이었다. 그는 일제가 한반도를 지배하고 있던 식민지 기간에 편집과 경영 양면에 뛰어난 재능을 발휘하여 언론계를 주름잡던 사람이었다.

《중외일보》는 "가장 값싸고 가장 좋은 신문"을 표방하였는데,《동아일보》와《조선일보》는 하루 6면 발행에 1개월 구독료가 1원이었던 데 비해《중외일보》는 하루 4면 발행이었지만 1개월 구독료가 60전이었다. 이와 같은 염가 정책으로 먼저 창간된《동아일보》·《조선일보》와의 차별화를 꾀하였다. 그러나 누적된 경영난을 근본적으로 해결할 수는 없었다. 더구나 1928년 12월 6일자 논설 〈職業化와 醜化〉로 인해서 발행정지 처분을 당하게 되었다. 이 정간은 42일 만인 이듬해 1월 18일에 해제되었으나 2월 12일에야 속간되었다.

이상협은《중외일보》의 사세를 확장하기 위해 여러 가지 새로운 내용을 시도하였으며 1929년 9월부터는 조석간 8면 발행을 단행하였다. 이에 자극을

는 이야기가 나온다.

23) 정진석, 앞의 책(2001b), 410~416쪽.

받아 《동아일보》·《조선일보》도 8면으로 맞서서 치열한 경쟁을 벌이게 되었다. 그러나 원래 재력이 빈약한 《중외일보》로서는 스스로 시작한 이와 같은 경쟁을 견디지 못하고 결과적으로는 자신의 수명을 단축하게 되어 1931년 6월 19일자로 종간호를 낸 후 더 이상 발행되지 못했다.

5) 일제의 언론탄압

(1) 행정처분

일제통치 기간 중에 《조선일보》와 《동아일보》는 각각 4회씩, 《중외일보》도 1회의 발행정지(정간) 처분을 받았는데 1925년 이전까지는 행정처분에만 그쳤으나, 그 이후부터는 행정처분과 사법처분을 병행하는 2중의 탄압을 받았다.

총독부는 《조선일보》와 《동아일보》가 창간된 직후부터 압수와 정간의 탄압을 자행하였다. 언론탄압은 신문 또는 잡지를 발행하기 전 단계부터 실시하는 제도적인 장치가 마련되어 있었다. 신문이 발행되기 전에 통제를 가하는 '사전탄압'은 ① 간담, ② 주의, ③ 경고, ④금지의 4단계가 있는데, 그 가운데 앞의 3단계는 법규에도 없는 것이었다. 다만 마지막 단계인 금지는 〈신문지법〉에 근거한 것이라 할 수 있었다. 광무 〈신문지법〉은 제11조에서 15조까지 보도의 금지사항을 규정하고 있었는데, 황실의 존엄을 모독하거나 국제교의를 저해하는 사항, 관청의 기밀 문서 등은 보도할 수 없도록 되어 있었기 때문에 이에 해당하는 내용은 '금지'를 명할 수 있었다. 그러나 법규에 없는 간담·주의·경고도 실질적으로는 법에 의한 규제와 같은 위력을 지니고 있었다.

제작된 신문에 대한 행정처분인 '사후탄압'은 4단계가 있었다. 가장 가벼운 ① 삭제로부터, ② 발매금지, ③ 압수, 그리고 ④ 발행정지(정간), ⑤ 발행금지(폐간)의 단계로 탄압의 강도가 높아진다.[24] 총독부는 신문 검열을 위한 업무

24) 정진석 편, 《일제시대 민족지 압수기사모음》 Ⅰ·Ⅱ(LG상남언론재단, 1998), 6~20쪽.
———, 〈일제의 민족지 압수기사 연구〉(《한국 근대언론과 민족운동》, 커뮤니케이션북스, 2001), 158~209쪽.

내규로 '검열표준'을 마련해 두고 있었다. 이 내규는 다시 '일반 검열'과 '특수 검열'로 대별하여, 일반 검열은 '안녕 질서 방해사항'과 '풍속 괴란의 사항'으로 나누어 모두 44개 항으로 세분되어 있었다.[25] 총독부가 검열에서 압수한 기사를 분류한 〈조선문 간행물 행정처분 例〉라는 자료를 보면 행정처분을 내린 이유를 19개 유형으로 분류하고 있다.[26]

언론 검열의 법적인 근거는 악명 높은 광무 〈신문지법〉이었다. 이 법 제10조는 "신문지는 매회 발행에 豫先 내부 및 그 관할관청에 각 2부를 납부함이 가함"이라고 규정하고 있다. 신문을 발행하기 전에 미리 관할관청에서 검열을 실시할 수 있도록 법적인 장치를 마련해 둔 것이다. 이와 함께 "신문지가 안녕 질서를 방해하거나 풍속을 괴란 하는 자로 認하는 시는 그 발매반포를 금지하야 此를 압수하며 또는 발행을 정지 혹 금지함을 득함(제21조)"이라 하여 신문과 잡지의 발매 금지·압수·정간에서 폐간에 이르는 탄압을 자행할 수 있는 포괄적인 조항이 들어 있었다. 설사 이같은 조항이 없었다하더라도 일제의 언론탄압에 민간지가 저항할 힘은 없었다.

신문·잡지·출판물의 허가와 통제를 담당한 부서는 총독부 경무국 도서과였다. 도서과에는 검열 업무를 담당하는 상설 기구인 檢閱係가 있었다. 경무국 도서과에서 4단계에 걸친 사전 통제를 가한 이유는 다섯 가지 유형으로 분류된다. ① 치안 방해, ② 수사상의 필요, ③ 풍속 괴란, ④ 군사 관계, ⑤ 기타 등이다.

《조선일보》는 창간 후 겨우 제4호를 발행했던 4월 28일자에 영친왕과 일본 왕족 方子의 강압적인 결혼을 비판하는 기사를 실었다가 압수당한 것을 시초로 그 후로도 빈번한 압수와 삭제를 당하다가 마침내 1920년 8월 27일자 사설 〈自然의 化〉가 문제되어 민간신문발행 이후 최초로 총독부로부터 정간처분을 당했다. 문제가 된 논설은 미국 국회의원 시찰단 일행이 우리 나라를 방문한 기회를 타서 평양과 서울에서 만세운동이 일어나고 민심이 격

25) 朝鮮總督府 警務局圖書課, 《朝鮮出版警察概要》(1936년판), 76~80쪽.
朝鮮總督府 警務局圖書課, 《朝鮮出版警察概要》(1937년판), 80~84쪽.
朝鮮總督府 警務局圖書課, 《朝鮮出版警察概要》(1939년판), 69~74쪽.

26) 朝鮮總督府 警務局圖書課, 《朝鮮に於ける出版物概要》(1930년판), 85~131쪽.
정진석 편, 앞의 책(1998), 33~75쪽.

앙하여 경찰과 충돌한 사건을 다룬 내용이었다. 총독부는 이 사설을 문제삼아 발매금지 및 압수처분과 함께 〈신문지법〉 21조를 적용하여 8월 27일부터 9월 2일까지 1주일간 '유기한 발행정지'처분을 내렸다.

그러나 《조선일보》는 1차 정간이 끝난 후 곧바로 2차 정간으로 이어지는 탄압을 당하였다. 1주일간의 정간이 해제된 지 3일째인 9월 5일, 지령 제116호에 실린 〈우열한 총독부 당국자는 何故로 우리 일보를 정간식혔나뇨, 천하의 동정이 吾社에 폭주함〉이라는 사설이 또다시 문제가 된 것이다. 이 사설은 문화정치라는 간판을 내세우고 있는 총독부가 《조선일보》에 탄압을 가함으로써 정책의 허위성을 드러내고 있다고 통렬히 비난한 내용이었다. 총독부는 이에 대해 이 날짜로 즉시 '무기한 발행정지'(무기정간) 처분의 탄압을 가했다. 총독부는 정간 62일 만인 11월 5일에 발행정지 처분을 해제했으나, 잇따른 탄압과 창간 초부터 닥쳤던 경영난으로 즉시 속간을 못하고 정간 111일 만인 12월 24일에야 속간호를 내놓았다.

《동아일보》는 창간 2주일만인 4월 15일자에 실린 〈평양에서의 만세소요〉가 압수당한 것을 시초로 빈번한 압수 또는 삭제를 당하다가, 9월 24일과 25일자 연속 사설 〈祭祀문제를 再論하노라〉가 문제가 되어 제1차 정간처분을 당했다. 총독부는 이 사설이 일인들이 신념의 중추로 삼는 거울－구슬－칼의 이른바 3종의 神器를 모독했다는 것이었다. 뿐만 아니라 8월 30일부터 9월 25일까지 연재했던 〈大英과 印度〉라는 기사도 영국의 인도에 대한 악정을 논하면서 이를 조선과 대조하려 하였으며 그밖에 여러 기사가 총독정치를 불신하도록 만들었다는 것이 정간처분의 이유였다.

이 정간은 해를 넘겨 1921년 1월 10일에 해제가 되었으나 즉시 속간하지 못하고 40일 후인 2월 21일이 되어서야 다시 발행하기 시작했다. 정간 중에는 張德俊 기자가 일본군에게 피살당하는 사건이 일어났다. 이 무렵 간도 일대에서는 독립군의 활동이 활발하였다. 6월에 있었던 홍범도 부대의 봉오동전투, 9월 김좌진 부대의 청산리전투 등에서 일본군에게 막대한 타격을 입히자, 일본군은 그 보복으로 10월부터 간도에 거주하는 한국 교포들을 무차별로 학살하여 많은 피살자가 발생하였다. 이 때 장덕준 기자는 신문이 정간 중임에도 불구하고 만주의 훈춘으로 달려가 현지에서 제1신을 보낸 후 일본

군에게 붙들려 간 후 소식이 두절되었다. 그는 한국 언론사상 최초의 순직기자가 된 것이다.

(2) 사법처분

《조선일보》는 창간되던 해의 제1차와 2차 정간에 이어 1925년 이후에 2차례의 정간처분을 당했다. 1925년 9월 8일자 사설 〈조선과 露國과의 정치적 관계〉가 총독부의 조선통치에 대한 불평불만을 부채질했다는 이유로 총독부는 《조선일보》에 발행정지를 명하는 동시에 1만 4,000원을 들여 구입한지 한 달 밖에 안된 윤전기까지 차압했다. 총독부는 이 논설이 "극단적으로 조선통치에 대한 불평 불만을 시사했을 뿐 아니라 일본의 國體와 사유재산 제도를 부인하고, 그 목적을 이루는 실행수단으로서 러시아 혁명운동의 방법에 의해 현상을 타파할 것을 강조한 기사"였기 때문에 발행정지를 명했다고 말했다.

경찰은 편집겸 발행인 김동성, 인쇄인 김형원, 논설부장인 안재홍, 기자 김준연, 정리부장 崔榮穆, 고문 이상협 등을 소환 심문하다가 논설집필자 신일용을 〈치안유지법〉, 김동성과 김형원은 〈신문지법〉 위반으로 기소하였다. 이때부터 총독부는 행정처분과 사법처분을 병행하는 탄압을 시작한 것이다. 재판결과 법원은 김동성에게 징역 4개월에 2년간 집행유예, 김형원은 징역 3개월 그리고 문제된 사설을 인쇄한 윤전기는 몰수한다는 판결을 내렸다.

1926년 3월 《동아일보》는 두 번째 무기정간 처분을 당했다. 모스크바의 국제농민조합 본부가 3·1운동 기념일을 맞아 조선 농민들에게 보낸 전보문을 전재한 것이 정간의 이유였다. 정간과 함께 주필 宋鎭禹와 발행인 金鐵中이 구속되어 〈보안법〉과 〈신문지법〉 위반으로 각각 징역 8개월과 금고 4개월의 확정판결을 받았다. 이 정간은 44일 만인 4월 19일에 해제되어 21일부터 속간했다. 김철중은 2차 정간으로 인한 사법처분 사건이 계류중인 때에 또 다른 필화로 재판에 회부되었다. 이번에는 1926년 8월 22일자 칼럼 〈횡설수설〉이 문제가 되어 집필자 崔元淳은 〈보안법〉 위반, 편집 겸 발행인 김철중은 〈신문지법〉 위반으로 기소되었는데, 9월 8일 경성지방법원에서 열린 공판에서 최원순은 징역 8개월, 김철중은 금고 6개월을 구형받았다. 최원순은 이해 6월 20일에 열린 공소 공판에서도 3개월을 언도받아 이튿날 불복 상고했으나 그 결말은 알려져 있지 않다.

《조선일보》의 제4차 정간을 불러온 직접적인 원인은 1928년 5월 9일자 사설이었다. 그러나 3개월 전인 1월 21일자 사설부터 말썽이 되어 발행인 겸 주필 안재홍과 편집인 백관수가 구속 기소되어 재판에 계류중인 상태였다. 먼저 문제가 된 〈保釋 지연의 희생, 공산당 사건의 實例를 見하라〉는 1925년 12월에 있었던 신의주 공산당원의 대검거를 다룬 내용으로 일제의 감옥제도와 고문, 비인도적 처사를 비판한 논설이었다. 총독부는 이 사설이 게재된 신문을 압수하고 발행인 겸 주필 안재홍과 편집인 백관수를 1월 4일 서대문 형무소에 수감했다가 정식으로 기소했다. 4월 28일에 열린 1심 재판에서 안재홍에게는 금고 4개월, 백관수에게는 벌금 1백원을 선고했다. 이에 대해 안재홍과 담당검사는 모두 불복 항소했다. 그러나 이 사건의 결말이 나기도 전인 5월 9일, 《조선일보》는 또다시 제 4차 정간을 당했다. 문제가 된 사설도 안재홍이 집필한 것으로 〈濟南사건의 壁上觀〉이라는 제목으로 중국 침략의 일환으로 일본군이 산동에 출병하는 것을 외국의 실례에 비겨 비난한 내용이었다. 총독부는 이 사설이 "국민으로 하여금 출병의 진의를 오해케 하고 국위를 중외에 훼손케 하려는 비국민적 집필"이라고 밝혔다.

그러나 총독부가 정간명령을 내린 것은 이와 같은 논조 때문만은 아니었고 민족진영의 연합체인 신간회와 《조선일보》의 관계를 끊으려는 의도가 숨어 있었다. 총독부는 《조선일보》에 네 번째로 정간을 명하면서 1월 21일자 사설로 재판에 계류중인 안재홍이 달아날 우려가 있다 하여 보석을 취소하고 5월 28일 다시 수감하였다. 그리하여 《조선일보》가 정간 중인 7월 26일, 고등법원이 상고를 기각하여, 覆審법원의 판결대로 구속 중이던 안재홍은 금고 8개월(지법에서는 4개월)을 복역한 뒤 1929년 1월 26일에 출옥했다. 《조선일보》의 정간은 1928년 9월 19일, 133일 만에 해제되어 21일자부터 속간했다.

《동아일보》는 1930년 4월에 제3차 무기정간 처분을 당했다. 창간 10주년 특집으로 미국의 주간지 《*The Nation*》의 주필 빌라즈가 보내온 〈조선의 현 상하에 貴報의 사명은 중대하다〉는 축사를 실었는데 그 내용이 안녕 질서를 문란케 했다는 것이었다. 《동아일보》는 문제된 축사 내용 가운데 총독부 경무국이 불온하다는 이유로 삭제를 명령한 부분을 없애지 않은 채 호외를 발행했기 때문에 총독부의 행정처분에 반항했다는 것이었다. 《동아일보》가 정간처분을 당한 여파로 《중외일보》까지 압수당하는 수난을 겪기도 했다. 《중외일보》는 사설에서 2년이 못 되는 동안에 총독부가 3개 민간신문에 모두 발행정지 처분을 내렸는데 이는 문화정치를 내세우는 총독부의 주장과는 완전히 모순되는 것이라고 공박하였다가 이 사설마저 압수당한 것이다. 《동아일보》의 정간은 138일이 지난 뒤인 9월 1일에 해제되었다.

〈鄭晉錫〉

4. 1930년대의 언론

1) 논조의 위축과 사세의 신장

1930년대의 언론은 논조가 위축되다가 점차 친일적인 지면으로 바뀌었다. 1931년의 만주사변을 기점으로 일본 군부의 파쇼통치로 일본 국내에서조차 언론의 자유가 완전히 소멸되게 만들었다. 언론이 국가적인 통제하에 놓인 상황에서 한국의 민간신문이 항일 논조를 지속하기는 사실상 불가능한 시기였다. 언론이 일본 군부 파쇼의 통제 아래 놓이게 되었다는 사실이 그 주된 외적인 이유였지만, 국내에서도 일제의 오랜 식민지 통치의 결과로 민족 독립운동이 전반적으로 퇴조를 보이고 있었던 데에 영향을 받은 것이라 할 수 있다.

항일논조가 둔화되는 대신, 신문이 상업화를 추구하면서 20년대까지는 어려운 상황 속에서도 견지해 보려고 애썼던 민족주의적인 태도가 퇴색하였다. 그러나 경영상태는 20년대에 비해 상대적으로 호전되었다. 민간 3대 신문이 상업지적인 경쟁을 벌이면서 수익증대를 위한 광고수주에 열을 올리고 월간 잡지를 새로 창간하는 등으로 사세를 확장한 결과였다.

《조선일보》는 창간이래 1920년대에는 경영진이 여러 차례 바뀌었으나 30

년대 초 방응모가 신문을 인수한 뒤에는 경영이 호전되기 시작하였다. 1932년 6월 15일 曺晩植이 사장에 취임했는데 이때 方應謨·趙炳玉·朱耀翰 등이 입사하여 경영난 타개를 모색하였다. 이에 따라 1933년 1월에 방응모가 주식회사 조선일보사의 창립을 발기하고 3월 22일자로 경영권을 인수하여 이해 9월까지 50만 원의 주식회사 법인등기를 마침으로써 창간 이래의 만성적인 재정난을 해소하고 안정된 재정적 기반 위에서 새로운 출발을 하게 되었다. 방응모는 1935년 1월 '살무손' 비행기를 최초로 도입하여 취재와 신문공수에 활용하고, 6월에는 태평로 사옥을 신축했다. 또한 호외를 자주 발행하자 다른 신문들도 이에 대응하여 민간지간의 속보경쟁이 치열해졌다.

《중외일보》가 경영난을 타개하지 못하고 폐간된 다음에 그 시설과 사원을 인수하여 1932년 11월 27일자로 창간된 신문이 《중앙일보》였다. 《중앙일보》는 《중외일보》의 지령을 계승하고 盧正一을 사장으로 "대중의 신문, 여론의 지침, 신속보도, 엄정중립"의 사시를 내걸고 출발했으나 역시 경영난을 이기지 못한 채 불과 5개월 만인 이듬해 5월 5일 자진하여 휴간에 들어갔다가 10월 31일에 속간했다. 3개월 후인 1933년 2월 16일에는 呂運亨이 사장에 취임하여 3월 7일부터 제호를 《조선중앙일보》로 바꾸었다.

독립운동가로 사회적 명망이 높았던 여운형은 신문 경영의 수완을 발휘하여 신문의 사세를 키워나갔다. 6월 27일에는 자본금 30만 원의 주식회사로 만들고, 7월 1일부터 지면을 늘려 종래 4면이던 신문을 6면으로 발행하다가 7월 15일부터는 조석간 4면씩 하루 8면으로 늘렸다. 여운형이 경영을 맡은 이후로 차츰 재정적 기초가 확립되어 갔지만 아직껏 수지를 맞출 형편은 되지 못했고, 재정난이 심화되자 전무 겸 편집국장이었던 윤희중이 私財 2만여 원을 들여와서 국면을 미봉하면서 새로운 투자자를 물색하였다. 그러던 중에 윤희중과 인척관계에 있던 東一銀行 전무 成樂憲을 끌어들여 1936년 2월 23일에는 자본금 20만 원을 증자하여 기존의 자본금 30만 원에 보태어 자본금의 총액이 50만 원으로 늘었다. 당시 《조선일보》는 방응모가 인수하면서 자본금 50만 원을 전액 불입하였고, 《동아일보》는 75만 원의 자본금이라 하였으나 실지 불입금은 45만 원이었으므로 《조선중앙》도 자본금이 《동아일보》·《조선일보》와 같은 규모가 된 것이다.

그러나 이때의 증자는 일장기 말소사건으로 장기휴간인 때여서 신문 속간에 오히려 장애요인이 되었다. 자본의 구성이 《동아일보》와 《조선일보》처럼 단순하지를 못하고 양대 세력이 주식을 배분한 형세였기 때문에 이해관계를 따져 社의 주도권을 장악하려 하였던 것이다. 증자가 이루어진 다음에 취체역 사장 여운형, 전무 취체역 윤희중, 고문 權東鎭·尹致昊, 편집국장 李寬求, 경리국장 金世鎬, 공무국장 洪悳裕, 정치부장 裵成龍, 사회부장 朴八陽, 지방부장 林元根, 학예부장 金復鎭으로 새로운 진용을 구성하였다. 7월 1일부터는 조간 4면, 석간 8면으로 하루 지면이 12면에 달하게 되었고 구독료도 월 1원으로 인상했다. 이와 함께 사옥을 증축하고, 윤전기를 늘리는 한편 비행기를 구입하는 등으로 사세 확장을 꾀했다. 구독자도 증가하여 1936년의 일장기 말소사건으로 정간되기 직전의 발행부수는 3만 2,782부까지 올라가 《동아일보》의 3만 1,666부보다 앞서게 되었다.[1)]

2) 잡지 발행 경쟁과 일본제품 광고

다른 경쟁지에 비해서 경영이 비교적 안정되어 있었던 《동아일보》의 사세도 1930년대에는 더욱 신장되었다. 30년대 초반부터는 신문사들이 모두 잡지 발행에 열을 올렸는데 처음으로 잡지 발행을 시작한 신문은 《동아일보》였다. 만주사변 직후인 1931년 11월에 동아일보사에서는 《신동아》를 창간하여 일제치하의 대표적 월간 종합지로서 이른바 '신문잡지'의 시대를 연 것으로 평가받는다. 이어서 여성지 《신가정》(1933. 1)을 창간하여 성공을 거두면서 일간 신문사들의 잡지 발간을 자극하여 잡지계의 새로운 판도를 형성토록 만들었다. 이때부터 일간 신문들은 다투어 잡지를 발행하였다. 여운형은 1933년 2월 《조선중앙일보》 사장에 취임한 다음에 이 해 11월 월간 잡지 《중앙》을, 1935년 1월에는 《소년중앙》을 창간했다. 《중앙》은 모체인 《조선중앙일보》가 《동아일보》와 함께 손기정 선수의 일장기를 말소하여 정간당했던 1936년 8월까지 35호를 발간하다가 폐간했다. 총독부 기관지 《매일신보》도

1) 朝鮮總督府 警務局圖書課, 《朝鮮出版警察概要》(1936년판), 27쪽.
정진석, 《한국언론사 연구》(일조각, 1983), 137쪽.

1934년 2월 《월간매신》을 창간했다. 이 잡지는 일반에 인기를 끌지 못하였기 때문에 1년 동안 발행된 뒤 1935년 2월 《매일신보》 본지를 조석간 10면으로 증면하면서 발행을 중단하였다.

《조선일보》는 잡지 발행이 약간 늦어서 1935년 11월에 종합 잡지 《조광》을 창간했다. 《조광》은 판형이 《신동아》에 비해 좀 작은 A5판이기는 했지만 창간호부터 400페이지가 넘는 두툼한 분량으로 발행되어 B5판(4×6배판) 230여 페이지였던 《신동아》를 위협하려는 기세를 보였고, 이어서 1936년 4월에는 《여성》을 창간하여 《동아일보》의 《신동아》·《신가정》과 경쟁을 벌이는 한편 《소년》(1937. 4)·《유년》(1937. 9) 등의 어린이 잡지까지 발행하였다.

신문사에서 발행하는 잡지들이 나타나면서 잡지의 내용이 질적으로 향상되고 경영면에서 경쟁이 치열해졌다. 이전까지는 소규모의 독립된 잡지에서 흔히 있었던 缺刊 또는 합병호가 없어지고 정기적으로 날짜를 맞추어 발행된 것도 달라진 현상이었다. 이렇게 되자 독립된 잡지사가 발행하는 잡지의 입지는 매우 좁아졌다. 이전까지는 소자본으로 운영되던 개인 경영의 잡지 또는 단체가 발행하던 잡지들과는 달리 신문사가 발행하는 잡지들은 풍부한 인력과 취재망, 그리고 광고 선전력을 활용하여 잡지계의 판도를 신문사 중심으로 바꾸어 놓았다.

민간지들이 20년대와 비교해서 경영면에서 수지를 맞추게 되면서 사세가 신장되었다는 사실을 긍정적으로 평가할 현상만은 아니었다. 상공업이 발달하지 못하였던 식민치하의 조선에는 큰 광고주가 없었기 때문에 민족지를 자처하던 신문들도 1930년대에는 광고수입의 60% 이상을 일본의 광고에 의존하게 되었다.

개항 이후에 일본과 열강세력은 조선에서 여러 가지 이권을 탈취하는 한편으로 그들의 생산품을 가져다 팔기 위해 조선의 소비시장을 공략하였다. 그들은 소비자의 구매심리를 충동하는 영업전략과 강력한 무기인 광고를 효과적으로 활용하였기 때문에 영세한 자본에 수공업 수준의 산업체계, 그리고 전근대적인 유통구조였던 조선의 시장은 무방비 상태로 유린당할 수밖에 없었다. 이같은 상황에서 신문들은 일본상품의 시장 침투를 위한 광고매체의 기능을 수행하였다. 민간신문들이 지면을 통해서는 물산장려운동을 펴면서도 일본상품의 판매를 조장하는 광고를 게재하여 민족자본이 성장하지 못하도록 만드는 결과를 가져왔다는 것은 자가당착의 모순이 아닐 수 없었다.

그러나 광고는 신문사의 사활이 걸린 중요한 수입원이었다. 민간지와 《매일신보》가 다 같이 전체 수입의 30% 이상 또는 40%선까지를 광고료에 의존하는 형편이었다.[2] 신문의 경영을 위해서는 광고가 필요하였고, 조선에서는 큰 광고주가 없었기 때문에 신문광고의 일본 대기업 의존도는 높을 수밖에 없었다. 경영주들은 일본 대기업의 광고를 유치하기 위해서 일본으로 건너가 도쿄(東京)과 오사카(大阪)의 광고주들을 접대하고 이들을 조선으로 초청하여 금강산 구경을 시키는 등 적극적인 판촉 활동을 벌여야 했다. 그러다 보니 신문이 "地主와 商工 부르주아지를 대변하는 기구로 전락하였다"는 비난까지 듣게 되었다.[3]

3) 문자보급－농촌계몽운동

1930년대의 언론은 논조가 위축되었으나 민족 정신을 고양하는 새로운 사업으로 활로를 모색하였다. 일제의 탄압으로 언론이 활기를 잃어가던 1920년대 후반부터 《동아일보》와 《조선일보》는 조직적인 문자보급운동과 농촌계몽운동을 벌여 문맹 타파와 국어 보급에 큰 역할을 담당했다. 일제가 일어를 '국어'라 하여 한국어 말살 정책을 썼으므로 두 민간지가 이에 대항하여 문자보급운동을 벌인 것이다.

문자보급운동은 3·1운동 이후 한때 고조되었던 민족운동이 침체되던 시기에 문화운동의 형태로 전개된 민족운동이었다. 《동아일보》와 《조선일보》는 전국의 지사·지국을 통한 조직을 활용하고 방학 때에는 귀향하는 남녀 학생을 동원하여 이 운동을 대표적인 민족운동으로 확산시켰던 것이다.

양 신문사에서 이 운동을 전개하던 시기에는 국내외적으로 긴장과 위기감이 감돌고 있었다. 1927년에 신간회가 창립되어 민족운동의 단일전선을 지향했으나 괄목할만한 활동을 벌이지는 못하고 있는 상황이었다. 유럽에서는 독

---

2) 정진석, 〈광고 사회사〉 II－일제하의 광고(《광고연구》, 1991년 가을호), 331~382쪽.
3) 이갑기, 〈신문기업론〉(《비판》, 1932년 9월호), 2~6쪽.

일 나치 세력의 약진으로(1930) 세계정세는 전쟁 발발의 긴장이 높아갔다. 미국은 대공황(1929)의 고통을 겪고 있었고, 일본은 미국에 앞서 1927년 3월부터 공황이 몰아쳐서 일본 정부는 4월 25일에 지불유예령(모라토리엄)을 실시하여 조선의 재계에도 심각한 경제적 타격이 불어닥쳤다.[4] 제1·2차 조선공산당 사건(1925·1926), 광주학생운동(1929), 그리고 만주사변(1931) 등을 거치는 동안 일제의 탄압은 도를 더해가고 있었다.

일제의 가장 심각한 민족말살정책은 한국어에 대한 탄압이었다. 일어를 '국어'라 하여 학교교육의 현장에서 일어를 강요하고 한국어 사용을 금지하였다. 《조선일보》는 창간 직후인 1920년 5월 1일자에 〈교육용 일본어에 대하여〉라는 논설을 통해서 조선인에게 조선어를 학습시키지 않고 어린아이에게도 일본어를 교육하기 때문에 우리 고유의 정신이 파괴되고 일본의 단점만을 본받게 되는 현실을 통탄하면서 교육용 일본어를 폐지할 것을 주장했다가 총독부의 압수처분을 받았다.[5] 《동아일보》와 《조선일보》가 조직적인 문자보급운동을 펼친 것은 이같은 시대상황이 배경이었다.

문자보급운동이 본격화했던 1930년 무렵의 조선인구는 2,000만 명이 약간 넘었는데 이 가운데 1천 700만 명 가량이 문맹이었다. 학교에 입학할 나이가 되지 않은 학령미달 어린이를 약 200만 명으로 잡고, 늙거나 중년 이상 부녀자로서 문자를 깨우치기 불가능한 사람을 100만 명으로 추산하면 1,400만 명에 이르는 인구가 문맹이었다. 이를 통계로 살펴보면 〈표 1〉과 같다.[6]

이 표를 보더라도 245만 명의 학령 아동 가운데 20%도 못되는 아이들만 보통학교(오늘의 초등학교)에 입학했고, 80%가 넘는 어린이들은 교육받을 기회를 얻지 못하고 있었다. 당시 서당의 총수는 1만 1,469개소였는데 거기서 공부하는 학생이 16만 2,247명이었으므로 이를 합쳐보아도 교육을 받는 어린이는 74만 630명에 지나지 않았다.[7] 이같은 상황이었기 때문에 보통학교를 신

---

4) 《동아일보》, 1927년 4월 23일, 〈일본 재계 혼란으로 조선 상계에 대공황〉.
《중외일보》, 1927년 4월 24일, 〈재계 혼란과 錢慌〉
정진석 편, 《일제시대 민족지 압수기사모음》 I·II(LG상남언론재단, 1998), 435~436쪽.

5) 정진석 편, 위의 책, 704~705쪽.

6) 안재홍, 〈1천 4백만 문맹과 대중문화운동〉(《삼천리》, 1931년 9월호), 3쪽.

설한다 할지라도 매년 늘어나는 학령아동을 모두 수용하기는 어려운 형편이었다. 그러므로 학령 아동과 성인을 위해 신문사에서 벌인 문맹퇴치운동은 시급하고 중요한 당면과제였다.

《조선일보》는 1929년부터 문자보급운동을 시작하였는데 그 성과를 정리하면 다음 〈표 2〉와 같다.

〈표 1〉 1930년대의 취학율

조선인구수	20,437,219명
보통학교수	1,710교
보교생도수	487,878명
학령아동수	2,450,000명
100명당취학율	19.9%

〈표 2〉 조선일보 문자보급운동의 성과

연도	참가교	학생수	수강인원	비 고
1929		409명	2,849명	참가학생 409명 중 91명의 보고서만 집계한 수강자임
1930	46교	900명	10,567명	〈한글원본〉 9만 부 배포
1931		1,800명	20,800명	〈한글원본〉 20만 부, 추가 10만 부 배포(계 30만 부)
1934	124교	5,078명		집계된 수강인원 미상
1935				〈한글원본〉 10만 부 배포
1936				〈한글원본〉 50만 부 배포

* 1932 · 1933년은 문자보급운동 중단.

《동아일보》는 1928년 4월 1일을 기해 '글장님 없애기 운동'을 벌일 것을 선언하였으나 총독부의 방해로 실천에 옮기지 못하였다. 그러나 1931년에서 1934년까지 4차례에 걸쳐 학생 하기 '브 · 나로드(V. Narod)운동'을 전개하여 문맹타파와 한글보급운동을 벌였다. 브 · 나로드운동이란 19세기 러시아의 지식층이 농민 속으로 파고들어 농민들을 상대로 벌인 계몽운동으로 러시아어로 '농민 속으로'라는 뜻이다. 브 · 나로드운동은 한글강습 외에도 위생강연 · 학술강연 등 광범한 계몽운동이었으나 주축은 역시 문맹타파였다. 《동아일

7) 위와 같음.

보》는 제4회가 되는 1934년부터는 브·나로드운동의 명칭을 '계몽운동대'로 개칭하였다. 《동아일보》가 벌인 브·나로드운동의 성과를 정리하면 다음과 같다.

〈표 3〉 동아일보 브·나로드운동의 성과

연도별	1회(1931)	2회(1932)	3회(1933)	4회(1934)	합 계
운동기간	62일간 (7. 21~9. 20)	82일간 (7. 11~9. 30)	81일간 (7. 12~9. 30)	73일간 (7. 2~9. 12)	298일
개 강 총일수	2,289일	8,182일	6,304일	3,962일	20,737명
계 몽 대원수	423명	2,724명	1,506명	1,098명	5,751명
강습지	142곳	592곳	315곳	271곳(만주29, 일본7 포함)	1,320곳
수강생 총인원	9,492명	41,153명	27,352명	20,601명	97,598명
교 재 배부수	30만 부	60만 부	60만 부	60만 부	210만 부
금 지	11곳	69곳	67곳	33곳	180곳
중 지	—	10곳	17곳	26곳	53곳

그러나 총독부는 두 신문사의 문자보급운동을 처음부터 달갑게 여기지 않았다. 《동아일보》의 경우는 1931년 첫 해에 142곳에서 강습회를 열었는데, 그 중 11곳에서 금지당했다.[8] 이듬해 제2회 운동이 시작될 때인 5월 17일에는 〈학교와 학생에 고함〉이라는 사설을 실었으나 총독부는 이 사설의 후반부 일부를 삭제하였다. 지방에 따라서는 집회허가를 제때에 내주지 않거나 이를 금지 또는 중지시키는 경우도 있었다.[9]

8) 《동아일보》, 1931년 10월 21일, 〈금년 하기 이용 제1회 브나로드운동 총결산〉.
9) 《동아일보》, 1932년 10월 6일, 사설 〈제2회 브나로드운동의 성과〉.

마침내 1935년 여름방학부터는 《동아일보》·《조선일보》 양 신문사가 문자보급운동을 동시에 중단하였다. 이때부터 총독부의 압력으로 학생을 동원하는 계몽운동은 계속할 수 없었기 때문이었다. 그러나 《조선일보》는 1935년 12월에 교재 10만 부를 인쇄하여 각지에 배포하였고, 1936년 12월에는 50만 부를 배포하였다. 이전과 같은 방법으로 계몽운동을 벌이기는 어려웠기 때문에 농한기를 이용하여 교재를 배포하고 겨울방학에 귀향하는 학생들이 자율적으로 이 운동을 계속하도록 하였던 것이다. 이 운동이 시작되던 때에는 일제의 언론 탄압은 날이 갈수록 도를 더해가던 시기였다. 학생들과 지식인들 사이에는 좌절감이 팽배하고 있었다. 이런 시기에 두 신문사는 문자보급운동이라는 민족적 대사업을 기획하여 해마다 신문의 발행부수보다 훨씬 많은 문자보급 교재를 만들어 무료로 전국에 배포하고 한글을 깨우치도록 했다는 사실은 세계 언론사에서도 희귀한 일이다.

신문사의 문자보급, 농촌계몽 그리고 민족정신 함양의 노력을 반영한 문학작품들이 신문에 많이 실리게 되었다. 이광수의 《이순신》(1931. 6.~1932. 4.)은 민족정신을 고양한 작품으로 《동아일보》의 현충사 중건에 맞추어 연재되었다. 심훈의 《상록수》(1935. 9. 10.~1935. 2. 15. 연재)는 동아일보사가 창간 15주년을 기념하여 공모한 가운데 당선된 장편소설인데 문자보급운동이 소재가 된 소설이다.

4) 3대 민간지의 폐간

1920년대 후반부터는 언론의 논조가 점차로 위축되어 기사의 압수, 삭제도 현저히 줄어들었다. 1930년대에는 신문경영자들이 수지타산을 가장 우선적인 경영방침으로 생각하는 경향이 나타났다. 그런 가운데도 1936년 8월에 일어난 '일장기 말소사건'은 탄압속에서도 언론의 항일정신이 완전히 소멸되지 않았음을 보여준 사건이었다. 이 사건으로 민간 3대지 가운데서 《동아일보》와 《조선중앙일보》가 동시에 무기정간을 당한 끝에 《동아일보》만이 이듬해 6월 1일에야 정간이 해제되어 이튿날부터 복간하였으나, 《조선중앙일보》는 영영 문을 닫아야 할 운명에 처했으며 《신동아》·《신가정》·《중앙》 등 두

신문사가 발행하던 잡지는 모두 폐간되었다.

이 사건은 베를린 올림픽 마라톤에 우승을 차지한 孫基禎 선수의 사진을 실으면서 그의 가슴에 새겨진 일장기를 말소하였다가 일어난 필화였다. 《동아일보》는 8월 25일자 지상에 손기정의 사진을 게재하면서 그의 유니폼의 가슴에 붙어있던 일장기 마크를 말살하였다. 이 사진은 8월 23일자 《오사카아사히신문》에서 제공받은 것인데 고의로 이를 말살한 사실이 발각되었던 것이다.[10] 총독부 경무국은 《동아일보》 사회부장 玄鎭健을 비롯하여 여러 관련자를 연행하고 8월 29일자로 무기정간 처분을 내렸다. 손기정의 사진을 실으면서 역시 일장기를 말소했던 《신동아》 9월호에 대해서도 일제는 정간 처분을 내리고 신동아 편집부장 崔承萬을 구속하였다.

총독부는 《동아일보》에 대한 수사를 진행하는 과정에서 새로운 사실을 밝혀내었다. 《조선중앙일보》도 8월 13일자 제3036호 조간 3면에 일장기를 지운 손기정 선수의 사진을 실었음을 알아낸 것이다.[11] 이 사건으로 《동아일보》는 279일이라는 최장기의 정간 끝에 이듬해 6월 1일 복간되었으나, 재정적 기반이 빈약했던 《조선중앙일보》는 끝내 복간하지 못한 채 1937년 11월 5일로써 허가의 효력이 상실되어 폐간되고 말았다.

일제의 탄압과 한국어 말살정책에도 불구하고 《동아일보》와 《조선일보》는 1940년까지 발행을 계속하였으나 마침내 한국어 민간신문은 더 이상 발행할 수 없게 되었다. 그 첫 번째 이유는 일제가 한국어 말살정책으로 한국어로 발행되는 신문을 없애려 했기 때문이었고, 두 번째 이유는 전시체제하에서의 물자 부족으로 일본 전역에 걸쳐서 신문사를 정비한다는 정책 때문이었다.

일본에서는 이미 1938년 가을부터 보도의 통일과 아울러 자원고갈을 방지한다는 목적 아래 각 縣별로 통합을 단행하기 시작했다. 신문 정비의 원칙으로는 인구 10만 명의 도시에 하나의 신문만 남긴다는 목표를 세우고 1縣 1紙의 원칙 아래 통합을 강력히 추진하였다.[12] 조선에서는 1道 1紙의 원칙이

---

10) 朝鮮總督府 警務局圖書課, 앞의 책(1937년판), 123쪽.
11) 朝鮮總督府 警務局圖書課, 위의 책(1936년판), 119~120쪽.
朝鮮總督府 警務局圖書課, 위의 책(1937년판), 130쪽.
12) 〈新聞整備 進步〉(《日本新聞年鑑》, 日本新聞硏究所, 1940년판), 550쪽.

적용되었다. 이 원칙은 일본인 발행의 일본어 신문에도 적용되었으므로 1940년 1월에 평양에서 발행되던 《西鮮日報》를 폐간하고 《平壤每日新報》에 통합시킨 것을 시발로 하여 11월에는 《北鮮日日新聞》과 《北鮮日報》를 통합하여 《淸津日報》를 창간하였다. 이 밖에도 전국 각지의 일본어 신문을 통폐합시켰다.[13]

한국어 신문에 대해서도 총독부는 《매일신보》 하나만을 남긴다는 방침 아래 1940년 1월부터 끈질기게 《동아일보》와 《조선일보》의 폐간을 강요하였다.[14] 두 신문은 총독부의 압력을 이길 수 없어 이 해 8월 10일 동시에 폐간할 수밖에 없었다. 이로써 일본이 문화정치를 표방하면서 1920년부터 발행되었던 민간신문은 명맥이 끊어지고 이로부터 일본이 패망할 때까지의 5년간 또다시 총독부 기관지 《매일신보》의 독무대가 되었다. 《매일신보》는 1945년 8월 15일 군국주의 일본이 패망할 때까지 발행되다가, 11월 22일 《서울신문》으로 제호를 바꾸었다.

〈鄭晉錫〉

13) 〈全國新聞の整理經過〉(《新聞總覽》, 日本電報通信社, 1942년판), 19~29쪽.
14) 김상태 편역, 《윤치호일기》(역사비평사, 2001), 453·455·459쪽.

Ⅲ. 국학 연구

1. 국어학
2. 국문학
3. 국사학

Ⅲ. 국학 연구

國學은 국어·국사·문학·민속 등 민족의 전통문화에 대하여 연구하는 학문을 지칭한다. 일제 강점기에 있어 국학 연구는 민족문화에 대한 자각과 함께 일제의 민족문화 말살정책에 저항하는 것이었다. 따라서 국학 연구활동, 즉 국학운동의 전개는 일종의 민족운동의 성격을 띠고 있었으며, 일제의 탄압을 받을 수밖에 없었다.[1]

1. 국어학

1) 국어연구 단체의 조직과 국어연구

(1) 국어연구 단체

1910년 일제에 국권을 강탈당한 직후 周時經 등 국어연구자들은 1908년에 조직된 國語硏究學會를 폐지하였다가, 1911년 9월 朝鮮語文會를 조직하여 국어강습소를 이은 朝鮮語講習院을 운영하여 왔다. 국어연구학회나 조선어문회는 주시경이 주도한 국어강습소의 강습생을 중심으로 조직하였던 단체로 1910년대 일제의 강압적인 무단통치기에 있어서는 강습활동을 통하여 600여명의 강습생을 배출하였으며, 연구자들은 개인적으로 국어연구를 진행하였다.

1919년 3·1운동으로 한국인의 거족적인 저항에 접한 일제는 '문화정치'라는 이름으로 무단통치의 외형만을 바꾸어, 부분적으로 언론·출판·집회·결

1) 國學 전반에 관해서는 다음이 참조된다.
韓永愚, 〈韓國學의 槪念과 分野〉(《한국학연구》 1, 단국대 한국학연구소, 1994).
李萬烈, 〈국학의 성립 발전과 그 과제〉(《東方學志》 100, 1998).

사를 허용하였다. 이에 강습활동에 치우쳐 있던 국어연구자들이 국어연구를 보다 체계화·조직화하기 위하여 1921년 朝鮮語硏究會를 조직할 수 있었고, 이 단체는 1931년에 조선어학회로 개칭하였으며, 1947년에는 한글학회로 이름을 바꾸었다. 일제 강점기의 국어연구와 국어운동은 대체로 이 조선어연구회－조선어학회가 주도하여 이루어졌다.

1931년은 국어연구단체가 여러 개 조직된 해였다. 조선어연구회가 조선어학회로 개칭되었을 뿐만 아니라, 京城帝國大學 朝鮮語及文學科 졸업생들에 의하여 朝鮮語文學會가 만들어졌다. 또한 조선어학회가 전개한 문자통일운동의 내용에 반대하는 일부 연구자들이 朝鮮語學硏究會를 조직하였다. 그리고 1934년에는 국학 전반을 다루는 震檀學會가, 1935년에는 朝鮮音聲學會가 결성되기에 이르렀다.

이같은 연구단체들은 국어연구와 국어운동에 진력하였으나, 일제의 민족말살정책에 의하여 그 활동을 중지하지 않을 수 없었다. 더욱이 조선어학회의 경우에는 이른바 '조선어학회사건'으로 상당수의 관계자들이 해방될 때까지 투옥되기도 하였다.

가. 조선어연구회－조선어학회

조선어연구회는 1921년 12월 3일 주시경 문하에서 직·간접으로 배출된 張志暎·李秉岐·申明均·金允經·權悳奎·李奎昉·李昇圭·任璟宰·崔斗善·李常春 등이 徽文義塾에 모여, "朝鮮語의 正確한 法理를 연구함을 목적"(회칙 2조)으로 조직된 국어 전문연구단체였다. '조선어'의 과학적 연구를 통해 일제의 민족말살정책에 저항하고자 하였던 것이다.

국어에 대한 학술연구를 목적으로 하였던 조선어연구회의 실제활동은 연구발표회·강연회·강습회 등을 통한 국어운동이었다. 1927년 2월 8일자로 창간된 《한글》은 정식 학회 기관지는 아니었지만 권덕규·이병기·崔鉉培·鄭烈模·신명균이 동인으로 참여한 최초의 국어연구 전문지였다. 동인지 《한글》 창간호에 실린 창간사를 보면 다음과 같다.

> '한글'이 나왔다. '한글'이 나왔다. 훈민정음의 아들로 나왔으며 이천 삼 백만 민중의 동무로 나왔다. 무엇 하러 나왔느냐. 조선말이란 광야의 황무를 개척하

> 며 조선글(한글)이란 寶器의 묵은 녹을 벗기며 조선 문학의 正路가 되며, 조선 문화의 원동력이 되어 조선이란 큰 집의 터전을 닦으며, 주초를 놓기 위하야 병인 이듬해 정묘년 벽두에 나왔다. … 갓난아이인 '한글'은 힘이 적으나 그 할 일인즉 크도다. 아득한 속에서 묵은 옛말을 찾으며, 어지러은 가운데에서 바른 學理 법칙을 찾으며, 밖으론 세계 어문을 참작하며 안으로 우리말과 글을 바로 잡아 통일된 표준어의 사정을 꾀하며, 완전한 문법의 성립을 벼르며 훌륭한 자전의 실현을 뜻하니 그 할 일이 어찌 끔찍하지 아니한가…

이렇게 조선어연구회의 사명을 표기법의 정리·표준어의 사정·문법 정리·사전 편찬 등임을 밝히고 있었다. 이 일들은 바로 조선어연구회가 조선어학회로 개편된 이후 실제 추진한 사업이었다. 이러한 점으로 미루어 보아도 비록 조선어연구회가 학술단체로 출발하였으나, 현실적으로 시급하게 추진되어야 할 것으로 생각된 국어통일운동에 오히려 깊은 관심을 두었다고 할 것이다. 4·6판의 팜플렛과 같은 동인지 《한글》은 1928년 10월까지 9호가 간행되고 중지되었으나, 1932년에 창간되는 조선어학회의 기관지 《한글》의 전신으로 볼 수 있다.

조선어연구회에서는 1926년 11월 4일(음력 9월 29일)에 훈민정음 반포 8회갑(480주년) 기념식을 거행하고, 이후 이 날을 '가갸날'이라 하고 매년 기념하기로 결정하였으며, 1928년부터는 한글날로 기념하였다. 이밖에도 주목할 조선어연구회의 활동으로는 1926년부터 1929년까지 강습회와 강연회를 개최하였으며, 철자법 통일운동을 전개하였고, 1929년 10월 31일에는 한글날 기념회를 가진 뒤 李克魯를 책임자로 하는 《조선어사전》 편찬회를 조직한 일이 있었다. 또 조선총독부 학무국에 〈철자법 개정 건의서〉를 제출하여 조선어연구회의 주장을 관철시킨 바 있었는데, 이는 학회가 민간운동을 외면하고 일제의 권력과 결탁하여 그들이 요구하는 철자법 개정을 이루었다는 비난을 면하지 못하였다.[2]

1931년 1월 10일, 조선어연구회는 총회에서 조선어학회로 개칭하고, 1932년 1월 9일 정기총회에서는 회칙을 개정하였다. 즉 학회의 목적을 '朝鮮語文의 연구와 통일'로 명기하였는데, 어문연구와 표기법의 통일을 학회 설립목

---

2) 金敏洙, 〈朝鮮語學會의 創立과 그 沿革〉(《周時經學報》 5, 1990), 59~60쪽.

적으로 못박았던 것이다. 이미 조선어연구회에서는 1930년 10월부터 한글 맞춤법 통일안 제정에 착수하고 있었는데, 조선어학회에서는 이를 확인한 것이었다.

조선어학회에서는 기관지 《한글》을 1932년 5월 1일자로 창간하였다. 동인지 《한글》을 잇는 것이지만, 기관지로는 창간호였다. 편집을 책임진 李允宰는 〈한글을 처음 내면서〉라는 창간사에서 이 기관지의 발간경위와 사명을 이렇게 썼다.

> 우리가 우리 글을 잘 알자 하는 소리가 근년에 와서 더욱 높아 간다. 우리는 하로 바삐 묵정 밭같이 거칠은 우리 한글을 잘 다스리어 옳고 바르고 깨끗하게 만들어 놓지 아니하면 안 될 것이다. 이 때문에 사 년 전에 몇 분의 뜻 같은 이들끼리 《한글》 잡지를 내기 비롯하여 일년 남아나 하여 오다가, 온갖 것이 다 침체되는 우리의 일인지라. 이것마저 이어갈 힘이 모자라서 지금까지 쉬게 된 것은 크게 유감되는 바이다. 우리는 이제 시대의 요구에 맞추며 본회의 사명을 다하고자 하여 이 《한글》 잡지를 내게 된다. 이로써 우리 한글의 정리와 통일이 완성하는 지경에 이를 것을 믿는다. 무릇 조선말을 하고 조선 글을 쓰는 이로써 누가 이에 공명하지 아니할 이 있으랴. 오직 뜻을 같이 하고 힘을 어우러 말과 글이 더욱 환한 빛을 내기로 하자. 이에 《한글》을 냄에 대하여 한 말을 하는 바이다(李允宰, 〈한글을 처음 내면서〉, 《한글》 1-1, 1932, 3쪽).

특히 이윤재는 한글의 정리와 통일의 완성을 강조하였다. 이것은 바로 조선어연구회-조선어학회가 지속적으로 내세웠던 과제였다. 《한글》은 일제의 민족말살정책이 극심해졌던 1942년 5월 1일자(제10권 2호, 통권 93호)로 중단되기까지 한글의 정리와 통일 및 그 보급을 위해 크게 공헌하였음은 널리 알려져 있다.

조선어학회는 국어를 계몽·선전하였으며, 국어의 통일운동을 전개하였고, 국어사전의 편찬을 시도하였다. 즉 조선어학회는 〈철자법통일안〉을 1933년 10월 29일 제487회 한글날에 《한글마춤법통일안》으로 공표하였으며, 1936년 10월 28일 제490회 한글날에는 《사정한 조선어 표준말 모음》을 발표하였다. 또 1941년 1월 15일에는 《外來語表記法統一案》을 공표한 바 있다. 이와 함께 1930년부터 1934년까지 조선일보사·동아일보사 등이 주최한 하기 한글강습회를 후원하였으며, 1941년까지 한글반포기념식을 주관하였고, 비록 완성되지는 못하였으나 《朝鮮語大辭典》을 편찬하고 있었다. 1934년 한글날에는 朝鮮語學圖書展覽會를 개최하여 관심을 끌기도 하였다. 학회의 연구발표회도 1930년부터 1937년 말까지 꾸준히 계속하여 학문적 성과를 알리고 있었다.[3] 이처럼 국어운동을 전개하던 조선어학회는 1942년 10월 이른바 '조선어학회 사건'으로 사실상 일제에 의하여 강제 해체되고 말았다.[4]

나. 조선어학연구회

朝鮮語學硏究會는 1931년 12월 10일, 국문 記寫法에 관한 朴勝彬의 주장을 지지하는 인사들이 啓明俱樂部를 중심으로 조직한 국어연구단체였다. 이 조직은 조선어학회의 활동에 대한 대립적 성격을 띠고 있다. 그 규칙에 목적을 '朝鮮語學의 연구와 記寫法의 정리'(2조)에 있음을 명기하고 있었음이 바로 그것을 알려준다. 1932년 9월에 발표된 〈朝鮮語學硏究會趣旨書〉에는 "言文의 정리와 통일은 現下 조선민중이 일반적으로 절실히 요구하는 한 사항"이라고 밝히고, "한글과 학설이 과연 민중의 요구에 應할만큼 얼마나의 학술적 가치가 있는가?"라고 밝혀, 조선어학연구회의 방향이 무엇인가를 드러냈다.

조선어학회가 1933년 10월 〈한글마춤법통일안〉을 확정·발표하자 조선어학연구회에서는 박승빈의 학설을 중심으로 조선어학회의 주장에 반대하기 위하여 1934년 2월 기관지 《正音》을 발행하였다. 그 해 6월에는 '朝鮮文 記寫整理 期成會'를 조직하고, 7월에는 '한글式 新綴字法 반대 성명서'를 발표하기에 이르렀다. 이러한 움직임은 국어운동에 장애가 되는 점이 없지 않았으나, 조선어학회가 제정한 표기법에 대하여 학술적으로 반박한 것이었다. 즉 조선어학연구회나 조선어학회나 원칙적으로는 국어의 정리와 통일을 목적으로 삼고 있었던 것으로, 일면 국어연구의 수준을 향상시킨 부분도 적지

3) 한글학회, 《한글학회 50년사》(한글학회, 1971), 89~97쪽.

4) 한글학회, 위의 책.
金敏洙, 앞의 글.
金允經, 《朝鮮文字及語學史》(朝鮮記念圖書出版館, 1938).
《한결 金允經全集》 2(延世大 出版部, 1985), 545~673쪽.
朴炳采, 〈日帝下의 國語運動 硏究〉(《日帝下의 文化運動史》, 民衆書館, 1969), 448~455쪽.

않았다. 다만 그 이론이 박승빈 개인의 학설에 의지하는 수준이었고, 참여 인사 자체가 국어연구자들이 아니었다는 점에서 일반의 호응을 별로 받지 못하였다.

그러나 조선어학연구회에서는 기관지《正音》을 1941년 4월까지 총 37호를 발간하여 국어연구의 기반을 조성하였으며, 발간되지는 못하였으나 朝鮮光文會에서 주시경·권덕규·이규영 등이 편찬하던《朝鮮語辭典》의 원고를 계명구락부에 이관하여 진행하기도 하였다. 따라서 조선어학연구회 역시 국어연구와 민족문화 수호에 일정하게 공헌하였다고 할 것이다.5)

다. 조선어문학회·진단학회·조선음성학회

朝鮮語文學會와 震檀學會, 그리고 朝鮮音聲學會는 대체로 대학에서 국어학 또는 언어학 등을 전공한 연구자들이 참여한 단체였다. 조선어문학회는 국문학과 국어학을 함께 연구하였으며, 진단학회는 국어학뿐 아니라 역사학·국문학·민속학 등의 연구자가 참여하여 오히려 국어학자들의 활동이 저조하였다.

조선어문학회는 1931년 6월 경성제국대학 법문학부 朝鮮語學及文學科 졸업생인 金在喆(3회)이 주동이 되어 趙潤濟(1회)·李熙昇(2회)·李在郁(3회)이 동인으로 참여한 학술연구모임으로, 친목과 조선어학·조선문학의 연구를 목적으로 하고 있었다. 경성제대는 일제에 의하여 1924년 개교하여 1929년부터 졸업생을 배출하였는데, 한국인 졸업생은 소수였고 특히 조선어학급문학과 출신은 몇 사람에 불과하였다. 그들은 식민지 최고학부에서 국문학과 국어학을 전공하였지만, 특히 국어학에 있어서는 조선어학회와 같은 연구단체에 비하여 짧은 연륜으로 국어연구를 주도하기는 어려웠다. 조선어문학회는 그 해 7월부터 동인지《朝鮮語文學會報》를 간행하여 1933년 7월까지 7호의 회지를 발간하였는데, 국어연구자로는 이희승·方鍾鉉·李崇寧 등이 참가하였다. 1933년 1월 김재철의 사망으로 위축된 조선어문학회는 동인지 제7호를《朝

5) 金允經, 위의 책, 567~614쪽.
朴炳采, 위의 글, 455~459쪽.
趙東杰, 〈1930·1940년대의 國學과 民族主義〉(《韓國近現代史의 理解와 論理》, 지식산업사, 1998), 166~167쪽.

鮮語文》으로 개칭하였으나, 종간호가 되고 말았다. 비록 2년밖에 지속되지 못하였으나, 조선어문학회는 당시 최고학부 출신 국어연구자들이 과학적 연구 방법을 통하여 새로운 학풍을 조성하고자 하였다는 점에서 주목되고, 그 관여자들은 1934년에 창립되는 진단학회에 참여하여 연구활동을 계속하였다.[6)]

1934년 5월 7일 '朝鮮 及 隣近文化의 연구'(회칙 2조)를 목적으로 한 진단학회가 창립되었다. 언어·문학·역사 등 한국문화에 대한 종합적 연구를 목적으로 한 국학연구단체로 출발된 진단학회에는 발기인으로 김윤경·이윤재·이희승·최현배 등의 국어연구자가 참여하였다. 그러나 기관지인《震檀學報》에 수록된 국어학 관계 논문은 전체 77편(1~14집, 1934~1941) 가운데 4편에 지나지 않았다. 국사학 논문이 39편이고, 국문학이 10편인데 비하면 미미한 수준이었다. 이는 진단학회가 주로 국사와 국문학 관계자들의 주도로 운영되었음을 보여준다고 하겠다. 이숭녕이 〈·音攷〉 등 3편을, 梁柱東이 鄕歌 주석에 관하여 1편을 발표하였을 뿐이었다.[7)]

조선음성학회는 1935년 4월 24일 기독청년회관에서 이희승·이극로·鄭寅燮·金善琪 등의 주도로 20여 명이 참여하여 설립되었다. 국제 학계와의 유대 강화를 목적으로 한 음성학 연구단체였다.[8)] 金尙鎔·異河潤·정인섭이 간사로 활동하였다. 이 단체는 실제 국제 학계에 한국어를 소개하였으며, 국어교육을 위한 음반제작도 한 바 있다. 즉 1935년 7월 영국 런던에서 개최된 국제음성학회 제2차 대회에 김선기가 참석하여 〈조선어음의 만국음성부호표기〉와 〈실험음성학으로 본 조선어의 악센트〉를 보고하였으며, 1936년 8월에는 덴마크 코펜하겐에서 개최된 세계언어학회에 정인섭이 참가하여 〈조선어문과 구미 어문과의 비교〉를 발표한 바 있었다. 또한 한국어 교육에 필요한 정확한 발음과 독법을 위한 음반 12매를 1935년 12월 OK축음기주식회사에서 제작하여 보급시켰다.[9)] 그러나 조선음성학회는 발족 직후 국제 학계에

---

6) 朴炳采, 위의 글, 453~455쪽.
趙東杰, 위의 글, 165~166쪽.
김윤식,《한국근대문학사상연구》1(一志社, 1984), 23~26쪽.
7)《震檀學會六十年誌》(震檀學會, 1994) 참조.
8)《朝鮮日報》, 1935년 4월 26일.
9) 金允經, 앞의 책, 625~628쪽.

한국어를 소개하는 등 활발한 움직임을 보였으나, 연구 기관지조차 발행하지 못하고 말았다. 그것은 회원의 대부분이 조선어학회에 관여하였던 점으로 미루어, 조선음성학회보다 조선어학회의 활동에 진력한 결과로 짐작된다.

(2) 국어연구

일제 강점기의 국어연구는 국어체제의 통일에 목표를 두고, 철자법과 표준어, 그리고 외래어 표기법 등의 정리에 관심을 기울였다. 물론 이러한 관심은 조선어학회를 중심으로 한 국어통일운동으로 나타났으며, 이와 함께 국어학 전반에 관한 논의도 이루어지고 있었다. 1910년 이후 1945년까지 국어연구자들이 발표한 논저·논설은 철자·문자·어휘 등 언어문자의 통일·정리와 관련된 주제에 집중되고 있었던 것으로 나타난다. 문법에 관한 저술은 30여 권이 넘었고, 국어 관계 논문과 논설은 1,100편에 달하였다.[10] 이는 국어의 연구가 체계화되고 있었으며, 특히 문법의 정리에 깊은 관심이 있었음을 보여준다고 하겠다.

일제는 합병 직후 국어연구기관이었던 國文硏究所를 폐쇄하여 한국어를 공개적으로 연구할 수 있는 공간을 봉쇄하였기 때문에, 국어연구는 개인적으로 이루어지고 있었다. 연구자로는 주시경과 그의 문하에서 직접·간접으로 배출된 金枓奉·李奎榮·김윤경·최현배·이윤재·정열모·鄭寅承·권덕규·이병기·白南奎·신명균·장지영 등과, 계열을 달리 하지만 安 廓·박승빈 등이 있었다.

일제 강점기에 간행된 국어학 관련 주요 저서는 다음 것들이 있다.

周時經, 《말의 소리》, 新文館, 1914.
金枓奉, 《조선말본》, 新文館, 1916 ; 《깁더 조선말본》, 上海 : 새글집, 1922.
安 廓, 《朝鮮文法》, 滙東書館, 1917.
李奎榮, 《現今朝鮮文典》, 新文館, 1920.
權悳奎, 《朝鮮語文經緯》, 廣文社, 1923.

朴炳采, 앞의 글, 462~463쪽.
《朝鮮日報》, 1935년 9월 24일.
10) 朴炳采, 위의 글, 477~479쪽.

李奎昉, 《新撰朝鮮語法》, 以文堂, 1923.
李常春, 《朝鮮語文法》, 開城嶺南書館, 1925.
崔鉉培, 《우리말본》, 延禧專門學校 出版部, 1929 · 1937.
張志暎, 《朝鮮語綴字法講座》, 活文社, 1930.
姜　邁, 《精選朝鮮語文法》, 博文書館, 1932.
申明均, 《朝鮮語文法》, 常識普及會, 1933.
朴勝彬, 《朝鮮語學》, 朝鮮語學硏究會, 1935.
金允經, 《朝鮮文字及語學史》, 朝鮮記念圖書出版館, 1938.
梁柱東, 《朝鮮古歌硏究》, 博文書館, 1942.
崔鉉培, 《한글갈》, 正音社, 1942.

그러나 이들 저술의 상당수가 문법에 관한 것이었고, 그 대개가 학교 교과서로 학문적 업적과는 거리가 있었다. 문법서 가운데 주목되는 것은 1910년 주시경이 발간한《국어문법》을 계승하여 발전시킨 김두봉의《조선말본》과 최현배의《우리말본》이 있다. 특히 1,200쪽의 분량인《우리말본》은 부피뿐만 아니라 내용에 있어서도 종합적인 성격을 지니고 있었다. 즉 이전의 문법서들이 분석적이었던 것과는 달리《우리말본》은 종합적으르 풀이하고, 현대언어학적인 이론의 토대 위에서 품사분류의 방법과 음성학을 포함시켰다. 또한 그 내용도 소리갈(음성학) · 씨갈(詞論) · 월갈(문장론)로 구성되어 실용적인 측면이 크게 강조되었다. 한편 문법연구는 대체로 言文修理, 곧 국어 · 국문의 정리를 위한 이론적 근거의 확립과 그 응용화에 관심을 두고 있었다. 그리고 그 이론이 1933년《한글마춤법통일안》으로 실천화되었다. 이렇듯 국어학자들은 품사론 중심의 규범문법 체계를 세우고, 국어의 형태구조 규명에 주목하였던 것이다.[11)]

국어의 역사적 연구로는 김윤경의《朝鮮文字及語學史》와 최현배의《한글갈》이 두드러진다. 두 책 모두 800쪽이 넘는 大著로, 訓民正音의 원리와 변천을 추적하였다.《조선문자급어학사》는 훈민정음 창제 이전의 문자로부터 시작하여 훈민정음을 정리하고, 이후 일제 강점기까지의 국어연구를 개괄하였다. 특히 김윤경은 비록 실재 여부가 의심스러우나 많은 문헌에서 고대에

11) 문법연구의 전반에 대해서는 고영근, 〈한국어문법연구 1세기〉(《역대한국문법의 통합적 연구》, 서울대 출판부, 2001)을 참고할 것.

문자가 있었음을 밝히고 오늘날 전하지 않는 것들을 제시하였으며, 국어학사에 관련된 자료집의 성격까지 지니고 있었다. 또《한글갈》은 역사편에서 훈민정음의 창제와 발전을 다루고, 이론편에서는 훈민정음에 대한 국어학적 검토를 하였다. 김윤경이 학설의 소개를 중심으로 하였다면, 최현배는 그 비판에 주력하였다고 볼 수 있다. 그리고 梁柱東의《朝鮮古歌硏究》는 鄕歌를 해독한 연구서로, 오쿠라 싱페이(小倉進平)가 1929년에 발표한《鄕歌及び吏讀の硏究》(京城帝國大學)에 자극을 받아 이룬 업적이었다. 1,000쪽에 가까운 이 저술은 借字로 향가를 해석하면서 문학적인 역량으로 그 가치를 인정받았다. 그는 중세국어의 어법으로 향가의 해독을 시도하였는데, 방대한 자료를 섭렵하고 치밀한 고증으로 향가 25수를 모두 해독하였던 것이다.[12]

1920년대 국어연구는 훈민정음의 연원을 캐는 연구가 많았으며, 1930년대에는 철자법 논쟁이 주류를 이루며 고어 해석과 어원연구 등 국어사적 연구도 병행되었다. 1940년대에는 국어사와 국어학사의 연구에 편중된 현상을 보였는데, 1940년《訓民正音解例本》의 발견과 무관하지 않았다. 그리고 1930년대부터 이숭녕·柳應浩·김선기 등에 의하여 서구의 언어이론이 도입되기 시작하여, 국어연구에 기여하고 있었다. 전체적으로 일제 강점기의 국어연구는 1930년대에 가장 많은 업적을 내었는데, 연구자도 증가하였지만 1920년대부터 발간된 잡지에 발표되던 국어 관련 논문들이 1930년대에 이르러 학회의 기관지를 통하여 더욱 증가할 수 있었기 때문이다.[13]

2) 국어운동의 전개

일제 강점기의 국학운동은 사실상 민족운동이었고, 국어연구자들과 연구기관들은 국어·국문의 연구와 보급을 통하여 민족의식을 고취시키는 운동을 전개하였다. 국어는 민족문화의 핵심이었으므로 국어운동의 영향은 널리 미쳤으며, 동시에 일제에 의한 탄압 또한 가중될 수밖에 없었다.[14]

---

12) 《우리 말본》·《조선문자급어학사》·《한글갈》·《조선고가연구》에 대해서는《한글》 190(1985) 특집을 참조.

13) 金敏洙,《新國語學史》(一潮閣, 1981), 249~254쪽.

일제 강점하에 있어서 국어운동은 조선어학회가 주도한 한글 맞춤법 제정·표준어 사정·외래어 표기법 제정과 한글날 제정·사전편찬·문자보급 등 여러 형태로 드러났으며, 연구 발표회·강연회·강습회와 함께 신문·잡지와 연계된 농촌계몽운동 등을 통해 문자보급을 실천에 옮기고 있었다.

훈민정음 반포 기념식에서 비롯된 가갸날·한글날의 제정은 본격적인 국어운동의 출발이었다. 즉 1926년 11월 4일(음력 9월 29일) 훈민정음 반포 8회갑(480주년) 기념식이 국어학자들과 잡지사인 新民社의 공동 주최로 食道園에서 성대히 거행되고, 이 날을 가갸날이라 하여 매년 기념하기로 결정하였던 것이다. 1928년부터는 한글날이라 명칭을 바꾸었고, 1932년에는 양력 10월 29일을 기념일로 삼았다가, 1934년부터 양력 10월 28일을 한글날로 기념하였다.[15] 《동아일보》와 《조선일보》 등은 이에 적극 동조하였고, 국어에 관한 연구나 질의를 연재하여 일반의 각성을 촉진하였다.

사전 편찬도 준비되었다. 《조선어사전》 편찬사업은 1911년 崔南善이 경영하던 朝鮮光文會에서 주시경·김두봉·권덕규·이규영 등이 착수하였던 '말모이'(辭典)에서 시작되었으나 주시경의 서거와 김두봉의 중국 망명 등으로 마무리짓지 못하였다. 그 후 1927년 박승빈이 주도하던 啓明俱樂部에서 일부 남아 있던 '말모이'의 원고를 넘겨받아 다시 林 圭 등이 사전 편찬을 시도하였지만 기초작업의 不備와 재정 관계로 중단되고 말았다. 또 중국에 망명한 김두봉도 사전원고를 작성한 바 있어 이윤재가 그 원고를 국내로 옮겨오고자 하였으나 실패하였다.

---

14) 국어운동의 전반적인 내용에 관해서는 다음이 참고된다.
金允經, 앞의 책, 545~673쪽.
한글학회, 앞의 책.
李萬烈, 〈日帝下의 文化運動〉(《韓國現代史의 諸問題》 II, 乙酉文化社, 1987).
이현희, 〈어문연구와 문자보급운동〉(《한민족독립운동사》 9, 국사편찬위원회, 1991).

15) 가갸날이 음력 9월 29일이 된 것은 훈민정음의 반포가 세종 28년(1446년) 9월에 이루어졌으므로, 그 마지막 날로 정한 것이었다. 그것을 양력으로 고쳐 10월 29일로 하였다가, 다시 그레고리력으로 환산한 것이 10월 28일이었다. 한글날이 10월 9일로 정해진 것은 1940년 《訓民正音解例本》이 발견되어 그 반포가 9월 '上澣'이었음이 확인되어 상순의 끝 날인 1446년 9월 10일을 양력으로 환산한 결과이다(한글학회, 위의 책, 6~8쪽).

국어운동이 본격화되면서, 1929년 한글날(10월 31일) 기념식을 마치고 각계 유지 108명의 발기로 《조선어사전》 편찬회가 조직되었다. 편찬회에서는 신명균·이극로·이윤재·李重華·최현배를 집행위원으로 선임하고, 조선어학회 회원과 각 방면의 전문가들이 분담·집필하도록 하였다. 한국인이 만든 한국어 사전이 없음을 한탄한 이들은 서양선교사들이나 조선총독부에서 만든 사전이 있기는 하나, 그것들은 "언어와 문자에는 아무 합리적 통일이 서지 못한 사전들"이라고 비판하면서 사전 편찬의 취지와 사명을 다음과 같이 밝히고 있다.

> 인류의 행복은 문화의 향상을 따라 증진되는 것이요, 문화의 발전은 언어 및 문자의 합리적 정리와 통일을 말미암아 促成되는 것이다. 그러하므로 어문의 정리와 통일은 제반 문화의 기초를 이루며, 또 인류 행복의 원천이 되는 것이다. … 금일 세계적으로 낙오된 조선 민족의 갱생할 捷路는 문화의 향상과 보급을 급무로 하지 않을 수 없는 것이요, 문화를 촉성하는 방편으로는 문화의 기초가 되는 언어의 정리와 통일을 급속히 꾀하지 않을 수 없는 것이다. 그를 실현할 최선의 방책은 사전을 편성함에 있는 것이다. … 본디 사전의 직분이 중대하니 만큼, 이의 편찬사업도 그리 용이하지 못하다. 1일이나 1월의 짧은 시일로도 될 수 없는 사업이요, 1인이나 2인의 단독한 능력으로도 도저히 성취할 바가 아니므로, 본회는 인물을 전 민족적으로 망라하고 과거 선배의 업적을 계승하여 혹은 동인의 사업을 인계도 하여 엄정한 과학적 방법으로 언어와 문자를 통일하여서 민족적으로 권위있는 사전을 편성하기로 自期하는 바인즉, 모름지기 江湖의 동지들은 민족적 백년대계에 협력함이 있기를 바라는 바이다(金允經, 《朝鮮文字及語學史》, 548~550쪽 ; 한글학회, 《한글학회 50년사》, 263~265쪽).

이 취지서는 사전 편찬이 단순한 국어운동이 아니라, 조선 민족 갱생운동의 일환이며 전 민족적 문화역량을 동원하는 일임을 강조하였던 것이다. 그만큼 사전 편찬의 중요성을 인지하고 있었다고 하겠다.

그러나 사전 편찬사업은 재정문제로 진전되지 못하였다. 마침 李祐植 등이 소요경비 1만 원을 기부하자, 편찬회는 1936년 3월 19일 그 사업을 조선어학회에 넘기고 해산하였다. 이에 조선어학회는 사전 편찬사업을 전담하여 4월 1일부터 편찬 전임집필위원으로 이극로·이윤재·정인승·韓 澄·이중화를 선임하고 작업을 추진하였다. 사전편찬은 1939년 연말에 원고가 완성된 전체의 1/3 분량을 조선총독부 도서과에 출원하여 1940년 3월 삭제와 정정을 조건으로 허가를 받을 수 있었다. 1942년 봄부터 사전의 조판이 시작되었고, 가을에는 교정지도 200여 쪽에 달하였다. 그러나 이 사전편찬 작업은 1942년 10월에 일어난 조선어학회사건으로 중단되고 말았다.

조선어학회의 사전편찬과는 별도로 이보다 일찍, 1938년 7월 배재고등보통학교 교원인 文世榮이 朝鮮語辭典刊行會의 명의로 《朝鮮語辭典》을 간행하였다. 문세영은 조선어사전 편찬회의 발기인이기도 하였는데, 1932년경부터 조선총독부에서 편찬한 《朝鮮語辭典》을 대본으로 하고 조선어학회의 이윤재·한 징 등의 지도를 받아 사전을 완성한 것이었다. 이 사전은 1,700쪽이 넘는 분량으로, 한국인의 손으로 된 최초의 한국어사전이었다.[16]

국어운동으로 가장 주목되는 것은 국어보급운동이었다 특히 신문사 주최의 문자보급운동이 1930년부터 4년간 계속되었다. 《조선일보》가 1930년에 시작한 이 운동에 《동아일보》도 그 다음 해에 '브·나로드(V. Narod)'운동이라는 이름으로 참여하였다. 《동아일보》의 경우, 가장 규모가 컸던 1932년에는 강습대원 2,724명, 강습지 592개 지역, 수강생 4만 1,153명에 달하는 성과를 거두었다. 매년 7월부터 9월에 걸쳐 개최된 이 강습회는 국내에 그치지 않고, 1934년에는 만주와 일본에서도 있었다. 동아일보사의 경우, 4년간 298일 동안 강습회를 가졌으며, 강습대원이 연 5,751명, 강습지가 1,320개 지역으로 수강생이 총 10만 명에 이르렀다. 교재도 총 210만 부가 배포되었다.[17]

이러한 신문사의 문자보급운동에 대하여 조선어학회에서는 《한글공부》(동아일보사 학생계몽대, 3주간용)나 《한글원본》(조선일보사 문자보급반, 4주간용)과 같은 교재를 편찬하였고, 또 기독교회의 하기 아동 성경학교용 《초등반 교과서》(1개월용)도 편찬하였다.

조선어학회에서도 국어보급을 위하여 지방을 순회하며 강습회나 강연회를 개최하였는데, 매번 30~40곳에 수천 명이 강습을 받을 수 있었다. 이러한 기회를 통하여 대중에게 국어의 과학적 가치와 신 철자법 및 문법적 기초지

16) 《朝鮮日報》, 1938년 7월 12·20일.
한글학회, 위의 책, 262쪽.
17) 한글학회, 위의 책, 320~322쪽.

식을 이해시켰던 것이다. 1931년에서 1933년까지 지방순회에 참여한 국어학자로는 이병기·권덕규·이상춘·이윤재·김윤경·신명균·이극로·최현배·김선기·장지영·이희승·李 鉀·李萬珪·金炳濟·李康來 등을 들 수 있다.[18)]

철자법의 통일에 대해서는 이미 국어학계 전반에서 그 필요성을 절실하게 느끼고 있어, 조선어학회의 전신인 조선어연구회에서도 그 준비에 나선 바 있었다. 그러한 과정에서 조선어학회에서는 1930년 12월 13일 총회에서 통일된 '한글맞춤법'을 제정하기로 결의하고, 12인의 제정위원들은 그 이듬해 7월 9일까지 초고 61항목을 다듬었으며, 1932년 12월까지는 91항목의 초안을 작성하여 토의를 계속하였다. 즉 1933년 10월 29일 한글날에 발표된 《한글마춤법통일안》은 만 3년 동안 연인원 1,500명이 참여하여 141차례의 회의를 개최하고 총 428시간을 소요한 뒤에 성안되었던 것이다.[19)]

《한글마춤법통일안》이 발표되자 《조선일보》·《동아일보》·《조선중앙일보》 등 신문은 통일안대로 맞춤법을 채용할 것을 선언하였으며, 출판계에서도 이를 따르기로 하였다. 《新東亞》·《新家庭》·《中央》·《朝光》·《女性》 등 주요 잡지와 단행본들도 새 맞춤법을 따랐다. 인쇄업자들도 이러한 흐름에서 새 철자법의 활자를 준비하지 않을 수 없었다. 漢城圖書株式會社·大東印刷株式會社·基督敎 彰文社·朝鮮印刷株式會社 등 널리 알려진 인쇄소들이 새 철자법에 따른 활자를 준비하였고, 한성도서주식회사에서는 새 철자법을 다루지 않은 인쇄물은 사절하기까지 하였다고 한다. 새 맞춤법 보급을 위해 조선어학회에서는 1935년 10월에 '한글마춤법통일안 보급회'를 조직하여 적극적인 활동을 펴는 한편, 聖書公會와 대한예수회장로교 총회 등 기독교계에 대하여 성경과 찬송가를 맞춤법 통일안에 따라 개정할 것도 여러 차례 촉구하였다. 이러한 움직임에 반대여론이 없었던 것은 아니나,[20)] 문화예술인들을 비롯한 일반 문화계에서도 이러한 움직임에 적극 호응하였다.[21)]

---

18) 한글학회, 위의 책, 313~315쪽.
19) 한글학회, 위의 책, 152~171쪽.
20) 朴勝彬이 주도한 조선어학연구회의 《한글마춤법통일안》의 반대운동에 대해서는 다음 책들이 상세하다.
金允經, 앞의 책, 573~614쪽 및 한글학회, 위의 책, 179~189쪽.
21) 金允經, 위의 책, 567~569쪽.

맞춤법을 정리한 조선어학회는 국어의 표준어를 사정하고 외래어 표기법도 제정하였다. 이러한 사업은 사전편찬을 위한 전제작업이기도 하였던 것이다. 즉 조선어학회에서는 1934년 7·8월경에 '조선어 표준어 사정위원회'를 구성하여 3년간에 걸쳐 어휘 9,547어 중에서 6,231어의 표준어를 선정하고, 1936년 10월 28일 한글날에 발표하였다.22) 아울러 조선어학회에서는 '외래어 표기법'에 관한 연구도 1930년 12월《한글마춤법통일안》제정 작업과 같이 시작, 국내외 학술단체와 학자들의 협조를 받아 1938년 가을에 그 원안을 작성할 수 있었다. 이 원안은 2년간의 시험과 보완을 거쳐 1940년 6월 25일에 확정하였다. 외래어 표기법 제정은 정인섭·이극로·이희승이 책임위원으로 참여하였는데, 조선어학회에서는 1941년 1월 15일에《外來語表記法統一案》이란 책자를 간행하고, 그 계몽과 보급에 노력하였다.23)

그밖에 1934년 10월에 한글날 기념사업으로 이루어진 제1회 조선어학도서 전람회가 국어운동과 관련지어 특기할만하다. 이 전람회는 10월 27일부터 29일까지 3일간 普成專門學校에서 개최되어 1,085명이 관람하였다. 正音類 11점, 諺解類 121점, 譯語類 9점, 字書類 30점을 비롯하여 외국인의 조선어에 관한 저서 27점 등 총 540점이 전시되어, 일반에게 국어학에 관한 큰 자극과 관심을 불러 일으켰던 것이다.24)

일제 강점하에 있어 국어운동은 국어의 학문적 연구와 함께 국어의 계몽 및 보급의 형태로 전개되었다. 국어연구는 일제의 민족말살정책 아래에서 국어를 보존하고 그것을 통일화·세계화하여 국어에 대한 관심을 고조시켰을 뿐만 아니라, 문맹퇴치를 이루는 사회운동으로까지 확대될 수 있었던 것이다. 특히 맞춤법의 통일과 표준어 제정·보급은 언어의 통일과 일체화를 통한 근대사회 형성에도 크게 공헌하였다.25)

한글학회, 위의 책, 171~178쪽.

22) 한글학회, 위의 책, 194~216쪽.
조선어학회, 《사정한 조선어 표준말 모음》, 1936.

23) 한글학회, 위의 책, 217~241쪽.
朝鮮語學會, 《外來語表記法統一案》, 1941.

24) 金允經, 앞의 책, 614~621쪽.
《한글》 3-1, 1935.
朝鮮語學會, 《朝鮮語學 圖書展覽會 出品目錄 : 古書之部》, 1934.

3) 조선어학회사건

일제 강점하에 있어서 국어운동은 민족의 말과 글을 수호하고자 하는 민족운동이었다. 일제는 문화적으로 內鮮一體를 내세운 동화정책을 펴나가면서, 사실상 민족말살을 추구하고 있었다. 따라서 민족문화와 민족정신을 수호하고자 한 국어운동에 대한 일제의 탄압은 예상된 일이기도 하였다.

이미 일제는 정책적으로 교육기관에서의 한국어 교수를 축소시키다가, 1938년부터는 아예 한국어 과목을 폐지하였다. 학교와 재판소 등 공공기관에서의 한국어의 사용을 금지하였으며, 1940년부터는 創氏改名을 강요하기 시작하였고, 1940년 8월에는 《동아일보》와 《조선일보》와 같은 국문신문을 폐간시키기에 이르렀다. 또한 1936년 12월에는 〈朝鮮思想犯保護觀察令〉을 제정하여 민족주의자와 사회주의자 등 반일세력을 '要視察人'으로 감시하고, 1937년에 수양동우회와 흥업구락부의 회원들을 검거하는 등 민족주의세력에 대한 탄압을 강화하였다. 1940년에는 〈사상범예비구금령〉을 발령하여, 언제든지 반일세력을 구금할 수 있도록 만들었다. 이러한 탄압은 만주사변과 중일전쟁에 이어 제2차 세계대전을 일으킨 일제가 한국에 있어서의 군국주의적 식민지 지배를 강화하고자 하는 목적에서 비롯된 것이었다.

'조선어학회사건'은 제2차 세계대전 발발 이후 국내에 민족주의적 색채를 지닌 단체를 제거하려는 의도에서 일으킨 것이었다. 조선어학회가 맞춤법과 표준어·외래어 표기법 등을 정리하고 사전의 발간을 눈앞에 두고 있던 1942년 8월에 발단된 이 사건은 일제 강점기 말기의 대표적 민족운동 탄압사건이었다. 즉 간접적인 민족운동으로 간주되고 있던 국어운동에 대한 일제의 탄압이었던 것이다.

조선어학회사건은 1942년 여름방학을 맞은 함흥 永生女子高等普通學校 여학생들이 기차로 귀향하는 도중에 일본어를 사용하지 않았다는 이유로 경찰이 문초를 하다가, 홍원이 고향인 박영희라는 여학생의 집을 수색하여 일기

25) 李萬烈, 앞의 글, 422쪽.

장을 압수한 일에서 발단되었다. 일본어를 사용하였다고 꾸지람을 들었다는 한 구절을 일제는 대형사건으로 만들어서, 먼저 영생여자고등보통학교의 교사로 있다가 사전 편찬에 참여한 鄭泰鎭을 9월 5일 체포하였다. 일제는 조선어학회를 독립운동 단체로 단정하고 10월 1일 이윤재·한 징·이극로·정인승·이중화·김윤경·李錫麟·최현배·權承昱·이희승·장지영 등 조선어학회의 주도 회원 11명을 체포하고, 사전원고와 회계장부·회의록·후원자 명부 등을 압수하여 홍원경찰서로 압송하였다. 이어 李祐植·金法麟·鄭烈模·이병기·李萬珪·이강래·김선기가 검거되었으며, 12월에는 徐承孝·安在鴻·李 仁·金良洙·張鉉植·정인섭·尹炳浩·李殷相이, 1943년 3월에는 金度演·徐珉濠가 검거되었다. 권덕규와 安浩相은 신병으로 체포를 면하였다. 이처럼 구속이 29명이었고, 불구속이 申允局과 金鍾哲, 그리고 권덕규·안호상으로 조선어학회사건의 관련자는 모두 33명이었다. 또 증인으로 불리어 취조를 받은 인물도 48명에 이르렀다.

구속자의 대부분은 홍원경찰서에서 취조를 받았는데, 경찰은 이들에게 갖은 고문을 가하여 억지 자백을 강요하였다. 이윤재와 한 징은 고문 끝에 옥사하고 말았다. 경찰은 조선어학회의 모든 사업, 즉 사전 편찬사업·철자법 통일안·외래어 표기법·순회강습회·훈민정음 반포기념식·고전 출판 등이 범죄행위가 된다고 보았고, 검사는 1943년 9월에 관련자 중 12인을 기소유예로 석방하고, 이극로·이윤재·최현배·이희승·정인승·정태진·김양수·김도연·이우식·이중화·김법린·이 인·한 징·정열모·장지영·장현식의 16명을 〈치안유지법〉 위반으로 기소하여 예심에 회부되었다. 그 가운데 이윤재와 한 징은 옥사하였고, 장지영과 정열모는 1944년 9월에 공소 소멸로 석방되었으며, 나머지 12명에 대하여 1944년 12월 21일부터 1945년 1월 16일까지 9회의 공판이 함흥지방법원에서 열렸다. 이들에 대한 판결은 이극로 징역 6년, 최현배 징역 4년, 이희승 징역 2년 6개월, 정인승·정태진 징역 2년이었고, 나머지 7명은 집행유예로 석방되었다. 그 가운데 정태진은 상고를 포기하고 복역하여 1945년 7월 1일에 출옥하였다. 나머지 4명은 1945년 1월 18일 상고하였으나, 8월 13일 고등법원에서 기각되어 판결이 확정되었다. 그리고 8월 15일 해방이 되자 이들은 8월 17일 함흥감옥에서 나올 수 있었다.[26]

이들이 공판에 회부된 이유서를 보면, 일제가 조선어학회와 국어운동을 어떻게 보았는지를 잘 알 수 있다.

> … 본 건 조선어학회는 1919년 萬歲騷擾事件의 실례에 비추어, 조선의 독립을 장래에 기약하는 데는 문화운동에 의하여 민족정신의 환기와 실력양성을 급무로 삼아서 … 1931년 이래로 피고인 이극로를 중심으로 하여, 문화운동 중 그 기초적 중심이 되는 위에서 말한 바 어문운동의 방법을 취하여, 그 이념으로써 지도이념을 삼아, 겉으로 문화운동의 가면을 쓰고, 조선독립을 목적한 실력배양단체로서 본 건이 검거되기까지 10여 년이나 오랜 동안, 조선 민족에 대하여 조선어문운동을 전개하여 온 것이니 … 조선어학회는 이같이 민족주의 진영에 단연 不拔의 지위를 차지하여, 조선 사상계를 풍미한 공산주의운동 앞에다 慴伏하여, 아무 한 바 없이 혹은 자연 소멸하고 혹은 사교 단체로 타락하여 겨우 그 餘喘을 보존하여 오던 민족주의 단체의 사이에 있어서 홀로 민족주의의 아성을 사수한 자로서 중시됨에 이르러, 후단 기재의 사업 같은 것은 어느 것이든지 언문신문들의 열의 있는 지지 밑에 조선인 사회에 이상의 반향을 일으켰는데 그 중 조선어사전의 편찬사업 같은 것은 曠古의 민족적 대사업으로 촉망되었던 것이다(한글학회, 《한글학회 50년사》, 17~18쪽).

바로 일제가 국어운동을 독립을 위한 실력배양운동으로 파악하고 있었고, 조선어학회가 그 중심에서 민족주의의 아성을 사수한 것으로 인식하였음이 확인된다.

이 사건으로 조선어학회는 실질적으로 해산되었고, 준비중이던 사전 편찬 원고는 증거물로 홍원과 함흥으로 옮겨다니다가 해방 직후 서울역 운송부 창고에서 발견되었다. 결국 조선어학회사건은 제2차 세계대전에 광분하던 일제의 민족문화운동에 대한 야만적인 탄압이었다고 할 수 있다. 그리고 그것은 한민족의 모국어에 대한 애정과 관심을 다시금 깨닫게 하는 기회이기도 하였다.

〈崔起榮〉

---

26) 조선어학회사건에 관해서는 사건 당사자들의 기록이 남아 있어 참고가 된다.
金允經, 〈朝鮮語學會受難記〉(《한글》 11-1, 1946).
———, 〈조선어학회 수난사건〉(앞의 책), 670~673쪽.
李熙昇, 〈朝鮮語學會事件〉(《一石李熙昇全集》 2, 서울대 출판부, 2000).
정인승, 〈조선어학회사건〉(《건재 정인승전집》 6, 박이정, 1997).

2. 국문학

일제 강점기에 있어 국문학 연구 역시 국어학이나 국사학 연구와 마찬가지로 민족문화를 수호하고자 하는 의지와 무관하지 않았다. 그러나 국문학 연구는 국어학과는 달리 1910년대까지 별다른 업적이 나타나지 않고 있었다. 물론 1900년대에 신소설과 신체시가 등장하였고, 1917년에는 李光洙가《無情》을 발표하는 등, 전통시기와는 다른 양태의 문학작품들이 나타나고 있었지만, 국문학 연구에 대한 관심은 거의 없었다.

1910년대 후반부터 국문학에 관심을 보인 인물은 安 廓이었고, 그는 1922년 한국 최초의 국문학사로 평가되는《朝鮮文學史》를 발간하였다. 또 鄭寅普나 文一平·申采浩 같이 역사가로도 알려진 국학자들도 국문학에 관심을 보이고 있었다. 그리고 1924년 京城帝國大學이 창설되어 1926년부터 학부가 운영되면서 국문학을 전공한 연구자들이 등장하여 1930년대에 주로 업적을 내놓았다. 안 확 등이 민족주의적 관점에서 국문학을 이해하고자 하였다면, 경성제국대학 출신인 趙潤濟·金台俊 등은 실증적인 방법론이 학문적인 배경으로 자리잡고 있었다. 따라서 흔히 이들을 國學派와 實證學派로 구분하여 비교하기도 한다.

또한 고전문학 관련 자료의 간행도 적지 않게 이루어졌다. 아울러 신시·신소설 등 근대문학에 대한 평가도 부분적으로 이루어지고 있었지만, 문학평론·비평적인 형태를 벗어나지는 못하였다. 다만 소설가로 이름 높던 金東仁이 〈朝鮮近代小說考〉와 〈春園硏究〉를 발표하였으며,[1] 좌익 평론가로 널리 알려졌던 林 和가 신문학 초기의 정리에 진력하여 〈新文學史〉를 내놓았다.[2]

---

1) 金東仁,《金東仁全集》6(三中堂, 1976). 〈朝鮮近代小說考〉는《朝鮮日報》1929년 7·8월에 연재되었으며, 〈春園硏究〉는《三千里》와《三千里文學》에 1934년부터 1935년, 그리고 1938년에 14회 연재되었다. 김동인에 관해서는 金允植,《金東仁硏究》(民音社, 1987) 참조.

2) 林 和의 신문학사 연구는 〈槪說 新文學史〉·〈新文學史〉·〈續 新文學史〉란 제명으로《朝鮮日報》에 1939년 9월부터 1940년 5월까지, 그리고《人文評論》1940년 11월부터 1941년 4월까지 연재된 바 있다. 그 전체는 임규찬·한진일 편,

사실 일제 강점기의 국문학연구가 고전문학에 집중되었던 것은 근대적 신문학을 이해하는 준비과정이었다고 할 수 있다. 그러나 아직 근대문학에 대한 논의는 소략하였기 때문에, 이 글에서는 근대문학에 대한 논의는 다루지 않고자 한다.

일제 강점기에 간행된 국문학 연구서로는 다음의 것들이 있다.

安　廓,《朝鮮文學史》(韓一書店, 1922).
金台俊,《朝鮮漢文學史》(朝鮮語文學會, 1931).
───,《朝鮮小說史》(淸進書館, 1933) ; 《增補 朝鮮小說史》(學藝社, 1939).
金在喆,《朝鮮演劇史》(朝鮮語文學會, 1933) ; (學藝社, 1939).
趙潤濟,《朝鮮詩歌史綱》(東光堂書店, 1937).
鄭魯湜,《朝鮮唱劇史》(朝鮮日報社 出版部, 1940).

국문학 연구서는 대체로 1930년대에 발간되었으며, 문학사가 중심이었다. 그리고 소설·시 뿐만 아니라 연극·창극과 같은 장르에 대한 관심도 적지 않았다. 아무튼 이러한 연구는 무엇보다도 근대적인 연구방법론을 도입한 최초의 체계적인 작업이었다는 점에서 크게 중시된다.

1) 국학파의 연구

1920·30년대에 활동한 민족주의적 관점의 국문학 연구자, 이른바 국학파로 논의되는 인물은 안 확·정인보·이병기·문일평 등을 들 수 있다. 물론 이들의 대개는 전문적인 국문학 연구자라기보다는 국학자로 이름 매겨진다. 실제 이들은 국사학 또는 국어학에도 적지 않은 관심을 보이고 있었다. 신채호 같은 이도 국문학에 있어 국학파로 이해된다. 따라서 국학파의 국문학 연구는 실학적인 전통의 영향으로 고증이 무시되고 있지는 않았지만, 그에 관련된 근대적인 훈련을 받지는 않았다. 이들은 문학연구에 있어 순수학문적인 경향보다도 계몽적이고 민족주의적인 경향이 두드러지는 공통점을 지니고

《林和 新文學史》(한길사, 1993)에 정리되었다. 임화에 대해서는 金允植,《林和研究》(문학사상사, 1989) 참조.

있었다.

1920년대의 국문학 연구는 안 확이 대표하였다.[3] 그는 이미 1915년 7월 일본 유학생 잡지인 《學之光》 제6호에 〈朝鮮의 文學〉을 발표하였으며, 1921년에는 《我聲》에 두 차례에 걸쳐 〈朝鮮文學史〉를 싣고, 1922년에 이르러 《朝鮮文學史》라는 단행본을 발간하였다. 따라서 안 확은 최초로 통사적인 체계를 갖추어 근대적인 국문학 연구의 출발을 이루었다는 평가를 받는다. 그 자신도 서문에서 전통시기에는 명문을 모으거나 평한 정도의 저술이 있을 뿐 문학사가 완전하지 못하였다고 지적하고, 자신의 저술에 대한 자긍심을 내보이기도 하였다.

《조선문학사》에서 안 확은 한국문학의 출발에 앞서 단군시대의 사상으로 '倧'을 설명하고 있는데, 그것으로 그가 大倧敎의 영향을 받은 민족주의적인 관점에서 한국문학을 이해하고자 하였음을 알 수 있다. 특히 《조선문학사》의 附編으로 〈朝鮮人의 民族性〉과 〈朝鮮語原論〉을 수록하고 있는 것으로도 그 관점과 방향이 어느 정도 짐작된다. 더욱이 그는 《조선문학사》의 저술동기를 그의 다른 저서 《自覺論》의 서문을 대신하기 위함이었다고 밝혔다.[4] 바꾸어 말하면 안 확에게 있어 문학은 그 자체에 관심이 있던 것만은 아니었고, 민족의 자각운동을 위한 전제였다고 하겠다. 또 그는 한국문학을 上古(소분립시대)·中古(대분립시대)·近古(귀족시대)·近世(독재정치시대)·最近으로 시대구분을 하였는데, 이는 그가 한국정치사를 서술한 《朝鮮文明史》(滙東書館, 1923)의 시대구분과 다르지 않았다. 한국사의 문학과 정치를 동일한 관점에서 시대구분하였다는 사실은 문학사를 일반사의 종속개념으로 보고 있었음을 말해 준다.[5] 물론 그 자신은 "문학은 敏活靈妙하게 심적 현상의 전부를 표명함으로

---

3) 안 확에 대한 연구로는 다음이 참고된다.
崔元識, 〈安自山의 國學〉(《民族文學의 論理》, 창작과비평사, 1982).
李泰鎭, 〈安廓의 生涯와 國學世界〉(《歷史와 人間의 對應》, 한울, 1985).
李基文, 〈安自山의 國語硏究〉(《周時經學報》 2, 1988).
柳浚弼, 〈自山 安廓의 國學思想과 文學史觀〉(서울대 석사학위논문, 1991).
또한 안 확의 저술과 그에 관한 전반적인 연구는 《自山安廓國學論著集》 1~6 (驪江出版社, 1994)에 수록되어 있어 참고된다.

4) 安 廓, 《朝鮮文學史》(韓一書店, 1922), 134~135쪽.

5) 송희복, 《韓國文學史論硏究》(文藝出版社, 1995), 49쪽.

其國民의 진정한 발달 변천을 알게" 하고, "문학사는 일반 역사 더욱 人文史의 중요되는 일부로 볼뿐 아니라 翻하야 諸種의 역사를 다 해명한 것"으로 언급하였다.[6] 문학의 연구가 국민의 심적 현상 곧 국민사상을 이해하는 첩경이라는 관점이었다.

안 확은《조선문학사》에서 국문으로 쓰여진 문학과 한문학을 함께 포괄하고 구비문학에도 관심을 가졌으며, 문학의 기원에서 당대의 문학까지 취급하고 있었다. 또 사실의 열거에 머무르지 않고, 상고시대에 형성된 민족정신이 어떻게 발전되고 변모되어 외래사상을 받아들이고 극복하는가를 밝히고자 하였다.[7] 즉 그는 문학을 논의하면서도 전체적으로 종교·사상과 같은 정신적인 측면을 배경으로 삼고 있었다. 곧 倧·불교·유교 등 사상에 대한 관심을 지속적으로 가지고, 그러한 종교와 사상이 어떻게 당시 사회에 수용되고 적응되어 토착화하였는가 하는 점을 강조하였던 것이다. 예컨대 한자와 불교의 수입을 논의하면서 그것을 고유사상과 외래사상의 접합으로 다음과 같이 설명하였다.

> 중고의 문학을 개괄하야 말하면 창조시대라 후세의 문학은 此 시대에서 本하니라. 한자를 수입함은 심미적 사상이 발달하야 기술적 정신이 進하매 그 문학을 요구하는 운동이 필경 한자를 이용하게 된 것이다. 또한 中原의 제도·문물과 유교사상을 수입하게 된 것은 고유한 문화와 정신을 발달하야 사회와 인생을 적극적으로 교화케 함에서 出한 것이오 결코 정책상이나 卑屈的 사상으로 出한 것은 안이니라. 그런데 조선 고유한 정신이 중원의 사상을 수입함에 대하야 하등 逆論이 업시 순조로써 영접하게 된 것은 彼의 사상(天子가 天의 命을 作하야 국가를 治한다는 것)이 고유사상 즉 祭天의 정신과 祖先崇拜의 관념에 대하야 彼此 모순이 되지 안함에서 境緣된 것이니라(安 廓,《朝鮮文學史》, 41쪽).

사실 그는 1915년에 발표한 〈조선의 문학〉에서 한문학의 폐해를 강조하고, 고유문학과 신성한 정신을 발휘해야 한다고 주장하면서도,[8] 한문학이 중국문학을 따르지 않고 순전한 조선적 한문을 만들었다는 점을 지적한 바 있

---

6) 安 廓, 앞의 책, 2쪽.
7) 조동일,《한국문학통사》5(지식산업사, 1993), 252쪽.
8) 安 廓, 〈朝鮮의 文學〉(《學之光》6, 1915), 72쪽.

었다.[9] 따라서 국문학의 범위에 한문학을 원칙적으로 또는 적극적으로 수용하지 않으면서도, 현실적으로 한문학을 제외하지 않고 있었다. 그리고 이 점은 국학파나 실증학파 모두에게 공통적으로 나타나고 있다.

국학파 학자들은 국문학에 있어 文弱의 전통에 대하여 크게 비판하고 있었다. 이미 한말에 朴殷植은 〈文弱之幣는 必喪其國〉이라고 하여, "自國의 권리를 全失하여 타인의 노예가 된 것은 由來虛文을 徒尙하고 武事를 천시하여 虛弱之國을 馴致한 결과"라고 언급한 바 있었다.[10] 안 확도 "兩班士弟는 依例保有의 문자로 병역을 면제하고 兼하야 虛文縟禮로 인민을 속박하니 오천년 來의 文弱의 風은 慘不忍言이라"고 하며, 그 자신이 "儒敎征伐에 선봉을 擧하노니 一齊奮起하야 漢文桎梏을 타파하고 고유의 문학과 신성의 정신을 발휘하자"고 강조하였다.[11] 문일평이 '戰爭文學'에 관심을 가졌던 것도 이러한 점과 무관하지 않았을 것으로 보인다.[12] 안 확은 《조선문학사》에서 당시의 문학에 대해서도 청년계의 자각이나 내실이 없는 허영으로 파악하고 文弱하다고 다음과 같이 비판하였다. 이것은 국학파의 문학관이 순수학문적인 관점과는 달리하고 있었음을 말해준다고 하겠다.

> 일반 청년계에는 소설 及 詩의 관념이 큰 유행이 되니 이것이 文弱의 風이라. 百段事爲의 준비가 완성치 안코 오직 文藝熱만 팽창하면 건전한 문학이 生치 안코 浮薄墮落의 情態가 生할 섇이니 文學亡國論은 실상 今日社會에 對照할가 하노라(安 廓, 《朝鮮文學史》, 132쪽).

안 확은 국문학의 전개과정을 고유사상과 외래사상의 접합을 통한 사상적인 측면에서 논의하였다. 즉 상고문학은 倧의 관념을 제시하고, 중고문학은 외래의 불교사상과 중국사상이 새롭게 風流를 형성하였다고 파악하였다. 그리고 근고문학과 근세문학, 즉 고려와 조선은 불교와 유교가 큰 영향을 미쳤으나, 형식주의의 풍조에 치우치면서 고유정신은 殘命의 위기를 맞았고, 최

9) 安 廓, 위의 글, 69쪽.
10) 朴殷植, 〈文弱之幣는 必喪其國〉(《西友》 10, 1907), 6쪽.
11) 安 廓, 앞의 글, 72쪽.
12) 文一平, 〈戰爭文學〉(《湖岩全集》 2, 朝鮮日報社出版部, 1939).

근문학은 서양문물과 접합하였으나 신구문학의 대립을 거쳐 문화운동이 혼란하여졌다고 지적하였다.[13] 주목할 것은 역시 훈민정음의 창제에 대한 그의 평가이다. 안 확은 훈민정음의 창제를 국가적 관념과 문학적 관념으로 이해하고, 동시에 "국민적 종교심과 평등적 일치심을 각성함에 도달하게 한 것"으로 평가하였다.[14] 그러나 유교가 발전하면서, '絶代珍寶'인 언문 대신에 한자를 전용하여 자국의 고유정신은 소멸하고 중국 모방에만 급급하였음을 비판하였다.[15] 안 확의 이러한 관점은 문학을 문학으로보다, 사상과 역사의 한 부분으로 다루고 있었다고 생각된다.

안 확의 《조선문학사》는 최초의 국문학사이고 그 다루는 대상의 범위도 넓었으나, 상고문학의 자료나 원문의 인용, 사실의 미확인 등 실증적 검증을 거치지 않은 부분이 없지 않다. 그만큼 안 확의 문학사는 박식한 반면에 전문성이 결여되어 있다고 평가된다.[16]

국학파로 분류되는 정인보는 〈朝鮮文學源流草本〉(《延禧專門學校文科論文集》 1, 1930)에서 국문학의 범위에 대하여 다음과 같이 규정하고 있다.

> 또 前人의 述作이 吏讀나 正音을 쓴 이외에 대개 漢土의 문자로서 그대로 구사한 것이므로 순수한 조선문의 영역이 말못되게 협소한 듯하나 조선의 芬香이 없이 오직 한토의 氣臭를 함유한 작품은 애초에 말할 것이 아니요, 어떠한 馬을 탔던지 동서남북에 내 맘대로 馳騁하였다 할 것 같으면 구태여 과거의 驪黃을 물어 무엇하리오(鄭寅普, 〈朝鮮文學源流草本〉, 《薝園鄭寅普全集》 1, 延世大出版部, 1983, 261쪽).

즉 그는 한국적인 분위기를 보인 한문학은 국문학에 포함시킬 수 있다는 것이다. 그러한 관점에서 吏讀를 제외하고는 한문으로 되었던 삼국시대의 문학작품을 소개하며 평하였는데, 특기할 것은 각기 碑記를 포함시켜 廣開土王陵碑나 眞興王巡狩碑를 소개하고 내용을 살피고 있다는 점이다. 광개토왕릉비는 '辛卯年'조를 설명하면서 사실의 모순과 문리의 乖戾를 지적하였다.[17]

---

13) 송희복, 앞의 책, 47쪽.
14) 安 廓, 앞의 책, 78~81쪽.
15) 安 廓, 위의 책, 113쪽.
16) 송희복, 앞의 책, 49쪽.

또 진흥왕순수비를 평하며, "외래문화를 承用할지언정 그에 揜沒되지 아니함을 料度할 수 있으며 저에게 승리이지 아니하였을진대 그만한 自支와 內守ㅣ 그 本이 있음을 미루어 想得할 수 있다"고 하여 외래문화의 슬기로운 수용을 찬양하고 있었다.[18] 그 또한 넓은 의미에서 한문학을 국문학에 포함시키고 있었던 것이다. 정인보는 화랑도를 '신라사상의 순수한 凝聚'라고 지적하며, 별도의 '花郞道와 文學'이라는 소제목에서 논의하였다. 화랑도를 중시한 것은 결국 문학에 있어서 민족주의적인 관점을 드러낸 것으로 보인다.

역사가로 알려진 문일평 역시 국문학에 관련된 글을 남기고 있다. 1930년대 《조선일보》에 연재되었다가 《湖岩全集》 제2권에 수록된 〈藝術과 로-맨쓰〉·〈史上에 나타난 藝術家의 群像〉(〈史上에 나타난 藝術의 聖職〉)·〈戰爭文學〉이 그것들이다. 앞의 두 연재는 문학뿐 아니라 미술·음악·서예 등의 예술가를 포함한 것이었고, 〈戰爭文學〉은 '阿旦戰과 小說'에서 언급한 〈溫達傳〉(《三國史記》)을 제외하면 모두 전쟁과 관련된 시를 소개하고 간단한 평을 달고 있었다. 전쟁과 관련된 시란 결국 문학에 있어 애국적인 감정을 강조한 것들이 아닐 수 없었다.

문일평은 "조선말의 생명을 담은 조선글의 발명으로 해서 진정한 조선문학의 수립을 가능하다"고 이해하였다.[19] 그렇지만 훈민정음 창제 이전에 한자로 표기된 작품들에 대해서도 그는 그 의의를 충분히 살리고 있었다. 〈史上에 나타난 藝術家의 群像〉은 반 이상이 문학에 관한 것으로 국문시가를 먼저 살폈지만, 대개가 한문으로 된 작품이 소재였다. 다만 그 첫 부분에 '女流藝術家麗玉'을 내세우고 黃眞(伊)와 許蘭雪軒을 논의한 것은 그의 여류문학에 대한 관심이기도 하였다. 그런데 전체적으로 문일평의 문학에 관련된 글은 학문적인 연구라기보다 섬세하고 박학한 전통적인 詩話風의 문학사적 감상의 수준을 넘은 것은 아니었다. 국학파의 특징이 博覽強記라는 점을 든다면, 문일평 또한 전문적인 문학론을 펼친 것이 아니라 민족주의적인 배경에

17) 鄭寅普, 〈朝鮮文學源流草本〉(《薝園鄭寅普全集》 1, 延世大 出版部, 1983), 272~279쪽.
18) 鄭寅普, 위의 글, 296~297쪽.
19) 文一平, 〈史眼으로 본 朝鮮〉(《湖岩全集》 2), 16쪽.

서 계몽성이 짙은 문학의 소개였다고 할 것이다.

신채호는《동아일보》1924년 1월 1일자에〈朝鮮古來의 文字와 詩歌의 變遷〉이라는 논설을 발표하였다. 그는 이 글에서 吏讀에 관하여 설명하며 處容歌와 鄭瓜亭曲을 훈민정음 이전의 뚜렷한 문학작품으로 소개하고, 이에 대하여 "吏讀文으로 지은 處容本歌의 의의를 발견하며 史冊에 누락된 鄭瓜亭의 國詩를 按出함은 저자의 此篇부터 始라 할지니 혹 日後 조선문학사 編撰者의 채택이 될가 하노라"는 자신감을 보였다. 아울러 훈민정음 창제 이후의 국문학을 다음과 같이 개관하면서, 훈민정음의 창제 이후에도 한문학이 성행하여 국문학이 발전되지 못하였다고 한탄하며, 鄭澈과 尹善道의 시조 몇 편을 높이 평가하고 있을 뿐이다.

> 世宗大王의 正音字母는 吏讀에 比하면 그 音의 形이 完美할 뿐더러 그 학습이 더욱 편리하야 우리 문학의 발흥할 利器를 주엇스나 다만 漢文學의 정복을 바더 각종 글월을 모다 한문으로 記하고 한문만 문자로 알아 국문학 발달의 前路를 막엇섯스며 元昊·鄭澈·尹善道 諸公이 간혹 時調의 명작이 잇스나 그러나 그 才力을 모다 漢詩의 저작에 팔아먹고 時調는 餘事로 作하얏슴으로 모다 작가로 稱하기 부족하며 소설은 諺文으로 著한 자가 만흐나 그러나 문학명사들은 此等의 언문소설을 著하지 안할 뿐 아니라 또한 讀하지도 안함으로 다만 無賴의 閑人이 이를 지며 冊肆의 상인이 이를 박아 閭巷의 農人에게나 閨中의 부인에게 팔아 幾分의 薄利를 어덧슬 뿐이라 그럼으로 발달이라 칭할 것이 업도다 일울터면 오백년래의 언문소설중 좀 나흔 作物을 춘향전·놀보전·토기전 등을 數하나 그러나 춘향전은 고구려의 韓珠를 演述한 것이오 놀보전은 신라의 旁色을 演述한 것이오 토기전은 고구려의 龜兎談을 演述한 것이니 다 창작아님이 명백하며 만일 명문 걸작을 차즈면 한문작가에는 或 幾篇이 잇다 하련이와 언문에는 絶無하니 世宗大王의 제작한 恩德을 辜負함이 또한 심하도다 아호(申采浩,〈朝鮮古來의 文字와 詩歌의 變遷〉,《東亞日報》, 1924년 1월 1일).

물론 신채호의 설명과 평가가 고증에 있어서는 문제가 없지 않지만, 국문으로 된 문학에 대한 애정과 절실한 요망은 '自家文學의 독립국'의 건설이라는 표현으로 나타났다.

> 최근에 와서 일반 조선문법의 학자들이 우리 글의 발달을 절규하나 그러나

각국 문학의 진보는 매양 다수한 작가가 나서 全 사회를 고무할만한 詩나 小說이나 劇本이나 기타 각종 문예작품이 만하 이로써 울고 웃고 노래하고 춤추어 飢者의 糧이 되며 病者의 藥이 되야 自家文學의 독립국을 건설할만한 然後의 일이니 근일에 작가로 칠 작자가 몟치이냐? 아흐(申采浩, 〈朝鮮古來의 文字와 詩歌의 變遷〉, 《東亞日報》, 1924년 1월 1일).

즉 신채호는 많은 작가가 국문으로 작품을 써서 민중에게 큰 영향을 끼칠 수 있어야 국문학의 독립이 이루어진다고 생각하였던 것이다.

안 확·정인보·문일평·신채호 등 국학파의 국문학에 대한 관심은 전문 학술적인 연구라기보다는 계몽적인 요소가 앞서고 있었다. 그리고 그 배경에는 민족주의적인 경향이 뚜렷하였다. 국학파가 고증에 철저하지 못하고 박람강기의 모습을 드러내고 있기도 하지만, 그렇다고 해서 고증을 무시하고 있었던 것은 아니었다. 다만 그것은 근대적인 문학 연구방법론의 수용이 부족하였고, 전문적인 문학연구자로 훈련되지 않았기 때문에 지니는 한계였다. 오히려 국학파의 국문학 연구는 식민지 현실을 국학, 특히 국문학의 발전으로 극복하고자 한 민족의식과 무관하지 않았다는 점에서 이해할 필요가 있다고 하겠다. 이병기 등이 주도한 '時調 부흥운동'과 같은 움직임이 그러한 한 예로 주목받을 수 있을 것이다.[20]

2) 실증주의적 국문학 연구와 그 분화

1920·30년대 안 확이나 문일평·정인보 등의 국학파의 문학사 인식은 博覽强記한 대신 정밀한 고증이 부족하였다. 1930년대에 이르면 경성제국대학 朝鮮語及文學科 졸업생들이 배출되면서 전문적인 국문학 연구자들이 나타났다. 그들 가운데 趙潤濟·金在喆·李在郁 등이 주도한 朝鮮語文學會가 1930년 조직되고, 이어 《朝鮮語文學會報》가 발간되었다. 또 이들의 일부는 조선어문학회가 해체된 이후에는 국학연구단체로 1934년 창립된 震檀學會에 참여하여 연구활동을 계속하였다.

20) 시조부흥운동에 관해서는 金容稷, 《韓國近代詩史》 下(學硏社, 1986) 및 조동일, 앞의 책을 참조할 것.

金台俊·김재철·조윤제는 이들 가운데에서도 많은 업적을 냈는데, 각기 소설·연극·詩歌라는 3대 분야에서 전문화된 문학사를 서술하였다. 이들에 의하여 국문학 연구는 방법론상으로 크게 진보하였으며, 특히 실증주의적인 부분에서 국학파에 비하여 훈련되어 있었다. 경성제대 졸업생들은 국학파가 빠져들지 모를 맹목적이고 국수적인 문화우월의 태도를 극복하면서 국문학 연구를 순수과학의 정립에 충실하고자 했으나, 당시 현실과제에 대한 대응력의 약화, 소극성을 띠는 한계를 노출하였다.[21] 물론 그들이 그들 나름으로 그러한 현실과제를 극복하기 위하여 고민한 것은 요절한 김재철 이외에 김태준이 공산주의운동에 직접 참여한 것이나, 조윤제가 신민족주의에 관심을 가졌던 사실에서 확인된다.

경성제대 조선어급문학과의 유일한 제1회 졸업생인 조윤제는 초기에 소설사에 관심을 가졌으나, 곧 시가로 그 관심을 바꾸었다. 1937년 자비출판한 《朝鮮詩歌史綱》은 한국의 시가문학을 학술적인 체계를 세워 논의한 최초의 저술이었다.[22]

《조선시가사강》에서 조윤제는 조선시가의 발생시대(원시~불교 수입 이전)-향가시대(불교 수입 이전~고려 초년)-시가의 漢譯時代(고려 초기~말기)-舊樂 청산시대(조선 태조~연산조)-가사 誦詠時代(중종~임란 이전)-시조문학 발휘시대(임란 이후~숙종)-시가 撰集時代(경종~정조)-唱曲 왕성시대(순조~순종)로 시가문학을 시대구분하였는데,[23] 향가·시조·景幾體歌 등을 중심으로 왕조사와 무관하게 시가의 변천을 기준으로 삼고자 하였다. 특히 그는 시가의 형식문제에 관심을 가져, 형식이 곧 이념이라고 보았다.[24] 조윤제가 시조의 형식을 해명하기 위하여 字數에 관하여 통계적인 노력을 보였던 것도,[25] 그만큼 형식을 중시하였기 때문이다. 동시에 그것은 조윤제의 실증주의적인

---

21) 송희복, 앞의 책, 56쪽.

22) 조윤제에 전반적인 이해에는 金允植, 《한국근대문학사상연구》 1(일지사, 1984)와 柳浚弼, 〈形成期 國文學研究의 展開樣相과 特性〉(서울대 박사학위논문, 1998)에 크게 의지하였다.

23) 趙潤濟, 《朝鮮詩歌史綱》(東光堂書店, 1937), 3~4쪽.

24) 金允植, 앞의 책, 34쪽.

25) 趙潤濟, 〈時調字數攷〉(《新興》 4, 1931) 참조.

측면을 알려주기도 한다. 1940년대에 민족사관을 내세우게 되는 그가, 1930년대에는 사관보다 실증에서 머물러 있었음을 짐작케 한다.

국문학에 한문학을 어떻게 포함시켜야 하는가 하는 문제는 국문학 연구자들에게는 큰 고민거리가 아닐 수 없었다. 조윤제는 훈민정음의 창제 이후 "진정한 의미의 조선문학은 이 시기로부터 시작된다"고 하였지만,[26] 한문학 가운데에서도 내용과 형식을 담은 것은 포함시키고자 하였다.[27] 실제로 《조선시가사강》에서 고대와 고려뿐 아니라, 훈민정음 창제이후에도, "한문의 그림자에 들어 있는 문학의 알맹이를 찾으려 노력해야 한다"는 관점이었다.[28]

조윤제가 시가의 형식의 탐구를 통하여 시가사의 체계화 작업에 힘쓰며 주목한 것은 확인 가능한 수량적 성격을 바탕으로 한 시가의 내적 특성이었다.[29] 그것은 실증적인 순수학문으로의 과정이었고, 그 결과는 향가—경기체가(고려 장가)—시조—가사의 계통으로 나타났다. 그런데 이 시가형식론은 비역사적 성격을 주요한 특성으로 하고 있어 시가사의 서술은 역사적 변화과정을 담아내기 어려웠다.[30] 조윤제가 실증주의에서 민족사관으로 옮겨간 것은 그러한 문제의 극복을 위한 것이었다. 시가를 생활과 연결시켰던 그가 시가 연구의 과정에서 "시가와 국민성은 실로 미묘한 관계를 가지고 있다"고 주장하고, 그가 그토록 형식을 강조한 時調를 "조선민족의 정신을 관철하고 있는 것"으로 표현하였던 점은,[31] 뒤에 형식을 벗어나 생활의 변화와 같은 역사성이 반영되는 민족사관으로 옮겨갈 수 있었음을 보여주는 것이 아닐까 짐작되기도 한다. 아무튼 일제 강점기 조윤제의 국문학연구는 식민지 현실에서의 순수학문 연구자의 한계와 무관하지는 않았을 것이다.

---

26) 趙潤濟, 앞의 책, 160쪽.
27) 趙潤濟, 〈朝鮮文學과 漢文과의 關係〉(《東亞日報》, 1929년 2월 19일)에서, "나는 결코 적극론파와 같이 '此身死了死了' 그대로를 조선문학이라고 하자는 것은 아니다. 한문으로 표현한 중에 沈在하여 있는 조선문학을 내어오자는 것이다. … 내가 여기서 말하는 沈在한 조선문학이라 하는 것은 한문으로 표현한 작품의 내용만을 말하는 것은 아니다. 내용보다도 日光을 보지 못한 연약한 형식이나마 형식을 구비한 것을 말하는 것이다"라고 하였다.
28) 趙潤濟, 앞의 책, 88~89쪽.
29) 柳浚弼, 앞의 글, 220~221쪽.
30) 柳浚弼, 위의 글, 265쪽.
31) 趙潤濟, 앞의 책, 2 · 115~116쪽.

소설사에 괄목할 업적을 남긴 김태준은 경성제대 支那(중국)어문학과 출신이었다. 그는 대학 졸업 직전인 1930년 10월부터 다음 해 2월까지 《조선일보》에 〈朝鮮小說史〉를 연재하였으며, 1931년에 《朝鮮漢文學史》를, 1933년에 《朝鮮小說史》를 간행한 바 있다. 《조선소설사》는 1939년 《增補 朝鮮小說史》로 다시 간행되었다. 물론 그는 소설사에 국한된 업적을 남긴 것이 아니라, 시가 등 다른 분야 및 한국사와 중국문학에 관해서도 적지 않은 업적을 남겼다.[32] 특히 그는 실증주의의 훈련을 받았으면서도, 점차 유물사관에 경도되어 사회경제사학자로 분류된다. 그리고 1940년에는 경성콤그룹에 참여하여 1941년에 투옥되기도 하였으며, 1944년 말에는 중국공산당의 본거지인 延安으로 탈출하는 행동가로의 모습을 보이기도 하였다.[33]

김태준은 《조선한문학사》를 통하여 전통한문학을 청산하고자 하였다. 그 스스로가 "나의 한문학사는 조선 한문학의 결산보고서가 된다"고 하였고,[34] 그 결론에서 "재래의 한문학은 경향에 약간 殘喘을 보존하고 있지만 자연도태로써 신선하게 刷掃되는 것을 우리는 본다. 낡은 것을 정리하고 새로 새 것을 배워서 신문화의 건설에 힘쓰자! 이것이 조선 한문학사의 웨치는 표어"라고 하였던 것이다.[35] 즉 김태준은 한국의 한문학에 대하여 매우 부정적으로 인식하고 있었다. 그것은 우선 표기문자와 관련된 것이었다. 그는 그 나라 고유한 문자로 기록된 것이 아니면 국민문학이 아니라는 관점에 서 있었고,[36] 조선문학은 "순전히 조선 문자인 '한글'로서 향토 고유의 사상감정을 기록한 것"이라고 밝혔던 것이다.[37] 물론 그렇지만 실제 문학사의 서술에 있어 김태준이 그 같은 원칙론을 적용한 것은 아니었다. 동시에 봉건귀족의 문학인 한문학의 청산을 통하여 신문학의 출발을 기대한 것이기도 하다. 비록 《조선한문학사》가 나열식이고 방법론이 부재하였다고 그 스스로 술회하였

32) 김태준의 문학 전반에 관해서는 박희병, 〈天台山人의 국문학 연구〉 상·하(《민족문학사연구》 3·4, 1993) 및 柳浚弼, 앞의 글을 참조할 것.
33) 임영태, 〈혁명적 지식인 김태준〉(《사회와 사상》 창간호, 1988).
34) 金台俊, 《朝鮮漢文學史》(朝鮮語文學會, 1931), 6쪽.
35) 金台俊, 위의 책, 191쪽.
36) 金台俊, 《朝鮮小說史》(淸進書館, 1933), 13쪽.
37) 金台俊, 앞의 책(1931), 4쪽.

고,[38] 실제 고증이 잘못된 곳도 있지만, 실증주의가 두드러지는 저술이었다. 그리고 한학에서 문학을 분리시키고, 시문 중심의 한문학에서 수필·야담·소설을 적극적으로 다루며, 여성문학·중인문학·서얼층의 문학에 주목한 점 등은 이 저술이 갖는 의의라고 할 수 있다.[39] 여류문학의 경우에는 국문학·한문학의 구별과 무관하게 1932년 말부터 《조선일보》에 별도로 연재하였다.[40]

《조선소설사》는 소설만을 다룬 최초의 문학사이다. 설화시대로부터 당대 문학에 이르기까지 소설사를 5기로 나누어 체계화를 시도한 이 저술은 널리 자료를 섭렵하여 실증적인 측면이 강조되어 있다. 다만 소설사의 맥락이나 작품론에 소홀하였다는 지적과, 영조·정조대에 근대소설이 나타났다는 주장을 치밀한 논리 없이 분위기 전달에 머물렀다는 비판도 있다.[41] 아무튼 그는 朴趾源의 작품과 《춘향전》을 높이 평가하였다. 박지원의 한문소설을 소설사에서 크게 강조한 점으로도 그가 국문문학만을 국문학이라고 한 원칙론에 별로 구애받지 않았음을 알 수 있다.

문예사회학으로 경도된 김태준의 연구는 특히 1933년에 발간된 《조선소설사》를 증보하여 1939년 출간한 《증보 조선소설사》에서도 확인된다. 《조선소설사》를 간행한 이후의 소설 연구들이 증보판에 포함되었는데, 많은 부분은 아니지만 계급사관이 강조된 부분들이 수정되었던 것이다.[42] 예컨대 〈九雲夢〉이나 〈兩班傳〉을 계급사회와 관련시켰다던가, 〈興夫傳〉을 경제와, 〈春香傳〉을 특권계급에 대한 반항과 서민계급의 승리·평등사상 고취 등으로 인식한 점에서 그러한 면을 확인할 수 있다.[43] 사실 김태준이 《동아일보》 1935년 1월에 연재한 〈春香傳의 現代的 解釋〉은 문예사회학적인 대표적인 연구로, 시대성과의 밀접한 관련 속에서 작품과 문학·사회·역사의 접맥을 이루어내고 있었다.[44]

---

38) 金台俊, 〈朝鮮漢文學史方法論〉(《學燈》 6, 1934).
39) 박희병, 앞의 글(상), 262~263쪽.
40) 박희병, 위의 글(하), 193~197쪽.
41) 조동일, 앞의 책, 254쪽.
42) 柳浚弼, 〈金台俊의 《朝鮮小說史》와 《增補 朝鮮小說史》 대비〉(《韓國學報》 78, 1995).
43) 박희병, 앞의 글(상), 255~256쪽.
44) 〈春香傳의 現代的 解釋〉은 김태준의 校注로 1938년 學藝社에서 발간한 《原本 春香傳》의 해설로 재수록되었고, 《增補 朝鮮小說史》에도 같은 내용이 정리되

소설과 더불어 김태준은 가요를 중시하였는데, 1933·34년 《조선일보》에 연재한 〈朝鮮歌謠概說〉을 통하여 확인된다. 그의 관심은 가요의 '민족적 고유성'과 '민중성'이었다. 그는 특히 시조가 민중과 隔絶된 상층가요였다가 조선 후기에 이르러 민중화한다고 파악하였고, 민요는 계급·사회·생활을 반영하는 것으로 보았다.[45] 김태준의 초기 저술에서부터 유물사관·계급사관의 분위기가 적지 않지만, 보다 깊은 관심을 기울이고 연구에 적용시키는 것은 이러한 점으로 미루어 아마도 1933년 이후가 아닌가 생각된다.

결국 김태준은 실증주의와 함께 유물사관을 연구방법론으로 수용하고 있었다고 하겠다. 주관을 배제하고 자료를 중시하는 실증주의는 역사발전법칙과 계급을 강조하는 유물사관과는 대립되는 관점이지만, 실증주의의 학문적 배경에서 유물사관의 방법론을 구사한 것으로 보는 것이 좋을 것으로 생각된다. 물론 본인은 실증주의를 배격하고자 하였지만, 근대적 연구방법론으로 익숙하게 된 실증주의를 벗어나기는 쉽지 않았을 것이다. 특히 김태준은 과학성과 민중성을 강조하였는데, 그러한 면에서 국학파의 연구는 문학이나 역사학이나 모두 비판의 대상이 되지 않을 수 없었다. 조선학운동에 대한 비판 역시 관념적인 조선학이 아니라, 현실에 사는 일반의 행복을 위한 조선학 연구를 수립해야 하였기 때문이다.[46]

연극사에 관한 관심이 이 시기에 있었던 점도 주목된다. 특히 전통시기의 가면극과 인형극, 그리고 판소리가 그 주된 대상이 되었는데, 민중의 지배계급에 대한 저항의 측면이 강조되기도 하였다. 연극사에 관련된 저술로는 金在喆의 《朝鮮演劇史》(1933)와 鄭魯湜의 《朝鮮唱劇史》(1940)가 간행되었다.

김재철의 《조선연극사》는 그의 대학 졸업논문을 확대하여 1931년 《동아일보》에 연재한 바 있던 것을 수정한 것으로, 김재철이 요절하자 조선어문학회에서 발행하였다. 한국 최초로 연극사를 정리한 이 저술은 제1편 가면극·제2편 인형극·제3편 舊劇과 新劇·제4편 결론으로 구성되었고, 부록으로 '꼭

어 있다. 이 글에 관해서는 박희병, 위의 글(상), 268~275쪽에 상세한 논의가 있다.

45) 김태준의 가요연구에 관해서는 박희병, 위의 글(하), 166~193쪽.

46) 金台俊, 〈朝鮮學의 國學的 硏究와 社會學的 硏究〉(《朝鮮日報》, 1933년 5월 2일).

두각시극'의 각본이 수록되어 있다. 가면극과 인형극에 관한 부분은 상세한 문헌자료를 들어 내용과 성격, 계통을 고찰하였다. 제3편은 廣大에 관한 어원고증을 비롯하여 그 내력과 기능에 대하여 언급하였으며, 특히 전통연극의 발달과정 및 성격과 형식까지 실증적으로 정리하고자 하였다. 연극사의 시대구분은 왕조사에 머물렀으며, 연극이 고대의 제의－신라의 演戲－고려의 山臺雜劇－조선의 山臺都監劇으로 전개되었다고 보았다. 舊劇으로 판소리·창극을, 신극은 圓覺社 이후의 활동을 다룬 것이었다.[47]

《조선연극사》에서 김재철은 가면극이나 인형극의 내용을 통하여 평민들이 양반에 대하여 비판하고 풍자하였음을 지적하였으며,[48] 창립되지도 않은 프로劇이나 좌익극단에 대하여 언급한 점 등으로 미루어 사회주의적 관점이 어느 정도 투영된 것으로 짐작된다. 또한 신극 수립에 상당한 업적을 보인 劇藝術硏究會에 대해서는 논의조차 하지 않았다.[49] 따라서 전통극의 원리나 그 계승 등에 대한 관심은 없고, 서구의 근대극을 연극의 교과서로 삼아 전통극을 재단하였다는 평을 면하지 못하였다.[50]

《조선창극사》는 사회주의운동가였던 정노식의 저술로 1940년 조선일보사 출판부에서 출간되었다. 판소리를 정리한 이 저술은 여류명창 8명을 포함하여 89명에 달하는 판소리 명창에 대한 약전이 주를 이르고 있는데, 판소리 관계자들의 증언을 중심으로 하였다. 앞부분에 실은 '창극의 논고 및 자료'는 판소리를 언급한 단평들을 소개한 것이고, 판소리에 대한 약간의 이론적인 언급이 포함되어 있다. 《조선창극사》는 실증주의의 업적이라고 보기에는 어려운 점이 있지만, 판소리에 대한 관심이 저술로 출간되었다는 점에서 주목할 수 있다.[51]

〈崔起榮〉

47) 金在喆의 《朝鮮演劇史》에 관해서는 다음을 참고할 것.
송희복, 앞의 책, 64~69쪽.
李東英, 《韓國文學硏究史》(釜山大 出版部, 1999), 279~301쪽.
유영대, 〈金在喆의 演劇理論考〉(《現代文學》 1984년 10월호).
48) 金在喆, 《朝鮮演劇史》(朝鮮語文學會, 1933), 54~55·107~109쪽.
49) 徐恒錫, 〈蘆汀金在喆著 朝鮮演劇史〉(《東亞日報》, 1933년 6월 24일).
50) 조동일, 앞의 책, 255쪽.
51) 《朝鮮唱劇史》에 대한 소개는 李東英, 앞의 책, 302~322쪽.

3. 국사학

일제 강점기의 한국사 연구 역시 국어·국문학 연구와 마찬가지로 민족운동의 성격을 지니고 있었다. 일제의 식민주의사학이 세력을 떨치는 상황에서, 한국사 자체에 관심을 가졌다는 사실만으로도 주목되는 일이었다. 특히 일제의 국권침탈이 본격화되던 한말에 출발한 계몽적인 민족주의사학은 보다 성숙해지면서 일제 강점기 독립운동의 한 방편으로 이해되었다. 朴殷植과 申采浩가 그 대표적인 인물이었다. 특히 1930년대 국내에서는 '朝鮮學運動'이 전개되었는데, 安在鴻·鄭寅普·文一平 등 비타협적인 민족주의사학자들이 주도하고 있었다.

1920년대 이후 한국사 연구는 좀더 다양한 방향에서 이루어졌다. 보편성이 강조된 유물사관의 관점에서 한국사를 이해하고자 한 사회경제사학과, 문헌고증을 중시한 실증사학이 민족주의사학과 더불어 식민지 시기의 한국사 연구의 주류를 차지하게 되었다. 白南雲·李淸源 등이 사회경제사학을 대표한다면, 李丙燾·李相佰 등이 실증사학을 대표한다고 하겠다. 민족주의사학자들이 전통교육을 배경으로 하는 경우가 많았다면, 이들은 주로 일본에서 근대교육을 이수하고 있었다. 나아가 이 세 가지 연구방법론을 통합하고자 하는 움직임도 일어났다. 물론 이것은 일제 강점기에 전개된 역사학 연구를 동일한 기준으로 분류한 것은 아니다. 오히려 당시의 특징적인 학문적 조류를 강조한 편의적인 분류이다.[1)]

---

1) 일제 강점기의 역사학 전반에 관해서는 다음이 참조된다. 이 글의 전개에 있어 별도의 인용이 없어도 이들 연구를 기초로 하였다.
金容燮, 〈우리나라 近代歷史學의 發達〉 1·2(《文學과知性》 4·9, 1971·1972).
李基白, 〈國史學〉(《韓國現代文化史大系》 2, 高麗大 民族文化硏究所, 1977).
姜萬吉, 〈日帝時代의 反植民史學論〉(《韓國史學史의 硏究》, 乙酉文化社, 1985).
鄭在貞, 〈日帝時代 歷史學의 思潮와 歷史意識〉(《韓國思想史大系》 6, 韓國精神文化硏究院, 1993).
李萬烈, 〈日帝下의 文化運動〉(《韓國現代史의 諸問題》, 乙酉文化社, 1987).
이철성, 〈식민지시기 역사인식과 역사서술〉(《한국사》 23, 한길사, 1994).
조동걸·한영우·박찬승 편, 《한국의 역사가와 역사학》 하, 창작과비평사, 1994.

일제의 관학자들이 주도한 식민주의사학은 한국사의 왜곡과 말살에 뜻을 두고 있었다. 즉 식민주의사학은 타율성과 정체성을 내세우며 일제의 한국 침략의 정당성과 그 지배의 합리화를 기도하였던 것이다. 바로 일제 강점기에 식민주의사관이 극성을 부렸는데, 민족주의사학뿐 아니라 사회경제사학과 실증사학 역시 그 극복을 추구하고 있었다.

1) 민족주의사학

민족주의사학은 정신을 크게 강조하고 있었다. 이미 국권을 상실한 현실을 극복하기 위하여, 민족주의사학자들은 추상적이고 관념적인 민족정신을 강조하였던 것이다.[2] 특히 박은식의 경우에 그 점이 잘 드러나는데, 그는 이미 한말《皇城新聞》을 통해서도 '國魂'의 중요성을 내세운 바 있었다.[3] 그는 1915년 저술한《韓國痛史》의 緖言에서 역사저술의 목적이 민족정신 곧 '神'을 보존함에 있다고 밝혔던 것이다.

> 옛 사람들이 말하기를 나라는 滅할 수 있으나 역사는 가히 멸할 수가 없다고 하였으니, 대개 나라는 形이고 역사는 神이기 때문이다. 지금 한국의 形은 허물어졌으나 神만이 獨存할 수는 없는 것인가. 이것이 痛史를 저술하는 까닭이다. 神이 보존되어 멸하지 않으면, 形이 부활할 때가 있을 것이다(朴殷植, 〈韓國痛史〉,《朴殷植全書》上, 檀國大 東洋學硏究所, 1975, 24쪽)

그리고 그는《한국통사》의 결론에서 國敎·國學·국어·국문·국사 등을 魂으로, 錢穀·卒乘·城池·船艦·器械 등을 魄이라 하고, 魂이 살아 있으면 그 나라가 망하지 않았다고 하였다.[4] 즉 박은식은 정신, 또는 혼을 역사로 이해하였고, 역사가 존재하면 國魂이 존재하는 것으로 주장한 셈이었다. 그가

김기승, 〈식민사학과 반식민사학〉(《한국역사입문》 3, 풀빛, 1995).
趙東杰,《現代韓國史學史》(나남, 1998).

2) 민족주의사학에 관해서는 주 1)을 제외하고 다음의 연구를 참고할 것.
李萬烈,《韓國近代 歷史學의 理解》(文學과知性社, 1981).
韓永愚,《韓國民族主義歷史學》(一潮閣, 1994).

3)《皇城新聞》, 1908년 3월 20일, 논설 〈朝鮮魂이 稍稍還乎〉.

4) 朴殷植,《朴殷植全書》上, 376쪽.

《한국통사》와 《韓國獨立運動之血史》를 저술한 것은 그러한 이유에서 였다.

이처럼 정신을 강조한 사관은 박은식의 경우에만 해당되는 것은 아니었다. '얼'을 내세운 정인보의 경우도 마찬가지였다. 《東亞日報》에 연재한 〈五千年間 朝鮮의 얼〉에서 정인보는 역사의 근본을 얼에서 구하였는데, 사실의 규명보다도 민족의 정신적인 각성을 강조하고 있었다.[5)]

신채호는 박은식의 혼이나 정인보의 얼보다는 구체적인 郎家思想을 중시하였다. 그는 《朝鮮史硏究艸》의 〈朝鮮歷史上 一千年來 第一大事件〉이라는 논문에서 花郎徒의 사상을 낭가사상이라고 하였고, 그것을 한국의 고유사상으로 보았다. 그 고유한 낭가사상이 바로 민족정신의 구현이고 독립사상의 원천이라고 지적한 신채호는 사대적인 유교사상을 외래사상으로 보고, 한국민족사를 고유사상과 외래사상의 투쟁사로 파악하였다. 잘 알려진 대로 그는 역사를 '我와 非我의 투쟁'(《朝鮮上古史》 總論)이라고 지적하였는데, 그것은 이민족과의 투쟁사를 포함하지만 사상적인 투쟁으로 이해하고자 하였다.[6)] 문일평 또한 〈崔瑩과 朝鮮精神〉이라는 글에서,[7)] 한국사의 전개를 大朝鮮精神과 小朝鮮精神의 대립과 갈등으로 설명한 바 있었다. 그는 그것을 自尊思想과 漢化思想, 또는 국가주의와 가족주의로도 표현하였는데 사상적인 측면이 강조되었음을 쉽게 알 수 있다. 이같은 문일평의 '조선정신'은 신채호가 제시한 낭가사상과 크게 다르지 않았다. 더불어 문일평은 구체적인 표현은 없지만 '朝鮮心'이라는 용어와 함께 《訓民正音》으로 대표되는 '조선사상'을 논의하기도 하였다.[8)]

이처럼 민족주의사학에서는 한국사를 움직이는 축을 정신적인 것에서 찾고 있었다. 사학자에 따라서 표현이나 내용에 약간의 차이는 있지만, 정신적이고 관념적이었다. 민족주의사학자들은 민족과 개인을 단일체로 이해하는 경향을 보였으며, 사회나 계급과 같은 부분은 크게 고려하지 않았다. 신채호가 《讀史新論》에서 "국가의 역사는 민족 소장성쇠의 상태를 閱敍할 者"라고

---

5) 李基白, 앞의 글, 163~164쪽.
6) 李基白, 위의 글, 165~166쪽.
7) 《朝鮮日報》, 1929년 6월 29일~7월 11일.
8) 文一平, 〈史眼으로 본 朝鮮〉(《湖岩全集》 2, 朝鮮日報社出版部, 1939), 15쪽.

언명한 것처럼,[9] 역사를 민족정신의 기운에 따른 盛衰로 이해하기도 하였다. 이들은 일제의 침략과 지배를 타파하여 국권을 회복하기 위하여 민족정신의 고양을 역사서술의 목적으로 삼고 있었다.

國魂 중심의 민족주의 의식에서 출발한 박은식의 역사학은 '舊本新參'을 내세우고, '近世新史'의 체제를 따라 역사를 서술한다고 하여 한말 사학의 전근대성을 극복하고자 하였다. 《한국통사》와 《한국독립운동지혈사》에서 보인 시대구분과 같은 것으로 그렇게 짐작된다. 그러나 그는 영웅사관을 완전히 극복하지는 못하였던 것으로 보이는데, 비록 독립운동의 영웅이지만 《安重根傳》이나 《李儁傳》 등을 1910년대에 저술하였다. 《李舜臣傳》의 저술 역시 그러한 면에서 이해된다. 물론 3·1운동사라고 할 수 있는 《한국독립운동지혈사》를 저술하며, 민중이 역사의 주역이라는 인식으로 변화하는 점도 확인된다. 따라서 박은식의 역사학은 계몽주의 역사학의 단계에서 근대 민족주의사학으로 넘어가는 가교의 역할을 하였던 것으로 이해된다.[10]

민족주의사학은 신채호에서 성립되었다고 이야기된다.[11] 그는 한말에 〈歷史와 愛國心의 關係〉라는 글을 쓴 바 있는데,[12] 역사를 애국심의 원천으로 이해하고 있었다. 신채호가 관심을 집중한 분야는 한국고대사였다. 그의 대표적인 저술이라 할 수 있는 《독사신론》·《조선상고사》·《朝鮮上古文化史》·《조선사연구초》가 모두 고대사에 관한 것이었다. 夫餘－高句麗 중심의 전승체계와 前後三韓說을 근간으로 하여 한국고대사를 새롭게 체계화한 신채호는, 역사를 '我와 非我의 투쟁의 기록'으로 인식하고 있었다. 이것은 그의 《조선상고사》 〈總論〉 첫 부분에 잘 나타나 있다.

---

9) 申采浩, 〈讀史新論〉(《改訂版 丹齋申采浩全集》 上, 螢雪出版社, 1977), 471쪽.

10) 박은식의 역사학에 관해서는 다음을 참조할 것.
愼鏞廈, 〈朴殷植의 歷史觀〉(《歷史學報》 90·91, 1981).
尹炳喜, 〈白巖 朴殷植의 歷史意識〉(《水邨朴永錫敎授華甲紀念 韓國史學論叢》 下, 探求堂, 1992).

11) 신채호의 역사학에 관해서는 다음을 참고할 것.
申一澈, 《申采浩의 歷史思想硏究》(高麗大學校出版部, 1981).
李萬烈, 《丹齋 申采浩의 歷史學 硏究》(文學과知性社, 1990).

12) 申采浩, 〈歷史와 愛國心의 關係〉(《大韓協會會報》 3, 1908).

> 역사란 무엇이뇨. 인류사회의 '我'와 '非我'의 투쟁이 시간부터 발전하며 공간부터 확대하는 心的 활동의 상태의 기록이니, 세계사라 하면 세계인류의 그리 되어온 상태의 기록이며, 조선사라면 조선민족이 그리 되어온 상태의 기록이니라. 무엇을 '我'라 하며, 무엇을 '非我'라 하느뇨. 깊이 팔 것도 없이 얕게 말하자면, 무릇 주관적 위치에 선 자를 '我'라 하고, 그 외에는 '非我'라 하나니…(申采浩, 〈朝鮮上古史〉, 《改訂版 丹齋申采浩全集》 上, 31쪽).

신채호는 사실의 고증을 역사학의 임무로 생각하고, 類證·互證·追證·反證·辨證 등의 방법과 언어학적 방법 등을 통하여 수준높은 연구를 진행하였다. 그것은 이념을 앞세운 민족주의사학이 빠지기 쉬운 교조적인 역사서술을 객관적이고 과학적인 수준으로 끌어올렸던 것으로 평가받는다.

역사에 주체에 관해서도 신채호는 민중을 상정하였다. 그 역시 영웅을 중시하였으나, 국가를 보전하기 위해서는 몇몇의 영웅이 아니라, 국민이 새로워져야 한다고 인식하고 '新國民'을 제기하였다. 1920년대에 이르러 신채호가 민중을 역사의 주체로 인식하고 있음은 그가 집필한 〈朝鮮革命宣言〉(1923)을 통해서도 짐작되는 일이다. 그는 또한 역사연구에서 正統論이나 大義名分論을 제거해야 한다고 주장하는 등 주자학적 이데올로기를 제거하려고 노력하였다. 이러한 신채호의 연구가 민족주의사학을 근대 역사학으로 자리잡게 하였던 것이다.[13)]

박은식과 신채호의 영향을 받은 민족주의 사학자들의 주된 역사적 관심도 민족의 祖先이 되는 단군을 비롯하여, 한국민족이 광대한 영역을 지배하였다고 생각되는 부여-고구려-渤海와 연계된 만주지역이었다. 만주를 기반으로 삼아 국토를 회복하고자 하는 민족주의 사학자들 가운데에는 직접·간접으로 大倧敎와 관련을 맺기도 하였다. 물론 박은식은 그러한 관심과 더불어 빼앗긴 국권의 회복을 기대하며 근대사에 눈을 돌리기도 하였고, 문일평은 근대문화의 수용과 관련하여 근대사에도 많은 업적을 남긴 바 있다. 민족주의 사학자들의 한국사 연구는 여러 가지 여건에서 정치한 고증이 뒤따르지 못하고, 경우에 따라서는 만주뿐 아니라 중국 북부까지도 한민족이 지배하였다는 國粹的인 부분이 없는 것은 아니다.

---

13) 이상의 내용은 李萬烈, 앞의 책이 상세하다.

국내의 민족주의 사학자들은 1934년을 전후하여 전개된 朝鮮學運動을 주도하고 있었다. 안재홍·정인보·문일평 등이 깊이 관여한 조선학운동은 1934년 9월 茶山 逝去 99 주년기념사업을 계기로 비롯되었는데, 특히 新朝鮮社가 丁若鏞의 전집인 《與猶堂全書》의 간행을 계획하고 있었다. 안재홍과 정인보가 《여유당전서》의 교열을 맡았던 것이다. 정인보·안재홍·문일평·玄相允을 연사로 한 기념강연회도 개최되었다. 정인보는 〈茶山先生과 朝鮮學〉이라는 강연을 통하여, 다산에 관한 연구를 조선학과 결부시켜 이해하였다. 안재홍은 조선학의 개념을 막연하게나마 정리하였고, 단군조선과 실학에 대한 연구가 이루어졌다. 이에 대하여 사회경제사학자들의 비판이 뒤따랐는데, 그들은 진정한 조선학의 수립은 유물사관에 기초한 과학적 방법으로만 가능하다고 보았다.

비타협적 민족주의 진영에서는 정치적 약진이 불리한 시기에 '最善한 차선책'으로서의 문화운동으로 조선학운동을 인식하였고, 개량적이지만 현실적인 운동으로 모색하고자 하였던 것이다. 조선학운동은 조선의 후진적 특수성을 세계속의 조선을 알기 위한 조선 고유의 '문화특수성향'의 탐구를 목표로 한 것이었으나, 종래의 문헌학적·해석학적 방법론을 탈피하지는 못하였다.[14]

민족주의사학은 일제 강점하에서 식민주의사학에 대항하고 있었다. 민족과 개인을 한 단위로 이해하고, 사회에 대한 인식이 불철저하였으며, 국수적인 경향을 보이기도 하였다. 또 한국사의 원동력을 정신적이고 관념적인 것에서 찾고 있었으나, 독립운동의 한 방편으로 민족정신을 고취하는 데 진력하였다. 민족주의사학은 1930년대를 전후하여 사회과학적 지식과 실증주의적 연구방법을 적절히 수용하면서 구체성과 객관성을 지닌 역사인식으로 세련되어 가기도 하였다.[15] 1940년 전후 실증사학에 경도되어 있던 孫晋泰나 李仁

14) 이에 관해서는 다음을 참조할 것.
韓永愚, 〈韓國學의 概念과 分野〉(《한국학연구》 1, 단국대한국학연구소, 1994).
이만열, 〈국학의 성립 발전과 그 과제〉(《東方學志》 100, 1998).
임형택, 〈국학의 성립과정과 실학에 대한 인식〉(《실사구시의 한국학》, 창작과 비평사, 2000).
全胤善, 〈1930年代 '朝鮮學' 振興運動 硏究〉(연세대 석사학위논문, 1998).

15) 鄭在貞, 앞의 글, 61쪽.

榮 등이 신민족주의사학을 논의하게 되는 것도 그러한 사실과 무관하지 않았던 것으로 생각된다.[16)]

2) 사회경제사학

1920년대 마르크스주의가 도입되고 성행하면서 한국사를 유물사관에 입각하여 연구하는 학자들이 나타났다. 이른바 세계사적 보편성의 관점에서 일원론적 역사발전법칙으로서의 사적 유물론을 한국사에 적용하고자 한 이들은 한 시대의 생산관계를 해명하고, 또 그것이 역사의 어느 발전단계에 해당되는가 하는 시대구분 문제에 깊은 관심을 가지고 있었다. 일제 강점기에 나타난 이러한 경향의 역사학을 사회경제사학이라 지칭한다.[17)]

그 대표적인 인물이 東京商科大學 출신으로 1920년대 중반부터 연희전문학교 상과 교수로 있던 白南雲이었다. 널리 알려져 있듯이 그는 한국사를 유물사관의 관점에서 파악한《朝鮮社會經濟史》와《朝鮮封建社會經濟史》上을 저술하였다. 각기 한국의 원시 및 고대와 고려사를 다룬 내용으로 미루어 보면, 미간행된《조선봉건사회경제사》下는 조선시대의 사회경제사를 다룰 예정이었으리라 짐작된다. 유물사관을 수용한 학자들은 백남운과 더불어 李清源·

---

16) 신민족주의사학에 관해서는 다음을 참조할 수 있다.
李基白,〈新民族主義史觀論〉·〈新民族主義史觀과 植民主義史觀〉(《韓國史學의 方向》, 一潮閣, 1978).
金貞培,〈新民族主義史觀〉(《韓國古代史論의 新潮流》, 高麗大 出版部, 1980).
李基白,〈孫晉泰의 學問과 業績〉·〈韓國史研究의 方法論的 反省〉(《韓國史像의 再構成》, 一潮閣, 1991).
이필영,〈남창 손진태의 역사민속학의 성격〉(《韓國學報》41, 1985).
韓永愚,〈孫晉泰의 新民族主義歷史學〉(《韓國民族主義歷史學》, 一潮閣, 1994).
김수태,〈손진태의 식민주의사관 비판〉(《吉玄益敎授停年紀念 史學論叢》, 간행위원회, 1996).
남근우,〈손진태의 민족문화론과 만선사학〉(《역사와 현실》28, 1998).

17) 사회경제사학에 관해서는 주 1)의 연구 이외에 다음이 참고된다.
李基白,〈實證史學과 社會經濟史學의 問題〉(《民族과 歷史》新版, 一潮閣, 1994).
———,〈唯物史觀的 韓國史像〉(《韓國史像의 再構成》, 一潮閣, 1991).
姜晉哲,〈社會經濟史學의 導入과 展開〉(《國史館論叢》2, 國史編纂委員會, 1989).
방기중,《한국근현대사상사연구》(역사비평사, 1992).

金洸鎭・金台俊・李北滿・朴文圭・尹行重・朴克采・全錫淡 등을 들 수 있는데, 중국문학을 전공한 김태준을 제외하면 대개 경제학을 공부한 이들이었다.

백남운은 《조선사회경제사》의 첫 부분에서, 한국사 연구의 임무를 "과거에 있어서 역사적・사회적 발전의 변동과정을 구체적으로 현실적으로 구명하는 동시에 그 실천적 동향을 이론화하는 것"으로 삼고, 그 방법으로 "인류사회의 일반적 운동법칙으로서의 사적 변증법에 의하여 그 민족생활의 계급적 여러 관계 및 사회체제의 역사적 변동을 구체적으로 분석하고 다시 그 법칙성을 일반적으로 추상화함으로써 가능하다"고 하였다.[18] 그것은 결국 사적 유물론에 의해서만 한국사의 민중생활과 사회구성의 발전을 법칙적으로 파악할 수 있고, 나아가 식민지 현실의 본질적 인식이 가능하다는 것이었다. 그 결과 그는 한국사에 있어서 경제적 사회구성의 단계를 원시공산제사회－노예제사회(삼국 정립기)－아시아적 봉건제사회(삼국시기 말부터 최근세)－외래자본주의사회(일제하 현재)로 전개되었다고 보았다.[19]

따라서 백남운을 비롯한 사회경제사학자들은 민족주의사학이나 식민주의사관을 특수사관으로 지적하며 비판하였다. 백남운은 《조선사회경제사》의 앞부분에서 일제의 식민주의사학뿐 아니라 민족주의사학에 대해서도 비판하고 있다.

> 최근 우리 선배들은 조선사학을 위하여 얼마만한 공헌을 하였을까. 어떠한 공헌을 했는가. 혹은 문헌고증을 위하여, 혹은 고적답사 및 유물수집을 위하여 심혈을 기울이고 있다. 물론 어느 것이나 필요한 일이지만, 다른 면에서 보면 우리 사학의 영역에서 하나의 새로운, 그러나 불행한 각인으로서의 '특수사관'이라는 외래품을 일본에서 수입한 것도 우리 선배일 것이다. … 우리 선배의 기민한 수입은 국정의 격변으로 말미암아 부리를 내리지 못하고 골동품을 수집하는 편력학도로서 정치적으로는 버림을 받게 된 정세이지만, 적어도 관념적으로는 조선문화사의 독자적인 소우주로서 특수화하려는 기도가 비교적 뿌리깊게 습관화되어 있다. 이러한 종류의 특수성 외에 이것과는 외관상 다른 官製의 특수성이란 것이 따로 규정되어 유포되어 있다. 그것은 관리 諸公의 '조선특수사정'이라는 이데올로기가 바로 그것이다. 이런 두 가지 형태의 특수성의 차이를

---

18) 白南雲, 《朝鮮社會經濟史》(改造社, 1933), 5쪽.
19) 白南雲, 위의 책, 序文 3쪽.

> 찾아보면, 전자가 신비적·감상적인데 대하여 후자는 독점적·정치적인 점을 지적할 수 있지만, 본질적으로는 인류사회 발전의 역사적 법칙의 공통성을 거부하는 점에 있어서는 완전히 궤를 같이 하고 있으며, 따라서 반동적이다. 이 두 가지 형태의 —사실은 닮은꼴의— 특수성은 조선사학의 영역을 개척하기 위해서는 정력적으로 배격해야 할 현실적인 대상이다(白南雲, 《朝鮮社會經濟史》, 改造社, 1933, 6~7쪽).

구체적으로 그는 《조선사회경제사》에서 단군신화의 해석에 있어 설화적 관념표상의 독자성을 주장하는 예로 신채호와 최남선을 거명하였고, 실증주의적인 편견성에서 임의적으로 평가하는 예로 나카 미치요(那珂通世)와 시라토리 구라기치(白鳥庫吉)·오다 쇼오고(小田省吾)을 비판하였다.[20] 즉 백남운은 식민주의사학이나 민족주의사학을 특수사관으로 보고 비판하면서, 일원적인 역사법칙을 강조하였던 것이다.

유물사관을 수용한 학자들의 민족주의사학에 대한 비판은 백남운뿐만 아니라, 이청원이나 김태준에게서도 보인다. 특히 정인보가 제기한 '얼'에 대한 비판이 두드러졌다.

> 儒敎訓詁的이고 정책적이고 반봉건적인 '조선학'은 조선의 역사적 과정을 세계사와는 전혀 별개의 독립적인 고유한 신성불가침의 '5천년간의 얼'을 탐구하는데 열심이고, 그 공식의 천재는 '단군'에 분식하고, 그 전체적인 영웅은 '李舜臣'의 옷을 빌려 입고, 그 재간 있는 사람들은 '丁茶山'의 가면을 쓰고 역사를 왜곡하고 있다. 이리하여 '얼'에 의하여 이루어진 신비적인 역사가 이루어진 것이다. 신흥 역사과학은 물론 이와 대립한다(李淸源, 《朝鮮社會史讀本》, 白揚堂, 1936, 1~2쪽).

이렇듯 이청원은 《동아일보》에 연재되던 정인보의 〈오천년간 조선의 얼〉을 비역사적인, 신비적인 역사를 만든다고 비판하였다. 김태준은 정인보에 대한 인신공격적인 비난과 함께, "조선민족을 選民的으로 높이려 하고, 통일한 5천년간의 민족혼을 환기하려는 것은 역사의 왜곡된 선입견과 공연히 허장성세하려는 데서 오는 것으로 역사와 독자들에게 죄악을 범하는 것"이라

---

20) 白南雲, 위의 책, 14~15쪽.

고까지 극언하기에 이르렀다.[21]

이들은 단군신화를 들어 민족주의사학에 대하여 비판하고 있었다. 백남운이 《조선사회경제사》에서 신채호 등의 예로 단군신화에 민족주의사학의 주장을 비판하였지만, 김태준도 같은 맥락에서 단군신화에 대한 일제 관학자들의 합리주의적 假象도 반대하며, 민족주의 사학자들의 환상적·독자적인 것도 거부한다고 하였다.[22]

사회경제사학자들은 실증사학에 대해서도 비판적이었다. 물론 일제의 관학자들이 실증을 가장하여, 합리주의의 명분 아래 식민주의사학을 강조한 부분에 대해서는 더욱 비판적이었던 것이다. 실증주의와 과학적 이론은 동일한 것이 아니며, 실증은 역사적 구체성을 일반화하기 위한 예증에 불과하다고 지적한 백남운은[23] 식민지 강점을 합리화하고자 한 식민주의사학이 가장한 실증주의를 비판하였던 것이다.[24] 그리고 그것은 震檀學會를 주도한 한국인 실증사학자들에 대한 일정 부분의 비판을 포함한 것이었다. 김태준은 《震檀學報》 제3권에 실린 논문들을 언급하면서 역사연구에 있어 실증사관에 그치지 않고 유물사관의 적용이 필요하다는 견해를 밝히고 있다.

> 우리는 많은 역사적 소재를 갖고 있다. 하나 그를 충분히 비판할 만큼 예리한 칼이 없었다. 과학자의 유일한 무기－특수사관이 아닌 정상적 '물적 사관'－으로써 석기인의 생활을 엿보고 고려인의 회화를 보고 고대의 가요를 보고 雄鷄信仰을 보아서 현대와의 어떤 관련하에 流傳되어온 것인가를 보아야 한다(金台俊, 〈震檀學報 第三卷을 읽고〉 完, 《朝鮮中央日報》, 1935년 11월 19일).

이렇게 사회경제사학자들은 일원적 역사 발전법칙의 적용이 유일한 과학적 방법론임을 강조하였다. 즉 백남운은 사적 유물론을 통해서만 과거와 현재의 역사를 살필 수 있다고 하였고, 결국 그 방법론에 의하여 한국사의 발

21) 金台俊, 〈鄭寅普論〉(《朝鮮中央日報》, 1936년 5월 16일～19일).
22) 李基白, 〈唯物史觀的 韓國史像〉(《韓國史像의 再構成》, 一潮閣, 1991), 179～180쪽. 金台俊은 〈檀君神話硏究〉를 《朝鮮中央日報》 1935년 12월 6일부터 24일까지 13회에 걸쳐 연재한 바 있다.
23) 白南雲, 앞의 책, 428쪽.
24) 방기중, 앞의 책, 138～142쪽.

전단계를 이해하고자 하였다. 그것은 생산력의 발전과 계급투쟁을 역사의 기본 축으로 하여 한국사에 적용시키는 것이었다.

> 조선 민족의 발전사는 그 과정이 아무리 아시아적이라고 하더라도 사회구성의 내면적 발전법칙 그 자체는 오로지 세계사적인 것이며, 삼국시대의 노예제사회, 통일신라기 이래의 동양적 봉건사회, 이식자본주의 사회는 오늘날에 이르기까지 조선역사의 기록적 총발전단계를 나타내는 보편사적인 특징이며, 그것들은 제각기 특유의 법칙을 갖고 있다. 여기에서 조선사 연구의 법칙성이 가능하게 되며, 그리고 세계사적 방법론 아래서만 과거의 민족생활 발전사를 내면적으로 이해함과 동시에, 현실의 위압적 특수성에 대해 절망을 모르는 적극적인 해결책을 발견할 수 있을 것이다(白南雲, 《朝鮮社會經濟史》, 改造社, 1933, 9쪽).

나아가 그는 역사연구를 과거의 역사적 사실을 뒤적이는 것만이 아니라, "현실을 본질적으로 그대로 파악하는 동시에 장래를 보는 것"으로 주장하였다.[25] 역사학의 실천성이 강조되었다고 하겠다.

사회경제사학자들은 일원적 역사 발전법칙 곧 유물사관의 공식을 받아들이면서, 특수성이 두드러져 보편성이 결여되었다고 보인 민족주의사학을 비판하였고, 실증사학도 일정하게 비판적인 입장이었으며, 식민주의사학에 대해서는 세계사의 보편적인 틀로써 대항하고 있었다. 물론 유럽의 역사발전을 기준으로 한 법칙을 실증적 연구가 이루어지지 않은 상태에서 일방적으로 한국사에 적용하려는 공식주의는 한국사 연구의 또 다른 한계를 유발하기도 하였다. 그러나 한국사를 사회·경제의 관점에서 사회발전단계론을 통하여 이해하고자 한 점이나, 피지배계층을 역사의 무대에 세운 점은 사회경제사학이 갖는 사학사적 의의라고 할 것이다. 또한 식민주의사학의 허구성을 밝히고, 한국사를 세계사적 발전과정상에 놓으려고 한 점도 의미가 있었다. 다만 해방과 한국전쟁을 거치면서 사회경제사학자들의 대부분이 북한으로 옮겨가게 되자, 남한에서의 학문적인 계승은 이루어지지 않고 말았다.

---

25) 白南雲, 〈朝鮮史觀 樹立의 提唱〉(《經濟硏究》 4, 1933), 3쪽.
《彙報》(이론과 실천, 1991), 81쪽.

3) 실증사학

민족주의사학과 사회경제사학은 일제의 식민주의사학의 극복에 깊은 관심을 보이고 있었다. 그러한 관심을 보인 역사학자들은 일제의 식민지 지배에 대항하는 방편의 하나로 역사학에 주목하고 있었다. 그런데 이들과는 달리 순수학문을 표방하면서 식민주의사학에 학문적으로 대항하고자 하는 일군의 역사연구자들도 있었다. 이미 1920·30년대에 이르러 일본과 국내의 대학에서 근대 역사학을 공부한 연구자들이 배출되기 시작하면서 한국인 역사연구자의 수가 늘어났고, 그들 가운데 일부가 현실정치의 논리를 초월한 학문적 논리를 추구하기 위하여 실증사학을 내세웠던 것으로 보인다. 즉 이들은 과학적·실증적으로 역사학을 연구하고 일본 관학자들의 식민주의사학에 대해서도 학문적으로 대항하고자 하였던 것이다. 따라서 실증사학은 개별적인 사실을 객관적으로 밝히려는 순수 학술활동을 목표로, 실증적인 연구방법을 이용하여 한국사를 연구한 학풍을 지칭한다.[26]

이들 실증사학자들이 일본인 학자들의 주도로 조직된 靑丘學會에 자극을 받아 연구활동의 장을 마련하고, 연구를 활성화시키기 위하여 1934년에 창립한 것이 震檀學會였다. 물론 진단학회에는 李丙燾·李相佰·金庠基·孫晉泰·申奭鎬·柳洪烈·高裕燮 등 역사학자들만이 참여한 것은 아니었다. 金允經·李秉岐·李在郁·李熙昇·宋錫夏·趙潤濟·崔鉉培 등 국어학·국문학·민속학 등 국학에 관련된 연구자들이 함께 하였던 것이다. 그런데 진단학회에 참여한 역사학자들은 모두 그들이 전공하는 분야와 시대가 있었다. 예컨대 이병도는 고대역사지리와 사상사를, 김상기는 대외관계사를, 이상백은 조선건국사와 사회제도사를, 손진태는 원시신앙과 민속을, 신석호는 조선정치사를, 유홍렬은 조선교육사와 사상사를, 그리고 고유섭은 미술사를 전공하였

---

26) 실증사학의 전반적인 논의는 다음이 참고된다.
金容燮, 〈우리나라 근대역사학의 발달〉 2(《文學과 知性》 9, 1972).
洪承基, 〈實證史學論〉(《現代 韓國史學과 史觀》, 一潮閣, 1991).
李章雨, 〈實證史學의 반성과 전망〉(《韓國史 市民講座》 20, 1997).

던 것이다. 이것은 한국사 연구가 세분화되기 시작하였다는 의미이기도 하지만, 동시에 한국사학이 독립된 학문으로 성립되기 위해서는 한 분야에 대한 깊은 천착이 필요하다는,[27] 즉 전문화되어야 한다는 뜻이기도 하였다.

바꾸어 말하면, 실증사학자들은 사료의 자의적 해석이나 일정한 공식에 역사적 사실을 억지로 적용시키는 역사연구 경향을 극복하고, 식민주의사학을 학문적 논리로써 극복하고자 실증사학을 표방하였다고 할 수 있다. 즉 그들은 민족주의사학이나 사회경제사학에서 제시하는 일정한 법칙이나 공식보다는 구체적인 역사사실의 연구를 통하여 인간에 대한 이해에 도달하려고 하였으며, 식민주의사학을 극복하고자 하였던 것이다.[28]

예컨대 이병도는 일본 관학자들의 문헌비판적이고 합리성을 추구하는 고증적인 연구방법으로 주로 고대사와 고려사에 업적을 남겼다. 그는 특히 漢四郡이나 三韓의 위치를 비정하는 문제에 관심을 가지고 있었는데, 민족주의사학자들이 만주로 비정한 한사군을 한반도에 있었음을 확인한 바 있다. 또 辰國의 강역을 논급하고 箕子朝鮮을 부인한 韓氏朝鮮을 주장하기도 하였다. 이상백은 조선건국을 田制改革이라는 실질적인 이해관계를 둘러싼 정치투쟁이라는 점을 밝혀냈다. 또 조선 초기의 斥佛運動 또한 佛寺의 경제력을 몰수하는 데 주요한 동기가 있었다고 보았다. 김상기는 동학운동을 동학이념의 평등사상과 농민운동을 연결시켜 사회개혁운동으로 평가하기도 하였다. 朝貢을 전근대 동양사회의 무역형태의 하나로 파악한 것도 그의 업적이었다. 이러한 연구는 구체적인 역사사실을 고증을 통하여 설명하고 확인하는 과정에서 얻어진 것이었다. 이들은 대부분 일본이나 국내에서 일본인 학자들에게 교육을 받았지만, 식민주의사학과는 다른 결론을 도출하고 있었고, 민족주의사학이나 사회경제사학과도 다른 모습을 보이고 있었다.

이러한 실증사학의 방법론과 역사인식을 잘 드러낸 것이 이상백이었다.

> 역사의 사실이란 것은 항상 인간성의 전체에 관련하는 것이다. … 즉 이 역사사실이라는 것은 인간성 전체 위에 있는, 의미 있는 존재라는 것을 생각하여

---

27) 李基白, 앞의 글(1977), 176쪽.
28) 李基白, 앞의 글(1994), 39쪽.

야 한다. 그러므로 개체가 전체에 관련하는 것은 그 개체를 조금도 變改함이 없이 전체에 관련시킬 수가 있다. 일개의 사건이 그 시간과 장소의 제약을 받으면서 넓게 그 시대 전체에 관련하고 또 국민·민족의 전반에 관련하여 이해되고, 다시 인간 전체에 있어서 고찰할 수 있는 것은 이 때문이다(李相佰, 《朝鮮文化史硏究論攷》, 乙酉文化社, 1947, 2쪽).

하나의 구체적인 역사사실이 인간에 대한 이해에 도달할 수 있다고 생각한 이러한 실증사학자들의 관점은, 바로 식민주의사학의 강요나 민족주의사학과 사회경제사학의 제약에서 벗어날 수 있는 방안이기도 하였다. 또 그는 "어떠한 원칙을 실증하고 결론을 단정함에는, 정밀한 관찰과 確乎한 사실을 전제로 할 것이요, 독단적 해석과 기계적 적용은 진리를 탐구하는 방도가 아니요, 참 과학적 방법이 아니라는 것을 알아야 한다"고 지적하였는데,[29] 바로 실증사학을 그대로 대변하는 주장이라고 보아도 좋을 것이다.

그러나 실증사학의 등장에 대하여 정인보같은 민족주의 사학자는 실증사학자들이 일본인 학자들을 추종한다고 하면서 불만을 나타내기도 하였다. 즉 그는 "《三國史記》 등의 우리 사서가 남의 기록은 믿고 우리의 것은 배척하였는데, 우리가 문헌을 존중한다고 하면 역사를 顚倒하는 것이 아닌가"라고 우려하였다.[30] 사회경제사학자들은 실증사학의 학문적 방법론에 대한 의의는 긍정적으로 평가하면서도, 역사연구 목적론과 관련하여 역사 발전의 공식과는 무관하다는 비판적 태도를 보였다.[31] 즉 사회경제사학자인 이청원은 실증사학자들이 주도한 《진단학보》에 대하여 다음과 같이 소감을 밝힌 바 있다.

이제 이 학보 제3권의 내용을 보건대 그에는 당연히 제기하여야 할 상당히 귀중한 문제가 많이 있으며, 종래의 케케묵은 通俗史家들보다 엄청나는 발전의 자취가 보인다. 그러나 발전이라는 것은 선행자들과 전혀 본질적으로 다른 발전이 아니고, 오직 그들 선행자들이 제기한 명제를 일반화하고 수정하고 보충하고 다른 일면을 분리하였다는 의미에서 이다. 이 의미에서 우리 학계에 남겨준 업적은 결코 과소평가할 수 없는 것이다. … 그러나 그와 동시에 좋지 못한 결과도 산출하였다는 것을 조금도 숨겨서는 아니된다. '사회적 운행을 초월한

29) 李相佰, 《朝鮮文化史硏究論攷》(乙酉文化社, 1947), 9쪽.
30) 鄭寅普, 〈與文湖岩一平書〉(《薝園文錄》, 延世大 出版部, 1967), 331~337쪽.
31) 李基白, 앞의 글(1994), 37~39쪽 및 앞의 글(1991), 184~187쪽.

純粹思惟'이니 '순수한 개인이 자기사상'이니 하는 따위의 '늘 점진적으로라는' 기분 좋은 선율에 나아가는 관념적 사관으로, 이 나라의 젊은 학구자들에게 소화불량의 결과를 주었다는 것이 즉 그것이다. 우리는 늘 이상과 같은 관점과 준비 아래서만 이 會에 대한 정당한 평가를 내릴 수 있는 것이다(李淸源, 〈震檀學報 第三卷을 읽고〉, 《震檀學報》 4, 1936, 155쪽).

진단학회의 학문적 분위기를 '순수사학'으로 보고 있던 이청원은 《진단학보》의 업적을 종래의 역사학과는 다른 형태의 발전을 부분적으로 인정하면서도, 그것의 한계로 사회성의 결여를 지적한 것으로 보인다. 또 발전이라는 것도 "선행자들과 전혀 본질적으로 다른 발전이 아니고, 오직 그들 선행자들이 제기한 명제를 일반화하고 수정하고 보충하고 다른 일면을 분리하였다는 의미"라고 제한시키고 있었다. 이 경우에 실증사학이 문헌비판적이고 합리성을 추구하고 있으나, 일제의 식민주의사학을 극복하지 못하고 있다는 비판으로 이해해도 좋지 않을까 짐작된다.

실증사학자들은 식민지 사회의 지식인으로서 당시 우리 민족이 처한 현실문제에 적극적인 관심을 돌리지 않았다. 오히려 그들은 일제의 식민지 지배에 대한 민족의 저항의식을 고취시킨다는 사명감에서보다는 한국사 연구에 종사하는 것 자체가 민족적이라는 생각에서 한국사를 연구하였던 것으로 생각된다. 그들 스스로 밝혔듯이 일제에 대한 민족적이고도 학문적인 대결 의식이 연구의 밑바탕에 깔려 있었다고 보인다.[32] 철저한 문헌고증으로 학문적인 수준을 크게 향상시켜 일본인 학자들의 업적을 넘어설 수 있던 그 자체에 만족하고 있었다고 생각되는 것이다.

아무튼 실증사학자들이 가능한 한 객관적으로 역사적 사실을 밝히고자 하는 학문적 태도는 한국사학이 근대 역사학으로 자리잡는 데 중요한 역할을 하였다. 엄격한 사료 비판과 철저한 고증을 연구의 기본 전제로 삼아, 오늘날에도 통용되는 연구업적을 쌓았다. 물론 실증적인 연구방법은 실증사학자들만의 전유물이 아닌 역사학 연구의 기본적인 조건이었다는 점에서, 실증사학자들이 일제 관학자들이 세운 한국사 인식체계를 벗어나지 못하고 개별적

32) 李丙燾, 〈創立에서 光復까지〉(《震檀學會六十年誌》, 震檀學會, 1994), 231쪽.
李章雨, 앞의 글, 33쪽.

이고도 구체적인 사실의 해명에만 목표를 둔 이른바 사건 서술적인 역사학이었다는 비판도 있다.[33] 또 실증사학자들이 밝혀낸 개별적인 역사적 사실을 통하여 한국사의 발전과정을 체계적으로 인식하는 문제에 크게 관심을 두지 않았다는 점도 한계로 지적되곤 한다. 그러한 비판이 잘못된 것은 아니지만, 동시에 그 시대적 한계이기도 하며, 그 또한 극복해 나가야 할 점이었다. 다만 실증사학자들이 해방과 한국전쟁 이후 한국 역사학계의 주류를 형성하면서, 그러한 문제점의 극복이 바로 이루어지지는 못하였다.

〈崔起榮〉

33) 金容燮, 〈日本·韓國에 있어서의 韓國史 敍述〉(《歷史學報》 31, 1966), 147쪽.
———, 앞의 글(1972), 508쪽.

Ⅳ. 종 교

1. 일제의 종교정책
2. 천도교・대종교
3. 불 교
4. 유 교
5. 개신교
6. 천주교

Ⅳ. 종　교

1. 일제의 종교정책

1) 일제 종교정책의 기조

일제 강점기 조선총독부의 종교정책은 메이지유신(明治維新) 이래 일본 자국에서 실시하던 종교통제정책의 연장이었으며, 그것의 더 가혹한 적용이었다. 일제는 서양 제국에게 자국이 문명국이라는 인식을 주기 위하여 겉으로는 근대적인 정교분리를 주장하면서도, 그들의 통치 이데올로기인 '천황제' 이데올로기의 성격상 고대로부터 내려오던 神道와 '天皇信仰'을 축으로 한 祭政一致를 추구하였고, 천황을 정점으로 하는 배타적인 國家神道체제를 구축하였다. 이러한 과정에서 또한 민중을 교화의 대상으로 파악하고 종교와 교육을 국민 교화의 수단으로 생각함으로써 이를 철저히 국가가 통제·이용하는 전근대적인 종교정책을 강력히 추진하였다. 메이지정부가 전국에 걸쳐서 추진한 최초의 종교정책은 '神佛分離政策'이었다. 그 내용은 '神'과 '佛'을 같은 장소에 모시고 섬기는 것을 금지한 것으로, 사실은 일본에서 전통적으로 神佛이 혼합되어 신도가 불교에 눌려 있었으므로 이를 분리시켜 신도를 장려하고 불교를 억압하기 위한 정책이었다. 이러한 신도국교화정책은 1868년부터 1871년 사이에 집중적으로 추진되어 1871년에는 전국의 모든 神社를 국가의 종사로 하고 계층적 寺格制道를 마련하여 신사의 공적 지위를 확립하였다. 그리고 일본 황실의 조상신을 제사하는 이세징구(伊勢神宮)를 신사의 本宗으로 정하였다. 이에 대한 민중들의 저항도 없지 않았지만, 이에 호응하여 수많은 불상들이 목이 잘리고, 사원의 경제적 기반이 삭감 위축되었으며, 불교의 信徒 조직인 檀家制度가 신사를 중심으로 한 氏子制度로 전환되었다.

그러나 이러한 일련의 신도 국교화정책이 국내외의 비판을 받게 되자 일본 정부는 1882년 神社神道를 국가의 제사로서 일반 종교로부터 분리시킨다는 이른바 제사와 종교의 분리 조치를 취하였다. 즉 일본 정부는 "신사신도는 국가의 제사이며, 종교가 아니다"라고 주장함으로써 오히려 신사신도의 초종교적 절대우위를 확립하고, 그것을 교파신도·불교·기독교 등 일반 종교위에 군림하게 하였던 것이다. 그리하여 신사신도의 국가신도성을 확립하고 이를 통하여 타 종교를 지배 통제함과 동시에 신교의 자유, 정교분리론에 의한 국내외의 비판을 봉쇄하고자 하였던 것이다.[1] 이어서 그들은 1889년 2월 발포한 〈대일본제국헌법〉과 이듬해 10월에 반포한 〈교육에 관한 칙어〉에서 천황의 절대적 권위와 국민의 복종과 충성의 의무를 규정함으로써 국가신도의 교의를 법제적으로도 완성하였다. 그리고 종교에 대해서는 〈제국헌법〉 제28조에서 "일본 臣民은 안녕 질서를 방해하지 않고 의무에 어긋나지 않는 한에서 信敎의 자유를 갖는다"고 규정하여 제한적 범위에서만 신앙의 자유를 허용하였다. 1891년 1월에 일어난 이른바 '우치무라 간조(內村鑑三)의 불경사건'은 신앙의 자유라는 것이 국가적인 방침과 어긋날 때 어떠한 국가적·사회적 박해를 당하게 되는가를 적나라하게 보여준 사건이었다. 당시 일본 도쿄의 제일고등중학교 교원이었던 우치무라가 천황이 하사한 '교육칙어 봉독식'에서 칙어에 대해 최경례를 해야 할 때 잠시 망설였다는 이유로 불경한 사람으로 몰려 사회적 지탄을 받고, 교직에서 쫓겨나게 되었으며, 그 충격으로 부인까지 잃게 되었던 것이다. 또한 일본 문부성은 1899년 8월 〈문부성 훈령〉 12호라는 것을 발령하여 '교육과 종교의 분리'라는 미명으로 학교교육에서 종교교육이나 종교의식을 행할 수 없도록 하였다. 그러면서도 정작 일본 정부는 학생들에게 '천황의 사진'이나 〈교육칙어〉에 최경례를 하게 하고, 신사에서 거행되는 각종 애국행사에 학생들을 동원하는가 하면, 수신·지리·국사(일본사)·국어(일본어) 교과서에 神道와 천황에 대한 신화와 종교적 내용을 넣어 편성하여, 국가신도의 교의 내지는 천황제 이데올로기를 충실하게 주입하였던 것이다. 즉 신사신도는 사실상 일본의 국교였으며, 종교교

---

1) 東京辯護士會 編,《靖國神社法案の問題点》(東京 : 新敎出版社, 1976), 23쪽.

육을 국가가 독점했던 것이다. 그리고 이것도 부족하여 이미 1890년대 말부터 여러 종교단체를 더욱 확실하게 통제할 수 있도록 하기 위해서 이른바 '종교법'을 만들려고 여러 차례 시도하였다. 즉 1898년 제14회 제국의회에 〈宗敎法案〉을 상정하였던 것이다. 이러한 종교법안의 성격은 "국가가 종교를 감독하여 사회질서의 안녕을 해치지 않고 또한 臣民의 의무를 버리지 않도록 하는 것은 국가의 의무일 뿐 아니라 그 직무에 속한다"라고 하는 당시 수상 야마가타 아리토모(山縣有朋)의 제안 설명에서도 잘 드러나고 있듯이 종교단체에 대한 국가의 감독과 통제를 목표로 한 것이었다.[2] 이 〈종교법안〉은 결국 종교계의 반대운동으로 제정이 저지되었으나, 이후에도 수차 의회에 제출되어 논란이 계속되었다. 다이쇼(大正) 데모크라시 시기에 서구 자유민주주의 사상의 유입으로 얼마간 완화되었던 사상통제 정책은 1917년 러시아혁명 후 사회주의 사상의 확산과, 1919년 한국의 3·1독립운동, 그리고 1923년 關東大震災 사건을 거치면서 다시 강화되기 시작하였다. 1923년 11월에 발포된 〈국민정신작흥에 관한 조서〉와 1925년 4월에 공포된 〈치안유지법〉은 이러한 배경에서 나온 것으로, 다시 국민교화와 사상통제가 강화되고 있음을 상징적으로 보여준다.

1920년대 후반기에 사상통제를 위한 종교법안 제정 논의가 다시 일어나자, 당시 일본의 식민통치하에 있던 한국교회도 필연적으로 그 영향을 받게 될 것을 예상하여 저지운동을 전개하였다. 즉 제15회 조선예수교장로회 총회(1926)는 韓錫振 목사를 위원장으로 咸台永·金永耉·朴容羲 목사를 택하여 종교법안 심사위원회를 구성하여 그 대책을 강구케 하였다.[3] 이에 따라 위원회는 조선총독부에 종교법안 제정 반대의사를 표명하는 한편, 이듬해 일본에서 신학을 공부한 김영구를 일본에 파견하여 반대운등을 전개하게 하고 연합공의회 명의로 일본 貴·衆 양원에 "우리 조션교회에서도 종교법안을 반대함"이라는 내용의 전보를 발송하였다.[4] 이 종교법안이 다시 1927년 제52회 제국의회에 상정되었으나 부결되었다.

---

2) 澤正彦, 《日本基督敎史》(대한기독교서회, 1979), 138쪽.
3) 《죠션예수교장로회총회 뎨15회 회록》(1926), 22쪽.
4) 《죠션예수교장로회총회 뎨16회 회록》(1927), 28쪽.

일본정부는 이를 다시 형식적으로 수정하여 1929년 제56회 제국의회에 〈종교단체법안〉이란 이름으로 제안하였으나, "헌법의 정신에 위배"되고, "국가의 종교 간섭은 시대착오"라는 반론에 부딪혀 그 제정이 저지되었다.[5] 한국교회는 이때에도 함태영 목사를 위원장으로 종교단체법안 심사위원회를 구성하여 4차에 걸쳐 이를 심의한 결과 "前 법안과 상위가 없으므로 이 법안 반대운동을 하기로 결의"하고 全弼淳 목사를 일본에 파견하여 반대의견서를 일본 문부대신·귀족원에 제출케 하는 등 활발한 반대운동을 전개하였다.[6]

1930년대에 들어서도 일본 정부의 종교단체법안 제정의 노력은 계속되었다. 특히 전시체제하에서 일본 정부의 종교 통제 의도가 강화되어 〈종교단체법안요강〉, 〈종교단체법초안〉 등을 마련하여 종교제도조사회에 형식적인 자문을 구하는 등 점차 그 포위망을 좁혀가다가 마침내 1939년 제74회 일본제국의회에서 이를 통과시킴으로써 종교에 대한 통제를 본격화하였다. 1940년 4월부터 시행된 이 법에 의해서 종교단체들은 통폐합되어 교단을 구성하고 일본 정부의 인가를 받아 활동하게 되었다. 이 법은 종교단체와 그 교화활동에 대하여 정부의 감독을 엄중히 하고 皇道精神·神國思想 등 신도적 이데올로기를 고취하는 것을 목적으로 하였기 때문에, 이에 위배되는 기독교를 비롯한 제 종교는 가혹한 탄압을 받았고, 그 존립을 위해서는 제도와 교리마저 변질을 강요당하였던 것이다.

일본 정부는 국가신도 이외의 종교를 탄압만 하였던 것은 아니다. 이들 종교를 회유하고 이용하는 정책도 병행하고 있었다. 1912년 2월 내무차관 도코나미 타케지로(床次竹二郎)의 주선으로 내무대신 하라 타카시(原敬)는 신도·불교·기독교의 세 종교 대표자들을 초청하여 국민도덕 진흥에 대해서 종교계의 협력을 요청하는 회합을 가졌다. 이것은 '三教會同'으로 알려져 있는데, 이 회합에서 그들은 "一. 우리 각각은 그 교의를 발휘하여 皇運을 扶翼하여 더욱 더 국민도덕의 진흥을 도모할 것을 기한다. 一. 우리는 당국자가 종교를 존중해서 정치·종교 및 교육과의 관계를 융화하여 국운신장에 자산이 되기를 바란다"는 결의를 하였다. 이것은 정교유착이라고 할만큼 정

5) 澤正彦, 앞의 책, 138쪽.
6) 《죠션예수교쟝로회총회 뎨18회 회록》(1929), 47쪽.

치 권력에 의해서 종교가 이용당하고 있었음을 말해준다. 이러한 일본 정부에 의한 종교계의 이용과 통제는 1940년대 〈종교단체법〉 체제하에서 더욱 강화되었다. 그러다가 전쟁이 막바지에 이른 1944년 9월에는 일본의 전종교계를 망라하여 그들의 이른바 大東亞共榮圈 건설에 협력하도록 하기 위해 大日本戰時宗教報國會를 결성하고, 당시 문부대신 니노미야 하루시게(二宮治重) 중장이 직접 그 회장을 맡았다. 이는 일본 정부가 '종교 교화 활동'을 완전히 군부의 통제하에 두고, 종교단체를 직접 통제·장악하게 되었음을 의미하는 것이다.

이와 같이 일제는 국가신도 내지 神社神道를 정점으로 하여, 그 하위에 교파신도와 불교·기독교를 국가의 공인종교로 삼고 국가 시책에 충실히 따르도록 통제·이용하면서, 그 외의 종교는 유사종교단체라 하여 불법화하고 경찰력을 동원하여 통제·탄압하였다. 그리고 공인종교라 하더라도 그들의 통치 방침에 비협조적이거나 위배될 때는 가차없이 탄압하였다. 이러한 일제의 신사신도를 국교로 한 여타 종교의 통제·이용 정책이 그들의 종교정책의 기조였으며, 조선총독부는 일본 본토에서 제정에 실패한 제반 종교 관련 법안들까지 일찍부터 총독의 직권으로 제정하여 더욱 가혹한 형태로 그것을 적용하였던 것이다.

2) 무단통치기의 종교 억압·통제정책

일제가 한국을 식민지화하면서 가장 고심한 것 가운데 하나는 종교문제였다. 당시 한국에는 유교·불교·천도교·대종교 등 다양한 종교들이 있어 일제가 장악은 물론 파악조차 어려웠을 뿐만 아니라, 천주교와 개신교 등은 서구의 선교사들이 많이 들어와 활발히 활동을 하고 있어, 자칫 종교를 무단으로 억압·통제할 경우 외교문제로 비화하여 국제적인 비난을 면하기 어려웠기 때문이었다. 그래서 그들은 통감부 시기부터 서구 선교사들을 비롯한 종교지도자들을 그들의 정책에 동조하도록 회유하고, 종교와 정치의 분리를 내세워 종교인들이 될 수 있는 한 민족운동이나 국권회복운동에 가담하지 못하도록 유도하는 한편, 헌병경찰들을 동원하여 종교계에 대한 감시와 억압을 자행하였다. '한일합병'이 공표된 당일에 발표한 테라우치 마사타케(寺內正毅) 통감의 〈諭告〉에 종교에 대한 언급이 포함된 것은 그들이 종교에 대해서 얼마나 고심했나를 단적으로 보여주는 예이다. 그의 종교에 대한 언급은 다음과 같다.

> 信敎의 自由는 文明 列國이 均認ᄒᆞᆫ 바ㅣ라 各人이 其崇拜ᄒᆞᆫ 敎旨를 倚ᄒᆞ야 써 安心立命之地를 求ᄒᆞᆷ은 固雖其所ㅣ나 宗派의 異同으로써 漫히 試其紛爭ᄒᆞ며 又藉名信敎ᄒᆞ야 叩議政事ᄒᆞ며 若企異圖ᄒᆞᆷ은 卽 荼毒 良俗ᄒᆞ야 妨害安寧ᄒᆞᆫ者로 認ᄒᆞ야 當히 按法處斷치 아니치못ᄒᆞ리라. 然이나 儒佛諸敎與 基督敎를 不問ᄒᆞ고 其本旨는 畢竟 人心世態를 改善ᄒᆞᆷ에 在ᄒᆞᆫ故로 固히 施政之目的과 不爲背馳而已 뿐아니라 도로혀 可히 此를 裨補ᄒᆞᆯ者로 不疑ᄒᆞ니 以是로 各種宗 敎를 待ᄒᆞᆷ에 毫無挾於親疎之念을 勿論ᄒᆞ고 其布敎傳道에 對ᄒᆞ야 適當ᄒᆞᆫ 保護便宜를 與ᄒᆞᆷ이 不吝ᄒᆞᆷ이라. 本官이 今奉 聖旨而 莅此地ᄒᆞᆷ은 一히 治下生民의 安寧과 幸福을 增進코쟈 欲ᄒᆞᆯ外에 他念이 無ᄒᆞᆷ이라. 此玆에 諄諄히 其適從ᄒᆞᆯ바를 諭示ᄒᆞᆫ 所以라(朝鮮總督府, 《朝鮮總督府官報》, 1910년 8월 29일, 31쪽, 〈諭告〉).

여기서 그는 신앙의 자유는 문명국이 다 인정하는 바이지만, 종교를 빙자하여 정사를 논하거나 다른 기도를 하는 것은 풍속을 해치고 안녕을 방해하는 것으로 인정하여 처단하겠다고 경고하고, 유교·불교·기독교는 총독부의 '시정목적'과 배치되지 않을 뿐 아니라 도움이 되리라 의심치 않으므로 평등하게 포교·전도에 보호와 편의를 제공하겠다고 약속하고 있다. 여기서 주목되는 것은 일본 본토에서와는 달리 공인종교인 神道 대신에 유교를 언급하고 있다는 것과 종교를 '안심입명'과 개개인의 행복을 추구하는 극히 사적인 것으로 인식하고 있다는 점이다. 그리하여 그것이 그들의 '치안유지'나 '시정목적'에 어긋날 때는 가차없이 탄압하겠다는 의도와 위협을 문맥 속에 내포하고 있다. 이러한 조선총독부의 종교 억압·통제 의도는 이듬해의 시정보고서에서도 다음과 같이 분명하게 드러내고 있다.

> 宗敎取締에 관해서는 明治 39년(1906년) 〈통감부령〉 제45호로 내지인의 종교 선포 수속절차를 정한 바 있다. 하지만 조선인 및 외국인의 종교에 관한 것은 하등의 법규도 없어서 그로 인해 포교소가 함부로 설치되고 있어 그 폐해가 크다. 특히 조선인의 조직과 관계되는 것으로는 天道敎·侍天敎·大倧敎·大同

> 敎·太極敎·圓宗宗務院·孔子敎·大宗敎·敬天敎·大成宗敎 등의 여러 宗이 있는데, 그 종류가 너무 많고 잡다할 뿐 아니라, 그 움직임도 정치와 종교를 서로 혼동하여 순연히 종교라 인정하기 어려운 것이 많아 그 취체가 불가피하다(朝鮮總督府,《朝鮮總督府施政年報》, 1911, 77쪽).

그리하여 우선 그들의 통제가 가능했던 불교와 유교부터 〈사찰령〉과 〈경학원규칙〉을 제정하여 총독부가 직접 통제·장악을 꾀하고, 기독교에 대해서는 국제적인 이목이 있었기 때문에 이른바 '寺內總督暗殺未遂事件'이라는 '105인 사건'을 날조하여 기독교계 지도자들을 대거 검거함으로써 그 활동을 위축시켰던 것이다. 조선총독부의 기관지《매일신보》는 이들 공인종교들에 대해서도 효과적으로 통제할 수 있도록 〈포교규칙〉의 제정을 1911년 초부터 검토하고 있음을 다음과 같이 보도하고 있다.

> 朝鮮에셔 現在하는 宗敎中에는 專히 人心을 善導홈에 努力하는者ㅣ有호나 其中에는 宗敎의 名色으로써 人心을 攪亂호거나 不法의 金錢을 貪호는 者ㅣ잇슴으로 當局에셔 이에 對하야 當히 注意호더니 今回에 朝鮮에셔 宗敎를 宣布하는 者에게 對호야는 耶穌敎, 佛敎及 朝鮮在來의 各種宗敎를 不問호고 整理取締에 關호 規則을 發布홀터이라더라(《매일신보》, 1911년 1월 7일, 〈宗敎宣布規則〉).

이 〈포교규칙〉은 1915년 8월에 조선총독부령 제83호로 발포되어 그 모습을 드러냈다. 조선총독부는 이 규칙에서 "본령에서 종교라 함은 신도·불도 및 기독교를 이름"이라 하여 이른바 공인종교를 일본 본토에서와 마찬가지로 교파신도와 불교·기독교에 한정하고, 이들 종교선포에 종사하는 자는 자격 및 이력서를 첨부하여 조선총독에게 신고하여야 하고, 포교에 관해서는 총독의 인가를 받아야 하며, 종교용도로 쓰기 위한 교회당·설교소·강의소를 설립하거나 변경할 때도 총독의 허가를 받도록 하였으며, 이를 어길 때는 벌금 또는 과태료를 물리도록 규정하고 있다. 그리고 이 법령을 필요한 경우에는 '종교 유사 단체'에도 준용할 수 있다고 하여,[7] 이 법령으로 사실상 조선총독은 모든 종교단체를 완벽하게 통제할 수 있게 규정한 것이다. 이와 같은 제반 종교관련 법규들을 통하여 정작 일본에서는 그 제정이 좌절되었던

7)《朝鮮總督府官報》, 1915년 8월 16일, 154~155쪽.

〈종교법〉을 조선총독이 입법·사법·행정 및 군사권의 전권을 가지고 있던 식민지 조선에서 제정·실시하였던 것이다.

종교단체에 대한 억압과 통제는 이러한 종교관련 법규들을 통해서만 이루어진 것이 아니다. 총독부 관공리들, 특히 헌병경찰들을 통해서 신자 개개인의 신앙에 이르기까지 간섭 통제하고자 하였다. 이에 대한 법률적인 근거가 되었던 것은 1912년 3월에 공포한 〈경찰범처벌규칙〉이었다. 그 규칙 가운데 "단체 가입을 강청하는 자", "불온한 연설을 하거나 또는 불온 문서·도화·시가의 게시·반포·낭독 또는 방음을 하는 자", "함부로 길흉화복을 말하고 또는 기도·符呪 등을 하고 혹은 守札類를 수여하여 사람을 미혹하는 행위를 하는 자", "병자에 대하여 禁厭·기도·符呪 또는 정신요법 등을 실시하고 또는 神符·神水 등을 주어 치료를 방해하는 자" 등에 대하여 구류 또는 과료에 처하도록 규정하고 있다.[8] 이 규칙은 적용하기에 따라서는 모든 종교활동을 금지하고 규제할 수 있는 것이었다.

일제가 지배하게 된 한국사회는 많이 쇠퇴하기는 하였지만, 유교가 지배하던 사회였고, 봉건적 윤리도덕으로서 유교는 일제에게도 '천황제' 이데올로기와 상통한 면이 있어 이용가치가 높은 것이었지만, 의병전쟁과 순국투쟁으로 가장 강력하게 일제의 식민지화에 저항하던 세력도 유림들이었으므로 총독부 설치 초기부터 이에 대한 대책을 세우지 않을 수 없었다. 그리하여 일본에서와는 달리 유교를 표면적으로는 공인종교의 하나로 인정하는 듯하면서 회유와 통제에 착수하였다. 병합직후 유력한 양반 유생들에 대하여 '尙齒恩金'을 지급하고, 조선 귀족에게 작위를 수여하며, 이른바 '합방은사금'을 지급한 것은 유림에 대한 회유 매수공작이라고 할 수 있다. 그리고 1911년 6월 종래의 성균관을 폐지하고 〈경학원규정〉을 발포하여 "경학원은 조선총독에게 속하야 경학을 강구하며, 문묘를 제사하며, 풍교덕화를 裨補한다"고 한 것은 유교계를 조선총독부가 직접 통제하려는 의지를 보인 것이었다. 지방의 향교에 대해서도 병합전에 이미 〈향교재산관리규정〉(1910년 4월)을 발포하여 그 재산을 지방관이 관리하도록 하고, 거기서 생기는 수입도 관공립학교의

8) 《朝鮮總督府官報》, 1912년 3월 25일, 213쪽.

경비로 사용하도록 하였다. 1911년 10월 〈지방문묘직원에 대한 규정〉을 발포하여 향교에 직원을 두고, 부윤·군수의 지휘를 받아 문묘를 수직하고 업무를 맡되, 그들의 임면은 부윤·군수 등의 신청에 의해 도장관이 시행하도록 하여 그 직원을 친일적인 인물로 세워 총독부가 통제하였다. 이와 같이 주요 유교기관을 장악하게 된 총독부는 그들의 회유에 넘어간 유생들을 이용하여 경학원과 향교를 한국인의 '충량화'와 '동화'를 위한 사회교화기관으로 삼고자 하였다. 1912년 3월 경학원 대제학의 추천을 받아 경성과 13도에 강사를 임명하고 명륜당에서 매월 정기적으로 강연회를 갖게 하는 한편, 지방에도 경학원 직원이나, 각도에서 선발된 강사들이 도내를 순회하며 강연하도록 하였다. 1913년에 발포한 〈경학원 강사 순강에 관한 건〉이나, 1915년 10월에 발포한 〈경학원 강연 시행에 관한 요항〉은 모두 이러한 腐儒들의 회유 이용 정책을 뒷받침하기 위한 것이었다. 그리고 1915년부터는 이른바 〈교육에 관한 칙어〉를 경학원에 두고 강연회를 시작할 때 이를 봉독하게 하였다.[9] 1918년 2월에는 〈서당규칙〉과 〈서당규칙 발포에 관한 건〉을 발포하여 사설 서당까지도 지방관이 이를 단속·통제하여 부족한 관공립학교와 '교화기관'으로서의 역할을 수행하도록 강제하였다.

조선총독부가 가장 먼저 종교통제에 성공한 것은 불교계였다. 조선조의 숭유억불정책에 따라 억압을 받아오다가, 1895년 일본 승려 사노 젠레이(佐野前勵)의 건의로 〈도성출입금지령〉이 해제되고, 일본불교의 각 교파들도 일찍부터 한국에 나와 한국불교계를 일본불교계에 예속시키기 위하여 활발한 활동을 하고 있었다. 더욱이 일제의 병탄 직후인 1910년 9월 李晦光 같은 친일 승려는 일본 승려 다케다 한시(武田範之)의 사주를 받아 조선의 圓宗을 일본의 曹洞宗에 연합하려는 계획을 추진하고 있어, 韓龍雲을 비롯한 臨濟 법통의 승려들이 이에 강력히 반발하고 있었다. 총독부는 이렇게 분열된 조선불교계를 통합·정비·보호한다는 명분으로 1911년 6월 3일 제령 제7호로 〈사찰령〉과[10] 7월 8일 부령 제84호로 〈사찰령 시행규칙〉을 발령하여,[11] 조선총

9) 이명화, 〈조선총독부의 유교정책(1910~1920년대)〉(《한국독립운동사》 7, 한국독립운동사연구소, 1993), 91~95쪽.
10) 《朝鮮總督府官報》, 1911년 6월 3일.

독이 직접 조선불교계를 통제·장악할 수 있도록 하였다. 전국 1,300여 개의 사찰을 30개의 本山과 本末寺 관계를 맺게 하고 본산의 주지 임명은 총독이 직접 이를 승인하며, 그 밖의 사찰의 주지들도 지방장관이 승인하도록 하였으며, 사찰의 병합·폐지는 물론 일체 재산의 처분과 寺法의 제정까지도 총독의 허가를 얻도록 하였다. 이로써 총독부는 조선불교계의 전통적인 자율성을 말살하고 강력한 통제와 전제적 지배권을 확립하여[12] 그들의 식민지 교화기구로 삼고자 하였던 것이다.

조선총독부는 기독교계 학교를 탄압하기 위하여 1915년 3월 〈사립학교규칙〉을 개정하였다.[13] 이 규칙은 1911년 10월에 제정한 것을 개악한 것으로 개정의 목적은 기독교계 학교에서 성경과목을 가르치거나 예배를 드리지 못하게 하고, 교수 용어도 일본어로 하게 함으로써 선교사들을 교사직에서 배제하려는 것이었다. 즉 기독교 교육이 그들의 천황제 이데올로기를 주입하는 식민지 교육과 배치되므로 이를 통하여 사립학교와 기독교를 탄압하고자 하였던 것이다. 이러한 그들의 의도는 조선총독부 학무국장 세키야 데이자부로(關屋貞三郞)가 〈사립학교규칙〉 개정의 요지를 설명한 것으로 '개정의 2대 요점'은 종교와 교육의 분리와 교원 자격의 강화임을 밝히고 있는 데서도 드러난다. 이는 식민지 교육을 총독부가 독점하고, 교원도 일본어에 능하고 그들의 식민지 교육 실시에 적합한 인물로 하겠다는 것으로 이 규칙 개정의 주요한 목적이 기독교계 교육의 탄압과 선교사의 교사 자격 박탈에 있었음을 보여준다.[14]

조선총독부가 1910년대에 일반 종교계에 대해서는 억압·통제정책을 실시한 반면에 신사신도에 대해서는 일본에서와 마찬가지로 법령정비를 통하여 관공립적인 성격을 부여하고, 천황제 이데올로기의 주입과 동화정책의 일환으로 지원·장려하는 정책을 취하고 있다. 일제는 침략에 의하여 식민지를 획득하거나 조차·위임통치 등에 의하여 시정권을 얻으면 그 지역에 예외없

---

11) 《朝鮮總督府官報》, 1911년 7월 8일.

12) 李鴻範, 〈韓國で行なわれた日本の植民地宗教政策〉(《新羅佛教研究》, 東京：山喜房佛書林, 1973), 681~683쪽.

13) 《朝鮮總督府官報》, 1915년 3월 24일, 325쪽.

14) 《朝鮮彙報》, 1915년 4월호, 22~27쪽.

이 官幣大社를 설치하였다. 그리하여 이를 중심으로 일본 거류민들이 세운 신사를 그 밑에 두고 현지인의 토속신앙을 교화한다고 하는 이른바 '종교적 지배체제의 정비'를 꾀하였던 것이다. 조선총독부도 내무국 지방과가 중심이 되어 관립신사 건립 계획을 세우고 1912년부터 이에 대한 막대한 예산을 배정하였다. 이 신사는 경성의 남산 중턱에 20만 평의 부지를 조성하여 건립하기로 하고, 祭神은 일본 내무대신에게 조회하여 '天照大神'과 '明治天皇'으로 하였으며, 1918년 12월 일본 내각 총리대신에게 〈조선신사 창립에 관한 청의〉를 하여 일본 각의의 결의를 거쳐 1919년 7월 18일자 〈내각고시〉 제12호로 조선신사 창립을 확정 공포하였다. 그리고 이듬해 5월에 공사에 들어가 1925년에 완공하였다. 이들의 이 신사의 건립의도는 하세가와 요시미치(長谷川好道) 조선총독이 일본 내각총리대신에게 제출한 다음과 같은 〈조선신사 창립에 관한 청의〉에 잘 드러나 있다.

> 아직 조선 全土의 민중 일반이 존숭해야 할 神社가 없어 민심의 귀일을 도모하고 충군애국의 念을 깊게 할 점에 있어 유감스러운 점이 없지 않다. 따라서 차제에 國風移植의 大本으로서 內鮮人이 함께 존숭할 神祇를 勸請하여 반도 주민으로 하여금 영구히 報本返始의 誠을 바치도록 하는 것은 조선 통치상 가장 긴요한 일이라 생각된다(朝鮮總督府, 《朝鮮神宮造營誌》, 1927, 9쪽 ; 京城府, 《京城府史》 下, 1936, 636~637쪽).

일제가 메이지(明治)유신 초기에 강력히 실시하였던 '신도국교화정책'을 그들의 식민지 조선에도 적용하여 일반 민중에게 천황제 이데올로기와 신사신앙을 강요하고, 일본 풍속을 이식하여 '동화'시키는 것이 조선통치상 가장 중요한 일로 생각되었기 때문에 조선신사를 건립하려 하였던 것이다.

조선총독부는 관공립 신사는 물론 민간 신사에 대해서도 1915년 8월 16일 조선총독부령 제82호로 〈신사사원규칙〉을 제정·발포하여, 모든 신사의 창립과 존폐는 총독의 허가를 받도록 하고, 기존의 신사들도 총독의 인가를 받도록 함으로써 신사에 관공립적인 성격을 부여하였다.[15] 이어서 1917년 3월 22일에는 조선총독부령 제21호로 〈神祠에 관한 건〉을 발포하여 神社로 공인받

15) 《朝鮮總督府官報》, 1915년 8월 16일.

지 못한 소규모 집단의 小社라도 총독의 허가를 받도록 하고 그 관리를 규정하여 보호 육성하는 정책을 취하였다.[16]

3) 문화정치기의 종교 회유·분열정책

3·1운동에서 한국인들의 거족적인 저항에 부딪힌 일제는 무단통치만으로는 계속적인 식민지배가 어렵다고 보고, 1919년 8월 총독을 사이토 마코토(齋藤實)로 교체하여 정책의 변화를 꾀하였다. 사이토 총독은 이른바 문화정치를 표방하여, 시정개선을 약속하고 저항세력에 대한 회유와 분열정책으로써 이른바 분할통치라고 하는 보다 지능적인 식민지배정책을 구사하였다. 그는 우선 조선총독부 사무분장 규정을 개정하여 학무국에 종교과를 신설하여 그 동안 내무부 제1과에서 다른 업무와 함께 담당하던 〈神社 및 寺院에 관한 사항〉과 〈宗教 및 享祀에 관한 사항〉을 분리하여 전담하게 하였다.[17] 그리고 3·1운동의 탄압으로 악화된 국제적인 비판 여론을 잠재우기 위하여 정치선전을 강화하고 선교사들을 회유하였다.[18] 그리하여 그 동안 선교사들의 불평을 샀던, 기독교계 학교에서 성경 교수와 종교행사를 할 수 없게 규정한 1915년 〈개정사립학교 규칙〉을 폐지하고, 다시 개정하여 종교교육에 대한 규제를 없앴다.[19] 이어서 1920년 4월 〈포교규칙〉을 개정하여 교회당·포교소 등을 설치할 때 총독의 허가를 받아야 하던 것을 신고만 하도록 하였으며, 위반하였을 때 벌금형에 처한다는 규정을 삭제하였다. 그러나 이렇게 개정된 〈포교규칙〉 제12조에 "조선총독은 현재 종교에서 사용하는 교회당, 설교소 또는 강의소 등에서 안녕 질서를 문란할 우려가 있다고 인정될 때에는 그 설립자 또는 관리자에 대하여 이의 사용을 정지 또는 금지할 수 있다"는[20] 새로운 규정을 두어 총독이 직접 종교를 통제할 수 있도록 하였다.

총독부는 〈사찰령〉을 통하여 거의 완벽한 통제가 가능했던 불교계에 대해

---

16) 《朝鮮總督府官報》, 1917년 3월 22일.
17) 《朝鮮總督府官報》, 1919년 8월 20일, 號外 〈조선총독부훈령 제30호〉.
18) 강동진, 《일제의 한국침략정책사》(한길사, 1980), 17~114쪽.
19) 《朝鮮總督府官報》, 1920년 3월 1일, 〈조선총독부령 제21호〉.
20) 《朝鮮總督府官報》, 1920년 4월 7일, 〈조선총독부령 제59호〉.

서도 일부 각성한 젊은 승려들의 〈사찰령〉 폐지 요구를 국살하고, 다른 종교계와 마찬가지로 회유·분열정책을 썼다. 승려 2,300여 명이 날인한 〈사찰령〉 폐지 진정서를 총독부에 제출하였으나, 이에 대한 찬부를 둘러싼 30본산의 분열을 이용하여, 총독부는 〈사찰령〉을 더욱 철저히 고수한다는 방침을 세우고 1922년 12월 친일적인 성향을 띤 교무원을 재단법인으로 인가해 줌으로써 불교계의 중앙집권화를 통한 통제를 꾀하였다. 이러한 총독부의 중앙집권화, 친일화 의도는 1920년에 만들어진 다음과 같은 '조선민족운동에 대한 대책'이라는 문서 가운데서도 확인할 수 있다.

① 〈사찰령〉을 고쳐 경성에 전국 30본산을 통할하는 총본산을 세우고 중앙집권화를 꾀한다.
② 총본산의 관장에는 친일주의자를 세운다.
③ 불교진흥촉진단체를 만들어 총본산의 옹호기관 노릇을 하게 한다.
④ 진흥촉진단체 본부를 경성에 두고 회장을 居士 중 친일주의자 가운데 덕망이 높은 사람으로 채운다.
⑤ 이 단체의 사업을 일반 인민의 교화, 죄인의 감화, 자선사업 기타로 한다.
⑥ 총본산·각 본산·불교단체에 상담역으로 인격있는 내지인(일본인)을 둔다.
(《齋藤實文書》 제9권, 고려서림, 1990, 영인본, 143~151쪽 ; 김순석, 〈1920년대 초반 조선총독부의 불교정책〉, 《한국독립운동사연구》 13, 독립운동사연구소, 1999, 79쪽).

조선총독부의 이러한 정책에 따른 교무원이 얼마나 총독부와 유착되어 있었던가는 1923년 30본산 주지회의를 총독부 학무국에서 열고, 총독부 정무총감과 학무국장의 훈시를 듣게 되어 있어 불교계 청년들의 비판을 받았던 데서도 확인된다.[21] 총독부는 1929년 6월에도 〈사찰령〉과 그 시행규칙을 개악하여 사찰이 돈을 빌릴 때 담보를 제공하는 경우에도 총독의 허가를 얻도록 하여 주지가 임의로 재산을 담보하지 못하게 하였다.[22]

총독부는 3·1운동 이후 유교계에도 대동사문회·유도진흥회 등 친일단체

---

21) 《동아일보》, 1923년 1월 18일, 〈총독부에 주지회의〉.
김광식, 《한국근대 불교사연구》(민족사, 1996), 227쪽.
22) 朝鮮總督府, 《施政25年史》(1935), 588쪽.

를 만들어 친일여론을 조성하고, 이런 단체에 가입한 유생들을 중추원 참의로 임명하였다. 특히 1920년 1월에 조직된 유도진흥회는 설립 당초부터 총독부 내무국이 깊이 개입하여, 이를 이용해 상해임시정부의 내부분열에 이용하고자 하였다. 이 회는 총독부의 적극적인 지원아래 각도에 지부가 결성되고 도지사, 군수 등 지방관들과 유착하여 향교조직을 통해 총독부의 정책에 협력하게 하였다. 이 단체는 설립목적을 "유도를 진흥해서 퇴폐된 유풍을 되살리고, 동양도덕의 진원을 발휘해서 민심의 안정을 꾀하고 국가 진보의 기운에 바친다"고 하여 노골적으로 총독부 통치정책에 협력을 표방하였으며, 실천사항으로 봉건적·복고주의적 예교의 부활·장려를 강조하였다.[23] 그러나 이러한 노골적인 친일 표방은 오히려 의식있는 유생들의 반감을 사 총독부가 기대했던 효과는 거둘 수 없었다. 이와 함께 총독부는 1920년 6월 〈향교재산관리규정〉을 개정하여 종래 향교의 재산수입을 관공립보통학교 경비에 충당하던 것을 중단하고 문묘 享祀비용과 지방교화사업 지원금으로 사용할 수 있도록 하였다. 그러나 이의 사용에 관해서는 지방관들이 철저히 감독하게 함으로써 지방관들은 이러한 향교의 재산을 유생들의 회유와 친일유림단체를 조성하여 정책적으로 지원하는 데 사용하였다. 더욱이 1923년 4월에는 〈지방문묘직원에 관한 건〉을 발포하여 향교직원의 임면에 유림이 일체 관여하지 못하게 하고 지방관청에서 관장하도록 하여 철저히 친일 분자들로 이들을 임명하였다.[24] 그리하여 이를 통해 유생들을 회유하고, 이른바 교화사업이라 하여 연설회·강연회·백일장 등에 향교의 재산을 낭비하였다. 더욱이 1929년 6월에는 〈서당규칙〉을 개정하여 서당에 대한 지도·감독을 강화하였다. 즉 서당의 명칭, 아동 정수, 교수용 도서 등을 종래에는 부윤·군수에게 신고만하면 되던 것을 도지사의 인가를 받도록 하고, 서당에서 일본어·조선어·산술을 가르칠 때는 총독부에서 편찬한 도서를 사용하게 하였던 것이다. 그리고 서당의 지도·감독에 대한 훈령을 내려 서당의 인가를 더욱 엄격하게 하고, "적당한 방법에 의하여 국민도덕에 관한 사항을 교수할 것" 등을 지시하였다.[25]

---

23) 강동진, 앞의 책, 226~229쪽.
24) 이명화, 앞의 글, 107~109쪽.

1920년 9월 《동아일보》가 일본 신도의 3종 신기 숭배를 미신적 우상숭배라고 비판하는 사설을 썼다가 총독부로부터 무기정간처분을 받았다. 이 사건은 1920년대 조선총독부의 신도에 대한 입장과 태도가 문화정치기에도 전혀 바뀌지 않고 있음을 상징적으로 보여준다. 더욱이 총독부는 1925년 조선신궁의 준공을 앞두고 있어, 이 기회를 통해서 신사참배와 신사신앙의 확산을 꾀하고자 하였다. 그러나 이러한 그들의 정책은 어느 정도 언론의 자유가 주어진 상황에서 이에 적극적으로 반대하던 기독교계 학교를 중심으로 강력한 반발에 부딪혔다. 1924년 5월 兼二浦神社 낙성식에 일반인들로부터 봉축비 명목으로 기부금을 거두고, 그 지역 학생들을 참배시킨 것에 대해서 《동아일보》가 "맘에 없는 기부, 뜻에 없는 참배"라고 비판하고 나섰다. 그러나 같은 해 10월에 총독부 학무국장이 각 도지사에게 〈神宮大麻及曆頒布에 關한 件〉이라는 통첩을 보내 이의 보급을 장려한 것이라든지, 같은 시기에 발생한 강경보통학교 학생들의 신사참배 거부 사건에 대한 학무국장의 통첩을 보아도 신사신도를 초종교적인 위치에 두고 이에 대한 숭경과 참배를 장려하려는 그들의 정책에는 변화가 없음을 보여주고 있다. 1925년 10월 조선신궁의 진좌제를 앞두고 이를 공공기관을 통하여 대대적으로 홍보하며, 학무국장이 그해 '생도 아동의 신사참배에 관한 건'이라는 통첩을 내어 학생들의 동원과 참배를 유도하던 총독부는 기독교계 학교의 불참으로 심각한 도전을 받았다. 이에 총독부는 이를 강요하면 조선인의 반감만 더 사게 될 것이며, "신사를 통해 사상선도를 하는 것은 시대착오적"이라는 내부 의견도 있어 적극적인 신사정책을 일시 후퇴하였다. 그리하여 보다 적극적인 강경책을 쓰고, 정책적인 지원을 원하던 신직들의 불평을 사기도 했다.[26]

4) 침략전쟁기의 종교 이용·탄압정책(1931~1945)

1920년대 말에 시작된 세계 경제공황을 타개하기 위해서 재개된 대륙침략

---

25) 朝鮮總督府, 앞의 책, 586~587쪽.

26) 김승태, 〈일본신도의 침투와 1910·1920년대의 '신사문제'〉(《한국사론》 16, 서울대 국사학과, 1987) 참조.

정책으로 1931년 9월 만주침략을 도발하면서 그들의 식민지를 포함한 일본 전역에 '精神敎化運動'과 종교통제를 더욱 강화하고, 그 일환으로 기독교계 학교에까지 신사참배를 강요하면서, 조선총독부는 다시 적극적인 신사정책과 종교 통제정책을 펴기 시작하였다. 사이토 마코토(齋藤實) 총독의 후임으로 1931년 6월 17일 제6대 조선총독으로 부임한 우가키 가즈시케(宇垣一成)는 일본에서 1924년부터 5년 동안이나 5개 내각의 육군대신을 역임한 신흥군벌로서 '昭和軍閥의 시조'라고 불리던 인물이었다.[27] 그는 부임에 앞서 일본 천황을 찾은 자리에서 "조선통치에 관해서는 대체로 전임자의 방침을 계승해 갈 예정"이지만, "내지인과 조선인의 융합일치 이른바 내선융화가 더욱 큰 진전이 있도록 노력"하고 "조선인에게 적당히 빵을 주도록 하겠다"고 자신의 포부를 밝혔다.[28] 그의 이른바 '내선융화'란 일본인과 조선인이 서로 평등한 가운데서의 조화가 아니라 조선인을 보다 더 일본인에 가깝게 만들겠다는 것으로 동화 내지 일본화정책의 다른 표현에 불과했으며, 이러한 그의 정책발상은 1932년부터는 '정신교화운동'의 강화로, 1935년 이후에는 '심전개발운동'으로 구체화되었다.

조선총독부는 1932년부터 '정신교화운동' 내지 '사회교화사업'을 추진하기 위하여 그 해 2월 사회과를 내무국에서 학무국으로 이관하고, 학무국 종교과 업무를 흡수하여 담당하게 하였다.[29] 그리고 그 해에 추가예산으로 '社會敎化費'를 편성하고 그 해 9월부터 그 계획 수행에 착수하여 각 도지사에게 통첩을 보내 긴급히 조사하게 하여, 1933년 2월 이른바 紀元節에 "全道에 걸쳐서 우량부락·지방개량단체·청년단체의 산업시설 및 체육시설, 부인단체의 사업 등에 대하여 장려 조장"의 의미로 보조금을 교부하게 하였다.[30] 그리고 우가키 총독은 1932년 11월 10일 이래 이른바 '국민정신 작흥에 관한 조서 봉독식'을 전국에 걸쳐 거행하게 하고 그와 관련된 '교화시설'들을 갖추게 하여 '정신교화운동' 내지 '사회교화운동'을 대대적으로 실시하였다.[31]

---

27) 宮田節子, 《朝鮮民衆과 '皇民化' 政策》(일조각, 1997), 190쪽.
28) 宮田節子, 위의 책, 204쪽.
29) 《朝鮮總督府官報》, 1932년 2월 13일, <조선총독부훈령 제13호>.
30) 《朝鮮》(1933년 3월호), 153~154쪽.
31) 朝鮮總督府, 앞의 책, 891~894쪽.

우가키 총독은 1935년 1월 10일 部局長會議에서 "① 精神作興, 自力更生 기타 전년이래 착수한 일은 신년과 함께 크게 박차를 가하여 촉진을 도모할 것, ② 겸하여 희구하고 있는 心田開拓에는 금년에는 다시 몇 걸음을 진전시키고 싶다"는 등의 훈시를 하였다.[32] 이로 보아 그는 이른바 '心田開發'을 정신교화운동의 일환으로 그 전해부터 추진하였으며, 1935년 초부터 본격적으로 추진하였던 것 같다. 그리고 그 방법으로 다음과 같은 일기에서 알 수 있듯이 종교를 이용할 생각을 하고 있었다. "참여관 및 각 방면의 말을 들어보아도 결국은 神(神道)·儒(유교)·佛(불교)·耶(기독교)를 신앙의 대상으로 해야 할 것으로 感知된다. 敬神崇祖의 高潮, 神社의 建設, 그것의 參拜奬勵, 승려의 소질 개선, 불교의 가두 진출, 사찰재산의 정리, 儒道의 부흥, 명륜학원 및 문묘의 활동 등을 당장 착안해야 할 것이다. 특히 정치적으로 억압받아왔던 불교를 정치적으로 살려가는 것이 크게 고려해야 할 요건이다."[33]

그리고 결국 이것은 미나미 지로(南次郞) 총독시대에 들어서는 '황민화운동'으로 이어진다. "조선인에게 적당히 빵"을 주는 정책은 일제의 노골적인 수탈로 인한 조선인의 반발을 잠재우고 더 나아가서는 식민지 조선을 대륙침략을 위한 병참기지로 만들기 위한 정책으로 구체적으로는 이른바 '농촌진흥운동' '농공병진정책'으로 나타났다. 우가키 총독의 통치 목표는 "어떠한 사태에 직면해도 절대적으로 '모국 일본'을 배반하지 않는 '식민지 조선'을 구축"하는 것이었다.[34] 그리고 그는 이러한 목표를 이루기 위해서 이른바 '정신교화' 내지는 이데올로기 교육의 확대·강화가 필수적이라고 생각하고 비상시국임을 강조하면서 이에 대한 각종 시책을 마련하여 교육계·종교계는 물론 일반인들에게까지 강제로 실시하였다.

1936년 8월 5일 제7대 조선총독으로 부임한 미나미는 조선군사령관(1929)과 육군대신(1931), 관동군사령관 겸 만주국 특명전권대사(1934)를 역임했던 인물로 한국인에 대한 정신적 테러라고 할 수 있는 '동화정책'의 극단적인 형태인 '황민화정책'을 적극적으로 추진했던 인물이다. 그의 조선통치의 2대

---

32) 《宇垣一成日記》 2(東京：みすず書房, 1970), 990쪽, 1935년 1월 16일 일기.
33) 위의 책, 997쪽, 1935년 1월 30일 일기.
34) 御手洗辰雄 編, 《南次郞》(生活の友社, 1957), 212쪽.

목표는 자신의 임기 안에 천황을 내방하도록 하는 것과 조선에 징병제를 실시하여 조선의 청년들을 그들의 침략전쟁에 동원하는 것이었다.[35] 그는 천황제 이데올로기를 주입하여 조선인을 모두 '충량한 제국신민'으로 만들기 위해서 학교는 물론 교회에까지 신사참배를 강요하였다. 그리하여 바로 이 미나미 총독 재임시기에 극단적인 종교탄압과 통제가 이루어져, 기독교계 학교들은 대부분 폐교되고, 외국 선교사들은 선교를 포기하고 귀국하거나 추방되었다. 총독부는 이러한 '신사참배 강요' 및 일반 종교계에 대한 탄압과 함께 신사의 설립과 신사신앙을 적극 장려하였다. 1933년 총독부 내무국장은 〈神祠 창립에 관한 건〉과 〈神祠 부동산 등기에 관한 건〉이라는 통첩을 각도에 보내 신사의 성립을 행정적으로 지원하게 하고, 같은 해 9월 〈토지수용령〉 제2조의 "토지를 수용 또는 사용할 수 있는 사업"의 제2항을 "神社, 神祠 또는 관공서의 건설에 관한 사업"으로 개정하여 '神社·神祠'를 지을 때도 토지를 강제로 수용할 수 있도록 하였다. 1935년 4월 우가키 총독은 각 도지사와 관·공·사립 학교장들에게 훈령을 보내 "지금 내외의 정세를 생각건대 刻下의 急務는 日本精神을 作興하고 국민적 교양의 완성을 기하여… 존엄한 國體의 本義를 明徵하고 이를 기초로 교육의 쇄신과 진작을 도모"하는 것이니 힘써 그 임무를 달성하라고 지시하였다.[36] 이어 5월에는 정무총감도 각 도지사에게 〈學校에서 敬神崇祖의 念 涵養 施設에 關한 件〉이라는 통첩을 하여 학교교육에서 '敬神崇祖'라는 神道 내지 천황제 이데올로기의 주입을 위한 가미다나(神棚)의 설치를 독려하였다.[37] 그리고 같은 해 9월에도 총독부 학무국장이 각 도의 도지사에게 〈學教職員의 敬神思想 徹底에 關한 件〉이라는 통첩을 내려보내 학교직원들이 이 운동에 적극적으로 참여하고 앞장서도록 독려하였다. 이에 따라 각지에 神社·神祠의 설립이 급격히 증가하고, 신사를 중심으로 한 행사나 참배자수도 해마다 급증하였다.[38]

---

35) 김승태, 〈제7대 총독 미나미 지로(南次郎)〉(《조선총독 10인》, 가람기획, 1996), 183~191쪽.
御手洗辰雄 編, 위의 책, 참조.

36) 《朝鮮總督府官報》, 1935년 4월 16일, 〈조선총독부 훈령 제14호〉.

37) 朝鮮神職會 編, 《朝鮮神社法令輯覽》(帝國地方行政學會 朝鮮本部, 1937), 353~355쪽.

조선총독부는 이러한 신사숭경을 제도적으로 뒷받침하기 위하여 1936년 8월 1일 천황의 칙령으로 조선신사제도를 전면 개정하였다. 그리하여 모든 神社·神祠가 社格에 따라 道·府·邑·面으로부터 神饌幣帛料供進을 받을 수 있도록 하고, 일부 신사에 대해서는 사격을 높여 더욱 신사의 관공립적 성격을 강화하였으며, '1면 1신사 정책'을 추진하여 전국 각지에 신사의 건립을 장려하였던 것이다.[39] 뿐만 아니라 파출소·주재소 등 관공서나 학교에 神宮大麻를 넣어두는 簡易신사라고 할 수 있는 가미다나를 설치하게 하더니, 마침내 관할 행정기구들을 통하여 일반 민가에까지 신궁대마를 강매하고, 가미다나를 설치하여 아침마다 참배하도록 하였다.

조선총독부는 1937년 7월 중일전쟁의 발발을 전후하여 종교계를 더욱 철저히 통제하여 전쟁 협력에 이용하고, 이에 거슬리는 종교 단체나 개인에 대하여는 가차없이 탄압하는 정책을 본격적으로 실시하였다. 이 시기에 들어서는 그 때까지 법령이나 종교계 지도층의 회유를 통한 간접 통제의 방식을 버리고, 행정력과 경찰력을 동원하여 개개 종교단체나 개인들에게까지 직접적인 강압과 통제·탄압을 실시하였던 것이다. 조선총독부는 중일전쟁이 일어난 이듬해의 일본 제국의회 보고 자료에서 다음과 같이 기술하고 있다.

> 중일전쟁이 터진 이후 당국의 지도로 조선 각 종교단체 및 유사종교단체들은 시국의 중대함을 적시하였다. 따라서 신도와 일반 민중을 열심히 지도하고 거국 일치로 후방에 봉공하는 것을 목표로 하는 종교보국의 성의를 보였다. 따라서 황군의 무운장구와 전승기원, 사상자 위령제, 혹은 국방헌금으로 출전한 장병과 가족들을 위문하는 등 모든 노력을 다하고 있다(朝鮮總督府警務局, 《朝鮮に於ける朝鮮治安狀況》, 1938, 51쪽).

교파신도는 불교·기독교와 함께 공인종교이기는 하였지만, 총독부의 적극적인 옹호에도 불구하고 그 세력이 미약하여 천리교 이외에 그다지 활발한 활동을 하지 못했다. 그러나 일제강점 초기부터 조선총독이 장악하였던 불교

---

38) 김승태, 《한국기독교의 역사적 반성》(다산글방, 1994), 132~139쪽.

39) 《每日申報》, 1936년 8월 2일, 〈조선신사제도 개정에 취하야〉.
岩下傳四郞 編, 《大陸神社大觀》(1941), 102~154쪽.

계는 "사격에 따라 열심히 후방 수호에 전념"하고 "경성에 있는 불교중앙교무원의 통제 아래 활동을 계속해서 일본인측 불교 각파에 비해 전혀 손색"이 없는 활동을 하고 있었다. 이에 대해서 일제당국은 "조선에 있는 불교의 각 宗 연합회에서는 사변 직후 경성부에 있는 18개 사찰의 대표자가 협의회를 갖고 총독의 훈시에 따른 일치 협력과 후방 원호를 결의하였다. 이후 조선불교중앙교무원과 협력하여 전사자 慰靈追弔法會와 시국강연회를 개최하고 각 사찰에 위문비 건립 헌납을 독려하는 등 시국에 적절히 대처하고 있다. 동시에 각 종파에서도 각각 본산의 유달 훈시를 받들어 사격에 따라 총후의 적성을 보이고 있다"고 하여 만족스런 평가를 하고 있다.

중일전쟁 후 사상통제와 종교단체의 이용·통제는 유교라고 예외일 수 없었다. 경학원을 비롯해서 각지의 향교·문묘에서 매월 1일과 15일에 유림들을 모이게 하여 서원문을 낭독하고, 일본 황실의 무운장구를 기원하며, 각종 시국 강연회, 좌담회를 개최하게 하고, '국방 헌금', '군대 위문'에 관한 시가 등을 작성하게 하였다. 이러한 유교계에 대하여 총독부는 "유도는 오로지 당국의 지도에 의해서 경학원과 대동사문회가 중심이 되어 전조선의 유림들에게 분기를 촉구"하여 "유림계도 점차 시국의 중대성을 깨닫고 당국의 지도에 새로운 인식을 갖기 시작했다"고 평가하고 있다. 총독부는 1939년 가을에 조선유도연합회를 조직하게 하여 '국민총력동원운동'의 한 조직으로 활동하게 하고 지방에도 유도연합회와 유도회를 조직하게 하여 '황도유학'을 부르짖고, 일제의 전시체제에 협력하도록 독려하였다.

1930년대에 총독부가 가장 적극적인 대책을 세워 탄압한 종교계는 신사참배를 거부하던 기독교계였다. 1930년대 이전의 일제와 선교사와의 관계는 반드시 적대적인 것만은 아니었다. 20세기 초 한국을 식민지화하던 과정에서나, 식민지 지배체제를 확립해 가던 과정에서는 일본이 서구 제국과 협력관계에 있었고, 선교사들의 도움이 필요했으므로 이들을 후대하여 회유·이용코자하였기 때문이다.[40] 그러나 1930년대에 들어 영·미와의 관계가 악화되고, 외부의 지지 없이도 식민지 경영이 가능하다고 판단되자 선교사는 오히

40) 강동진, 앞의 책, 71~111쪽.

려 짐이 되었다. 이에 따라 차츰 선교사들을 적대시하여 한국교회와 분리시키려는 분열정책과 탄압정책을 실시하였다. 한국교회에 대한 선교사의 영향력을 배제시킴으로써 그들의 통제를 강화시키고, 이미 그들의 통제에 순응하는 일본기독교에 예속시키고자 한 것이다. 특히 이러한 과정에서 신사참배문제는 결정적인 탄압의 단서를 제공하였다.

1930년대 선교사 경영의 기독교계 학교에서 신사참배 거부가 문제화되자, 일제는 이를 선교사들의 사주에 의한 것으로 몰아 '頑迷한 외인 선교사'라 비난하면서 반선교사 여론을 부추겼다.[41] 한편, 1920년대 이후 선교사들의 교권적 횡포에 염증을 내어 일어난 이른바 '조선적 기독교'의 수립을 표방하던 한국교회내의 자생적인 반선교사운동까지 부추기면서, 한국 교회와 선교사간의 친밀한 유대관계를 분열시키고자 하였다. 중일전쟁 이후 이러한 경향은 더욱 뚜렷해져 각 노회·총회에 압력을 가하여 선교사들의 활동을 배제시켰다.

이러한 일제의 방해·분열 공작은 선교사들의 활동에 제약을 가져와 교육활동과 선교활동이 부진하게 되었고 겨우 의료활동에서만 그 명맥을 이어갔다. 그러나 이러한 의료활동마저 1940년부터 탄압을 받아 대부분의 기독교병원이 문을 닫았다.[42] 뿐만 아니라 미·일 관계의 악화로 점차 모든 외국인들을 敵性 적국국민으로 취급하여 감시·탄압하였고, 일부 선교사들은 간첩혐의로 구속되어 허위 자백을 강요받았다. 결국 1940년 10월 일본의 미국에 대한 戰意가 표면화되자, 본국 정부의 훈령에 따라 대부분의 선교사들이 철수하였다.[43] 이후까지 남아있던 몇몇 선교사들은 태평양전쟁이 발발하자 일제에 억류되어 갖은 탄압을 당하다가 1942년 포로 취급을 받아 일본인과 교환되었다.[44]

이와 같이 기독교계에서 선교사의 영향력을 완전히 배제시킨 일제는 기독교계에 대한 예속과 통제를 강화하여 그들의 통치에 이용코자 하였다. 그리

41) 《京城日報》, 1938년 9월 14일, 〈頑迷한 外人宣敎師團側이 神學校의 廢敎聲明〉. 《朝鮮新聞》, 1938년 9월 15일, 〈頑迷 外人宣敎師 神社參拜에 抗議〉.

42) G. T. Brown, *Mission to Korea*, p.161.

43) H. A. Rhodes & A. Campbell, *History of the Korea Mission*, Vol. 2, p.18.

44) H. A. Rhodes & A. Campbell, 위의 책, p.24.

하여 그들에게 굴복한 친일적 기독교 지도자들을 포섭하여, 소위 '일본적 기독교의 확립'이라 하여 기독교의 변질을 강요하고 '종교보국'이라 하여 전쟁 협력을 강요하였던 것이다.

신사참배문제가 절정에 이르렀던 1938년 2월 조선총독부는 이른바 '기독교에 대한 지도 대책'이라는 것을 마련하였다. 여기서 그들은 "一. 당국의 지도 실시 때에 그것을 즐기지 않는 頑迷한 교도로서 부득이한 경우에는 관계 법규(행정집행령, 경찰범 처벌규칙 기타)를 활용하여 합법적으로 조치할 것, 一. 국체에 적합한 야소교의 신건설운동에 대하여는 그 내용을 엄밀히 검토하여 목적이 순진하고 장래 성과가 예상되는 것에 대하여는 이때 적극적으로 원조하여 줄 것" 등 대책을 마련하여[45], 그들의 시책에 순응하게 하며, 이를 거부할 경우에는 처벌하도록 하고 있다. 그리고 이른바 '국체에 적합한 야소교'를 만들게 함으로써 기독교의 변질을 강요하여 그들의 침략정책 수행에 이용코자 하였던 것이다. 일제의 이러한 기독교에 대한 정책은 1940년에 일제 검찰이 마련한 다음과 같은 '기독교에 대한 지도 방침'으로 보다 강화되었다.

기독교에 대한 지도 방침

지도의 근본 방침 : 물심 양면에 걸친 조선 기독교의 구미 의존 관계를 금절하여 일본적 기독교로 순화 갱생하게 할 것.

1. 물질적 방면에 대한 지도
   1) 외국인 선교사회가 경영하는 교육기관 기타 각종 사회사업을 점차 접수할 것.
   2) 외지 전도국에 대한 재정적 의존 관계를 차단하고 내선 기독교에 의한 재정의 자립을 촉진시킬 것.
2. 정신적 방면에 대한 지도
   1) 교역자 양성 기관에 대한 학무국의 지도 감독에 대하여 적극적으로 원조할 것.
   2) 각 파에 상설적 집행기관을 설치하게 하여 감독 지도의 철저를 기할 것.
   3) 성서·찬송가에 대하여 재검토를 가할 것. 아울러 일요학교 교과서 기타 각 파의 출판물에 대하여 엄중하게 단속을 할 것.

45) 朝鮮總督府警務局, 《最近に於ける朝鮮治安狀況》(1938), 390~391쪽.

4) 각 파의 敎憲·敎規를 재검토하여 적정한 개혁을 하게 할 것.
5) 현재 경영 중인 각 파의 기관지에 대하여 그 편집 내용에 적극적인 지도를 가하여 국체관념의 함양과 시국인식을 철저하게 하도록 개선하고 널리 각 교도에게 구독하게 할 것.
6) 신사참배의 철저
   (1) 일반 민중의 신사참배에는 교도도 반드시 참배하게 할 것.
   (2) 기독교계 경영 학교 직원 생도는 일반 학교와 마찬가지로 신사에 참배하게 할 것.
7) 교도는 각 집에 국기를 구입하여 갖춤과 동시에 교회당은 국기 게양탑을 설치하고 축제일 기타 이유가 있는 경우에는 게양하게 할 것.
8) 집회시에는 반드시 다음의 행사를 실시하게 할 것.
   (1) 4대절 기타 이유가 있는 의식을 거행할 때에 국가의 봉창.
   (2) 궁성요배.
   (3) 황국신민의 서사 제창.
9) 국체와 아울러 시국인식의 철저를 위하여 강연회·좌담회 등을 개최 할 것.
10) 각 파를 국민정신총동원연맹에 가맹하게 할 것.
11) 교도는 될 수 있는 한 청년단·방공단 또한 애국부인회·국방부인회·애국여자단 등에 가입하게 할 것.
12) 祖先崇拜 관념의 양성을 조장하고 기독교의 조선숭배 배격의 잘못을 깨닫게 할 것.
13) 국체에 순응하는 기독교 재건의 자각에 기초한 운동에 대하여 이를 견제 또는 저해하는 것 같은 장애를 제거할 것.
14) 외국선교사에 대한 지도 단속을 강화할 것.

(조선총독부 고등법원 검사국 사상부,《思想彙報》제25호, 1940년 12월, 81~101쪽).

위의 두 자료를 비교해 보면 우리는 그 간의 상황 변화를 쉽게 알 수 있다. 우선 기독교에 대한 정책의 명칭부터 앞의 것은 '지도 대책'이요, 뒤의 것은 '지도 방침'으로 '대책'에서 보다 확고한 '방침'으로 바뀌었다. 그리고 그 내용에서도 뒤의 것이 앞의 것보다 훨씬 상세하고 강제적인 것으로 되어 있다. 그러나 이 두 자료의 내용상 강요나 상세함의 정도에는 차이가 있지만 그 근본적인 의도가 기독교에 대한 억압과 통제의 강화라는 점에서는 다를 바가 없다. 이런 정책은 모두 기독교를 노골적으로 억압하여 서구 선교사와의 관계를 끊게 하고 고립시켜 일제의 황민화정책 및 침략전쟁 수행에 순응·협력하도록 하기 위한 것이었다. 일제는 이러한 정책을 바탕으로 이 시기에 '일본적 기독교'라 하여 기독교 신앙의 본질까지 변질시켜 기독교를 그들의 정책을 원활하게 수행하도록 충실히 순응·협력하는 일종의 어용 교화기구로 삼으려는 정책을 강력히 추진하였다. 심지어 일제의 패전 직전에 일본 군부 지도부는, 연합국군의 공격시 한국 기독교인들이 연합국을 도와 줄 것을 두려워하여 한국 기독교인들을 1945년 8월 중순경에 학살할 계획까지 세우고 있었다.46)

조선총독부의 기독교에 대한 이러한 탄압·통제정책은 전시체제와 함께 황민화정책을 강력히 추진하였던 미나미 총독이 1938년 10월 7일 제3회 기독교조선감리회 총회와 1938년 10월 17일 시국대응 기독교장로회 대회에서 한 다음과 같은 연설에서도 분명하게 예고되고 있다.

> 현재 우리 나라(일본)는 동양 평화 옹호의 대사명을 수행하기 위하여 국민총동원하에 시국에 대처하고 있는 때인데 대일본국민인 자는 그 신앙하는 종교의 여하를 불문하고 일제히 천황폐하를 존숭하여 받들고 선조의 神祇를 숭경하고 국가에 충성을 다해야 하는 것은 말할 필요도 없는 바로써 信敎의 자유는 대일본국민인 범위에서만 용인되는 것이며, 그러므로 황국신민이라는 근본정신에 배치되는 종교는 일본 국내에서는 절대 그 존립을 허용하지 않는 것입니다. 이는 비상시와 평시를 불문하고 국민으로서 힘써야 할 당연한 의무입니다. 여러분은 이 점을 아시고 이른바 종교보국의 길에 매진하도록 하지 않으면 안된다고 생각합니다(朝鮮總督府 官房文書課 편, 《諭告·訓示·演述總攬》, 朝鮮行政學會, 1941, 707쪽).

조선총독부는 이른바 공인종교라고 하는 일반 종교계에 대해서는 이러한 탄압·통제·이용정책을 쓰는 한편, 민족적 색채가 농후하고 이용가치가 적은 비공인 종교였던 신종교들에 대해서는 더 가혹한 탄압을 자행하였다. 총독부가 '종교유사단체'로 지칭한 신종교들에 대한 통제와 탄압은 1935년부터 본격화되었다. 이러한 탄압은 주로 총독부 사회과와 일제 경찰들을 통해 이루어졌는데, 총독부 사회과에서는 이에 대한 단속방침을 마련하기 위하여 1935년 6월 10일부터 2일간 '종교유사단체 취체회의'를 소집하고 있다.47) 같

46) 한석희 저, 김승태 역, 《일제의 종교침략사》(기독교문사, 1990), 185쪽.

은 시기에 경기도에서도 도미나가 분이치(富永文一) 지사와 사에키 아키라(佐伯顯) 경찰부장 등 10여 명이 회합하여 총독부 방침에 준하여 관내 사찰 정화에 관한 대책회의를 하고 있다. 더욱이 일본 본토에서도 그 무렵 '종교경찰'을 두고 대본교 탄압에 들어감으로써, 조선총독부 경찰도 같은 종교단체의 조선 지부의 검거 탄압에 착수하여 1936년 4월 10일 이 단체를 해산시켰다. 일본 내무성에서 1935년이래 〈사교취체에 관한 건〉에 의해 '國體明徵'과 '邪敎一掃'라는 명분으로 종교탄압을 통하여 국민사상통제를 강화하고자 하는 방침을 조선총독부도 그대로, 아니 보다 더 가혹하고 충실하게 추종하고 있었던 것이다. 이에 따라 종교단체와 종교에 대한 검거와 탄압이 급격히 증가하였다. 더욱이 중일전쟁을 전후하여 일제는 종교단체에 대한 통제와 탄압을 더욱 강화하고, 이로 인한 종교단체 및 종교인에 대한 검거와 처벌 사건이 속출하였다. 이러한 상황에서 1937년에 검거되어 탄로 난 白白敎 사건은 일제의 종교탄압의 좋은 명분을 제공하기도 하였다. 이어 1938년 4월에는 〈보안법〉위반 혐의로 충남지역에서 정도교의 교주가 검거된 것을 비롯해서 같은 해 8월에는 성도교와 전북지역의 황극교가 〈보안법〉 및 〈치안유지법〉 위반혐의로 검거되어 기소되었다. 이 밖에도 수운교· 무극대도교· 흠치교·천도교 구파·태극교 등이 〈치안유지법〉·〈보안법〉 등 위반혐의로 대거 검거되었다. 이와 같이 그들이 강요하는 신사참배를 거부한 기독교인들은 물론, 당시 조선 민중의 종교적 정서를 대변하던 신종교 종파들에 이르기까지 수많은 종교 단체와 종교인들을 국체변혁·불경·〈치안유지법〉 위반· 〈보안법〉 위반·〈군형법〉 위반 등의 이유로 검거하여 처벌하였던 것이다. 1940년 10월 당시 총독부 고등법원 검사장이던 마스나가 쇼이치(增永正一)가 사법관 회의를 주재하면서 한 다음과 같은 훈시는 그들이 어떤 시각에서 종교단체들을 보고 있으며, 이들에 대해서 어떤 탄압정책을 마련하고 있었는지를 잘 보여준다.

종교단체 단속에 대하여

사변이래 반도의 기독교 기타 종교단체 관계자로서 불경 〈치안유지법〉·〈보

---

47) 《每日申報》, 1936년 6월 9일, 社說 〈宗敎類似團體 取締會議〉.

안법〉 혹은 〈군형법〉 위반 등의 죄로 인하여 검거 처벌된 자가 잇따르고, 현저히 총후의 치안을 문란케 하고 있는 것은 진실로 유감으로 여기는 바입니다. 그리하여 반도의 각 종교운동은 대개 민족의식의 색채가 농후하여 순종교운동이라기보다는 차라리 일종의 정치운동 내지 사회운동으로 보아야 할 것이 많고, 반도 정치상 많은 불상 사건에 관련된 것이 많다는 것은 일찍이 여러분들이 알고 있는 바로써, 총후 치안확보의 요구가 가장 절실한 현시국 하에서 이들 종교단체에 대한 단속은 하루라도 소홀히 여길 수 없는 것입니다 … 전 번에 경기도 경찰부에서 검거한 등대사 사건은 주목할 만한 사안으로서 수사의 결과에 의하면 통치권의 주체를 부정하고 국민의 국체관념을 혼란시키며 이에 편승하여 지상 신의 나라의 건설을 기도하는 불경·불령의 목적을 숨기고 있는 결사라는 것이 명백하게 된 것입니다. 더욱이 전 달에 전조선적으로 일제히 검거를 감행한 신사불참배를 표방하는 장로파 기독교도의 불온 사건은 현재로서는 아직 그 전모를 밝힐 수 없지만 혹은 이들 관계자가 품고 있는 사상경향은 등대사 관계자 등의 그것과 일맥상통하는 것으로 간주되고 있기 때문에 이 취조에 대하여는 심심한 주의를 기울여 사안의 본질 규명에 만에 하나라도 유감이 없기를 바라는 것입니다. 요컨대 이러한 불경·불령의 목적을 가진 종교 단체의 운동은 그 害가 일반 좌익운동과 하등 다를 바가 없는 것이기 때문에 이들 단체에 대하여는 더 한층 엄밀한 査察·內偵을 가하며 특히 그 이면 행동에 주의하고 모름지기 법에 저촉되는 불온한 언동을 발견할 경우에는 속히 검거 탄압을 가하는 동시에, 신앙은 한번 그것을 맹신하는 경우에는 포기하기 어려운 실정에 있기 때문에 검거 후라도 일반 교도의 계몽 지도와 병행하여 사찰의 손을 늦추어서는 안 되며, 사안의 재발 방지에 만전책을 강구하여야 할 것입니다. 또한 반도 재래의 유사 종교단체의 단속에 대하여는 이미 작년도 본 회의 석상에서 여러분들에게 유의하도록 한 바 있습니다만, 보천교 기타는 이미 탄압에 의하여 괴멸되고 교단 관계자가 지하에 잠입하여 재건운동을 기도하고 있는 외에 호남 방면에서 급격히 교세를 신장하고 있는 불교연구회와 같은 신흥 유사 종교단체의 최고 간부가 불경죄로 인하여 처벌받은 사안 등이 발생하고 합법적 단체의 교리·교설 내지 이면의 사상 동향에 대하여도 재검토를 가할 필요가 있다고 생각되니, 거듭 유사종교단체에 대한 단속에 여러분의 유의를 환기시키는 바입니다(조선총독부 고등법원 검사국 사상부, 《思想彙報》 제25호, 1940년 12월, 2~3쪽).

이러한 조선총독부 검·경찰의 종교탄압 정책에 의해 검거되어 기소된 중요한 사건만 들어도 다음 〈표 1〉과 같다.

〈표 1〉 종교인 관련 주요 사상사건 경과

(1943. 9월말 현재)

사건명	검거인원	기소인원	검사국 및 기소일	비 고
동우회사건	181	42	경성, 1937. 8. 20	기독교인
등대사사건	66	33	경성, 1940, 6. 23	여호와의 증인
황극교사건	89	10	전주, 1938. 12. 23	
신사불참배 교회 재건운동사건	68	35	평양, 1942. 3. 12	기독교인
神人동맹사건	42	28	전주, 1942. 4. 11	
무극대도교사건	52	30	경성, 1942. 8. 17	
동아기독교회사건	32	9	함흥, 1943. 5. 24	침례교
삼산교 사건	36	17	전주, 1943. 6. 10	
천자교 사건	36	17	전주, 1943. 6. 16	
仙敎사건	38	9	전주, 1943. 6. 28	
계	640	230		

* 조선총독부 고등법원 검사국 사상부 편, 《思想彙報續刊》, 1943, 1~13쪽, 〈朝鮮重大思想事件 經過表〉에서 정리.

그러나 1939년에 제정되어 1940년 4월부터 발효된 〈종교단체법〉은 그들의 식민지였던 한국에는 여러 가지 추측과 논란에도 불구하고 1945년 해방되기까지 발효되지는 않았던 것 같다. 사실 조선에는 이미 각종 종교단체에 관한 구체적인 제반 법규가 정비되어 있었고, 이미 1915년에 제정 공포된 〈포교규칙〉과 그 밖의 〈치안유지법〉·〈보안법〉 등으로도 충분히 총독부가 종교단체를 통제하여 〈종교단체법〉이 의도한 효과를 이미 거두고 있어 별도의 법규가 필요치 않았기 때문이었을 것이다. 앞에서 살펴보았듯이 이러한 〈종교단체법〉을 적용하지 않고도 일제는 종교단체를 통폐합시키고, 교리와 종제까지 변경시키는 등 갖은 통제와 탄압을 할 수 있었으며, 성결교·안식교·동아기독교(침례교)와 같이 교회를 폐쇄하고 교단을 해산시키기까지 하였던 것이다.

〈金承台〉

2. 천도교·대종교

1) 천도교

(1) 천도교의 창시

동학농민운동의 실패 후, 관군의 수색과 추적이 심화되자 동학지도부는 산골로 피난을 다녀야만 하였다. 당시 동학지도부는 제2세 교주 崔時亨의 지도 아래 金演局·孫秉熙·孫天民이 삼두체제로 동학교단을 이끌어가고 있었다. 그러나 제2세 교주인 최시형이 1898년 관군에 체포되어 형장의 이슬로 사라졌다.

이처럼 어수선한 가운데 손병희는 1900년 교권을 장악하였다. 그가 교권을 장악할 수 있었던 것은 그와 그의 심복 李容九가 1897년부터 1900년 사이에 서북지방에 포교를 벌인 결과 입교한 수만 명의 서북지방 교인들이 그를 지지하였기 때문이다.[1)]

교권을 장악한 손병희는 동학농민운동의 뼈저린 경험과 아울러 개화사상이 발달한 서북지방의 교인들과 접촉하면서 개화운동의 필요성을 절감하였다. 그는 1901년 일본에 건너가서 그곳에 망명하여 있던 개화파 인사인 趙義淵·權東鎭·吳世昌·梁漢默·朴泳孝·李軫鎬 등과 접촉하였다.[2)] 조희연·권동진·오세창은 갑오경장을 추진한 주역이었으나 명성황후 시해사건 후

---

1) 조규태, 〈舊韓末 平安道地方의 東學－敎勢의 伸張과 性格에 대한 檢討를 중심으로〉(《東亞硏究》 21, 1990), 58~59·72~78쪽.

2) 邢文泰, 〈1904·1905年代 東學運動에 대한 一考察－－進會·進步會를 中心하여〉(《史學論志》 4·5합집), 66~67쪽.
이와 관련하여서는 다음의 연구가 참조된다.
姜成銀, 〈20世紀初頭における天道敎上層部の活動とその性格〉(《朝鮮史硏究會論文集》 24, 1987).
金炅宅, 〈韓末 東學敎門의 政治改革思想 硏究〉(연세대 석사학위논문, 1990).
이은희, 〈동학교단의 '갑진개화운동'(1904~1906)에 대한 연구〉(연세대 석사학위논문, 1990).
崔起榮, 〈韓末 東學의 天道敎로의 개편에 관한 검토〉(《韓國學報》 76, 1994).

일본에 망명하여 재기를 꾀하고 있었고, 손병희는 포교의 자유와 조선정부의 정치적 개혁을 갈망하고 있었으므로, 두 집단의 제휴는 쉽게 이루어졌다. 손병희는 이들과 접촉하면서 사회진화론·문명론에 입각한 개화사상을 수용하였다.

그는 일본에서 〈三戰論〉(1903)·〈明理傳〉(1903) 등을 저술하여 자신의 생각을 동학교단에 알리고 교인들의 태도 변화를 꾀하였다. 그리고 일본의 군인 및 정치인과 접촉하여, 러일전쟁 기간 중인 1904년 大同會·中立會·進步會 등을 설립하여 民會運動을 전개하였다. 또한 1904년 12월 진보회와 일진회의 합동으로 세력을 강화하고 일본의 도움을 얻어 입헌군주제의 실시와 조세제도의 개혁 등 대한제국 정부의 개혁을 이루려 하였다.

그런데 국내에서 一進會를 이끌던 손병희의 심복 이용구가 일본의 '大東合邦論'을 순수하게 믿고, 1905년 11월 5일 〈보호청원선언〉을 발표하였다. 그리고 보호청원이 있은지 약 2주일 뒤인 11월 17일 〈을사보호조약〉이 체결되었다. 그러자 국내에서는 의병들을 중심하여 反一進會運動과 反東學運動이 전개되었다. 이에 따라 지방의 동학교도들이 의병들의 공격으로 큰 피해를 당하였을 뿐만 아니라 일반인의 동학에 대한 여론이 좋지 않게 되었다.

이러한 위기 상황을 타개하기 위하여 손병희는 1905년 12월 天道敎를 창시하였다. 그리고 '敎會分離運動', 즉 일진회와 천도교의 분리운동을 전개하였다. 일진회 활동을 지속하던 교구장을 해임하였으며 이용구 등 60여 인을 출교시켰다. 출교당한 이용구 등이 侍天敎를 만들고 동학교단의 주요 재산을 독점하자, 천도교는 큰 어려움을 겪을 수밖에 없었다.

(2) 교규의 정비와 교리의 정립

1906년 1월 손병희는 일본에서 만난 권동진·오세창 등과 함께 귀국하였다. 권동진·오세창·양한묵 등은 귀국 이전부터 준비하였던 《天道敎大憲》을 공포하였다. 《천도교대헌》에서는 大道主가 宗令發布·公案認准·敎職選任 등을 통하여 교회의 운영을 장악하고, 大神師(崔濟愚)-神師(崔時亨)-聖師(孫秉熙)의 도통체계를 마련하였다. 그리고 이전부터 사용된 敎長·敎授·都執·執綱·大正·中正의 6任 위에, 聖道師·敬道師·信道師·法道師를 두었다.

또한 중앙에는 중앙총부를, 지방에는 대교구와 교구를 두었다. 중앙총부에는 玄機司·理文觀·典制觀·金融觀·庶應觀을 두어 각 관장이 각기 교리·교육·사법·재정·서무를 주관하였다. 지방에는 대교구장·교구장과 이문원·전제원·금융원·서응원을 두어 교육·사법·재정·서무 등을 담당케 하였다.[3] 이러한 교규의 정비를 통하여, 각 기관과 기구의 책임자에 자기 파를 임명함으로써 손병희는 교권을 장악하였던 것이다.

손병희는 교권의 강화를 위하여 교리를 정립케 하였다. 이 책임을 맡은 양한묵은 1906년 5월에 普文館이라는 인쇄소 겸 출판사를 세우고, 1906년 《天道敎大憲》을 비롯하여 《天道敎志》·《天道敎典》·《天道太元經》·《準備時代》·《敎友自省》을, 1907년에는 《東經演義》·《東經大全》·《大宗正義》·《觀感錄》·《三壽要旨》·《聖訓演義》·《天約宗正》 등을 간행하였다. 이 교리서 가운데 《천도교지》나 《천약종정》에서는 손병희의 교권승계를 미화하고, 손병희의 권위를 강조하였다.[4] 또한 《준비시대》 등에서는 문명론을 소개하고, 개화운동의 필요성을 주장하였다.

신천도교리와 문명개화론의 전파 및 확산을 위해서 천도교에서는 1906년 《萬歲報》를 발간하고, 1910년 《天道敎會月報》를 발간하였다. 또한 1910년에는 普成學院을, 1914년에는 同德女學校를 인수하고, 교리강습소를 설립하여 학교를 통한 계몽과 포교활동을 전개하였다.

이러한 활동과 1909년 일진회의 한일합방 청원을 반대하였던 시천교인들이 천도교로 돌아오자 1910년경부터는 교세가 신장되었다. 1910년대 말 朴殷植의 《韓國獨立運動之血史》에 따르면 300만 명의 교인이 있었고, 일제당국의 축소된 통계에 따르더라도 13만 명의 교인이 있었다.[5]

(3) 3·1운동의 주도와 임시정부 수립 활동

천도교에서는 1918년 11월 제1차 세계대전이 종전되고 1919년 1월 파리강

---

3) 崔起榮, 위의 글, 119~120쪽.
4) 崔起榮, 위의 글, 120쪽.
5) 金正仁, 〈1910년~1925년간 天道敎 勢力의 동향과 民族運動〉(《韓國史論》 32, 서울대 국사학과), 142~143쪽.

화회의가 열린다는 소식을 듣고, 최 린 · 권동진 · 오세창 등의 간부들이 독립의 기회임을 깨닫고 그 방법을 논의하였다. 상해로부터 신한청년당의 밀사가 다녀가고 일본의 동경으로부터 밀사가 〈2 · 8독립선언서〉의 원고를 갖고 오자, 천도교의 손병희 · 권동진 · 오세창 · 최 린 등은 본격적으로 독립운동을 추진하였다. 1월 20일경 이들은 회합을 갖고 ① 독립운동을 대중화하여야 할 것, ② 독립운동을 일원화하여야 할 것, ③ 독립운동을 비폭력으로 할 것의 세 원칙을 마련하였다.[6)]

천도교에서는 민족의 역량을 최대한 결집하기 위하여 민족대연합전선을 형성하려고 작정하고, 2월 초 崔南善의 중재로 정주 오산학교 교감으로 있던 李昇薰을 통하여 기독교계와 연합전선을 맺는 것을 추진하여 기독교계로부터 참여 약속을 받았다. 또 최 린이 2월 24일 韓龍雲을 방문하여 불교계의 참여를 요청하고 승낙을 받았다.

민족대표 33인을 선정하였는데, 천도교측 인사는 손병희 · 권동진 · 오세창 · 林禮煥 · 羅仁協 · 洪基兆 · 양한묵 · 權秉悳 · 金完圭 · 羅龍煥 · 李鐘勳 · 洪秉箕 · 李鍾一 · 崔 麟 · 朴準承의 15명이었다. 이것은 기독교계의 16명 다음으로 많은 것이었다. 천도교인들은 거사에 필요한 자금을 대고 〈독립선언서〉의 인쇄를 주관하였다. 천도교의 오세창이 총책임을 맡고 보성사 사장 이종일이 실무를 전담하여 보성사에서 2만여 장의 선언서를 인쇄하였다.

천도교에서는 이처럼 3 · 1독립만세운동을 준비하였을 뿐만 아니라, 평안도를 비롯한 전국 각지에서 독립만세운동을 활발히 전개하였다. 이로 인해 경기도 화성시 제암리, 황해도 수안, 함경남도 단천 등지에서 수많은 교인들이 살해되거나 부상을 입었다. 또한 천도교인들은 서간도 · 북간도 등지에서도 독립만세운동을 전개하였으며, 이후 그 지역에서 조직된 대한국민회 · 군비단 등의 무장투쟁단체에 참여하였다.

한편 천도교회는 1919년 3 · 1운동의 추진과 함께 소위 '大韓民間政府'라는

---

6) 신국주, 〈3 · 1독립선언〉(《한민족독립운동사》 3, 국사편찬위원회, 1988), 226~227쪽.
朴賢緖, 〈三 · 一運動과 天道敎界〉(《三 · 一運動 50周年紀念論集》, 東亞日報社, 1969), 223~234쪽.

임시정부의 수립을 염두에 두고 있었다.[7] 그렇지만 민족대표 33인에 참가하거나 《조선독립신문》의 발간에 관여한 천도교의 최고 지도자들이 체포됨으로써 이것은 실행되지 못하였다. 그러자 천도교인인 申 肅과 安尙德 등은 漢城政府의 수립에도 관여하였으며,[8] 일부의 천도교인들은 조선민국임시정부의 조직과 선포에 관여하였다.[9] 그리고 천도교의 중간 지도자인 남형우는 노령으로 망명하여, 이승만계의 인물을 비롯하여 안창호계·이동휘계·일본 유학생계 인물과 접촉을 갖고 노령정부를 조직하려 하였다.

그러나 한성정부는 활동이 용의치 않았고, 노령지역은 백군과 적군과의 내전으로 임시정부를 수립하기에 적당하지 않았다. 따라서 활동이 자유로운 상해지역이 임시정부의 적합지로 부상하였고, 각지의 민족운동가들이 상해에 모였다. 이것과 짝하여 천도교인인 南亨祐와 洪 濤·李瑛根(李民昌) 등도 상해로 망명하였다.[10]

이들은 국내의 한성정부에 참여한 천도교인과 접촉을 가지면서, 천도교의 정치조직으로 統一黨을 결성하고, 상해 임시정부의 수립에 관여하여 행정부의 관리와 의정원의 의원으로 선정되었다. 그러나 그 지위는 낮았고 따라서 천도교인의 영향력은 미미하였다.

그런데 1919년 9월 명실상부한 민족의 대표기관으로 대한민국임시정부가 수립되자, 평북 의주대교구장 최석련과 선천대교구장 이군오의 명을 받은 崔

---

7) 愼鏞廈, 〈대한민국임시정부와 지도자의 역할〉(《대한민국임시정부의 역사적 의의》, 도산사상연구회 제8회세미나발표문, 1997), 3~5쪽.
고정휴, 〈3·1운동과 임시정부 수립에 따른 몇 가지 문제제기〉(《제40회 전국역사학대회 발표요지》, 1997), 141~144쪽.

8) 李賢周, 〈3·1운동 직후 '國民大會'와 임시정부 수립운동〉(《한국근현대사연구》 6, 1997).

9) 李炫熙, 〈大韓民國臨時政府의 樹立計劃과 天道敎〉(《韓國思想》 20, 1985).
潘炳律, 〈대한국민의회의 성립과 조직〉(《韓國學報》 46, 1987).
고정휴, 앞의 글.
———, 〈3·1운동과 天道敎團의 臨時政府 수립 구상〉(《韓國史學報》 34, 1998).
이현희는 노령임시정부를 대한국민의회가 조직한 것으로 보고 있는 데 반하여, 반병률은 대한국민의회가 노령정부를 수립하지 않았다고 논증하였고, 고정휴는 이것을 발전시켜 노령정부가 대한민간정부의 연장선상에 있는 전단정부라고 보았다.

10) 조규태, 〈天道敎團과 大韓民國臨時政府〉(《한국민족운동사연구》 23, 1999) 참조.

東昕·신 숙 등 많은 인물들이 상해로 모여들었다. 이들은 聖化會를 조직하여 내부적 결속을 다지면서 다른 정치세력과의 제휴를 도모하였다.

그렇지만 이들은 인력과 자금의 양 측면에서 국내의 중앙총부와 지방의 천도교인들로부터 전폭적 지원을 받을 수 없었다. 이것은 결국 상해지역 천도교인들의 정치적 영향력의 한계를 노정하여, 대한민국임시정부내에서의 천도교단의 위상을 약화시켰다. 3·1운동시의 지대한 역할에도 불구하고 李承晩 정권에서 미미한 대우를 받자, 천도교인들은 대한민국임시정부의 이승만 정권에 불만을 갖게 되었다.

마침 1920년 말에서 1921년 초 이승만 정권이 위임통치를 주장한 사실이 알려지고, 일본의 간도출병으로 고통을 겪는 중국 동북지역의 독립군을 제대로 지원하지 못하자, 각지에서 이승만 정권에 대한 비판이 일었다. 그러자 신숙이 중심이 된 천도교인들은 통일당을 새롭게 정비하고, 북경의 박용만·신채호와 접촉을 갖고 1921년 4월 北京軍事統一會議를 조직하여 대한민국임시정부의 실정을 비판하고, 임시정부의 개혁과 의정원의 해산을 주장하였다.

또한 1921년 중엽 북경지역의 신 숙·姜九禹 등의 천도교인들은 상해지역의 천도교인들과 국민대표회의를 개최하는 데 합의하였다. 이들은 국민대표회의에서의 천도교인의 영향력을 향상하기 위하여, 북경에 전교실을 세우는 명목으로 국내로부터 합법적으로 자금을 들여왔다. 국내에서는 이종린 등이 북경교당건축기성회를 조직하고 자금을 모집하여 지원하였다.

1923년 초 상해에서 개최된 국민대표회의에서 천도교단은 만주 혹은 노령에 새롭게 임시정부를 수립하자는 창조파의 입장을 취하였다. 이 국민대표회의는 개조파·창조파 등의 분열로 인해 소기의 성과를 거두지 못하고 와해되었다. 그러자 신 숙·강구우 등의 천도교인들은 노령의 尹 海 및 元世勳과 연계하여 1923년 6월 국민위원회를 조직하고 노령에 정부를 창조할 것을 결의하였다. 그리고 1924년 초에는 노령으로 이동하여 이것을 관철하려 하였으나, 노령의 이동휘파와 이르크츠크파와의 갈등과 러시아의 지원약속 불이행 등으로 소기의 성과를 거둘 수는 없었다.

이후 천도교인들은 다시 북경에 집결하여 교회활동을 하면서, 또 한편으로 정치활동을 전개하였다. 특히 1925년 중반 민족협동전선운동이 본격화될 때 북경지역의 천도교인들은 대외연락의 거점이 되었다. 그리하여 조선농민사의 크레스틴테른 가입을 주선하면서, 천도교 신파와 이동휘계 공산주의자와의 협동전선의 결성을 지원하기도 하였다.[11]

(4) 문화운동론의 수용과 문화운동의 전개

3·1운동이 실패로 돌아간 후 천도교에서는 1919년 9월 天道敎青年敎理講演部를 설치하고, 교리의 연구·선전과 조선 신문화의 향상·발전에 치중하려고 방향전환을 하였다. 그리고 1920년 3월에는 天道敎青年會를 설립하여, 순회강연과 《開闢》의 발간, 강습소를 통한 교육 등을 통해서 문화운동론을 확산하였다. 그리고 1923년 9월 天道敎青年黨을 설립하고 본격적으로 문화운동을 전개하였다.[12]

독일에서 탄생하여 일본을 거쳐 국내에 소개된 문화운동론에서는 사회진화론에 입각하고 과학·기술을 바탕으로 대량살상 및 대량파괴를 일삼는 기존의 약육강식적 문명을 비판하고, 자유·평등·인류평화 등의 인도적 정신과 문화주의 철학에 기초하여 신문명을 수립할 것을 주장하였다. 따라서 문화운동론은 사회진화론에 기초하면서도, 사회유기체론을 중시하였다. 천도교의 문화운동론에서는 사회진화를 위한 생존경쟁의 단위를 세계 혹은 우주로 보고, 이 사회유기체끼리의 경쟁에서 이기기 위해서는 유기체를 구성하는 개체들이 조화와 협동을 이룰 것을 강조하였다. 따라서 세계라는 유기체를 구성하는 각 민족들은 조화와 협동을 이루어야만 하였다. 꽃밭을 아름답게 가꾸기 위해서는 각각의 꽃들이 아름답게 피어야 하듯이, 각 민족은 세계라는 유기체를 발전시키기 위해서 각 민족의 문화를 발전시킬 것을 주장하였다.

천도교의 문화운동론에서 수립하려고 한 문화는 천도교의 문화였다. 그런데 그 천도교문화는 동학사상이 儒·佛·仙의 합일사상이라고 하여 반드시 동양의 전통문화를 계승하려고 하였던 것은 아니었다. 천도교의 문화운동론에서는 미풍으로 여겨졌던 전통적인 孝의 관념도 아버지의 뜻을 무조건 따

11) 조규태,《1920年代 天道敎의 文化運動 硏究》(서강대 박사학위논문, 1998), 158~175쪽.
12) 조규태, 위의 책, 11~113쪽.

르는 종속적·비독립적 사상이라고 비판하고, 각 개인은 자아·자주·자립, 진취적·창조적 정신을 지닌 신인간이 될 것을 강조하였다. 또 우리 민족은 崇古思想·依他思想·崇文非武思想·崇禮階級的 思想 등 전통·제도·풍습에 구속된 구관습을 버리고 자주적·독립적인 민족성을 가질 것을 주장하였다. 그러면서 사회를 일종의 유기체로 보고 유기체의 발전을 위한 개체간의 조화와 협동을 강조하였다. 각 개인들이 자유를 구가하는 데서 생길 수 있는 갈등을 해결하기 위해 경제적 평등이 아닌 '기회의 평등'을 주어야 한다고 하였다. 이런 점에서 천도교의 문화운동론에서 지향하였던 문화는 인간의 자율적 능력을 기초로 하여 자아와 개성의 발휘를 중시하면서도, 한편으로 조화와 협동을 강조한 서구의 신자유주의사상에 토대한 문화였다.

천도교의 문화운동론에서는 지상천국의 신사회를 정치체제나 경제구조와 같은 사회적인 방면의 것이 아니라, 인간의 가치 또는 생활양식인 文化를 바꿈으로써 변혁하려고 하였다. 이런 점에서 문화운동론은 원칙적으로 유물론적·사회주의적 변혁관을 비판하고 유심론적·인간주의적 변혁관을 갖고 있었다. 이 이론을 구체화 한 사람은 李敦化로서, 그는 정신개벽·민족개벽·사회개벽의 삼대개벽론을 주장하였다.[13)]

문화운동론에서 사회변혁의 주도자를 자산가·지식인·實權者라고 보았던 점에서 엘리트주의의 관점을 갖고 있었다. 이것은 이 문화운동을 주도한 인물들의 특성과 관련이 있었다. 문화운동을 추진한 천도교청년회와 천도교청년당의 주도인물은, 첫째 지역적으로 평안도·함경도의 서북지역 출신이 중심을 이루었고, 둘째 신분적으로 조선말 이들 선조의 신분은 대체로 평민이거나 4·5대에 걸쳐 급제자를 내지 못했던 잔반이었으며, 셋째 경제적으로 자작농 혹은 자소작농 출신으로 주로 교사·언론인·사무직에 종사하였으며, 넷째 교육적으로 일본에 유학하였거나, 국내의 근대적 교육기관에서 수학하였던 신지식인들이었다. 그러니까 이 천도교청년당의 주도인물들은 조선시대에 차별받던 지방의 피지배계급 출신의 청년들로서, 중·소규모의 토지를 바탕으로 근대적인 교육을 받아 새롭게 부르주아 계급으로 성장하던 사람들이

13) 황선희, 《한국근대사상과 민족운동》 I (혜안, 1996), 255~281쪽.

었다.

천도교의 문화운동에서는 인간의 정신적 개벽을 통해 신사회를 건설하려고 하였다. 따라서 천도교에서는 문화적 개조운동의 일환으로 농민·노동·학생·상민·청년·소년·여성부를 두고 각 부문별로 새로운 인간을 형성하기 위한 운동을 전개하였다. 그리고 이 운동의 전개를 위하여 각 부문에는 조선농민사·조선노동사·내수단과 같은 부문운동단체를 마련하고, 각 부문에 속한 사람들을 변혁시키는 데 주력하였다. 천도교소년회에서는 자율적 어린이를 형성하기 위한 어린이운동을 전개하였다. 또한 농민의 각성과 생활개선을 위해 1925년 10월 조선농민사를 설립하고《朝鮮農民》을 발간하여 농민계몽운동을 전개하였다. 농민의 경제적 이익을 위해서 조선농민사와 교회를 통한 공생조합운동과 공동경작운동을 전개하였다. 그리고 정신적·물질적으로 자립된 신여성을 만들기 위해 천도교에서는《婦人》·《新女性》등의 잡지를 발간하고, 강습·야학·강연, 시일학교·新人間之學을 실시하였다.

결론적으로 말해 천도교의 문화운동은 새롭게 대두한 부르주아 계급이 문화적 변혁에 의해 자본주의를 근간으로 하면서도 사회주의적 요소를 받아들인 천도교적 이상사회를 수립하려한 운동이었다. 이 운동은 일제의 압력에 의하여 대두되었고, 그 운동론의 철학적 기초가 일제의 지배체제를 합리화하고, 수립하려는 문화가 일제가 지향하는 문화와 유사하며, 그 추진집단에 일본유학생이 많으며, 그 운동의 내용이 일제의 지배체제를 공고히 해준 측면이 없지 않다. 그러나 수많은 검열과 검속을 받아가며 민족의식을 고취하기 위하여 활동하였던 천도교 문화운동가와 천도교인들의 활동은, 독립의 기초를 쌓고 민족의 명맥을 유지하는 데 상당한 기여를 하였다.

(5) 사회변혁론의 모색과 천도교의 분열

천도교총부에서 문화운동론을 수용하고 문화운동을 전개하면서 중앙총부의 대종사장으로 손병희의 사위였던 鄭廣朝는 천도교의 공로자를 소원하게 다루고 靑年會員과 일본 유학생들을 중용하였다. 그리고 誠米收入의 감소로 재정적인 어려움을 겪고 있음에도 불구하고 정광조는 1921년 4·5월경 천도교청년회의 활동을 적극적으로 지원하였다.[14)]

정광조의 이러한 정책으로 피해를 보았던 세력은 吳知泳 등의 朴寅浩派와 金尙默 · 尹益善 · 朴魯學 등의 洪秉箕派였다. 이들은 삼남 출신의 동학도로 동학농민운동에도 참여하여 소위 반봉건 · 반외세운동을 전개한 천도교의 구 세력이었다. 오지영 등의 박인호파와, 김상묵 · 윤익선 등의 홍병기파는 2세 교주의 아들인 崔東曦派와 결합하고 동학의 이념을 고수하려는 의도에서 동학계 유사종교의 통합을 추진하여, 5월 13일 侍天 · 濟愚 · 靑林 · 敬天 · 濟世敎 등 최제우의 遺敎를 받드는 동학계 유사종교의 대표자 26명과 함께 東學俱樂部를 발기하였다.

또 한편으로 오지영과 홍병기 · 윤익선 · 김상묵 · 최동희 등은 1921년 4월 무렵 지방의 교인들을 끌어들여 교회개혁운동을 전개하였다. 이들은 임명제인 의사원제를 선출제인 의정원제로 바꾸고 의정원을 이용하여, 교헌을 변경하였다. 이들은 大道主를 公選하고, 중앙과 지방의 차별을 완화하며, 일체의 연원은 용담연원, 즉 최제우에 귀속시켜 전도자라고 하더라도 자기가 전도한 사람을 독자적으로 관리하지 못하게 하는 등 권위주의적인 교회의 운영에 반대하고, 연합제로 교회를 평등하게 운영할 것을 주장하였다.

그러나 정광조 등은 손병희의 힘을 업고 서북지역의 원로들을 회유하여 반혁신운동을 전개하였다. 그러자 혁신파는 1922년 8월 말 天道敎革新團을 결성하고, 신 · 구의 분리를 발표함과 함께 〈임시약법〉 9조를 공포하였다. 그리고 1922년 10월경 天道敎維新靑年會를 통하여 지방의 천도교도를 회유하고, 〈天道敎約法〉을 가결하고, 1922년 12월 기존의 천도교총부에서 이탈하여 별도로 天道敎聯合敎會를 조직하였다.[15]

천도교연합회원들은 천도교의 이념을 사회주의적으로 해석하여 〈約法〉에서 교회의 중앙집권적 운영을 반대하고 연합적 운영을 주장하였으며, '공약삼장'에서는 "階級的 差別制는 타파하고 평등생활을 領導할 事"를 강조하였다.[16] 심지어 지방교회에서 總部에 보낸 건의문 중에는 "敎主와 小使의 봉급

14) 조규태, 앞의 책.
15) 〈天道敎의 內訌에 關한 件(1922. 3. 16)〉(高麗書林 影印, 《日帝下社會運動史資料叢書》 4, 1992), 53쪽.
16) 吳知泳, 《東學史》(大光文化社, 1984), 236~238쪽.

을 동일히 하라"고까지 되어 있었다.[17] 권위에 항거하고 연합제로 교회를 운영하려는 방식은 아나키즘과 가까웠다. 이들은 경제적 평등을 실현하기 위하여 만주에 공산제에 가까운 천도교적 이상촌을 건설하려고 하였다.[18]

또한 이들은 항일정신을 견지하고 천도교연합회가 분립한 직후인 1922년 국내에서 고려혁명위원회를 조직하였다. 그리고 1926년 만주의 吉林에서 正義府·衡平社와 3각동맹을 이루어 高麗革命黨을 조직하였다. 1923년 4월 임시종법사회의 결의로 中央總部가 中央宗理院으로 바뀐 후 종법사회에서 중요사항을 결정하던 것을 13명으로 구성된 宗理師會에서 하는 방식으로 변경하자 권동진·權秉悳·李炳憲·朴準承 등 천도교의 구세력들은 그 영향력이 약화되었다. 더군다나 1925년 4월의 정기법회에서 천도교의 기념일이 天日(대신사 득도일, 4월 5일)·地日(해월신사 승통일, 8월 14일)·人日(의암성사 승통일, 12월 24일) 3회로 한정되고 박인호의 승통기념일이 기념일에서 제외되었다. 그 결과 천도교의 구세력은 그 영향력이 더욱 약화될 수밖에 없었다.[19]

그런데 마침 1925년 3월 일본에서 보통선거법이 통과하자 천도교에서도 자치의 실현에 대비하여 1925년 4월 천도교청년당의 중앙위원회에서 일반정치노선을 작성하고 농민층을 확보하는 쪽으로 운동의 중심을 전환하고, 중국의 국민당·일본농민동맹·모스크바의 국제조직들과 관계를 수립하기로 결정하였다. 그러자 박인호에 이어 교주가 될 것을 꿈꾸고, 천도교가 순수한 종교적 결사체로 운영되기를 희망하고 자치운동의 추진을 반대하였던 吳榮昌系의 교인들은 1925년 4월 교권을 장악하고 있던 집권파에 가서 교주제의 부활을 주장하였다.[20]

오영창계의 교인대회측과 종리원 집권파(신파)와의 갈등이 야기되자, 李鍾麟·金庚咸·申泰舜·金永倫·鄭容根·金在桂·李時雨·權東鎭·韓賢泰·朴準承·李炳春 등은 8월 20일 오영창계의 교인대회와 천도교종리원의 통일을 표방하면서 統一期成會를 조직하였다.[21] 이들은 전라도와 충청도 출신으로

17) 〈統一制와 聯合制에 대하여〉(《天道敎會月報》 150, 1923년 2월), 3쪽.
18) 조규태, 〈천도교연합회의 변혁운동〉(《한국근현대사연구》 4, 1996), 240~241쪽.
19) 조규태, 〈천도교 구파와 신간회〉(《한국근현대사연구》 7, 1997), 195~198쪽.
20) 《齋藤實文書》 10(高麗書林, 1990), 457쪽.
21) 《東亞日報》, 1925년 8월 21일·23일.

동학농민운동에도 참여하던 천도교의 원로이었으나 정광조·최 린의 등장과 함께 그 영향력이 약화되었던 사람들이었다.

이들은 천도교의 통일을 표방하면서 세력을 결집하고 결집된 세력을 바탕으로 교내의 지위를 강화하며 또 한편으로는 자치운동의 전개에 있어서 최 린 등의 천도교 신파에게 일정한 지분과 역할을 요구하였다. 그러나 교권파는 교권의 양보를 하지 않았을 뿐만 아니라, 자치운동의 핵심에서 통일기성회측을 배제하였다.

그러자 통일기성회는 1925년 말 교권과 종리사에 반대하는 오영창의 교인대회에 접근하여 1925년 11월 교주제를 부활하여 박인호를 4세교주로 한다는 조건에 합의하고 오영창계의 교인대회와 통합하여 '천도교 중앙위원회'를 조직하였다. 그리고 1926년 1월에는 이 중앙위원회의 명칭을 중앙종리원이라고 고치고 최 린계열의 종리원에 대항하여 독자적인 활동을 추진하였다.[22] 이들은 천도교의 집권파에 비하여 대체로 입교 연대가 오래되므로 구파라고 불렸다. 그 가운데에서 특히 박인호를 중심으로 하는 통일기성회는 대체로 이남지방에 근거를 두고 있었고 東學시대에 입교한 천도교의 구세력이었으므로 천도교 구파라고 불렸다.

천도교 구파는 "자치는 일대 시위를 통해서만이 가능하다"고 하며 사회주의단체인 화요회가 주도하는 조선공산당에 접근하였다.[23] 또 1926년 4월 朴來源·朴來泓의 발의로 천도교청년동맹을 조직하였다. 천도교는 천도교인 姜達永이 당수로 있던 제2차 조선공산당과 제휴하였다. 천도교 구파는 천도교청년동맹이 전위가 되어 격문의 인쇄와 전파, 사람의 동원 등을 위해 활동하였으나, 사전에 발각됨으로써 조직적으로 만세시위를 벌이지는 못하였다.[24] 6·10만세운동이 실패로 돌아가자 천도교청년동맹의 대표위원이었던 박래홍은 구파측 원로인 권동진과 함께 1926년 말 新幹會를 창립하기 위한 모임에 참여하였다. 1927년 2월 신간회가 창립되었을 때 권동진은 부회장, 박래홍과

22) 김정인, 앞의 글, 177~180쪽.
23) 京城鐘路警察署長, 〈民族主義運動勃興ニ關スル件〉(1926년 1월 29일).
24) 〈天道敎靑年同盟執行委員會第一回會錄〉(《天道敎會月報》 184, 1926), 4·40쪽. 조규태, 〈천도교청년동맹의 조직과 활동〉(《충북사학》 9, 1997).

이종린은 간사에 선임되었다. 또 천도교 구파는 신간회 경성지회·수원지회·장흥지회 등의 지회에서 계몽운동, 민중의 권익 옹호, 광주학생의거 동조활동을 전개하였다.[25]

한편 통일기성회와 함께 중앙종리원을 조직하였던 오영창계 교인들은 1927년 9월 평북 영변에 六任所를 정하고 4천여 명의 교도를 이끌고 분립하였다.[26] 이들은 동학시대의 육임제, 즉 敎長·敎授·都執·執綱·大正·中正의 제도를 준수하여 六任派라고 불릴 정도로 보수적인 성향을 띠었다. 그리고 이들은 통일기성회가 적극적으로 추진하던 신간회 활동보다 종교적인 활동에 치중하였으며, 현실적으로는 오영창이 5세 교주가 되려는 마음에서 교주제의 부활을 희망하였다.

천도교 연합회와 구파와 육임파가 분립하고 난 후 남은 천도교의 주류가 신파였다. 이들은 지역적으로 평안도·함경도 등 이북출신이 주류를 이루었다. 이들은 대체로 동학농민운동 이후에 입교한 사람들로서 계급적 성격이 남한 출신의 東學徒와 달리 자영농 혹은 중·소지주들이 많았고, 동학농민운동시 큰 피해를 입지 않아 반일감정이 이남지역의 천도교인들에 비하여 강하지 않았다. 따라서 이들은 반봉건·반외세적 운동을 지향하기보다는 친외세·개화적인 운동을 지향하였다. 이들은 진보회·일진회를 조직하고 일본의 도움을 받아 대한제국정부의 개혁과 개화운동을 추진한 주역이었으며, 1920년대 천도교의 문화운동을 추진한 주체였다.

참고적으로 천도교 각 파의 교세를 제시하면 다음의 〈표 1〉과 같다. 이에 제시된 교인의 수는 터무니없이 적지만 그 대체적인 교세는 파악할 수 있다. 이에 따르면 천도교 신파의 교인수가 압도적으로 많고, 그 다음으로 구파·육임파·연합회파의 순으로 많았다.

---

25) 조규태, 앞의 글(1997).
26) 李庸昌, 〈1920년대 天道敎의 紛糾와 民族主義運動〉(중앙대 석사학위논문, 1993), 80~81쪽.

〈표 1〉 천도교 각파의 교도수[27]

<table>
<tr><td rowspan="2">구분
시기</td><td rowspan="2">천도교 신파</td><td colspan="2">천도교 구파</td><td rowspan="2">천도교연합회</td></tr>
<tr><td>천도교 구파</td><td>천도교 육임파</td></tr>
<tr><td>1922년 12월
(연합회 분립기)</td><td></td><td></td><td></td><td>12,000여 명</td></tr>
<tr><td rowspan="2">1925년 12월
(구파·육임파 분립기)</td><td rowspan="2">98,500명</td><td>6,400여 명</td><td></td><td rowspan="2">5,000여 명</td></tr>
<tr><td colspan="2">11,800여 명</td></tr>
<tr><td>1927년 9월
(육임파 분립기)</td><td></td><td>6,000여 명</td><td>약4,000여명</td><td></td></tr>
<tr><td>1930년 11월</td><td>63,849명</td><td>14,142명</td><td>3,941명</td><td>435명</td></tr>
<tr><td>1930년 12월
(신파·구파 합동기)</td><td>56,800명</td><td>18,000여 명</td><td>3,180명</td><td>1,300여 명</td></tr>
</table>

2) 대종교

(1) 대종교의 중광과 그 배경

大倧敎는 1909년 음력 1월 15일 弘巖 羅 喆에 의하여 重光되었다. 나 철은 본명이 羅寅永으로 1863년 전남 樂安郡 南山面 錦谷里(현재 寶城郡 筏橋邑 七洞里 錦谷부락)의 한미한 가문에서 출생하였다. 그는 21세 때인 1883년경 서울에 올라와 金允植의 문인이 되었고, 1891년 大科에 장원한 후 承政院 假注書·兵曹司正·承文院 副正字의 직을 거쳐, 1893년 10월 史官에 임명되었으나 낙향하였다. 그리고 1897년부터 1901년까지 제주도에서 유배된 스승 김윤식의 외로움을 달래며 함께 머물렀다.

그는 1901년 서울에 올라와 국제공법과 한·일 간에 체결된 약장의 준수를 호소하는 민간외교활동을 전개하였다. 그리고 1904년 러일전쟁의 승리 후 일본이 대한제국의 주권을 빼앗으려 하자, 1905년 8월 李 沂·吳基鎬 등과 渡日하여 일본의 천황에게 대한제국의 독립을 보전해줄 것을 상소하였다. 1905년 11월 일본이 〈을사보호조약〉으로 우리의 주권을 빼앗자, 1907년 2월

27) 朝鮮總督府, 〈最近の天道敎と其の分裂より合同への過程〉(高麗書林 影印, 《藤實文書》 10, 1990), 466~468·575쪽. 이 숫자는 정기적으로 성미를 내는 숫자를 의미하는 것 같다. 실제 교회에서 말하는 교인수는 이보다 훨씬 많았다.

서울 및 전라도지역의 전·현직 관리로 구성된 自新會를 조직하고, 을사5적의 저격을 시도하였으나 준비 미비 및 행동대의 미숙으로 실패하였다. 1907년 4월 1일 平理院에 자수하여 유형 10년을 언도받고 智島에 유배되어 있던 그는 1907년 12월 隆熙皇帝의 특사로 석방되었다.[28]

그는 〈을사보호조약〉으로 인한 외교권 박탈과 1907년의 군대해산과 고종의 퇴위를 지켜보면서, 자주의식과 민족의식 같은 국권회복의 정신적 기초를 신앙을 통하여 수립하기 위하여, 1909년 오기호·이기 등과 함께 고려 元宗 때의 몽고침입 이후 민간신앙으로 전해 내려오는 단군신앙을 다시 끌어내어 '檀君大皇帝神位'를 모시고, 〈檀君敎佈明書〉를 공포하고 檀君敎를 중광하였다.[29]

그러나 단군교란 명칭이 일본에게 민족의식을 고취시키는 종교로 이해될까 염려하여, 나 철은 1910년 8월 5일 '단군교'란 이름을 폐지하고 '대종교'란 이름을 사용하였다.[30] 또한 단군교 중광의 주역이었던 鄭薰模가 일본에 의탁하여 교세의 신장을 기도하는 등 친일화 하자 이와 결별하고[31] 독자적으로 대종교를 創敎하였다.

(2) 대종교의 확산과 조직의 정비

대종교를 창시한 나 철은 서울에 南道支司 및 北部지사를 설치하고, 庚戌國恥 후인 1910년 10월 만주 북간도 三道溝에 지사를 설립하였다. 1911년 7월에는 다시 백두산 北麓 靑波湖에 대종교 總本司를 설치하였다가 1914년에는 삼도구에 본사를 설치하였다. 그리고 백두산을 중심으로 동서남북의 4道

---

28) 朴永錫, 〈大倧敎의 民族意識과 民族獨立運動〉(《日帝下獨立運動史硏究》, 一潮閣, 1984).
金東煥, 〈己酉重光의 民族史的 意義〉(《국학연구》 1, 1988).
박 환, 〈羅喆의 人物과 活動〉(《滿洲韓人民族運動史硏究》, 一潮閣, 1991).

29) 朴永錫, 위의 글, 250쪽.
金東煥, 위의 글, 90~92쪽.

30) 金東煥, 위의 글, 94쪽. 그가 대종교란 이름을 사용한 것은 교리적으로 大는 한, 倧은 검이므로, 大倧이란 한검, 즉 박달임금을 뜻하는 檀君이란 말과 같으므로 大倧敎를 敎名으로 사용하였다.

31) 李康五, 〈檀君信仰의 實態分析〉(《정신문화연구》 32, 1987), 65쪽.

敎區를 설립하였다. 동도본사는 汪淸縣, 서도본사는 上海, 남도본사는 서울, 북도본사는 노령에 두었다. 동도본사의 책임자는 徐 一, 서도본사의 책임자는 李東寧·申圭植, 남도본사의 책임자는 姜 虞, 북도본사의 책임자는 李相卨이었고, 나 철은 남도본사에 머무르며 전반적인 교무를 관장하였다.

특히 나 철은 金敎獻 등으로 하여금 교리서를 편찬케 하였다. 그리하여, 김교헌의 주관으로 1914년《神檀實記》·《神檀民史》·《檀奇古史》가 저술되었으며,《三一神話》가 편찬되었다. 이러한 서적을 통하여 단군의 실존을 주장하고 고조선의 王系를 복원하였다.

이처럼 나 철은 서울에 머무르며 교리를 정립하고 교구를 정비하며 포교를 확대하려 하였다. 그러나 일제가 1915년 10월 1일 조선총독부령 제83호〈宗敎統制案〉을 반포하여 대종교를 불법화하자, 그는 1916년 8월 황해도 九月山 三聖祠로 은둔하였다가 8월 15일 사망하였다.

나 철의 유언으로 2세 교주에 임명된 김교헌은 1917년 만주에 위치한 대종교 총본사에 부임하였다. 교주 취임 전 이미 많은 교리서를 발간한 바 있던 그는 부임해서도 민족종교에 걸맞게 교리와 儀式을 정비하고 민족의식과 항일의식을 고취하고 종래의 사대주의사관을 탈피하여 민족주체사관을 정립하기 위하여 많은 문헌을 저술하고 편찬하였다.[32]

그는 1922년 倧經會에서《神話講義》·《神理大全》·《會三經》·《神事記》·《朝天記》·《神歌集》등을 교열·간행하였다. 그리고 1923년에는《宗理問答》·《重訂神歌集》·《增刪倧禮抄略》·《國漢文三一神話》·《神聖大全》등을 검정한 후, 施敎會에서《國文懸吐神話講義》·《神理大全》·《神事記》·《會三經》·《國漢文神檀民史》·《倍達族彊域形勢圖》등을 간행하여 이를 바탕으로 포교활동과 교세확장에 이바지하였다.[33]

이처럼 김교헌은 교리연구와 교사편찬에 주력하는 한편 포교활동에도 매진하여, 국내에 6개소, 만주지역에 34개소, 노령지역에 3개소, 중국 관내에 3개소, 총 46개소의 施敎堂을 설립하였다. 특히 1920년 일본의 간도 출병으로 대종교인이 많은 희생되어 활동이 여의치 않았음에도 불구하고 만주지역에

32) 朴永錫, 앞의 글, 261~262쪽.
33) 朴永錫, 위의 글, 262쪽.

34개소의 시교당을 설립한 것은 놀라운 성과였다. 1917년 연길·왕청현에 700여 명의 신자가 있었지만, 1925년 무렵 연길·화룡·왕청현에는 무려 2,100여 명의 대종교 신자가 있었다.[34)]

(3) 대종교의 독립운동

대종교는《神檀實記》·《神檀民史》·《檀奇古史》등의 敎史를 발간하여 민족주의사관을 형성하고 민족의식을 고취하였다. 대종교는《신단실기》를 통하여 桓因·桓雄·檀君의 시대를 우리의 역사시대로 포함시키고, 만주에서 흥기한 遼·金까지도 국사의 범위에 포함시키고 있다. 그리고《신단민사》는 仙敎를 중시하는 입장에서 우리의 문화사를 조명하여, 선교의 성쇠가 곧 국운의 성쇠와 연결된다는 입장을 취하였다. 그리고 箕子朝鮮의 위치를 遼西의 永平·廣寧 일대로 비정하는 등 만주를 우리 고대사의 주요한 무대를 보았다. 이러한 대종교의 민족주의사관은 민족주의사학자인 박은식·신채호에게도 영향을 주었다. 또한《신단민사》와《倍達族彊域形勢圖》등은 항일독립운동가를 양성했던 사관학교와 한인들이 세운 일반학교의 교재로 쓰이는 등 민족의식의 고취에 크게 기여하였다.[35)]

또한 대종교는 민족의식의 고취와 포교의 수단으로 교육활동을 활발히 전개하였다. 2세 교주 김교헌 교주 시기인 1914년 화룡현 평강 상리사 삼도구에 青一學校를 지었다. 또한 尹世復은 1911년 봉천성 환인현으로 이주하여 東昌學校를 설립하고 李元植·李克魯 등과 함께 재만 한인에게 민족의식을 고취하였다. 윤세복은 1919년 7월 동창학교가 폐지되자, 1919년 7월 撫松縣으로 이주하여 白山學校를 설립하였다. 그리고 1927년에는 密山 當壁鎭으로 총본사를 이주하여 大興學校를 설립하였으며, 1935년에는 총본사를 동경성으로 옮기고 다음해에 倧門學院인 大倧學院을 설립하고 초·중등부와 여자야학부를 병설하여 교육을 실시하였다. 이와 아울러 각지에 산재한 시교당에서도 강습을 실시하여 민족의식을 고취하였다. 이외에 왕청현에 설립되었던 昌東學校, 1933년 안희제가 동경성에 설립한 渤海學校도 대종교계 학교였다.

---

34) 千敬化,〈大倧敎의 民族敎育運動에 관한 硏究〉(《白山學報》27, 1983), 98쪽.
35) 李道學,〈大倧敎와 近代民族主義史學〉(《국학연구》1, 1988) 참조.

대종교에서 설립한 학교에서는 교사진으로는 대종교 교주인 김교헌 외에 신채호 · 박은식 등 민족주의사학자들이 참여하였다. 이들은 《신단실기》·《신단민사》의 敎史와 〈朝鮮上古史〉·〈夢拜金太祖傳〉 등 단군의 역사와 만주의 역사를 통하여 민족의식을 고취하는 내용을 특별히 교수하였다.[36]

대종교에서는 이러한 계몽운동뿐만 아니라, 1911년 3월에 왕청현에서 重光團을 조직하였다. 중광단은 단장 徐 一과 玄天默 · 白 純 · 朴贊翊 · 桂 和 · 徐相庸 등이 참여한 무장투쟁을 지향한 단체였다.[37] 대종교인들은 제1차 세계대전 종전 후 개조론이 주장되고, 윌슨의 민족자결주의가 제창되자 독립을 위한 열망에서 1918년경 소위 〈戊午獨立宣言〉을 발표하였다.[38] 그리고 대종교인들은 1919년 3월 이후 龍井에서 개신교 · 천주교 · 천도교 · 공자교의 교도들과 함께 만세시위를 전개하고 조선독립기성회를 조직하였다. 독립만세운동 직후에는 大韓國民會에 참여하여 활동하였다. 그후 1919년 5월 大韓正義團이 조직되자 이 대한정의단에 참여한 사람들은 1919년 10월 吉林軍政司에 참여한 사람들과 함께 北路軍政署를 조직하였다.[39]

(4) 대종교의 수난

1923년 11월 김교헌이 사망하자, 윤세복이 3세 교주에 임명되었다. 윤세복은 1924년부터 1945년까지 3세 교주로 재임하는 동안 숱한 고난을 겪으면서도 대종교의 교단조직을 유지하였다. 1925년 중국의 동북군벌과 일본당국 사이에 三矢協定이 체결되어 대종교의 포교활동이 금지되자, 윤세복은 1928년 1월 寧安縣 海林站에서 열린 제6회 敎議會의 결정에 따라 포교금지 해제 시까지 총본사를 중 · 러국경지대인 密山縣 當壁鎭으로 이동시켰다. 또 다른 한편으로는 박찬익 · 尹復榮 · 曺成煥 등의 간부들과 길림의 동북군벌 및 南京政府와 대종교의 포교 자유를 획득하기 위하여 꾸준히 접촉하였다. 이러한 노력과 張作霖의 뒤를 이어 집권한 張學良의 배려로 대종교는 1929년 동북

36) 千敬化, 앞의 글, 103~111쪽.
37) 박 환, 〈北間島地域의 獨立運動團體－北路軍政署〉(《滿洲韓人民族運動史硏究》, 一潮閣, 1991), 92~93쪽.
38) 朴永錫, 앞의 글, 270~271쪽.
39) 박 환, 앞의 글(1991b), 98~100쪽.

군벌로부터 포교의 자유를 획득하였다.

그렇지만 1931년 9월 일본이 만주사변을 일으키고 다음해에 괴뢰 만주국을 수립하자, 대종교는 활동이 여의치 않았다. 1933년 윤세복은 대종교 총본사를 밀산 平陽鎭 新安村으로 이전하고 포교활동에 힘서 信一施敎堂 외 4개의 시교당을 신설하였다. 포교의 어려움 때문에 마침내 윤세복은 1934년에 일본당국과 교섭하여 在滿施敎權認許申請書를 제출하고 포교의 권리를 획득하였다. 이처럼 윤세복이 일제와 타협한 것은 대종교의 중광 시의 정신에 위배된 것이었다.

일제는 대종교의 포교를 인정하여 대종교 간부들의 경각심을 약화시킨 상태에서 대종교의 간부들을 파악하였다. 그리고 수집된 정보를 바탕으로 1942년 壬午敎變을 조작하여 20여 명의 간부를 체포하고 安熙濟 등 10명을 拷問致死하고 나머지는 투옥하였다. 이렇게 함으로써 대종교의 교단조직은 박살나고 포교활동은 중단되었다.[40]

이런 상태에 있다가 1945년 7월 5일 소련군의 만주 진출로 투옥되었던 대종교의 지도자들이 석방되었다. 이들은 1945년 7월 7일 寧安縣 海南村에서 대종교 총본사를 부활시켰다. 이어 東京城으로 총본사를 옮기고 본격적으로 교무를 진행하였다. 그리고 1945년 李顯翼을 서울로 파견하여 총본사의 이전을 준비케 한 후, 1946년 1월 윤세복 교주와 간부들은 서울로 돌아와 서울에 대종교 총본사를 부활시켰다.[41]

〈曺圭泰〉

40) 朴永錫, 앞의 글, 266~268쪽.
41) 朴永錫, 〈民族光復 후의 大倧敎運動〉(《日帝下 獨立運動史硏究》, 一潮閣, 1984), 284~285쪽.

3. 불 교

1) 식민지 불교의 성립

(1) 〈사찰령〉체제

일제에게 국권을 강탈당한 경술국치로 인하여 불교계는 일제가 식민통치의 일환으로 제정·시행한 〈寺刹令〉의 억압과 구속에 처하였다. 그리하여 이 〈사찰령〉은 1945년 8월 15일 해방된 그날까지 불교계의 모든 활동을 감시·감독하였다. 요컨대 일제하 한국불교는 이 〈사찰령〉체제의 구도를 벗어날 수 없었다. 일제가 〈사찰령〉을 통하여 불교계를 장악한 것은 불교계를 행정 편의주의적인 구도를 통하여 관리하고, 한국인의 정신과 사상에 큰 영향을 끼친 불교계가 독립운동에 나설 수 없는 기반을 구축함에 있었다.[1)]

〈사찰령〉은 1911년 6월 3일 제정·반포되었으며, 그 시행규칙은 동년 7월 8일 발표되었고, 9월 1일의 총독부령 제83호로 시행에 들어갔다. 이 〈사찰령〉의 개요와 내용은 바로 일제하 불교의 성격을 가늠할 수 있는 단서가 된다. 먼저 〈사찰령〉의 전문(7조)을 살펴보자.

제1조. 사찰을 병합 이전하거나 폐지하고자 할 때는 총독의 허가를 받음이 可함. 그 基址나 명칭을 변경코자 할 때도 위와 같음.
제2조. 사찰의 기지와 가람은 지방장관의 허가 없이 전법·포교·법요 집행과 僧尼 止住의 목적 이외에 이를 사용하거나 사용케 하지 못함.
제3조. 사찰의 본말관계, 승규 법식, 기타 필요한 寺法을 각 본사에서 정하고 조선총독의 허가를 얻어야 함.
제4조. 사찰에는 주지를 둠. 주지는 그 사찰에 속하는 일체의 재산을 관리하고, 寺務·법요 집행 등의 책임을 지며 대표함.

---

1) 〈사찰령〉의 개요 및 성격은 아래의 논고가 참고된다.
정광호, 〈日帝의 宗敎政策과 植民地佛敎〉(《韓國史學》 3, 1980).
徐景洙, 〈日帝의 佛敎政策－寺刹令을 中心으로－〉(《佛敎學報》 25, 1982).
崔柄憲, 〈日帝佛敎의 浸透와 植民地佛敎의 性格〉(《韓國思想史學》 7, 1995).

제5조. 사찰에 속하는 토지・삼림・건물・불상・석물・고문서・고서화・기타의 귀중품은 총독의 허가를 얻지 않고서는 이를 처분할 수 없음.

제6조. 전조의 규정을 위반한 자는 2년 이하의 징역 또는 500원 이하의 벌금에 처함.

제7조. 본령에 규정된 것 이외에 사찰에 관하여 필요한 사항은 조선총독이 이를 정함(《朝鮮總督府官報》, 1911년 6월 3일).

이 전문의 내용에서 파악되는 것은 사찰 및 승려로 요약되는 불교계 전체의 활동이 일제에게 완전 장악되었음을 부정할 수는 없다는 것이다. 이는 불교계의 인사권・재산권・운영권이라 하겠다. 특히 〈사찰령〉에서 규정한 바와 같이 각 본사는 寺法을 정하여 조선 총독에게 인가를 받았거니와, 그 사법도 일제가 사전 검토하고 준비한 틀에 일률적으로 맞추는 형식이었다. 더욱이 사법의 도입부에는 일본의 축제일과 역대 천황제일을 법식에 포함시키는 등 승려 및 불교신도를 황국신민화하려는 의도를 노골화시켰다.

이같은 〈사찰령〉의 등장은 불교계에 큰 영향을 끼쳤음은 물론이다. 그 중 가장 문제시되었던 것은 불교 내부의 민주적인 전통이 사라지고, 점차 일제가 만든 행정구도에 편입되면서 내부의 갈등이 조장되었다는 점이다. 그 대표적인 것인 이른바 山中公議制度의 퇴진과 동시에 주지의 권한이 상대적으로 막강해진 측면이다. 사찰행정의 주체가 일제당국이 되면서 주지들은 그 관권을 배경으로 일을 추진함에서 파생된 실권을 구축하였던 것이다. 그리하여 그 변동을 주지전횡시대의 등장으로 표현하였다. 다음으로는 각 본사와 그 예하 사찰간의 사격 및 위상 즉 本末寺制度가 운영상에 있어서 또 하나의 구도로 작용하였다. 이는 각 본산 내부에 있어서 본사를 행정의 중심으로 설정한 것이었지만 실제에 있어서는 본산의 위상이 증대되면서 그를 빌미로 여타 말사를 억압하는 성향으로 나아갔던 것이다.

그런데 이같은 성향을 내포한 〈사찰령〉에 대하여 당시 불교계 내부에서는 대부분 긍정적인 반응을 표출하였다. 일부 승려들이 〈사찰령〉은 조선사찰의 권리를 박탈하고 조선승려를 박멸한다고 지적하였지만 대부분은 우호적인 자세를 견지하였던 것이다. 이는 〈사찰령〉 반포 이전인 개화기 공간에서 지방토호 및 기독교측으로부터의 피해에 대한 반발이 개재되었기 때문이다. 또한 그 인식에는 사회진화론에 영향받은 일본불교에 대한 우호성도 배제할 수는 없다. 그리하여 불교계 내부에서 〈사찰령〉에 대한 구체적인 그리고 확연한 비판은 찾을 수 없었다.

이에 일제는 한국불교의 명칭도 朝鮮佛敎禪敎兩宗이라는 자의적인 종명을 붙였을 뿐만 아니라 자주적인 종단의 설립과 운영 자체도 인정치 않았던 것이다. 요컨대 불교계의 자율적인 운용 자체를 절대 허용치 않았다.

(2) 원종 및 임제종의 퇴진

〈사찰령〉은 한국불교의 자주적인 종단의 설립 자체를 부정하였다. 이에 〈사찰령〉 시행 전후에 있었던 종단인 圓宗과 臨濟宗은 자연 퇴진하였다. 원종은 1908년 3월 전국 승려대표가 元興寺에서 모여 만든 종단이었다. 그러나 원종은 경술국치 전후에도 당시 구한국정부 및 일제당국으로부터 정식인가를 받지 못하였다. 이에 원종을 주도하였던 해인사 승려 李晦光은 원종의 인가를 위해 친일파 및 일본불교의 유력한 승려의 협조까지 활용하였지만 끝내 성사시키지는 못하였다. 이에 이회광은 1910년 9월말 원종의 인가 및 불교 발전을 위한 복안을 강구키 위해 일본으로 건너갔다. 이회광은 일본에 가서 일본불교의 曹洞宗 관장을 면담하고 원종과 조동종간의 '연합'에 관한 협약을 맺었다.[2] 그러나 그 연합의 저변에는 단순히 한국불교의 발전을 위한 것이 아니고 한국불교를 일본불교의 일개 종파인 조동종에게 매종한 성향이 깔려 있었다. 즉 한국불교의 전통을 무시한 굴욕적인 조약을 맺었다. 이는 원종의 인가를 위한 고육지책이었지만 불교의 발전과 중흥을 위한 자주성의 한계라는 문제점을 여실히 드러낸 사건이었다. 이회광은 귀국한 이후 연합의 내용을 공개치 않고 추인을 받으려 하였다. 그러나 우연한 계기에 의하여 그 내용은 전불교계에 알려졌다.

이에 불교계에서는 그 내용이 민족불교를 저버린 것으로 단정하고, 반발운동이 거세게 일어났는데 이 운동이 바로 임제종운동이었다.[3] 韓龍雲·朴漢

---

2) 金光植, 〈1910年代 佛敎界의 曹洞宗 盟約과 臨濟宗 運動〉(《한국민족운동사연구》 12, 1995), 106~109쪽.

3) 金光植, 위의 글, 110~115쪽.

永 등이 중심이 된 그 운동은 주로 전라도 및 경상도 일대에서 시작되어 전 불교계로 파급되었다. 이 운동은 1911년 1월 송광사에서 개최된 조동종맹약 규탄대회로 가시화되었다. 당시 그 대회에서는 조동종맹약을 비판하면서 한국불교의 전통은 임제종에 있음을 선언하고 임제종 종무원을 발족시켰다. 그 이후에는 임제종을 널리 알리기 위하여 이론의 정비와 포교의 강화를 시도하면서 임제종이 주도한 사법과 승규를 제정하여 일제당국에 승인받으려는 노력도 기울였다.

한편, 임제종은 범어사·통도사·해인사를 임제종 3본산으로 정하고 종무원 사무소를 범어사로 이전하였다. 이처럼 당시 불교계는 북측의 원종과 남측의 임제종이 대립하는 사정이었기에, 북측을 北黨으로 남측을 南黨으로 지칭하기도 하였다. 임제종의 주도자들은 운동을 활성화시키기 위하여 서울에 임제종 중앙포교당을 건립하였다. 1912년 5월 26일에 개최된 개교식은 성황리에 개최되어 운동의 대중화에 기여하였다. 그러나 당시는 일제가 〈사찰령〉을 제정·시행하였던 시기였다. 이에 임제종은 〈사찰령〉체제에서 배제될 상황에 직면하였다.

1912년 6월, 당시 일제는 원종과 임제종의 책임자를 초청하여 원종과 임제종을 불허하다는 방침을 통고하면서 그 간판의 철거를 종용하였다. 이에 원종은 그 제의를 수용하고 원종 종무원을 조선불교선교양종 본산 住持會議院으로 전환하겠다는 입장을 개진하였다. 요컨대 일제의 사찰정책을 수용하였다. 임제종도 일제의 지시를 거부할 수는 없었기에, 그 중앙포교당도 조선선종중앙포교당으로 명칭을 변경할 수밖에 없었다. 한편 포교당의 운영을 주도하였던 한용운은 임제종운동의 정신을 계승키 위해 朝鮮佛敎會 및 佛敎同盟會를 조직하여 독자적인 활동을 추진하였지만 일제에 의해 제지당하고 말았다. 또한 임제종운동에 일정하게 관여한 白龍城이 禪宗臨濟派講究所를 설립한 것도 한용운의 지향과 무관한 것은 아니었다.

이처럼 〈사찰령〉체제의 등장은 자생적인 종단을 지향하였던 원종과 임제종의 퇴진을 가져왔다. 그러나 임제종운동에서 나타난 保宗정신과 불교의 전통을 고수하려는 의식은 이후 불교청년운동 및 불교 자주화운동의 이념적인 기반이 되었다.

(3) 30본산 연합제규와 불교의 중흥

〈사찰령〉체제의 등장과 원종·임제종의 퇴진은 일제의 식민통치에 불교계가 구속되었음을 단적으로 말하는 것이었다. 이에 30본산 주지가 원종의 후신으로 만든 본산주지회의원에서는 〈사찰령〉과 사법을 수용하겠다는 결정을 하였던 것이다.[4] 그런데 이 住持會議院은 본산주지들의 일종의 연락사무소에 지나지 않았다. 따라서 이는 종단의 형태로 볼 수는 없었다. 미흡하나마 종단의 형태를 모방한 것은 1915년 1월 총독부의 지시에 의하여 가시화 된 〈30본산 聯合制規〉에 근거한 30本山聯合事務所였다. 그러나 이 연합사무소는 완전한 의미의 종단을 지향한 것은 아니었고, 講學과 布敎를 활성화하기 위한 사업의 협의체였다.[5] 완전한 종단에서는 불교계 내부의 인사권·재정권·사업 추진 등의 모든 부문을 실질적으로 담당하는 것이었다. 그러나 이 연합사무소는 미흡하고 제한적인 분야에서 종단의 지향을 추진하였다.[6]

이 연합사무소에서 추진한 대표적인 사업은 中央學林과 地方學林의 설립이었다. 中央佛專과 東國大의 전신인 중앙학림의 설립은 연합사무소가 추진한 대표적인 사업으로서 1916년부터 학생을 모집하는 등 본격화되었다. 그리고 전국의 講院을 개편하여 설립한 지방학림은 중앙학림과 연계하여 설립하였다. 포교 분야는 불교계가 공동으로 건립한 사찰인 覺皇寺에서 일반대중에게 보다 적극적인 포교활동을 추진하는 것으로 이행되었다.

한편 이 시기의 불교계의 현실인식은 불교의 중흥과 발전에 모아지고 있었다. 조선 후기의 산중불교에서 도회지의 대중불교로 나아가기 위한 고민과 대안이 다양하게 제기되었다. 그런데 그 인식의 저변에는 당시 풍미하였던 사회진화론의 수용과 영향이 깔려 있었다.[7] 약육강식·우승열패·적자생존·경쟁으로 대변되는 진화론은 불교계에도 수용되어 불교의 중흥과 발전을 위

4) 《朝鮮佛敎月報》 6호, 〈雜報〉·〈會議院會議錄顚末〉, 57~77쪽.

5) 〈朝鮮佛敎禪敎兩宗三十大本山住持會議所 第四回定期總會會議狀況〉(《佛敎振興會月報》 1, 1915. 3), 69~82쪽.

6) 한동민, 〈1910년대 선교양종 30본산연합사무소의 설립과정과 의의〉(《한국민족운동사연구》 25, 2000).

7) 金光植, 〈1910年代 佛敎界의 進化論 受容과 寺刹令〉(《吳世昌敎授華甲紀念 韓國近·現代史論叢》, 1995), 248~252쪽.

한 모색에 큰 영향을 끼쳤다. 더욱이 기독교가 득세하는 상황하에서 불교도는 불교의 중흥과 발전을 위한 대안 모색에 진화론적인 인식을 갖고 불교의 개혁과 유신을 적극 주장케 되었다. 그러나 그 대안 모색의 기준이 된 것이 일본불교라는 데에 큰 문제점이 있었다. 도성출입금지 해제에 도움을 받았고, 일본 시찰 및 국내에 진출한 일본불교의 포교방법을 접하였던 불교계로서는 일본불교라는 새로운 문명에 강렬한 자극을 받았던 것이다.[8] 이에 일본어 수학, 일본 시찰과 유학, 일본승려 초청, 일본에서의 수계 등 다양한 행적이 노정되었다. 〈사찰령〉에 대한 우호성도 바로 이같은 저변에서 나왔다.

이같은 정황하에서 불교계에서는 점차 불교의 개혁·유신·개선·개량·변혁 등을 주장한 목소리가 힘을 얻게 되었다. 한용운의 《朝鮮佛敎維新論》이 1913년에 발간되었고, 權相老가 〈朝鮮佛敎改革論〉을 《조선불교월보》 3~18호에 기고한(1912~1913) 것은 바로 그 정황을 대변하는 것이었다.[9] 승려와 신도가 연합하여 불교발전을 추구하려는 단체인 佛敎振興會가 나온 것도 바로 1915년이었다. 그러나 불교계가 이처럼 불교의 중흥을 달성하기 위해 다양한 대안을 내놓고 있었지만 그에 대한 합일된 의견이 조율되지 않았고, 일본불교의 모방에 치우쳤으며, 한국불교의 전통계승을 유의치 않는 등 적지 않은 한계를 가지고 있었다.[10]

2) 3·1운동과 불교계의 각성

(1) 3·1운동 참여

거족적인 3·1운동에 불교계도 자발적으로 참여하였다. 이는 우선 식민통치의 실상 파악, 그리고 독립을 쟁취하겠다는 열의가 불교계에서도 자생하였음에서 가능한 것이었다. 특히 〈사찰령〉체제에서 야기된 온갖 모순은 바로 그 인식의 촉매제가 되었다. 친일주지의 전횡, 사찰 공동체의 파괴, 비판적인

8) 이경순, 〈1917년 불교계의 일본시찰 연구〉(《한국민족운동사연구》 25, 2000).
9) 金光植, 〈근대불교 개혁론의 배경과 성격〉(《宗敎敎育學硏究》 7, 1998), 56~60쪽.
10) 이재헌, 〈근대 한국불교 개혁 패러다임의 성격과 한계〉(《종교연구》 19, 1999).

청년승려들의 사찰밖으로의 구축, 나약한 불교사업 등은 3·1운동이 발발하였을 때 불교계 동참의 기반이 되었다.

불교계의 3·1운동 참여는[11] 중앙과 지방으로 대별하여 살펴볼 수 있다. 중앙에서의 활동은 한용운과 백용성의 민족대표 33인의 참가와 중앙학림 학생의 〈독립선언서〉 배포활동을 거론할 수 있다. 한용운은 3·1운동 준비단계에서부터 그 운동의 중심부에서 활약하였다.[12] 한용운의 개입은 그가 이전의 임제종운동 주도에서 나타난 민족불교 지향 정신의 계승에서 나온 것이었다. 특히 그는 3·1운동 직전에는《惟心》을 발간하면서 민족의 지도자들과 빈번한 접촉을 해오면서 자연스럽게 그 운동을 주도케 되었다. 또한 임제종운동 시에도 한용운과 같은 노선을 경주하였던 백용성도 민족대표에 피선되었다.

3·1운동 이전 한용운과 백용성이 주도한 선종중앙포교당(범어사 포교당)에 출입하였던 불교청년들은 3·1운동이 발발하자 그 운동의 대중화 일선에 나서게 되었다. 3·1운동 직전 한용운은 당시 그를 따르던 중앙학림의 학생들을 초치하여 그간의 경과를 소개하면서 〈독립선언서〉 배포 등 운동의 최일선에 나설 것을 요청하였다. 당시 그 요청을 받은 학생들은 1만여 매의 독립선언서를 서울 시내와 지방 사찰에 배포·전달하고, 서울 시내에서 만세운동을 마친 후에는 각 연고 사찰을 찾아 지방에서의 만세운동의 대중화를 시도하였다.

당시 그 학생들의 영향으로 만세운동이 일어난 사찰은 범어사·해인사·동화사·김용사·통도사·마곡사 등이었다.[13] 이들 사찰에서는 그 사찰의 學人과 인근의 주민들이 연계하여 만세운동이 자발적으로 일어났다. 그러나 일부 사찰에서는 중앙에서의 연락이 없었지만 자생적으로 만세운동에 참여한 경우도 적지 않았다. 예컨대 봉선사와 신륵사에서는 승려·인근 주민·신도들이 함께 태극기를 제작하여 만세운동에 나섰다.

---

11) 安啓賢, 〈三·一運動과 佛教界〉(《三·一運動 50周年紀念論文集》, 1969), 271~280쪽.

12) 金相鉉, 〈3·1運動에서의 韓龍雲의 役割〉(《李箕永博士古稀紀念論叢－佛教와 歷史》, 1991).

13) 정광호, 〈일본 침략시기 佛教界의 민족의식〉(《尹炳錫教授華甲紀念 韓國近代史論叢》, 1990), 525~528쪽.

한편 한용운과 백용성은 민족대표로 활동하였기에 옥중에 수감되었지만, 일제에 좌절치 않고 민족불교 지향을 끝내 고수하였다. 한용운은 옥중에서 〈조선독립에 대한 감상〉을 서술하여 비밀리에 옥밖으로 전달하였는데, 이것은 상해 《독립신문》에 기고되었다. 백용성은 옥중에서 불교개혁을 고민하였는데, 당시 그의 고민은 출옥 후 전개한 불교의 혁신 및 대중화의 기초가 되었다.

(2) 독립운동에 동참

3·1운동에 참여한 승려와 불교청년들은 3·1운동의 영향으로 나타난 상해 대한민국임시정부 및 만주에서의 독립운동에 동참하였다. 1919년 4월 23일, 임시정부의 법통을 제공한 한성임시정부 수립의 계기가 된 〈국민대회의 취지서〉에는 구암사 승려였던 박한영과 월정사 승려인 李鍾郁이 대표로 나온다. 임시정부의 임시의정원에는 승려 출신도 있었는바, 강원도 대표로 피선된 宋世浩는 月精寺 출신 승려였다. 그리고 임시정부의 국내 특파원으로 활동한 승려도 있었다.

한편 임시정부가 수립되자 국내 불교계에서는 불교계 대표를 상해에 파견함과 동시에 독립자금을 전달하기도 하였다. 중앙학림 출신인 金法麟은 임시정부에서 독립운동 사료편찬사업을 추진하자 그 관련 사료를 전달하였다. 불교청년들이 《革新公報》라는 비밀신문을 만들어 국내에 배포한 것도 임시정부를 배경으로 한 활동이었다. 그밖에 임시정부와 연결된 대한민국청년외교단·대동단·대한독립애국단 등에서 승려 출신인 이종욱·송세호·鄭南用·申尙玩·李雲坡 등의 활동도 유의할 내용이다.

상해에서의 불교계 활동 중 가장 유의할 것은 〈僧侶獨立宣言書〉 제작·배포였다. 1919년 11월 19일에 뿌려진 이 선언서는 대한승려연합회 소속 중견승려 12명의 가명으로 발표된 것이었는데, 일제에 정면으로 항쟁하겠다는 불교계의 독립정신을 구현한 것이었다.[14] 더욱이 이 선언서 발표를 이면에서 주도한 신상완·白初月·김법린·白性郁 등은 전국 승려를 연합하여 대일항쟁을 추진하려는 결사체인 義勇僧軍을 조직하려다 일제에 피검되기도 하였다.[15]

---

14) 金素眞, 《1910年代의 獨立宣言書 硏究》(숙명여대 박사학위논문, 1994), 205~223쪽.

불교도들의 독립운동 참여는 만주군관학교 입교와 군자금모집 활동으로도 나타났다.[16] 해인사 출신 승려인 강재호·김봉율과 대둔사 출신 승려인 박영희 등은 만주의 신흥무관학교에 입교하였다. 봉선사에서 승려로 활동한 李耘虛와 김성숙이 만주의 서로군정서와 사회주의 계열의 독립운동단체에서 활동한 것도 유의할 내용이다. 그리고 만주지역의 독립군의 군자금을 모집한 승려의 활동은 전국 사찰을 배경으로 다양하게 전개되었다. 해인사 출신인 김봉율과 박달준이 경상남북도와 충청북도의 사찰을 순방하면서 군자금을 모집하다 일제에 피체되었음이 그 실례이다. 통도사 승려인 金九河는 통도사 운영자금으로 상해임시정부에 군자금을 제공하였으나, 일제에 발각되어 문초를 받았다는 정황도 유의할 수 있다.

(3) 불교의 자주화와 통일기관

3·1운동 직후 불교계는 3·1운동에 큰 영향을 받으면서 일제의 사찰정책을 극복하려는 움직임이 꾸준히 전개되었다. 이같은 움직임은 우선 불교의 종단을 자주적으로 설립·운영하려는 노력과 〈사찰령〉 철폐운동으로 구체화되었다. 그리하여 이같은 움직임이 노정되면서 자주적인 종단의 대안으로 등장한 것이 통일기관이었다. 그러나 이러한 노력은 일제의 사찰정책을 부정하면서 대두되었기에 일제 및 친일주지층의 억압과 반발에 직면하였다.

한편 이같은 정황의 추동은 일면 당시 본격화되었던 불교청년운동의 가시화로부터 가능하였다. 3·1운동 이전 임제종운동의 발발 당시부터 불교청년들은 전국적인 단체를 지향하였지만 좌절되었다. 그러나 3·1운동 직후 불교청년들은 전국적인 청년단체조직의 출범을 준비하여 1920년 6월경 조선불교청년회의 창립을 이끌어 냈던 것이다. 불교청년들은 당시 불교계 제반 모순과 문제점을 지적하면서 점차 종단 건설을 추진하기에 이르렀다. 처음에는 기존 연합제규의 보완을 통한 불교계 통일을 지향하였으나 일제가 그를 인정하지 않자, 더욱 본격적인 불교개혁에 나서게 되었다.[17] 그 개혁을 추진하

---

15) 金昌洙, 〈日帝下 佛敎界의 抗日民族運動〉(《伽山李智冠스님華甲紀念論叢－韓國佛敎文化思想史》 下, 81~89쪽.

16) 정광호, 앞의 글(1990), 528~529쪽.

려는 단체를 별동대로 만들었으니 그것이 바로 조선불교유신회였다. 당시 유신회의 강령이 현행제도의 타파와 통일기관의 건설에 있었음은 그를 예증하는 것이었다.

조선불교유신회가 제기한 통일기관의 건설에 대한 논란은 1922년 1월의 30본산주지총회에서 본격화되었다. 그 총회에서는 격렬한 토의속에 새로운 통일기관인 朝鮮佛敎總務院의 설립을 결의하였다.[18] 그러나 이 결의에 반발한 20여 본산이 있었기에, 총무원의 출발은 간단치 않았다. 한편 총독부 및 반총무원 진영은 총무원의 노선에 비판·반발하고 별도의 기관을 만들었으니 그것은 재단법인 朝鮮佛敎中央敎務院이었다.[19]

이렇듯이 불교의 자주화를 기치로 내세우면서 통일기관인 총무원을 설립하였지만 일제 및 현실에 안주하려는 본산들의 반대로 완전한 의미의 불교계 통일은 큰 한계성을 갖을 수밖에 없었다. 이에 조선불교유신회에서는 보다 본격적인 일제의 사찰정책 부정을 위한 운동을 추진하였으니, 그것이 〈사찰령〉 철폐운동이었다. 즉 유신회에서는 전국의 승려 및 불교청년 2,284명의 동의를 받은 〈사찰령〉 철폐를 위한 건백서를 총독부에 제출하였다.[20] 그리고 불교통일운동의 틀을 정비한 교헌을 제정하려고 노력도 하였다.

그러나 불교청년들의 이러한 노력은 즉각적인 성과는 나타나지 못하였다. 그것은 일제와 친일주지들의 반대가 있었기 때문이었다. 친일 주지의 대표격인 용주사 주지 姜大蓮을 욕보인 鳴鼓逐出 사건은 그 와중에서 나왔다. 또한 총무원과 교무원이 대립하는 정황에서 나온 이른바 각황사문패 철거 및 부착사건에서 빚어진 충돌도 그 정황을 말하는 것이다. 총무원과 교무원의 대립은 1923년 내내 지속되었다. 그러나 당시 일제는 총무원에 참여한 본산에 압력과 조종을 가하여[21] 점차 총무원의 위세가 약화되었다. 마침내 1924년 3

---

17) 金光植, 〈朝鮮佛敎靑年會의 史的 考察〉(《韓國佛敎學》 19, 1994).
18) 《동아일보》, 1922년 1월 10일, 〈統一機關이 又問題〉.
19) 《동아일보》, 1922년 5월 28일, 〈中央機關은 敎務院〉.
20) 《동아일보》, 1922년 4월 21일, 〈寺刹令의 弊端을 말하고〉 ; 1923년 1월 8일, 〈寺刹令撤廢에 對하여〉.
21) 金淳碩, 〈1920년대 초반 朝鮮總督府의 佛敎政策〉(《한국독립운동사연구》 13, 1999), 95~96쪽.

월경에 이르러서 총무원이 교무원에 합류하는 형태로 양 진영의 대립은 소멸되었다. 요컨대 교무원이 불교계를 대표하는 기관이 되었던 것이다. 그러나 교무원은 불교사업을 추진하는 재단법인에 불과하였기에 불교의 자주화 및 통일기관의 지향과는 근본적으로 거리가 있었다.

(4) 불교전통의 회복

3·1운동의 영향으로 나타난 또 다른 파급은 한국불교의 전통을 회복·고수하려는 움직임이었다. 도성출입금지 해제, 일본불교의 영향과 증대, 불교의 대중화 추구 등으로 인하여 점차 불교전통이 무시·배척당하였다. 불교의 개혁·유신이 중시되는 가운데 특히 일제가 한국불교의 전통을 파괴·위축시키는 현실에 직면하면서 불교전통의 회복은 급선무로 인식되었던 것이다.

그러한 움직임 가운데 가장 주목할 것은 禪學院의 창건이었다.[22] 1921년 11월 30일에 창건된 선학원은 전통불교 특히 선불교정신의 쇠퇴를 개탄하면서 항일의식을 소유하였던 일단의 승려들에 의하여 주도되었다. 선학원이라는 명칭을 부여한 것은 〈사찰령〉의 구속을 피하려는 의식에서 나왔는데, 1922년 3월 말 선학원에서는 선풍의 진작과 전국 수좌들의 수행활동을 보호하기 위한 禪友共濟會가 조직되었다. 각 지방 선원을 회원으로 하여 출범한 공제회는 선학원에 그 본부를 두고 본격적인 활동에 들어갔다. 그러나 공제회는 1924년경부터 재정상의 어려움을 겪어 直指寺로 그 본부를 이전시키기도 하였으나 1926년에는 중도 퇴진하였고, 선학원도 범어사 포교당으로 용도가 변경되었다.

전통의 회복과 유관한 움직임은 전통 講院의 부활이었다. 1915년 기존 강원이 지방학림으로 개편되면서 중단된 강원교육이 1920년대 중반부터 본격적으로 재건되었다. 이는 불교개혁의 대세에 의하여 밀려난 전통 및 구학에 대한 관심이 있었음을 말하는 것이다. 이와 관련하여 백용성이 망월사에서 萬日參禪結社會[23]를 1925년에 개최하였음도 바로 전통의 회복을 지향한 것

22) 선학원 및 선우공제회의 전모는 金光植, 〈일제하 禪學院의 運營과 性格〉(《한국독립운동사연구》 8, 1994)을 참고할 것.

23) 〈萬日參禪結社會 規則, 入會禪衆 注意事項〉(《佛敎》 15, 1925. 9), 42~45쪽.

이었다. 그 결사회의 지향은 禪과 律의 균형적인 입규로 나타났는데, 이는 일본불교의 침투 등으로 청정한 수행 풍토와 엄정한 계율이 무너져 가고 있었음에 대한 반발이라고 말할 수 있다. 백용성이 당시 승려들의 莫行莫食을 강력하게 비판한 심정도 바로 전통의 상실에서 나온 것이다.

또한 백용성은 1926년 5월과 9월, 일제당국에 승려의 帶妻食肉을 금하여 달라는 건백서를 제출하였다.[24] 이는 당시 만연되어 가고 있었던 승려의 대처식육[25]을 차단하려는 고육지책이었다. 그러나 백용성의 이 제의는 총독부에서 수용되지 않았으며, 오히려 일제는 그를 방관하였다. 더욱이 1927년 이후에는 대처 주지의 취임은 합법화되어 갔다.

전통의 회복과 관련되어 나타난 것은 禪農佛敎의 실행이었다. 그 대표적인 인물이 白鶴鳴과 백용성이었다. 백학명은 선농불교를 1923년부터 內藏寺에서 실행에 옮겼는데, 그는 불교 개신의 방안으로 半農半禪을 설정하였으며 승려들의 나태와 무노동을 강력히 비판하였다.[26] 백용성은 1927년부터 경남 함양의 백운산과 만주의 용정에서 선농불교를 실천하였다.[27] 백운산에서 추진한 華果院과 용정에서 추진한 禪農堂은 그 예증이다. 특히 그는 화과원에서 인근 농민·신도들과 함께 이상적인 공동체를 실천하였는데, 그의 선농 실행은 승려의 自作自給과 禪律의 실천에서 나왔다.

3) 불교자주화의 시련

(1) 불교운동의 기반 구축

1928년부터 본격화된 불교운동의 기반구축은 다양한 분야에서 자생적으로 전개되었다. 이러한 불교계 내부의 자기 정비는 이후 1929년의 승려대회 개최의 성공과 불교계 모순을 극복하려는 노력으로 모아지고 있었다.

---

24) 金光植, 〈1926년 불교계의 帶妻食肉論과 白龍城의 建白書〉(《한국독립운동사연구》 11, 1997), 201~206쪽.
25) 정광호, 〈韓國近代佛敎의 '帶妻食肉'〉(《한국학연구》 3, 1991), 96~100쪽.
26) 安舟峰, 〈追慕白鶴鳴禪師〉(《佛敎》 62, 1929. 8), 53쪽.
27) 金光植, 〈白龍城의 禪農佛敎〉(《大覺思想》 2, 1999), 73~79쪽.

그러한 움직임에서 최초의 대상으로 주목할 것은 구학계열의 학인들이 추진한 朝鮮佛敎學人大會였다.28) 구학 중심의 講院敎育을 개선하려는 李青潭·이운허 등 일단의 학인들이 주도한 그 대회는 1927년 10월 개운사에서의 대회 발기준비회에서 시작되어 1928년 3월 각황사에서 대회를 개최하는 것으로 진행되었다. 대회를 주도한 학인들은 학인들의 승가정신 회복과 나아가서는 불교교육 제도를 개신하려는 노력을 구체시켰다. 당시 그 대회는 전국 강원 대표 44명이 참가한 가운데 학인들의 활동 방향, 조직체, 강원교육 개선 방향 등을 결의하였다. 또한 그들은 학인의 조직체인 학인연맹을 결성하고 기관지 《回光》도 발행하였다. 그후 그들은 2, 3차 학인대회를 지속적으로 개최하면서 당시 교단에 교육제도 혁신을 위한 건의안을 제출하여 교단 차원의 교육에 대한 문제를 환기시켰다.

또 다른 불교청년들의 움직임은 조선불교청년회의 재기 및 朝鮮佛敎青年總同盟의 창립에서 찾아볼 수 있다. 1925년 이후 침체를 거듭하였던 조선불교청년회는 1928년 3월에 재기하였다. 이는 과거 불교청년운동 주도자들의 재기, 복귀, 외국유학 이후의 귀국, 중앙불전의 개교 등의 기반에서 가능하였다. 재기한 조선불교청년회는 우선 불교청년운동의 제반 문제점을 정비하는 가운데 점차 그 조직을 조선불교청년총동맹으로 전환시켰다. 이는 불교청년운동의 총 집결체의 위상을 갖기 위한 자기 정비이자 조직 확대였다.

당시 불교청년들은 청년운동의 문제점을 동지연결과 통일정신 부재에서 찾고 그를 해결할 대안으로서 총동맹을 설정하였다. 이에 총동맹에는 기존 조선불교청년회 조직과 인물뿐만 아니라 구학계열의 학인, 여성불교운동을 담당한 조선불교여자청년회29)의 조직과 인물 등이 대거 가세한 조직체로 확대되었다. 이에 기존 조선불교청년회의 산하 조직은 해체하고 총동맹 산하의 동맹으로 가입하였다. 그런데 여기에는 불교청년운동의 재정비와 교정의 문제점 해소를 고민하였던 일단의 불교청년들의 항일 비밀결사체인 卍黨의 등장과 주도가 개재되었다.30) 1930년 5월 창립된 만당은 조학유·김법린·李龍

28) 金光植, 〈朝鮮佛敎學人大會研究〉(《한국독립운동사연구》 10, 1996), 348~351쪽.
29) 金光植, 〈朝鮮佛敎女子青年會의 창립과 변천〉(《한국근현대사연구》 7, 1997).
30) 金光植, 〈朝鮮佛敎青年總同盟과 卍黨〉(《韓國學報》 80, 1995), 221~231쪽.

祚 등이 주도하였는데 政敎分立·敎政確立·佛敎大衆化라는 강령을 내세웠다. 불교청년 16명으로 출발한 만당은 한용운을 당수로 여기면서 활동은 비밀리에 추진하였는데, 불교청년운동 및 교단을 움직였던 裏面 단체였다.

한편 이같은 불교청년들의 자기 정비에 맞물려서 나온 단체가 二九五八會였다. 이구오팔회는 중앙불전의 제1회 졸업생들의 모임이었다. 1931년 2월 졸업에 즈음하여 중앙불전 제1회 졸업생들은 '조선불교의 前衛'가 될 것을 다짐하며 그 단체를 조직하였는데 그들은 불교계의 위급한 상황이 있거나 난국에 처할 시에는 언제든지 결합하기로 맹세하였다.[31] 이같은 이구오팔회의 등장은 만당의 등장, 총동맹의 결성 등 불교 부흥이라는 흐름에서 나온 것이었다. 그밖에도 이 시기의 움직임에서 주목할 것은 1931년에 재건된 선학원, 1928년에 개최된 전국포교사대회, 1929년 개운사에 설립된 고등연구원 등이다.

(2) 승려대회와 종헌

1929년 1월 3~5일, 각황사에서 개최된 조선불교선교양종 僧侶大會는 일제하 불교운동선상에서 기념비적인 의의를 갖고 있다. 이는 1920년대 초반이래 불교계의 숙원이었던 불교통일운동의 일단락을 완성하였기 때문이다. 다시 말하자면 일제 〈사찰령〉은 한국불교계를 30본산으로 분열·분리·개별화시켜 통치한 근거였다. 이에 불교계는 〈사찰령〉을 극복하기 위해서는 〈사찰령〉에서 규정한 틀을 부정하고 불교계 전체의 운영·사업 등을 공동으로 추진해야만 된다고 생각하였다. 이에 1920년대 전반기에 그 대안을 통일기관 수립에 두고 치열한 활동을 전개하였지만 끝내 성사시키지는 못하였다.

이에 불교계 통일운동은 1920년대 후반에서도 역사적인 과제로 자리잡고 있었다. 불교계가 통일적인 기관, 운영내규, 자율적인 틀이 부재하였기에 불교의 발전은 말할 것도 없고 민족운동에 나설 기반조차도 마련치 못하였음은 당연하였다. 이에 1928년부터 불교계에서는 이를 재인식하는 가운데 그 해결점을 모색하고 있었다. 이 모색의 중심에 서 있었던 인물들은 불교청년

31) 金光植, 〈二九五八會考〉(《趙東杰先生停年紀念論叢 韓國民族運動史硏究》, 1997), 335~361쪽.

들이었다. 특히 백성욱·김법린으로 대표되었던 그들은 외국유학을 마치고 귀국하였기에 한국불교의 문제점을 보다 객관적인 시각에서 조망할 수 있었을 것으로 이해된다.

이런 배경에서 1928년 11~12월 서울에서는 중앙기관 및 敎憲(종헌)을 조직하기 위한 제반 준비가 가시화되었다. 구체적으로 지적하면 승려대회를 통하여 불교의 통일적인 기반을 제정하려는 움직임으로 전개되었다. 승려대회 발기대회, 승려대회 준비위원회 등은 바로 그 사전 모임을 말한다. 마침내 1929년 1월 3일 각황사에서 역사적인 승려대회[32]가 개최되었다. 전국의 불교계를 대표하는 107명이 참가한 그 대회에서는 종헌, 중앙교무원칙, 교정회 규약, 법규위원회 규칙, 종회법 등이 제정되었다. 그리고 한국불교를 상징·대표하는 교정 7인과 중앙교무원의 간부도 선출하였다.

대회에서 결정한 내용 중 가장 중요한 것은 무엇보다도 宗憲(12장 31조)의 제정과 반포였다. 종헌은 불교계의 헌법으로 지칭할 수 있는 것으로, 통일운동의 틀과 내용을 담고 있었다.[33] 이에 불교계는 종헌에서 규정한 내용을 실천하면 되었다. 그리고 주목할 또 하나는 종회와 중앙교무원의 설립이었다. 종회는 불교계의 대표·입법기관으로, 중앙교무원은 행정·실무기관으로 지칭되었다. 이로써 불교계는 통일운동 실행의 조건을 구비하였던 것이다.

대회 이후 불교계는 종헌에서 규정한 기관의 운영과 규정의 준수를 통하여 통일운동을 실천하였다. 그 움직임은 종헌실행운동으로 명명되었다. 그리하여 대략 1930년경까지는 운동은 비교적 정상적으로 추진되었으나, 1931년 이후부터는 종헌 실행에 차질이 생겼다.[34] 그 같은 차질은 불교계 내부에 종헌 실행을 저지·반대·비협조하였던 세력과 본산이 존재함에서 출발하였다. 또한 그것은 종헌이 일제당국의 승인을 받지 않았다는 논리를 내세우며 〈사찰령〉과 寺法만 유의한 행태에서 나온 것이었다. 즉 나약한 자주의식 그 자체였다. 종헌을 실천하겠다는 굳은 맹서를 불전 앞에서 하였지만 시간이 흐

32) 승려대회의 개요 및 성격에 대해서는 金光植, 〈朝鮮佛敎禪敎兩宗 僧侶大會의 개최와 성격〉(《한국근현대사연구》 3, 1995)을 참고할 것.

33) 金光植, 위의 글, 227~229쪽.

34) 韓龍雲, 〈朝鮮佛敎를 統一하라〉(《佛敎》 84·85합호, 1931. 7), 2~5쪽.

르면서 그 기억과 의식은 퇴색하였다.

이에 불교계에서는 종헌 실행을 정상화하기 위하여 다양한 노력을 기울였다.[35] 사법개정운동과 종헌반포기념일 제정은 바로 그 구도에서 나왔다. 사법개정은 종헌과 사법을 일치시키자는 것이었고, 기념일 제정은 매년 1월 4일을 종헌기념일로 정하여 의식을 갖음으로써 종헌의 정신을 계승·홍보하자는 것이었다.

한편 이같은 종헌 실행을 둘러싸고 나타난 현상은 본산간의 대립과 갈등의 노골화였다. 종헌 실행을 찬성하는 본산과 그 실행을 반대한 본산간의 대응이 보다 확연하여졌다. 기실 이같은 모순은 〈사찰령〉에서 규정한 본산체제에서부터 잠재되어 온 것이었다. 본산체제로 20여 년을 흐른 결과 통일적인 움직임의 부재하에 본산만을 위한 사업과 이익에만 유의한 결과였다. 그런데 그 모순이 1930년대 전반기에 접어들면서 더욱 확연하였다는 것이다.

그 결과는 종헌의 소멸로 이어졌다. 1934년경에 접어들면서 종헌과, 종헌에서 규정한 기관은 사라졌던 것이다. 그리고 그 여파는 불교계 곳곳으로 파급되었다. 일시적으로 중앙불전을 경영상의 어려움을 빌미로 매각을 검토·결의하였던 것도 바로 이 사정에서 기인하였다. 불교계를 대표하는 잡지인 《불교》가 휴간·복간을 거듭한 것, 불교계가 경영하였던 普成高普가 고계학원으로 매각된[36] 것도 이같은 정황에서 나온 것이었다. 그런데 당시 본산 간의 대립은 이른바 지방색도 일정 부분 내재하였음을 배제할 수는 없다. 예컨대 범어사·해인사·통도사가 慶南3本山協議會를 설립·운영하였음은 그 단적인 예증이다. 이에 여타 지방의 본산들도 그에 대응하여 유사한 협의회를 설립하려는 움직임이 있었다.

나아가서 이같은 종헌의 상실과 본산의 대립은 불교계 전체의 부진과 위축을 야기하였다는 데에 근본적인 문제가 있었다. 이 때를 전후하여 불교청년운동의 부진, 종단·敎政의 상실 등이 불교계에 자리잡았다. 이는 곧 불교

---

35) 金光植, 〈1930년대 불교계의 종헌 실행문제〉(《한국근대불교사연구》, 민족사, 1996), 366~400쪽.

36) 金光植, 〈일제하 佛敎界의 普成高普 經營〉(《한국민족운동사연구》 19, 1998), 334~346쪽.

자주화의 상실을 의미하는 것이었다. 그리고 경제 공황, 소작쟁의 급격한 증대, 反宗敎운동 득세라는 조류가 불교계에 거세게 다가왔기에 불교계는 내외의 거센 도전에 직면하였다.

4) 조계종의 성립과 식민지체제에 좌절

(1) 총본산건설운동과 조계종

불교의 자주화를 통하여 통일운동을 지향한 승려대회에서 제정한 종헌은 불교계 내부의 모순과 〈사찰령〉의 억압을 극복치 못하고 소멸되었다. 다만 종헌 실행을 모색하는 가운데 등장한 것은 그 대안으로서의 총본산안과 교무소안이었다. 전자는 31본산중 한 본산을 선택하여 그 본산에게, 후자는 중앙에 교무소를 설립하여 불교계 즉 31본산 전체를 통할할 권한을 부여하자는 것이었다. 이같은 고민은 통일운동을 실천할 수 있는 현실적인 여건과 대안의 모색에서 나온 것이었다.

그러나 이같은 대안이 실행에 옮겨진 것은 1935년 중반이었다. 그런데 그 이행은 기이하게도 일제가 황민화정책의 일환으로 추진한 心田開發政策[37]과 맞물려서 나왔다. 일제가 지시한 종교계의 심전개발의 추진지침에는 상호연락을 통하여 실효를 거두라는 내용이 있었다. 한편으로는 1934년말 이토 히로부미(伊藤博文)을 기리기 위해 재한 일본불교에서 건립한 博文寺의 주지가 한국불교 장악의 근거처인 총본산을 박문사에서 담당하겠다는 비공식적인 건의를 한국불교계에서 파악한 것과 유관하였다.[38] 요컨대 일본불교가 한국불교를 관장하려는 의도를 분쇄하겠다는 의식이 작용한 가운데, 일면으로는 심전개발정책에 협조하면서 總本山建設運動은 움트고 있었다.[39]

이러한 배경하에 31본산주지들은 주지총회를 통하여 불교계 대표기관 설

37) 韓亘熙, 〈1935~37년 일제의 '心田開發' 정책과 그 성격〉(《韓國史論》 35, 1996), 138~163쪽.

38) 金法麟, 〈韓國佛敎의 抗日鬪爭記〉(《대한불교》, 1963년 8월 1일).

39) 金光植, 〈日帝下 佛敎界의 總本山建設運動과 曹溪宗〉(《한국민족운동사연구》 10, 1994), 300~308쪽.

립을 결의하였다. 구체적으로 말하자면 조선불교선교양종 宗務院을 설립하고, 심전개발 기념사업으로는 각황사의 재건축을 결의하였다. 그러나 이같은 결의는 1936년 말에도 구체적으로 진척되지 않았다. 총본산의 건설사업은 1937년 2월경 경남3본산종무협의회, 전남5본산협의회, 경북불교협회의 대표자가 불교 발전을 위하여 총본산 건립을 결의하고,[40] 그 결의가 주지총회에 상정되면서 가속화되었다. 마침 일제 총독이 주재한 주지총회에서 일제도 그를 적극 후원하겠다는 방침이 확인되는 가운데 총본산 건설운동은 본격화되었다. 그 결과 1938년 10월 10일에는 총본산 건물인 대웅전을 준공하였다. 이 대웅전에 사용된 목재는 정읍에 있었던 普天敎의 十一殿의 자재였다.

그 이후에는 그 총본산의 寺格을 검토하여 북한산의 태고사를 이전하는 형식을 취하여 1940년 5월에는 太古寺로 명명하였다. 또한 총본산의 사격을 부여하는 문제를 검토하면서[41] 제기된 것은 이번 기회에 조선불교의 종명을 역사성 있는 것으로 재부여하자는 논의가 제기되었다. 그 결과 1941년 4월 23일, 총독부령 125호의 〈사찰령〉 시행규칙 개정에 의하여 조선불교 曹溪宗과 太古寺法이 등장하였다. 태고사 사법에는 31본산을 통제할 권한을 부여한 내용이 담겨 있었다.[42] 이로써 한국불교는 조계종이라는 새로운 종단체제를 수립하였으며, 31본산 즉 불교계 전체를 통할할 총본사인 태고사가 정식으로 성립하였던 것이다. 이는 1920년대 초반부터 논의된 불교계 통일기관이 수립되었음을 의미하는 것이었다.

이는 일제당국도 정식으로 인정하였음을 의미하였다. 그러나 총본산 건설, 태고사 인가, 태고사 사법 제정 등에 일제의 후원과 협조가 있었기에 그 요인이 이후 조계종단이 일제의 군국주의 통치에 협조할 수밖에 없는 단서로 작용하였다. 그러나 출범한 조계종단은 태고사법에 의거 태고사에 종무기관인 종무원을 설립하고, 종단의 대표인 교정에 方漢岩을, 종무총장에 이종욱을 선출하여 조직체계를 정비하였다.

---

40) 〈全南·慶南·慶北 各本山當局者會合懇談〉(《慶北佛敎》 10, 1937. 4).
41) 卍海, 〈總本山創設의 再認識〉(《佛敎》 신17집, 1938. 11), 2~5쪽.
42) 〈朝鮮佛敎曹溪宗總本寺太古寺法〉(《韓國近現代佛敎資料全集》 67, 1996), 195~221쪽.

(2) 군국주의 체제에 좌절

불교계가 일제 식민통치에 좌절·훼절·타협한 양상이 노골적으로 등장한 것은 조계종단 출범 이후였다. 사실 그 같은 성향은 국권상실 이후 〈사찰령〉 체제부터 서서히 시작되었다고 볼 수 있지만, 그 성향이 보다 두드러지게 나타난 것은 1935년부터라고 하겠다. 일제는 만주사변 발발 이후 중국침략에 필요한 물적·인적자원의 조달뿐만 아니라 전쟁의 후방에 해당되는 조선농촌의 재정비를 시도하였는데, 그것은 농어촌진흥운동과 心田開發운동이었다. 이러한 배경에서 나온 심전개발운동은 곧 한국인의 정신을 통제하여 충량한 황국신민을 만드는 것이었다. 그것은 달리 말하자면 현실에 안주케 하면서 저항정신의 상실을 기도한 것이었다.

일제가 추진한 심전개발정책에 불교계는 적극 참여하였다. 이는 이 기회를 사찰 정화의 기회로 판단했고, 심전은 불교사상의 근원인 마음과 동일하다는 인식에서 나온 것이었다. 요컨대 불교 부흥의 기대에서 심전개발에 동참하였다. 중앙 및 지방 불교계에서는 일제의 권유에 의하여, 아니면 자발적으로 심전개발과 유관한 강연회를 수없이 개최하였다. 또한 불교 지식인들은 심전에 관련된 저서를 발간하여 그 사업에 동참하였다. 그리하여 전국적으로 심전개발 강연회가 개최되지 않았던 지역과 사찰이 없을 정도였다.

1937년 중일전쟁이 일어나자 불교계의 일제에 대한 협조와 타협은 더욱 다양하게 전개되었다. 조선군사후원연맹에 가입, 교무원의 시국강연회, 출전부대 송영, 위문금 전달, 무운장구 기원법회 개최, 황군위문사 파견, 국방헌금 모금 및 전달, 銃後報國强調週間 행사 개최, 국민정신총동원 조선연맹에 가입, 황국신민서사의 제창 등은 당시 그 사정을 말해주는 정황들이었다.[43] 그리하여 당시 전국의 사찰과 신도들은 위와 같은 식민통치의 강요와 억압에 무관치 않을 수가 없었다.

불교계의 그 같은 좌절은 일제가 1941년 12월에 자행한 태평양전쟁 발발 이후 더욱 심화되었다. 당시 불교계가 가혹한 군국주의 통치에 의하여 수행한 양상 또한 다양하였다. 군용기 헌납, 전시실천요목과 전승기도 축원문 낭

43) 임혜봉, 《친일불교론》 상(민족사, 1993), 167~259쪽.

독, 임전대책협의회 가담, 조선임전보국단 가입, 사찰의 금속류 헌납, 국방헌금, 일본어보급운동, 시국 순회강연회, 징병 권유 및 협조, 근로보국대 결성, 창씨개명 협조 등이었다.[44] 그런데 불교계의 이같은 일제의 군국주의 통치에 좌절한 것은 불가피한 것이었지만 간혹 불교의 지성인이라 지칭되는 인물들이 적극적인 시국 협조의 발언 및 기고를 한 것은 치욕이 아닐 수 없었다. 또한 1920년대부터 식민지 불교정책을 극복키 위한 치열한 활동을 추진한 불교청년운동의 일부 인물들도 이 시기에 와서는 일제에 타협, 좌절한 행적을 보였다.

그러나 가혹한 식민통치 기간중에서 한국불교의 전통을 수호하려고 노력한 일단의 승려들이 있었다는 것은 주목할 사실이다. 그 대표적인 것이 선학원 계열의 수좌들의 활동이다. 1926년에 범어사 포교당으로 용도 변경된 선학원은 1931년 金寂音에 의하여 재기하였다. 재기한 선학원은 선의 대중화와 선학원 재정기반 구축에 유의하였는데, 그 결실로 1934년 12월에는 재단법인 朝鮮佛敎禪理參究院으로 전환하였다. 그후 선리참구원 계열의 수좌들은 일본불교의 침투 및 식민지 불교정책으로 인하여 피폐한 한국불교의 전통을 수립하기 위한 고뇌의 산물로서 朝鮮佛敎禪宗 宗憲을 선포하였다.[45] 이 종헌 선포는 청정한 교단의 전통을 사수하고 부패의 정화를 기하려는 의식에서 나온 것으로 전통불교의 회복, 식민지불교에의 저항을 지향하였다. 그 결과 기존 선학원은 중앙선원으로 변경, 종무원 설립과 운용, 수좌대회의 개최 등을 기하면서 전통 수호에 이바지하였다.

그리하여 전국적으로 선원의 증가, 참선 수좌의 증대가 나타났다. 이러한 기반하에서 1941년 2월에는 청정승풍과 전통선맥을 구현하기 위하여 선학원에서 遺敎法會를 개최하였다.[46] 宋滿空·박한영·河東山·이청담 등 승려 수십여 명이 참가한 가운데 개최된 법회에서는 法網經과 曹溪宗旨에 대한 설법이 이루어졌다. 이는 군국주의 통치가 기승을 부리던 당시에 개최되었다는

44) 임혜봉, 위의 책, 325~450쪽.

45) 金光植, 〈朝鮮佛敎禪宗宗憲과 首座의 現實認識〉(《建大史學》 9, 1997), 288~292쪽.

46) 金光植, 앞의 글(1994b), 303~304쪽.

점에서 일제하 불교사에서 중요한 사건이었다. 전통 선맥을 계승하려는 수좌들의 노력은 1942년 한국 근대불교의 중흥조로 일컫는 宋鏡虛의 문집인《鏡虛集》의 발간으로 이어졌다. "우리 功勞者의 表彰은 우리 손으로"라는 명분하에 진행된 그 발간에는 전국의 청정 수좌 40여 명과 전국의 선원이 동참하였다.[47] 이렇듯이 선학원 계열의 수좌들이 전통불교의 맥을 계승하려고 노력한 고뇌와 산물은 이후 8·15해방 이후 교단 정상화의 값진 밑거름이 되었다.

〈金光植〉

4. 유 교

1) 일제강점기의 유교문제

조선사회는 일본의 제국주의적 침략으로 1910년부터 1945년까지 36년 동안 국권을 강탈당하고 식민지통치를 받게 되었다. 이 시기의 유교지식인은 안으로는 시대상황에 대한 대응자세에 따라 '보수적 도학자'와 '진보적 개혁사상가'로 나뉘었으며, 밖으로는 일제가 식민지 통치정책의 일환으로 유교전통의 사회기반을 전반적으로 변혁시키며 통제를 강화하였다. 이러한 상황에서 유교인의 항일의식이 다양하게 표출되었고, 이에 대응하는 일제의 유교탄압정책이 광범위하고 조직적으로 수행되어 갔다.

유교인의 항일운동은 일제침략에 항거하여 상소하거나 의병을 일으켜 저항하던 국권수호운동에서부터 일제의 식민통치에 맞서서 국권회복을 추구하는 독립운동이라는 새로운 양상으로 전개되어 갔다. 조선사회의 정통이념으로서 유교는 1910년 이전까지 항일운동의 주도적 역할을 하였으나, 국권상실의 충격과 사회체제의 전면적 변화에 따라 점차 그 사회적 권위를 상실하고 공동체의 결속력도 약화되면서 그 역할도 급격히 쇠퇴하는 과정을 겪었다.

47)《鏡虛集》(極樂禪院, 1990), 4~5쪽.

그러나 儒林들은 조직화된 단체활동에서는 매우 미미하였으나 개인적 신념에 따라 다양한 양상으로 일제의 식민지 지배정책에 저항하며, 국권회복을 위한 독립운동에 참여하고 있었다.

〈병자수호조약〉(1876) 이후로 을미사변(1895)·〈을사늑약〉(1905)·한일합병(1910) 등 일본의 조선침략이 더욱 심화되는 과정에서 당시의 유림들은 상소를 올리거나 義兵을 일으키고, 또는 개인적인 결의로서 자결을 하여 大義를 밝히는 등 가장 강력하게 저항운동을 지속하였다. 이처럼 일제의 침략과 탄압에 저항하면서 유교전통의 질서를 지키려는 '도학전통의 보수적 유림들'이 수구세력으로서 유림의 주류를 이루고 있었다. 이와 더불어 급변하는 시대조류의 대세를 간파하고 사회의 변혁을 도모하던 개화사상가들이 출현하고, 이어서 일본의 침략에 대항하기 위해 국민적 각성을 추구하던 애국계몽사상가들이 활발하게 민족의식을 고취하고 있었다. 이들은 '사회개혁을 주장하는 진보적 유교지식인'들로서 소수의 지식인들이 여기에 속하고 있었다.

물론 이 시기에 개화사상 내지 계몽사상을 표방하는 진보적 사회개혁운동가들 사이에는 이미 유교이념의 기반을 탈피하고 유교전통의 근본적 개혁을 요구하는 인물들이 점차 증가해갔다. 이에 따라 절대 다수의 보수적 유교인이 소수의 진보적 유교인의 활동을 외면함으로써 유교집단의 전체적 보수성과 시대적 대응력의 약화에 따라 유교인의 사회활동이 전반적으로 침체되어갔다. 사회개혁의 추진이 곧 당시 침략세력으로서 서구화를 추진하던 일본의 모방과 수용에 빠질 위험이 있음을 경계하여 유교의 개혁의식은 침체하게 되었다. 전반적으로 서구적 근대화로 개혁이 가속화되는 상황에서 이런 소극적 방어자세는 마침내 수구의식의 폐쇄화와 더불어 쇠퇴과정을 초래하였다.

일제의 식민지배가 시작되면서 국내에서 유림의 의병운동이 철저히 분쇄당했고, 국권상실의 충격으로 대부분의 도학자들은 세상을 등지고 초야에 숨어 전통을 지키겠다는 자세를 보이면서, 유교의 사회적 영향력은 전반적으로 급격히 쇠퇴해갔다. 그럼에도 불구하고 여전히 사회의 문화적 기반은 유교전통의 틀을 유지하고 있었으며, 소수의 선비들은 강한 신념의 항일의식으로 국권상실이후에도 민족자주의식과 독립운동에 광범위하게 참여하고 있었다. 일제강점기에 유교의 독립운동은 한말의 항일국권수호운동과 연장선상에 있

으면서 새로운 역사적 상황에 따라 상당한 전환과 변형이 이루어지고 있음을 주목할 필요가 있다.[1)]

일제강점기에 유교의 저항활동과 일제의 탄압과정은 크게 3단계로 시대구분이 가능하다. ① 1910~1918년 사이는 합병의 충격과 일제의 교활한 회유정책, 혹독한 탄압으로 유교인의 저항운동이 국내에서의 소극적 저항에서 망명을 통해 적극적 독립운동으로 이전하는 양상을 보였던 '망명과 회유정책의 시기'라 할 수 있다. ② 1919~1930년 사이는 3·1운동에 자극을 받아 유림의 독립청원운동으로 儒林團사건이 일어났지만, 국내에서는 일제의 동화정책이 진행되는 가운데 유림의 소극적 저항운동과 병행하여 유교개혁운동이 활발하게 일어났던 '유림의 독립청원과 유교개혁운동의 시기'라 할 수 있다. ③ 1931~1945년 사이는 일제의 동화정책이 광범하고 철저하게 진행되면서 이에 대한 유림의 소극적이지만 끈질긴 저항이 지속되었던 '동화정책과 비타협적 저항의 시기'라 할 수 있다.

첫 단계로서 1910년 조선왕조(대한제국)의 멸망과 일제의 식민지통치가 선포되었을 때 유림은 극도의 통분과 비탄에 잠겼다. 당시에 나타난 저항의 행동양상은 자결을 하거나 입산하여 은둔하거나 만주·러시아·중국 등으로 망명하여 독립운동을 전개하는 것이었다. 일제는 작위나 은사금을 명목으로 유림지도층에 대한 회유정책을 전개하였으며, 이에 대한 거부로 충돌하였던 것이 이 시기의 뚜렷한 현상이다. 둘째 단계로서 3·1운등(1919)에 자극을 받아 전국의 유림들로 조직된 유림단이 파리강화회의에 독립을 청원한 유림단사건(巴里長書事件)이 중요한 계기를 이루고 있다. 일부의 진보적 유림들이 1927년 설립된 新幹會에 참여하는 등 사회단체를 통해 활동하기도 하였다. 이 시기까지는 아직도 유림들의 사회활동이 미약하지만 존속하고 있었다. 셋째 단계로서 1931년 만주사변이 일어나면서 일본의 군국주의가 일어나 대륙침략과 태평양전쟁으로 확산되는 시기에 유교의 조직적 활동은 거의 붕괴되었지만, 일제의 동화정책에 대한 거부를 통해 저항을 지속하고 있었다.

---

1) 韓末(1876~1910) 유교의 국권수호운동에 관해서는 다음이 참고된다.
금장태, 〈종교를 통한 국권수호운동 – 유교〉(《한민족독립운동사》 2, 국사편찬위원회, 1987), 493~542쪽.

일제강점기에 유교인은 초기의 강력하고 적극적인 저항운동에서 후기로 갈수록 유림조직이 와해되자 개인의 비타협적이고 소극적인 저항으로 흩어졌다. 그러나 향촌사회의 유대에 깊이 뿌리박고 있는 유림세력의 저항적 신념은 쉽게 꺾이지 않았다. 유교조직 가운데는 일제의 회유에 끌려들어가 친일단체로 전락한 경우도 있지만, 개인적 저항의식은 온갖 어려운 시련을 견디며 확고한 신념을 발휘하고 있었다.

2) 유림의 항일운동과 일제의 탄압

(1) 순절과 망명의 항거

국권상실의 소식이 전해지자 당시 유림들이 대응한 태도는 망국의 책임에 대한 통감으로 비분강개하여 생명을 버려 節義를 지키는 殉節에서 뚜렷이 드러난다. 개화사상가요 시인이었던 黃 玹(호 梅泉)은 합병의 소식을 듣자 그 다음날 絶命詩 4首와 유서를 남겨놓고 아편을 먹고 자결하였다. 그의 유명한 절명시에는 역사를 아는 지식인으로서 자신이 망국의 책임을 통감하고 있음을 절실하게 표현하였다. 그가 자식들에게 남긴 유서는, 선비를 5백년간 길러낸 국가가 망하는 날에 하늘로부터 부여받은 선한 성품을 보존하고 독서로 체득한 의리를 지키기 위해 죽음을 결행한다는 절의의 신념을 밝히고 있다. 당시 상당수의 유교지식인이 황 현의 경우처럼 절의를 지키기 위해 목숨을 버렸다.[2)]

여기서 일제의 침략으로 국가가 멸망하는 현실 앞에서 '자결'을 통해 지조를 지키고 의리를 천명하고자 하는 유교지식인의 대응방법은 많은 대중들에게 깊은 감명을 주고, 일제에 대한 저항의식을 고취시켰다. 그러나 개인으로서 자결하여 일제의 침략이 불의함을 밝혔다고 하더라도 일제에 직접 손상을 입힐 수 없고, 집단적인 행동화로 이끄는 힘이 결여되어 있다는 문제점이

---

2) 《騎驢隨筆》에는 '庚戌合邦殉節'의 인물로 21명을 열거하고 있다. 이와 더불어 호남인물 중심으로 자료를 수집한 《念齋野錄》의 '合邦顚末'에는 32명이 자결한 것으로 기록되었다. 朴殷植의 《韓國痛史》 제3편 58장, '日人併韓之最終'에서는 순절한 인물 28명을 들고 있다.

있다. 실제로 을미의병(1895)이후 유림들의 의병운동이 일제의 우세한 무력에 의해 무기력하게 붕괴되어 갔다. 따라서 합병이후 국내에서 '의병'운동은 급격히 붕괴하고 극소수의 '순절'과 상당수의 '망명'을 제외한 대부분은 세상을 등지고 은둔하여 '自靖'하는 길을 선택하였다.

일제의 침략과 압박이 가중되면서 을사늑약(1905)과 경술합병(1910)을 전후한 시기에 상당수의 유림은 일제의 압박을 피해 자신의 지조와 전통의 예법을 지킨다는 명분과 일제에 항거하는 독립운동의 기지를 설립한다는 목적으로 만주·러시아령 연해주지역·중국대륙 등으로 망명을 갔다. 이 시기에 망명하여 독립운동을 벌였던 유교인 가운데는 을미의병을 비롯하여 의병에 참여하였던 도학자들과 애국계몽사상가로서 새로운 항일투쟁의 기지를 찾아 망명하거나, 일제의 탄압을 피하여 중국에 망명하여 독립운동을 전개한 인물들도 다수 있었다.

정통 도학자 출신으로 중국에 망명하여 독립운동을 전개한 대표적인 인물로는 도학자 柳麟錫(호 毅菴)과 李承熙(호 韓溪)를 들 수 있다. 堤川의병장이었던 유인석은 1896~1897년과 1898~1890년 사이에 만주로 두 번 망명하였고, 1907년 高宗이 일제에 의해 퇴위 당하자 해외에 독립운동의 기지를 개척하기 위해 러시아령 연해주의 블라디보스톡으로 망명하였다. 유인석은 중화의 문화를 지키다가 생명을 마칠 것을 주장하는 '守華終身'의 의리를 제시하였으며, '중화문화를 보존하고'(保華), '중화문화를 수호하고'(守華), '중화문화를 지키다 죽는다'(殉華)는 세 가지 방법을 '處義'의 3조목으로 제시하였다.[3] 이처럼 도학자로서 유인석의 국가의식은 바로 문화의식으로서의 中華를 핵심으로 삼고 있다. 이러한 華夏문화의 지향은 당시 유림의 독립운동에 나타난 국가의식의 특성이지만, 시대조류에 상반되어 대중적 설득력이나 행동으로 추진하는 힘이 미약했다.

李承熙(호 韓溪)는 乙巳五賊을 討罪하고 국채보상운동에 가담하여 활동하다가 투옥되기도 하였고, 1908년 블라디보스톡에 망명하였다가 1909년 중국~러시아 접경지대인 만주의 密山府에 이주하여 망명동포를 모아 한국을

---

3) 柳麟錫, 〈處義有三〉(《毅庵集》, 권 36).

부흥시킬 독립기지로서 '韓興洞'을 개척하여 활동하였다. 독립기지 건설의 목적은 망명한 동포를 조직화함으로써 생활기반을 확보할 뿐 아니라 민족의식을 강화하고 항일독립운동의 기반을 확보하는 것이다. 당시 만주 등지에서는 무수한 독립운동 단체들이 결성되었는데, 여기서 유림의 독자적 조직은 초기에 의병조직의 연장선에서나 망명한 동지들의 결집을 통해 상당수 나타났다. 그 밖에 이승희에 의해 중국 孔敎會의 支部로서 만주지역(東三省) 韓人孔敎會가 조직되었다.[4]

유교인으로 애국계몽운동을 하던 인물로서 해외에 망명하여 독립운동을 전개하였던 인물에는 朴殷植·申采浩·李相龍 등을 들 수 있다. 이들은 청년기에 유교교육을 철저히 받은 인물들이지만, 망명하여 독립운동을 하는 과정에서 유교적 신념을 점차 상실해 갔다. 그들은 한때 전통유교의 개혁을 통한 새로운 유교적 신념을 추구하였다. 그렇지만 결국 그들은 보수적 폐쇄성에 젖어 있는 유교조직을 통합하여 독립운동의 원동력으로 활용하는 것을 포기한다. 기독교·천도교·대종교 등 유교 이외의 종교단체가 좀더 활력있는 독립운동을 전개하는 데 비해, 유교단체의 개혁의지와 조직적 결속이 갈수록 약화되어 해외독립운동은 점차 소수 개인적 인물의 활동에 의존하게 되었다.

(2) 유림의 독립청원활동

제1차 세계대전의 종료에 따라 巴里講和會議가 열리게 되고 이 시기에 미국 윌슨대통령이 제창한 민족자결주의에 자극을 받아, 한편에서는 이 강화회의에 독립을 호소하는 방법과 다른 한편에서는 국내외에서 독립을 선언하고 만세운동을 전개하는 방법이 추구되었다. 국내에서 각 종교단체의 지도자들이 모여 계획하고 거국적으로 참여한 독립만세사건인 1919년 3·1운동의 충격으로 유림들은 이 시기에 무엇을 하고 있었는가를 묻지 않을 수 없었다. 그러나 신분의식과 정통적 신념에 사로잡혀 있던 유림들로서 여러 계층의

---

4) 孔敎會에 더불어 만주지역에는 復皇團·保皇團·鄕約團·大韓獨立團(紀元獨立團)·忠烈隊 등 유림들이 참여한 단체들이 있었는데, 이 단체들은 舊王朝를 회복하려는 동기를 강하게 내포하고 있었다.
국사편찬위원회, 《한국독립운동사》 3(1968), 176~189쪽.

타종교인과 공동으로 모의하는 3·1운동에 참여하기는 쉽지 않았을 것이다.[5] 그러나 실제로 만세운동이 지방으로 확산되는 과정에는 상당수의 지방유림들이 주도적으로 참여하였던 사실을 확인할 수 있다.[6]

이처럼 3·1운동의 발생시기에서 유림들도 독립운동에 참여하기 위한 다양한 시도를 하였다. 郭鍾錫과 金昌淑 등은 서울의 만세운동이 유림을 제외하고 일어난 사실을 아쉬워하여 유림이 독자적인 행동을 추진하기로 논의하였다. 그 활동과제는 파리강화회의에 우리의 독립요구를 밝히고 독립을 청원하는 것이었다.

곽종석을 대표로 파리강화회의에 보내는 長書에 명망있는 영남유림들이 다수 서명하였다. 장서는 문명국인 한국의 자주독립을 쟁취하기 위한 독립운동을 만국평화회의가 지지해 줄 것을 핵심내용으로 하였다. 김창숙이 이 장서를 해외로 가져가는 책임을 맡아서 상경하였을 때 호남의 田愚(호 艮齋)는 참여를 거부하였으나, 호서지방의 金福漢(호 志山) 역시 여러 선비들의 연명으로 파리강화회의에 보낼 장서를 준비하고 있는 사실을 확인하자, 서로 공동행동을 결의한다. 그리하여 영남에서 작성한 장서를 공동의 문서로 채택하여 137명의 유림대표가 연명한 이른바 儒林團의 '巴里長書'를 김창숙이 휴대하여 상해로 가져갔다. 상해에서는 이 장서를 강화회의에 파견되어 있는 金奎植에게 우송하여 제출하게 하며, 영문번역과 국문번역을 수 천 부 인쇄하여 각국대표와 외국의 공관을 비롯하여 국내의 각 향교 등 여러 기관에 우송하였다. 이 사건은 '파리장서사건' 혹은 '제1차 儒林團事件'이라 일컬어지며, 합방이후 유림의 가장 조직적인 독립운동의 행동화라 할 수 있다.

해외에 망명하여 상해 등지에서 독립운동을 하던 김창숙은 중국의회 의원들의 한국독립후원회를 조직하거나 中·韓인사들을 결속하는 中韓互助會를 조직하여 임시정부를 돕고, 廣東의 공교회 회장 林福成의 후원을 받아《四民日報》를 발행하며, 한때 북경에서 신채호가 경영하는 잡지《天鼓》의 편집에

---

5) 허선도, 〈三一運動과 儒敎界〉(《3·1운동 50주년 기념논집》, 동아일보사, 1969), 286쪽.

6) 허선도, 위의 글, 286~287쪽.
《매일신보》, 1919년 6월 17일.

가담하기도 하였다. 그는 청년결사대를 조직하고 북경으로 가서 義烈團員 羅錫疇 등을 국내에 파견하여 동양척식회사에 폭탄을 던지게 하였다. 이로 인해 김창숙은 慶北儒林團頭領 겸 義烈團顧問으로 알려졌다. 또한 그가 국내에서 유림들을 중심으로 독립운동자금을 모금하던 사건이 탄로되어 많은 유림들이 일제에 검거되면서 이른바 '제2차 유림단사건'이 발생하게 되었다.

3·1운동이 거족적으로 전개되자 그 동안 일제와 타협하였던 유교지식인들도 자신의 지난 행적을 청산하고 독립을 주장하는 대열에 나섰다. 그 대표적 인물이 金允植(호 雲養)과 李容稙(호 剛菴) 등 舊王朝의 원로대신들이다. 이들은 3·1운동 직후인 3월 28일, 두 사람의 연명으로 일본 내각총리대신과 조선총독 및 동경시내의 신문사 등 주요 기관에 조선의 독립을 요구하는 장서를 보냈다. 이들은 이 장서를 발송한 직후 검찰과 법정에서 신문을 받고 그 동안 일제로부터 받았던 작위와 직책을 박탈당하고 징역 1~2년의 刑을 선고받았다.[7] 한문체의 850자 정도의 이 장서는 한국의 모든 백성이 독립을 부르짖는 것이 人心이며 天命임을 강조하고, 이런 천명에 순응하고 인심을 따라서 한국의 독립을 공식승인하고 공평한 정책으로 세계에 표명하고 각 조약체결국에 통고하도록 요청하였다.[8]

3) 계몽운동과 유교개혁운동

(1) 계몽운동과 민족의식 고취

일제는 동화정책의 일환으로서 학교교육에서도 우리 말을 비롯한 우리 역사와 우리 지리에 관한 교육도 배제하였으며, 식민지사관에 의하여《조선사》38권을 편찬하는 등 우리 역사를 왜곡시킨 역사연구를 진행함으로써 우리 역사와 민족문화를 말살하려고 집요하게 기도해왔다. 그러나 이에 맞서 당시의 독립지사는 민족의식을 각성시키기 위해 민족사와 민족문화의 연구를 활발하게 전개하였다. 여기에 유교지식인들은 수구적 도학자나 진보적 계

7) 허선도, 위의 글, 299쪽.
8) 朴殷植, 〈韓國獨立運動之血史〉(《朴殷植全書》 上), 95~97쪽.

몽사상가의 양쪽에서 각각의 시각에 따라 민족사연구와 저술에 많은 업적을 쌓아갔다.

우리 역사를 강한 민족의식과 독립정신으로 저술하는 작업은 유교사상에 기반을 둔 계몽사상가 내지 독립운동가들에서 볼 수 있다. 박은식은 합방전에 언론활동을 통한 계몽운동을 전개하였던 양명학자이며, 중국으로 망명한 이후 민족의식을 고취하는 방법으로서 일본의 국권침탈과정과 망국의 통분을 서술한《韓國痛史》(1915)와 합방후 민족독립을 위한 투쟁과정을 서술한《獨立運動之血史》(1920)를 저술하였다. 신채호는 유학자르 출발한 계몽사상가요 독립운동가로서 합방이전에도 을지문덕·최영·이순신 등 민족영웅의 전기를 써서 민족의식을 고취하였지만, 1910년 중국에 망명한 뒤로 역사연구에 심혈을 기울였다. 특히 민족주의사관을 확립하여 우리 민족의 근원인 고대사연구에 관심을 집중함으로써 1920년대에서 1930년대 초 사이에《朝鮮上古史》·《朝鮮上古文化史》·《朝鮮史硏究艸》등을 저술하여 국내 신문에 연재함으로써 민족사에 대한 새로운 인식을 열어주었다. 李建芳의 문인인 양명학자 鄭寅普는 1935년《동아일보》에 〈5千年間 朝鮮의 얼〉이란 제목으로 연재하였던 글인《朝鮮史硏究》를 통하여 치밀한 고증으로 우리 역사를 통해 '조선의 얼'을 일깨워주는 민족사관을 전개하였다.[9]

金澤榮(호 滄江)은 계몽사상가와 전통도학자의 양쪽과 깊은 교유를 맺고 있었던 유교지식인이었으며, 한말에 史官으로서《東國歷代史略》(1899) 등 역사서를 저술하였다. 1905년 망명하여 上海·通州 등에 머물면서 우리 역사서의 편찬에 주력하여,《韓史綮》(1918)·《韓國歷代小史》(1922) 등을 저술하고,《校正三國史記》(1910)·《新高麗史》(1924) 등 우리 역사의 고전을 간행하였다. 그는《韓史綮》에서 조선의 太祖가 고려의 두 王(禑王·昌王)을 시해하고 恭讓王의 왕위를 찬탈하였다고 기술하는 등 君主시대를 넘어서서 공화제에 입각한 사관을 보여주고 있으며, 이로 인해 柳必永(호 西坡) 등 보수적 도학자들의 격렬한 비판을 불러 일으켰다.[10] 또한 柳寅植(호 東山)은 우리 역사를 민

9) 愼鏞廈,《朴殷植의 社會思想硏究》(서울대 출판부, 1982), 262~311쪽.
———,《申采浩의 사회사상연구》(한길사, 1984), 58~62쪽.

10) 柳必永은 〈記金澤榮史綮誤〉를 지어 김택영의《韓史綮》에서 太祖와 世祖를 왕

족사관에서 서술한 《大東史》를 저술하여, 단군조선이후 고려이전까지 우리 역사를 南朝와 北朝로 파악하고, 조선의 판도로 만주대륙을 포함시키며, '倍達族'을 조선족 · 북부여족 · 예맥족 · 옥저족 · 숙신족을 포함하는 것으로 제시하여 확대된 민족의식을 제시하고 있다. 그는 김택영의 《한사계》에 내포된 사대주의적 요소를 조목별로 비판하는 〈金史記誤〉를 저술함으로써 자신의 민족사관을 더욱 선명하게 확인하고 있다.[11]

도학자들은 민족의식보다는 의리정신에서 민족사의 서술과 일제에 저항한 節義의 인물들에 관한 전기를 저술하여 민족정신을 고취하고 있는 것을 볼 수 있다. 鄭衡圭(호 蒼樹)는 망국의 통분 속에 우리 역사를 野史로 서술하여 민족적 義氣를 고취하고자 하여 《韓史抄輯》을 편찬하였으며, 또한 〈乙巳殉國諸公傳〉 · 〈丁未三密使傳〉 · 〈庚戌殉義諸公傳〉 · 〈韓末殉國烈士諸公傳〉 등 항일 의사들의 전기를 기록하여, 순국정신을 표양하고 있다. 또한 金澤述은 金㬢中이 편찬한 《朝鮮史》를 검토하고서 〈觀朝鮮史〉(1943)를 썼는데, 제목이 '韓史'라 하지 않고 '朝鮮史'라 한 것부터 식민사관의 표현이라 규정하여 비판하고 있다.[12] 河謙鎭(호 晦峰)은 〈國性論〉(1921)을 지어 우리의 민족문화가 지닌 본질인 國性을 '禮義'로 제시하였으며, 〈安義士傳〉· 〈露梁忠烈祠記〉· 〈名將列傳〉· 〈勇將列傳〉 등 안중근을 비롯하여 외적의 침략을 막아낸 명장과 용장 등 민족적 영웅들의 전기를 저술하여 민족기상과 항일의지를 진작하고자 하였다. 그는 광범위한 자료를 수집하여 《東儒學案》(1943)을 완성함으로써 한국 유학사를 체계화하여, 민족문화의 유산을 정리하는 데 중요한 업적을 남겨주고 있다.

李炳憲(호 眞菴)은 康有爲의 영향아래 今文經學의 연구와 孔敎운동을 전개한 인물로서, 《歷史敎理錯綜談》(1921)을 지어 舜이 동이족임을 확인하고 동시에 여진족의 金과 淸, 몽고족의 元 등이 중국을 지배하였던 사실을 모두 백

위찬탈자로 규정한 것에 대해 先王을 모욕하는 것이라 반박하여 道學전통의 史觀을 제시한다.

11) 금장태 · 고광직, 《儒學近百年》(박영사, 1984), 419쪽.

12) 당시 道學者들 사이에는 대한제국이 멸망한 뒤 국호에 대한 논란이 있었다. 李震相과 田愚의 학맥 안에서는 '韓'이란 호칭을 쓰고, 李恒老의 학맥 안에서는 '朝鮮'이라고 썼다.

두산에서 발원하는 우리 민족이 중국을 4차례 지배한 것으로 보는 '大民族史觀'을 제시하고 있다. 안동의 李源台도 대민족사관에 근거하여《倍達族疆域形勢圖》를 지어 만주와 요서지역 및 중국 동해안에 걸치는 배달족의 영역을 지도로 제시하고 있다. 朴章鉉(호 中山)은 민족의 자기성찰과 사상의 진보를 위해 史學의 중요성을 강조하고《海東春秋》·《海東書經》을 저술하였다. 또한 우리 역사를 經傳의 체제로 재구성함으로써 민족사를 경전과 일치시키는 독특한 작업을 하였으며,《朝鮮歷代史略抄》·《野史》등의 민족사와 민족문화의 편찬작업을 수행하였다.

유림으로서 민족의식을 배양하기 위하여 사회운동을 전개한 경우는 그 운동영역이 매우 한정되어, 주로 전통적 국가관에 의한 의례를 통하여 민족의식을 각성시키고, 교육운동에 많은 관심을 기울이는 정도로 치우쳤다. 의례를 통한 민족의식의 표출은 주로 고종과 순종의 죽음이라는 기회에 거국적 의례로서 國喪에 상복을 입고 哭班에 참여하는 전통을 따름으로서 前왕조에 대한 추모와 그 遺民으로서 자각을 확산시키는 것이다. 3·1운동의 시기로 고종의 因山日을 잡았던 것도 백성들이 몰려드는 기회이기 때문이었다. 1926년 순종의 죽음에도 유림들은 상복을 입었다. 그 뿐만 아니라 합방으로 국가의 멸망을 보고서 상당수의 유학자들이 상복을 입거나 白笠을 쓰고 다님으로써 국가의식을 각성시켰다.[13)]

유림은 전통적으로 후진교육을 자신의 임무로 삼아왔지만, 일제의 식민통치 아래서도 대부분 전통의 한학과 유교경전교육에 치중함으로써 의리정신을 확고하게 견지하는 데에는 기여하였지만, 민족독립의식을 강화하는 데에는 매우 미약하였다. 당시의 많은 유학자들은 자신의 서재나 서당에서 제자들을 가르치면서 엄격한 學規로 학풍을 강화하는 데 관심을 기울였다. 安圭容의〈竹谷精舍講規〉에서는 "士族이나 庶類의 신분을 막론하고 배움에 뜻을 둔 자는 모두 입학을 허가한다"고 규정하여 신분차별의 폐지를 선언하기도 한다. 金澤述(田 愚 문인)은 萬宗齋·東谷書齋 등에서 강학을 하면서 엄격한 학규를 제정하고, 학생들의 수학정도에 따라 4등급으로 分班하며 각 반에 原

---

13) 고종 승하시 白笠을 썼던 吳駿善은 임금과 국가에 대한 춘추의리에 따라 白笠을 쓰고 일생을 마쳤다.

課와 間課의 과목을 설치하는 체계화된 교과과정을 설정하였다.[14] 이에 비해 유인식은 전통 유교의 폐단을 비판하고 유교사상의 근대적 개혁을 주장하였으며, 1907년 서원의 재산을 이용하여 안동에 協東學校를 설립하였으며, 1920년 李商在 등과 전국교육기관의 협의회인 朝鮮敎育協會를 조직하고, 大邱에 嶠南學館을 설립하였다. 또한 그는 일제의 방해로 뜻을 이루지 못했으나 1923년 인재를 양성하기 위해 朝鮮民立大學期成會를 발기하여 중앙위원으로 모금운동을 벌이는 등 교육활동에 심혈을 기울였다.

(2) 유교개혁운동의 양상

국권의 상실과 일제의 식민지배에 따라 민족의식이 고조되었을 때 유교개혁사상이 등장하고 있다. 한국 근대의 유교개혁사상은 그 실현을 위해 대중적 전파나 공동체의 조직운동을 전개하기 위해 구체적인 개혁방안을 구상하여 실제로 공동체 조직활동을 벌이기도 하였다. 이러한 조직적 종교운동으로서의 활동양상을 크게 보면 ① 박은식·장지연을 중심으로 하는 大同敎 조직, ② 이승희·이병헌에 의해 각각 추진되었던 孔敎운동, ③ 기타 群小조직이나 활동으로 구분해 볼 수 있다.

박은식·장지연 등은 1909년 9월 대동교를 창건하여 유교의 민족주의적 종교운동을 전개하였다. 이때 장지연은 공자의 誕日의례와 문묘의 釋奠의례·祭天의례를 비롯한 황제의 의례(皇禮) 등 유교의례의 체계적 재구성을 추구하고, 나아가 의관제도의 개혁방법을 검토하기도 하였다. 의례의 재정립을 통한 유교적 실천의 활성화를 추구하는 것은 유교개혁운동의 중요한 과제로 인식될 수 있다. 여기서 대동교는 유교의 새로운 이념을 담고 있는 이름으로서, 강유위의 大同사상으로부터 영향을 받고 있음을 확인할 수 있다. 일제가 1908년 친일유교단체인 大東學會(孔子敎로 改名)를 설립하여 유림의 변질과 통제를 추구하자, 이에 대항하여 민족진영에서 대동교를 조직한 것이다.[15]

박은식은 더욱 구체적으로 우리 현실에서 종교를 扶植시키는 과제의 시급함과 공자의 도를 나라 안에 떨쳐 일으키고 백성의 마음속에 젖어들게 할

14) 금장태·고광직, 앞의 책, 48쪽.
15) 愼鏞廈, 앞의 책(1982), 201~202쪽.

방책을 탐색하고 있었다. 곧 그는 유교가 개혁되지 않으면 결국은 멸망할 것임을 경고하면서 〈儒敎求新論〉에서 자신의 유교개혁론으로 ① 군주중심에서 인민중심으로 전환, ② 소극적 폐쇄성에서 적극적 전파활동으로 전환, ③ 번쇄한 주자학풍에서 쉽고 절실한 양명학풍으로 전환이라는 3조목의 핵심대책을 제시하고 있다.[16] 다시 말하면 민주적 사회의식으로 국민을 계몽하며, 세계를 향해 선교를 행동화하고, 주체적 신념과 실천의지의 확립을 지향하는 것이었다.

강유위와 陳煥章을 중심으로 중국에서 전개된 공교운동에 직접 관련을 맺고 유교개혁운동을 전개한 경우로서는 만주지역에서 활동하던 이승희와 국내에서 활동하던 이병헌이 있으며, 이승희는 道學을 배경으로 유지하고 있다면 이병헌은 今文經學을 기반으로 삼고 있다는 점에서 뚜렷한 차이를 보여준다.

먼저 이승희는 1913년 당시 북경에 孔敎會가 조직되었다는 소식을 듣고서, 만주지역(東三省) 한국인 동포들을 결속하는 방법으로 東三省韓人孔敎會의 설치를 위해 각지로 통문을 돌리며, 〈東三省韓人孔敎會趣旨書〉와 시행원칙으로 10條의 '節目'을 제정하였다. 또한 그는 1914년 북경에 가서 진환장 등 북경공교회 인사들을 만나 東三省韓人孔敎會支會를 설치하도록 승인을 받았다. 그는 공교와 서양의 新學을 조화시키는 것이 공교 존립의 핵심적인 문제로 인식하고 깊은 관심을 기울였으며, 공교에서는 政·敎가 분리되지 않음을 강조했다. 그리하여 국가와 교가 멸망하지 않으려면 반드시 정·교를 통합하고, 신학과 구학을 통합해야 한다고 역설했다. 만약에 끝내 양자가 소통되지 않는다면, 孔廟와 학당에서라도 孔敎學科를 설립하여 공교가 현시대의 응용(時用)을 겸하고 있음을 밝힐 것을 주장하고 있다.[17]

다음으로 이병헌은 다섯 차례(1914~1925) 중국을 방문하여 강유위의 직접적인 지도를 받으며 중국의 공교운동을 도입한 유교개혁론의 대표적 인물이다. 그는 문묘를 설립하여 敎祖를 존숭하는 공교조직화를 추진하여 丹城(경남 山淸)에 培山書堂을 설립하였다. 비록 그의 공교조직운동은 시작단계에서 실패로 돌아갔지만, 공교의 경학적 기초인 금문경학연구에로 관심을 돌려

---

16) 朴殷植, 〈儒敎求新論〉(《朴殷植全書》 下), 44~48쪽.
17) 李承熙, 〈孔敎會講說〉(《韓溪遺稿》 7), 388~390쪽.

《孔經大義考》를 비롯한 금문경학의 독보적인 체계를 남겼다. 이병헌은《儒敎復原論》(1919)을 통해 자신의 공교사상의 기본체계를 확고히 하였으며, 이를 실현하기 위한 다양한 방법을 구체적으로 제시하고 있다. 곧 그는 유교의 傳布방법으로서 ① 敎堂을 건립하여 성심으로 공자를 섬길 것, ② 별도로 가려서 번역한 서적을 聖經으로 하여 천하에 배포할 것, ③ 敎士를 선택하여 정해서 경전을 강설하여 천하에 펼칠 것을 제안했다.[18] 또한 유교개혁의 방향을 전반적으로 전통의 '鄕敎式 유교'(舊派)에서 '敎會式 유교'(新派)로 개혁할 것을 주장하고 있다.[19] 이러한 개혁론의 실천방법은 당시에 강력한 전파력을 발휘하고 있던 서양종교인 기독교의 방법을 상당 부분 수용한 것이다.

1909년의 대동교조직과 1910~1920년대의 국내외에서 공교조직으로 유교의 종교운동이 일어났으나, 유교개혁운동으로서의 구상과 설계만큼 실제로 대중적 호응과 세력의 확장을 이루지는 못하였다. 그러나 이 시기 전후에 지속적으로 유교의 교단조직이 일어났으며, 이때에 조직되어 활동하던 유교단체 가운데는 친일조직도 상당수 있었다.[20] 당시 유교단체의 조직과 활동양상에서 드러나는 특징으로서 ① 일제의 유교단체에 대한 회유와 분열의 통제정책이 매우 집요했던 사실, ② 유교단체의 창립시기가 1920년대에 가장 많았던 사실, ③ 太極敎(길주)·慕聖尊道院(길주)·大聖院(단천)·孔子敎(영변) 등의 중심 활동지역이 함경도와 평안도인데, 전통적으로 유림기반이 가장 약한 곳이었던 서북지역에서 유교단체들이 활동하고 있는 사실을 확인할 수 있다.

4) 일제의 유림 회유정책과 분열정책

(1) 일제의 유림 회유정책

일제는 합방이후 가장 큰 저항세력인 유림을 회유함으로써 통제를 쉽게 하기 위한 시도를 하고 있다. 이에 따라 일제는 경향 각지의 상당수 유림을 포함하여 조선 사회의 지도층에 있는 인물들에게 작위를 주거나 은사금이란

18) 李炳憲, 〈儒敎復原論〉(《李炳憲全集》 上), 189쪽.
19) 李炳憲, 〈辯訂錄〉(《李炳憲全集》 上), 325~329쪽.
20) 일제하의 유교단체를 목록으로 만들어보면 다음과 같다.

명목의 돈을 주어 회유하고 지조를 꺾어 변절시키려고 기도하였다.21) 이때에 서울에서 높은 벼슬을 하던 유학자들 가운데는 작위와 소위 은사금을 받고 일제의 식민지배에 순응하였으나, 지방의 유림들은 이를 거부하여 저항하였다. 이에 따라 일제는 작위와 소위 은사금을 거부하였던 유림들을 헌병대로 불러들여 강압하거나 고문하고 투옥하는 등 혹독한 압박을 가하였다. 이에 따라 유림들은 항의와 망명을 하기도 하고, 자결을 하는 등 끈질긴 저항 의지를 발휘하였다.

고종의 매부로 궁내부대신을 지낸 趙鼎九는 합방이후 일제가 2품 이상의 고위관리 80인에게 내린 작위와 은사금을 거부하였다. 일제가 위협을 하자 그는 "차라리 의롭게 죽을 수는 있지만 욕되게 살 수는 없다"하고 목을 찔러 자결을 기도하였으나, 구출되자 '아직 죽지 못한 사람'으로 자처하였으며,

---

敎團名	창립	대표	특기사항
大宗敎	1907	河相益	원래 1879년경 김재일이 창시
太極敎	1907	宋炳華	처음 명칭 '關東敎'. 총부-吉州
大東學會 ※	1907. 12	申箕善	1909. 10 '孔子敎'로 改名
大同敎	1909. 9	李容稙	朴殷植·張志淵이 활동의 중심인물
孔敎會(國外)	1913	李承熙	'東三省韓人孔敎會支部'로 설치
大東斯文會 ※	1919. 12	鄭萬朝	《大東斯文會報》 간행(1929. 4~)
儒道振興會 ※	1921	金榮漢	《儒道》 간행(1921~)
儒道闡明會	1921	金鶴圭	《儒道闡明會報》 간행(1922. 4~)
孔敎會(國內)	1923	李炳憲	경남 산청군 丹城에 培山書堂창건
大成敎會	1923	趙衡夏	총부-京城.
性道敎	1929	李民濟	水雲敎에 儒林 加味. 2代 敎統
慕聖尊道院	1929	李範錫	太極敎의 분파. 慕聖院과 구별
大聖院	1930	金彰漢	京城과 端川 등지에 支院
孔子敎	1931	?	총부-평북 영변.
朝鮮儒敎會	1932	安淳煥	始興에 鹿洞書院운영. 《日月時報》 간행
朝鮮儒道聯合會 ※	1939	尹悳榮	《儒道》 간행(日文, 1942. 4~)

* 鄭奎薰, 《한국 근대 종교의 사상과 실제에 관한 연구》(성균관대 박사학위논문, 1998), 229쪽.

※표는 親日儒林단체.

21) 合併條約(8조)의 제5조에 "日本國皇帝陛下, 特爲表彰韓人勳功認以適當者, 授榮爵且與恩金"이란 항목에 근거하고 있는 것으로 보인다.

고종이 붕어하자 인산을 마치고는 중국에 망명하였다.[22] 金奭鎭(호 梧泉)은 金尙憲의 후손으로 관직이 좌참찬에 이르렀으며, 을사늑약에 상소를 올려 “이번에 체결된 조약은 비록 위협에 따른 것이지만, 폐하는 ‘사직을 따라 죽어야할 의리’(殉社之義)로 엄중하게 배척하여야 합니다”라고 주장하였다. 그는 일제의 작위와 은사금에 대해 “두 임금을 섬길 수 없다”는 의리를 밝히고 거절한 뒤 독약을 먹고 자결하였다. 이처럼 일제는 지도층과 선비를 돈으로 매수하고 협박하여 지조를 꺾고자 하는 회유정책를 집요하고 혹독하게 시행하여, 명망있는 유학자로서 申箕善·金允植·李容稙·鄭萬朝 등은 일찍이 일제에 순응하였다. 그러나 당시의 뜻있는 선비들은 생명을 걸고 지조를 지킴으로써 일제에 항거정신을 발휘하였다.[23]

(2) 일제의 유림 분열정책

일제강점기에 일어났던 유교조직으로서 대동학회(1909년 공자교로 개명)·大東斯文會·儒道振興會·朝鮮儒道聯合會는 일제가 유교조직을 친일세력으로 순화시키는 동시에 유교조직을 분열하여 파괴하기 위한 유교탄압정책의 일환으로 조직하고 지원하였던 친일유교단체이다. 그 가운데 대동사문회(1919)와 유도진흥회(1921)는 3·1운동 이후 유림조직을 저변에서 분열시키고 붕괴시키기 위한 공작에 이용하기 위한 단체로 볼 수 있다.

일제의 총독부가 경학원과 향교를 관리하자, 일제에 저항하는 유림들은 문묘의 석전제향에도 참석하지 않았으며, 문묘제향은 친일유림에 의해 점유되는 형편이었다. 일제가 3·1운동 이후 유림들을 회유하는 한편 분열정책으로 총독부의 지원아래 유림단체들을 조직하기 시작하였는데, 총독부는 이런 유림단체들을 내선융화운동·황국신민화운동 등 식민지 통치정책을 위한 사회교화운동에 활용하였다. 이들 친일유림단체는 식민지 교육사업에 참여하기도 하였다. 당시 친일조직의 유림회가 회원모집을 하자 대중들은 입회만 하면

22) 일제가 작위를 준 80인 가운데 조정구·김석진·윤용구·한규설·홍순향·조경호·민영달·유길준의 8인만이 받기를 거부하였다. 《騎驢隨筆》, 〈趙鼎九〉.

23) 《騎驢隨筆》에는 ‘庚戌(爵位·恩)賜金拒却’의 인물로 7인이, 《念齋野錄》 ‘合邦顚末’에는 恩賜金을 거절한 인물로 9인이 기록되어 있다. 그러나 실제로 은사금을 거절하다 투옥되고 자결한 유림의 인물들이 전국적으로 매우 많았다.

양반이 되는 줄 알고, 자기 이름도 쓸 줄 모르는 사람조차 입회금 1圓씩을 내고 다수가 참여하였다고 한다.[24)]

1919년 발족된 대동사문회는 魚允迪·宋之憲이 일본을 시찰하고 돌아와 東京斯文會와 연계하기 위해 조직을 추진한 것이요, 회장에 尹用求, 총무에 어윤적이 추대되었다. 대동사문회는 일제의 재정적 뒷받침과 보호하에 친일 유림의 역할을 수행하여, 경학원의 석전제와 강연회에 적극적으로 참여하며 일제의 정책에 협조하였다. 그리하여 그들의 석전제향에는 상당히 많은 사람이 일제에 의해 동원되었다. 1920년 발족된 유도진흥회의 지회창립대회에는 도지사·군수·경찰간부·헌병대장·학교장 등의 지방관이 동참하는 등 적극적 지원을 받았다. 이러한 친일유림단체의 활동은 한편으로 지방의 유림들을 끌어내어 지조를 꺾어 친일세력으로 포섭하며, 다른 한편으로 회원들에게 "國憲을 존중하여 국법에 따르고 生民에 복리를 생각할 것"과 "世運의 進展에 뒤지지 말아야 할 것이요, 평상시에 大局에 착안하고 가볍고 조급하게 불온한 행동을 삼가하여 일반 民人의 모범이 될 것"을 요구하였다. 이것은 사실상 일제의 식민통치정책에 순응하고 적극적으로 참여하는 집단으로 길들여 동원할 수 있는 체제를 만들고자 하였던 것이다.

실제로 친일유교단체가 사회의 표면에 드러나면서 지방의 유림들 가운데 지조가 굳은 인물들을 제외하고는 일제의 유혹과 위협에 따라 친일단체에 참여하거나 동원되면서 사실상 유림의 내부분열이 심각하게 일어났다. 지조가 굳은 유림들은 이들을 비루하게 여겼고, 한 번 지조를 잃은 유림들은 현실에 타협하며 일제에 순응하게 되었던 것이다. 물론 일제에 전적으로 의존해서 사명감이나 능동적 참여의식이 결핍된 유도진흥회는 자생력이 없다는 문제점을 노출시키기도 하였다.[25)]

---

24) 《동아일보》, 1924년 1월 3일, 〈時代錯誤의 儒林會〉.
25) 《齋藤實文書》 9, 162~163쪽, 〈朝鮮儒道振興會 經過狀況報告書〉.

5) 일제의 동화정책과 유교전통의 파괴

(1) 일제의 제도적 동화정책

합방후 조선사회의 유교전통에 대한 일제의 개혁은 더욱 광범하고 본격적으로 전개되었다. 특히 1911년 〈朝鮮敎育令〉이 발표되어 교육의 목적을 "교육에 관한 칙령에 입각하여 충량한 국민을 육성하는 것을 본의로 한다"고 제시하며, 보통학교에서 국어교육으로 일본어를 가르치는 것으로 규정하여 일제의 동화정책이 본격적으로 시작되었다. 합방이후 유림의 강력한 저항 양상은 일제가 요구하는 세금을 거부하며, 민적(戶籍)에 등록하기를 거부하는 것으로 나타났다. 당시 유림은 세금납부와 호적등록이 곧 그 백성이 되는 것을 의미한다고 인식하였다. 따라서 그것은 두 임금을 섬기지 않는다는 충절·의리에서 뿐만 아니라, 이민족 지배하의 백성은 곧 노예라는 의미에서 용납될 수 없었다. 1910년 합방직후부터 1918년까지의 토지조사사업으로 기본적 재산권을 약탈당하게 되어서도 유림의 지사들은 일제의 지배를 거부하는 항거를 계속하였다. 또한 전통 교육기관이 폐지되고 총독부가 세운 新制學校가 유교교육을 배제할 뿐만 아니라 식민지화를 통해 민족 전통의 결정적 단절화를 도모하고 있음을 유림은 간파하고 있었다.

유교에 대한 조선총독부의 제도적 탄압과 동화정책은 교육정책을 통해 가장 광범하게 수행되었다. 본래 유교는 조선사회에서 성균관·향교의 국가교육기구와 서원·서당의 민간교육기구에 기반을 두고 있었던 만큼 일제의 교육정책은 유교 기반을 근본적으로 파괴하고 통제하는 역할을 하였던 것이다. 일제는 먼저 국가교육기관의 중심인 성균관을 폐지하고 1911년 총독부의 식민정책에 부합하는 산하기관으로서 경학원을 천황의 하사금의 명목으로 설립하였으며, 경학원의 설립목적을 "조선총독의 감독에 속하여 경학을 강구하며 風敎德化를 裨補함"이라 규정하여, 조선인의 황국신민화와 충량한 국민화를 계도하는 교화기구로서 역할을 하도록 이끌어갔다. 일제는 경학원을 이용하여 석전제를 대대적으로 거행하여 유교가 총독부체제에 안정적으로 정착하게 하였다. 경학원에 경성 및 지방 13도 강사를 임명하여 강연케 함으로써 식민통치를 정당화하는 데에 활용하였으며, 《經學院雜誌》를 발간하여 각지에 총독부의 정책을 적극적으로 홍보하도록 하였다. 곧 총독부는 유교의 전통적 교육기능을 단절시키고 총독의 감독하에서 부분적인 제사기능과 강연회를 유지하였다. 일제는 성균관의 교육기관으로서의 기능을 폐지시킨 후에 유교 지식인을 배양하여 유교인을 식민체제에 순치시킬 필요에 따라 1930년 明倫學院을 경학원에 부설하여 설치함으로써 이른바 친일조직으로 '皇道 유림'을 양성하였다.

나아가 일제는 유교의 지방조직으로서 향교를 식민지체제에 맞도록 재편하여 유교조직을 통제해갔다. 곧 일제는 합병 이전인 1910년 4월에 〈향교재산관리규정〉을 선포하여 향교의 재산관리를 해당 지방의 부윤이나 군수에 소속시키고, 향교재산 수입의 대부분을 지방 공립학교의 경비로 전용하게 하였다. 유림의 불평이 심해지자 총독부는 1920년 향교재산의 학교경비 지출을 중단하고 향교의 재산관리도 유림에서 선발한 掌議가 담당하게 하였으나, 향교재산의 관리와 인원을 행정관청에 귀속시킴으로써 향교조직을 철저히 통제하였다. 이에 따라 향교는 총독부의 정책을 선전하는 사회 교화의 강연장으로 전락했고, 친일유림의 집합장소로 변하여 지조있는 지방유림으로부터 외면당하고, 이에 따라 유림들 사이에 분열의 골이 깊어졌던 것이 사실이다. 또한 일본천황의 은전이라 하여, 1924년의 황태자의 가례식과 1928년의 천황 즉위식에서 薛聰을 비롯하여 문묘에 종향된 조선의 선현 18位에 대해 그 후손의 집안에 제사비용(祭粢料)을 하사함으로써 조선의 유림들을 일제에 순치시켜 갔다.

(2) 일제의 문화적·풍속적 동화정책

일제의 식민지 통치정책은 1910년대의 무단정치와 3·1운동이후 1920년대의 소위 문화정치를 거쳐 1930년대로 들어가면서 한민족의 문화전통을 철저히 말살하여 일본문화에 동화시키고자 기도하는 민족말살정책 내지 동화정책을 전개하는 것으로 드러났다. 일제가 만주와 중국 대륙 및 태평양으로 세력 확장의 침략을 계속하던 시기에, 우리의 문화전통을 말살하고 황국신민화를 시도한 중요한 사건을 유교적 신념의 관심에서 주목한다면 ① 일본어 강요, ② 皇道儒敎化, ③ 창씨개명의 3가지를 열거해 볼 수 있다.

이러한 일제의 강력한 민족문화말살과 민족동화정책에 대해 가장 집요한 저항과 거부운동을 전개한 집단은 전통문화의 고수에 강인한 신념을 지니고 있는 유림집단이었다. 일제의 동화정책에 대한 유림의 저항태도는 민족의식으로만 연결시켜 보기 어려운 수구적 성격을 지닌 것이지만, 결과적으로 동화될 수 없는 민족의식의 한 형태로 볼 수 있는 것은 사실이다.

먼저 일제는 〈조선총독부교육령〉에서 "국민(한국국민)의 성격을 함양하기 위하여 국어(일본어)보급"을 목적으로 규정하여, 모든 과목을 일본어로 교육함으로써 처음부터 동화정책을 전개하였다.[26] 일제는 1937년 중일전쟁을 일으킨 이후 동화정책의 방법으로 황민화운동을 강화하면서 1938년부터 모든 학교에서 조선어교육을 폐지하고 일상생활에서도 일본어를 사용하도록 압박하였다. 이러한 일제의 탄압이 강화되는 과정에서 당시 다수의 유림은 일본의 교육제도를 인정하지 않고 新制學校에 자녀들을 보내지 않음으로써 일제의 식민지교육을 전면적으로 거부하였다. 이러한 제도교육의 거부는 비록 가정에서 한학교육을 받는다 할지라도 식민지체제 아래서 자손들의 사회활동을 스스로 봉쇄하였을 뿐만 아니라, 해방 이후에도 제도교육의 학력이 없어 사회진출에 심한 제한을 받게 되는 엄청난 피해를 겪어야 했다. 또한 가정에서 일본어의 사용을 엄격히 금지하였던 것은 유림 가정의 일반적 사실이다. 그러나 유림에게 우리말은 한글이라기 보다 漢文이었던 것을 지적할 필요가 있다.[27]

다음으로 일제의 신앙적 동화정책은 일찍부터 친일유교단체를 설립하여 민족의식을 붕괴시키고자 시도하였다. 일제는 1911년 성균관을 폐지하고 경학원으로 개칭하며, 그 뒤 경학원을 다시 明倫專門學院으로 개칭하여 皇道儒林의 양성기관으로 삼았고, 일제말기에는 명륜전문학원조차 폐쇄하여 明倫鍊

26) 일제하에서 보통학교 수업은 주26시간 가운데 일본어 10시간, 고등보통학교 수업은 주30시간 가운데 일본어가 8시간으로 엄청난 비중을 차지하고 있는 것으로 나타난다. 朴殷植, 《韓國獨立運動之血史》, 51~53쪽.

27) 예를 들어 鄭璣淵은 해방후에도 한글전용론에 반대하면서 漢字의 우월성을 고집하였다. 금장태·고광직, 앞의 책(1984), 207~208쪽.

成所로 개편함으로써 유교기관을 점진적으로 괴멸시켜 갔다. 특히 친일유교인으로 황도유교를 표방함으로써 천황의 통치체제를 유교이론으로 합리화시키게 하여 일제의 동화정책에 앞잡이로 삼았다.[28] 일제는 중일전쟁을 계속하던 1938년부터 國民精神總動員朝鮮聯盟을 창립하여 국가동원의 정신적 통제를 강화하자 이듬해 친일유교인들은 조선유림대회를 열어 국민정신총동원에 협력할 것을 결의하는 행동을 벌이기도 하였다. 그러나 일제에 모든 협력을 거부하는 유림의 주류는 친일유림에 의해 점령된 성균관·향교의 조직을 떠나서 서원·서당의 민간조직을 통해 결속하거나, 어떤 기구에도 관계하지 않고 개인적 인간관계의 강한 유대를 통해 유림조직으로서 항일 저항의식을 의리의 당면과제로 인식하기도 하였다.

또한 일제는 지속적으로 단발을 강행하였지만 유림들은 保髮을 자신의 전통을 수호하는 상징으로서 소중히 하였다. 申益均은 머리를 깎은 사람은 제자로 받아들이지 않을 뿐만 아니라 제자가 머리를 깎으면 門人錄에서 삭제해버리기 까지 하여 강경하게 단발을 거부하였다. 그의 제자 梁本錫이 1934년 머리를 깎이지 않으려다 일경의 칼에 찔려 죽자, 그는 제문을 지어 "천지의 올바른 성품을 잃지 않고 성현의 큰 훈계를 준수하여 상투를 지켜서 오늘의 주인이 되었으니 그 몸은 죽었으나 그 넋은 죽지 않았다"고 위로하고 있다.[29] 일제의 동화정책은 1940년부터 창씨개명을 시행함으로써 그 극치를 이루고 있다. 이 시기는 일제말기로서 전시의 위압으로 강제화하여 시행 7개월만에 80%가 창씨를 할만큼 대부분이 휩쓸렸고, 심지어 명망있는 유학자도 그 강압에 견디지 못하고 굴종한 경우가 많다.

6) 일제하의 유교의 특성

조선시대를 지탱해 온 통치이념의 주체인 유림은 일제의 국권침탈과정에서부터 의병운동이나 상소운동 등으로 강력하게 저항해왔으며, 합방후에도

28) 心山思想硏究會 編, 《金昌淑文存》(성균관대 출판부, 1986), 289~290쪽.
금장태, 《유교사상과 한국사회》(성균관대 출판부, 1987), 283쪽.

29) 금장태·고광직, 앞의 책(1984), 123쪽.

국외에 망명하여 무력항쟁을 하거나, 일본정부나 조선총독부를 포함하여 각국 정부에 독립청원을 하며, 교육사업과 계몽활동을 벌여 독립의식을 고취하기도 하고, 일제의 동화정책에 저항하여 전통문화를 지키며 모든 타협을 거부하였다. 그러나 전체적으로 볼 때 박은식·김창숙 등 소수의 유림출신 망명독립운동가들이 활동하는 정도이고, 이승희처럼 공교운동과 연결된 독립기지건설을 시도한 경우도 있었지만 실질적인 영향력은 미약하였다. 다만 유림이 파리 만국평화회의에 독립청원을 하였던 '파리장서사건'과 일제의 동화정책에 대해 일관된 비타협적 거부태도에서 강인한 저항의지를 확인할 수 있다. 유림의 비타협 무저항은 일제의 가혹한 억압에 따른 시련 속에서도 비교적 끝까지 흔들리지 않고 당당하게 지조를 지켜갔다는 점에서 일제강점기 유교의 민족의식을 발휘하였다는 의의를 인정할 수 있다.

유림의 항일운동은 유림이 향촌의 친족적 결속이나 학맥의 결속에 기초하고 있으므로, 소수의 진보적 인물을 제외하면 전국적 조직을 형성하지 못하였다는 문제점이 있으며, 전통의 생활양식을 일본 식민통치의 사회체제와 대립된 것으로 파악하는 수구적 폐쇄의식 속에 사로잡혀 항일의식을 민족의식으로 선명하게 표출하지 못하였다는 점에서 뚜렷한 한계를 드러내고 있다. 이러한 유림의 항일의식은 실제로 민족의식으로 표출되는 경우라 하더라도 개인적 신념과 의지의 차원에 머물고 말아 사회적 변혁과 유리되면서 사회에 영향력을 발휘하지 못하였던 것이 사실이다. 또한 일본어 사용을 강요하는 일제의 동화정책에 대해 유림은 극단적 거부로 민족전통을 고수하는 강인함을 보여주었지만, 이러한 유림의 태도는 철저히 은둔적인 것이기에 민족독립의 당면문제를 위한 적극적인 지식의 획득이나 대책의 강구가 결여되었던 것이 사실이다.

이에 비해 일제의 유림에 대한 탄압정책은 조직적이고 집요하여, 조선사회의 국가체제 속에 있던 유교조직인 성균관·향교를 장악하여 교육기관으로서의 기능을 제거하여 변질시키고 친일유림집단을 조직하여 이를 점유함으로써, 한편으로 유림집단을 분열시키고, 이에 비타협적인 항일유림집단을 더욱 사회체제로부터 소외시켜 무기력하게 몰아갔던 것이 사실이다. 특히 일제는 식민통치의 도구로서 친일유림집단과 유교기관을 이용하는 동시에, 은사금 등의 수단으로 유인하고 위협하여 유교인의 지조를 꺾고, 유림집단을 회유하여 변질시킴으로써 이를 통해 분열을 심화시켰다. 나아가 일제가 유교전통의 衣髮제도와 의례제도의 변혁을 강요함에 따라 유림을 식민통치에 협력하는 예속집단으로 전락시키거나 폐쇄적 전통수호의 은둔집단으로 무력화시킴으로써 실질적으로 유교조직을 이용하거나 억압하는 양면정책을 썼던 것이다.

다만 이 시대의 상당수 유교지식인이 일제에 순치되어 식민통치의 도구가 되었음에도 불구하고, 일제의 집요한 동화정책을 끝까지 거부하여 지조를 지켰던 보수적 유교지식인 및 소수이지만 유교개혁운동을 통해 민족의식을 각성시키고자 노력하였던 인물들은 국내에서 항일정신을 지켜갔던 중심세력으로서 역사적 의미를 지니는 것이라 평가할 수 있다.

〈琴章泰〉

5. 개신교

1) 식민지시기 개신교의 상황

1910년 '경술국치' 이후 혹독한 무단통치하에서 개신교회는 민족적 또는 사회적 문제보다는 종교적 방면에 관심을 기울였다. 그들은 망국의 비애를 신앙의 열성으로 잊어보려 했으며, 특히 일제와의 갈등을 두려워 한 서양선교사들은 한국 개신교인들을 비정치적인 경향으로 지도·감독했다.

그러나 1919년 3·1운동은 이같은 상황을 반전시켰다. 널리 알려진 바와 같이 3·1운동의 계획과 확산 단계에서 개신교인들의 역할은 매우 두드러졌다. 그 동안 침묵했던 교인들은 만세를 부르며 시위를 벌였고, 독립에 대한 새로운 희망을 품게 되었다.

'경술국치' 이후 최대의 민족적 거사라 할 수 있는 3·1운동과 개신교의 관계를 알아보는 것은, 민족문화의 수호와 발전을 위한 개신교인들의 활동을 이해하는 데 도움을 줄 것이다.

다음 〈표 1〉은 3·1운동 당시 入監者와 被檢者의 종교별 상황을 정리한 것이다. 이 표를 보면, 3·1운동 당시 종교인들의 역할이 어느 정도였는지를 대략이나마 짐작할 수 있다. 입감자의 39.43%(3,572/9,059), 피검자의 32.3%(6,314/19,525)가 종교인으로 나타나는데, 이는 당시의 종교 인구에 비추어 볼 때 결코 작은 비율이 아니었다.

그 중에서도 천도교와 개신교의 비율이 높았으며, 불교와 천주교의 경우 그 교세에 비해 비율이 낮았다. 천도교는 입감자의 15.1%, 피검자의 11.8%를, 개신교는 입감자의 22%, 피검자의 17.6%를 차지하고 있는데, 이는 두 종교인들의 '민족의식'이 상대적으로 높았음을 보여준다.

〈표 1〉 3·1운동 당시 입감자와 피검자의 종교별 현황

종교		남 (입감자/피검자)	여 (입감자/피감자)	합계 (입감자/피감자)	비율 (입감자/피감자)
천도교		1,361/2,264	2/15	1,363/2,283	15.1%/11.8%
시천교		5/14	-	5/14	-
불 교		105/220	1/-	106/220	1.2%/1.1%
유 교		55/346	-	55/346	0.6%/3.6%
개신교	장로교	1,322 / 2,254	119/232	1,441/2,486	22%/17.6%
	감리교	401/518	37/42	438/560	
	조합교회	7/7	-	7/7	
	기 타	81/286	16/34	97/320	
천주교		45/54	8/1	53/55	0.5%/-
기 타		7/21	-	7/21	-/0.1%
무종교		5,455/9,255	31/49	5,486/9,304	60.6%/47.7%
미 상		1/3,809	-/98	1/3,907	-/20.2%
합 계		8,845/19,054	214/471	9,059/19,525	100%/100%

* 《조선총독부 통계보고》(1919년 5월); 《일본헌병대 조사보고》(1919년말); 김승태, 〈종교인의 3·1운동 참여와 기독교의 역할〉(《韓國基督敎史硏究》 25, 한국기독교사연구회, 1989), 21~22쪽.

더불어 주목할 점은 여성 입감자와 피검자의 비율이다. 입감자와 피검자 중 여성이 차지하는 비율은 각각 2.4%(214/9,059)와 2.4%(471/19,525)였다. 그러나 개신교의 경우 여성 입감자와 피검자는 각각 8.7%(172/1,983)와 9.1%(308/3,373)였는데, 이는 다른 종교의 여성 입감자와 피검자가 1%에도 미치지 못하는 것에 비해 상당한 비율이다. 이는 여성들의 권리 신장과 사회 참여가 가장 두드러졌던 종교가 개신교였음을 반증한다.

이처럼 3·1운동 당시만 해도 민족문제에 대한 개신교인들의 관심은 매우 높은 편이었다. 이들은 3·1운동에 대거 참여하여 일제로부터 탄압을 받았지만, 그렇다고 교세가 위축된 것은 아니었다. 1920년대에 들어와서도 개신교는 꾸준히 성장해갔다. 다음 〈표 2〉의 통계가 그 점을 잘 보여준다.

〈표 2〉 기독교회의 교세(교회·교인) 변화

(1916~1925)

교파 \ 연도		1916	1917	1918	1919	1920	1921	1922	1923	1924	1925
천주교회	교회	206	215	222	224	233	237	243	249	243	250
	교인	83,893	80,613	82,843	81,504	88,573	91,941	91,320	85,508	88,987	89,798
조선예수교장로회	교회	1,885	1,908	1,896	1,899	1,916	2,031	2,095	2,095	2,197	2,165
	교인	124,170	114,106	156,628	141,044	155,400	181,298	194,037	186,785	186,785	182,650
미북감리회	교회	553	578	565	564	563	562	548	530	534	543
	교인	40,361	37,609	40,722	34,414	36,673	39,972	40,659	42,301	32,682	35,337
미남감리회	교회	258	259	252	224	259	317	348	407	423	493
	교인	8,606	16,074	10,722	9,442	12,578	20,058	23,453	21,486	13,075	22,097
조선성공회	교회	70	72	72	71	63	62	61	62	67	70
	교인	5,465	4,621	4,622	4,264	3,900	3,863	4,127	4,492	4,683	4,805
러시아정교회	교회	6	6	6	6	7	6	6	6	6	6
	교인	553	553	549	558	562	550	559	556	585	595
안식교회	교회	36	49	44	44	47	57	54	63	64	64
	교인	832	868	859	839	1,039	1,044	953	1,273	1,398	1,542
동양선교회	교회	10	11	13	16	18	25	27	40	38	57
	교인	501	1,182	570	850	1,500	2,000	1,833	4,371	2,710	5,413
구세군	교회	81	84	103	97	97	100	100	155	158	163
	교인	3,916	3,825	4,176	4,725	4,878	5,718	5,718	7,739	7,808	8,509
조선기독교회	교회										19
	교인										1,147

교 파 \ 연 도		1916	1917	1918	1919	1920	1921	1922	1923	1924	1925
성결교회	교회					1	2	2	2	3	3
	교인										
조선회중교회	교회						35	27	22	22	22
	교인						2,955	3,608	3,369	3,369	3,369
일본기독교회	교회	9	10	10	10	10	10	10	16	15	16
	교인	8	18	144	113						
일본감리교회	교회	11	11	11	11	11	11	11	15	16	17
	교인										
일본조합교회	교회	38	48	58	59	54	7	5	8	8	8
	교인	11,280	11,228	13,541	14,387	14,254					
기타	교회						16	17	15	20	
	교인										
합계	교회	3,163	3,251	3,252	3,225	3,279	3,478	3,554	3,685	3,814	3,896
	교인										

* 《朝鮮に於ける宗教及享祀一覽》(朝鮮總督府, 1928), 44~47쪽.

장로교의 경우 1916년 1,885개의 교회와 124,170명의 교인이 1925년에는 2,165개의 교회와 182,650명의 교인으로 성장하여 각각 14.9%와 47.1%의 증가율을 보였으며, 남・북감리교의 경우는 1916년 811개 교회와 48,969명의 교인이 1925년에는 1,036개의 교회와 57,434명의 교인으로 성장하여 각각 27.7%와 17.3%의 성장율을 보였다.

이같은 발전의 이유는 복합적인 것이겠으나, 3・1운동을 계기로 하여 서양의 종교로만 인식되던 개신교가 민족문제에 관심을 갖는 종교로도 부각되었음을 다음 기록을 통해 짐작할 수 있다.

> 제1기에 있어서는 기독교가 방방곡곡에서 하는 문화운동의 혜택을 입거나 혹은 찬동하며 또 기독교를 매개로 하여 수입된 구미의 물질문명에 심취하여 예수교를 믿게 되는 사람이 많았다. 3・1운동 이후의 제2기에 있어서는 기독교회가 민족전선에 연출한 역할로 인하여 교회가 비약적 발전을 한 것이 사실이다(趙龍基, 〈福音的信仰要義〉, 《基督申報》, 1937년 2월 3일).

3・1운동의 규모와 열기에 놀란 일제는 식민정책을 수정하지 않을 수 없었다. 이에 따라 하세가와 요시미치(長谷川好道)가 경질되고 사이토 마코토(齋藤實)가 새로운 총독으로 부임했다. 그는 이른바 '문화정치'를 표방했는데, 선

교사들과의 우호적 관계를 맺기 위해 많은 정성을 들였다. 선교사들은 1919년 9월 일본정부의 처사에 대한 의견과 제안을 요청하며 〈연합종교회건백서〉를 제출했는데 그 내용은 아래와 같은 것이었다.

① 교회 및 선교사에 대한 단속을 완화할 것.
② 기독교 및 기독교에 대한 관리의 차별을 철폐할 것.
③ 기독교계 학교에서의 성서교육과 종교의식을 허용할 것.
④ 기독교 문서에 대한 검열을 철폐할 것.
⑤ 교회의 출판물 발행의 제한을 완화할 것.
⑥ 교회 및 선교기관을 재단으로 인정할 것.
⑦ 기독교인으로서 구금된 정치인에 대한 학대를 중지할 것.
⑧ 형무소의 교화사업에 교회가 참여할 수 있도록 법을 제정할 것.
(한국기독교역사연구소, 《한국기독교의 역사》 II, 기독교문사, 1990, 44쪽).

즉 3·1운동은 민족문제 때문에 일어난 것인데도, 선교사들은 종교적 개선 요구만 하고 있었던 셈이다. 어쨌든 총독부에서는 선교사들의 의견을 받아들여 종교과를 신설하고 〈포교규칙〉을 개정하여 교회의 설립을 허가제에서 신고제로 전환했으며, "교회에서 안녕 질서를 문란하게 할 우려가 있다고 인정되는 경우에는 그 사용의 정지나 금지를 명령할 수 있다"는 규정을 삽입했다. 또한 〈사립학교규칙〉을 개정하여 기독교계 학교에서 성서교육을 인정하고 종교단체가 소유한 부동산을 내국인법으로 허가했다. 그 결과 선교사들 중에는 사이토를 예찬하는 이들도 나오기에 이르렀으나, "보통 문화정치라고 일컫지만 반도통치의 기본방침에 있어서는 조금도 달라진 점은 없다. …끝내 國憲에 반항하고 병합의 정신에 어긋나는 不逞輩에 대해서는 추호의 가차없이 단속하는 방침을 추진할 것이다"[1]라는 저들의 말처럼 민족문제는 여전히 풀리지 않고 있었다.

그렇다고 해서 교인들이 다시 거족적으로 민족운동을 일으키기도 어려웠다. 단속을 완화하여 언론·출판·집회·결사의 자유를 약간 허용해 주는 대신 일제는 표면적인 항일활동에 대해서는 여전히 가차없는 탄압을 했기 때

1) 《施政二十五年史》(朝鮮總督府, 1935), 314~315쪽.

문이다. 결국 교회가 선택할 수 있었던 것은 간접적이고 온건한 민족운동이었으며, 문화운동도 넓은 의미에서 이 범주에 들어갈 수 있다고 하겠다.

민족문화를 수호하거나 발전시키기 위한 운동은 두 가지 방향으로 이루어졌다. 하나는 서양에서 이식된 개신교에 우리 민족의 문화를 반영하는 것이며, 하나는 일제의 민족문화 말살정책에 맞서 우리 민족의 문화를 수호하고자 하는 것이었다.

2) 개신교의 토착화를 위한 노력

식민지시기 개신교계의 새로운 경향은 '조선적 기독교'를 표방하며 나름대로의 '土着化'를 시도하려 했다는 점이다. 이러한 조짐은 이미 대한제국기부터 나타나고 있었으며,[2] 1920년대에 들어와서 더욱 두드러졌다. 이는 서양선교사들이 가르쳐 준 교리와 의례만을 그대로 따랐던 과거의 비주체적 모습에 대한 반성이기도 했다. 예컨대 蔡弼近은 다음과 같이 '조선인의 기독교화'와 더불어 '기독교의 조선화'를 강조했다

> 기독교는 하나이오 그 성경도 하나이오 그 신앙의 목표도 하나이지만은 그 것을 소유ᄒᆞ는 생명 잇는 인격·생명 잇는 민족이 다른 것을 따라서 다른 방면이 잇슴니다. … 民族은 그 宗敎化를 ᄒᆞ고 宗敎는 그 民族化를 ᄒᆞᆷ니다. … 그런데 朝鮮人은 얼마나 基督敎化ᄒᆞ엿스며 基督敎는 얼마나 朝鮮化를 ᄒᆞ엿슴닛가(蔡弼近, 〈새 基督敎〉, 《基督申報》, 1925년 12월 23일).

또한 田榮澤도 다음과 같이 "예수의 도리로 새로운 민족성을 길러야 한다"고 역설했다.

> 우리는 우리의게 본래부터 잇던 문화 우에 새로운 그리스도교를 밧고 우리 민족셩이란 밧 우에 예수의 도리가 심어졋슴니다. 그러면 우리는 그리스도교로 새로운 문화를 지어야 하겟고 예수의 도리로 새로운 민족셩을 길너야 하겟슴니다(田榮澤, 〈열매열닐 때는 왓다〉, 《基督申報》, 1927년 10월 26일).

---

2) 이덕주, 《한국 토착교회 형성사 연구》(한국기독교역사연구소, 2000).

한편 趙龍基는 기독교인들이 "서양숭배로 인하야 과거 조선의 문화·윤리·도덕에 대한 멸시가 심한 것"이 기독교 발전에 장애가 되었다고 보기도 했다.[3] 즉 이들은 조선적 기독교의 정립을 통한 새로운 문화 창출에 관심을 보였던 것이다. 그리고 '조선적 기독교'가 된다는 것은 배외사상이나 복고주의를 뜻하는 것이 아니라, 우리 교회가 우리 민족 본위의 교회가 되고, 우리의 독특한 문화를 보존·소화하는 것이라고 보았다.

그런데 다른 시각에서 보면, 이같은 경향은 敎權을 장악하고 있던 서양선교사들에 대한 한국 교인들의 반발이기도 했다. 즉 한국 개신교인 중에는 선교사나 기성 교단과 마찰을 빚으며 제도권에서 이탈하는 이들도 나타나기 시작했다.

장로교 목사 崔重珍은 1909년 선교자금 사용, 선교기관 운영, 선교구역 조정 등의 문제를 놓고 선교사들과 갈등을 빚었으며, 이듬해 전북대회에 5개 요구조항을 제출했다. 그러자 선교사들은 '배은·배약·분쟁·불복' 등의 용어를 써가며 그를 비난했고, 이에 최중진은 '대한예수교자유회 목사 최중진'의 이름으로 "…자유할 수밖에 없어서 자유하는 것을 불복이라 합니까? 불복이라는 말을 안들으려고 자유하는 것이지요"라는 내용을 담은 서한을 보낸 뒤 장로교를 탈퇴, 뜻을 같이하는 전북지역 10여 개 교회들과 함께 '자유교회'를 설립했다.

이어 1918년 황해도에서는 장로교 목사였던 金庄鎬를 중심으로 '조선기독교회'가 조직되었다. 그는 당시로서는 드물게 서구의 자유주의 신학을 받아들였는데, 1916년 황해노회는 그의 總戴 자격을 정지시켰고, 1918년에는 그의 휴직을 결의했다. 그러자 김장호는 자신이 맡고 있던 봉산 신원교회를 중심으로 '조선기독교회'를 창건했던 것이다. 그는 "교리해석상에 문명각국의 현행하는 眞正高尙한 神學說을 자유채용하고, 野昧 인종을 유도하는 眩惑迷疎하는 假言寓說을 일체 曉破覺悟하여 동양교회에 신선한 정신을 激醒新興케 할 것"이라 하여, 성경에 대한 미신적 해석을 반대하며 선교사들의 보수적 신학과 신앙을 비판했다.

---

3) 趙龍基, 〈福音的信仰要義〉(《基督申報》, 1937년 2월 3일).

역시 장로교 목사로 남성정교회를 맡고 있던 李萬集은 대구에서 1923년 '자치교회'를 설립했다. 3·1운동에도 참여하여 옥고를 치르기도 했던 그는 1921~1922년 계성학교 학생들이 운영자인 선교사들의 교육정책에 반대하여 동맹휴학사건을 일으키자 학생들을 지지했다. 그러자 경북노회에서는 1923년 이만집을 停職시키고 이 교회 장로 4명, 집사 1명을 면직시켰다. 그러자 이만집 등은 "今我 대구교회는 저 권리를 주장하는 선교사의 정신지배를 받는 경북노회를 탈퇴하고 자치를 선언"하고 '자치교회'를 창립했다.

1928년에도 장로교 목사 朴承明은 기성 교단에서 뛰쳐나와 '마산예수교회'를 창립했다. 일찍이 3·1운동에 참여하기도 했고 '국민회'라는 비밀결사를 조직하기도 했던 그는 1925년 마산 문창교회에 부임했다. 그러나 교회안의 소장·노장층의 갈등과 여자문제 등으로 말미암아 경남노회는 그의 사직을 권고했고, 그 처리 과정에서 선교사들의 고압적 자세가 문제가 되어 선교사 배척운동이 일어나기도 했다. 결국 박승명은 1928년 "자유신앙에 방해되는 편협된 고정적 신경조례를 부인"하며 "예수교회의 연합통일에 장해되는 각 교파의 繁弊한 教政條例와 교황·주교·감독·장로 등의 과두정치를 부인"하는 강령을 내걸며 따로 마산예수교회를 설립했다.

이상은 모두 장로교에서 갈라진 교파였으나, 감리교의 경우도 예외가 아니었다. 먼저 감리교 목사 李龍道는 신비주의적 부흥운동이 문제되어 1932~1933년 교단으로부터 '이단'이라는 비난과 함께 휴직 처분을 받았다. 그러자 그는 평양에서 "羅馬舊教라거나 更正新教라거나 가릴 것 없고 宗門의 동서나 派別의 남북을 논할 것 없이 교회의 내용만 예수로써 정화되면 그만이다"라 주장하며 '예수교회'를 창립했다.

역시 감리교 목사인 邊成玉은 1935년 만주에서 '조선기독교회'를 조직했다. 만주지역도 장로교·감리교 선교부 사이의 선교지역 분할협정에 따라 동만·남만·북만 등 지역에 따라 교파도 달랐다. 하지만 정치·경제적 이유로 이주한 경우가 대부분인 이 지역 한국인 신자들에게 이같은 교파 구분은 오히려 부담이 되었다. 장로교인이 감리교 선교구역에 정착하거나 그 반대인 경우도 허다했기 때문이다. 즉 초교파적인 조선기독교회의 창설은 선교사들이 만든 선교지역 분할정책의 모순을 극복하려는 노력의 일환이었다.

성결교의 경우에도 한국인 신자들과 선교사들 사이에 갈등이 일어나 1936년 '하느님의 교회'가 창설되기에 이르렀다. 선교사들이 주관하던 東洋宣敎會는 1921년 '동양선교회 성결교회'로 개칭했으나 여전히 주도권은 선교사들에게 있었는데, 교세가 성장하면서 한국인 신자들은 1932년 자립을 선언하고 총회를 조직했다. 이후 동양선교회와 총회 사이에 종종 마찰이 빚어졌으며 1936년 자치운동에 적극적인 邊南星 목사가 총회장에 당선되었는데, 선교사들이 중심이 된 이사회가 이를 인정하지 않자 마침내 "하느님의 교회는 정치적 통제기관을 두지 않으며, 또한 성서 이외의 법규를 세우지 않고, 각 교회가 다만 교회의 머리이신 그리스도의 통치에 직속하야 성서를 유일의 正則으로 함"이라 하며 목사 13명이 따로 '하느님의 교회'를 설립했다.

처음부터 기성 교단이나 교회와 거리를 두고 시작된 조직들도 나타났다. 崔泰鎔은 1920년 일본의 무교회주의자 우치무라 간조(內村鑑三)를 만난 뒤 그에게 깊은 영향을 받았으며, 1924년 귀국하여 《天來之聲》을 창간, 기성 교회를 비판하기 시작하며 '非敎會主義'로 자처했다. 그는 1935년 "교회는 조선인 자신의 교회이러라"라는 구호를 내걸며 '기독교조선복음교회'를 창설했으며, "조선교회가 외국인의 자선 위에 서 있고 또한 현재에도 그 자선에 의뢰하는 마음이 있어 조선교회의 근저에 외국인의 자선이 깔려 있다는 일은, 이는 조선인의 신앙의 불철저를 의미하는 것밖에 없다"고 주장했다.

金敎臣은 일본에서 우치무라를 만나 깊은 영향을 받고 귀국, 우치무라 문하생인 咸錫憲·宋斗用·鄭相勳 등과 《聖書朝鮮》을 창간했다. 《성서조선》은 성서와 조선, 즉 기독교와 민족을 융화시키려 한 김교신의 생각을 보여준다. 그는 "《성서조선》아 너는 소위 기독신자보다도 조선혼을 소지한 조선사람에게 가라"고 외치며, 기성 교단과 거리를 둔 無敎會主義를 주창했다. 그리고 "조선에 성서를 주어 그 骨筋을 세우며 그 혈액을 만들고자", "넓게 깊게 조선을 연구하여 영원한 새로운 조선을 성서 위에 세우기" 위해 노력했다.[4)]

심지어 신학 분야에서도 우리 민족의 주체성과 독창성을 강조하는 주장이 나왔다.

---

4) 한국기독교역사연구소, 《한국기독교의 역사》 II(기독교문사, 1990), 202~208쪽.

> 飜譯神學과 雇傭神學에서는 조선의 靈을 움직이는 활력이 나오기 어렵다. 정통이라 할지라도 조선인 신앙정신에서 쏟아져 나오는 조선인 독창의 신학, 조선인의 손으로 발행하는 조선의 독립의 신학이래야 조선의 靈을 움직일 수 있다(金麟瑞, 〈아빙돈 註釋問題〉, 《信仰生活》, 1935년 11월호, 10쪽).

이처럼, 이제 '조선적 기독교'의 수립은 한국 개신교계의 지상과제가 되었으며, 이 과정에서 민족문화에 대한 관심도 그만큼 높아지게 되었던 것이다.

3) 민족문화의 수호와 발전을 위한 활동

민족문화를 보전하려는 개신교계의 활동은 다음 글에서 보는 바와 같이 여러 방면에 걸쳐 이루어졌다.

> 外來文化에만 深醉하는 것은 自國의 文化와 民族을 敗亡케 하는 것 … 朝鮮魂의 表現을 保全하고 朝鮮의 아름다운 文化를 잃어버리지 않도록 基督敎는 努力하여야 할 것이다(박세광, 〈朝鮮文化에 對한 基督敎의 使命〉, 《神學世界》, 1933년 2월호, 73쪽).

(1) 언론・출판

식민지시기 개신교계에서는 많은 신문과 잡지를 발간하였다. 이들은 기본적으로 종교적 목적에서 간행된 것이지만, 그 내용을 통해 다양한 정보를 독자에게 제공하며 민족의 계몽에 기여한 바도 적지 않았다.[5] 식민지시기 개신교계에서 간행한 신문과 잡지를 살펴보면 다음 〈표 3〉・〈표 4〉와 같다.

〈표 3〉 일제강점기 개신교계에서 간행한 신문

	신문명	주기	교 단	창 간	종 간	발행(편집)인	기 타
1	예수교회보	주간	장로교	1910. 2. 28	1914. 8. 18	기일(J.S.Gale)	
2	그리스도회보	주간	감리교	1911. 1. 31	1915. 12. 8	기의남(W.G.Cram)	
3	基督申報	주간	장로교 감리교	1915. 12. 8	1937	반우거(G.W.Bonwick)	예수교회보 +그리스도회보

5) 尹春炳, 《韓國基督敎新聞・雜誌百年史》(大韓基督敎出版社, 1984) 참조.

	신문명	주기	교 단	창 간	종 간	발행(편집)인	기 타
4	基督敎報	주간		1936. 1. 21	1938. 7. 19	허대전(J.G.Holdcroft)	기독교보 →기독신문
5	基督新聞	주간	개신교연합	1938. 8. 16	1942. 4. 23	김우현	
6	基督敎新聞	주간	개신교연합	1942. 4. 29	1944	정인과	
7	監理會報	격주	감리교	1933. 1. 20	?	사우어(C.A.Sauer)	
8	農村通信	월간	장로교	1935. 3. 1	?	앤더슨(W.Anderson)	
9	長老會報	주간	장로교	1940. 1. 24	?	오문환	

* 이만열, 《한국기독교 문화운동사》(대한기독교출판사, 1987), 364~365쪽.

〈표 4〉 일제강점기 개신교계에서 간행한 잡지

제 호	창간년월	폐간년월	주 기	발행·편집인	발 행 소
만인보	1913. 1	?	월간	헐리스트	만국성경연구회
中央青年會報	1914. 9	1915. 4	월간	브록크만	조선중앙기독교청년회
公道	1914. 10	1915. 3	월간	강매	공도사
정교및주무공과	1914	?	계간	호가드	구세군
神學世界	1916. 2	1955. 11	계간/격월간	하디/양주삼	감리교협성신학교
敎會指南	1916. 7	1944	월간	오버그/어크하트	제7일안식일예수재림교회
朝鮮正敎報	1917. 2	?	월간	파울	러시아정교회당
福音申報	1917. 5	1938	부정기	김태희	기독동신회
基督青年	1917. 11	1919. 12	월간	백남훈	재일본동경조선기독청년회
培材學報	1918. 10	1921. 4	부정기	육정수	배재학보사
주일학교연구	1918. 1	?	월간	한석원	조선주일학교연합회
神學指南	1918. 3	1940	계간	클라크/엥겔	평양장로회신학교
聖經雜誌	1918. 2	1923	월간	본윅/게일	조선예수교서회
選民	1919. 1	1919. 1	월간	강매	선민사
主日學校	1919. 1	1923	계간	홍병선	조선예수교서회
宣敎百週年紀念會報	1919. 1	?	월간	힛치/양주삼	남감리회선교백주년기념회
世光	1920. 1	?	월간	스톡스	세광사
現代	1920. 1	1920. 6	격월간	백남훈	동경조선기독교청년회
青年	1921. 3	1940. 12	월간	브록크만	경성기독교청년회
新家庭	1921. 7	1936. 9	월간	빌링스	신가정사

제　호	창간년월	폐간년월	주　기	발행·편집인	발　행　소
半島之光	1921. 9	1921. 9	월간	이인식/남궁혁	평양신학교학우회
活泉	1922. 11	1942	월간	킬보른/이명직	동양선교회성결교회
培材	1922. 10	?	연2회	아펜젤러	배재학생기독청년회
學友會報	1923. 1	1925	연간	클라크/오천경	평양장로회신학교
新生命	1923. 7	1925. 4	월간	쿤스/전영택	조선기독교창문사
젊은이	1923	1923	월간	백남훈	동경조선기독교청년회
宣川	1925. 2	?	월간		선천기독교청년회
現世	1925. 2	?	월간	오버그	제7일안식일예수재림교회
天來之聲	1925. 6	1927. 5	월간	최태용	천래지성사
쥬일셰계	1925. 6	?	월간	김재형	주일세계사
主日學校雜誌	1925. 7	1929. 12	월간	홀드크로프트	조선주일학교연합회
主日學生	1925. 9	?	월간	최영택	동양선교회 주일학생사
神學報	1925. 7	?	계간	로버츠/고려위	평양장로회신학교학우회
眞生	1925. 9	1930. 12	월간	앤더슨	기독교청년면려회조선연합회
使命	1926. 3	1937	격월간	최승만	동경조선기독교청년회
아희생활	1926. 3	1944. 4	월간	라이스/정인과	아희생활사
收穫運動	1926. 4	?	월간	어크하트/보우어즈	시조사
主日學校通信	1926. 9	1928. 8	계간/월간	홀드크로프트	조선주일학교연합회
慶北老會敎會報	1926. 9	?	월간	아담스	대구성경학교
士官	1927. 2	1942	격월간/계간	토프트	구세군조선본영
백합화	1927. 3	1927. 3	월간	틴슬리	협성여자신학교
聖書講臺	1927. 7	?	월간	김성여	성서강대사
聖書朝鮮	1927. 7	1942. 3	계간/월간	유석동/김교신	성서조선사
聖光	1927. 12	?	월간	김원식	철산읍교회주일학교
節制生活	1928. 1	1928. 9	격월간	오기선	평양절제생활사
梨花	1928. 2	?	연간	박겸숙	이화여전학생기독교청년회
主日學校申報	1928. 8	1929. 11	월간	홀드크로프트	조선주일학교연합회
新生	1928. 10	1934. 1	월간	유형기	신생사
幼年申報	1928	?	월간	모우리	평양노회주일학교협의회
主日學校先生	1929. 1	1935	월간	스톡스/김수옥	남감리교회주일학교부
靈과眞理	1929. 2	1939. 7	월간	최태용	동경진리사
농촌청년	1929. 2	?	월간	반하트/홍병선	조선기독교청년회연합회

제 호	창간년월	폐간년월	주 기	발행·편집인	발 행 소
燈臺	1929. 5	1930. 9	월간	모우리	평양노회주일학교협회
培花	1929. 5	?	연간		배화여자고등보통학교
農民生活	1929. 6	1942. 5	월간	정인과/매큔	농민생활사
우리가정	1929. 9	?	월간	우크하트	시조사
宗敎敎育	1930. 1	?	월간	클라크	조선주일학교연합회
현대진리	1930. 7	?	부정기	오버그	제7일안식일예수재림교회
節制	1931. 1	1937. 8	월간	채핀	조선여자기독교절제회
鹽光	1931. 2	?	부정기	피터스	염광사
게자씨	1931. 6	1939. 12	월간	김진홍	게자씨사
福音과感謝	1931. 9	?	월간	윤치병	감사사
우리집	1931. 12	1936. 12	계간	홀/채핀	가정사
信仰生活	1932. 1	1956. 4	월간	김인서	신앙생활사
光成	1932. 7	?	연간	무어	광성고등보통학교
天國福音	1932. 10	?	월간	이승원	천국복음사
宗敎時報	1932. 12	1935. 12	월간	홀드크로프트/정인과	장로교총회종교교육부
勉勵會報	1933. 1	?	월간	이대위	면려청년회
靈光	1933. 3	?	월간	이석락	만주봉천 영광사
아이동무	1933. 5	1935	월간	매큔	아이동무사
主日學校聯合會報	1933. 7	?	월간	노블	조선주일학교연합회
靈界	1933. 11	?	월간	황국주	영계사
會報	1933	?	월간	최승만	동경조선기독교청년회
예수	1934. 1	?	월간	백남주	예수교회중앙선도원
眞光	1934. 2	?	월간	유기태	동경 진광사
信聖	1934. 5	1935. 11	계간	장이욱	신성학교
한인긔독교보	1934. 7	?	월간	박동완	하와이 한인기독교보사
月刊音樂	1934. 7	?	월간	앤더슨/최성두	경성음악사
嶺南聖報	1934. 7	?	계간	천세봉	동경 영남성보사
기쁜소식	1934. 11	1941. 10	월간	블랙	동양선교회성결교회
火柱	1934. 12	?	월간	아담스/이석락	화주사

제 호	창간년월	폐간년월	주 기	발행·편집인	발 행 소
聖火	1935. 1	1942. 4	월간	스톡스/정남수	성화사
貞信	1935. 3	?	?	손진주	정신여자기독교청년회
恩寵	1935. 4	?	월간	아담스/이석락	화주사
主校指南	1935. 4	?	계간	블랙	성결교 유년주일학교연합회
復活運動	1935. 10	1939. 8	월간	김재형	부활사
新生命	1935. 10	1939. 8	월간	오근옥	일본 신생명사
童話	1936. 1	1937	월간	최인화	동화사
說敎	1936. 6	1941. 11	월간	김규당	설교사
福音運動	1937. 1	?	월간	최석주	동경 복음운동사
새사람	1937. 1	1937	월간	전영택	복음사
聖貧	1937. 4	?	월간	매켄지/김정준	성빈학사
十字軍	1937. 6	1938. 2	월간	김재준	신앙운동사
永生	1937. 4	?	?	김관식	영생고등여학교
明新	1937	?	계간		명신학교YMCA
靑年時代	1938. 3	1939. 1	월간	최승만	동경 조선기독교청년회
療養村	1938. 5	1940. 6	월간	홀	해주구세요양원
愛隣	1938. 8	1939	계간	앤더슨/정지강	평양애린원
敎會	1939. 6	?	연2회	조용천	평양창동교회
信仰世界	1939. 12	?	월간	김상권	신앙세계사
中央少年	1939	?	월간	구자옥	경성중앙기독교청년회
活信仰	1940. 2	?	월간	안영섭	활신앙사
健康生活	1941. 6	?	월간	김창집	건강생활사
皆勞	1942. 5	?	월간	조용천	개로사
임마누엘	1942	?	연간	김재준	조선신학교

* 한국기독교역사연구소, 《한국기독교의 역사》Ⅱ(기독교문사, 1990), 72~77쪽.

이처럼 개신교계에서는 많은 신문·잡지를 발간했는데, 대부분 교인을 대상으로 한 신앙적 목적의 것이 대부분이었다. 그러나 종교적 색채를 많이 띠지 않고 대중을 상대로 계몽을 하려 한 잡지도 없지 않았다. 예컨대 朴熙道

가 주관한 《新生活》(1922), 전영택이 편집을 맡은 《新生命》, 柳瀅基가 발행한 《新生》(1928) 등은 1920년대 들어와서 '새로운(新)' 민족적 각성을 통해 '삶(生)'의 활로를 찾아보려는 의도를 담고 있었다. 즉 "일반사상계를 지도하고 연구가에게 그 연구를 도와주고, 신앙가에게는 그 신앙을 더욱 篤厚하게 하고, 교육가로 하여금 교육의 新光明을 보게 하며, 교회와 사회의 긴급한 실제문제를 논하여 크게 여론을 일으키며, 가정과 부인·아동의 벗까지 되게 하려고 하는 것",[6] "종교적으로, 도덕적으로, 인격적으로, 학술적으로 新生함이 있어야 하겠다는 확신을 가지고"[7]라 하여 민족문제에도 관심을 가질 것을 분명히 하고 있었다. 《節制生活》이나 《農村靑年》 등의 잡지도 비슷한 성격을 갖고 있었다.

한편 선교사들이 중심이 되어 간행한 잡지들도 주목할 만 하다. 이들 잡지는 한국의 문화와 역사를 해외에 소개하는 중요한 매체였기 때문이다. 이러한 잡지들은 이미 일제강점기 이전부터 있었으니, 《*The Morning Calm*》(1890)·《*The Korean Repository*》(1892)·《*The Korea Review*》(1901)·《*The Korea Field*》(1901)·《*The Korea Methodist*》(1904)·《*The Korea Mission Field*》(1905) 등이 그것들이다. 식민지시기에 들어와 선교사들이 간행한 잡지들을 살펴보면 다음과 같다.

〈표 5〉 식민지시기 선교사들이 간행한 잡지

제 호	주 기	창간년월	종간년월	발행인/발행처
The Korea Mission Field	월간	1905. 11	1941. 11	재한복음주의선교회연합회
The Woman's Missionary Friends	?	1913. 5		Miss C. N. Elizabeth
The Korea Magazine	월간	1917. 1	1919. 4	W. G. Cram
The Korea Bookman	계간	1920. 2	1925. 6	예수교서회
Korean Echoes	월간	1925. 10	1940	캐나다연합교회선교부
The St. Nicolas Chronicle	월간	1928. 2	?	성공회
Korean Sketches	부정기	1929. 9		V. W. Pieters

* 이만열, 《한국기독교 문화운동사》(대한기독교출판사, 1987), 382쪽.

---

6) 《新生命》, 1923년 7월 창간호.
7) 《新生》, 1928년 10월 창간호.

이들 중 특히 《*The Korea Mission Field*》는 장로교와 감리교 선교회가 함께 발행한 것으로, 한국의 언어·문화·지리·역사·사회·민속·종교 등 다양한 분야의 기사가 실려 있어 한국을 외국에 소개하는 데 중요한 역할을 했다.

한편 언론·출판 활동과 관련하여 朝鮮基督敎彰文社의 설립도 중요한 의미가 있다. "기독교적 문화운동으로 제반 기독교의 서적을 간행·판매하고 …그 외에 잡지 및 기타 도서 간행 및 판매, 일반 인쇄업, 교육용품 판매 또는 이상 업무의 부대사업 등을 경영"하기 위해 설립된 창문사는 당시 한국 기독교계의 지성인들이 세운 문서운동기관이었다. 1923년 창립총회 때 주주는 1,257명이었으며, 사장은 李商在였다. 창문사에서는 정기간행물인 《신생명》을 창간했으며, 기독교 서적은 물론 《어린동무》·《조선동요집》 등 계몽서도 간행했다. 창문사는 비록 10년 남짓 존속했지만, 선교사와 선교부가 장악하고 있던 기독교 출판문화의 풍토 속에서 '민족 주체적인 기독교 지성운동'을 추진했다는 평가를 받고 있다.[8]

(2) 한글 연구와 보급

개신교계는 한글의 연구와 보급에 다른 어느 종교나 단체보다도 깊은 관심을 갖고 넓은 활동을 벌였다. "한글도 글이라는 생각을 조선인에게 준 것은 실로 耶蘇敎會외다"[9]라는 李光洙의 글처럼 개신교와 한글은 밀접한 관련을 맺고 있었다. 다음과 같은 崔鉉培의 글도 이 점을 잘 보여준다.

> 사실로, 우리 한글의 중흥군인 한힌샘 주시경 스승도 기독교에서 차린 새 교육기관 배재학당에서 공부하다가, 우리말·우리글의 가치를 감득하고서 그 연구에 손대어, 평생 일관하게 이에 전력하여, 한글운동의 앞잡이(先驅者)가 되었으며, 그 밖에 이윤재·김윤경·정태진·정인승·장지영·최현배 같은 한글학자 및 운동자들도 다 기독교 학교에서 공부하였거나 또는 기독교 학교에 봉직하면서, 이를 연구하고, 이를 사랑하고, 이를 지키고, 이를 선전하였다. … 요컨대 한글과 배달말의 과학스런 연구, 애족적인 선전, 애국적인 수호에 기독교의

8) 한국기독교역사연구소, 앞의 책, 81~82쪽.
9) 李光洙, 〈耶蘇敎의 朝鮮에 준 恩惠〉(《李光洙全集》 17, 三中堂, 1962), 18쪽.

공덕은 영세로 잊지 못할 것이다(최현배, 〈기독교와 한글〉, 《神學論壇》 7, 延世大 神學會, 1962, 68쪽).

金允經 역시 "기독교의 급속한 발전은 곧 한글발전에 대한 공헌이 그만큼 큼을 의미하는 것"이라 했고, 趙潤濟도 "현대의 국문이 기독교에 힘입은 바 극히 크다"고 했으며, 趙演鉉은 "기독교가 한국의 현대적인 과정에 가장 뚜렷하고 가장 구체적인 공로를 남긴 것은 국문의 장려와 서양과의 직접적인 교류운동"이라 했다.10)

이처럼 周時經을 비롯하여 김윤경·李允宰·鄭寅承·丁泰鎭·張志暎·최현배 등이 모두 개신교계의 한글학자들이었으며, 1914년에 죽은 주시경을 빼고 모두 1942년 朝鮮語學會事件에 연루되었다.

물론 당시 개신교계에서 한글을 중시한 데는 신앙적인 이유도 있었다. 성경을 읽고 배우거나 찬송가를 부르는 데 유달리 열심이었던 한국 교인들은 한글을 모르고서는 제대로 신앙생활을 하기가 어려웠던 것이다. 조윤제가 말했듯이 "전도하기 위하여 성경을 한글로 번역하며 愚民 남녀노소에게도 그 성경을 읽히기 위하여 한글을 가르치기" 위해 교회에서 한글교육을 중시했던 측면도 없지 않았을 것이다. 그러나 그 동기야 어떠하든 그 과정에서 한글에 대한 관심이 높아졌으며, 교인들이 한글의 애용과 수호에 앞장서게 된 점은 부인할 수 없을 것이다.

기독교인들이 한글과 밀접한 관련을 맺게 된 그 밖의 이유로는 한글 전용의 선교정책과 성서번역, 기독교회와 기독교계 학교에서의 한글교육, 교인과 학생들에게 자기의 의사를 한글로 표현하도록 한 훈련 등을 꼽기도 하며, 그 결과 번역문화와 인쇄문화 발전에 크게 기여하기도 했다.11)

한글을 널리 보급하기 위해 개신교계에서는 문명퇴치운동을 벌였다. 특히 기독교 농촌운동이 활발히 일어났던 1920~1930년대에 문맹퇴치운동의 열기가 뜨거웠다. 이 과정에서 수많은 교회들이 야학을 세웠으며, 서당·글방·강습소 등이 나타났다.

10) 이만열, 《한국기독교 문화운동사》(대한기독교출판사, 1987), 428~429쪽.
11) 이만열, 위의 책, 437~441쪽.

특히 하기아동성경학교는 단기간에 큰 성과를 거두었다. “하기아동성경학교가 지금에 전조선을 통하여 아니 전세계를 통하여 기독교의 유력한 교육적 전도기관으로서 또는 무산계급의 아동을 위하여 없지 못할 교육기관으로서 인식되어”12) 1929년에는 학교 450개, 교사 3,130명, 학생 38,760명을 헤아렸다. 한글보급은 단순히 문맹에서 벗어나게 한다는 의미뿐 아니라 민족의 문화와 정신을 잃지 않고 지켜간다는 의미도 지니고 있었다.

한편 朴斗星이 시각장애인들을 위해 1926년 ‘訓盲正音’이라 불리는 한글점자를 개발한 점도 기억할 만 하다. 이로써 시각장애인들도 한글을 읽을 수 있는 길이 열렸는데, 그는 《조선어독본》을 점자로 출판했으며 점자로 된 《신약성서》를 완성하기도 했다.

(3) 역사와 지리 연구

우리 민족의 역사를 널리 알리려는 노력도 주목할 만 하다. 南宮檍은 《東史略》에 이어 《조선이야기》를 지었는데, 그 머리말에서 “단군족의 고유한 자질을 수복하고 모화주의의 오견을 타파하며 학생들에게 자국 역사에 취미를 붙여주기 위함”이라고 밝혔다.

咸錫憲은 《성서조선》에 〈성서적 입장에서 본 조선역사〉를 연재하여, 우리 민족의 역사를 하나님의 섭리라는 기독교적 사관에서 살펴보았다. 金瑗根은 YMCA의 기관지인 《靑年》에 〈海東名公遺事〉·〈朝鮮古今의 美術大家〉·〈朝鮮古今의 詩話〉·〈朝鮮史學大家〉·〈朝鮮古代名公列傳〉·〈朝鮮風土紀略〉·〈朝鮮古代童話〉 등을 연재하여 우리 역사에 대한 관심을 일깨웠다. 기독교 잡지인 《新生》에서도 〈조선문학〉·〈조선고대역사〉·〈조선시〉·〈조선의 위인〉·〈조선화폐〉·〈전통적 교육기관〉·〈가면극〉·〈단오〉 등의 기사를 통해 이 분야에 관심을 보였다.

이 시기에는 한국 기독교의 역사를 우리의 시각에서 정리한 저술들이 나오기도 했다. 白樂濬은 1927년 예일대 박사학위논문으로 《*The History of Protestant Mission in Korea*》를 제출했는데, 宣敎史觀을 내세우기는 했으

12) 韓錫源, 〈夏期兒童聖經學校의 指針〉(《東光》, 1927년 7월호), 16쪽.

나 한국인이 정리한 최초의 통사라는 점에서 의미가 크다. 그는 연희전문학교의 문과 과장을 맡으면서 朝鮮語學·朝鮮史·國文學 등 과목을 교과과정에 넣어 국학 진흥의 토대를 닦기도 했다.[13] 1928년에 나온《朝鮮예수敎長老會史記》는 비록 장로교에 한정된 것이기는 하지만 자신들의 역사를 주체적·체계적으로 정리했다는 점에서 가치가 높다.

한편 김교신은 〈朝鮮地理小考〉에서 조선의 산악·평야·기후·위치 등에 대해 언급한 뒤 "上述한 바와 같이 지리적 單元으로 보아 그 면적과 인구로 보나 산악과 해안선의 지세로 보나 이 위에 天惠로 주신 기후로 보나 …그 待接으로 보나 조선의 지리적 요소에 관한 한 우리가 불평을 토하기 보다 만족과 감사를 표하지 않을 수 없다. 이는 넉넉히 한 살림살이를 扶持할 만한 강산이요, 넉넉히 인류사상에 큰 공헌을 제공할 단한 活무대이다"라고 평가했는데, 이는 지리적 결정론으로써 한국의 停滯性을 강조하려 한 일제의 植民史觀을 부정한 것이라 하겠다.

(4) 문학·음악·미술·건축

문학가 중 기독교와 연관된 이들도 적지 않았다. 이광수도 한때 기독교인이었던 것으로 알려져 있으며, 崔南善 역시 기독교계와 교류하고 있었다. 金東仁의 〈약한 자의 슬픔〉·〈마음이 얕은 자여〉·〈유서〉·〈명문〉·〈신앙으로〉 등에서도 기독교적 색채를 엿볼 수 있다. 전영택의 〈생명의 봄〉·〈天痴? 天才?〉·〈화수분〉·〈흰 닭〉 등의 바탕에는 기독교적 인본주의가 깔려 있으며, 朱耀翰의 〈벽모의 묘〉·〈말〉 등에는 메시아사상과 견줄 수 있는 미래지향적 소망이 담겨져 있다. 任英彬의 〈난륜〉·〈목사의 죽음〉 등에도 기독교적 성격이 짙으며, 金末峰의 〈밀림〉·〈찔레꽃〉·〈푸른 날개〉 등에서는 기독교적 희생과 인내, 朴啓周의 〈순애보〉·〈진리의 밤〉·〈구원의 정화〉 등에서도 기독교적 인본의식이 나타난다. 여류시인 張貞心의 시집《주의 승리》·《금선》 등에는 민족의식이 깔려 있다. 그밖에 1930년대 등단한 金東里·金顯承·盧天命·毛允淑·朴斗鎭·尹東柱·林玉仁·黃順元 등도 기독교인이었다.[14]

---

13) 閔庚培,《韓國基督敎史》(延世大 出版部, 1993), 459쪽.
14) 김희보, 〈한국기독교문학사〉(《한국기독교성장100년》, 기독교문사, 1986).

미술계에서는 金俊根·金殷鎬·金基昶·金學洙 등이 대표적 인물들이다. 김준근은 한국 번역문학의 효시라 불리는《텬로력뎡》(天路歷程)의 삽화를 그린 바 있는데, 그는 등장인물들에게 한국식 전통복장을 입혔다. 김은호의 〈부활 후 그리스도〉는 1924년 제3회 조선미술전람회 입상작인데, 제자와 여인들이 부활한 예수를 옆에서 바라보고 있는 그림이다. 김기창·김학수 등이 그 뒤를 이어 기독교 성화를 그렸다. 이들이 모두 동양화가라면 吉善宙의 아들인 吉鎭善은 서양화가로서는 최초로 기독교 성화를 그렸다고 한다.[15]

건축 분야를 보면 한국 교회의 건축물들은 서양식인 경우가 대부분이었다. 그러나 1900년에 지은 성공회 강화성당은 한국의 佛堂式 건축 양식과 서구의 바실리카 양식이 조화를 이루는 특수한 형태였으며, 1922년 세운 성공회 서울대성당도 외형은 로마네스크 양식이지만 내부의 제단과 천장 등에는 한국의 전통양식을 가미했다. 또한 남녀내외가 엄격했던 우리의 문화를 고려하여 남녀 좌석을 구별, 서로 바라볼 수 없게 만든 ㄱ자 예배당도 독특한 우리의 건축물이다. 황해도 소래교회, 평양 장대현교회, 서울 새문안교회, 전주 서문교회 등이 ㄱ자형의 전통 한옥 예배당이다. 1937년 지어진 강원도 김화 읍교회는 전통 한옥양식에다 실내의 강단 주위에 단청을 칠하고 벽면에 한국식 성화를 그려 기독교 토착 미술을 잘 보여준다. 이 벽화 속의 예수는 한복을 입고 있다.[16]

한편 음악 분야를 보면, 서양음악이 한국에 소개된 것은 기독교의 전래와 그 시기가 거의 일치한다. 초기에는 교회음악이 거의 유일한 서양음악이었으며, 또 초기 서양에서 음악을 전공한 유학생들도 거의 기독교인들이었다. 정동교회를 비롯한 개신교회에서 음악활동을 하거나, 이화학당·이화여전·숭실전문·연희전문 등 기독교계 학교에서 음악교육을 받은 학생들 중 한국 음악계를 이끌어간 지도자들이 대거 나왔다. 金仁湜·尹克榮·玄濟明·洪蘭坡 등 한국 근대음악계의 선구자들도 개신교인이었다. 이들은 교회음악뿐 아니라 동요나 민요의 창작에도 관심을 보였는데, 윤극영의 〈반달〉이나 홍난파의 《조선동요 100곡집》, 姜信明의《아동가요곡 3백곡》, 朴泰俊의《동요집》등

15) 이연호, 〈한국기독교미술사〉(《한국기독교성장100년》, 기독교문사, 1986).
16) 위와 같음.

이 그러한 예들이다. 비록 일제강점기의 한국 기독교 음악은 주로 서양음악의 도입과 연주라는 분야에 국한되고 토착적 기독교 음악을 창출하지는 못했지만, 민족의 감성과 염원을 음악에 담은 점은 인정받아야 할 것이다.17)

(5) 물산장려운동

1920~1930년대 일어난 물산장려운동도 넓은 의미에서 민족문화의 수호를 위한 활동이었다고 볼 수 있다. 1920년 曺晩植·吳胤善·金東元 등 평양의 개신교 지도자들이 조선물산장려회를 조직하면서 시작한 이 운동은 점차 전국적인 운동으로 확산되었다. 그 활동 목표는 ①조선인의 산업적 지능을 계발·단련하여 실업에 입각하게 하는 산업장려, ②조선인의 산품을 애용·撫育하여 조선인의 상업을 융성하게 하는 애용장려, ③조선인의 생활 및 기타에 관하여 경제적으로 건설 또는 개선할 바 일반사항을 조사·강구하여 그 실현을 지도·관철하는 경제적 지도 등이었다. 그리고 그 실천을 위해 ①의복에 대해서는 남자는 두루마기, 여자는 치마를 음력 정월 1일부터 조선인 생산품이나 가공품을 염색하여 착용할 것, ②음식에 대해서는 식염·설탕·과일·청량음료 등을 제외하고는 전부 조선 물산을 사용할 것, ③일용품은 조선인 제품으로 대용 가능한 것은 이를 사용할 것 등을 내세웠다.

〈韓圭茂〉

6. 천주교

한국천주교회사는 일반적으로 창설기와 박해기, 개화기와 일제강점기, 해방공간의 교회사와 현대 등 크게 세 시기 혹은 여섯 시기로 구분된다. 여기에서 개화기와 일제강점기를 하나의 시기로 묶는 경우는, 制度敎會로서 교회 당국의 선교정책이 크게 다르지 않았다는 점 때문이다. 이 시기에 전개된 교회의 문화정책이나 실제의 문화활동도 마찬가지이다. 그러나 이 두 시기는

17) 한국기독교역사연구소, 앞의 책, 268쪽.

교세의 변모, 敎區의 분할과 본당의 확대, 새 선교단체의 진출과 활동이라는 교회 내적인 측면과 국가권력의 변화와 종교정책, 사회변화에 따른 영향 등 외적인 측면에서 서로 구분될 수 있다.

교회당국에서는 1886년의 〈韓佛條約〉 체결로 傳敎의 자유를 얻게 된 이후 일제강점기 내내 聖俗二元論에 입각한 政敎分離政策을 강조하였다. 이는 교회의 입장에서 볼 때 선교권을 보장받기 위한 방책이었으나, 일제치하에서는 총독부가 내세운 표면상의 정교분리정책 내지는 그 체제를 옹호한 결과를 낳고 말았다. 아울러 교회보호론을 앞세운 선교방침은 일제의 종교정책에 의해 자주 흔들리거나 위축될 수밖에 없었고, 교회당국에서 지향하던 민족의 복음화 즉 교세확대의 노력도 예상과는 달리 저조한 결과로 나타나게 되었다. 게다가 일반신자들은 일제의 경제적 수탈과 빈곤으로 인해 자주 제도교회의 聖事중심주의와 선교우선주의에서 이탈되어 가곤 하였다.

교회의 문화활동도 이러한 상황 아래에서 자주 제약을 받지 않으면 안되었다. 그러므로 교회당국에서는 선교방침에 어긋나지 않는 범위 안에서 종교활동에 필요한 문화활동만을 견지해 나가고자 하였으며, 이로 인해 일반신자들의 욕구와는 달리 극히 제한된 문화활동이 전개될 수밖에 없었다. 그럼에도 불구하고 교회 내적인 필요에 의해 중시된 신학교육과 교리교육, 애국계몽의 필요성과 문명개화의 열망에 부응하기 위해 추진된 일반교육과 출판·언론활동, 미사 전례 등 교회활동에 필요한 건축활동, 교회문학이나 예술활동 등이 꾸준히 추진되었다. 또 그 한편에서는 교육과 언론을 바탕으로 애국계몽운동 내지는 독립정신을 고취시켜 보려는 시도도 있었으나, 일제의 탄압에 의해 끝내 좌절을 겪지 않으면 안되었다.

1) 교육활동

일반적으로 일제치하에서 전개된 교육활동은 민족교육 내지는 민족운동과의 상관성 아래서 그 의의가 부각되었으며, 그 결과 천주교회의 교육활동은 개신교측에 비해 미흡했던 것으로 이해되어 왔다. 실제로 1910년 2월의 통계를 보더라도 통감부로부터 인가를 받은 장로교 계통의 학교가 501개교, 감리교 계통의 학교가 158개교였던 데 비해 천주교 계통의 학교는 46개교에 불과하였다.[1] 물론 이러한 결과는 고등교육에 회의적이었던 교회당국에서 적극적으로 교육정책을 추진하지 않았고, 재정적으로도 빈약한 데 일차적인 원인이 있었다.[2] 그럼에도 불구하고 애국계몽운동과 국권회복운동이 전개되어 가면서 교회측에서도 여기에 관심을 갖지 않을 수 없었고, 특히 1907년 이후에는 각처의 本堂신부나 지도층 신자를 중심으로 학교설립이 가속화되기 시작하였다.[3] 실제로 교회안에서는 비록 당국의 인가를 받지는 못하였지만 수많은 비인가 학교들을 운영함으로써 당시의 교육활동에 일조를 하였다.[4]

실제로 교회측에서는 1910년 이전까지 학교설립과 교육이념을, 첫째 참개화와 부국건설, 둘째 국권회복을 위한 애국정신과 민족의식의 고취, 셋째 천주교교리의 가르침에 따른 敬天愛人과 愛主愛人에 두고 있었다.[5] 그러나 일제치하로 들어와서는 그 의미가 계속 축소되어 갔다. 민족운동에 부합하는 교육활동을 강조하는 대신, 첫째 시대상황에 합당한 지식전달과 민족의 발전, 둘째 교회의 발전과 선교의 목적을 강조하게 된 것이다.[6] 게다가 확고하고 적극적인 정책을 펴지 못하면서 교회의 교육활동은 일제의 통치정책에 좌우될 수밖에 없었다.

---

1) 俵孫一, 《韓國敎育の現狀》(학부, 1910), 53~54쪽.
2) 盧榮澤, 〈日帝下 韓國天主敎會의 敎育事業硏究(1)〉(《崔奭祐神父華甲紀念 韓國敎會史論叢》, 한국교회사연구소, 1982), 423~425쪽. 당시 한국천주교회의 수장인 제8대 조선교구장 뮈텔(Mutel, 閔德孝)은 1900년경 安重根(토마스)이 대학설립을 건의하자 종교활동에 장애가 된다는 이유를 들어 이를 거절한 적이 있었다(安重根, 〈安應七歷史〉, 尹炳奭 역편, 《安重根傳記全集》, 국가보훈처, 1999, 141쪽 ; 車基眞, 〈안중근의 천주교신앙과 사상〉, 《2000년 대희년과 안중근 토마스》, 한국교회사연구소, 2000, 16쪽).
3) 金成喜, 〈한국천주교회의 교육 활동－1882~1910년을 중심으로－〉(《한국천주교회사의 성찰》, 한국교회사연구소, 2000), 712쪽.
4) 1910년에만 해도 천주교회에서 운영하던 학교는 모두 124개교, 학생수는 모두 3,048명이었다(M.E.P., Compte-Rendu, 1910, Seoul). 따라서 통감부에서 인가를 받은 46개교는 전체 숫자의 37%에 불과하였다.
5) 金成喜, 앞의 글, 703~706쪽.
6) 盧榮澤, 앞의 글, 413~422쪽. 다만, 間島지역의 천주교회만은 일제치하에 들어와서도 활발한 교육활동을 전개해 나갔고, 이것이 독립운동의 역량이 되었다고 한다(尹善子, 《朝鮮總督府의 宗敎政策과 天主敎會의 對應》, 국민대 박사학위논문, 1997, 118~125쪽).

일제강점기의 교육활동은 크게 신학교육과 일반교육으로 나누어 살펴볼 수 있다. 교회당국에서는 이중에서도 신학교육에 가장 관심을 기울였다. 한국천주교회는 〈韓佛條約〉의 체결로 신앙의 자유를 얻은 다음해 여주 부엉골(현 경기도 여주군 강천면 부평리)에 있던 소신학교(라틴어반)인 예수성심신학교를 용산으로 이전하여 대·소신학교로 운영함으로써 그 발전을 꾀하였다. 이후 한국의 신학교는 1914년 10월 3일 大邱敎區의 성유스티노신학교가 개교하면서 2개교로 증가하였고,[7] 1921년 11월 1일에는 포교성베네딕도회(the Congregation of St. Ottillien O.S.B., 芬道會)에서 서울 柏洞(현 혜화동)에 소신학교를 설립하면서 3개교로 증가하였다. 이 백동의 소신학교는 1920년에 元山敎區가 설정되고, 1927년에 베네딕도회가 원산 인근의 德源으로 이주함과 동시에 그곳으로 이전되었으며, 1929년 9월부터 대신학교(철학반과 신학반)를 시작하였다.[8] 이어 용산 예수성심신학교는 1928년 말에 대·소신학교의 분리를 단행함과 동시에 南大門商業學校를 갑조(일반 상업학교)와 을조로 편성하여 을조를 소신학교로 운영하고, 대신학교는 그대로 용산에 두었다.[9]

이처럼 교회당국에서 신학교육에 깊은 관심을 기울였음에도 불구하고, 프랑스 선교사들이 운영하던 서울과 대구의 신학교는 첫째 재정상의 어려움, 둘째 校舍의 부족, 셋째 교수인원과 자질의 부족, 넷째 교육과정상의 문제점, 다섯째 교육방법상의 문제점 등을 안고 있었다.[10] 다만, 독일선교사들이 운영하던 덕원의 베네딕도회 신학교는 이들에 비해 교수자질과 교육과정 등에서 좀더 나은 편이었다.[11] 뿐만 아니라 덕원신학교에서는 1935년 2월 10일에

---

7) 〈*Nouvelles de la Mission*〉, 1913년 9월 4일~1914년 10월 4일.
대구대교구사편찬위원회 편, 《大邱本堂百年史》(대건출판사, 1986), 235~236쪽.

8) 한국교회사연구소 편, 《함경도천주교회사》(함경도천주교회사간행사업회, 1995), 212~213쪽·302~303쪽.

9) 한국교회사연구소 역편, 〈1929년도 보고서〉(《서울敎區年報》 II, 천주교 명동교회, 1987), 242~243쪽.

10) 최석우, 〈한국교회와 한국인성직자 양성〉(《논문집》 11, 가톨릭대학, 1985), 189~190쪽.

11) 덕원신학교에서는 초기부터 박사학위를 가진 우수한 교수선교사를 확보하고 다양한 교과목을 개설하는 데 노력하였다. 그 결과 1929년 대신학교 과정이 시작될 무렵에는 라틴어와 철학·신학은 물론, 물리학과 수학, 교리와 음악, 교회사·독일어 등의 교과목이 개설되어 있었다. 뿐만 아니라 조선인 교사를

13년의 교육과정(중학교 5년, 고등학교 2년, 철학과 2년, 신학과 4년)으로 인가를 받았으나,[12] 서울과 대구의 신학교에서는 총독부의 인가를 등한시하였다. 이로 인해 서울과 대구의 신학교는 일제 말기인 1942년 2월 16일과 1945년 3월에 각각 폐교되었고, 신학생들은 궁여지책으로 덕원신학교로 가서 교육을 받아야만 하였다.

앞에서 설명한 것과 같이 천주교회측에서 운영하는 일반학교들은 1910년에 모두 124개교였고, 그 중 46개교가 통감부의 인가를 받았다. 그러나 이들은 모두 초등교육기관이거나 야학·강습소·교리학교 수준에 지나지 않았으며, 중등 이상의 교육기관은 신학교와 베네딕도회에서 운영하던 崇工學校와 崇信學校뿐이었다. 숭공학교는 1910년 백동에서 4년제로 개교한 실업학교였다. 이 학교의 교과과정은 일제당국에 의해 제한될 정도로 고급기술이나 전문적인 과학지식은 아니었지만, 당시의 조선인들에게는 새로운 과학기술교육으로 비추어져 호응도가 매우 높았고, 따라서 개교한 지 얼마 안되어 좋은 반응을 얻음으로써 1914년 7월에는 학생수가 70명에 이르게 되었다.[13] 그러나 1914년 1차세계대전의 발발로 교육을 담당하던 독일수사들이 참전하게 되었고, 전쟁 후에는 독일에서의 원조가 줄어들면서 타격을 받기도 하였다. 이후 숭공학교는 1921년까지 계속 유지되다가 베네딕도회가 덕원으로 이전하면서 1923년의 졸업생을 끝으로 폐교되었다.

채용하여 한문이나 조선과 동양의 역사지리를 가르치도록 하였으며, 일본인 교사로 하여금 수학과 실과, 일본어를 가르치도록 하였다. 또 1933년에 신학반이 시작된 이후에는 교리신학과 성서, 윤리신학, 교회법과 사목신학, 교리교수법과 설교학, 전례학과 교부학 등 다양한 교과목이 추가로 개설되었다(한국교회사연구소 편, 앞의 책, 1995, 306~310쪽).

12) 한국교회사연구소 편, 위의 책(1995), 311쪽.

13) 崔奭祐, 〈韓國芬道會의 初期修道生活과 敎育事業〉(《韓國敎會史의 探究》 II, 한국교회사연구소, 1991), 402~403쪽. 숭공학교의 연도별 학생수 현황은 다음과 같다. 다음 표에서 괄호안의 숫자는 助手를 말하는데, 조수란 4년의 정규과정을 마친 학생들 가운데서 원하는 사람을 2년간 유급으로 학교에 남아있도록 한 제도였다.

연도	1910	1911	1912	1913	1914	1915	1916	1917	1918	1919	1920	1921	1922	1923
학생수	50	40	41	40	70	47	30	20(11)	16(10)	13(10)	27(6)	35	18	18

승신학교는 제8대 서울교구장인 주교 뮈텔(Mutel, 閔德孝)이 간절히 원하던 사범학교로, 1911년 9월 16일에 2년제로 개교하였다. 사실 뮈텔이 베네딕도회를 초청한 이유도 사범학교의 운영과 천주교신자 교사의 육성 때문이었다.[14] 대학설립의 필요성을 인정하지 않던 그가 이때에 와서 비로소 고등교육의 필요성을 깨달은 것이다. 승신학교는 종교를 비롯하여 윤리·교육학·한글·한문은 물론 일본어·세계사·지리·수학·박물학·음악·미술·체조 등 고등교육기관으로서의 교과과정을 편성하였는데, 승공학교처럼 인기는 없었다. 처음 23명이던 학생수가 1912년에는 26명, 1913년에는 17명으로 줄었으며, 게다가 일제당국에서 한국인 교사양성을 원치 않았고 애국계몽적인 교과과정을 이유로 탄압해 오면서 1913년 제1회 졸업생만을 배출한 뒤 폐교되고 말았다.[15]

한편 서울교구에서는 1922년 2월에 을종상업학교인 昭義商業學校(3년제)를 인수하였다. 그런 다음 4월 1일자로 5년제 갑종상업학교로 인가를 받고, 교명도 南大門商業學校로 개칭하였다.[16] 당시 서울교구에서 이를 인수한 목적은, 우선 인재양성을 통한 교회의 성장을 도모하려는 데 있었고, 다음으로 신자학생들의 올바른 교육과 선교목적을 위해서 였다.[17] 이후 이 학교는 1928년 말에 을종인 소신학교를 운영하기 시작하였고, 1931년에는 東星商業學校로 개칭하면서 천주교회의 유일한 중등교육기관으로 성장하였다.

천주교회의 교육활동은 일제 당국이 1911년부터 정교분리라는 기본틀에 입각하여 종교와 교육의 분리정책을 시도해 나가면서 갖가지 제약을 받아야만 하였다. 이러한 정책은 먼저 1911년 8월 23일의 〈조선교육령〉(칙령 제229호)과 10월 20일의 〈사립학교규칙〉(총독부령 제114호)을 통해, 민족주의적이고 정치적인 교육통제는 물론 교회에서 운영하는 학교에서의 종교교육과 종교의식의 금지로 나타났다. 다시 말해 일제는 종교사립학교를 억제하고 궁극적으로는 교회학교가 독립운동에 미치는 영향을 억제하고자 하였다.[18] 여기에

14) 한국교회사연구소 역편, 앞의 글(1987), 54쪽.
15) 崔奭祐, 앞의 글(1991), 407쪽.
16) 東星中高等學校, 《東星八十年史》(크리스찬출판사, 1987), 139~142쪽.
17) 한국교회사연구소 역편, 앞의 글(1987), 191~192쪽.

는 천주교회에서 운영하는 학교도 포함되었으니, 숭신학교의 폐교는 그 좋은 예였다.

이어 일제는 1915년 3월 24일에 〈개정사립학교규칙〉(총독부령 제24호)을 공포하여 학교교육에서의 성서과목을 제외시키도록 하였으며, 고등보통학교로의 교명개칭을 강요하였다. 그 결과 성직자들 사이에서는 선교나 종교교육과 무관하게 된 학교운영의 필요성에 대해 점차 회의를 갖게 되었고, 보통학교의 인가에 필요한 교사·시설자격을 갖추는 데 있어서 재정상의 어려움을 토로하게 되었다. 이러한 상황 아래서 교회학교 대부분은 총독부에서 유예기간으로 정한 10년 동안만 교회학교 안에서 종교교육을 유지시키려고 했을 뿐 어떠한 대책도 수립하지 않았다.[19] 뿐만 아니라 제1차 세계대전으로 서양 선교사들이 참전하게 되면서 서울과 대구교구 모두 선교사가 부족하게 된 것도 학교수가 감소하는 원인이 되었다.[20] 그 결과 천주교학교는 1911년부터 1920년까지 계속하여 감소하게 되었으며, 1916년에는 80개교에 2,451명의 학생수만을 기록하였다.

〈표 1〉 천주교학교 및 학생현황

연도	1911	1912	1913	1914	1915	1916	1920	1921	1922	1924	1929	1930
학교수	118	102	99	110	97	80	94	99	118	177	200	185
학생수	2,930	2,599	2,773	3,055	2,583	2,451	2,953	4,474	6,732	9,566	10,156	10,400

* M.E.P., Compte-Rendu(Seoul : Taikou, 1911~1930).
《경향잡지》(1916년~1930년).

18) 文炯滿, 〈日帝의 植民敎育과 宗敎敎育의 葛藤〉(《近代民族敎育의 展開와 葛藤》, 한국정신문화연구원, 1982), 155쪽.

19) 尹善子, 앞의 책, 42·150쪽.

20) 당시 용산 예수성심신학교에서도 교수의 부족으로 1911년 이래 3년을 기다려 온 입학생을 받을 수 없었으며, 1914년 8월부터 1916년 6월까지 교장인 신부 기낭(Guinand, 陳普安) 혼자서 신학교를 담당해야만 하였다. 그러다가 1916년 6월에 신부 金聖學(알렉시오), 1917년 가을에 신부 프와요(Poyaud, 表光東)가 신학교 교수를 맡게 되었다(한국교회사연구소 역편, 〈1916년도 보고서〉, 앞의 책, 1987, 138쪽 ; 〈1918년도 보고서〉, 149쪽).

당시 〈개정사립학교규칙〉에 따라 천주교회에서 인가를 받은 6년제의 고등보통학교는 서울의 啓星學校와 加明學校, 제물포의 博文學校, 장연의 敬愛學校, 대구의 海星學校와 曉星女學校, 원산의 海星學校 등 7개교뿐이었다. 천주교회의 교육활동에 변화가 있게 된 것은 일제가 1920년 3월 1일에 문화정책을 표방하면서 공포한 〈사립학교규칙개정령〉(총독부령 제21호)을 통해 교회학교 안에서 성서과목의 교수를 허용하고 종교의식과 행사를 허용하면서였다. 이에 따라 1921년에는 전년에 비해 학교수가 5개교 증가하였을 뿐인데도 학생수는 약 50%가 증가하였으며, 이후로는 학교수가 꾸준히 증가되어 갔다.[21] 뿐만 아니라 이후에는 천주교회측에서도 학교인가에 노력하여 1935년에는 인가된 보통학교수가 25개교로 증가하게 되었고,[22] 이밖에도 인가를 받지 않은 학원·강습소·야학이나 서당·교리학교가 곳곳에서 운영되고 있었다. 천주교회에서는 이들 학교를 통해 민중교육운동이나 빈민아동교육은 물론 여성운동에서도 일정한 역할을 하였다.[23]

이처럼 일제 강점기에 있어서 천주교회의 교육활동은 초등교육과 야학을 통해 꾸준히 지속되었다. 그러나 양적인 면에서는 미흡하였고, 고등교육활동도 1922년에 인수한 남대문상업학교와 베네딕도회에서 설립한 숭공학교·숭신학교에 한정되었다. 또 교회당국에서 가장 관심을 갖고 있던 신학교의 경우에는, 앞서 설립된 서울·대구의 신학교가 교육과정과 교수 자질면에서 베네딕도회에서 운영하는 덕원신학교에 비해 뒤떨어지고 있었다. 게다가 서울·대구의 신학교는 총독부의 인가를 받지 않은 탓에 일제 말기에 이르러 폐교되는 상황을 맞이하게 되었다. 이러한 사실들은 비록 일제치하의 교회교육활동이 민족교육운동에 일정한 기여를 하게 되었다는 평가를 받고는 있을지라도, 제도교회 차원에서의 교육정책이 미흡하였다는 점을 단적으로 설명

21) 尹善子, 앞의 책, 151쪽.
22) 《가톨릭硏究》(1935년 9·10월 합병호).
《가톨릭靑年》(1936년 10월호). 당시 각 교구별로 인가된 보통학교수를 살펴보면, 서울교구 4개교, 대구교구 4개교, 원산교구 6개교, 평양교구 3개교, 연길교구 10개교였다.
23) 盧榮澤, 〈日帝下 韓國天主敎會의 敎育事業硏究(2)〉(韓國天主敎會創設二百周年紀念 《韓國敎會史論文集》 1, 한국교회사연구소, 1984), 256~263쪽.

해 주고 있다.

2) 출판 · 언론활동

천주교회의 출판 · 언론활동은 다른 문화활동에 비해 비교적 활발한 편이었다. 아마도 그 이유는 종교활동에서 가장 긴요한 것이 일반신자교육과 전교였기 때문일 것이다. 따라서 교회의 출판활동은 주로 이러한 문제와의 연관성 아래에서 이루어지게 되었다.

일제강점기의 출판활동 중에서는 무엇보다도 먼저 성서의 한글번역작업을 들 수 있다. 천주교회의 성서번역작업은 1906년부터 주교 뮈텔의 주도 아래 시작되었다.[24] 〈신약4복음서〉를 중심으로 시작된 이 작업에서 신부 孫聖載(야고보) · 洪秉喆(루가)이 마태오복음을 번역하였으며, 신부 韓基根(바오로)이 나머지 복음서의 번역과 전체 각주작업을 담당하였다. 그런 다음 1909~1910년 뮈텔과 한기근의 교열작업을 거쳐 1910년 연말에 《ᄉᆞᄉᆞ셩경》이라는 이름으로 서울의 성서활판소에서 간행하였다.[25] 이로써 이 《신약성서》가 교회창설기 이래로 필사되거나 목판 및 활판으로 간행되어 읽혀지던 한글본 《셩경직희》를 대신하게 되었다.

이후 한기근은 1922년에 《종도행전》(사도행전)을 번역 · 출간하였고, 덕원 베네딕도회의 신부 슐라이허(A. Schleicher)는 《신약성서》의 남은 서간들과 묵시록을 번역한 뒤 최병권과 신부 로트(L. Roth, 洪泰華), 김용학의 교정과 교열을 거쳐 1941년에 출간하였다. 베네딕도회에서는 이에 앞서 《少年聖書》(1925년)와 신부 에그너(R. Egner)의 《어린이의 성서》(1940년)를 발간한 적이 있었고, 1941년에는 신부 차일라이스(V. Zeileis)와 신부 퀴겔겐(C. Kügelgen, 具傑根)이 《합본복음서》를 번역하기도 하였다. 또 일제말기에는 베네딕도회에서 《구약성서》를 번역하여 출간을 기다리다가 훗날 압수되었다고 한다.[26]

---

24) 개신교에서는 일찍이 《신약성서》를 완역하였으며, 1911년에는 《구약성서》를 완역한 뒤 이를 《신약성서》와 합쳐 《셩경젼셔》로 발간하였다.

25) 한국교회사연구소 역주, 《뮈텔 주교 일기－1906~1910》 4(1998), 1910년 7월 7일. 李鎔結, 〈한국 천주교회의 성서 운동〉(《한국 천주교회사의 성찰》, 2000), 391~392쪽.

이와 함께 일반신자들의 신앙생활에 가장 중요한 교리서와 교회지도서들도 간행되었다. 우선 1910년에는 한기근이 프랑스어원본을 한글로 번역한 뒤 설명을 첨부한 《요리강령》이 간행되어 예비신자와 아동교리서로 널리 이용되었다. 다음으로 1925년에는 신부 르 장드르(Le Gendre, 崔昌根)를 중심으로 저술된 한글본 《천주교요리》(대문답)가 발간됨으로써 1864년이래 오랫동안 이용되어 온 《셩교요리문답》을 대신하게 되었고, 1934년에는 교리서 편찬을 위한 전국5교구위원회에서 《천주교요리》를 확대 편찬한 《천주교요리문답》을 간행하여 공식 교리서로 사용하였다.[27]

교구의 사목규칙과 행정제도 등에 관한 기본지침을 수록한 교회지도서로는 먼저 1912년 6월 대구교구에서 프랑스어와 라틴어로 동시에 간행한 《대구교구지도서》(*Directorium Missionis Taikou*)를 들 수 있다. 이어 서울교구에서도 1922년 9월에 부주교 드브레(Devred, 兪世俊)가 저술한 라틴어본 《서울교구지도서》(*Directorium Missionis de Seoul*)를 발간하였고, 이 지도서들은 1932년 9월에 발간된 《한국천주교공용지도서》(*Directorium Commune Missionum Coreae*)로 통합되었다. 그러나 이들은 일반신자용이 아니었으며, 신자지도층인 회장들을 위한 지도서로는 1913년 대구교구에서 간행한 《회장의 본분》(대구교구회장지도서)과 1923년에 르 장드르가 저술하여 서울의 성서활판소에서 간행한 《회장직분》이 있었다. 그 중에서 전자는 초대 대구교구장인 주교 드망즈(Demange, 安世華)가 교구지도서에서 회장들에게 필요한 부분만을 발췌하여 번역·보완한 것이다.[28]

그 무렵 일반 교회서적들은 서울과 대구보다는 베네딕도회가 활동하던 원산교구에서 활발히 간행되었다. 베네딕도회에서는 덕원 이전 직후인 1927년부터 인쇄소설립에 착수하였고, 1930년부터는 서적간행을 시작하였다.[29] 인

26) 李鍩結, 위의 글, 392~393쪽.

27) 최석우, 〈韓國敎會 敎理書의 變遷史〉(《韓國敎會史의 探究》, 한국교회사연구소, 1982), 360~361쪽.

28) 《교회와 역사》 68(1981년 4월).
차기진, 〈대구교구지도서〉·〈서울교구지도서〉(《한국가톨릭대사전》 3·7, 1996·1999).

29) 프로벤시우스 레너, 〈원산교구사〉(《교회와 역사》 59, 1980년 7월).

쇄소 책임자는 수사 피셔(L. Fischer)였고, 교정은 수도원장인 신부 로트와 신학교의 한국인 교사가 담당하였다.[30] 이로써 덕원인쇄소는 1886년 나가사키에서 서울로 이전된 성서활판소와 함께 교회출판활동에서 중요한 역할을 하게 되었다. 덕원에서의 첫 결실은 1933년에 신부 아펠만(B. Appelmann)이 교회전례에서 가장 긴요한 미사통상문에 해설을 곁들여 저술한 한글본《미사규식》이었다.[31]

그 이전부터 원산과 延吉敎區(1928년에 知牧區로 설정됨)의 베네딕도회 선교사들은 신자들의 능동적인 미사참여와 전례의 土着化에 관심을 기울였다. 이 토착화 운동은 '미사 經本과 聖務日禱의 모국어화'로 이어졌고, 연길교구의 신부 랍(K. Rapp)과 아펠만, 원산교구의 신부 로트는 이를 위해《미사경본》의 한글번역과 사용법교수에 노력해 왔으며, 1936년에는 마침내 로트에 의해 한글본《미사經本》(약 1천 쪽)이 간행되었다.[32] 이《미사경본》의 발간으로 일반신자들도 이제는 미사 때마다 사제들이 읊는 라틴어경문을 이해하게 됨으로써 보다 적극적으로 전례에 참여할 수 있게 되었다 이 밖에도 덕원인쇄소에서는 1936년에 로트의 韓獨문법서인《조선어문법》, 1938년에는 신부 슐라이허의 교양서적인《어느 것이 참된 종교인가?》와 신부 피셔(W. Fisher, 陳道光)의 한글성가인《가톨릭성가》를 간행하였고, 미사와 성무일도, 일반신자들의 신앙생활에 필요한 서적이나 양봉・공업・건축관련 소책자들을 꾸준히 간행하였다.[33]

다음으로 교회언론 중에서 일제강점기에 가장 먼저 창간된 것은《경향잡지》였다. 이 잡지는 참개화를 위한 애국계몽운동과 지식전달을 목적으로 1906년에 창간된《경향신문》(발행인 드망즈)이 일제의 탄압으로 1910년 12월

30) Adelhard Kaspar O.S.B., *HWAN GAB*(還甲), Münster Schwarzach, 1973, p.130.
31) *Ibid.*, p.113.
32) *Ibid.*, pp.113~114. 이에 앞서 랍과 아펠만은 1932년 가을부터 한글본 미사경본들을 저술하여 등사판으로 배포하였고, 아펠만은 같은 해 겨울에 저술한《소미사경본》(1933년 9월 간행) 안에 여러 종류의 한글본경문을 수록하였다. 또 원산의 로트는 1932년에 수도자용 한글본《미사통상문》을, 다음 해에는 쇼트의《미사경문》한글역본을 등사판으로 간행하였으며, 1934년에는 한글본《주일미사경본》과《성인미사경본》을 간행하였다.
33) 한국교회사연구소 편, 앞의 책(1995), 283~286쪽.

30일(제220호)에 폐간되면서 그 부록으로 발행되던《寶鑑》을 확대 개편하여 1911년 1월 15일에 격주간잡지로 창간한 것이다. 이후《경향잡지》는 순수종교잡지를 표방하면서 신자 재교육과 계몽활동에서 큰 역할을 하였다. 뿐만 아니라《보감》에서 신자들을 위해 게재하던 〈법률문답〉란만은 계속 유지하였으며, 문예작품과 독자투고 등을 통해 가톨릭문화의 보급에도 일조를 하였고, 1933년 이후에는 조선어학회의 〈한글마춤법통일안〉에 맞추어 내용을 편찬하였다. 그러나 그 내용상의 한계성 때문에 신자들의 호응을 얻지 못한 데다가 재정난과 일제의 탄압으로 인해 1945년 5월 15일(제39권 976호) 폐간되었다.[34)]

1912년에는 용산 예수성심신학교에서 한국인 성직자들을 위한 잡지로《타벨라》(*Tabella SS. Cordis Jesu*, 예수성심지)를 등사판으로 발행하기 시작하였다. 이후 잡지발간은 1914년에 중단되었다가 1919년에 복간되었으며, 1924년부터는 홍콩에 있던 파리외방전교회의 나자렛인쇄소에서 발행되었다. 본래 여기에는 신학교의 소식을 비롯하여 로마·세계·한국교회의 소식과 강론, 논쟁사항, 이단반박의 역사, 과학 등이 게재되었는데, 홍콩발행 후부터 소식란이 없어지면서 흥미를 끌지 못하게 되자 신학교에서 소식지만을 따로 만들어 그 부록으로 발행하다가 1937년 6월 이후에 폐간되었다.[35)] 한편 덕원신학교에서도 1933년부터 1939년까지 소식지《神友》를 발간하였다.

이처럼 일제초기에는 일반생활과 관련된 언론활동이 미진하였다. 그러다가 민족문화운동, 민족언론기관의 설립과 민족지 창간 등에 자극을 받아 당시 가톨릭운동(Catholic Action)을 주도해 나가던 대구와 서울의 두 단체에 의해 교회신문이 발간되었다. 먼저 대구교구에서는 南方天主公敎靑年會 명의로 가톨릭운동의 계몽과 확대를 표방하고 1927년 4월 1일에《천주교회보》(현《가톨릭신문》의 전신)를 창간하였다. 이후 여기에서는 소식보도·의견교환·보조

34)《교회와 역사》54(1980년 2월).
차기진, 〈경향잡지〉(《한국가톨릭대사전》1, 1994), 351~352쪽.

35) 한국교회사연구소 소장,《타벨라》(1912~1937년).
한국교회사연구소 역편, 〈1913년도 보고서〉·〈1922년도 보고서〉(앞의 책, 1987), 117~118쪽·169쪽.

일치의 3대 목표를 기치로 내세우고 소식전달과 교리선전, 護敎 등의 내용을 게재하였으며, 독자들의 호응에 힘입어 증면을 거듭하였다.[36] 한편 서울의 경성교구천주교청년연합회에서도 1924년 9월부터 《청년연합회보》를 발간해 오다가 대구의 《천주교회보》 창간에 자극을 받아 1927년 7월 10일에 《별》을 창간하였다. 이후 《별》은 교회소식·종교도덕·일반교양을 비롯하여 사설·논설·문예·상식 등 다양한 내용을 게재함으로써 가톨릭 문화활동에 기여하였다.[37]

1933년 3월 6일, 한국의 5개 교구대표들은 서울 명동에서 개최된 연례회의에서 가톨릭운동에 대해 심의한 뒤, 전국 5교구 출판부위원회(위원장 서울의 부주교 Larribeau)를 구성하였다. 전국 가톨릭운동의 통일을 위해서는 교회안의 출판물을 통일해야 한다는 이유 때문이었다. 그 결과 《천주교회보》는 73호를 끝으로, 《별》은 71호를 끝으로 폐간되고, 1933년 6월 10일 《가톨릭靑年》이 창간되어 총독부로부터 제3종 우편물인가를 받았다. 이 《가톨릭청년》은 '가톨릭운동을 분산에서 종합으로'라는 기치 아래 올바른 교리이해와 護敎論을 바탕으로 한 신심함양에 목적을 두고 있었지만, 실제로는 일반사상·철학·역사·문학·의학·과학·상식 등 다양한 내용을 게재함으로써 신자계몽과 민족문화의 발전에도 기여를 하게 되었다. 그중 한 예로는 李秉岐의 〈조선어講話〉란을 들 수 있는데, 이 欄은 조선어학회의 〈한글마춤법통일안〉 전달에 부응하여 문맹퇴치운동과 민족계몽운동에 동참하고자 한 것이었다.[38] 그러나 《가톨릭청년》이 표방한 가톨릭운동의 일치를 위한 역할은 1934년 1월 평양교구에서 《가톨릭硏究講座》(후에 《가톨릭연구》, 《가톨릭조선》으로 개칭됨)를 창간하고, 1936년 봄에 연길교구에서 소년·소녀들을 위한 《가톨릭소년》을 발간하면서 상실되어 갔다. 게다가 총독부에서는 《가톨릭청년》의 계몽·문화적인 역할에 주목하여 철저하게 내용을 검열하였고, 이러한 요

36) 최석우, 〈가톨릭 新聞과 敎會言論의 發達過程〉, 《가톨릭 신문》 1(영인본, 1982). 〈천주교회보〉는 1931년 7월 7일 교구장 드망즈(Demange, 安世華)에 의해 교구 기관지로 인가되었다.

37) 안홍균, 〈"별"보에 대한 연구〉(《교회사연구》 6, 1988), 497~416쪽.

38) 차기진, 〈"가톨릭청년"과 교회 언론〉(《교회와 역사》 161, 1988), 9쪽.

인들로 인해 이 잡지는 창간된 지 3년 6개월 만인 1936년 12월호(제4권 12호)를 끝으로 폐간되었다.[39]

여기에서 한 가지 지적할 것은 당시의 출판과 언론활동을 통해 천주교회사에 대한 연구가 상당히 진척되었다는 점이다. 먼저 《보감》과 《경향잡지》에서는 〈대한성교사기〉라는 난을 통해 샤를르 달레(Ch. Dallet)의 《한국천주교회사》(*Histoire de L'Eglise de Corée*, Paris, 1874)를 번역 게재함으로써 신자들이 갖고 있던 교회사에 대한 이해와 인식을 새롭게 하였고, 《별》에서도 한국천주교회약사와 단편적인 세계교회사를 소개하였다. 《가톨릭연구》에서는 특집호를 통해 〈대구교구사〉, 〈간도선교사〉 등을 소개하였으며, 《가톨릭청년》에서도 〈신부 金大建(안드레아)의 전기〉, 〈초대 조선교구장인 주교 브뤼기애르(Bruguière)의 전기〉, 〈연길교구사〉 등을 특집호로 게재하였다. 특히 《가톨릭청년》에서는 1933년 9월호부터 다음해 6월호까지 예수성심신학교에서 교회사를 담당한 신부 피숑(Pichon, 宋世興)의 〈朝鮮가톨릭史片影〉을 연재하였다. 피숑은 이 밖에도 신부 김대건의 약전과 라틴어서한, 조선순교사료 등을 모아 신학생용 교재로 사용하였고, 1938년에는 이를 《朝鮮聖敎史料》(*Pro Corea Documenta*)라는 제목으로 간행하였다. 경성교구천주교청년연합회에서는 1931년에 《조선천주공교회약사》를 발간하였는데, 비록 그 분량은 111쪽에 지나지 않았으나, 한국인이 저술한 최초의 통사라는 점과 한국인의 신앙과 교회 창설을 올바른 시각에서 서술하였다는 점에서 높이 평가되고 있다.[40]

1930년대 후반기에 접어들면서 교회의 언론활동은 일제의 조직적인 탄압에 의해 침체되어 갔다. 모든 신문・잡지들은 이른바 〈皇國臣民誓詞〉를 서두에 게재해야만 하였고, 황국화정책을 옹호하는 글들을 수록해야만 했다. 이러한 상황 아래에서 제도교회는 마침내 그 동안의 태도를 바꾸어 신사참배가 종교적인 것이 아니라는 이유 아래 신자들로 하여금 그 의식에 참여해도

39) 차기진, 위의 글, 7~8쪽.

40) 李元淳, 〈韓國天主敎會史硏究小史〉(《韓國敎會史論叢》, 한국교회사연구소, 1982), 682~683쪽. 이밖에도 1924년에는 서울의 부주교 Devred가 저술한 《한국의 천주교》(Le Catholicisme en Corée)가 홍콩에서 간행되었고, 파리외방전교회의 교회사가인 A. Launay가 한국순교사에 관한 저술을, 일본인들이 한국교회사에 관한 저술을 펴냈으나 모두 한국 신자를 대상으로 한 것은 아니었다.

좋다는 결론을 내리게 되었고, 일제당국과의 마찰을 피하기 위해《경향잡지》를 제외한 모든 정기간행물들을 폐간하였다. 실제로《경향잡지》는 이후 종교적 의미를 상실하면서까지 일제의 정책에 부응하는 기사를 게재하기도 하였으며, 마침내는 언론을 통해 진행되어 오던 천주교회의 문화운동도 완전히 단절되고 말았다.

3) 문학 · 건축 · 예술활동

天主歌辭는 1830년대에 처음 불려지기 시작한 이래 약 1세기 동안 토착화된 한글교리를 신자들에게 전해 주었고, 그들의 교회활동과 신심함양에 많은 도움을 주었다. 또 개화기에는 신자들의 의식전환에도 많은 도움을 주었다. 그러나 일제의 탄압으로 인해 내용상 많은 제약을 받지 않으면 안되었으며, 1909년 1월 8일《경향신문》에 소개된 南相殷(마태오)의 〈ᄋᆡ국권학가〉와 같은 작품이 자연히 소멸되어 가는 대신에 순수교리와 교회를 노래한 가사만이 등장하게 되었다. 또 형식상으로도 1910년을 전후하여 4 · 4조 4음보의 장편가사가 6 · 4조(3 · 3 · 4조)나 7 · 5조(3 · 4 · 5조) 등 3음보의 창가형식을 거쳐 현대시로 계승되었다.[41] 1924년에 발간된《죠션어셩가》에 수록된 천주가사들은 당대의 가사가 아니라 신부 崔良業(토마스)의 〈ᄉᆞ향가〉(思鄕歌)나 閔克可(스테파노)의 〈삼세대의〉(三世大義) 등 박해기의 가사 내용 14편이었다.[42]

천주가사와 같은 가사문학의 소멸을 재촉한 것은 1927년에 창간된《천주교회보》와《별》에 소개된 현대시들이었다. 이처럼 교회언론을 통해 등장하기 시작한 가톨릭의 현대시는, 첫째 소재와 내용면에서 가톨릭신앙을 바탕으로 한 시와, 둘째 전통가락을 벗어난 산문시 내지는 자유시로 크게 구분되며,

---

41) 河聲來,《天主歌辭 硏究》(성황석두루가서원, 1985), 298~309쪽. 1911년에 창간된《경향잡지》에도 처음에는 3음보의 가사들이 소개되다가 점차 창가와 자유시가 발표되기 시작하였다.

42) 張安淑, 〈韓國가톨릭聖歌의 歷史的 變遷에 관한 연구〉(《韓國敎會史論文集》I, 한국교회사연구소, 1984), 518쪽.
趙善宇, 〈한국가톨릭성가의 수용사〉(宋基寅神父 華甲紀念論叢《歷史와 社會》, 현암사, 1997), 188 · 194쪽.

시기적으로는 위의 언론이 발행되던 제1기(1927~1933년 전반), 《가톨릭청년》과 《가톨릭연구》가 발행되던 제2기(1933년 후반~1945년)로 구분된다.[43]

우선 제1기에는 시 50편과 시조 6편이 교회언론을 통해 소개되었는데, 대부분이 교회용어를 사용하거나 신앙내용을 주제로 한 가톨릭적인 생활시였다. 그러나 基洙의 〈독시〉, 鄭芝溶(프란치스코)의 〈뉘우침〉 등은 생활시의 범주에서 벗어난 것이었고, 전형의 〈밋음〉, 주병환의 〈元旦漫吟〉, 작자미상의 〈無題〉 등은 신앙의 발상과 뼈대로 포장하여 時代苦를 노래한 작품이었다. 제2기에는 시 83편과 시조 14편 등 도합 97편이 소개되었으며, 특히 《가톨릭청년》을 통해서는 정지용·河漢珠·具常 등과 신부 崔珉順이 많은 시를 발표하였다. 이 시기에 오면 교회용어를 사용하지 않은 것 중에서도 가톨릭적인 생활시라고 할 수 있는 작품이 26편이나 되며, 창작시쪽으로 이동되고 있는 과도기적인 현상도 나타난다. 아울러 趙瑨昊의 〈東方步哨〉, 松峴의 〈無題〉 등 시대나 현실에 관심을 보인 작품들도 나타난다. 바로 이러한 시들은 당시의 시대조건을 감안해 볼 때 결코 과소평가할 수 없는 작품들이었다.[44]

이 밖에도 일제치하의 교회언론을 통해서는 소설·동화·동시·산문·평론 등이 꾸준히 소개되었으며, 때로는 영시를 번역 게재한 적도 있었다. 그러나 아직까지 이들에 대한 연구나 분석결과가 나온 것은 없는데, 아마도 그 이유는 이들 대부분이 전문작가가 아니었고, 일반적인 계몽소설과는 달리 종교적인 내용과 호소를 내포한 교화적인 입장에 치우친 작품이기 때문일 것이다. 다만 《별》에는 자연 혹은 인간적인 정서를 노래한 시가 게재되거나 姜石耿의 창작 소설인 《回道者》가 연재되기도 하였다.[45] 또 《가톨릭청년》을 통해서는 정지용이 모더니즘과 동양정신, 그리고 가톨릭시즘을 지향하는 작품을 발표하였으며,[46] 金起林·李箱 등이 당대의 모더니즘 문학운동에 일정한 기여를 하였고, 李東九는 문학평론을 통해 성토마스사상과 중용주의를 바

43) 姜熙根, 〈한국천주교회의 시문학활동〉(《한국천주교회사의 성찰》, 한국교회사연구소, 2000), 533쪽.

44) 姜熙根, 위의 글, 546쪽.

45) 안홍균, 앞의 글, 414쪽.

46) 정의홍, 〈鄭芝溶文學에 나타난 가톨리시즘〉(《교회와 역사》 154, 1988), 14쪽.

탕으로 낭만주의와 자연주의에 치우치는 것을 비판하였다.[47]

일제치하에 와서는 교회건축에서도 새로운 양식이 등장하기 시작하였다. 베네딕도회가 진출하면서 이전에 프랑스선교사들이 설계한 성당이나 一자형 건축물과는 다른 독일식 건축물이 건립된 것이다. 우선 베네딕도회에서는 한국에 진출한 지 1년만인 1910년과 다음해에 걸쳐 백동 언덕에 2층과 3층의 독일식 건물을 건립하였는데, 이 건물은 성당과 수도원이 한 건물에 있는 복합식구조였다.[48] 또 베네딕도회에서는 1920년에 원산교구가 설정되면서 새 수도원 부지를 물색한 끝에 원산 인근의 德源에 부지를 정하고 건축을 시작하여 1927년에 U자형 수도원과 신학교를 건립하였으며, 같은 해 원산에는 포교성베네딕도수녀회(芬道修女會, O.S.B)의 U자형 수녀원을 건립하였다. 덕원의 U자형 수도원은 1931년 나머지 한쪽에 성당건물이 들어서면서 ㅁ자형 복합식건물이 되었다.[49]

당시에 건립된 성당 중에는 현재 사적지나 지방의 유형문화재로 지정된 경우가 많다. 그 중에서도 1906년에 건립한 것을 1916년에 증축한 전북 익산의 華山성당(일명 나바위성당, 사적 318호), 1922년에 건립된 안성성당(옛 구포동성당, 경기도유형문화재)은 대표적인 한・양절충식 성당이었다. 서양식성당 중에서는 1896년에 지은 옛 성당을 개축하여 1937년에 3개의 종탑을 갖춘 로마네스크식성당으로 완공한 인천의 답동성당(사적 제287호)이 유명하다. 또 지방의 유형문화재로 지정된 서양식 성당으로는, 고딕식 첨탑의 장방형인 원주의 龍召幕성당(1915년), 고딕식 첨탑을 갖춘 T자형인 충남 아산의 공세리성당(1921년), 2개의 종탑을 갖춘 로마네스크식인 충남 당진의 합덕성당(1929년) 등을 들 수 있다. 그러나 이 시기의 성당들은 대부분 서양성직자들이 본국의 건축양식을 피상적으로 재현하고자 한 경우가 많았으며, 따라서 내부 공간보다는 외형에만 치중하는 결과를 낳은 데다가 건축양식을 상실한 講堂形(천장의 높이가 동일한 단일공간형) 성당들이 많이 건축되었다.[50]

---

47) 具仲書, 〈日帝下의 "가톨릭青年"誌 연구〉(《교회와 역사》 108, 1984), 16쪽.
48) 한국교회사연구소 편, 앞의 책(1995), 193~194쪽.
49) 한국교회사연구소 편, 위의 책(1995), 220~223・251・273・302쪽.
50) 김정신, 《한국가톨릭성당건축사》(한국교회사연구소, 1994), 61~77쪽.

이러한 성당건축과 함께 탄생한 것은 聖畵라고 불리는 회화작품과 조각품들이었다. 여기에 속하는 것으로는 張勃(루도비코) 작품인 명동성당의 12종도화(1926년), 李順石(바오로) 작품인 약현성당의 성베드로·바오로종도화(훗날 소실됨)를 비롯하여 신의주성당의 성신강림도 등이 있었으며, 이러한 성당벽화와 성상작품들은 동양화풍을 벗어나 새롭고 자유로운 화풍을 추구하던 당시의 미술계에 영향을 주었다.[51] 또 베네딕도회의 수사 플뢰칭거(A. Flötzinger)는 명동성당에 안치된 신고딕식의 강론대(1915년)를 완성하였다. 이밖에도 서양목공예를 전공한 여러 수사들이 많은 작품들을 남겼다고 하지만,[52] 현재 그들의 작품성격을 찾아볼 수 있는 것은 거의 남아 있지 않다.

당시의 천주교전례음악은 가톨릭교회의 전통적인 그레고리오성가였다. 그러나 라틴어로 미사가 집전되는 과정에서 불려진 그레고리오성가는 일반신자들에게 하나의 서양음악이었을 뿐이며, 그 의미보다는 단지 경건한 전례의식의 하나로만 생각되었다. 그러다가 서울교구에서 현존하는 최초의 한글성가집인 《죠션어셩가》를 1924년에 간행하면서 69곡의 성가 중에서 14곡의 가사를 천주가사인 〈ᄉᆞ향가〉와 〈삼세대의〉에서 차용하였다.[53] 이후 교회전례음악이 더욱 발전해 가면서 대구의 《공교성가집》(1928년), 덕원의 《朝鮮語聖歌》(1928년), 연길의 《聖歌集》(1935년), 《대구교구성가집》(1936년), 덕원의 《가톨릭성가》(1938년) 등에 서양식 한글성가들이 계속 수록되었다.

언뜻 생각하기에는 이처럼 한글가사들이 성가집에 수록된 것은 한글성가의 발전적인 측면으로 이해될 수도 있다. 그러나 그 가사들은 노랫말로만 수용되었을 뿐 음악으로 수용된 것이 아니었으며, 고유의 민족성가로 인정을 받은 것도 아니었다. 그 이유는, 첫째 서양식 한글성가를 무비판적으로 수용하는 과정에서 일제가 문화정치를 표방하면서 민족음악을 기방음악으로 품하시킨 사실을 인식하지 못하였기 때문이다. 둘째로 경건주의 음악관에 빠져

51) 최석우, 〈韓國의 開化와 그리스도敎〉(《韓國 敎會史의 探究》, 한국교회사연구소, 1982), 455쪽.

52) 한국교회사연구소 편, 앞의 책(1995), 195~197·271~273쪽.

53) 《죠션어셩가》에 앞서 나온 한글성가집으로는 《사리원성가집》(1921년)과 덕원의 《朝鮮語聖歌》(1923년)가 있었다고 한다(趙善宇, 앞의 글, 193쪽).

한글가사가 한국적 음악으로 더 잘 표현된다는 생각을 하지 못하였고, 셋째로 제도교회가 일제와의 마찰을 꺼려하여 민요풍의 한글성가가 불려지는 것을 원하지 않았기 때문이다.[54] 그 결과 일제치하에 간행된 한글성가집들은 고유의 한글가사를 원용하였다는 장점을 지니고 있으면서도 이를 발전적인 차원으로 이끌어가지 못하는 아쉬움을 남기게 되었다.

〈車基眞〉

54) 趙善宇, 위의 글, 183·194쪽.

Ⅴ. 과학과 예술

1. 과　학
2. 음　악
3. 미　술
4. 체육 · 무용
5. 연극 · 영화

V. 과학과 예술

1. 과 학

식민지 한국에 과학기술이 있었는가. 현대 과학기술의 핵심적인 모습이라 할 대학·연구기관·과학단체·학술잡지 등은 모두가 식민지시기에 등장한 것들이었다. 이들 중 어느 하나도 이전 시기에는, 물론 그 싹에 해당하는 모습들이 없었던 것은 아니지만, 존재하지 않았었다. 그렇다면 한국의 현대 과학기술은 역설적이게도 일제의 지배를 받음으로써 비로소 태동하게 되었다고 말할 수 있을지 모른다.

그러나 당시 한국에서 행해진 과학기술활동의 내용을 살펴보면 다른 시기와는 상이한 독특한 특징들이 엿보인다. 과학기술의 현대적 모습이 갖추어지기는 했지만 그 실제 내용에서는 피지배민 한국인들이 철저히 배제되어 있었다. 예컨대 경성제대 이공학부·중앙시험소·조선화학회 등의 구성과 운영에서 한국인은 도무지 참여의 여지가 존재하고 있지 않았던 것이다. 그것들이 위치해 있는 지역만 한국일 뿐 그 주도자들은 완전히 일본인 일색으로 짜여져 있었다.

그렇다면 식민지체제 아래에서는 한국의 과학기술이란 있을 수 없는 것일까. 결론적으로 말하면 분명 그렇지는 않다고 본다.[1] 한국인의 주체적인 참여 속에 그 성과가 한국인의 자기 향상, 나아가서는 민족 발전과 관련된 과학기술은 식민지시기라 할지라도 존재하고 있었다. 그 내용과 수준이 일본인의 과학기술에 비해 크게 미흡하고 뒤떨어져 있었긴 하지만 그것이 가지는 의미는 자못 큰 것이었다. 한국인들이 열어 나간 한국의 과학기술은 당시는

---

1) 이 글은 식민지시기 한국 과학기술을 집중적으로 다룬 金根培, 《日帝時期 朝鮮人 과학기술인력의 성장》(서울대 박사학위 논문, 1996)을 많이 참조하였다.

물론 그 이전과 이후의 시기를 연결시켜주는 중요한 지반으로 작용했기 때문이다.

주권을 상실한 식민지 상황으로 인해 이 시기 한국의 과학기술은 다른 방식으로 진전되게 되었다. 식민지 정부가 그것에 관심을 갖고 지원을 할 리는 만무하였으므로 한국의 과학기술은 한국인 스스로의 힘과 노력으로 이끌어갈 수밖에 없었다. 이를테면, 과학교육을 비롯해서 그 계몽 및 활용 등 과학기술과 관련한 대부분을 일제에 의존하기보다는 한국인 자신들이 열어 나가야 하였다. 이처럼 식민지시기 한국의 과학기술은 한국인의 자발적인 활동에 크게 힘입어 그 발전이 이루어지게 되었다.

1) 국내 과학기술교육의 여건

이 시기 국내에서의 과학기술교육은 상당히 취약하였다. 대학으로는 뒤늦게 세워진 경성제국대학 이공학부가 유일한 곳이었다. 전문학교는 몇 개가 있었지만 그렇다고 내세울 만한 숫자와 규모를 가지고 있었던 것은 아니다. 일제가 세운 경성고등공업학교, 경성광산전문학교, 선교사들이 운영한 연희전문학교 數物科, 한국인이 설립한 대동공업전문학교 등이 그것이었다. 이에 비하면 하급 기술인력을 양성하는 중등학교는 여러 개가 세워져 이공계 교육기관의 가장 주된 형태를 차지하였다.

과학기술에 관심을 갖고 그 교육을 추진한 세력은 일단 세 집단, 즉 일제·선교사·한국인으로 나뉘어진다. 식민지 지배와 경영의 필요 때문에 일제는 주도권을 쥐고 과학기술교육을 실시하게 되었다. 그 이유는 당시의 과학기술이 조직적·재정적·정책적 지원을 받지 않고서는 발전하기 힘들만큼 현대적인 형태로 탈바꿈되어 있었기 때문이다. 이에 대해 경쟁관계에 있던 선교사는 과학기술을 기독교 전도의 방편으로, 한국인은 다분히 실력배양 및 양성의 일환으로 관심을 기울이나 상당한 어려움을 겪지 않을 수 없었다.

식민지로 전락하기 이전에 이미 한국에는 이공계 교육기관이 다수 세워져 운영되고 있었다. 국가에 의해 관립 형태로 농상공학교·鑛務학교·郵務학당·電務학당·측량견습소, 민간에서도 직조·철도·측량·공업제조 등과 관련된 교육기관이 잇달아 만들어졌다.[2] 물론 이들은 초보적인 수준으로서 생긴지 얼마 되지 않아 안정되게 운영되지는 못하였고 더구나 이공계 고등교육기관의 등장은 아직 요원한 일로 보였다. 그럼에도 이들 교육기관은 해외에서 유학하고 돌아온 한국인과 초빙된 외국인 전문가들에 의해 서서히 그 기반을 다져가고 있었음은 틀림없다.

한국이 일제의 식민지로 병합되면서 과학기술교육은 일대 개편을 겪게 되었다. 일본의 입장에서 보았을 때 특히 고급인력일수록 필요한 과학기술자는 일본인을 쓰면 되지 한국인을 새로이 교육시켜 사용할 필요가 없었다. 물론 하급인력의 경우 분야에 따라 한국인 대상의 기술교육이 유지, 확충되기도 했으나 많은 교육기관은 일시에 사라지는 결과를 맞기도 하였다.[3] 이에 따라 일제의 과학기술에 대한 교육시책은 한국인 중심의 하급 기술교육과 일본인 중심의 고등교육으로 방향이 잡혀져서 추진되게 되었다.

이공계 고등교육기관으로는 가장 먼저 1915년에 경성고등공업학교가 세워졌다. 이는 한국인의 반감 및 저항을 무마하고 대내외에 자신의 善政을 효과적으로 알리기 위한 의도로 추진되었다. 이 같은 배경 속에서 식민지 지배를 본격화하기 위한 갖가지 새로운 조치와 더불어 분야별로 전문학교를 1개씩 설립하는 일이 진행되었다. 그 중에서도 공업전문학교는 한국을 개화시킬 근대문명의 상징으로 여겨지며 가장 앞서서 시행되어 나갔다. 그렇지만 이 학교는 한국인을 실력이 부족하다는 이유로 중도에 대거 탈락시키고 3·1운동 다음해부터는 內鮮공학의 교육을 실시한다는 명분하에 아예 일본인 위주의 교육기관으로 바뀌었다. 즉 한국인은 전체 정원의 1/3 이내로만 선발하고 그

---

2) 이들 교육기관은 1899년에 관립상공학교 관제가 반포된 것을 계기로 그 직후에 대거 세워졌다.
朴星來, 〈開化期의 科學受容〉(《韓國史學》 1, 1980), 251~268쪽.
金泳鎬, 〈韓末 西洋技術의 受容〉(《亞細亞硏究》 11-3, 고려대, 1968), 297~343쪽.
金義煥, 《우리나라 近代技術敎育史硏究-舊韓末(1876~1910)을 中心으로-》(博英社, 1971).

3) 가장 대표적으로 광무학교·우무학당·전무학당·철도학교 등이 폐지되었다.
金根培, 〈대한제국기~일제 초 官立工業傳習所의 설립과 운영〉(《韓國文化》 18, 서울대, 1996), 423~465쪽.
李鎭昊, 《大韓帝國地籍 및 測量史》(土地, 1991).

것도 인기가 없는 학과들에 주로 배정되었던 것이다.[4)]

일제의 주도로 과학기술 분야의 교육기관들이 다소 확충된 것은 일제의 대륙침략이 본격화되는 1930년대 후반부터였다. 무엇보다 한국 및 대륙지역에서의 광업 개발이 크게 요구되면서 그에 필요한 기술인력을 양성하기 위해 경성광산전문학교가 1939년에 세워졌다. 전시상황으로 수요가 늘어난 통신인력을 충당하고자 전문학교 수준의 조선무선통신학교가 다음해에 개설되고, 아울러 경성고공이 확충되면서는 그 부설로 이과교원양성소도 설치되었다.[5)] 그리고 이 시기에 가장 특기할 만한 일은 한국에서 최초의 이공계 학부인 경성제대 이공학부가 1941년에 만들어진 것이었다. 이 학부는 일반적인 경우와는 달리 교수들의 연구활동이 중심이 되고 인력양성을 위해 교육활동이 그것에 부가된 형태를 띠었다. 특히 핵무기의 원료가 되는 우라늄·토륨을 포함한 희귀 원소를 개발할 의도로 그 부존지로서 독점적인 위치를 차지하고 있던 한국에서 이들을 발견, 연구하는 일은 대단히 중요하게 여겨졌다. 그러다 보니 이 학부는 학생들을 매우 적게 받아들였고 한국인은 그 중에 1/3 이내에 불과했으므로 소수의 졸업생만이 배출되게 되었다.[6)]

이처럼 일제는 과학기술교육에서 한국인은 하급교육, 일본인은 고등교육을 시키는 식으로 민족에 따라 차별적이고 서열적인 정책을 폈다. 심지어는 하급교육도 그 실상은 일본인으로 채우지 못할 경우에 한해 한국인의 참여가 주어질 만큼 어느 분야보다도 훨씬 배제적이었다. 이는 과학기술교육을 받은 사람들이 대부분 일제가 주도하던 관청이나 기업으로 진출하게 되었던 것과 관련이 있었다. 물론 식민지 지배를 원활히 하기 위해 극히 일부의 한국인들

---

4) 경성고등공업학교는 공업전습소에 설치된 특별과가 확대 개편되는 방식으로 세워지게 되었다.
정인경, 〈경성고등공업학교의 설립과 운영〉(김영식·김근배 편, 《근현대 한국 사회의 과학》, 창작과 비평사, 1998), 167~202쪽.
姜　雄, 〈京城高等工業學校と植民地朝鮮の技術者養成〉(《科學史硏究》 II-35, 1996), 1~14쪽.

5) 金英宇, 《韓國中等敎員養成敎育史》(敎育科學社, 1989), 36~47·56~69쪽.

6) 京城帝國大學創立五十周年記念誌編纂委員會, 《紺碧かに：京城帝國大學創立五十周年記念誌》(京城帝國大學同窓會, 1974).
金根培, 앞의 글, 366~391쪽.

에게는 선정의 본보기로 고등교육의 기회가 주어졌으나 고등교육기관의 수가 워낙 적었던 데다가 그마저도 뒤늦게 세워진 관계로 배출된 인원은 적을 수밖에 없었다.

한편, 선교사들은 비교적 일찍부터 한국에서의 과학기술교육에 대해 관심을 가지고 있었다. 그것은 일하면서 공부할 수 있도록 함으로써 보다 많은 학생들을 끌어들이고 사회의 각 전문분야에서 지도적 역할을 할 기독교 신자를 양성하기 위한 목적에서였다. 이들은 한국인을 대상으로 일제와 여러 면에서 비슷한 사업을 펼치고 있었으므로 상호간에 적지 않게 경쟁의식을 지니고 있었다. 우선 YMCA, 경신학교, 송도고등보통학교 등 같은 선교기관이나 학교에 기술교육과정이 설치되어 운영되었다. 이어 1915년에는 연희전문학교가 세워지고 그 안에 한국 최초로 과학계 고등교육과정인 수물과가 만들어졌다. 이 학과의 운영에는 무엇보다 미국 북감리교 소속의 교육선교사들이었던 벡커(A. L. Becker), 루퍼스(W. C. Rufus), 밀러(E. H. Miller) 등이 지대한 역할을 하였다. 한국내에서 과학을 전공한 전문인력은 이 학교에서 유일하게 배출되었으며 졸업생들은 중등학교 과학교원, 더러는 해외로 나가 수준 높은 교육을 받기도 하였다.[7] 이밖에 숭실전문학교에서도 이과를 개설한 적이 있었지만 인가를 받지 못했기 때문에 얼마 못가서 중단되고 말았다.

그에 비하면 한국인들은 사실 과학기술교육에 대해 상당기간 소극적인 자세를 보여왔다. 가장 큰 이유는 식민지가 되면서 과학기술의 필요를 느끼기 힘들게 되었고 그를 진흥시킬 만한 현실적 힘도 갖출 수 없었던 데에 있었다. 과학기술은, 당시의 낮은 수준에서는, 급박하게 당면한 민족독립, 실력양성, 차별철폐 등과 같은 절박한 문제들과 직접적인 연결을 찾기가 어려웠다. 또한 과학기술은 국가 차원에서 그 진흥이 모색될 필요가 컸음에도 주권을 잃은 관계로 이마저도 불가능해졌다. 식민지체제가 한국 과학기술에서 빚어낸 가장 심각한 비극과 불행은 바로 사회적 당면과제와 과학기술 진흥간의

---

7) 閔庚培, 〈宣敎政策 決定過程에서의 宣敎本部 影響力의 問題—延禧專門學校 設立을 중심으로—〉(《東方學志》 46~48합집, 연세대, 1985), 555~584쪽. 연세대학교 백년사편찬위원회, 《연세대학교백년사, 1885~1985》(연세대학교 출판부, 1985), 51~63 · 143~222 · 243~304쪽.

괴리로 말미암아 결과적으로 과학기술의 사회적 위상이 극도로 낮아지게 되었다는 점이다.

물론 한국인들이 스스로의 힘으로 대학을 설립하려는 움직임은 비교적 일찍부터 나타났다. 1910년대에 이미 일부의 인사들이 주축이 되어 국채보상운동으로 모금되었던 돈을 民立大學 설립기금으로 전환하고자 하였다. 이들은 민립대학설립기성회를 조직하고 대학 설립인가를 일제 총독부에 요구하였으나 거절당하였다. 이어 1920년부터는 3·1운동의 영향을 받아 민립대학설립운동이 전개되면서 모금운동과 함께 대학설립안이 구체적인 형태로 모색되었다. 1천만 원의 거액을 확보하여 처음에는 기초 학문분야(법과·문과·경제과·이과)를 개설하고 이어 실용 학문분야의 학과들(공과·의과·농과)까지 설치하려 했던 것이다.[8] 하지만 이 활동 역시 성공을 거두지 못하고 당시 일제가 제기한 경성제대가 세워지는 데 일정한 힘을 행사하는 것으로 그쳤다. 그 후에 한국에서는 1930년대 초에 보성전문학교 창립30주년기념사업회 결성을 계기로 보성전문을 확충하여 이과·공과 등을 갖춘 대학으로 승격하려 한 적이 있었다.

한국인들이 과학기술을 새롭게 자각하고 그 진흥을 위해 한층 노력하게 된 것은 1930년대 중후반에 전민족적으로 전개된 과학운동을 겪으면서부터였다. 각 부문에서 한국인의 역량을 결집하여 자신들의 힘으로 민족의 정체성을 견지하고 자기 발전을 모색하려는 다양한 활동이 전개되었다. 이 같은 배경 속에서 과학기술 분야에서도 과학기술자들과 사회 저명인사들이 주축을 이룬 가운데 과학대중화와 전문연구기관 건립 등을 목표로 한 과학운동이 활발하게 벌어졌다. 지역적으로 구심점 역할을 할 활동조직이 여럿 만들어지고 다채로운 과학 계몽활동이 추진되었다.[9] 자동차·방송·실험실 등과

8) 盧榮澤, 〈民立大學 設立運動 硏究〉(《國史館論叢》 11, 국사편찬위원회, 1990).
이명화, 〈民立大學 設立運動의 背景과 性格〉(《한국독립운동사연구》 5, 독립기념관, 1991).

9) 임종태, 〈金容瓘의 발명학회와 과학운동〉(김영식·김근배 편, 앞의 책), 237~273쪽.
玄源福, 〈1930年代의 科學技術學 振興運動〉(《民族文化硏究》 12, 1977), 239~286쪽.

같은 과학의 첨단기기와 새로운 모습을 적절히 동원함으로써 많은 사람들로부터 호기심과 참여를 이끌어 낼 수 있었다. 아울러 이 무렵부터는 일제가 대륙 개발에 의지를 갖고 세력 확장을 본격화하고 있던 시점이었기에 정치적 색채가 약한 과학기술과 관련된 한국인들의 활동은 제약을 덜 받으며 활기를 띨 수가 있었다.

이 시기에 여러 개로 증설된 5년제 공업학교[10]는 총독부의 허가와 일부 보조가 수반되었지만 당시 한국인들의 광범한 참여 열기와 재정 후원에 힘입은 바가 컸다. 한국인들이 이끈 설립기성회의 활동을 통해 공업학교 설립 유치가 이루어지고 그에 필요한 재원이 마련될 수 있었다. 무엇보다 식민지 시기에 한국인이 세운 유일한 이공계 고등교육기관인 대동공업전문학교는 그 가장 두드러진 성과물이라고 하겠다. 이 학교는 신사참배문제로 폐교를 당한 숭실전문학교 존속운동이 벌어지는 가운데 광업가 李鍾萬이 150만 원의 거액을 들이고 각계각층의 사람들로부터 후원을 받아 1938년 평양에 세워졌다. 설립자 이종만은 금광 경영을 통해 모은 자금을 가지고 그 동안 꿈꾸어 오던 大同思想에 기반한 이상사회 건설, 보다 구체적으로는 열악한 한국인의 생활과 문화를 획기적으로 개혁하는 일에 앞장 서왔다. 그 결과의 하나로 세워진 대동공전은 전적으로 한국인 학교로 운영됨으로써 짧은 기간에도 불구하고 많은 한국인 졸업생을 배출하였고 다른 지역에서의 학교 설립 운동에도 깊은 영향을 미쳤다.[11]

그렇지만 한국인 혹은 선교사들에 의한 대학 설립은 끝내 성공을 거두지 못하였다. 학교설립운동이 활기를 맞던 1930년대 중반부터 보성전문, 연희전문, 세브란스의전, 이화여자전문학교, 뒤늦게 세워진 대동공전 등에서 대학 설립활동이 전개된 적이 있었다. 과학계통으로는 보성전문이 공과·의과·이

---

10) 이들 5년제 공업학교는 중일전쟁 전까지 2개(경성공업학교, 진남포상공학교)에 불과하던 것이 이후 몇 년 사이에 10여개로 증설되었다.

11) 이 대동공전은 해방후 북한 최고의 고등교육기관인 김일성종합대학의 모체가 되었다.
金根培, 〈日帝時期 평양의 대동공업전문학교와 설립자 李鍾萬〉(《第39回 全國歷史學大會 發表要旨》, 경제사학회, 1996), 309~316쪽.
———, 앞의 글(1996a), 306~324쪽.

과, 연희전문은 이과·건축과, 대동공전은 공과·농과·의과·이과·이화학 연구소 등을 갖출 계획을 세워 놓고 있었다. 이들의 경우 한국인의 재력이 증진되고 교육에의 관심이 커져 어느 때보다 실현 가능성이 높았지만, 곧 이은 중일전쟁과 세계대전의 발발로 역시 의도한 목표를 달성하지는 못하고 말았다.12)

이렇듯 한국인과 선교사들이 만들거나 크게 후원한 학교들은 한결같이 한국인을 위한 교육기관으로 운영되었다. 입학생은 물론 교수진도 한국인이 주축을 이루었던 것이다. 대동공전과 연희전문 수물과를 일제가 세운 경성고등공업학교·경성광전·경성제대 이공학부와 비교하면 그 차이를 단적으로 알 수 있다. 이들 한국인 대상의 학교는 과학기술 분야로의 진학 기회가 극히 제약되어 있던 한국인 학생들에게 숨통을 틔어주는 역할을 하였던 것이다. 그렇더라도 당시 국내에는 이공계 고등교육기관이 너무도 적어서, 특히 대학 진학자일수록 절대 다수는 고등교육을 익히기 위해 해외유학을 떠나지 않으면 안되었다.

2) 민간 주도의 해외유학

한국인이 해외유학에 본격적으로 관심을 갖게 된 것은 1920년대부터였다. 무엇보다도 3·1운동의 좌절경험과 이로부터 얻어진 일부의 성과가 그것의 중요한 배경을 이루었다. 이 때부터 즉각적인 독립을 위한 활동 못지 않게 그를 대비한 실력양성의 필요성이 물산장려운동, 민립대학설립운동 등에서 보여지듯 각 분야에서 절실히 느껴지게 되었다. 특히 전통교육에서 근대교육으로의 전환과 이에 대한 열의는 다분히 일제에의 대항 및 대응의 성격을 지니며 거세게 나타났다.

이 때부터 해외유학이 그 동안의 각종 제재 및 억제조치가 다소 완화된 결과 한결 자유로워졌다. 고등교육기관으로의 진학을 위해서는 일본의 소학교나 중학교 단계부터 유학해야 했던 것이 학제와 교과과정의 개선으로 그

12) 金根培, 〈식민지시기 과학기술자의 성장과 제약－인도·중국·일본과 비교해서－〉(《한국근현대사연구》 8, 1998), 165～168쪽.

렇지 않아도 되게 되었다. 한국에서 고등보통학교를 졸업한 사람들이 일본의 고등학교로, 때로는 전문학교 졸업자들이 곧바로 대학에 진학할 수 있어 유학기간이 크게 단축되었다. 비로소 짧은 기간과 적은 비용으로도 해외유학을 통해 고등교육을 받을 수 있는 기회가 열리게 되었다. 이로써 유학의 기회가 일부 특권층-출중한 사회적 지위와 경제적 자산을 가진-에서 더욱 넓은 계층의 사람들에게로 확산되는 계기가 마련되었다.[13]

사실 한국인들에게 해외유학은 앞선 선진학문을 교육받을 수 있는 주된 통로였다. 이 때문에 병합 이전부터 한국에서는 고등인력을 확보하기 위해 어려운 여건 속에서도 관비유학생을 해외로 꾸준히 파견하였다. 일제도 이 같은 한국에서의 노력을 묵과할 수 없었던 관계로 한동안 관비유학 제도를 그대로 유지시켜 나갔고 결과적으로 이 제도가 해외유학의 대표적인 형태로 자리잡게 되었다. 그러던 것이 이 시기에 들어 개인이 앞장서서 스스로의 힘으로 유학을 가는 사람들이 급격하게 늘어나면서 민간 주도에 의한 사비유학으로 주된 흐름이 바뀌게 되었다.

식민지 경험은 한국인들에게 국가보다는 각 개인의 주동적이고 자발적인 역할이 중요함을 인식하게 하였다. 유학 경비를 당사자가 부담해야 할뿐만 아니라 유학과정과 수학후의 진로 등도 자신이 책임져야 하였다. 결코 식민지 정부가 나서서 해외유학의 필요성을 역설하며 장려, 지원하지 않았던 것이다. 총독부의 역할은 그것이 한국 통치에 가져올 파장을 예의 주시하며 그 추이를 적절히 통제하는 것뿐이었다. 그러므로 한국인들의 해외유학은 다른 국가에서와는 다르게 정부 주도가 아니라 일찍부터 개인이 앞장서는 민간 주도의 형태로 나타나게 되었다.

당시 한국인들에게 해외유학의 주된 대상 국가는 일본과 미국이었다. 일본은 무엇보다 식민지 지배국으로서 정치외교적 관계가 긴밀하고 가장 인접한 지역에 위치해 있으며 일본어를 공용어로 사용하고 생활 관습이 매우 흡사한 점 등의 이유로 선호되었다. 이와 함께 일본 본토에서 교육을 받은 사람들은 국내는 물론 다른 국가에서 교육을 받은 사람들보다 훨씬 우대를 받았

13) 金根培, 위의 글, 171~172쪽.

던 점도 중요하게 작용하였다. 그에 비해 기독교계 학교 출신자들 중에는 선교사들의 지도 및 후원, 상대적으로 많이 실시된 영어교육, 선진 학문 중심지로서의 인식, 문명화된 국가에 대한 동경심 등으로 미국유학을 가는 경우가 적지 않았다. 이들은 졸업후 진로가 불투명함에도 대부분 기독교 신자들로서 독실한 종교적 믿음과 열정을 가지고 미국행을 택하였다.

일본유학은 1919년까지만 해도 6~7백 명 수준-다른 국가로의 유학보다 많은 수치이기는 하지만-에 머물던 것이 이후 급격히 늘어나 1923년에는 4천5백여 명에 이르렀다. 물론 관동대지진에 따른 한국인들의 무고한 사상으로 잠시 침체를 맞기도 했지만 다른 국가와는 비교가 안될 정도로 그 숫자가 많았다. 특히 1930년대 중반부터 유학생 수가 다시 급격히 불어나며 1940년대에는 전체 규모가 2만 명을 넘어설 정도가 되었다. 하지만 이들 중 상당수는 중등학교 혹은 전문학교에 다니는 사람들이어서 대학 재학생은 전체의 1/10에도 크게 못미쳤다. 게다가 더 문제인 것은 이들 대학 재학생 중 이공계 전공자는, 과학기술의 인식 수준이 낮은 상황에서 전공 선택이 전적으로 개인의 취향과 판단에 맡겨짐에 따라, 5% 내외(의학과 농학도 비슷)에 불과하였다는 사실이다.[14)]

이렇게 과학기술을 전공하려고 한 사람들이 적었던 것은 한편으로는 식민지체제에서 나타난 과학기술을 둘러싼 지배국과 피지배국 간의 사회문화적 괴리에 기인한 바가 컸다. 일본은 일찍부터 서구 과학기술의 수용과 발전에 지대한 노력을 기울인 까닭에 이 무렵에는 이미 그 중요성에 대한 인식과 발전 정도가 상당한 수준에 올라서 있었다. 이 때문에 과학기술은 사회적으로 높은 가치를 지녀 이공계 대학은 국가가 운영하는 명문 관립대학에 설치되었고 그 전공자는 사회상층의 집안으로부터 나왔다. 반면에 한국에서는 과학기술의 사회적 위상이 식민지로 전락되면서 오히려 낮아짐에 따라 의욕적이고 우수한 사람들로부터 이공학을 공부하려는 사람들이 나타나기 힘들게 되었다. 그보다는 사회 중하층에 속한 사람들 중에서 일부가 과학기술에 관

14) 박성래, 〈한국 과학기술자의 형성 연구〉(한국과학재단, 1995). 대부분의 사람들은 법학·문학 등 전통적으로 중시된, 권력 지향에 도움이 될 문과 계통의 학문분야를 전공으로 삼았다.

심을 갖고 이를 전공함으로써 적은 수이지만 이공계 대학 졸업자들이 나오게 되었다.[15)]

그에 비하면 미국유학은 고등교육기관으로 진학한 사람들이 상대적으로 많은 편이었다. 유학생 전체 규모가 일본의 1/10에도 미치지 못하고 갈수록 감소하는 추세를 보였음에도 대학 재학생은 일본의 절반 가까이에 이른 적도 있었다. 이들은 해외유학에 남다른 의지를 가지고 비교적 많은 준비를 하며 어려운 여건을 헤쳐나가야 했기에 상당수가 고등교육을 받을 수 있었던 것이다. 그 중에는 이공학을 전공한 사람들이 20%(의학과 농학은 15%)를 차지할 정도로 상당히 많았다. 이는 일본으로의 유학이 당시 상황에서 볼 때 권력 추구와 밀접히 관련된 학문 습득에 크게 기울어져 있었다면 미국유학은 그 같은 길이 막히면서 보다 기술적인 전문직종에 종사하는 데 요구되는 전공을 선택한 결과였다.[16)]

식민지시기 동안에 이공계 대학 졸업자는 총 4백 명 정도가 되었다. 이 수치는 그 동안 추산한 것보다는 훨씬 많지만 그렇더라도 매우 적은 인원에 머물렀음을 감출 수가 없다. 그런데 이들 중 국내의 경성제대 출신자 37명을 제외한 나머지는 모두가 해외유학을 통해 배출된 사람들이었다. 국가별로는 일본 2백 명, 미국 1백 명, 그밖에 만주·유럽 등지에서 50명 정도가 나왔던 것으로 추정된다. 이들 가운데 박사학위자는 극히 적은 약 10명으로 모두가 일본과 미국에서 각각 5명씩 배출되었다. 한국인으로서 최초의 이학과 공학 박사학위는 李源喆(미시간대학, 천문학)과 崔晃(오하이오주립대학, 화학공학)이 각각 1926년, 1934년에 취득하였다.[17)]

그나마 이 정도의 인력이라도 양성될 수 있었던 것은 한국인 스스로의 개인적 노력과 주변의 격려에 힘입어 이루어진 해외유학의 덕분이었다. 당시 해외유학은 민족의 앞날이 걸린 거족적인 일로 여겨지던 시대 분위기여서 유학 당사자들은 흔히 많은 사람들의 큰 기대 속에 축하를 받았다. 경제적

15) 당시의 처한 현실로써는 과학기술을 통해 정치·경제·사회적으로 신분상승을 기하기가 어려웠음에도 이들은 자신들의 높지 않은 출신배경으로 인해 과학기술로의 진출도 기꺼이 받아들였던 것으로 보인다.
16) 박성래, 《한국 과학기술자의 형성 연구 2 : 미국유학 편》(한국과학재단, 1998).
17) 박성래, 위의 책, 72~87쪽.

여력이 없어도 장래가 촉망되거나 향학열이 남다른 사람들은 가깝게는 주변 친지, 멀리는 독지가들로부터 상당히 기대 섞인 후원을 받기도 하였다. 유학을 성공리에 마치고 돌아올 때도 성대한 환영을 받고 일간지에 그 내용이 대대적으로 보도될 만큼 일대 뉴스거리가 되었다. 결국 이 시기에 본격적으로 출현하게 된 과학기술자들은 일제의 식민지 통치의 의도하지 않은 부수물보다는 한국인 자신들이 지난한 노력을 기울여서 얻은 결과의 몫으로 크게 돌려야 마땅할 것이다.

따라서 한국에서의 교육, 그 하나로서의 해외유학은 일제 지배에 대한 한국인들의 대응의 한 양식이었다. 민족 전체적으로는 국가의 주권을 되찾는데 필요한 실력양성을 기르고 개인적으로는 우월한 능력을 갖추어 차별과 멸시를 벗어나려고 한 것이었다. 그 덕분에 교육에 대한 관심과 열기는 국가 주도 없이도 어느 때보다 높았다. 이는 교육을 개인의 책임으로 간주하던 그 동안의 전통적 인식과 잘 맞아떨어지는 것이기도 하였다. 그렇지만 한편으로는 교육을 입신출세의 수단으로 여기던 전통적인 사고까지 그대로 이어지며 결과적으로 과학기술을 소홀히 하는 경향이 수반되어 나타났다.[18]

3) 과학기술자들의 활동

사실 한국인들에게 훨씬 어려웠던 것은 과학기술을 공부할 대학에의 진학보다도 졸업후 자신의 전공과 관련한 일자리를 찾는 일이었다. 당시 이공학 전공자가 진출할 수 있는 곳은 고등교육기관·시험연구기관·관청·대기업 등이었지만 모두 일제가 장악하고 있어 한국인으로서는 들어가기가 매우 힘들었다. 단지 이들 기관에서는 한국인을 배려하고 있다는 사실을 본보기로 보여 주려는 의도로 극히 소수의 사람들만을 채용하였던 것이다.[19] 이에 따라 대다수 한국인 이공학 전공자들은 불가피하게 다른 진로를 모색하지 않

18) 金根培, 앞의 글(1998), 171~174 쪽.

19) 일례로 최고의 교육기관인 경성제대 이공학부에는 한국인 교수가 한 명도 없었고 경성고공·경성광전, 그리고 시험연구기관인 중앙시험소·연료선광연구소·지질조사소에는 각각 한 두명의 한국인이 있었을 뿐이다.

을 수 없었다.

한국인들이 가장 많이 진출한 곳은 중등학교의 과학교원 자리였다. 중등학교는 일제가 운영하는 공립 이외에 한국인과 선교사들이 세운 사립이 상당수 있어 그만큼 이들에게 많은 기회가 주어졌던 것이다. 사립학교인 보성고보·중앙고보·송도고보·경신고보 등은 여러 명의 이공계 졸업생을 채용한 대표적인 중등교육기관들이었다. 그런데다가 한국인들은 전통적으로 교육을 대단히 가치있는 일로 여겼을 뿐만 아니라 당시에는 그 필요성을 더욱 절감하던 시대상황이어서 이들 이공계 졸업자들도 교육기관으로의 진출을 뜻있게 받아들였다.

유학 대상국가에 따라서는 미국유학 출신자들이 훨씬 큰 어려움을 겪었다. 피지배민 뿐아니라 외국 학위자들에 대한 일제의 차별로 이들은 소수의 기독교계 기관 이외에는 취업을 할 수가 없었다. 연희전문·숭실전문·세브란스의학전문학교 등은 미국에서 공부하고 돌아온 사람들이 갈 수 있었던 몇 안되는 교육기관들이었다. 물론 이들 기관도 초기에 공부를 마치고 온 소수의 졸업생들에게만 전공과 관련된 일 자리를 제공할 정도로 제한적이었다. 불가피하게 미국유학 출신자들의 일부는 자신의 전공과 전혀 관계없는 일을 하게 되고, 그 상당수는 심지어 돌아올 수 없는 처지가 되기도 하였다.

따라서 고등교육기관을 비롯한 과학기술 관련 기관을 누가 세워 운영했는가에 따라 그 역할과 의미는 이처럼 판이하게 달랐다. 한국인이 설립한 대동공전, 경성여자의학전문학교 등과 함께 선교사들이 세운 앞서의 교육기관들은 학생은 물론 교수진까지도 한국인 중심으로 짜여짐으로써 과학기술 전공자들에게는 더할 나위없는 소중한 활동의 공간이 되었다. 기업의 경우에도 이와 비슷하게 한국인이 설립한 경성방직·대동광업·조선제사 등은 한국인 졸업생들을 채용했고 그들에 의해 운영되어 나갔다. 그렇기 때문에 한국(인)의 과학기술 잠재력은 배출된 전공자들의 규모와 더불어 이들이 적절히 활동할 수 있는 공간이 얼마나 존재, 확보되었느냐에 따라 좌우되게 되었다.

한편, 한국인 졸업생 중에는 극히 드문 일이기는 했지만 나중에 아주 뛰어난 과학적 재능을 발휘한 사람도 생겨났다. 분류학이나 광물학 같이 지역 특성이 강한 과학분야에서는 국내의 연구자, 화학이나 물리학처럼 보다 보편적인 과학분야에서는 일본에서 활동하던 연구자들 중에서 두드러진 연구업적을 낸 경우가 있었다. 전자의 대표적인 연구자로는 石宙明(가고시마고농 졸업, 생물학), 趙福成(평양고보 사범과, 생물학), 鄭台鉉(수원농림, 생물학) 등이 있고 이들은 전문학교 이하의 학력을 지닌 가운데 정교한 장비 없이도 거주자로서의 지역적 이점을 살려 수많은 성과를 내었다. 그에 비해 후자의 대표적 인물인 李泰圭(교토제대 박사, 화학), 李升基(교토제대 박사, 응용화학), 金良瑕(도쿄제대 박사, 화학) 등은 일본의 제국대학 출신자들로서 명성있는 연구기관에 근무할 수 있게 됨으로써 탁월한 업적을 내게 되었다.[20]

특히 이태규와 이승기는 그들이 일궈낸 높은 연구업적과 사회적 지위 등으로 미루어 볼 때 가히 독보적인 존재였다고 말할 수가 있다. 이들은 당시 식민지 피지배민으로서는 상상도 하기 힘든 교토제국대학 교수가 되었다. 무엇보다 일본인 과학자를 능가하는 뛰어난 연구업적을 냄으로써 자신들이 지닌 능력을 널리 인정받을 수 있었기 때문이다. 이들이 식민지 기간에 발표한 논문편수는 이태규 37편, 이승기 48편으로 일본의 유명 과학자들에 비해서도 결코 손색이 없었다. 뿐만 아니라 그 수준에서도 이태규는, 물론 이후에 이루어진 것이긴 하지만, 물리화학 분야에서 그 동안의 성과에 힘입어 리-아이링(Ree-Eyring)이론을 창안하고, 이승기는 섬유화학 분야에서 나일론에 뒤이어서 새로운 합성섬유인 합성1호(후에 북한에서 비날론으로 명명)를 개발할 정도로 세계적인 수준에 도달해 있었다.[21]

이들이 억압적인 시대 상황에서도 뛰어난 연구성과를 낼 수 있었던 것은 식민지체제가 빚어낸 과학활동의 이중성에서 기인한 바가 컸다. 대다수의 한국인 과학자는 일제의 지배로 말미암아 수준 높은 교육과 연구경력을 쌓을 기회를 갖지 못하였다. 그러므로 제도화된 고등교육 및 연구기관에 들어가지

---

20) 문만용, 〈石宙明의 나비 연구와 '조선적 생물학'〉(김영식 · 김근배 편, 앞의 책), 203~236 쪽.
김용덕, 《어느 과학자의 이야기 : 이태규 박사의 생애와 학문》(도서출판 동아, 1990), 47~93쪽.
李升基, 《科學者의 手記》(평양 : 國立出版社, 1962), 5~24쪽.

21) 물론 논문편수로만 보면 한국인 과학자 중 석주명과 조복성이 1백편 내외의 논문을 발표할 만큼 더 많았지만 그것은 사례연구 위주로 이루어지는 분류학 분야의 학문적 특성에 크게 기인한 결과였다.

않더라도 나름의 연구활동이 가능한 박물학 같은 분야에서나 한국인의 움직임이 비교적 활발하게 일어났다. 국내에서 한국인이 상당수 참여한 가운데 조선박물학회가 가장 왕성한 활동을 벌일 수 있었던 것은 바로 이 때문이었다. 그럼에도 극히 소수이기는 하지만 정밀과학(exact science) 분야에서 두각을 나타낸 사람들도 이 시기에 등장하였다. 이들은 일찍이 일본으로 유학을 가 높은 수준의 교육을 체계적으로 받고 이어 그곳의 과학기관에 자리를 잡음으로써 일본인과 어깨를 나란히 할 수 있는 연구성과를 낼 수 있었다. 이렇게 대부분의 한국인 과학자들은 주변부에서 지역적 특성을 띤 과학활동을 한 반면에 극소수의 사람들은 중심부로 진출하여 국제수준의 과학활동을 벌일 수 있기도 하였다. 양극화된 과학활동이 식민지체제라는 시대상황으로 말미암아 서로 다른 지역에서 같은 민족의 연구자들에 의해 행해지며 공존하고 있었던 것이다.

아울러 한국인 과학기술자들이 과학적 재능을 발휘할 수 있었던 데에는 그 당사자들이 기울인 각고의 노력은 물론 주변에서 쏟은 애정어린 관심과 후원도 큰 몫을 하였다. 이들은 피지배민 한국인들에게 가해지는 민족적 열등과 모멸을 어려운 여건 속에서도 피나는 노력을 통해 우월한 능력을 선보임으로써 그렇지 않음을 입증하려 하였다. 한 가족이나 집안에서는 집안의 앞날을 위해 적어도 문중의 한 사람, 대개는 집안의 장자를 선정하여 집중 지원하는 방식으로 당면한 경제적 곤란에도 불구하고 수준 높은 교육을 받을 수 있는 길이 열렸다. 뿐만 아니라 우수한 실력을 보일 경우 그들은 기업가를 비롯한 각계각층의 독지가들로부터 같은 민족이라는 이유로 상당한 후원을 받기도 하였다.[22] 이같이 당사자, 주위 친지, 그리고 독지가들의 노력이나 관심, 후원이 없이는 과학기술에 관해 고등교육을 받고 일부는 탁월한 업적까지 내게 된 것을 생각하기 힘들었다.

그럼에도 이 같은 한국인 과학기술자들의 활동이 식민지 한국 과학기술의 성장으로 이어지지는 못하였다. 과학기술자들과 그들이 벌인 활동이 다소 존

22) 일례로 이태규는 경성방직의 김연수와 금강제약의 전용순·이승기는 역시 김연수로부터 연구활동에 대한 지원금으로 각각 1만원 이상의 거액을 받은 바가 있었다.

재하기는 했으나 그것이 전문과학의 형성, 즉 전문화와 제도화로 나아가지는 못하였다. 이 시기에 존재했던 주요 과학단체와 과학기관들은 어느 하나 한국인의 적극적이고 주도적인 참여 속에 설립 및 운영된 것이 없다시피 하였다. 한국인 박물교원들이 중심이 되어 연구회를 만들거나 연희전문 이과교원들이 과학클럽을 운영하는 등의 일들은 있었으나 큰 흔적을 남기지는 못하였다. 다분히 그들은 고립된 개인으로서 각자 자신의 과학활동을 영위하는 것으로 만족해야 했던 것이다. 이 시기에 한국 과학기술에서 나타나게 된 가장 큰 식민지적 한계는 바로 여기에 있었다고 말할 수 있다.

반면에 한국인 과학기술자들은 당시의 시대상황으로 말미암아 일반대중 및 학생을 상대로 한 계몽활동을 비교적 활발하게 벌였다. 이 때만 해도 과학기술교육은 극히 소수의 사람들만이 받을 수 있었던 관계로 사회 전반적으로 과학기술에 대한 인식이 매우 낮은 형편이었다. 때문에 과학기술자들은 과학계몽을 자신이 담당해야 될 중요한 과학활동의 하나로 여겼다. 그들은 이를 통해 전래의 미신적인 관습을 타파하고 가정과 생활을 과학화하며 나아가서는 근대교육과 산업도 크게 진흥시킬 수 있는 기반을 닦게 될 것으로 기대하였다. 특히 1930년대 중반에 여러 지역에서 동시다발적으로 전개된 과학운동은 수많은 사람들의 참여 속에 집단적으로 표출된 가장 두드러진 예라고 할 수 있겠다.

이 과학운동은 金容瓘(경성고공, 요업)을 비롯한 초기에 경성고공을 졸업한 사람들에 의해 이끌어졌다. 실질적인 주도자로서 김용관은 각계 인사들의 영입을 통한 발명학회나 과학지식보급회와 같은 단체의 조직에서부터 활동방향 제안, 행사 기획, 대중 선전, 잡지 발간 등 모든 일들에 앞장을 섰다. 그의 헌신적인 노력이 없었다면 이 과학운동은 생각할 수 없을 정도로 김용관 개인의 역할은 결정적이었다. 그를 도와 혹은 그와 함께 과학운동을 벌이는 데 많은 노력을 기울인 인물로는 李 仁(변호사), 朴吉龍(경성고공, 건축), 玄得榮(경성고공, 염직) 등이 있었다. 그만큼 이들은 한국에서 과학기술에 관한 고등교육을 받은 첫 세대로서 남다른 사명감을 가지고 민족의 갱생에 도움이 될 과학기술에 대해 고심하고 그것을 새롭게 일으켜 세우고자 했던 것이다.[23)]

이 때에 한국인들 사이에서 논의된 한국 과학기술의 발전방향은 크게 두

갈래의 흐름이 존재하고 있었다. 당시 한국의 실정에 적합한 방향으로 과학기술을 진흥시켜 나가자는 한국적 과학기술 발전론과 서구나 일본의 앞선 과학기술을 적절히 수용, 활용하여 과학기술 진흥을 도모하자는 보편적 과학기술 발전론이 그것이었다. 한 쪽은 한국 산업의 자립화(소공업화)를 내세우며 그에 활용될 과학기술의 독자적인 발전을 내세웠고 다른 쪽은 한국 산업의 근대화(대공업화)를 역설하며 그에 요구되는 수준 높은 과학기술의 확보를 주장하였다. 이들 두 흐름은 아주 판이하지만 공존하며 당시 한국인 과학자들의 과학관의 주된 내용으로 자리잡고 있었다.

따라서 이 시기 한국인 과학기술자들은 식민지 상황으로 말미암아 자기 발전과 개발, 한국 내에서의 과학 정착 등을 위해 남다른 노력을 기울여야 하였다. 그 결과 한국인 중에서 과학기술을 전공한 사람들이 처음으로 다수 등장하고 그 중의 일부는 아주 뛰어난 과학적 성취를 이루기도 하였다. 하지만 대다수의 한국인 과학기술자들은 현대 과학기술의 핵심적 특징으로 부상하고 있던 연구활동보다는 일반대중을 계몽하고 다음 세대를 교육시키는 일에 치중하게 되었다. 이런 와중에서 대두된 대립적인 과학기술관, 과학활동의 이중성 등은 이후에 한국인 과학기술자들이 심사숙고해서 풀어야 할 커다란 과제로 남게 되었다.[24]

〈金根培〉

2. 음 악

한국음악사에서 근대음악의 시기는 1860년부터 1945년까지 약 85년간이라 할 수 있다. 이 가운데 1860년부터 1910년까지의 시기를 '근대음악사 전기', 1910년부터 1945년까지를 '근대음악사 후기'라 부르며, 양 시기는 음악사적으

23) 임종태, 앞의 글, 237~273쪽.
24) 金根培, 〈20세기 식민지 조선의 과학과 기술-개발의 씨앗〉(《역사비평》 56, 역사문제연구소), 297~313쪽.

로 그 성격이 달랐다.

근대음악사 전기의 시기는 안으로는 인간화 실현에 바탕을 둔 다양한 음악사회를 전개하고, 밖으로는 서양과 일본제국주의에 대응하면서 서양음악도 자주적으로 수용하며 전개하였던 시기였다.

근대음악사 후기의 시기는 다시 1910년 8월 일제의 한국강점이 단행된 시기부터 1919년초까지 제1기, 1919년 3·1운동부터 1931년 9월까지 제2기, 1931년 9월 일제의 만주침략으로부터 1945년 8월 해방까지의 전시체제 시기를 제3기로 구분한다. 이 후기시기에는 한국음악이 일제에 의하여 예외없이 억압되고 왜곡되었을 뿐만 아니라, 군국주의적인 일본음악의 강요에 따라 唱歌·歌謠(대중가요·시국가요·애국가요)·歌曲 등의 노래가 강압적으로 소통되었다. 이에 한민족은 독립운동으로서 항일음악을 창작·보급하였으며, 민요·판소리·창극 등 민족음악의 부활과 함께 새로운 민족음악을 창작하는 한편 양악의 唯美主義적 탐닉에 의한 음악활동도 전개하였다.

1) 제1기－무단통치기의 음악

(1) 한국음악사회의 통제

일제는 한국을 강점후 1910년 8월 25일 〈집회 취체령〉으로 '다중의 집회를 금지'시킴으로서 음악회 자체가 통제를 받았다. 또 〈보안법〉으로 일제통치의 '안녕과 질서를 해친다고 판단'될 경우에는 교회와 학교의 집회도 제한과 금지는 물론 해산까지 명할 수 있도록 했으며, 거리 등의 공개적인 장소에서 문서·도화의 게시나 낭독과 언어, 표현 등의 행위를 할 수 없게 되어 음악회가 위축되었다.[1] 또, 〈신문지법〉과 〈출판법〉으로 한국인이 경영하는 모든 신문발행이 금지되고 조선총독부의 어용지인 《매일신보》·《경성일보》·《서울프레스》가 일제통치의 안녕 기준에 따라 음악기사를 통치의 선전 강화로 이용하였다.

이로써 음악단체 조직의 자유도 박탈되고 허락받지 않은 공연은 일체 금

1) 朝鮮總督府 編, 《朝鮮法令輯覽》(全) 第9輯 '衛生警察' 第2章 警察 항목 참고.

지되었다. 공개적인 공간에서 무대예술 공연이 가능했던 분야들은 일제통치의 안녕과 질서를 해치지 않는 비정치적이고 비민족적인 작품이나 종교적인 성격의 공연, 그리고 친일적 성향의 작품공연들이어야 했다.

양악계의 음악회는 집회가 가능했던 교회와 학교강당에서 교회음악과 학교음악 중심으로 열리었다. 또, 중앙기독교청년회관(YMCA)·조선호텔·각국의 영사관, 각 지역의 歌舞伎座와 극장 등지에서 음악회가 열리었다. 이곳의 음악회엔 이화학당과 평양사립 숭실대학 음악대 등의 학생과 교사, 개신교 찬양대와 목사, 각국 공사 부인, 1918년 동경음악학교(우에노)를 졸업하고 연희전문학교 조교수로 부임한 피아니스트 김영환, 동경 유학생들의 음악악우회, 1919년부터 김영환·홍난파·김형준 등이 중심이 된 경성악우회, 용산신학교의 신학생들의 그레고리오성가, 조선주차군 육군군악대, 이왕직 양악대 등이 중심이 되어 공연활동을 하였다.[2)]

한편 전통음악분야의 전문적인 공연장으로 이미 허가받은 광무대·장안사, 신파극 중심의 연흥사, 전통음악과 춤 그리고 청극 둥을 공연하는 단성사 등을 중심으로 전개되었다. 이 밖의 영화중심의 우미관, 영화와 신파극 중심의 황금관·제1대정관·제2대정관 외에 전국적으로 가무기좌와 극장에서 공연과 영화상영이 있었다. 그러나, 일제는 민족적 성향의 작품이나 집회는 보안법으로 철저하게 통제하였다. 조선총독부는 일제통치의 안녕과 질서를 헤치는 분야가 애국가류의 창가라 믿어 가장 강력하게 통제하였다. 이미 1909년 10월부터 통감부는 학부를 앞세워 서울과 전국의 학교 앞으로 '부적당한 창가'를 일체 엄금시키는 훈령을 내렸으며,[3)] 각 연희 및 공연장에서 음악행위를 금지시켰다.[4)] 초대 총독인 육군대신 테라우치 마사타케(寺內正毅)는 "(조선)독립을 고취하고 일본제국을 반대하는 불량 창가이자 위험한 노래"라 하면서 이 창가들을 〈보안법〉으로 철저히 단속하였다.[5)]

2) 경성악우회가 1919년 10월 13일 YMCA에서 제1회 음악회를 개최한 이후 양악 전문가들의 조직체가 본격화되어 갔다. 《매일신보》, 1919년 12월 29일.
3) 《대한민보》, 1909년 10월 30일 및 《대한매일신보》, 1909년 11월 8일.
4) 《대한매일신보》, 1909년 11월 4일.
5) 大野謙一, 《朝鮮教育問題管見》(朝鮮教育會, 1936), 31쪽.

(2) 한국전통음악의 약체화

일제 강점하에서 한국의 문화·예술은 약체화와 해체화를 면치 못했다. 즉 일제는 장악원 음악을 계속 약체화시켜 나갔다. 한국음악과 양악을 민간차원으로 부활시키려 한 '조양구락부'의 설립, 1911년 '조선정악전습소'로의 발전은 이들의 후원단체인 '정악유지회' 회원 대부분들이 친일귀족이었기 때문에 전통음악의 활동과 전개에는 한계가 있었다.[6]

한편 일제는 전통문화 예술인들을 식민지통치를 정당화시키는 온갖 행사에 동원시켰다. 대표적인 경우가 1915년 9월부터 10월까지 두달간 진행된 조선총독부의 '시정 5년 기념 조선물산 공진회의 가정박람회'에 광교기생조합과 다동기생조합을 비롯한 전체 예술인들을 동원시킨 경우다. 다동기생조합의 경우는 '日鮮融和'와 장래 발전을 축원하는 〈시정 5년 기념 성택무〉에 13인을 출연시켜 13도를 상징토록 하였고,[7] 또, 광교기생조합의 기생들로 하여금 샤미센으로 일본노래를 부르도록 하였으며,[8] 김창환과 이동백 등의 명창명인들을 출연시키는가하면, 10월 31일 일본 천장절에 맞춰 일본국가행렬까지 동원시켰다.

일제는 통감부시기부터 여악·태의원·관기제도 등을 폐지시키고, 대신 새로운 창기-기생조합 조직을 유도하여 1908년부터 경시청 통제하에 '창기조합 시대'가 전개되었다. 1913년부터는 조선정악전습소가 분교실로 운영하는 다동조합이나 그 밖의 광교조합이 설립되면서 이후에 경화조합·한남조합 등의 영업이 개시되었으며,[9] 1914년부터 조선권번이나 한성권번·대동권번·한남권번 등 '권번시대'가 전개되었다.[10] 일제는 1908년 9월 〈기생단속령〉과 〈창기단속령〉, 1911년 8월 〈예기 건강진단규칙〉, 1916년 3월 〈예기작

---

6) 《관보》, 1910년 10월 7일을 인용한 노동은, 《한국민족음악현단계》(세광음악출판사, 1989), 152쪽 참고.

7) 《매일신보》, 1915년 9월 10일.

8) 《매일신보》, 1915년 9월 16일.

9) 1913년 2월에 다동기생조합·광교기생조합을 비롯하여 이후 시곡기생조합·신창기생조합·평양기생조합·전주예기조합·진주기생조합·평남 의주예기조합·인천용동기생조합 등이 전국적으로 조직되었다.

10) 노동은, 《한국근대음악사》 1(한길사, 1995), 558~559쪽.

부 예기치옥영업취체규칙〉 등을 발표하여 권번들을 통제하고 있었다.[11] 더욱이 민악을 통합문화예술로 창출해 온 神廳이나 才人廳의 문화를 1905년 4월 〈巫卜雜術禁止令〉으로 약체화시키고, 1910년 이후에도 민악의 통합문화예술들을 왜곡시켰으며,[12] 1911년 7월 〈사찰령 시행규칙〉과 1915년 8월 〈포교규칙〉에 의하여 이들의 문화는 더 이상 설 땅이 없었다. 대신, 일본의 천조대신과 명치천황을 祭神으로 삼은 남산의 神社를 비롯한 전국에 일본의 신사를 설립하였으며, 이러한 신사에서 제전악인 키비가쿠(吉備樂)과 함께 천황에 대한 요배를 하기 시작하였다.[13]

또 일제는 한국음악을 停滯的인 봉건시대의 옛 것(舊歌·舊劇·舊樂 등)으로 보고, 일본적인 형태의 새 것(新歌·新劇·新派劇·新樂·新音樂)을 지향토록 가속적으로 제도화시키고 있었다. 일제는 일본지향적인 작품개량이나 엔카(演歌·艶歌)를 비롯한 일본어 학습과 일본국가(國歌)·쇼오카(唱歌)·춤과 샤미센(三味線)·샤쿄쿠(三曲) 등의 일본음악과 춤을 新樂으로 지향케 하였다. 1911년 조선정악전습소도 한국음악과에 舊樂科·吹樂科·新樂科로 나누고, 한국음악을 구악으로 양악을 신악으로 구분하였다.[14]

한편, 1907년 전후까지 演戲場·遊戲場·舞童演劇場·舞蹈劇場 등으로 혼용하던 공연장 명칭이 10년대에 들어서면서 극장이란 이름으로 점차 일반화되었다. 일제는 장안사나 연홍사를 비롯한 전국의 각 공연장에서 행해지고 있는 창극이나 음악회, 또 연극 등의 폐해성을 총독부가 비판하며 폐지를 유도하고 각 공간마다 검문 검색하였다.[15]

(3) 일본 음악교육의 강제화

11) 《매일신보》, 1913년 2월 21일, 1918년 11월 19일, 1916년 3월에는 〈貸座敷娼妓取締規則〉을 〈창기건강진단 시행수속〉과 동시에 발표하여 완벽하게 통제되었다.
12) 1913년 10월 28일 장안사에서 공연한 무당놀이를 조선총독부가 '탕음'하다고 보아 주무자들을 소환하고 공연 금지시킨 것도 이 경우이다(《매일신보》, 1913년 10월 28일).
13) 〈神社寺院規則〉(1915年 8月), 〈神社ノ祭式恒例式及齋戒ニ關スル件〉(1916年 6月).
14) 조선정악전습소 사업보고서 내용은 장사훈, 《여명의 동서음악》(보진재, 1974), 69~70쪽을 참고.
15) 《매일신보》, 1919년 9월 15일~29일.

일제는 제1차 〈조선교육령〉을 발표하여 한국민을 천황폐하의 '충량한 국민'으로서 '심정을 순정케 하고 덕성을 함양하는 창가 교육'을 실시코자 하였다. 이러한 창가교육특징은 조선총독부가 새로운 교과서로 편찬한《신편 창가집》에 그대로 나타나고 있다. 즉, 모두 41곡을 제1·2편의 일본어 창가와 제3편의 조선어 창가 등 세 편으로 구분하였지만, 완벽한 일본 창가집이다. 더욱이, 제1편의 6곡은 의식창가로서 일본국가인 〈키미가요〉(君が代)·〈1月1日〉·일본건국 기념일인 〈키겐세츠〉(紀元節)·일본천황 탄생일인 〈텐죠오 세츠〉(天長節)·천황의 분부를 봉답하는 〈쵸쿠고 호오토오〉(勅語奉答)와 졸업식 노래인 〈卒業式〉 등으로 일본정신과 정서화로 일관된 창가로 1945년 해방까지 강요하였던 노래들이다. 1910년부터 1922년까지 제1차 〈조선교육령〉 기간에 나온 조선총독부의 창가집들은 1910년의《보통교육창가집》, 1914년의《신편창가집》, 1915년의《羅馬字 新編 唱歌集》, 1920년 4개 학년의《보통학교 창가서》 등이 모두 그러했다.

한편, 사립학교는 민족교육의 산실이었던 만큼 민족정기를 표현하는 창가교육이 이루어져 통감부와 총독부의 사립학교에 대한 창가탄압은 극심했다. 1910년부터 1919년까지 사찬으로 간행된 창가집·음악도서 20여 책 가운데 후쿠이 나오아키(福井直秋)의《音程教本》을 제외한 19책이 한국인들이 발행한 것들이었다. 19책중 학교에서 사용할 수 있었던 음악교과서는 김인식의《교과적용 보통창가집》(1913),《풍금독습중등창가집》(1913), 동명학교 편《최근창가집》(1913), 광성중학교 편《최신창가집》(1914), 안애리《챵가집》(1915), 이상준의《보통악전대요》(1916), 홍난파의《통속 창가집》(1917)·《간이 무답행진곡집》(1917), 이상준의《최신 창가집》(1918) 등이었다. 김인식의《교과적용 보통창가집》의 경우 편찬목적을 제1차 〈조선교육령〉의 음악교과목표와 같은 내용으로 발행하였다. 또 홍난파의《통속가곡집》은 일반 청년남녀용 14곡으로 첫 번째 일본국가를 제외하곤 서양악곡을 일본에서 번역하여 펴낸 유명 창가집을 다시 번안한 창가집이었다. 이상준의《최신 창가집》은 일본국가 등 의식축일창가 5곡을 일본어로 게재할 정도로 한계를 가진 창가집이다.

(4) 민족음악의 전개

한국근대음악사에서 가장 괄목할만한 점은 노래를 운동으로서 불렀다는 사실이다. 일제강점 이전의 노래들은 애국계몽가와 항일의병가로서 계몽과 국권회복을 노래하였지만, 1910년 이후로는 민족적 울분과 반일독립의 애국적인 노래(창가)로 민족음악의 중심이 되었다. 이미 일본도 메이지(明治)시기부터 쇼오카(唱歌)나 온가쿠(音樂)가 일본국민으로서 國調를 일으켜 새로운 일본적 오리엔탈리즘으로 표현되는 대표적인 분야로 인식하고 있었기 때문에 국가 차원으로 보급하고 있었다.

한국의 창가들은 테라우치총독이 1911년 7월 1일 각도 장관회의 시정연설에서 지적한 것처럼 "독립을 고취하고 일본제국을 반대하는 불량창가이자 위험한 노래"였으며, 그래서 "이것들은 물론 허용하지 않는 일이니 취체상 가장 주의가 필요"하므로 "일본은 실력으로서 이를 진압할 것이고, 이 때문에 오직 조선인만이 불이익을 받을 것"이라고 단언한 노래들이었다. 그만큼 한국의 창가들은 애국창가이자 독립을 고취하는 노래들이었으며, 학교와 교회를 비롯하여 국내외의 항일운동 현장에서 불리워졌다.

따라서 한국의 애국적이고 민족적인 음악을 가장 엄한 불경죄로 다스리기 위하여, 1912년 3월에 制令으로 정한 〈조선형사령〉이나 〈조선민사령〉을 기존의 〈보안법〉이나 〈출판법〉 등과 함께 적용하여 2중으로 처벌하였다.

창가집 사건은 일제가 〈출판법〉과 〈보안법〉은 물론 〈조선형사령〉까지 적용한 대표적인 사건이었다. 경기도 개성 韓英書院의 창가집 사건, 함남 금야군의 사립문명학교의 창가집 사건, 함북 경성군의 사립온천학교의 창가보급 사건 등이 그것으로, 이 중에서 1917년의 한영서원 창가집 사건이 널리 알려진 사건이었다.[16] 한영서원은 尹致昊가 개성에서 경영하는 학교로서 이 학교 졸업생이자 소학과 교사로 있던 신영순·백남혁과 서기 오진세, 음악과 교사 정사인, 그리고 권사 이경중들이 애국창가집을 발행하고 보급하였다고하여 1917년 9월 〈조선형사령〉에 의한 불경죄와 〈출판법〉과 〈보안법〉 위반 판결을 받고 징역과 구류처분을 받은 사건이 바로 '한영서원 창가집사건'이었다.[17] 한영서원 창가집은 한영서원은 물론 같은 지역의 호수돈여숙, 그리고

16) 박우영, 《조선음악사》 1하(예술교육출판사, 1985), 71쪽.
17) 京畿道 警務部報告, 〈警高機發 第527號〉, 不穩者 發見處分 1件, 1915년 11월 13일.

남북예배당 및 그 밖의 동지들에게 보급되었다. 바로 이 창가집엔 일제가 천황에 대한 불경죄로 통제한 〈영웅 모범〉·〈경부철도〉·〈한양가〉·〈대한혼〉·〈애국가〉·〈선죽교〉·〈구주전란〉 등 조선총독부 금지곡 등이 수없이 담겨져 있었다.

창가사건은 이들 학교뿐만이 아니었다. 전국의 사립학교를 중심으로 애국적인 노래들이 불리워졌다. 1914년 4월엔 배화여학교에서 학생들은 "대한사람 대한으로 기리 보존하세"라는 애국가를 "왜국사람 왜국으로 기리 망하세"로 '노가바'(노래가사 바꿔부르기)하면서 수업을 거부하였다. 또 1916년 강원도에서 불온 창가집이 발견되었다는 경찰보고를 보아도 당시 강원도에 항일애국의 노래들이 광범위하게 확산되고 있었음을 알 수 있다.[18]

한편 1914년 북간도 길림성 연길현 국자가의 광성중학교에서 펴낸 등사판 《最新唱歌集 附 樂典》은 모두 153곡의 애국노래와 악전을 음악문답으로 소개한 총 250여 쪽의 창가집이었는데, 〈치안법〉 위반의 금지 창가집이 되었다.[19] 그러나 이 창가집은 중국 동삼성(만주)에 망명한 동포들이 1911년 길림성 연길현 국자가(연길) 소영자에 설립한 민족학교인 광성중학교가 중심이 되어 만주와 국내에서 광범위하게 보급되고 불리워졌다.[20]

이 밖에 〈신흥무관학교 교가〉는 독립군 진영뿐만 아니라 일반 교포와 청년학생들까지 널리 불리워졌다. 또 〈신흥학우단가〉를 비롯하여 〈봉기가〉·〈용진가〉·〈국치추념가〉·〈작대가〉·〈운동〉·〈격감가〉 등이 만주의 항일지역에서 널리 불리웠다. 미국 망명동포들이 1913년에 창간된 《신한민보》에서는 "기억해 아날옴, 못니즐 치욕을"과 같은 항일애국시가를 발표하여 '노가바'할 수 있도록 하였다.[21] 또 1915년 같은 신문에 "저 먼 운소 중에, 펄펄

〈京畿地方法院 刑事部 裁判記錄〉, 1917년 9월 5일.

18) 조용만·송민호·박병채 공저, 〈일제하의 한국저항문학〉(《일제하의 문화운동사》, 현음사, 1982), 249·252쪽.

19) 재간도 일본총영사관 산하 외사경찰이 1914년 외무성 외무대신(加에藤高朋)에게 보고한 〈最新唱歌集 發賣禁止ニ關スル件〉에 의한다.

20) 수록된 애국노래들은 〈국기가〉·〈혈성대〉·〈애국〉·〈조국생각〉·〈망향〉·〈대한소년기개〉·〈대한혼〉·〈자유〉·〈한반도〉·〈건혼절〉·〈독립〉·〈단군〉·〈민충정공 추도〉·〈학생 추도〉·〈조선혼〉·〈영웅 추도〉·〈대한제국국가〉 등이었다.

21) 빅셩빈, 〈8월 29일〉(《신한민보》, 1917년 9월 14일).

높이 날며, 만세 영광 자랑하리, 우리 국기로다"라는 애국시가를 비롯하여 같은 해 6월 17일자에는 음악가 이성식이 '도산션싱이 저술한 노래' 가사를 〈격검가〉란 제목으로 소개하고 있다. 그는 1910년 4월 발매금지와 함께 압수당한 《중등창가》의 저자로서 당시 미국에서 독립운동을 하고 있었다.

이처럼 1910년대 국내의 학교와 교회는 물론 국외에서 불리웠던 노래들은 애국계몽운동과 의병항쟁기 노래의 줄기를 받아 민족적 울분과 반일독립운동 노래로 발전해 나갔다.

한편, 일제의 한국문화말살정책에 의하여 전통적인 음악제도의 약체와 해체는 물론 그 음악들도 금지곡으로 통제받았다. 그 음악들은 바로 민족정신과 함께하는 민족정서의 근원이기 때문이었다. 당시 역사적인 민요를 비롯하여 기악작품들을 발굴정리하고 보존하는 사업은 시대적이면서 민족적인 요구이었다. 이러한 시대적·민족적 요청에 공헌한 음악가가 김인식·이상준 등이다. 김인식이 1914년 서울의 창문당에서 발행한 《朝鮮 舊樂 靈山會上》은 당시 민간 기악곡으로 널리 알려진 양금보로 된 고악보를 양금의 구음인 육보와 함께 양악보로 작업한 최초로 악보이다. 이리하여 한국 전통음악과 양악문화와의 만남을 열어 주었다. 또한 이상준은 《조선속곡집》(상권, 1913), 《죠션잡가집》(1916), 《유진 조선잡가집》(1918) 등 3권의 민요를 비롯한 잡가집을 5선 양악보로 발행하였다. 즉, 우리 나라 서도민요와 남도민요 그리고 경기민요 등 전국의 민요를 가사는 물론 오선악보와 숫자악보로 채보하므로써 우리 민요에 대한 깊은 조예로 새로운 길을 열어놓았다.[22] 이들 외에 최창선 편의 《가곡선》(1913), 김학규 편의 《조선음률보》(1916), 미상의 《조선신구 신가총서》(1916), 송기화 편의 《정정 증보 신구잡가》 등이 출판됨으로써 우리 음악의 정리와 역보 및 채보가 이루어졌다.

무엇보다도 이 시기에 민족기악양식인 '산조'라는 경칭이 대외적으로 공식화될 정도로 산조연주가 빈번해지면서 산조시대가 변함없이 전개되었다. 특

22) 이상준의 〈아리랑〉은 우리가 흔히 알고있는 〈아리랑〉과 장단(6/8)과 시김새 처리가 다른 우리식 민요로 채보한 작품이다. 현재 브르고 있는 〈아리랑〉은 고가 마사오(古賀政男)가 일본식으로 작곡한 4분의 3박자의 〈アリランの唄〉이다. 노동은, 《노동은의 음악상자》(웅진출판, 1996), 109~120쪽.

히 김창조가 1915년 전후로 전주와 광주를 비롯한 전라도와 경상도 일대로 순회공연을 하면서, 가야금 산조는 물론 거문고 산조와 젓대 산조, 그리고 가야금 병창·단소·해금 등 전 분야의 기악과 성악이 공연되었고, 1917년 장별제 산조를 완성하여 20년대 광범위하게 산조의 시대를 열어갔다.[23] 즉, 1890년대 중반이후 시나위나 봉장취 등의 기악곡과 판소리 장단에서 발전시킨 민족기악형식인 산조가 김창조에 의하여 장별제 산조로 정형화되어, 20년대 산조시대가 본격화되어 우리나라 민족음악발전에 전환을 이루었다.

한편, 일제의 조선문화예술의 약체화·해체화속에서도 기층민중에 뿌리를 둔 판소리와 창극을 유지·보존하려는 운동이 펼쳐졌다. 명창 김창환과 이동백이 앞장서서 1915년 3월 16일에 '경성구파배우조합'을 설립하였는데, 이들은 "장래 남의 치욕을 면하고 修身 잘하여 조합의 발전기초를 위함"이라고 그 설립취지를 밝힐 정도로 안팎의 부정적 시각을 극복하고, 자기 나라 문화를 치욕스럽게 여기도록 몰아가는 일제에 울분을 삼키면서 조합 발전을 모색하였다.[24] 그들은 광무대와 연흥사에 속하는 남녀 예술인들과 기타 여러 예술인들을 영입하여 조합장에 장재옥을 선임하고 자신들은 지도선생으로 참가하였다. 이후 '경성구파배우조합'은 1928년에 창립된 '조선음악협회', 1930년 여름에 창립된 '조선음률협회', 1934년 5월에 창립된 '조선성악연구회'로 맥을 이어가면서 한국음악의 부흥과 보급을 목적으로 활동하였다.[25]

2) 제2기－문화통치기의 음악

(1) 한국음악사회의 통제

3·1운동 이후 국내의 독립운동계에서는 노동운동·농민운동·학생운동이 치열하게 전개되었고, 국외에서는 독립군의 무장투쟁, 상해임시정부의 투쟁

23) 민족음악연구소 편, 〈유산연구, 김창조(金昌祚)와 가야금산조〉(《조선음악》 1기, 조선문학예술총동맹출판사, 1962), 40~48쪽.
24) 《매일신보》, 1915년 4월 1일.
25) 한편 양악계는 김영환·홍난파·김형준 등이 중심이 되어 1919년 10월에 '경성악우회'를 조직하였다.

그리고 미국에서의 독립청원운동 등이 전개되고 있었다. 이 시기의 노래들이야말로 애국가이자 항일가이었으며 독립운동가였다. 더불어 약체화되어가는 민족 전통음악의 '부활운동'이 광범위하게 전개되었다.

3·1운동 이후 일제는 소위 문화정치를 펴면서 정치선전을 강화하였다. 1920년 4월 총독부는 관방에 활동사진반을 두어 전국 각지로 순회영사회를 실시하여, 한국 민족춤이나 이왕직 아악부의 연주광경을 보여주어 한국인들의 호기심과 흥미를 갖게 하는 정치선전을 하였다.[26] 또 1921년 4월1일부터 14일까지 일본 궁내성 악부 부속의 아악연습소 강사이었던 타나베 히사오(田邊尙雄)는 이왕직아악대·단성사·평양기성권번·경성 명월관을 차례로 방문하고는 조선아악의 존치와 대우개선을 조선총독부에 건의하여 이를 관철하였고, 이왕직 아악과 궁중 정재를 필름에 담아 전국순회영사회에서 소개하였는데 이것도 총독부가 한국음악을 보호하고 있다는 정치선전이었다.[27] 이 모든 것은 일선융화를 앞세운 선전책이었으며, 실제로 타나베의 모든 활동은 바로 '일선융화'를 위한 활동이었다.[28]

일제가 문화시설을 확충하여 일선융화를 위한 정치선전으로 이용한 곳이 바로 1920년 7월에 준공한 경성상업회의소와 1927년 관영방송국인 경성방송국(JODK) 개국이었다. 경성상업회의소의 2층에 위치한 '경성공회당'은 종로의 중앙기독청년회관(YMCA)과 함께 음악회 개최장소로서 유명해졌다. 경성방송국 역시 정치선전 강화책의 하나로 세워진 방송국이었다. 경성방송국은 명창대회를 열거나, 명창들을 불러 방송하므로써 "조선사람들이 대단히 기뻐하기를" 기대했다. 실제로 1927년 8월 12일부터 5일간 李東伯·申錦紅·姜笑春·李花中仙·金秋月 등 5인을 하루 한사람씩 불러 방송하였으며, 신문들은 이를 "한국 성악을 대표한 이들의 소리가 전파에 싸이여 천하에 펴지게 되는 것을 全鮮의 조선사람들은 대단히 기뻐한다더라"고 썼다.[29]

이외에 경성일보사 내 來靑閣도 새로운 공연장으로 부각되었다.

---

26) 김규환, 〈식민지하 조선에 있어서의 언론통제의 연구〉를 인용한 강동진, 《일제의 한국침략정책사》(한길사, 1980), 40쪽에서 재인용.

27) 田邊尙雄, 〈朝鮮音樂日記〉(《音樂と蓄音機》 5, 東京, 蓄音機世界社, 1921), 61~86쪽.

28) 田邊尙雄, 위의 책, 1~5쪽.

29) 《동아일보》, 1927년 8월 12일.

1920년대 종로 중앙기독청년회관・경성공회당・래청각 등에서 활동한 주요 단체로는 경성악대, 연회전문학교 음악부, 여화여전 합창부, 경성의전음악부, 숭실대학 관현악대와 찬양대, 경성제국대학 관현악단, 硏樂會, 경성하모니카구락부, 배재고등보통학교 음악부, 조선가요협회와 그밖에 동경음악학교 동창회 등이 있었다. 특히, 연회전문은 1929년 현제명이 취임하면서 관현악부・합창・독창・바이올린독주・4중창단 연주가 많아졌다.

이 시기에 활동한 피아노연주가로는 김영환・韓琦柱・朴慶浩와 이화여대 출신의 金合羅・尹聖德・金愛利施・金元福・高鳳京・스투테니 등이 있었고, 바이올린연주가로 洪蘭波 외에 桂貞植・洪載裕・安炳昭・金載勳 등과 와세다 출신의 蔡東鮮이 있었고, 첼로연주가 安益泰가 후반기에 부각되고 있었다. 소프라노는 야나기 카네코(柳兼子)・尹心悳・宋聖心 등이 있었고, 테너로는 安基永・權泰浩・玄濟明, 바리톤의 尹基誠과 金文輔 등과 崔虎永・金恩實・金活蘭・蔡奎燁・朴泰元이 활동하기 시작하였다. 중진 음악가들로는 백우용・정사인・김인식・이상준・金亨俊 등이 있었다. 선교회나 의사 출신으로 룻츠(Mrs Lutz, 소프라노)부인・솔토부인・붓츠(Boots)부인(세브란스병원 치과의사, 바이올린과 피아니스트)・스미스(Smith) 등이 활동하였다. 이 중에서 평양 출신 음악가들은 현제명・박경호・朴元貞・金世炯・金東振・朴泰俊・車在鎰・권태호 등이었다.

이 밖에 유명 외국인들의 내한공연도 있었는데, 유명한 바이올린의 연주가들인 F. 클라이슬러(1923. 5. 23, 경성공회당)・하이페츠(1923. 11. 5, 경성공회당)・짐발리스트(E. Zimbalist, 1924. 11. 25, 경성공회당)를 비롯하여 러시아 슬바반 스카야 합창공연(1927. 9. 23, 조선극장)과 일본의 소프라노 세키야 토시코(關屋敏子, 1927. 5. 29, 경성공회당)와 일본 해군군악대연주(1927. 4. 19 조선총독부청 앞 광장) 등도 있었다.

전통음악분야는 이왕직아악대, 조선정악전습소, 조선권번・한성권번・달성(대구)권번・광주권번・공주예기상조회・평양기성권번・춘성권번(원산) 등 전국 각지의 권번, 광무대, 이화여전 조선음악부, 한양구락부, 공주음악협회, 인천의 朝鮮古正樂會, 朝鮮樂硏究會, 朝鮮音樂硏究協會, 朝鮮音樂協會[30], 청주음악구락부, 朝鮮音律協會 등과 판소리 명창 李東伯・宋萬甲・金昌煥・金昌

龍·李素香·朴綠珠·金楚香·曺學珍·金錄珠·李中仙·申錦紅·姜笑春·李花中仙·金秋月·劉公烈·姜南中을 비롯하여 고수와 전통춤의 韓成俊, 가야금병창 沈相健·吳太石 등이 조선극장·종로중앙기독청년회관, 천도교백년기념관 등에서 활동하였다.

비평가로 활동한 음악인들로는 홍난파·安廓·박경호·김영환·申孤松·엄홍섭·양창준·金泰午·洪鍾仁 등이 있었다.

일제는 1910년 이전에 한국학생들의 일본유학을 수용한 데 이어, 20년대부터는 관비유학생들을 적극적으로 일본에 유학시킴으로써 친일지식인과 예술인들을 육성하고 이용하였다. 이 중에서 음악가들은 소프라노 尹心悳·韓琦柱, 바리톤 金文輔·朴桓秉 등이 일본의 관립 동경음악학교 사범과에 유학하였으며, 이들은 이후 탈민족적 성향의 음악활동을 전개한다.[31]

한편, 재경 일본인들이 중심이 되어 1920년 2월 11길에 京城樂友會가 조직되었다. 일본인 이이다 고오자부로오(飯田輿三郞) 등이 발기인들이 되어 "음악연구와 보급을 목적"으로 설립하였다.[32] 그리고 1929년 2월 22일에 창립한 조선가요협회는 일제가 타협적 민족주의자들을 끌어들여 민족정서의 개량책으로 조직한 단체였다. 김영환·김형준·정순철·안기영 등이 참가하여 활동하였다.[33] 당시 신문기사에 한국전통음악인 〈수심가〉·〈아리랑타령〉·〈춘향

---

30) 조선음악연구협회와 조선음악협회는 조직 구성원에서 다르다. 전자는 한국음악을 부활하자는 목적으로 명창분야의 성악과 기악으로서 가야금·양금·단소·거문고·해금·퉁소·장고 등의 전통음악인들이었지만, 후자는 서양음악과 한국음악에 취미를 가진 인사로 한국음악을 부활시키겠다는 목적으로 창립된 단체라서 그 성격이 다르다. 《조선일보》, 1927년 11월 9·11일, 1928년 2월 13·19·20일.

31) 노동은, 〈삶과 죽음의 월계수—윤심덕〉(앞의 책, 1996), 361~371쪽.

32) 경성악우회 회장에 니와 세이자부로오(丹羽淸次郞), 간사에 張德昌 외 대부분은 일본인이었으며, 강사로 金永煥과 시미즈 칸조오(淸水幹三) 등이 있었다. 또, 정회원은 모두 23명으로 장덕창·柳濤熙·崔虎永 등 세명이었고 나머지 모두는 일본인이었다. 강사 김영환은 경성악우회의 중심인물이었다. 李宥善, 《韓國洋樂百年史》(중앙대학교출판부, 1976), 164쪽.

33) 발기동인으로 이광수·주요한·김정식(소월)·변영노·이은상·안석주·김억·양주동·박팔양·김동환·김영환·안기영·김형준·정순철·윤극영 등이 었다. 작곡부는 김영환·김형준·정순철, 선전부는 안기영·안석주·김동환이었다. 한국의 전통음악분야 인사가 없는 것도 이 단체를 통한 일제의 통치선전강화이었다.

전〉 등이 悖歌이고 희망이 없는 淫蕩哀願의 소리(聲)이니 이러한 나쁜 가요를 척결하고, 조선가요협회의 문화운동이야말로 "조선의 신광명이요 신희망"이라고 주장한 것을 보아도 일제의 양악 진영과 전통음악 진영간의 분할정책이었음을 알 수 있다. 일제는 한국 노래의 일본식으로의 개량을 통해 일선융화·내선일체의 신민화를 꾀하려 한 것이었다.

일제가 아악보존이나 민악의 개량책에 의하여 한국음악을 약체화시키고 있었음에도, 새로운 문화 추구의 열망과 일제의 양악육성책에 고무된 양악계는 1930년 2월 11일 드디어 본격적인 전문가 조직체를 창립하였다. 바로 朝鮮音樂家協會의 창립이었다. 초대이사장에 현제명, 이사에 홍난파·김영환·채동선·안기영 등이었고, 창립발기인으로 현제명·홍난파·김영환·채동선·안기영·최호영·독고선·홍재유·윤성덕·김인식 등이 참여하였다.[34]

1930년 카프계열의 신고송과 민족계열의 홍난파간의 '음악의 계급의식'을 둘러싼 대논쟁으로 음악계는 분열되기 시작하였다.[35] 일제강점하의 식민지라는 상황에서 전개된 이 논쟁은 그 내용의 평가를 떠나서, 음악계 여론분열을 노린 일제의 분열정책의 결과였다. 이후 민족개량운동에 앞장선 홍난파를 경성방송국 경성방송국 산하의 경성방송관현악단 지휘자로, 국민총력조선연맹 문화위원으로, 조선음악협회 평의원으로 선임한 것에서도 확인할 수 있다.[36]

---

34) 李宥善, 앞의 책, 176쪽. 조선음악가협회는 1926년에 붓츠부인이 지휘자이고 박경호 등 15~16인의 단원으로 구성된 中央樂友會과는 규모나 수준에서 달랐다. 조선음악가협회는 30년대 음악계를 주도하고, 40년대초 일제친일단체인 조선음악협회와 같이 많은 영향을 미친 조직체였다.

35) 사회적인 리얼리즘에 바탕을 둔 양찬준·엄흥섭·신고송 등이 1930년 8월에 《음악과 시》 제1호 창간호를 내면서 프로음악운동을 본격화 시킨다. 여기에 신고송의 〈음악과 대중〉에 대한 내용으로 홍난파가 《동아일보》, 1930년 1월 29·30·31일·2월 1일 등 4회에 걸쳐 〈음악과 계급의식〉이란 논제로 신고송을 비판하자, 신고송은 같은 신문 3월 12·13일로 〈음악의 계급의식에 대하여 ―홍난파씨의 논을 반박함〉으로 반비판을 제기하자, 홍난파는 3월 17~24일까지 8회에 걸쳐 같은 신문에 〈음악의 계급의식에 대하여―신고송씨의 반박에 답함〉이란 논제로 재비판이 지속되었다. 노동은, 〈30년대, 카프음악운동〉(앞의 책, 1989), 171~176쪽.

36) 홍난파의 친일행적에 관한 내용은 다음을 참고할 것.
노동은, 〈우리역사쓰기, 참인가, 거짓인가?〉(《노동은의 두번째 음악상자》, 한국학술정보, 2001), 130~150쪽.

(2) 일본음악교육의 강제화

1920년에 들어와 총독부는 경성사범학교 교육연구회로 하여금 9권의 소학교용 《초등창가》를 발행하게 하였다.[37] 특히, 1925년 조선총독부가 발행한 《보통학교 보충창가집》은 보통학교 창가과의 보충교과서로 편찬할 목적으로 발행했을지라도, 3·1운동 이후 제2차 〈조선교육령〉 시행기의 첫 책으로 나온 관제 음악교과서였다. 6개 학년을 한 책에 담아 모두 146쪽인 이 책에서는 일본어곡과 한국어곡의 비율이 39곡 대 21곡(65 : 35)으로 전례에 없는 변화가 있어 보인다. 또, 그 제목도 〈昔脫解〉·〈成三門〉·〈금강산〉·〈백두산〉·〈고려〉·〈백제〉·〈경성〉·〈부산항〉 등 한국을 주제로 한 노래들을 학년마다 배치시켜 놓았다. 그러나 대부분 일본 요나누키 장음계에 2박자가 주류인 일본정서적 노래일 뿐으로 한국 민족의 정서가 고려된 창가교과서가 아니었다. 그만큼 일제의 교육정책은 교묘하였다.

일제는 문화정치기에도 변함없이 일제통치에 반한다고 판단되는 사찬 간행물은 〈치안유지법〉이나 〈출판법〉으로 금지처분을 내렸다. 1919년부터 1931년간 사찬 음악도서 간행물은 대략 35책이었다. 1930년에 금지처분된 도서 중에는 이상준이 1924년에 출판한 《풍금독창 중등창가집》이 있었고, 盧永稿가 1923년에 간행한 《근화 창가집》도 30년대에 금지처분시켰다.[38]

(3) 민족음악의 전개

1919년 3·1운동으로 일제는 통치체제를 무단정치에서 기만적인 문화정치로 변경하지 않을 수 없었다. 이제 일제의 억압 속에서 억눌렸던 음악계도 민족음악 부활운동을 불길처럼 펼쳤다. 3·1운동 당시 〈독립가〉·〈대한제국 독립창가〉들이 유인물로 군중에게 배포되었다.[39] 평양에서는 수천 명이 "대한

———, 〈홍난파－민족음악개량운동에서 친일음악운동으로〉(《친일파 99인》 3, 도서출판 돌베개, 1993), 109~116쪽.

37) 朝鮮總督府, 《普通學校 補充唱歌集》(京城 : 朝鮮總督府書務府印所, 1925).
京城師範學校 敎育硏究會 編, 《初等唱歌》 第三學年用(大阪 : 日本唱歌出版社, 1932).
———, 《初等唱歌》 第六學年用(大阪 : 日本唱歌出版社, 1934).
———, 《初等唱歌》 第一學年~第六學年用(京城 : 朝鮮圖書出版株式會社, 1935).

38) 朝鮮總督府, 《禁止單行本目錄》(朝鮮總督府警務局, 1941), 229쪽.

독립만세"를 외치면서 〈학도가〉·〈혈성가〉는 물론 〈광복가〉·〈3·1운동가〉 등을 부르며 앞으로 나아갔다.[40]

그리고 민족과 계급해방을 제창하는 창가집도 이 시기에 발행되어 보급되었다. 대표적인 노래집이 金漢山과 金希山의 《가곡선집》이다.[41]

한편, 전남 완도읍에서 뱃길로 한 시간이나 걸리는 작은 섬, 所安島에서도 항일투쟁을 전개하며 애국적인 노래이자 항일노래들이 불리워지고 있었다.[42] 소안도에서는 1920년 4월 宋乃浩가 중심이 되어 배달청년회가 결성되고, 1921년 2월 14일 토지계쟁사건에서 승소한 데 이어, 1923년 3월 24일 서울에서 열린 전조선청년당대회 참석 등의 과정에서 1927년 소안학교가 폐교조치되자, 소안도 사람들은 물론 국내와 일본에서도 소안학교폐쇄반대운동이 전개되었다. 당시 조선총독에게 소안학교 문제는 가장 먼저 풀어야 할 현안이 될 정도였다. 1927년에 소안학교가 폐교되자 소안도 사람들이 세운 야학이나 서당에서는 노래를 부르기 시작하였다. 〈학도가〉·〈부모은덕가〉·〈수학여행〉·〈행진곡〉·〈독립군가〉·〈애국가〉·〈정몽주추도가〉·〈망향가〉·〈소년단가〉·〈애국창가〉 등 국내외 항일노래집에 나오고 있는 노래들이었다.

국내외 애국인사들의 음악운동은 여기에 그치지 않았다. 경남 진주에서는 기생독립대를 만들어 3·1운동을 펼쳤고, 수원기생조합은 수원경찰서 앞에서 김향화를 선두로 독립만세를 불렀다. 명창 安基玉과 金世炯도 3·1운동 현장에 뛰어들었다. 가야금 산조의 대가이자 神廳 출신이었던 안기옥은 26살 되던 1919년 광주에서 독립선언서 1만여 장을 인쇄하여 뿌린 혐의로 6개월간

39) 이정은, 〈3·1운동기 학생층의 선전활동〉(《한국독립운동사연구》 7, 독립기념관 한국독립운동사연구소, 1993), 35·40쪽.

40) 이 밖에도 〈3·1절 노래〉·〈3·1절가〉·〈3·1행진곡〉·〈독립운동가〉·〈기원절 경축가〉를 비롯하여 만주 전역의 독립군들이 불렀던 항일독립가인 〈독립군가〉·〈소년건국가〉·〈승리행진곡〉·〈고난의 노래〉·〈광야를 달리는 독립군〉·〈추도가〉·〈항일전선가〉·〈최후의 결전〉·〈혈전의 때는 왔도다〉·〈전진가〉·〈혁명군 행진곡〉·〈승리의 노래〉를 부르며 항일운동을 전개하였다.

41) 필사본 《가곡선집》, 36쪽(24곡)은 1990년에 필자가 발굴하여 월간 《다리》 1월호, 통권 제27호((주)다리, 1990), 306~313쪽에 발표하였다. 발행연도는 미확인되었지만 발행지는 상해의 대동민보사가 운영하는 대동인쇄국이었다. 이 글은 노동은, 앞의 책(1996), 317~328쪽에 다시 게재하였다.

42) 노동은, 〈소안도 사람들의 민족음악운동〉(위의 책, 1996), 329~336쪽.

징역을 살았다.[43] 33살 되던 1926년에는 광주시청에서 일제를 환영하는 행사의 출연을 요구받았지만, 이를 단호하게 거절하여 3개월간 구치생활을 하였다. 작곡가 김세형은 평양숭덕학교 4학년에 재학중에 안창호 선생이 지은 애국가를 부르며 3·1운동 시위대에 뛰어들었다. 그리고 광성고보의 안익조(안익태의 형), 숭실중학의 김영제, 숭덕고보의 이기철 등과 제2차 독립시위계획을 모의해 1919년 10월 10일 학생독립운동을 주도하였다. 김세형은 1년동안 일본경찰을 피하여 이후 음악가로서 자신의 삶을 불태워갔다.

안기영은 여화여자전문학교에 재직하면서 민족적인 선율로 신조선음악창작 활동을 전개하였다. 1929년에 〈그리운 강남〉이 그것이다. 이후 30년대에 《조선민요합창곡집》 발간과 40년대 초반 민족가극운동을 전개하였다.

3) 제3기 — 전시체제하의 음악

(1) 한국음악사회 통제와 친일파 육성

일제는 1937년 중일전쟁, 1941년 12월 태평양전쟁, 1945년 8월 해방에 이르는 9년간을 전시체제로 전환하여 한반도를 전쟁수행기지로 삼았다. 대륙진출을 위하여 한국을 병참기지화시키고 전지체제하의 파쇼적 통치를 강화하였다. 군수물자의 생산현장에서 '음악'을 생산을 독려하는 중요한 수단으로 삼았다. 또 한국은 일본정신에 의한 충량한 신민으로서 황민화가 강제화 되고 있었다. 음악은 바로 한국의 병참기지화와 황민화정책을 선동·고무시키는 데 동원된 일제의 으뜸가는 수단이었다. 전장과 경제현장, 학교, 음악회장, 각종 집회, 신문, 방송, 다방, 레코드 등 음악으로 소통될 수 있는 곳이라면 어느 곳에든지 이용되었다. 따라서, 전시체제하의 제3기는 일본음악체계로 전 한국의 소통구조를 장악하였으니, 황민화는 다름아닌 皇音化이었다.

일제는 음악소통구조를 황민화정책으로 장악하기 위한 핵심적인 조치로서 먼저 음악계를 정비·조직해나갔다. 1937년 조선문예회, 1938년 국민정신총

---

43) 노동은, 〈음악가들과 3·1절〉(위의 책, 2001), 329~333쪽.

동원조선연맹, 1940년 국민총력조선연맹, 1941년 조선음악협회, 1942년 경성후생 실내악단, 1944년 대화악단 등의 관제단체가 연달아 결성되고 지속된 것이 그것이다. 이들 단체는 서로 독립된 단체가 아니라, 언제나 같은 지배체계하에서 연결되어 있었기 때문에 상호 유기적인 관계를 맺고 활동하였다.

조선문예회는 1937년 5월 2일 경성제국대 타카기(高木市之助) 교수를 회장으로 선임하고, 최남선·이광수를 비롯한 문인들과 김영환·박경호·윤성덕·이종태·하규일·함화진·현제명·홍난파 등 음악인들과 함께 기타 일본인을 포함하여 17명을 회원으로 조직된 친일단체였다.[44] 조선문예회는 하규일과 함화진 등 전통음악계도 선임하여 1929년에 창립된 조선가요협회보다 훨씬 강화되었을 뿐 아니라, 당시 악단과 문단을 대표하는 예술인들을 중심으로 조직·운영되었다는 점에서도 황민화정책의 핵심단체였다.

시국대응 전선 사상보국연맹은 경성관찰소장인 사게 요시로오(提良明)와 경성지부 간사 현제명 등이 중심이 되어 1938년 7월 24일에 결성하였다.

국민총력 조선연맹은 1940년 10월 16일 "국체의 본의에 기하여 내선일체의 실을 거하며 국방국가체제의 완성, 신동아 질서 건설에 매진할 것"을 취지로 일본에 이어 조선총독부가 전국적으로 조직한 최대의 조직체로서, 총재에 총독, 부총재에 총독부 정무총감, 문화부장에 야나베(失鎬永三郞)를 비롯하여 김억 등의 문화위원 외에 음악위위원으로 히라마 분쥬(平間文壽)·오바 이사노스케(大場勇之助)·홍난파·박경호 등 68명이었으며, 5개 부서 중 문화부가 문화협회를 조직하고 산하의 조선음악협회를 관장하며, 그 연락계를 히라마가 주관하였다.

조선음악협회는 1941년 1월 25일에 "악단을 통하여 직역봉공을 하고, 조선음악계의 신체제운동을 목표"로 조직한 최대의 친일음악단체이다. 회장은 쇼하라(鹽原時三郞) 조선총독부 학무국 국장, 고문은 야나베 국민총력조선연맹 문화부장과 미하시(三橋孝一郞) 조선총독부 경무국장 등이었다. 한국 음악인으로는 김관·계정식·김재훈·함화진·김원복 등이 이사로, 홍난파·김세형·이애내·임동혁·이종태·김영환·김메리 등이 평의원으로 참여하였다.

44) 노동은·이건용, 〈일제하 음악사회의 성격〉(《민족음악론》, 한길사, 1991), 308쪽.

이외에 함화진이 조선음악부장이었다. 조선음악협회는 1944년 7월에 개편되어 조선총독부 정보과장인 아베가 신임회장으로 선임되었으며, 이사로서 일본인들과 함께 오바와 쿠로야마(玄山濟明, 현제명)가 새롭게 영입되었다.

경성후생실내악단은 "전시하의 전시하의 국민들에게 건전한 음악과 음악자체의 예술성을 국민음악 挺身隊로서 활동, 보급"하기 위하여 1942년 5월에 결성된 친일단체였다. 대표에 김생려, 단원으로 김성태·김천애·이인범·김태연·이유성·이인형·박평수·이용철·안성교·이강렬 등이 활동하였다. 이 악단은 1944년 5월에 쿠로야마 체제로 개편되었으며, 상무이사에 스즈키 칸이치로오(鈴木貴一郎)와 단원으로 김원복·이홍렬·정희석·나운영·이규봉·고영희·김학상·정영재·김영애·이종태가 맹활동하였다.[45]

대화악단은 1944년 10월에 "反국가적 음악을 축출하고 雄偉한 일본음악을 수립"하려는 목적으로 설립된 친일단체로서 테너 윤두선을 단장으로 선임하고, 이홍렬·유은경·황학근·김완우·유광덕·이인구·우달순·박영하·송경신·오오야마(大山英雄), 모오리(毛利基盛) 등이 단원으로 활동하였다.

(2) 전시체제하 노래 및 음악교육

일제는 1937년 중일전쟁기부터 '내선일체'의 슬로건을 전면에 내걸고 전면적으로 皇音化政策을 강행했다. 크게 두 가지로 황음화정책을 강행하였는데 그 하나는 '노래'이고, 다른 하나는 대량 소통매체인 신문·잡지·라디오·레코드·영화 등의 매스미디어로 일본의 음악체계를 보급하는 것이었다. '노래'에 의한 황음화정책은 학교교육에 의하여 '皇國臣民된 情操를 함양시키는데' 걸맞은 가사와 곡조를 선정하여(소학교 규정 第26조) 강화시키는 방법과 음악지배계급에 의한 '가창지도대'를 만들어 사회교육화하는 방법이었다.

일제는 1938년 제3차 〈조선교육령〉에 의거한 음악교과목표를 '황국신민된 정조를 함양'시키려는 데 두고, 이를 강화시키기 위하여 먼저 사범학교와 초등학교 등의 교재를 개편했다.[46] 교과목적은 1938년에 발행한 《新制音樂要

45) 노동은·이건용, 위의 책, 308~310쪽.

46) 제3차 〈조선교육령〉 시기의 음악교과서는 조선총독부가 모두 9권을 발행하였다. 1939년의 《みくにのうた》, 1939년 《初等音樂 第一學年用》, 1939년의 《初等

義》에 잘 나타나 있었다.47) 여기에서는 '황국신민을 함양'시키기 위하여 "창가과가 결코 단순한 기능과가 아니고 魂의 교육, 정신 교육인 것을 잊어서는 아니된다"는 내용이 강조되고 있었다. 여기에서 '혼'이란 곧 일본정신인 것이고 이 정신에 따라 음악교재가 선택되어야 함이 음악교육의 목적이자 교재론의 기준임을 강조하였다. 그 전형적인 예가 리츠(律)음계와 4/4박자로 된 일본국가 〈키미가요(君が代)〉이다. 전시체제하의 일제는 일본국가 〈키미가요〉를 제1국가로, 〈우미유카바(海行かば)〉를 제2국가로 지정하고, 모든 음악회를 비롯한 행사장의 개회는 제1국가로, 폐회는 제2국가로 부르도록 강제화시켰다.

제3차 〈조선교육령〉에 따라 초등학교 음악교재 역시 "황국신민으로서의 정조함양에 적절한 창가채택에 유의"하도록 개편되었다. 조선총독부에서 펴낸 1940년의 《초등창가》는 1943년에 《초등음악》로 바뀌면서 학년당 20%(25곡 중)가 의식·군가로 편성된 반면, 동요적 창가는 극소수로 편성하였다. 한국의 역사나 문화를 연상시키는 가사나 악보가 하나도 없는 《초등음악》의 경우 전체 59%가 일본의 음계이고 나머지가 서양음계인데다, 박자도 4/4, 2/2박자 중심이어서 민족음악체계와 전혀 달랐으니, 초등교육에서 정서적 지배체계가 완성된 셈이다.

한편 조선총독부와 음악지배계급과의 결탁에 의한 일본음악체계로 황음화를 추진하였다. 이것은 ① 가요정화운동, ② 시국가요창작보급, ③ 가창지도대에 의한 계몽운동, ④ 가창집 발간 등을 음악전문인이 권력체계와 합의하에 전개되는 황음화정책을 말한다. 가요정화운동은 황민화라는 시국적 차원에서 전개하였다. 여기에 총독부 관제단체인 조선문예회, 국민총력조선연맹, 조선음악협회 등의 중요 역할이 있었다. 가요정화운동에서 가요는 "시국가요－애국가요－건전가요"이었고, 그것에 반하는 노래가 "퇴폐가요－반체제가요－불건전가요"로 분명하게 대비시켜 정화의 대상으로 삼아갔다.

音樂 第二學年用》, 1940년의 《初等音樂 第三學年用》, 1940년의 《初等音樂 第四學年用》, 1941년의 《初等音樂 第五學年用》, 1941년의 《初等音樂 第六學年用》, 1942년의 《ウタノホン一ネン》, 1942년의 《ウタノホン二ネン》 등이 그것이다.

47) 京城의 朝鮮圖書出版株式會社에서 발행한 《新制音樂要義》는 1938년 3월 11일에 조선총독부 검정필을 받았다.

당시 가요정화운동의 대상이 되었던 가요들은 1927년 관영 경성방송국(JODK)이 개국한 다음부터 일본의 빅터·콜롬비아 지사와 폴리도르가 한국에 진출한 이래 30년대부터 국내 레코드사가 일본기술과 자본에 종속되면서 대량적인 소통구조를 형성, 전성기를 열어놓았던 가요들이었다. 또 20년대 후반기에 들어와서 금융공황과 농업위기 그리고 세계공황으로 일본의 자본주의가 전면적 위기에 직면하고 있을 때 일본 대중을 폭발적으로 휘어잡았던 민요조의 고우타(小唄)인 〈출범의 항구(出船の港)〉, 〈당신 그립다(君戀し)〉 등과 30년대 일본가요계의 우상인 코가 마사오(古賀政男)가 부른 〈술이란 눈물인가, 한숨인가?(さけは涙かためいきか)〉, 그리고 〈여보 왜요?(あなた なんたい)〉 등이 크게 유행했는데 이는 음악소통 전개가 일제와 같은 음악체계로 이루어졌기 때문이었다. 〈홍도야 우지마라〉(1935), 〈나그네 설움〉(1938) 등 한국의 대중가요들은 30년대 후반 미나미 지로(南次郎) 총독 통치체제 앞에서 눈물과 애수·정한·사랑·이별·도피·한숨 등을 나타내며 대중적 삶을 압도시키며 그 시대를 적응해가고 있었다. 일본에서 이 대중가요는 1860년대부터 '엔카'(演歌)류로 불렸던 것이고, 1894년 이후 발음이 같은 '엔카'(艶歌)라는 용어와 혼용하게 되었다. 바로 이러한 노래들을 조선총독부는 시국상황에 따라 정화의 대상으로 삼거나 때로는 묵인하고 있었다.

자연히 조선총독부나 한국대중가요계는 일본음악의 음계와 박자체계로 황민화를 찬양하도록 만들어진 친일가요(시국가요·신가요·시국가·애국가요 등)를 이 기간에 대량으로 생산해 낸다. 작곡자 이종태·이면상·손목인·박시춘·전기현·정진규·한상기·이운형·김준영·김해송·이재호 등은 가수 고운봉·이규남·김영춘·옥잠화·이해연·남해성·김정구·남인수·장세정·백년설·이화자·이난영·김용환 등과 함께 〈총후의남〉·〈정의의 사여〉·〈열사의 맹서〉·〈총후의 기원〉·〈정의의 행진〉·〈종군간호부의 노래〉·〈승전의 쾌보〉·〈사막의 환호〉·〈군사우편〉·〈동아의 여명〉·〈승전가〉·〈병원선 일기〉·〈보내는 위문대〉·〈정의의 행진〉·〈아들의 혈서〉·〈결사대의 안해〉·〈혈서지원〉·〈이천오백만 감격〉·〈장렬이인석 상등병〉·〈지원병의 어머니〉·〈반도의용대가〉·〈남아의 의기〉·〈소년용사〉·〈전장의 달〉·〈복지만리〉 등의 작품을 선전하며 부르고 있었다.[48]

한편, 시국가요 창작 보급의 대표적인 예가 방송을 통한 보급이었다. 사단법인 조선방송협회는 전시동원체제를 찬양한 대부분의 일본음악 특징을 지닌 작품을 모아 《가정가요》란 이름으로 발행하여 보급하였다. 여기에 박태준·홍난파·임동혁 등의 친일가요 작품이 널리 권장되고 있었다. 이광수는 박태준과 함께 만든 곡 〈지원병 장행가〉에서 한국청년들이 천황폐하의 명을 받아서 지원하라는 가사에다가 일본의 요나누키장음계와 2박자로서 작곡한 노래를 보급하고 있었다. 또 이광수가 작시하고 임동혁이 작곡한 〈애국일의 노래〉, 그리고 춘원이 작시하고 홍난파가 작곡한 〈희망의 아침〉은 모두 일본음악으로서 "천황의 뜻을 받아 일장기 날리는 것이 자자손손 만대의 복누릴 희망의 아침"이라고 노래하고 있었다.

1941년 12월 8일 태평양전쟁 시작과 함께 전시체제는 긴박한 신체제로 전환되면서 한국인 3,400만 명을 '감격적'으로 응집시킬 수 있는 중개매체는 '국민가요'보다 중요한 것이 없다고 판단한 일제는 이 분야에 집중적인 문화정책을 펴나가게 된다. 곧 국민총력조선연맹에서 만든 〈일억의 결의〉과 〈대동아 결전의 노래〉 그리고 〈총후반도의 노래〉·〈우리는 제국군인〉·〈어머니의 기원〉 등 모두가 신문·방송을 통해 전파되고, 학교에서 교육되고 있었다.

국민총력조선연맹은 1943년 두 가지 중요한 음악총력전을 펼치는데, 하나는 가창지도대 운영과 또 하나는 '국민가집 발행' 보급과 함께 대대적인 국민개창운동이었다. 물론 가창지도대는 조선음악협회 소속원을 중심으로 조직되었지만, 운영은 조선총독부내 사무국으로 옮긴 연맹이 주관하였다. '국민사기 앙양과 건전 정조를 일본정신으로 육성'하자는 취지 아래 '국민개창운동회'를 병설하여 1943년 초부터 연말까지 국민개창운동기간을 설정하여 전개하였다. '국민가창운동 정신대'라고 하는 가창지도대는 조선음악협회와 공동으로 산업전사가 있는 각 공장·광산·학교 등 연맹산하 현장을 찾아 음악회를 열었다. 국민개창운동의 두 번째 작업은 일본 정서로 애국적이고 건전한 《국민가집-우리들의 노래》(1941) 발간과 함께 일본에서 나온 《국민가요 명곡집》 등 각종 국민가요집의 공급과 지도였다.[49] 그리고 전국에 36만 개

48) 노동은, 〈일제하 친일음반과 대중음악계〉(《현대사상연구》 9, 목원대 현대사상연구소, 1995), 135~150쪽.

班에 448만 명의 반원으로, 회사·은행·공장·광산·대상점·학교에까지 직장연맹으로 조직된 국민총력조선연맹은 《국민개창가집》의 작품을 확정하고 각 연맹원이 '중점적으로 불러야 할 노래'를 선정·시달하였다. 물론 전부 일본어로 된 일본음악이었다.

매체 지배구조 역시 지금까지 노래에 의한 황음화정책과 달리 신문·잡지·라디오·레코드·영화 등 대중매체와 음악공간을 이용한 '황민화-황음화정책'이 실시되었고, 전문성을 가진 음악인들에 의해 일본음악체계가 정당화되어 갔다. 즉, 일제가 대중조작으로 일본노래를 이용하였다면, 전문음악인은 이 분야에 참여하면서 동시에 신문·음악공간을 자기 지분으로 병행시켜 일반 지식인뿐 아니라 자신들도 조작하기 시작하였다. 신문의 경우 1937년 중일전쟁 이후부터 조선총독부 관제신문인 《매일신보》에 계정식·김관·김재훈·박경호·박용구·이면상·홍난파·히라마 분쥬 등이 일본정신과 그 음악체계를 정당화시키며 활동하였다.

1940년 4월 일본군부는 독일이 파리를 점령한 직후 독일을 모방하여 '신체제'를 수립하고, 1941년 12월 8일 태평양전쟁을 치르기 위한 제국주의의 파쇼적 전시체제를 더욱 강화시켜 나간다. 여기에서 "세계는 지금 신체제시대로 되었다. 세계의 신체제, 동아의 신체제, 일본의 신체제, 구주도 신체제에 있다"고 본 일본제국주의가 일본적 오리엔탈리즘을 정당화시키며, 전시체제를 신체제로 정비하고, 문화예술계의 개편을 전면적으로 시작하면서 조선음악협회가 결성되었다.[50] 조선음악협회 뿐만 아니라 경성후생실내악단, 대화악단, 대동아악단 등에 소속된 음악인들의 음악 활동은 더욱 강화되어 결국 식민본국의 지배체제와 사회적 힘의 매체로 외세의 음악체계를 이 기간에 더욱 정당화시켰다. 음악인들의 신사참배, 음악보국 연주활동 전개, 창씨개명한 이름 사용, 그리고 반시국적 음악과 음악인들을 스스로 숙정하였다. 내선일체를 구현시킬 수 있는 성전 부여 신궁에 음악인들의 참석, 예술부문을 망라한 관계자가 조선신궁 풍영료에서 연성훈련, 또는 태평양전쟁 제3주년을

49) 《國民歌謠曲集》(東京 : 新興音樂出版社, 1941).
50) 〈新らしき文化團體の動き(새로운 문화단체의 움직임)〉(《三千里》, 1941년 4월호), 528~538쪽.

맞아 개최한 문화단체 필승결의선양대회에 20명의 조선음악협회 중진들이 참석하였다. 1944년 7월 26일에 '國歌奉納大會'를 조선음악협회 주최로 열려 일본국가를 봉납하고 총독부까지 시가행진하여 음악보국을 맹서하는 것들이 그것이다.[51] 또 음악보국주간 설정과 음악보국 음악회, 국민음악의 밤, 군가의 밤, 국민가곡 현상모집, 싱가폴 함락 전첩축하 대음악회, 총력앙양 야외음악회, 국민개창운동, 국민합창 야외음악회, 국민음악연주회, 전함 헌납 음악보국의 실내교향악의 밤, 징병실시 감사 축하행사, 전함건조 기금헌납을 위한 梨專추계음악회, 비행기헌납 음악대연주회, 후생음악주간 설정과 음악회, 군인원호대연주, 전국순회 결정음악회, 應徵士家族 위안음악회, 동원학도 위문음악회, 본토 결전 부민대회 음악회 등처럼 일제의 핵심적인 행사에 음악인들이 앞장 섰다. 그리고 황국의식과 시국의식을 고취시키기 위한 〈조선흥행 등 취체규칙〉(1944. 5. 8 공포)에 따라 음악인들의 자격 심사를 시행하여 기예증을 교부하는 등 악단 숙정을 단행하였다.[52] 다른 한편으로 태평양전쟁 이후 음악도 전쟁의 무기로 삼고 '전시총력의 6대 방책'을 결정하거나,[53] "불건전한 가요음곡을 보급시키는 것이 레코드의 죄과"로 여기어 레코드 발매도 규제하였다.[54] 그리고 1939년 11월 〈조선민사령〉을 개정함에 따라 한국의 성명제를 폐지하고 일본식 성명으로 바꾼 소위 '창씨개명'한 음악인 이름이 40년대 벽두의 음악회 프로그램, 신문 등에 공식화되어 갔다.[55)]

---

51) 《朝鮮年鑑》(京城：京城日報社, 1944), 228쪽.

52) 악단 숙정뿐 아니라 연예・창극・연극 등 모든 무대예술인에게 실시한 자격인정시험은 곧 막바지 시국통제를 위한 숙정작업이었다. 음악인들에 대한 '음악기예가 자격증' 시험은 1944년 8월 16・17일에 배재중학교에서 실시하였다.

53) 노동은, 앞의 책(1989), 160~161쪽 및 《朝鮮年鑑》, 228쪽.

54) 국민총력조선연맹 문화부장이 1941년 12월 14일 발표한 각 문화관계 단체에 발송한 '전시총력 6대 방책'은 ① 국민사기, 선양운동 ② 사상전의 수행 ③ 전시생활의 강화운동 ④ 전시생활 과학의 보급 ⑤ 예술오락의 동원 ⑥ 언론문예의 전시동원 등이 그것이다. 《매일신보》, 1941년 12월 14일.

55) 모리카와 쥰(森川潤, 홍난파), 쿠로야마(玄山濟明, 현제명), 카네시로(金城聖泰, 김성태), 나오키(直木興烈, 이흥렬), 하리모토(張本仁範, 이인범), 다쓰야마(龍宮天愛, 김천애), 스즈키(鈴本貴一, 이종태), 코오무라(香村實, 박경호), 카네야마(金山生麗, 김생려), 키야마 히데코(木山英子, 이영선), 이토오 미쓰요시(伊東光善, 윤광선), 다카시마(高島宗益, 고종익), 요시모토(義元仁亨, 이인형), 키시모토(岸本仁洙, 김인수), 토요하라(豊原東爀, 임동혁), 마루야마(莞山東日, 이동

한편 내선 일체된 국민으로서 일본국민음악을 수립하고 발전시키기 위하여 일본 전통음악인 시긴(詩吟)·와카(和歌)·찌시마(千島)곡·샤미센(三味線)에 맞춰 부르는 '고우타'(小唄)나 '나가 우타'(長唄) 그리고 샤미센과 더불어 일본 민족악기의 세 가지 대표적인 악기인 고토(箏)·샤쿠하치(尺八) 등에 얹힌 세 가지 악곡(三曲, 산쿄쿠) 등 일본음악이 조선음악협회 주최의 연주회를 비롯하여 학교 교육, 교습소 등지에서 그 소통이 확산되고 있었다.

일본 군가 〈미·영 격멸의 노래(勝ったぞ日本)〉, 내선일체를 극명하게 표현했다는 무용시곡 〈부여회상곡〉, 그리고 조선군 보도부의 영화작품으로 육군 중위 林得一이 지휘한 〈헤이타이 상(兵隊さん)〉, 일본 제2국가로 명명되고 불린 〈우미유카바(바다로 가면)〉의 작곡가 노부토키 기요시(信時潔)와 이 시대 시인·가인으로 알려진 키타하라 하쿠슈우(北原白秋)의 합동작품인 칸타타 〈海道東征〉, 일본 제1세대 작곡대부인 야마다 코오사쿠(山田耕筰)의 가곡 〈탱자꽃〉·〈들장미〉,[56] 그리고 나카야마 신파이(中山晋平) 등의 작품들이 한국에서 공연되고 있었다. 또 현제명의 가곡 〈후지산(富士山)을 바라보며〉, 윤두선의 군가 〈일본정신〉, 이유성의 트롬본 소품 〈황성의 달〉, 계정식의 바이올린 소품 〈앗쓰島의 영웅에게 바치는 선율〉, 임동혁의 〈미국은 적국되고(アメリカは 敵國なり)〉 등의 일본국민 음악이 창작·연주되었다.

일제는 전시체제하의 방공소리체계를 확립하기 위하여 1942년 전국에 걸친 '音感훈련'과 향상을 목표로 음악사회교육 확대와 경연대회를 하였다.

(4) 전문음악가들의 창작활동

1910년대 김인식·이상준·김형준 등의 창가풍의 가곡창작을 제외하면, 3·1운동과 함께 민족문화를 부흥시키려는 운동이 전개되면서 동요운동·신민요운동·신한국 음악운동 등과 관련되어 근대풍의 가곡이 창작되었다. 백우용의 1921년 작품 〈夕帆〉(정경운 시)과 〈석양의 조수〉(정경운 시)를 비롯하여, 1922년 박태준의 〈사우〉(이은상 시) 등을 거쳐 30년대에 가곡창작시대가 만개되었다. 안기영의 〈진달래꽃〉(김소월 시)과 〈마의태자〉, 현제명의 〈조선

일), 사쿠무라(作村甲洙, 한갑수), 타카다(高田淸子) 등이 창씨개명의 예이다.

56) 야마다는 이때 일본음악문화협회장과 일본연주가협회 음악정신대 대장이었다.

의 노래〉와 〈고향생각〉, 김동진의 〈봄이 오면〉(김동환 시)과 〈가고파〉(이은상 시)·〈꽃구름 속에〉(박두진 시), 홍난파의 30년대 전후작품 〈봄처녀〉(이은상 시)와 〈봉선화〉(김형준 시), 이흥렬의 〈바위고개〉(이흥렬 시), 김세형의 〈뱃노래〉(이광수 시), 채동선의 〈고향〉(정지용 시), 김세형의 연가곡집 《먼길》, 김성태의 〈말〉(정지용 시)과 〈산넘어 저쪽〉(정지용 시), 김순애의 〈네잎 클로버〉, 나운영의 〈가려나〉(김안서 시) 등이 모두 30년대에 나왔다. 해방 직전까지 주요 가곡작품들은 김동진의 〈내마음〉(김동명 시)과 〈수선화〉(김동명 시), 김세형의 〈물깃는 처녀〉(모윤숙 시)와 〈찢어진 피리〉(이희승 시), 윤이상의 〈편지〉(김상옥 시), 조두남의 〈접동새〉(김소월 시), 김순남의 〈상열〉(오장환 시)·〈탱자〉(박노춘 시)·〈철공소〉(김북원 시) 등이 있다. 해방직전까지 가곡의 흐름은 홍난파·채동선·현제명·김동진·김성태·나운영 등처럼 서양식 기능화성적인 바탕에서 서정적 비감 경향과 안기영·김세형·이흥렬 처럼 민족적 선율로 창작한 작품과 함께 해방직전 현대기법으로 사실적으로 표현한 김순남의 작품으로 새로운 전환기를 맞이한 흐름이 있었다.

(5) 민족음악의 전개

1930년대 이전의 항일노래가 단기적이고 분산적인 유격전에서 불리워졌다면, 1930년이후부터는 한층 조직적으로 불리워졌다. 한중聯軍에 의한 항일가요로서 〈중조민족단결항일가〉와 〈전투가〉가 송화강 연안의 농촌과 광산에서 불리워졌다.[57] 또 당시 조선혁명군 참모장이었던 김학규 작사·작곡한 〈전우추모가〉가 불리워졌으며,[58] 김학규의 부인이자 광복군 3지대 대원이었던 오광심이 1934년초 임시정부를 찾아가며 "비바람 세차고 눈보라 쌓여도~"라는 〈님찾아 가는 길〉도 함께 불리워졌다.[59] 이 밖에도 1930년대부터 해방때까지 조선혁명군이나 조선의용군들에 의해 항일민족가요가 조직적으로 불리워졌다.[60]

57) 李敏 編·李勝權 譯, 〈항일투쟁 열화 속에 태어난 항일련군의 노래〉(《東北抗日聯軍歌曲選》, 哈爾濱, 東方經濟文化中心, 1995), 7~20쪽.
58) 이중연, 《신대한국 독립군의 백만용사야-일제강점기 겨레의 노래사》(혜안, 1998), 181~182쪽.
59) 이중연, 위의 책, 182~183쪽.

한편 국내에선 1938년 거문고 명인이자 동경제대 출신인 박석기와 명창 박동실이 전남 담양군 남면 지곡리 초당에서 민족의 구국 영웅인 유관순·안중근·윤봉길·이준 등의 네 열사와 김유신·이순신 장군 등의 민족영웅들을 소재로 박동실제 열사가를 만들어 일제에 항거하는 창작 판소리를 만들어 갔다.[61] 여기에서 임소향·김소희·한승호·박귀희·김동준·박후성·한애순·장월중선·김녹주·임춘앵 등 후에 한국판소리와 여성국극의 30여 명의 거목들이 당시 10~20대로 활동하여 오늘에 이른다.

일제강점하에서도 김세형의 〈뱃노래〉와 윤이상의 〈편지〉, 그리고 안기영의 조선가극 작품들은 기존의 가곡이나 가극과 달리 뜨거운 민족적 감정으로 창작하여 서양과 일본의 창작흐름을 민족음악으로 풀어가려 했다. 드디어, 해방직전인 1945년 8월 10일 작곡가 金順男은 '대중 속에 발을 힘차게 들여놓을 역사의 찰나'를 생각하며 민요풍의 〈자유의 노래〉를 지어 해방을 준비하고 있었다.[62]

〈魯棟銀〉

3. 미 술

1) 전통 화단과 서양화의 이입

한국에 있어 서양 미술양식의 도입은 간접적인 견문과 서양인 화가들의 직접 내한 등의 단계를 거쳐 1910년대에 와서야 한국인에 의해 본격적으로

60) 독립군가보존회, 《독립군가곡집－광복의 메아리》(독립군가보존회, 1982).
韓哲洙 編, 《獨立軍詩歌集 倍達의 脈搏》(사단법인 독립동지회, 독립군시가집편찬위원회, 1984).
전정혁 편, 《조선족 항일투쟁노래선집》(沈陽 : 遼寧民族出版社, 1995).
이중연, 위의 책.
李敏 編·李勝權 譯, 앞의 책.

61) 노동은, 〈음악가들과 3·1절〉(앞의 책, 2001), 332쪽.

62) 김순남, 〈나의 음악수업〉(《예술평론》 3·4월 합병호, 예술평론사, 1948), 76~79쪽.

수학의 단계로 들어간다. 한국인에 의한 최초의 서양미술 수업은 1909년 일본 동경미술학교에 高羲東이 입학함으로써 이루어지고 있다. 고희동이 남긴 자전적 기술에 의하면,[1] 대한제국 궁내부 주사로 있던 그는 나라 잃은 설움을 달래기 위한 방편으로 술과 그림을 선택하였다는 것이다. 처음은 전통회화를 수업하였으나 창조의 정신이 비어있는, 형식만의 전통회화에 환멸을 느끼고 다시 서양화를 선택했다고 한다. 고희동이 서양화를 선택하게 된 배경에는 그가 누구보다도 일찍이 궁정을 중심으로 한 외교적 교섭에 참여할 수 있었고 서양문물을 대할 수 있는 기회가 많았기 때문이다. 고희동에 이어 동경에 유학한 사람들로는 1911년 金觀鎬, 1912년 金瓚永, 1913년 羅蕙錫 등으로 이어지고 있다.

전통 회화영역은 전문 화공들의 소속기관이자 畵事 업무의 국가기관이었던 圖畵署가 폐지되자, 뜻 있는 서화가들이 후진양성을 위한 새로운 교육기관을 개설하여 발전시켜 나갔다. 1911년에 창설된 경성서화미술회는 書科와 畵科를 두고 각각 3년 연한의 수업과정을 설치하였다. 교강사진은 당대 일급의 서화가들인 安中植·趙錫晋·丁大有·金應元·姜璡熙 등으로 구성되었다. 여기를 통해 배출된 신진 서화가들로는 李用雨·吳一英·金殷鎬·朴勝武·李象範·盧壽鉉·崔禹錫 등이다. 1910년대 이후 전통화단은 이들에 의해 주도됨으로써 안중식·조석진으로 대표되었던 조선조 후기는 서서히 그 막을 내리고 새로운 시대로의 전기를 맞고 있다. 서화미술회와 유사한 교육기관이 서울과 지방에서 생겨났는데 1915년 金圭鎭에 의해 설립된 書畵硏究會와 1919년에 출범한 고려화회가 대표적인 예다.

2) 서화협회와 조선미술전람회

동경미술학교를 졸업하고 돌아온 고희동은 신진들을 위한 미술교육에 임하는 한편 근대적 성격의 화단의 형성에도 힘을 쏟았다. 안중식을 회장으로 고희동 자신은 총무로 창설된 서화협회는 우리 나라 최초의 미술단체이자

---

1) 고희동, 〈나의 화필생활〉(《서울신문》, 1954년 3월 11일).

근대적 의미의 화단의 출현을 의미한다. "신구서화계의 발전, 동서미술의 연구, 향학후진의 교육 내지 公衆의 高趣雅想을 증장케 함을 목적"[2)]으로 내세운 서화협회는 구체적인 사업으로 휘호회, 전람회, 의촉 제작, 도서 인행, 강습소를 개설을 계획하였다. 전시·출판·교육 등 광범한 영역에 걸친 사업을 전개하겠다는 내용이 함축되어 있었다. 시대적인 사명 의식하에 최초의 근대적 미술활동을 점검하려는 것이었다.

그러나 서화협회의 본격적 활동은 협회가 창설되고 3년만에 이루어지는데 그것은 창설직후인 1919년 3·1운동의 발발과 회장 안중식의 서거, 20년에는 2대 회장인 조석진의 잇따른 죽음으로 활동이 시작된 것은 1921년이다. 서화협회전이 열리자 이에 자극 받은 조선총독부가 문화회유정책으로 조선미술전람회를 1922년 출범시킴으로써 본격적인 미술전시의 시대가 열리고 있다. 서화협회전은 순수한 한국인들로 이루어진 단체이자 동인전의 성격을 띠고 있는 반면 조선미술전람회는 초대와 아울러 신인등용의 공모전으로서의 체제를 띠고 있었다. 대립된 양상을 보이던 두 전시는 30년대로 접어들면서 서화협회전의 위축과 조선미술전람회의 괄목할 성장으로 나타나고 있다. 한국인으로만 구성된 단체의 성격과 회원전에 머물렀던 서화협회전에 비해 조선미술전람회는 한국인과 아울러 당시 한국에 체류했던 일본인 서화가들도 수용하였을 뿐 아니라 공모전이었기 때문에 규모와 활기가 있었다. 초기엔 총독부 주최의 전시라고 기피했던 한국인들도 시간이 흐를수록 참여도가 높아졌을 뿐 아니라 권위 있는 신인등용문으로 인식되었다. 단순한 그룹전과 官展의 차이라고 하겠다.

조선미술전람회는 동양화부·서양화부·書部의 3부를 두고 초대형식과 공모형식을 취하고 있다. 1932년에 가서 서부가 폐지되고 공예부가 신설되었으며, 1930년대 후반 경부터는 새롭게 추천작가제가 도입되어 연속 4회 특선의 경우는 추천작가로서 초대되었다. 서부가 폐지된 것은 서예가 교양이지 예술형식일 수 없다는 주장이 제기되었기 때문이다. 예술형식으로서 보다 살롱형식에 걸맞지 않다는 시대적 의식의 발로로 볼 수 있다.

---

2) 《서화협회보》(1921).

전통회화양식을 동양화로 공식 천명한 것은 조선미술전람회에서였다. 이전에도 동양화란 명칭이 없었던 것은 아니었으나,[3] 공식명칭으로 사용한 것은 이 때가 처음이었다. 동양화란 서양화에 대한 상대적인 명칭으로 서양화가 도입되기 이전에는 단순히 서화란 명칭으로 통용되었다. 1918년 최초의 미술단체 명칭이 서화협회인 것을 감안한다면 10년대엔 서화란 명칭이 보편화되었고 극히 일부에서 미술이니 동양화니 하는 명칭을 사용했을 뿐이었다. 서화란 명칭은 서예와 회화가 분리되지 않은 상태다. '서'와 '화'가 같은 뿌리에서 나왔다는 관념의 산물이다. 동양화란 명칭의 공식적인 사용은 대비적인 양식으로서 서양화가 보급되기 시작했음을 시사하며 동시에 '서'에서 분리된 독자적인 회화의 모습으로 정체성을 확립했음을 뜻하기도 한다. 그러나 한화니 한국화니 조선화니 하는 주체적 명칭을 사용하지 않았다는 점에서 이후 논란이 되기도 하였다.

또 한편 동양화란 명칭은 전통적인 회화양식의 살롱예술로서의 탈바꿈이라고 할 수 있으며, 근대적 양식으로서의 자각현상이라고도 할 수 있다. 1920년대 중반 이후 동양화의 소재나 방법이 전래의 관념적인 내용에서 벗어나 현실추구의 리얼리즘에 경도되고 있음에서 변화의 내역을 읽을 수 있다. 리얼리즘으로의 경사는 주변의 산천을 모티브로 한 寫景山水의 급증을 가져왔으며 비근한 일상에서 취재된 현실적 내용이 증가되기에 이르렀다. 당시 리얼리즘에의 경도는 전반적인 시대적 추세이기는 하였으나 한편으로 일본화의 감각적인 현실인식의 방법에서도 많은 감화를 받았음을 부정할 수 없다. 몽롱체와 도안풍의 채색기법은 가장 직접적인 일본화의 영향으로 해방후 왜색의 탈피가 주요 논의로 떠올랐을 때도 주로 채색화의 기법적인 문제가 핵심이었다.

3) 서양화의 정착과 새로운 모색

주로 일본 동경에 유학한 서양화 지망생들은 당시 일본의 서양화, 즉 그들

3) 변영로, 〈동양화론〉(《동아일보》, 1920년 7월 7일).

나름으로 해석된 서양화를 받아들이지 않으면 안되었다. 1920·30년대를 통해 일부 화가들이 서양에 유학했으나 국내에서의 이들의 영향력은 극히 미미했을 뿐이다. 당시 일본화단은 절충적 인상파를 아카데미즘으로 정착시켜 가던 무렵으로 한국의 서양화 지망생들이 접한 것도 이 같은 절충적 양식에 지나지 않았다. 그나마 1920년대까지는 단순한 새로운 회화방법으로 서양화를 익히는 습작의 단계를 벗어나지 못한 상태였다. 개성적인 자기 세계가 등장하기 시작한 것은 이 같은 습작의 단계를 지난 30년대에 와서 였다. 그런 과정에서도 김관호와 나혜석 등의 출현은 예외적인 사례로 볼 수 있다. 동경미술학교 卒業展에 최우등을 차지한 김관호의 〈해질 녁〉은 같은 해 일본의 관전인 文展에서도 특선을 차지하고 천재적인 면모를 아낌없이 발휘했다. 화가로서만이 아니라 여성의 권익 신장에 앞장 선 신여성의 대표격인 나혜석은 최초의 여류화가로서 많은 우수한 작품을 남겼다. 초기에는 인상파풍을 답습하였으나 세계일주 이후는 야수 표현파풍의 경향을 섭렵했다.

서양화단은 습작기라 할 수 있는 1920년대를 지나면서 다양한 내면을 형성해 가는 활기를 보이고 있다. 개성적인 작풍을 구사하는 미술가들의 등장과 조형 이념에 의한 결속체로서의 그룹의 출현이 1930년대로 진입하면서 왕성한 면모로 나타나고 있다. 金仁承·沈亨求 등 동경미술학교 출신들에 의한 아카데미즘이 조선미술전람회의 중심으로 자리를 잡는가하면 金鍾泰·金重鉉 등의 독학파에 의한 독창적인 화풍이 신선한 경향으로 각광을 받았다. 일본적인 감성에 의한 인상파를 탈피, 한국의 자연에 상응되는 본격적인 인상파를 주장하고 구가해 보였던 吳之湖·金周經 등의 존재도 1930년대 서양화단을 풍요롭게 해주는 사람들이다. 인상파풍의 감각적인 기법에 도시적인 세련을 가미한 李仁星의 존재 역시 30년대 가장 뛰어난 작가로 기억된다.

1920년대와 30년대를 통해 해외에 유학한 서양화가로 대표적인 사람은 李鍾禹·任用璉·白南舜·鮮于膽·裵雲成으로 이 가운데서도 이종우는 프랑스 유학 중 본격적인 고전풍의 작풍을 습득하여 절충적 인상파로 대변되는 당시 서양화단에 이채로운 존재로서 돋보였다. 대상을 해부학적으로 描破해 들어간 그의 고전적 화풍은 본격적인 서양화의 일면을 보여주었기 때문이다.

1920년대 후반에서 30년대 전반에 걸쳐 두드러진 그룹의 출현은 이념의 결속체라는 그룹 본연의 속성을 떠나서도 미술가 사회라는 화단 형성을 더욱 구체화시켜 간 현상으로 주목된다. 1927년 金昌燮·安碩柱·金復鎭·林學善·申用雨·李承萬 등에 의한 蒼光會, 1928년 沈英燮·張錫豹·朴廣鎭 등의 綠鄕會, 1930년 具本雄·李馬銅·吉鎭燮·金應璡 등의 白蠻洋畵會, 1932년 재동경미술학우회인 白牛會, 1934년 李昞圭·구본웅·孔鎭衡·임용연·申鴻休·宋秉敦·黃述祚·이마동·張勃·金瑢俊·이종우 등의 牧日會 등이 1920년대 후반에서 30년대 초에 걸쳐 등장한 그룹들이다.

이들 그룹들은 당시 조선미술전람회를 중심으로 한 미술의 제도적·권위적 추세에 반발, 보다 자유롭게 창작의 풍토를 진작시키자는 의욕을 지니고 있었다. 전반적으로 1930년대는 이념적으로나 방법적으로 새로운 기류가 활발히 만연되어 갔던 시대로 특징지어 진다. 이념적 결속으로서의 그룹의 연이은 출현과 새로운 경향의 모색이 두드러지고 있기 때문이다. 절충적 인상파풍에서 벗어나 후기인상파에서 비롯되는 개성적·주관적 미술사조가 30년대 후반의 시대적 특징을 반영해 주고 있다.

후기인상파에 이어지는 야수파·표현파·미래파·구성파·추상파·초현실주의 등 이른바 신감각으로 통칭되는 새로운 경향은 주로 일본에 체류하거나 유학중이었던 젊은 작가들을 중심으로 추구되었다. 서울화단에선 아직도 이 같은 새로운 물결을 받아들이기엔 문화적 풍토가 마련되지 못했다. 따라서 1930년대 후반부터 왕성하게 전재되는 아방가르드운동은 그 무대가 일본의 동경화단이었다. 당시 일본의 전위적 단체로는 二科會·獨立展·新制作派·自由展·美術文化展 등으로 이들 재야전에 참여했던 한국인으로는 구본웅·길진섭·文學洙·金煥基·李仲燮·劉永國·李揆祥·宋惠秀·李快大·金宗燦·崔載德·金晩炯·金夏建 등이었다.

새로운 감각의 추구와 더불어 1930년대는 향토색에 대한 관심과 천착이 활발했다. 주로 풍속적인 단면을 소재화한 작품이 급증하고 있다. 이에 곁들여 우리의 고유한 미의식에 대한 미학적 조명이 활발히 전개되어지고 있다. 향토색에 대한 관심은 고향으로 돌아가자는 보편적인 의식을 바탕에 깔면서도 우리 고유한 미의식에 대한 자각 현상이라는 긍정적인 견해와 일본인의 이국 취미에 결부된 감상적·퇴조적 현상에 지나지 않는다는 부정적인 시각이 있다. 사회 전반적으로 30년대는 민족계몽운동이 활발히 전개된 시대로 향토적 소재에의 천착도 이 같은 시대적 추세로 간주할 수 있는 반면, 당시 조선미술전람회의 일본인 심사원들이 그들과 다른 이국적 소재를 선호하였기 때문에 이에 부응하려는 태세로 볼 수 있다는 견해가 공존하고 있다. 녹향회가 주장했던 초록 고향으로 돌아가자는 건강한 자주의식이 있는 반면, 이국 취미에 결탁된 얄팍한 감상주의도 배재할 수 없다.

우리 미에 대한 연구는 먼저 일본인 민속학자인 야나기 무네요시(柳宗悅)에 의해 시작되었다. 이에 이어 高裕燮·金瑢俊·尹喜淳 등에 의해 우리 미의 성격규명이 활발히 전개되었다. 순후한 아름다움, 무기교의 기교 등 우리 미의 특징이 이들에 의해 규명되었다. 고유한 미의식에 대한 자각현상은 피폐해져 가는 한국인의 정서에 새로운 기운을 불어넣는 역할을 하였다.

4) 근대적 성격의 조각

회화에 있어선 전통적인 양식과 외래적인 양식이 공존하는 반면, 조각에 있어선 이 같은 현상을 발견할 수 없다. 전통적 회화양식을 동양화로, 서양에서 이입된 양식을 서양화 내지 양화로 부르는 현상은 비단 회화에 국한되지 않고 衣食住의 樣式에까지 미치고 있다. 예컨대, 재래의 건축양식을 한옥이라고 부르는 반면, 서양식 건축양식을 양옥으로 부르고, 전통적 음식을 한식이라고 부르는 반면 서양식 음식을 양식으로, 전통적 의상을 한복으로 부르는 반면 서양식 의상을 양복 내지 양장이라고 부르는 따위가 그것이다. 그럼에도 불구하고 조각에서는 이 같은 상대적 명칭이 있지 않다. 요인은 서구에서 이입된 서양식 조각에 대한 전통적 양식의 조각이 없었다 점이다. 삼국시대·통일신라시대·고려시대를 거치면서 뛰어난 전통을 이어온 조각이 계승되지 못했다는 것은 조선시대의 정책적인 불교탄압에 그 원인을 찾아볼 수 있다. 조각 예술을 꽃피웠던 불교문화가 쇠퇴하면서 조각의 전통이 계승되지 못했기 때문이다. 또 한편 조각 예술이 영락해간 요인은 회화가 순수한 감상의 품목인데 반해 조각은 순수한 감상의 대상이 아니었다는 데서도 찾을 수 있다. 불상은 예배의 대상이지 감상의 품목은 아닌 것이다. 따라서 한국의 근대 조각은 서구의 양식을 받아들이는 것으로 시작된다. 처음으로 서구식 조소의 방법을 수학한 사람은 1919년 동경미술학교 조소과에 입학한 金復鎭이었다. 고희동이 서양화를 수학하기 위해 동경미술학교에 입학한 때로부터 10년 뒤의 일이었다. 비교적 서양화의 지망생이 급증하는 반면 조각은 1945년 해방이 될 때까지 극히 한정된 수를 벗어나고 있지 못한 형편이다. 조각 예술에 대한 이해의 부족과 수요의 문제에 기인된 것 같다. 조선미술전람회에 조각부가 따로 설정되지 못하고 서양화부 아니면 공예부에 속했던 요인도 수적인 열세에서 기인된 것이다. 이와 같은 현상은 1960년대 초까지 이어졌다.

고희동에 의해 많은 서양화 지망생들이 배출된 것과 같이 조각 역시 김복진에 의해 많은 문하생이 배출되었다. 이들은 동경에 유학했고 주로 조선미술전람회를 통해 작품을 발표하였다. 해방전 활동한 대표적인 조각가들은 梁熙文·張基男·安奎應·文錫五·林淳茂·洪淳慶·李炳三·金斗一·李國銓·曺奎奉·金景承·尹承旭·尹孝重 등이다.

조각의 방법은 刻을 위주로 하는 목조·석조와, 떠내는 방식의 塑造로 석고·브론즈를 들 수 있다. 당시 동경미술학교에선 자신들의 고유한 방식으로 목각조각을 내세우는 한편 서구식 방법으로 소조를 내세웠다. 한국의 조각 지망생들의 대부분은 서양의 방법에 경도된 것으로 나타나고 있다.

초기의 조선미술전람회에 출품된 조각작품의 내용은 소조에 의한 두상 정도가 대부분으로 아직도 습작의 단계를 벗어나고 있지 못함을 보여주고 있었다. 김복진을 비롯한 윤효중·윤승욱·김경승·이국전 등의 전신상이 등장함으로써 본격적인 국면에 이입되고 있음을 파악할 수 있다.

5) 전시체제하에서의 미술

1940년대에 접어들면서 미술계는 전반적인 위축현상을 드러내고 있다. 만주사변·중일전쟁·태평양전쟁으로 치닫는 일제의 광분하는 침략정책은 모든 문화·예술활동을 전시체제로 전환시켰기 때문이다. 1930년대 후반 경부터 활기있게 등장하던 전위적 미술 활동은 퇴폐적이고 불건강한 것으로 낙인찍혀 그 활동이 제어되었을 뿐 아니라 모든 조형 활동에 시국적인 내용을 담을 것을 강요당하였다. 1942년엔 후방에서 싸운다는 의미의 銃後美術展·決戰美術展 등이 열리어 조형 활동 자체가 일제의 전쟁 완수를 위한 방편으로 전락되어 갔다. 전위운동에 참여하였던 일부 미술가들은 잠정적으로 활동의 휴면기에 들어갔으며 적지 않은 미술가들이 일제의 報國체제에 강요된 작품을 하지 않을 수 없었다. 전반적으로 1940년에서 45년까지의 미술활동이 빈약한 것은 바로 이에 말미암은 것이다.

〈吳光洙〉

4. 체육 · 무용

1) 일제하 근대체육의 성장과 시련

(1) 일제의 식민지 체육정책과 민족체육의 대응

일제하 식민지 체육정책은 기본적으로 조선민족의 저항을 사전에 차단하고 민족의식을 봉쇄하는 데 그 초점이 맞추어져 있었다. 이는 구한말 체육교육을 통해 건전한 신체보다는 국권회복의 기초로서 무력을 양성하려던 조선민족의 체육 목표를 차단하기 위한 방편이었다. 일제는 우선 조선민족의 전통적 체육을 전근대적이고 비과학적이라는 명분하에 규제 내지 탄압하고, 구한말이래 개최해 온 연합운동회를 철저히 금지하여 민족의식을 차단하는 방향으로 체육정책을 펴나갔다. 이와 함께 서구의 근대식 체조를 도입하는 한편, 일본 유희의 보급을 통해 조선 체육의 자주성을 가능한 제한함으로써 궁극적으로 일제의 황민화정책에 부합하도록 하였다

가. 교육을 통한 식민체육정책

구한말 학교교육을 통해 보급되던 근대체육의 싹은 일제의 식민지 교육제도의 확립과정 속에서 통제됨으로써 점차 침체의 모습을 띠게 되었다. 1910

년 강제로 조선을 병합한 일제는 무엇보다도 식민지 교육체제의 확립을 통해 한국인을 충량한 일본신민으로 육성하고자 하였다. 이를 위해 1911년 8월 23일 〈조선교육령〉과 같은 해 10월 20일에 총독부령을 제정하여 식민지 교육정책의 골격을 마련하였다.[1] 그 핵심적 내용은 대학교육이 빠진 보통학교 4년, 고등보통학교 4년, 여자고등보통학교 3년, 실업학교 2년 또는 3년, 전문학교 3년 또는 4년으로 모든 학교를 거의 3년~4년의 단기교육 연한제를 실시하는 것이었다. 또한 보통학교에서는 지방사정에 의해 체조를 하지 않아도 되도록 하고, 관·공립학교 생도의 신체검사규정에 여학생에게 체조를 적용치 않는다고 발표하였다.[2] 이러한 교육정책은 식민지 민중의 우민화를 기도하는 동시에 봉건적 교육관을 그대로 드러낸 전근대성을 지니고 있었다.

당시 학교체육의 내용은 체조교육에 초점이 맞추어져 있었다. 다만, 그 내용은 남자보통고등학교에 기계체조 과목이 정식으로 채택되고, 여자고등보통학교의 체조시간이 3시간으로 늘어나며, 종래까지 체육을 통해 "身體의 强健과 協同을 崇尙한다"는 목적에서 일제의 무단통치에 순응하는 "節制를 美德으로 함"이라는 목적으로 바뀐 것이었다.

1914년 6월에는 체조를 포함한 교수요목을 반포하였는데, 이 조치는 식민지하에 학교체육의 방향이 결정되는 계기가 되었다. 그 결과 학교체육은 종래의 체육과는 크게 변화하였다. 첫째, 체조교육의 내용이 遊戲·兵式體操·보통체조에서 체조·교련·유희로 구분되었다.[3] 이때 병식체조가 교련으로 독립되기는 하였지만, 어디까지나 일제의 군국주의적 체육의 기능을 수행한다는 취지를 지닌 것이었다. 둘째, 한말 운동회에서 행하던 전통적 유희와 함께 근대적 스포츠가 행해지는가 하면, 桃太郎·渦卷·池鯉·大和男子 등의

1) 나현성, 《한국체육사》(교학연구사, 1983 개정판), 139~149쪽.
2) 《官報》, 1911년 10월 20일, 號外.
3) 체조의 내용은 교육체제마다 달랐다. 우선 보통학교에서의 체조는 유희와 보통체조로 구분되며, 교수시간의 일부 혹은 시간외에도 행할 수 있도록 하였다. 또한 유희는 집밖에서 행하는 유희를 하되, 수영·스케이트 등을 할 수 있도록 하였다. 고등보통학교와 실업학교의 체조는 보통체조와 기계체조를 부과하였다. 다만 고등보통학교의 1년제의 사범과에서는 유희와 보통체조를 부과하여 보통학교 교원으로서의 자격을 갖추게 하였다. 여자고등보통학교의 체조는 보통학교와 같이 유희와 보통체조를 부과하였다(나현성, 앞의 책, 141~149쪽).

일본의 유희가 도입되었다. 셋째, 체조과 교수시간 외에 체육운동이 권장되었다. 넷째, 학생들의 신체 및 정신발달에 맞게 지도하고 교실의 청결과 통풍, 그리고 채광을 완전케 하도록 하였다. 다섯째, 학교체육이 모든 학교에서 필수과목으로 정착되었다.

이와 같은 체조 교수요목의 반포는 당시 각 학교의 체조교육이 제각기 다른 것을 통일한다는 취지를 띠고 이루어진 것이었다. 그 결과 체조교육이 종래 병식체조·보통체조에서 瑞典體操로의 질적 전환을 이루어 근대체육의 형식을 띠게 되었다. 하지만, 이는 학교체육이 일제의 식민지 교육의 목적인 황민화정책과 그 맥락을 같이하는 것이었다. 다시 말하면 구한말 병식체조를 통하여 국권회복의 기초를 굳건히 하고자 했던 방향과는 달리, 근대적 체육이라는 미명하에 서전체조를 비롯한 구미 제국의 새로운 유희를 도입하여 병식체조를 탈피함으로써 식민지 체육교육을 정착시키고자 했던 것이다.

학교체육에서 자주성을 박탈한 것은 체조교육 내용의 변화에서도 찾을 수 있지만, 학교체육의 실질적 담당자였던 체조교육에 대한 자격을 제한함으로서도 이루어지고 있었다. 즉 1915년 〈사립학교규칙〉을 개정하여 보통교육·실업교육 또는 전문교육을 하는 사립학교의 교원 자격을 제한하였다. 총독부는 우선적으로 체육교사에 대한 자격제한을 통해 구한말의 민족주의적 학교체육을 담당했던 구한국군 출신의 체조교원을 제거하는 대신, 일본군인으로 충당하였다. 이제 학교에서의 체조교육은 황국신민으로서 곧 일본제국을 수호하는 성격으로 변화하기 시작했음을 의미하는 것이다. 이러한 정책은 1915년에 개정된 〈사립학교규칙〉에서도 일관되어 나타났다. 〈사립학교규칙〉 제10조 2항에는 교원자격 규정을 두어 일본어에 통달하고 일정한 학력을 가져야 하는 등 교사의 자격을 엄격히 제한하였다.

한편 일제의 식민지 체육정책은 한편으로는 학교체육의 변화를 통해 이루어지기도 했지만, 또 다른 한편으로는 운동회와 같은 민족경기에 대한 규제를 통해서도 펼쳐지고 있었다. 한말부터 계속되어 온 운동회는 병탄 이후에 탄압의 대상이 되었지만,[4] 그럼에도 각처에서 학교 내지 지역을 연고로 한

---

4) 《大韓每日申報》, 융희 3년(1909) 12월 30일.

연합운동회는 지속되고 있었다. 그러나 1912년 5월 10일 경성부내 8개 사립 학교의 연합운동회를 끝으로 연합운동회는 폐지되고 말았다. 당시 경신·배재·보성·오성·중앙·청년회관·휘문의숙 등이 연합한 춘계대운동회는 朴泳孝·閔丙奭·李容植·尹悳榮·尹致昊 등의 기부금으로 이루어 졌다. 그런데 경기운영 미숙으로 1등기가 잘못 수여된 것에 반발하여 난투극이 벌어지는 불상사가 발생하였다. 이에 일제는 교육적인 폐단을 이유로 들어서 동년 5월 31일 내무장관이 학제 716호로 이후 연합운동회를 중지하도록 강제하였다.[5] 그후 연합운동회는 폐지되는 대신에 개별 학교 단위의 운동회만이 열려, 사회체육적인 성격을 띤 운동회는 더 이상 개최되지 못하였다.

결국 1910년대 학교체육의 재편과 체조교원의 자격 제한, 그리고 연합운동회의 폐지 등은 일제가 교육을 통한 식민지 체육정책의 구체적인 내용들이었다. 이러한 조치들은 구한말에 활발히 전개되던 민족체육을 압살하면서 장차 일제의 식민통치를 위한 체육적 기반 확보라는 정치적 기도가 깔린 것이었다. 특히 조선의 자립적인 근대화의 싹을 잘라버리고 민족주의 체육운동을 진압하는 것을 특징으로 하는 식민지 학교체육정책의 골격은 이처럼 무단통치기에 성립되었던 것이다.[6]

나. 경기를 통한 식민체육정책

우리 나라에 근대 스포츠가 보급되기 시작한 것은 19세기 중엽 개항 이후 근대식 교육제도가 도입되면서부터였다. 주로 학교체육을 통해 소개된 근대 스포츠 가운데 가장 빨리 도입된 것은 체조·육상 등이었다. 체조는 1895년 4월 1일 〈한성사범학교 설치령〉에 체조교과가 정식으로 채택되면서 보급되기 시작하였다. 육상은 1896년 5월 2일 영어학교 교사인 허치슨(Hutchison)의 지도하에 화류회에서 소개되었다. 또한 검도는 같은 해 경무청에서 검도를 경찰교습 과목으로 채택한 것으로 비롯하였다. 전통적으로 행해진 운동이었지만, 1898년 5월에는 무관학교 학생들에게 휴가시 수영연습을 하게 하는가

5) 朝鮮敎育硏究會 編, 《朝鮮敎育法規》(京城, 1917), 818쪽.
6) 西尾達雄, 《日本植民地下朝鮮における學校體育政策に關する硏究》(日本 奈良女大 박사학위논문, 2001).

하면, 1899년 4월 30일에는 학부 주최 관립 · 사립학교 운동회에서 씨름을 경기종목으로 채택하였다. 이 외에도 1890년경에는 선교사에 의해 테니스가 보급되었다. 당시 양반들은 외국 선교사들이 테니스를 치는 것을 보고 하인들이나 하는 일이라고 한탄했다는 일화는 근대적 운동경기에 대한 당대인들의 인식을 잘 보여주는 단면이었다.

1900년대에 들어와 근대식 운동경기의 보급은 더욱 확대되었다. 1904년 9월 24일에는 陸軍硏成學校에서 사격을 교과목으로 채택하였고, 1905년에는 미국인 선교사 질레트(Gillet)가 황성기독교청년회 회원들에게 야구를 지도하였으며, 같은 해 외국어학교의 외국인 교사들에 의해 축구가 소개되었다.[7] 이듬해인 1906년에는 육군 참위 權元植과 일본인 요시카와(吉川)가 훈련원에서 자전거 경기를 개최하였고, 같은 해 일본인 우치다(內田良平)에 의해 유도가 전래되었다. 1907년에는 농구가 질레트에 의해 보급되었다. 1908년에는 일본인이 대동강에서 빙상운동회를 개최하였고, 탁지부 관리들의 운동회때 정구경기종목을 채택하였다. 또한 1909년에는 전통스포츠로서 근위기병대 군사들이 훈련원에서 기병경마회를 거행하였고, 李相弼이 射弓會를 발족하였다.

이상의 구한말 체육은 대부분 학교체육과 운동회에서 채택된 것으로 육상경기가 주종을 이루고 있었다. 그러다가 주로 외국인 선교사에 의해 근대적 경기가 소개되면서 본격화되었다. 다만, 이들 근대적 운동경기는 일반인들에게 광범위하게 보급되지 않았고, 황성기독교청년회 및 서울 소재의 몇몇 학교에서 행해지는 데 불과하였다. 거기에다가 식민지 이후 학교체육에서 유희가 강조되고 일인들이 한국에 대거 이주하여 운동경기를 보급시키는 과정을 통해 점차 일반인들에게도 보급되었다.

1910년대에 활발히 개최된 경기는 야구 · 자전거 · 정구 · 빙상 등이었다. 첫째 야구는 이미 언급한 바와 같이 구한말 질레트에 의해 서울소재 학교를 통해 보급되어 발전되다가, 1915년 조선공론사 주최로 조선 최초의 야구경기가 열렸다.[8] 이처럼 1910년대는 야구가 본격적으로 보급되던 시기였으나, 당시 일제의 무단통치하에서 주도권은 일인에 의해 장악되었다.

---

7) 김형희, 〈한말 대한체육구락부의 창립과 활동〉(韓國體大 석사학위논문, 2000).
8) 大島勝次郎, 《朝鮮野球史》(京城, 1932), 1~5쪽.

둘째, 자전거는 이 시기에 크게 유행하던 스포츠의 하나였다. 1913년 처음으로 열린 자전거경주대회는 인천·서울·부산·평양 등 4곳에서 당시 일본 선수와 함께 100여 명이 출전하였는데, 당시 嚴福童이 우승함으로써 '자전거 대왕'으로 떠받들어질 정도였다. 1915년에는 최초의 전선자전차경주대회가 열렸으며, 1917년에는 경성일보사와 매일신보사의 공동주최에 의해 전선자전차대회가 개최되어 사회적인 스포츠로 발전하였다.[9)]

셋째, 1910년대에 야구와 함께 크게 보급된 경기가 정구였다. "정구는 가장 일찍 수입되어 청년층의 경기로서 가장 널리 보급된 운동경기였다"고 하듯이, 당시 정구는 크게 보급되었을 뿐 아니라 특히 여성의 운동경기로서 환영받고 있었다. 실제 당시 정구는 서울·인천을 막론하고 모든 지방에서 활발히 행해졌다. 그리하여 당시 "정구와 야구 이외 기타의 운동경기는 볼만한 것이 없다"고 할 정도로서, 정구는 근대 운동경기 중에 가장 일찍 보급된 경기였다고 할 수 있다.[10)] 다만 정구 역시 대부분 일인을 중심으로 한 사회단체가 주도권을 장악한 채 이루어졌다.

넷째, 이 시기에 빙상경기도 활발히 전개되었다. 당시 빙상경기의 열기는 1912년 2월 4일 용산 스케이트장이 개설됨으로써 본격화되었다. 이 경기도 역시 일인에 의해 주도된 경기로서, 실제 스케이트장의 개설은 일본인의 연습을 위한 목적이 컸다. 어쨌든 당시 빙상은 근대적인 스피드 스케이팅보다 주로 유희적인 성격이 강한 것이었다. 그럼에도 경성고등보통학교는 조선 최초의 빙상경기대회를 개최한 학교였다. 한국인들에 의해 빙상이 보급된 것은 1920년대를 지나야 가능하였다.

위와 같은 경기 이외에도 축구·승마·유도·검도 등이 1910년대 행해진 운동이었다. 그러나 이러한 근대적 운동경기는 대부분 일인에 의해 주도된 것으로 당시 조선인들에게 널리 보급된 것은 아니었다. 이처럼 당시 근대적인 스포츠가 크게 보급되지 못한 까닭은 아무래도 이를 수용할 만한 사회계층이 성장하지 못하고 있기 때문이었다. 그 뿐 아니라 무엇보다도 근대적 스

9) 이학래, 《한국근대체육사연구》(지식산업사, 1990), 104쪽.

10) 大島勝次郎, 앞의 책, 6~9쪽.

포츠가 민족적 위기를 극복하는 적극적인 방법이 되지 못했기 때문이었다.[11]

이러한 시대적 분위기 속에도 불구하고, 점차 조선에 근대스포츠가 보급되고 확산되어 나갔다. 그러자 일제는 보다 적극적으로 일본인 중심의 체육단체 결성을 통해 본격적인 스포츠 권장책을 펼쳐 나가게 되었다. 1919년 2월 18일에 창립된 '조선체육협회'가 바로 그것이다. 조선체육협회는 원래 조선에 있는 15개 정구단이 모여 1918년 가을에 결성한 경성정구회와 1919년 1월에 결성된 경성야구협회가 통합되어 이루어진 단체였다.[12] 따라서 조선체육협회는 정구부와 야구부를 두었으며, 매월 1회의 기관지 《朝鮮體育界》를 발행하고, 필요에 따라 기타 운동부를 설립할 수 있게 하였다. 이 단체는 조선에 설치된 최초의 민간체육단체로서, 경비를 자체 충당하고 있었다. 특히 보통회원 보다는 철저한 회장중심의 조직으로서 운영되었다.

조선체육협회는 조선신문사의 후원하에 창립되었기 때문에 당시 경성일보사를 자극하여 양 신문사가 야구대회 · 정구대회를 경쟁적으로 개최하는 촉진제가 되었다. 결국 양 신문사의 대립은 조선체육협회에 대한 무조건적인 후원으로 서로 타협되었으며, 그 후 조선체육협회는 명실상부하게 운동경기계를 독점하게 되었다. 이 단체는 1910년대 일인에 의해 주도된 스포츠계의 총본산의 성격을 갖는 것이었음과 이후 일제 식민지하에서 사회체육을 주도해 나가는 체육단체로 성장하였다.[13]

이상에서 살펴본 바와 같이 개항 이후 1910년까지 근대식 운동경기가 들어오는 계기는 크게 3가지로 구분할 수 있다. 첫째, 근대식 교육제도가 도입되면서 학교를 통해 근대적 운동경기가 소개되었다. 둘째, 서양의 선교사 및 기독교 단체에 의해 소개되었다. 한국 근대스포츠의 대부분은 이들의 영향이 매우 컸다는 특징을 갖는다. 셋째, 일본인의 이주에 의한 운동경기가 보급되었다. 근대 운동경기의 도입이 구한말에 주로 선교사를 통해 학교체육이나 체육단체라는 제한된 범위내에서 보급되었다면, 1910년 이후에는 그러한 추세가 이어지면서 일인에 의한 운동의 보급이 이루어지는 특색을 보였다.

---

11) 이학래, 앞의 책, 108~109쪽.
12) 大島勝次郎, 앞의 책, 126~128쪽.
13) 이학래, 앞의 책, 110쪽.

다. 민족체육의 성장과 대응

일제의 가혹한 무단통치에 따라 이 시기의 조선 체육계는 한말에 비해 상당히 위축될 수밖에 없었다. 대부분 체육활동은 일본인에 의해 주도되었고, 조선인의 체육활동은 그 규모나 참여인원이 매우 영세한 실정이었다. 그러나 조선 체육계는 일제통치라는 시련에도 불구하고 나름대로의 성장을 모색하고 있었다. 그 방향은 크게 3가지로 나타났다.

우선 조선인이 중심이 된 근대 스포츠의 보급이 활성화 된 점을 들 수 있다. 이러한 움직임에 대표적인 활동이 바로 종로 기독교청년회, 즉 YMCA의 체육활동이다. 사실 YMCA는 1910년 일제의 무단통치기하에서 체육활동을 자유스럽게 할 수 있던 거의 유일한 단체였다. 당시 일인에 의해 모든 체육이 장악되고 있을 때, YMCA의 조선인들은 이 곳을 통한 체육의 보급과 활동에 대한 관심을 고조시켜 나갔다. 일제의 탄압에도 불구하고 서양의 세력을 등에 업고 있던 탓에 YMCA는 꾸준히 체육을 발전시켜 갈 수 있었던 것이다.[14] 특히 이곳에서는 축구·야구·농구·배구·체조·유술 등의 종목을 보급하고 경기대회를 개최하였을 뿐 아니라, 그 종목을 위한 지도자 훈련도 겸하고 있었다. 당시 모든 경기의 총집회수가 502회, 연 참가인원이 총 1만 2,000여 명에 이르렀고, 운동경기시합도 1년간 총 32회가 열려 평균 10일에 한번씩 열렸음을 알 수 있다.

YMCA의 체육활동은 1916년 5월 6일 실내체육관 준공을 계기로 보다 본격화된다. 실내체육관은 3층 벽돌건물로서 미국 YMCA 회원들과 청소년들의 기부금으로 이루어졌는데 클럽실·체육실·탈의실·샤워실 등을 갖춘 한국 역사상 최초로 실내체육관이었다. 이를 계기로 큰 인기를 얻어 당시 성인부에 연 1만 7,768명, 소년부에 연 2만 4,756명이나 될 정도로 큰 성황을 이루었다. YMCA의 체육활동 결과, 일반인들의 체육에 대한 인식이 크게 달라졌다. 몇 해 전만 해도 신사들과 그 자제들은 운동경기를 천하게 여겼지만, 이제는 그런 생각이 일변하여 모든 신사들이 운동을 즐기게 되었는데, 이것은 틀림없는 YMCA의 공헌이다. 사실상 한국에서 연중무휴로 운동할 수 있

14) 전택부, 《한국기독교청년운동사》(정음사, 1978), 190쪽.

는 곳은 YMCA 밖에 없었다.[15]

이와 같은 YMCA의 활동은 일본인의 체육활동과 더불어 조선에서 근대적 운동경기 보급에 큰 역할을 하였다. 일인들이 주로 식민지 지배를 위한 수단으로서 체육을 장려한 반면, YMCA는 순수한 체육을 장려·보급하려는 목적을 가졌다는 점에서 크게 다른 것이었다. 3·1운동 이후 조선에서 근대적 스포츠 경기가 크게 확산되는 배경은 바로 YMCA의 순수한 체육활동의 전통을 계승한 것이었다. 바로 이점이 1910년대 YMCA의 체육활동이 지니는 역사적인 의미인 것이다.[16]

둘째로 민족 고유의 경기인 궁술·鞦韆·씨름 등의 부활 등을 통해 근대 스포츠로 발전시키려는 움직임이 있었다. 이들 운동경기에 대한 관심은 이미 구한말부터 계속 이어져 온 것이었지만, 1910년대에 매우 크게 일어났다. 그 가운데 활쏘기는 1916년 4월 30일에 朝鮮弓術聯合大會로까지 발전하였다. 특히 궁술은 조선 고유의 상무정신을 진작시키고 문무를 겸비한 국민을 요구하는 시대적 요구에도 부합되는 면이 있었다.[17] 또한 심신수련 뿐 아니라 위생상으로도 오락으로도 적합한 운동이었던 점이 강조되었다. 그리하여 궁술대회는 단지 전통적인 무예의 부활이 아니라 근대적 체육정신이 바탕이 되어 새롭게 부활된 것이었다.

당시 조선궁술연합대회는 3·1운동 당시 천도교 대표로 33인중의 한 사람이었던 權東鎭을 비롯한 많은 민족운동가들이 발기인으로 참여하였다. 하지만, 조선궁술연합대회는 일제와의 타협에 의해 개최되는 개량적인 성격을 띤 대회였다. 반면에 씨름은 일제와의 타협없이 순수한 욕구에 의해 개최되었다. 매년 연례적으로 개최되던 씨름대회는 1916년 뚝섬에서 열렸는데, 수천명의 구경꾼이 몰려들었다.[18] 이처럼 시골 장터나 강변 모래판에서 민중들의 자발적 참여에 의해 행해진 이 씨름경기는 일제하에서 가장 민중적인 운동이었다. 이는 조선시대 양반층에 의해 향유되던 궁술과 달리, 씨름은 주로

15) 전택부, 위의 책, 221쪽.
16) 이학래, 앞의 책, 113쪽.
17) 《매일신보》, 1916년 4월 29일.
18) 《매일신보》, 1916년 6월 21일.

평민들에 의해 행해지던 전통에서 기인한 것이었다.

셋째, 운동경기를 통해서 일본 선수들을 제압함으로써 민족적 우월감과 울분을 달래는 흐름이었다. 특히 일본인과 조선인의 대항경기가 훨씬 더 관심이 집중되고, 조선인에 대한 응원이 열렬했던 것은 바로 그 때문이었다. 1914년 10월 10일 훈련원에서 오성학교팀과 일본 철도구락부와의 접전 끝에 14대 13으로 승리하였는데, 이는 전년도의 패배를 설욕한 것이었다. 그런데 일인이 패배하자 조선인과의 충돌이 발생하였다.[19]

이처럼 운동경기를 통한 민족의식 고취는 일제의 식민지 지배정책에 정면으로 대항하는 것은 아니었다. 하지만 운동경기를 통해 민족감정을 발산시켜 버림으로써 식민지 지배에 대한 지속적인 저항 수단이 될 수 있었다. 물론 경기를 통해서만 민족적 울분을 달래는 데 그침으로써 식민지 체제를 극복하려는 독립의지를 흐리거나 마비시키는 역기능이 혼재하고 있었던 것도 사실이었다. 그럼에도 1910년대의 체육이 일제의 가혹한 무단통치하에서, 특히 민족운동이 비밀결사의 형태로 잠복한 시기에, 경기를 통해서나마 일인들을 제압하고 조선인의 기상을 드높이는 일은 결코 가벼운 일이 아니었다. 이는 개량적인 것이기는 하지만, 분명 이 시기의 체육이 민족주의에 기반하고 있음을 뜻하는 것이다.

(2) 3·1운동 이후 문화통치와 민족체육의 성장

가. 3·1운동과 민족체육의 재인식

일제의 무단적이고 침탈적인 식민정책에 대해 조선은 1919년 3·1운동을 통해 거국적이고도 민족적으로 저항하였다. 그러자 일제는 무단통치에서 문화통치로 전환하였고 언론·집회·출판의 자유를 보장하지 않을 수 없었다. 또한 3면 1교를 목표삼아 보통학교의 증설이 꾀해졌고, 공립보통학교의 교장직에 조선인도 임용할 수 있게 하였다. 일제의 문화통치라는 지배정책의 변화에 따라 1920년대에는 특히 문화활동 부분에서 발전이 두드러지게 나타났다. 이러한 시대적 추세속에서 체육도 그 이전과 비교가 되지 않을 정도로

19) 《매일신보》, 1914년 10월 13일.

크게 발전하였다.

그 발전의 양상은 학교체육에 머물던 각종 체육활동이 각종 체육단체를 중심으로 한 사회체육을 지향하는 형태를 특징으로 하고 있었다. 구한말이래 학교체육을 통하여 각종 운동경기와 체육활동을 접하였던 젊은이들이 사회에 진출하여 지도층으로 성장하면서 체육을 적극 육성하고자 하였다. 이들은 대부분 신문화에 대한 자각과 민족의식을 지닌 지식인층이었다. 특히 3·1운동의 민중적 함성을 목도했던 당시 사회지도층 인사들은 민중의 강인한 정신과 힘이 바로 체육에서 나올 수 있다는 사실을 깊이 인식하였다.

1920년 이후 체육에 대한 중요성은 한말의 애국계몽운동 시기에 강조되었던 것 보다 훨씬 더 강조되고 있었다. 1925년 9월 26일자 《동아일보》 사설은 그와 같은 사실을 잘 반영하고 있다.

> 민족의 성쇠는 정치나 경제에 있다고 하는 것보다도 직접으로는 체육에 있다고 할지니 민족의 건전한 의기가 왕성한 체육에서 비로소 기대할 수 있을 것은 다시 말할 것도 업다. 정치와 경제는 간접으로 재료를 공급함에 불과하니 직접으로 원기의 주체는 체육에 잇는 고로 민족의 운명을 좌우하는 원기의 성쇠는 체육의 발달 여하에 정비례할 것이다. …체육을 장려함은 운동선수를 위하여 조흔 일일 뿐 아니라 민족적 元氣와 사회적 風紀를 위하야 有意한 일이라고 믿는다(《동아일보》, 1925년 9월 26일).

위의 내용에 의하면, 체육의 발달 여하에 따라 민족의 운명이 좌우된다는 인식하에 전 사회구성원이 참여하는 사회체육의 발전을 촉구하고 있다. 당시 일제는 조선인의 후진성과 열등성을 통해 민족의 개조를 요구하고 있었다. 일제는 식민통치를 합리화하기 위해 조선의 정체성과 타율성을 강조하고, 이를 극복하기 위해 일본에 의한 식민지 지배의 정당성을 선전하였다.[20] 이는 위생과 체력, 더 나아가 근대적 운동경기에 대한 조선인의 인식이 후진적이고 열등하다고 선전하는 논리로 이어지고 있었다.

이에 당시 언론에서는 조선인의 체육과 위생에 대한 인식을 촉구하는 한

20) 이광수가 이 당시 '민족개조론'이라는 논지를 통해 민족적 반성을 촉구한 배경에는 바로 일제의 기만적 식민정책이 깔린 것이었다(김용달, 〈춘원 이광수의 민족개조론 연구〉, 《택와 허선도선생정년기념논총》, 일조각, 1992).

편, 조선인에 대한 일제의 왜곡 날조된 악의적인 선전에 대한 개선을 촉구하였다. 즉 《동아일보》는 일제가 자신들의 공적을 자랑하기 위해 조선의 실정과 전혀 다른 사실을 내외에 선전하여 불쾌한 감정을 촉발시키는 한편, 조선인의 위생사상이 유치하고 불결한 것으로 치부한 것을 고발하였다. 또한 조선인의 위생상태가 일본인에 비해 못한 것이 민족성이 아니라 교육이 제대로 보급되지 않은 것에 기인한다고 지적하였다.[21]

위생은 사실 국민의 건강과 체력 증진의 기초인 만큼, 이미 구한말부터 이의 개선을 위한 계몽과 교육이 전개되어 왔다. 하지만 그 개선의 효과가 아직 크게 나타나지 않고 있는 상황을 일제가 악의적으로 선전하자, 조선의 지식인층은 위생에 대한 인식의 제고를 촉구하고 나섰다. 그 내용은 체육을 아무리 장려해도 위생에 주의하지 않으면 체력증강은 실패한다는 것이었다.[22]

체육은 본래 건강한 신체를 통해 건강한 정신을 기른다는 목표를 지니고 있었다. 체육이 본래 교육의 중요한 한 부분을 담당하고 있는 것도 바로 그 때문이었다. 그런데 1920년대 각종 운동경기가 활성화되면서 경기가 과열되는가 하면, 여러 가지 불상사가 빈번하게 일어나고 있었다. 이는 체육을 통해 달성하려는 본래의 목표와는 거리가 먼 것이었다. 실제로 1924년 자전거대회 이후 발생한 불상사는 선수의 목숨까지 잃게 되는 사태로 발전하였다.[23] 그러자 당시 언론에서는 이러한 운동계에 대해 우려를 나타내는 한편, 건전한 체육정신의 함양을 위한 일련의 움직임을 보이게 되었다.

> 원래 體育의 목적이 교육상 중요한 科目이 됨이 多言을 不要할 것이라. …만일 體育을 들어서 단순히 身體의 鍛鍊으로만 觀察하고 技術의 勝負로서만 思考하면 이는 體育이 아니라 體爭이며 眞勇이 아니라 蠻勇이니 이러한 의미의 체육장려는 吾人이 聲援치 아니하고 首肯치 아니하는 바다. 如何히 拔山의 力이 有하고 萬夫의 勇이 有하다 할지라도 謙讓의 德이 無하며 廉恥의 心이 無하면 이는 蠢動하는 物體라 所用이 何處이뇨 체육경기의 法이 그 엇지 容易하리오 (《동아일보》, 1922년 5월 21일, 〈全朝鮮庭球大會開催에 대하야〉).

---

21) 《동아일보》, 1927년 2월 1일.
22) 이용설, 〈보건운동의 필요〉(《동광》 27, 1931년 11월).
23) 《동아일보》, 1924년 6월 14일, 〈운동계에 대한 우려〉.

위의 내용처럼 각종 운동경기에서 운동선수 사이의 불화나 응원단간의 충돌을 우려한 것이다. 그리하여 신체의 단련과 기술의 승부만을 평가하는 체육이 아니고 體爭이라고 파악하고 이를 위한 용기는 진실된 용기가 아닌 만용이라고 못박았다. 이어서 산을 뽑을 만한 힘과 만 명의 용기를 가졌다할지라도 謙讓의 德과 廉恥의 마음이 없으면 진정한 체육이 아니라는 점을 분명히 강조하고 있다.

당시 체육활동의 활성화는 경기의 과열로 인한 갖가지 사회문제를 야기하였고, 이에 따라 체육의 본질 내지 정신에 대한 반성이 고조되었다. 그러한 사실은 당시 여론이 '체육의 본정신'이라는 제목하에, "당당한 경쟁, 호조적 정신, 비루하지 않은 정신" 등을 강조한 것에서 찾아 볼 수 있다.24) 또한 그러한 움직임은 '運動道'라는 새로운 용어를 만들기까지 하였다.

> 운동의 역사적 발달을 대략 진술하고 運動道라는 신용어를 정하여 그 의의를 설명하고 겸해야 운동계에 대한 우리의 희망을 말하랴 한다. …심신상관의 이론을 근거삼아 체육학이 실제 발달함으로부터 운동의 필요가 세인에게 두루 알게 되었스니 운동은 신체를 강건코 기민케 할 뿐 아니라 정신을 수련함에 막대한 공효가 잇슴으로 운동도가 중요한 의미를 가지게 된 것이다. …운동도는 엇더한 것인가 상세한 연구는 후일을 기약하고 이번은 대강령만 들어 말하랴한다. 운동도는 광명하다. 그럼으로 운동가는 비열한 정신을 가지지 못할 것이며, 그 도는 유쾌하니 이기면 물론 깃부고 져도 흔연한 것이요. 그 도는 강의하니 강한 것을 겁내지 안코 약한 것을 업시여기지 아니 할 것이며, 운동가가 협동함을 숭상하고 규율직힘을 귀히 여기고 쾌활하고 기민하고 인내심을 발휘함은 모다 이 도를 체현함이나 진정한 운동가가 되라함에 이 도를 살필 수 잇스며 그 다툼이 군자라 함에 이 도를 엿볼 수 잇슬 것이다(《동아일보》, 1924년 9월 26일, 社說 〈運動道〉).

운동도란 신체의 단련 뿐 아니라 정신수련의 방법이라고 정의하면서, 光明·正大·愉快·剛毅·協同·規律·機敏·忍耐 등을 발휘하는 정신 등을 들고 있다. 운동도는 조선인의 체육정신을 말하는 것이며, 곧 서양의 스포츠맨쉽과 연결된다. 이후 운동도로 대표되는 체육정신으로는 실력·자신·용

---

24) 《동아일보》, 1923년 12월 1일, 독자투고 〈체육의 본정신〉.

감·정직 등이 강조되는가 하면, 스포츠맨 정신과 인격함양 등에 대한 논의가 끊임없이 제기되었다.[25] 이처럼 1920년대부터 제기되기 시작한 체육의 본질 내지 체육의 정신에 대한 열기는 근대적인 체육문화를 수립하는 데 토대가 되었지만, 다른 한편에는 민족개론을 염두한 황국신문화에 기우는 또 다른 함정이 도사리고 있었다.

한편, 1920년대 조선 체육계의 특징 가운데 하나는 바로 여성들의 체육활동이 두드러진다는 점이다. 당시 여성체육이 강조되는 배경에는 여성의 사회적 진출에 따른 여성의 신체활동에 대한 관심이 크게 고조된 점과 여성의 체력이 조선 모성의 체력으로서 중시된 데 있었다.

우선 신조선의 건설에 필요한 여성의 건강과 체력문제가 고조되었다.[26] 당시 전통적인 유교사회에서부터 신문화 도입 이후 여성을 사회적으로 해방시키는 데 여성체육은 당연히 강조될 수밖에 없는 사항이었다. 또한 당시 여성운동선수는 조선민족 건강운동의 선구자로 평가받고 있을 정도로 모성체육이 크게 강조되고 있었다.[27] 이와 관련하여 《동아일보》 주최의 전조선여자정구대회는 여성체육에 대한 관심을 제고시키는 데 크게 기여하였다. 그 까닭은 정구가 여성의 체육활동으로 크게 인정받아 장려되었기 때문이다. 따라서 이 대회의 발전에 따라 여성체육에 대한 중요성이 점차 인식되게 되었다.

나. 각종 경기단체의 창설과 운동경기의 활성화

1919년 3·1운동 이후 일제의 식민지 지배정책이 문화정치로 변하면서 집회·결사의 자유가 허용되자, 서울을 비롯한 전국에서 각종 체육단체가 결성되었다. 사실 조선민족의 체육활동이 본격화되는 시기임에도 불구하고 이를

---

25) 최능진, 〈스포츠맨쉽 운동정신 급 도덕〉(《동광》 22, 1931년 6월).
———, 〈정직-운동정신의 요체〉(《동광》 23, 1931년 7월).
현정주, 〈인격적 승리가 진정한 승리다〉(《동광》 39, 1932년 11월).
주요한, 〈스포츠맨 스피릿트함양을 주로 노력하라〉(《조선체육계》 창간호, 1933년 7월).
정상윤, 〈운동선수와 운동정신〉(《조광》, 1938년 4월).

26) 《동아일보》, 1925년 6월 6일, 사설 〈여자와 체육 - 제3회전조선여자정구대회에 대하야〉.

27) 《동아일보》, 1926년 10월 1일, 평론 〈녀자 뎡구선수에게 두가지 희망〉.

이끌어갈 수 있는 체육단체가 부재했으므로 단체의 결성은 조선의 체육발전을 위해 매우 시급한 일이었다. 그러한 시대적 욕구는 1920년 4월 10일자 《동아일보》 사설에서 '체육기관의 필요를 논함'으로 분출되었다.

과거에 우리가 비록 운동에 대하야 냉정하엿슬지나 또 아모 관념을 두지 아낫슬지나 신시대의 신세계의 금일에 至하야서는 운동에 대하야 크게 열열하여지고 만히 연구도 하며 노력도 하며 장려도 하야 吾 조선에 운동열을 크게 니리키라. …吾人은 이에 장래의 운동계를 위하야 기관을 설립함이 自今의 急務요 要務니 이론보다 실제로 구체적으로 실행하여야 하겠다. 최근 경성에는 한 체육의 기관이 니러나려고 煩悶苦痛한다. 此機에 際하야 吾 조선운동계를 개탄하는 유지청년은 總히 共鳴하야 誠力을 내며 誠力을 協하야 구체적으로 기관의 설립을 期成하야 운동가를 양성하며 운동을 장려하여 萎靡不振한 현상을 쇄신하야 조선운동계의 신기원을 건할지니…(《동아일보》, 1920년 4월 10 · 12 · 13일, 사설 〈平波, 체육기관의 필요를 논함 1 · 2 · 3〉).

위와 같이 체육기관 설립에 대한 사회적 요구가 증대되는 가운데, 1920년 7월 13일에는 오늘날 대한체육회의 전신인 조선체육회가 창립되었다. 조선체육회는 서울에 그 본부를 두고 각도에 14개 지부를 설치하여 조선 체육의 통일적 발전을 모색하게 되었다. 더구나 산하단체는 아니었지만, 조선야구심판협회 · 조선정구협회 · 조선씨름협회 · 조선축구심판협회 · 조선농구협회 · 조선농구심판협회 · 고려육상경기회 · 조선수상경기회 · 조선축구협회 · 조선아마튜어권투연맹 · 경성육상경기연맹 등과 협조 조직체를 유지하고 있었다.

그 결과 조선체육회는 일본인의 체육단체인 조선체육협회를 능가하는 명실상부한 조선체육계를 대표하는 조직으로서 부상하였고, 1925년 2월 27일에 창립된 관서체육회와 조선체육계의 쌍벽을 이루는 기관으로 성장하였다.[28]

조선체육회는 1920년 11월 '제1회 전조선야구대회'를 창설하였는데, 이 대회는 제1회 전국체전에 해당하는 경기대회였다. 이후 조선체육회는 전조선축구대회는 물론이고 정구 · 육상 · 빙상 · 자전거대회 등을 개최하였고, 1929년에는 '전조선경기대회'를 열어 국내 최초의 종합경기를 개최하기도 하였다.

28) 김미숙, 〈관서체육회의 활동이 근대체육발달에 미친 영향〉(한국체대 석사학위논문, 1999).

특히 자전거경기의 제1인자인 엄복동은 늘상 일본 선수를 제치고 우승을 독차지하였는데, "쳐다보니 安昌男, 굽어보니 嚴福童이라"라는 유행가사가 불려질 정도로 그 인기가 절정이었다.[29] 또한 평양에 설립된 관서체육회는 축구·정구·배구·농구·빙상·수영·탁구·육상 등의 근대스포츠와 민속경기인 씨름대회는 물론 조기운동회와 동명체조단 결성, 일광욕 보급운동과 수영강습회를 통해 민족체육과 위생보건에 앞장서는 역할을 하였다.

위의 두 단체를 필두로 전국 각지에서는 90여 개의 지방체육단체가 결성되어 조선체육계를 이끌어 나가게 되었는데, 당시 각지의 체육단체 현황을 간략히 살펴보면 다음 〈표 1〉과 같다.

〈표 1〉 3·1운동 이후 1934년까지 결성된 체육단체 현황

서울 1개	충청 7개	전라 9개	강원 9개	함경 9개
경기 6개	경상 16개	평안 23개	황해 10개	計 90개

* 이학래, 〈1920년대 이후 각 지방 체육단체 결성현황〉(《한국근대체육사연구》, 지식산업사, 1990), 276~291쪽.

〈표 1〉에서 알 수 있듯이, 당시 체육단체는 전국에 걸쳐 골고루 결성되었다. 이점에서 1920년대는 조선체육계가 근대체육을 보급하고 성장하는 커다란 전기를 마련한 시기였다고 할 수 있다. 그 가운데 평안도가 특히 가장 많은 수를 차지하여, 이 지역이 근대체육의 도입 열기가 타 지역보다 고조되었음을 말해준다. 이것은 평안도가 일찍부터 무예를 숭상하던 지역적 특성이 있는 데다가 조선후기 이래 상공업을 기초한 경제적 성장을 배경으로 근대적인 교육은 물론 체육문화를 앞서 받아들였기 때문이었다.

이 시기의 각종 체육단체는 각기 지역민들을 중심으로 축구·농구·배구·야구·정구·육상·빙상·수영·탁구·복싱·유도·검도·자전거 등의 각종 근대 스포츠대회를 활발하게 주도해 나갔다. 또한 씨름·그네 등 민족적인 전통체육활동을 권장하는 노력도 함께 추진하는 한편, 각종 시민운동회의 개최와 보건운동과 같은 지역민의 체력과 건강을 위한 활동도 지속하였다. 무

29) 심승구, 〈한국 스포츠 100년 어떻게 발전해 왔는가〉(《교지》17, 한국체대, 2000).

엇보다 전국 각처에서 단체의 결성과 함께 추진된 각종 스포츠대회의 개최는 한국의 근대스포츠가 전국에 걸쳐 보급되고 발전하는 데 크게 기여하였다. 동시에 전국에 걸친 경기대회는 식민지 조선민중의 최우선 과제인 독립의지를 마비·약화시키는 측면이 없는 것은 아니었으나, 민족체력의 향상을 통한 민족단결과 독립의지를 고양시키는 또 하나의 사회적 배경으로 작용한 것도 분명한 사실이었다.

한편 이 시기에 주목할 만한 사실은 해외동포·유학생의 모국방문경기가 두드러지기 시작했다는 점이다. 1909년 동경유학생야구단의 모국방문을 시작으로 1920년대에 들어와 해외유학생의 방문경기가 크게 늘어났다.[30] 주로 동경·상해·하와이 유학생이 주축이 되어 야구·축구·정구·럭비·육상·권투·농구·레슬링·빙상·자전거·무도단 등이 적게는 한차례로부터 많게는 12차례까지 방문하여 한국의 근대체육 발전에 끼친 영향이 적지 않았다. 이들은 모국방문 경기를 통하여 최초로 유니폼을 소개하였으며, 운동규칙과 운동용구, 그리고 운동기술과 경기 도입에 공적을 남겼다.[31] 무엇보다도 이들은 외국에서 습득한 과학적인 경기방식과 정보를 제공함으로써 국내의 각종 스포츠 발전에 기여하였다.

(3) 전시파쇼체제와 민족체육의 저항

가. 전시체제의 가동과 민족체육의 저항

1930년대로 들어서면서 일제의 식민지 통치체제는 '문화정치'적인 기만정책이 끝나고 파시즘체제가 강화되는 시기로 접어들었다. 1920년대 말 세계공황의 여파로 궁지에 몰린 일본 자본주의는 그 돌파구를 찾기 위해 대륙침략을 본격화해 갔다. 1931년 만주침공을 계기로 대륙침략을 본격화한 일제는 1937년 중일전쟁으로, 마침내는 태평양전쟁으로 침략전쟁을 확대시켜 나가면서 철저한 군국주의 파쇼체제로 바꾸어 갔다. 식민지 파쇼체제의 강화는 군

30) 1909년 동경유학생야구단을 시작으로 1910년대 4차례, 1920년대 19차례, 1930년대 16차례, 1940년대 11차례 등으로 1920년대가 해외동포유학생의 모국방문경기가 가장 많았다(대한체육회, 《대한체육회사》, 1965, 221~230쪽).

31) 이학래, 앞의 책, 168~171쪽.

사력과 경찰력의 증가, 철저한 사상통제와 전향 강요, 전시체제하의 국민생활 통제 등의 형태로 나타났다. 더구나 중일전쟁 이후 본격화된 조선민족에 대한 황국신민화정책은 조선 민족성의 말살정책을 기도함으로써 조선민족의 저항을 철저히 막고 마지막까지 전쟁협력을 강요하려는 데서 나온 정책의 산물이었다. 이러한 시대적인 분위기속에서 조선의 체육계는 나름대로 타협적인 민족주의 방략에 따라 민족체육의 성장과 발전을 도모해 나갔다.

우선 1931년 만주침공을 감행한 일제는 조선을 대륙침략을 위한 병참기지로 전환시켜 나가는 한편, 조선에 대한 수탈적 지배정책을 강화시켜 나갔다. 이와 함께 체육을 통해 지역대립과 민족감정을 부추겨 분열화·우민화를 더욱 획책하였다.[32] 실제로 민족체육의 기반이자 사회체육의 근간이 되어왔던 학교체육은 근대체육이나 경기를 보급시키는 역할은 물론 학교단위의 선수단 양성을 통해 학교의 명예를 널리 인식시키는 데도 기여하였다. 하지만 운동선수 중심의 학교체육은 일반 학생들의 체력증진을 소홀히 하는 문제를 야기하였고 지나치게 승리에 집착한 나머지 운동정신을 망각하거나 각종 분규와 소동이 일어나기도 하였다.[33]

1930년대에 들어와 학교체육의 문제점은 더욱 심각해져 갔다. 그러자 학교응원단의 풍기 각성을 촉구하는 움직임이 일어나는가 하면,[34] 아예 선수제도의 폐지론까지 등장하기에 이르렀다.[35] 학교체육의 이같은 폐단은 근대체육이 정상적으로 수용되지 못한 데서 비롯한 결과의 하나였다. 사실 일제는 운동경기를 장려하여 이민족에 대한 모순보다는 민족내부의 지역감정, 대립감정을 부추켜 항일운동에 쏠리는 관심을 교묘히 전환시키고자 하였다. 또한 당시 사회주의사상의 확산을 차단하는 데에도 체육경기의 장려는 매우 유용한 수단이라고 판단하였다.

더구나 운동경기의 과열은 일제의 식민지 지배의 본질을 은폐시키고 우리

32) 강동진, 《일제의 한국침략정책사》(한길사, 1980), 401~429쪽.
33) 《동아일보》, 1923년 10월 19일, 사설 〈체육과 경기〉.
《동아일보》, 1925년 7월 1일, 사설 〈운동경기의 정신〉.
34) 〈각학교응원단 풍기문제〉(《신동아》 29, 1934년 3월).
〈학교응원단 풍기문제에 대하여〉(《신동아》 30, 1934년 4월).
35) 정상윤, 앞의 글.

민족의 내부적 대립·파쟁 등을 선전하는 데 좋은 구실을 하였다. 동시에 각종 경기대회가 민족을 단결시키고 민족의식을 고취한다는 판단하에 민족체육을 탄압하는 수단으로 삼기도 하였다. 조선총독부가 1932년 9월 〈야구통제령〉을 발표한 조치[36]나 1934년 1월에 〈축구통제령〉을 발표한 사실은[37] 그 대표적인 예였다. 이와 함께 일제는 일본체육인이 주축이 되어 활동하는 조선체육협회의 '조선신궁대회'라는 종합경기대회를 통하여 국제대회의 참가자격을 부여하는 등 식민체육정책의 고삐를 늦추지 않았다.

그럼에도 조선 체육인의 탁월한 저력은 굴하지 않았다. 사실 식민지 상황에서 일본인을 마음껏 누를 수 있었던 분야 가운데 하나는 바로 체육이었다. 당시 "일본팀과 싸울 때는 죽어도 이겨야 한다"는 서약을 했을 정도로,[38] 일제 식민지체제에 대한 체육을 통한 조선 민중의 저항과 투쟁은 사실상 민족운동의 한 방편이었다.

일제가 갖가지 방법을 통해 올림픽 참가를 저지하려고 했음에도 불구하고, 1931년에는 조선신궁대회의 마라톤경기에서 양정고보의 金恩培가 종전의 올림픽 기록을 무려 6분이나 앞당기는 기록을 수립함으로써 조선민족에게 큰 기대를 불러일으켰다.[39] 그런데 1932년 제10회 로스엔젤레스 올림픽 마라톤경기에서 김은배와 權泰夏가 각각 6위와 9위를 차지하는데 그치고 말았다. 하지만 이 대회를 통해 마라톤 강국으로서의 위상을 알리는 계기가 되었다.

한편 1936년 중일전쟁을 앞둔 일제는 조선통치의 근간을 황국신민화에 두고 神社參拜, 宮城遙拜, 國語(일본어) 등을 강요하기 시작하였다. 이러한 분위기 속에서 1936년 8월 제11회 베를린 올림픽에서 孫基禎이 거둔 마라톤의 우승과 南昇龍이 동메달을 차지한 소식은 한민족의 우수성을 세계에 과시하는 결정적인 계기가 되었다. 하지만 그것은 어디까지나 조선 국적이 아닌 일본 국적으로 국제경기에 참여함으로써, 민족 내부적인 것에 그치고 말았다.

그 당시를 회고한 손기정은 "우승의 기쁨보다 나라없는 서러움이 얼마나

---

36) 《조선총독부관보》, 1932년 9월 1일, 〈야구의 통제 또는 시행에 관한 건〉.

37) 《동아일보》, 1934년 4월 13일.

38) 전영술, 〈남기고 싶은 이야기들 - 황성기독교청년회 -〉(《중앙일보》, 1971년 3월 25일).

39) 이길용, 〈조선스포츠의 회고와 전망〉(《혜성》 10, 1932년 1월).

큰 것이었는지를 통감했다"고 술회한다. 손기정의 우승소식이 전해지자 국내에서는 '마라톤 제패가'가 유행할 정도로 축제분위기와 민족의식이 고조되었고, 해외에서 독립운동을 하던 민족지도자들에게도 큰 힘이 되었다. 소식을 상해에서 접한 김구는 그 자리에서 감격의 눈물을 흘리면서 손기정에게 축하서신을 보냈다고 한다. 당시 《동아일보》는 우승을 하고 월계관을 쓴 손기정 가슴의 일장기를 지우는 이른바 '일장기 말소사건'을 일으켜 민족의 울분을 달래고자 하였다.[40] 이는 일제의 식민지 지배정책에 대한 정면도전이었다. 그 결과 이 사건을 주도했던 李吉用 기자를 비롯한 관련자 8명이 구속되었고 《동아일보》는 9개월간 정간되었다.

나. 민족말살책동과 민족체육의 수난

1937년 중일전쟁을 일으킨 일제는 본격적인 전시체제를 발동하는 동시에 이른바 '내선일체'를 강조하여 조선민족의 황국신민화정책을 본격화하였다. 그리하여 신사참배에 이은 황국신민서사와 창씨개명, 그리고 조선어 사용금지 등을 추진함으로써, 조선 민족성의 말살을 획책하였다. 또한 전쟁인력의 확보를 위해 〈육군특별지원병령〉을 공포하여 조선청년 수만 명을 지원병 형태로 전쟁에 끌어들이는가 하면, 1943년에는 '징병제'를 실시하여 약 20만 명이 징집되었고, '학도지원병'제도가 강행되어 약 4,500명의 전문학교학생과 대학생들이 전쟁터로 끌려나갔다. 이와 함께 일제는 모집·징용·보국대·근로동원·정신대 등을 통한 조선인의 희생을 대량으로 강요한 노동력의 강제수탈을 시행하였다. 특히 중일전쟁 이후에는 〈국가총동원법〉을 공포하고 곧이어 1939년에 〈국민징용령〉을 실시하여 침략전쟁 수행을 위한 노동력으로 강제 동원하였다.[41]

이러한 민족말살정책을 조선의 체육계에도 적용하기 위해 일제는 우선 학교체육정책의 개편을 시도하였다. 그 내용은 학교체조 교수요목을 통해 그 전모를 확인할 수 있다. 1927년에 개정한 학교체조 교수요목은 유희와 경기

40) 인촌기념회, 《인촌 김성수전》(1976), 387~388쪽.
41) 1939년부터 1945년까지 노동력으로 강제 동원된 조선인은 110만 명에서 146만 명에 이른다(강만길, 《한국현대사》, 창작과비평사, 1984, 34~37쪽).

중심이었으나, 1937년에는 군사능력을 강화시키는 내용으로 개정을 꾀하였다. 그러나 1938년 3월에는 새로이 개정된 〈조선교육령〉에 의거하여 식민지 교육에서 민족말살정책을 본격화하고 일본 군국주의의 요구에 부응하는 황국신민을 양성하는 것을 목표로 한 학교체조 교수요목이 다시 개정되었다.

그 내용의 핵심은 '國體明徵'·'內鮮一體'·'忍苦鍛鍊'으로서, 특히 인고단련은 체육교과와 매우 밀접한 관련을 갖는 것이었다. 이를 위해 일제는 학교체육에 '황국신민체조'를 도입하였다.42) 이는 종래의 학교체조에다 劒의 요소를 넣어 심신을 단련하는 형식으로 만든 체조로서, 일본의 武道精神을 함양함으로써 황국신민의 기백을 양성한다는 목적을 띤 것이었다.43) 그 결과 이후 학교체조는 유희중심의 서구 체조가 사라지고 순 일본식의 체조가 행해지게 되었을 뿐 아니라, 학교체육은 자연히 중일전쟁 수행을 위한 국방능력의 제고를 위한 군사훈련의 성격을 강하게 띠게 되었다.

1937년 7월 7일 중일전쟁을 일으킨 일제는 〈국가총동원법〉을 실시하면서 '국민정신총력연맹조선지부'를 설치하기에 앞서 조선인 민간단체의 일본화정책에 의거하여 조선체육회의 해산을 강요하였다. 일제는 전시체제의 순응하기 위한 조치의 일환으로 조선 체육단체의 통제방침을 세워 나갔다. 그러한 조치는 1938년 5월 12일 당시 '체육단체도 전면적 통제'라는 《조선일보》의 기사를 통해 확인된다. 즉 총독부 학무국에서 조선의 체육운동을 철저히 강화하기 위해 체육기관을 전면적으로 통제하기로 하고 7월 초순경에 통제안을 발표하기로 방침을 굳혔다. 또한 일제는 당시 조선내에 90여 개의 체육단체를 통합한다는 방침과 함께 전국의 도·군·읍의 체육협회를 통일적으로 통제한다는 방침을 가지고 있었다.44)

결국 1938년 7월 4일 '체육기관의 일원화'라는 미명하에 조선체육회가 당시 경성의 또 다른 일본인 체육단체인 조선체육협회에 흡수·통합되었다.45) 이로써 1920년 이후 조선체육계의 사령탑이라 할 수 있었던 조선체육회는

42) 나현성, 앞의 책, 220쪽.
43) 朝鮮總督府 學務局, 《朝鮮における教育革新の全貌》(1938), 149~150쪽.
44) 《조선일보》, 1938년 5월 12일.
45) 조선체육회, 앞의 책, 88쪽.

일제의 강제에 의해 문을 닫지 않으면 안되었다. 일제의 민족말살정책은 정치·사회·문화적인 측면 뿐 아니라 민간단체로 구성된 체육기관에 대해서도 철저하게 탄압이 가해졌던 것이다.

조선체육회가 강제 통합된 이후 일제는 조선내의 무도계 통합을 착수해 나갔다. 당시 황국신민체조가 일본의 고유한 검도를 변용한 것이었다는 사실에서 알 수 있듯이, 무도는 군국주의 체육을 실시하는 데 가장 중요한 분야였다. 그러자 일제는 '내선일체'를 명분으로 일본 경찰력을 동원하여 무도조직을 통합하기로 결정하였다.[46] 이에 따라 1938년 7월 1일부터 조선인 유도단체인 조선무도관·조선중앙기독교청년회유도부·조선강무관·조선연무관을 동경 講道館의 조선지부로 통합하였다.

또한 1938년 9월 3일에는 전조선 사회체육 운동단체를 통제하기로 하고 그 지도기준과 통제계통을 발표하였다.[47] 이때 발표된 지도기준에 따르면 체육운동단체는 대소공사의 구별없이 국민체력향상기관으로서 긴요하기 때문에 그 조직을 강화하여 내선일체를 달성하는 것을 목표로 하고 있었다. 그 실행방법으로서 합동체조·체조대회·단체행진·무도경기의 실행 그리고 체육운동 경기회나 체육대회시에 궁성요배·일본기 게양 등을 하며 일본군가를 부르고 경기용어를 일어로 사용토록 하였다.

1941년 8월 1일 조선체육협회는 조선학생체육총연맹를 흡수하였다.[48] 이 단체는 1937년 조선내의 전문학교·대학의 스포츠단체를 통제하고자 결성된 단체였는데, 이 시기에 와서 국민총력학교연맹의 발족으로 조선체육협회에 통합되었던 것이다. 1941년 12월 8일 태평양전쟁의 발발 이후 일제의 전시체제강화에 따른 체육통제는 더욱 가속화되었다. 그러한 사실은 종래 일본인이 중심이 된 민간단체로서, 조선체육계를 통제해 왔던 조선체육협회가 1942년 2월 18일 조선체육진흥회로 통합된 것에서 확인된다. 조선체육진흥회의 발족은 당시 관서체육회를 비롯한 전국의 조선인 체육단체를 모두 해체하고 일원적으로 통합하는 데 그 목적이 있었다.[49] 결국 조선체육진흥회는 일제 말

46) 《조선일보》, 1938년 5월 12일.
47) 《동아일보》, 1938년 9월 3일.
48) 《경성일보》, 1941년 8월 1일.

기 조선내 체육분야에서의 황국신민화를 주도하고 전시체제하의 국방체육을 강력하게 추진하는 유일한 통제기관이었다.

이후 조선의 체육은 정상적인 체육발달은 기대할 수 없었고, 오로지 전쟁 준비를 위한 체력증강·전투훈련만이 체육이라는 미명 아래 행해졌다. 실제로 일제는 1942년 4월 〈朝鮮學徒體育大會實施要綱〉과 〈學校體育刷新指導方針〉을 발표하였는데, 그 골격은 승패를 배척하고 황국신민의 자질향상과 전력증강에 맞는 경기만을 시행하도록 규정하였다.[50] 이 조치로 모든 체육대회의 개최나 참가는 조선총독부의 승인이나 허가없이는 불가능하도록 만들었다. 이에 따라 그 이전에 각 지방체육단체에 의해 개최되었던 전조선 체육대회는 모두 사라지게 되었고, 학교단위의 해외원정경기도 원칙적으로 봉쇄되고 말았던 것이다. 아울러 1942년에는 만 18세와 19세의 조선청년 남녀에게 체력검사를 실시하여 전시인력확보를 도모하였다.[51]

1943년 5월 15일에는 〈決戰下 一般國民體育實施要綱〉을 다시 제정하여 일반인들에까지 체육 통제를 단행하였다.[52] 이 요강은 1944년부터 시행된 징병제에 대비하기 위해 전력증강에 목표를 두고 반포된 것이었다.

이와 함께 일제는 1943년부터 전시체력의 증대를 위해 중학생 이상의 학생들에게 남녀 체력장 검정제를 실시하였다. 이때 남자는 체력장 검정종목(단거리·장거리·도약·투척·운반·매달리기)과 체조·행군·육상·수영·씨름·총검술·사격·해양훈련·항공훈련·기갑훈련·기마·雪上운동·빙상운동이 채택되었으며, 여자는 체력장 검정종목(경보·도약·투척·운반·도수체조)과 체조·행군·육상·수영·구기·설상운동·빙상운동이 채택되었다.[53] 이러한 조치는 전조선의 전시동원체제를 갖추고 대비하기 위한 기도로서, 민족체육의 존립을 위협하는 민족말살책동의 대표적인 사례였다.

이러한 시대적 상황속에서 조선 체육은 정상적인 발전이 거의 불가능하였

---

49) 《경성일보》, 1942년 2월 15일.
50) 조선총독부 학무국 학무과 편, 《현행조선교육법규》(조선행정학회, 1942), 206쪽.
51) 《매일신보》, 1942년 3월 1일.
52) 경성일보사, 《朝鮮年鑑》(1943), 539~540쪽.
53) 경성일보사, 위의 책, 539~540쪽.

고 일제에 의해 민족체육의 존립 기반조차 말살됨으로써 일대 암흑기를 맞이할 수밖에 없었다. 그럼에도 각종 경기대회에서 조선인들이 보여준 일제에 대한 저항의식은 작지만 조선인이 살아있음을 확인시켜주는 역할을 하였다. 1940년 부산에서 개최된 경남학도전력증강국방경기대회에서 일본인 심판의 부정에 대항하여 조선인 중학생들이 독립만세를 불렀던 사건은 그 대표적인 사례였다.[54]

결국 일제하 민족체육은 암울했던 민족수난 시기에 국내는 물론이고 해외에서 독립운동을 하던 민족지성과 국민들에게 민족의식을 함양하고 민족혼을 일깨우는 귀중한 버팀목이 되었다. 동시에 국가를 잃은 조선인들에게는 경기에 국한된 것이기는 하지만 일본을 이길 수 있는 유일한 길이자 희망이기도 하였다. 그러한 점에서 체육을 통한 일제에 대한 저항은 여러 가지 한계에도 불구하고 항일투쟁적 성격을 지님으로써 일제하 독립운동의 또 다른 축을 이루고 있었다는 점에서 역사적인 의의가 있다고 할 수 있다.

2) 일제하 근대무용의 시련과 성장

(1) 일제하 전통무용의 계승과 시련

가. 궁중무용의 계승과 시련

1910년 일제는 조선을 식민지 통치체제로 재편하는 가운데 황실의 무용조직과 활동을 크게 축소시켰다. 이미 궁내부 산하의 掌樂院이 1897년(고종 광무 원년)에 敎坊司(정원 772명)로 개편했다가 1907년(순종 융희 원년) 掌樂課(정원 305명)로 다시 바꾸었다가, 합방 후 雅樂隊로 개편하고 그 인원도 189명으로 축소하였다.[55] 또한 侍從院에 속했던 吹打內吹와 細樂內吹의 일부가 아악대에 편입하였다. 왕가의 제향을 위해 축소된 규모였지만 아악대의 존속은 조선궁중무용의 계승을 위해 그나마 다행한 일이었다. 실제로 악원의 명맥유지는 이곳에 종사한 악인의 연면한 승계를 가능케 함으로써 궁중무용의

---

54) 이학래, 앞의 책, 213~214쪽.
55) 《순종실록》 권 7, 1915년 5월 26일.

단절을 막을 수 있었다.[56)]

1910년 이후 처음으로 궁중무용이 공연된 것은 1923년 3월 순종의 50회 탄신일 때였다. 당시 축하연주를 위해 무동을 선발했는데, 제1기 아악생 중에서 2인, 2기 아악생 중에서 9인, 아악수에서 2인 등 모두 13인을 뽑았다. 아악수 2명을 제외하고는 연령이 14세~17세의 어린 학생들로 용모나 체격이 단정한 자들이 뽑혔다. 무용을 지도한 악사로는 金甯濟·咸和鎭·李壽卿 등이었다.

당시 전수시킨 呈才로는 處容舞·春鶯囀·鳳來儀·寶相舞·拋毬樂·響鈴舞·壽延長·萬壽舞·舞鼓·長生寶宴之舞·演百福之舞·佳人剪牧丹 등 12종이었다.[57)] 위의 12종 정재무의 분담은 처용무는 金䞺善·高永在·박노아·박성재·李炳星이, 기타 11종의 정재는 어린 학생이 분담하였는데, 춘앵전은 李炳祐가 전담하였다.[58)] 《동아일보》에 의하면, 창덕궁의 탄신연에서 아악대의 고악과 무동의 정재를 크게 보도하였는데,[59)] 이기 3월 17일에는 인정전에서 순종이 왕비와 함께 雅樂과 舞童呈才를 관람하였다.[60)]

무동을 대상으로 한 정재교습은 1926년 순종황제의 승하와 일본 천황의 서거로 잠시 중단되었다가, 이듬해인 1927년부터 다시 재개되었다. 아악부에서 두 번째 정재 재현은 1930년 7월의 일이었다. 영친왕 내외분이 환국할 때에 맞춰 이루어졌다. 당시 궁중정재는 모두 50여 종이었으나 선을 보인 것은 10종이었다. 즉 처용무·춘앵전·무고·보상무·봉래의·가인전목단·향령무·장생보연지무·수연장·萬壽舞 등이었다. 궁중무용은 그 후 갈수록 위축되었다가, 1936년경에는 처용무·향령무·장생보연지무 만이 전수되는 등 간신히 그 명맥을 유지하였다. 하지만 일제의 식민통치가 파쇼체제로 전환되는 1930년대 이후 궁중무용의 존재는 갈수록 축소와 소멸의 길로 접어들지 않

56) 근대 궁중정재 및 일무의 전승은 한말과 일제 초기의 아악사장 咸在韻·明完璧·金甯濟·咸和鎭 등과 아악사 李壽卿 등에 의해 완벽하게 전승되었다(성경린, 〈현대 속의 전통계승〉, 《한국무용사》 I, 대한민국 학술원, 1985, 411~413쪽).

57) 金千興, 〈궁중무의 계보〉(《춤》, 1977년 5월호).

58) 金千興, 〈舞踊〉(서울특별시사편찬위원회 편, 《서울六百年史》 4, 1984), 752쪽.

59) 《동아일보》, 1923년 3월 25·26일.

60) 《순종실록》, 1923년 3월 17일, 부록.

으면 안되었다.

궁중무용의 위축에도 불구하고 몇몇 궁중악사들에 의해 궁중무용의 전통과 제래악이 유지될 수 있었던 것은 그나마 다행이었다. 제례악이었던 종묘의 佾舞가 당시 아악사장 김영제에 의해 1930년대 장악원 소장의《時用舞譜》를 기초로 재정리가 이루어졌다. 그것은 종전까지 약식으로 행하던 일무를 체계적으로 시행할 수 있는 계기가 되었다.[61]

나. 민간무용의 계승과 시련

민간무용은 첫째 관기들에 의하여 이루어진 궁중정재의 계통을 이끌어 온 것, 둘째 순수 민속무용으로 민중 속에서 발생되어 전승한 승무·살풀이 등 고도로 세련된 것, 셋째 토속성을 바탕한 강강술래, 넷째 각처의 가면극 등이 이에 포함될 수 있다.

우선, 첫째와 둘째는 주로 민간에서 관기들에 의해 이루어왔다고 할 수 있다. 한일합방으로 종래의 악원제도와 여악제도가 폐지되고 왕실에 예속되었던 女伶과 무동들은 모두 해산되었다. 이렇게 해산된 악인과 여령, 그리고 무동들은 직업을 바꾸는 하면, 일부는 민간조직 단체에 흡수되어 후진양성 또는 무대에서 직접 활동하기도 하였다. 그 가운데 하나의 조직으로 만들어진 것이 사단법인 韓國正樂院이었다. 이 단체는 1910년에 발족한 정악연구단체인 朝陽俱樂部가 1912년에 朝鮮正樂傳習所로 개칭된 것이었다. 그 분원으로 여기에게 가무를 교습시키는 여악분원을 두었는데, 이 분원이 1914년 새로 발족한 조선기생조합의 모체가 되었다. 이곳은 정악전습소장 河圭一이 조합의 통수가 되어 1940년대까지 예능지도의 중심이 되어 왔다.

이때 전수된 춤으로는 춘앵전·舞山香·무고·검무·項莊舞·포구락·가인전목단·남무·獻天花·獅子舞·船遊樂·고구려무·蓮花臺舞·봉래의·수연장·五羊仙 등이 있다. 당시 민간무용의 주역은 정악원에 소속된 기녀들이었다. 이들은 본래 궁중정재를 맞이하여 각처에서 진상되었으나, 어느 곳보다 평양기생이 많이 상경하였다. 진연에 참가하여 정재가 끝나면 지방으로 내려가는 기녀도 있었으나, 대부분은 그대로 서울에 머물면서 기업을 차리는

61) 성경린, 앞의 글, 414쪽.

것이 상례가 되었다. 鄕妓가 서울에서 기업을 행하는 자는 대개 포주가 없는 '無夫妓'였고, 京妓는 포주가 있는 '有夫妓'가 많았다.

이때 정악원의 학감 하규일이 무부기를 모아 무부기조합을 만들어 '정악전습소 분교실'이라 하여 다동에 설치하였다. 이에 경기들이 유부기조합을 만들어 광교에 설치하였다. 무부기조합은 친일파였던 宋秉畯이 지원한 데에 비해, 광교조합은 약방기생의 후신이라는 점을 내세워 대항하였다. 이러한 기생조합은 점차 7~8개로 늘어났고, 조합 명칭도 일본 교방의 이름을 모방하여 1914년부터는 券番이라 불렀다.

그러다가 1920년대에는 기생조합의 이름이 일본식으로 고쳐져 茶洞組合이 조선권번, 광교조합이 한성권번으로 불려지게 되었다. 이때 기생들의 예능활동도 점점 위축되어 요릿집의 작은 무대에서 공연되었고, 승무·검무·춘앵전·사고무·장생보연지무·무고 등에 불과한 내용이었다. 이들 권번은 각기 동기를 교육하는 기생학교를 부설하여 운영하였다.[62]

이러한 분위기 속에서 왕실과 양반층에서만 볼 수 있었던 궁중무용이 민간무용과 함께 접촉하는 과정에서 점차 민간무용으로 모습이 바뀌었다. 당시 시간의 제한을 받아 원형 그대로 공연하지 못함에 따라 축소·변질되었던 것이다. 실제로 서구식 무대로 만들어진 원각사에서 행해진 관기들의 궁중무용은 하나의 독립된 춤이 아니라, 노래와 춤의 혼합된 예술성보다는 의식미, 세련된 기교보다는 고운 때깔을 자랑하는 것이었다. 한편 기녀들의 민속무로는 승무·立舞·농악무·살풀이 등 전형적인 민속무였고, 종전까지 야외무대에서 상연되던 탈춤·가면무극 등이었다.[63] 당시 기생들의 이러한 무용은 단성사·조선극장·우미관 등이 건립됨에 따라 온습회란 명목으로 발표회를 열어 일반에게 공개하기도 하였다. 1937년 중일전정 뒤 민족말살정책에 의해 요릿집 등이 폐쇄되고 권번이 해산됨에 따라 그 무용활동은 막을 내리지 않을 수 없었다.

한편 1908년(순종 2)에는 최초로 국립극장 圓覺寺가 개장되었다. 이 곳을 통해 궁중정재와 민속무용이 한 자리에서 함께 공연되어 한국 무용사상 한

62) 성경린, 〈음악〉(서울특별시사편찬위원회 편, 앞의 책).
63) 조원경, 《무용예술》(해문사, 1967).

시기를 굳히는 중요한 전기가 되었다. 또한 원각사는 그 후 신무용을 배태한 온상 역할을 하기도 했다는 점에서 중요한 의미를 갖는다.[64)]

또한 1912년에 朴承弼이 光武臺를 건축하여 유일한 구극을 위한 극장을 세웠는데, 주로 고전음악과 광대 줄타기, 기생의 가무·재담·검무 등과 춘향전·심청전·홍부가·백상화가 등 구극이 상연되었다. 광무대는 구극공연을 위주로 했으나, 공연종목 중에는 기생의 가무와 검무가 들어 있긴 해도 춤의 종류는 분명치 않았다.[65)] 그 후 1930년까지 화재로 소진될 때까지 구극을 계속하였다. 광무대의 소실로 궁중정재는 민간으로 파급되었다.

1902년 協律社가 원각사 무대에서 공연할 때 민속무용의 일부가 들어 있었는데, 이는 민속무용이 무대에서 공연된 효시였다고 할 수 있다. 이때 민속무용으로는 승무·농악·살풀이 등과 가면무극이 상연되었는데, 공연보다도 명창대회격인 판소리 연주회에 곁들여진 형태였다. 그 뒤 광무대·단성사와 1922년에 개관된 조선극장 등에서 경기도 명창들에 의해 가야금 병창·재담·병신타령·줄타기 등이 공연되었으며, 무용으로는 승무·검무·한량무 등이 공연되었다.

당시 민속무용의 주역은 韓成俊이었다. 그는 1930년에 조선음악무용연구회를 조직하고 춤을 지도하게 됨에 따라 본격적인 무용활동을 시작하였다. 1934년에는 조선무용연구소를 개설하였으며, 이듬해 부민관에서 한성준 무용발표회를 갖기도 하였다. 이때 공연된 작품으로는 승무·신선무·검무·한량무·살풀이춤·농악무 등이었으며, 새로 등장된 춤으로는 婆囉舞·사공무·鶴舞 등이었다. 당시 한성준 밑에서 배출된 무용가로는 이강선·장홍심·韓英淑·강선영 등으로 이들은 1940년경 동경 등 일본의 주요 도시에서 순회공연을 하여 한국무용을 일찍이 소개하기도 하였다.

이 밖에 전라도를 비롯한 남해안 지방에서는 민간 부녀자들에 의해 토속성을 바탕한 강강술래가 시행되었고, 해서지역의 탈춤, 북청의 獅子놀이, 강릉의 官奴놀이, 경기의 山臺놀이, 경상좌도의 야유, 경상우도의 五廣大 등의 가면극이 세시풍속의 하나로 행해지고 있었다.

64) 성경린, 〈현대속의 전통계승〉(대한민국 학술원, 앞의 책), 429쪽.
65) 金千興, 〈舞踊〉(서울특별시사편찬위원회 편, 앞의 책), 751쪽.

(2) 일제하 신무용의 출현과 성장

新舞踊이란 개항 이후 신문물과 함께 외국에서 유입된 서구 무용 등을 가리키는 말이나 그 뒤 국내에서 창작된 것까지 포함하여 신무용이라 하였다. 하지만 엄밀한 의미에서 신무용이란 "思潮의 바탕을 현대적 감각에 두고 현대무용운동으로서의 새로운 이념과 방법으로 새로운 한국무용을 창조해 가려는 활동이자 그 체제이며, 그 결과로서 顯現되어진 실체를 의미한다"고 할 수 있다.66) 그러한 의미에서 신무용이란 단순히 외국의 무용이 우리 나라에 소개된 것을 말하지는 않는다.

우리 나라에서 외국의 무용이 처음 선을 보인 것은 1921년 노령 블라디보스톡에 있던 유학생들이었다. 당시 유학생들이 고국을 방문하여 음악과 러시아의 민속무용을 추어 관심을 끌었는데, 이것이 외국의 민속무용이 소개된 최초였다.67) 이때부터 러시아의 민속무용인 '코팍댄스(gopak dance)'가 유행되어 각종 음악무도회에 등장하였으며, 이와 때를 같이 하여 체육댄스와 사교춤 등이 전파되어 유행하였다.68) 또한 당시 소개된 서양의 춤은 코팍댄스만이 아니라, 화란댄스 · 서반아댄스 · 유희댄스 · 흑인댄스 등이었다.69) 그러나 이러한 춤은 바르게 인식되지 못하였다. 춤이라는 것이 기생 · 광대 · 재인만이 추는 것이 아니라는 것을 인식시킬 정도였다.

당시 춤은 크게 두 가지 형태로 구분될 수 있었는데, 무대무도와 사교무도가 그것이다. 무대무도 또는 무대무용의 경우에는 예술활동으로 평가되어 그나마 용인되는 분위기였지만, 사교무도 내지 사교춤에 대한 당대의 여론은 매우 비판적일 뿐 아니라 부정적이었다. 사교무용을 예술적 가치도 없을 뿐 아니라 식민지적 상황을 망각하고 제국주의를 흉내내는 타락한 행위로 간주했던 것이다.70) 사실 당시 소개되었던 서양의 춤은 이국적 호기심의 대상일 수는 있어도 춤의 본질면에서는 갖가지 민속춤이나 놀이, 그리고 사교적 차

---

66) 안제승, 《한국무용사》II-한국예술사총서 IV(학술원, 1985), 447쪽.
67) 《매일신보》, 1921년 4월 30일.
68) 《매일신보》, 1923년 6월 2일.
69) 《동아일보》, 1923년 10월 18일.
70) 《동아일보》, 1923년 5월 26일.

원의 춤에 불과한 것이었다. 따라서 이러한 춤이 극장 무대에서 추어졌다는 이유만을 가지고 특별한 의의를 부여할 수는 없는 것이었다.

이에 비해 1926년 3월 21일부터 3일동안 경성공회당에서 벌어진 일본인 무용가 이시이 바꾸(石井漠, 본명 石井忠純)의 공연은 그 이전까지의 외래 춤과는 전혀 차원을 달리하는 것이었다.[71] 당시 언론에서도 그를 현대무용가로 소개하는가 하면,[72] 세계적 무용가로 묘사한 데서 알 수 있듯이,[73] 그의 무용은 현대무용이자 예술무용이었다는 데서 무용사적 의의를 지닌다. 그의 공연은 종전까지 연락적·장식적 가치로서만, 그것도 다분히 필요악적인 성정으로 이해해 왔던 종전까지의 무용관을 벗어나, 전혀 경험해 보지 못했던 새로운 춤이었다. 더욱이 이 공연을 계기로 형성된 인맥과 여기서 파생해 나온 문하들에 의해서 한국 신무용사의 태반이 점철되었음을 상기한다면 이를 신무용사의 기점으로 삼아도 좋을 것이다.[74]

실제 이시이의 공연은 조선내 무용지망생들에게 적지 않은 영향을 끼쳤다. 崔承喜가 무용에 투신하려고 결심하게 된 것도 이 공연에 감명을 받았기 때문이었다.[75] 또한 인기절정의 정구선수로 활약하던 趙澤元이 최승희보다 조금 뒤에 선수생활을 청산하고 이시이의 문하로 들어간 것도 역시 이 공연에서 받은 깊은 감명 때문이었다.[76] 이시이는 스스로의 필요에 의해 내선일체라는 조선총독부식의 대의명분을 앞세워 조선 여자 2~3명을 제자로 받아들이고 싶다는 희망을 피력하였다.[77] 어쨌든 최승희 한사람으로 좁혀지긴 했지만, 이는 한국 신무용사의 태동을 이끌어내는 중요한 계기가 되었다.

가. 최승희의 무용과 활동

---

71) 《경성일보》, 1926년 3월 23일.
72) 《매일신보》, 1926년 3월 16일.
73) 《매일신보》, 1926년 3월 21일.
74) 안제승, 앞의 책, 455쪽. 한편 안제승과는 입장이 조금 다르지만, 조동화는 이시이의 경성공연을 신무용 공연으로 풀이하고 있다(조동화, 〈신무용40년사〉, 《한국연예대감》, 성락문화사, 1962, 71쪽).
75) 최승희, 《나의 자서전》(東京 : 日本書藏, 1936), 39~40쪽.
76) 안제승, 《신무용의 본질과 요람기가 남긴 영향》(서울 : 세기사, 1972), 37쪽.
77) 《경성일보》, 1926년 3월 21일.

숙명여고를 졸업한 최승희는 경성사범학교 연습과에 진학하여 음악교사가 되기를 희망하였으나 1926년 경성에서 세계적인 무용가 이시이의 공연을 보고 무용가로서의 입신을 결심하였다. 1926년 5월 무용을 위해 동경으로 건너간 그녀는 3년여 만에 주역급 무용수로 발탁되었다. 그러나 1929년 이시이의 실명으로 고향에 돌아와 연구소를 개설하면서 1932년까지 세 차례 공연을 갖게 되었다. 그녀는 '민족무용의 현대화'를 표방한 '영산무'를 발표하였을 뿐 아니라 '인도인의 비애', '해방을 구하는 사람들', '방랑인의 설움'과 같은 현대무용 계열의 작품을 선보였다.78)

이들 작품은 진보적 지식인들의 호응을 얻기도 하였으나, 경제적 어려움을 면치 못하였다. 이에 그녀는 다시 1933년 3월 이시이문하에 재입문하여 1년여 만에 청년회관에서 전통과 현대무용의 접목을 꾀한다는 의도에서 창작품 '에헤야 노아라'가 대성황을 이루면서, 무한한 잠재력을 가진 신인으로 각광을 받게 되었다.79) 1936년 말부터 4년간 세계무대로 진출한 그녀는 유럽에서 초립동 · 화랑무 · 신로심불로 · 장구춤 · 춘향애사 · 즉흥무 · 옥저의 곡 · 보현보살 · 천하대장군 등 신무용사의 기념비적인 작품을 발표하였다. 이에 그의 명성은 아르헨티나의 샹카 등에 비유되면서 세계 정상의 무희로 지목되었다. 그러한 명성으로 1938년 브뤼셀에서 개최된 제2회 세계무용경연대회에서 라반 · 비그만 · 리파르 등과 함께 나란히 심사위원이 되기도 하였다. 파리 무대의 후광을 업고 그녀는 뉴욕에서 당시 NBC와 제휴하면서 미국 전역은 물론 중남미 여러 나라에서 공연하였다

1940년 일본으로 돌아왔으나, 최승희의 작품이 조선의 민족의식을 고양하는 내용이 많다고 판단한 일제는 향후 그의 작품에서 3분의 1을 일본 소재로 바꾸도록 강요하였다. 이에 굴복하여 일본 전통적인 소재를 작품으로 삼기도 하였으나 성과를 거두지는 못하였다. 계속되는 일제의 압력을 벗어나고자 그녀는 북경으로 연구소를 옮겨 중국 고전을 바탕으로 작품발표를 하였으나 옛 영광을 되살리지는 못한 채 해방을 맞이하였다.

조국으로 돌아온 그녀는 "나에게 허용되는 속죄의 길이 있다면, 그것은 다

78) 이하 내용은 안제승, 앞의 책(1985), 459~469쪽.

79) 《조일신문》 · 《매일신문》 · 《독비신문》 · 《도신문》, 1934년 5월 22일.

름아닌 이제까지의 최승희 무용을 지양하고 코리언발레를 창건하는 일"이라 하여 언론의 질책을 받기도 하였다. 그녀는 결국 친일의 대가를 치르게 될 것이라고 불안해 하다가, 남편 安漠과 함께 월북하였다. 북으로 간 그녀는 1950년까지 '반야월성곡'·'춘향전' 등 두 편의 무용곡과 소품 '노사공' 등 한 편을 만드는 데 그치는 위축된 창작활동을 하였다. 평양에서는 최고인민회의 대의원으로, 최승희무용연구소 소장으로 화려하게 비쳐지기도 하였으나, 혁명정신의 결여가 비판되고 끝내는 반동적 부르주아예술의 표본으로 낙인찍혀 '인민배우'라는 예술인 최고의 지위에서부터 격하되어 쓸쓸한 생을 마감하였다.

나. 조택원의 무용과 활동

휘문고와 보성전문학교를 거쳐 상업은행 소속 정구선수였던 조택원은 1927년 11월 두 번째로 조선에 공연을 온 현대무용의 거두였던 일본의 이시이의 공연을 관람하고 무용에 입신하게 되었다.[80] 1928년 1월 동경으로 건너간 그는 본격적인 무용수련을 쌓았는데, 1929년 봄 처녀작 '어떤 움직임의 매혹'을 동경에서 발표하여 그 재능을 인정받았고, 이시이무용단의 일원으로 동양의 주요 도시를 순연하였다.

1932년 이시이가 실명하면서 독립을 결심하고 경성으로 돌아온 그는 중앙보육학교 무용교수로 취임하는 한편, 무용연구소를 개설하고 후진양성에 힘을 기울였다.[81] 1933년 2월 '승무의 인상'·'우울'·'땅에 바친다'·'사랑의 슬픔과 기쁨' 등으로 제1회 작품발표회를 갖는 것을 필두로 해방 이후까지 창작활동을 계속하였다.[82] 그 역시 국내는 물론 미국·영국·프랑스·독일 등 구미 여러 나라에서 활동하였다. 그의 무용세계는 현대무용적 성향을 띠고 작품형상은 무용시의 흐름을 보였으나, 독자적 창조활동을 벌이면서부터는 한국적 소재에 눈을 돌려 우리 춤의 멋과 흥을 현대감각으로 여과·수용하면서 사색적이고 명상적이면서도 서정이 넘치는 작품을 발표하였다.

---

80) 조택원, 《가사호접》(서문당, 1974), 34쪽.
81) 조택원, 〈나의 이력서〉(《한국일보》, 1976년 4월 6일).
82) 志村操, 〈조택원무용평〉(《경성일보》, 1933년 2월 3일).

다. 그 밖의 인물들

이처럼 일제하 신무용의 태동은 특히 1926년 이후 최승희 · 조택원의 무용 활동으로 상징 지을 수 있다.[83] 그렇다고 이 무렵 조선의 무용가가 이들 두 사람만 있었던 것은 분명히 아니었다. 조선의 무용수 가운데 가장 빨리 신무용을 접한 인물은 裵龜子였다. 1915년, 1916년에는 일본 무용계의 거두였던 덴카츠(松旭齋天勝)가 경성에서 공연을 하였다.[84] 그 당시 덴카츠의 제자가 되어 일본으로 건너간 배구자는 1918년 경성에서 첫 공연을 하였다.[85] 그녀의 출발이 순조롭게 나가는가 했으나, 1926년 덴가츠예술단에서 빠져 나와 조선내에서만 활동을 하였다. 그는 고유한 전통무용의 현대화라는 소신과 서양무용의 적극적인 수용에 관심을 가지고 무용활동을 하였다.[86]

金敏子는 최승희의 적선동 · 서빙고 시대의 문하로서, 신무용에 입문했던 인물 가운데 한사람이었다. 그는 유일하게 최승희를 따라 일본에 가서 최승희의 뒤를 돌보아 주었는데, 이 때문에 공연에 출현할 기회를 갖지 못했다. 최승희가 가정에 신경 쓰지 않고 무용에만 전념할 수 있었던 까닭은 전적으로 김민자의 덕택이었다. 몇 년이 흘러도 해외공연에서 돌아오지 않자, 김민자는 1938년 조택원의 귀국공연에 파트너가 되어 공연하였다. 하지만, 공연의 성과는 탐탁하지 않았다. 곧이어 만난 최승희는 그를 받아들이지 않음으로써 끝내 무용을 포기하고 조선악극단에서 안무자로 활약하였다.[87]

다까다 세이코(高田せン子)에 사사했던 朴外仙은 장래가 촉망되었으나, 1935년 제1회 발표회를 가진 후 곧바로 일본의 언론인과 결혼함에 따라 해방이 될 때까지 활동을 잠시 중단하게 되었다. 박영인은 미국인 루돌프 에플에게 무용을 배우고 그 뒤 무음악무용을 연구하여, 무용은 인간의 감정만을 표출하는 것이 아니라 사상까지도 표현한다고 주장하였다. 그는 독일의 베를린 국립극장에서 무용발표회를 가졌으며, 1937년 독일 국립무용학교를 졸업한 후 이태리 · 헝가리 등지에서 여러 차례 공연을 가졌고, 《무용예술의 연

83) 안제승, 앞의 책(1985), 458쪽.
84) 《매일신보》, 1915년 10월 9 · 12 · 17일, 1916년 9월 5일.
85) 《매일신보》, 1918년 5월 14일.
86) 유민영, 〈일제하의 극장문화와 수퍼스타 배구자〉(《객석》 1986년 2월호).
87) 위와 같음.

구》라는 저서를 남겼다. 이 밖에 장추화·金白峰·이속예·金美華 등이 최승희 연구소와 무용단에서 활동을 하였고, 陳壽芳이 조택원에게 사사하고, 趙勇子가 이시이연구소에서 활동하였다.[88]

〈沈勝求〉

5. 연극·영화

1) 1910년대－전통극과 신파극

우리의 근대문화는 매우 불행한 상황 속에서 성장한 것이 하나의 특징이다. 왜냐하면 근대문화가 꽃필 수 있는 20세기에 일제의 억압과 이념적 분열·전쟁·혁명·군사독재로 점철된 속에서 발전되어 왔기 때문이다. 따라서 연극과 영화만 하더라도 억압으로부터의 해방이라는 큰 틀 속에서 저항과 회피를 주된 목표로 삼을 수밖에 없었다. 이것은 결국 우리 연극과 영화가 목적성을 띤 이념성의 경직된 방향으로 흐르게끔 만들었다고 말할 수 있다. 그러니까 순수 예술을 추구한 지식인들은 연극과 영화를 항거의 수단으로 삼는 경향이 강했고, 대중예술을 추구한 이들은 현실을 도외시한 채 오로지 저급한 오락성만을 추구했다는 이야기이다. 이처럼 연극과 영화가 양극단으로 흘러왔기 때문에 보편성에서 뒤지고 따라서 걸작을 만들어내지 못한 것이다. 그런 측면이 거기서 끝나지 않고 오늘날까지 연극과 영화에 대한 시야를 비좁게 하고 있다고 말할 수가 있다.

1910년대 이후의 우리 연극은 일본에서 흘러 들어온 신파극만 있었던 것은 아니고 오래 전부터 전해져 온 전통극, 이를테면 판소리라든가 거기서 분화된 창극·가면극·굿놀이·꼭두각시극·재담극, 그리고 민속무용과 민요 등이 한 무대에서 엮어지는 방식으로 진행된 것이다. 바꾸어 말하면 일본에서 발생하여 한국침략 과정에서 묻어 들어온 신파극이 새로운 연극양식으로

88) 안제승, 앞의 책(1985), 458~459쪽.

대중에 어필했지만 한국 대중에 익숙한 전통극 역시 신파극 못지 않은 세력으로 몇 개 되지 않는 극장을 석권하고 있었던 것이다.

가령 1910년대 초 서울에는 연극을 전문적으로 공연하는 극장이 光武臺·團成社·長安社·演興社 정도 있었는데, 연흥사 한 곳에서만 신파극이 공연된 반면에 나머지 세 곳 극장에서는 우리 고유의 전통극만 매일 무대에 올렸던 것이다. 광무대 등 세 극장무대에서 1년 열두 달 거의 쉬지 않고 전통극을 공연했는데, 그 내용은 전술한 바 있듯이 판소리·민요·굿놀이·가면극·인형극·재담극 그리고 국악연주 등이었다.

전통극을 주도한 사람들은 李東伯 등과 같은 판소리 명창과 朴春載 일행, 그리고 기생이었다. 그 중에서도 남성보다는 여성 演戱者들이 절대 다수를 차지했는데 당시대에는 券番이라는 종합 국악예술학교와 같은 양성기관이 많았기 때문이다. 서울에만도 한성권번, 大同券番 등 네 개나 있었고 평양·부산·광주·인천 등 대도시는 말할 것도 없고, 진주·목포 등 웬만한 중소도시들에도 권번은 반드시 있었다. 이것이야말로 유럽의 콘서바토리가 아니고 무엇이겠는가. 당시에는 기생도 예술활동만 하는 부류와 그렇지 않은 부류가 있었는데, 전체적으로 전국에 2,000여 명 가까이 되었다. 그만큼 권번이란 것은 예술학원 성격의 한국적 콘서바토리였던 것이다. 그렇기 때문에 전통극은 인적 자원이 풍부했는데 다만 레퍼토리가 단조로웠던 점이 하나의 취약점이었다. 그럴 수밖에 없는 것이 전통공연예술은 유산이 뻔한 것이고 새로운 창작이란 거의 불가능했기 때문이다. 그래도 매일 밤 관중이 광무대·단성사의 객석을 메웠던 것은 唱과 춤 등을 좋아했기 때문이다.

이 시기에 특히 간과해서는 안될 주요 인물이 있었는데, 그가 다름아닌 朴承弼이었다. 그는 극장경영자에 불과했지만 민족주의적인 색채가 강해서 광무대와 단성사를 전통극 전문 공연장으로 만들었다. 그 시대에 박승필이 없었다면 전통극의 명맥이 과연 이어졌을까 하는 의구심까지 든다.

반면에 일본침략 과정에서 묻어 들어온 신파극이 시작된 것은 1911년 초겨울이었다. 19세기말 강화도조약 이후 일본인들이 조금씩 들어오기 시작하더니 1905년 을사조약 이후에는 3만여 명이 서울을 중심으로 인천·부산·목포 등 항구도시에 정착했다. 주로 군인·경찰 등 관리와 상인들이 정착하면서 그들 자신을 위한 극장을 세우기 시작했다. 그것이 대체로 1907년경부터였다. 서울에만도 京城座·御成座·壽座 등이 문을 열었고 일본 교토·오사카 등에서 활동하고 있는 신파극단들이 재한 일본인을 위한 공연을 갖곤 했다.

거기서 어깨너머로 신파극을 배운 林聖九가 젊은 동료를 모아 혁신단이라는 최초의 신파극단을 만든 것이 1911년 초겨울이었다. 이들이 〈불효천벌〉이라는 작품을 어성좌에서 공연한 것이 1911년 12월이었는데, 이것이 한국신파극 더 나아가 신극의 효시였다. 당시 관중은 재래의 전통극과 전혀 다른 신파극을 보고 신기함을 느꼈지만 초기에는 거부감을 가졌던 것도 사실이었다. 그러나 시간이 흐르면서 신파극에 익숙해진 관중이 그것을 즐겨 감상했다. 신파극이 조금씩 인기를 끌면서 그것을 일생의 업으로 삼겠다는 배우와 제작자들이 늘어났고 극단도 몇 개 더 생겨났는데, 이를테면 李基世 주도의 유일단이라든가, 尹白南·趙一齋 주도의 文秀星 등이 그런 유형의 단체였다. 그 외에도 몇 개의 신파극단이 부침했지만 역시 1910년대 신파극을 주도한 인물은 임성구·이기세·윤백남 등이었고 金陶山이라든가 金小浪·高秀喆 등이 배우와 극단 리더로서 역할을 했다.

그런데 신파극의 레퍼토리와 연극방식은 일본 신파를 거의 그대로 모방한 것이었고, 나름대로 설정한 목표라고 한다면 권선징악·盡忠竭力·민지개발·풍속개량 등의 일종의 계몽성을 띤 것이라 하겠다. 신파극이 전통극보다는 신선했기 때문에 관객이 몰리기도 했지만 인기 레퍼토리라 할 〈장한몽〉이라든가 〈쌍옥루〉·〈처〉 등에서 볼 수 있는 것처럼 대부분의 작품이 일본 것을 번안한 것이기 때문에 涕淚性 짙은 감상물로서 한국관객의 정서에는 들어맞는 것이 아니었다.

그래서 한때는 전통극과 신파극이 연합하는 경우까지 있었다. 상대방의 인기를 공유하자는 것이었다. 그러나 체질이 다른 연극양식이 융화하기는 힘들었다. 아무리 영화의 인기에 대항한다고 했지만 두 양식의 연극은 곧 각자의 길을 갈 수밖에 없었다.

사실 1910년대는 영화의 인기가 만만치 않았었다. 1903년에 동대문 밖 경성전기회사 창고의 한 귀퉁이에서 영미연초회사의 담배광고용으로 돌리기 시작한 활동사진이 1910년대 와서는 제법 좋은 극영화까지 수입되는 수준에까지 이르게 된 것이다. 가령 무성영화이긴 했지만 〈쿼바디스〉(1911)를 비롯하여 〈폼페이 최후의 날〉·〈나폴레옹 일대기〉·〈맥베스〉 등은 대중의 흥미를 끌고도 남음이 있었다. 신파극 관객이 그쪽으로 쏠리는 것은 극히 자연스런 일이었다. 그러자 신파연극인들은 자신들의 작품에 영화를 끌어들여서 소위 連鎖劇, 즉 키노드라마를 만들어내기에 이르렀다. 그 첫 번째 작품이 1919년 10월 단성사 무대에 올려진 김도산의 〈義理的 仇鬪〉였다. 연쇄극은 배우들이 무대에서 실연을 하는 사이사이 표현이 어려운 장면들을 영사막에 비추는 방식을 말한다. 연극인들에게 있어서는 연쇄극이 기발한 연극형식으로 비쳐졌는지 몰라도 식자층으로부터는 은그릇에 설렁탕을 담은 것에 비유될 정도로 신파극의 타락으로 평가되었다. 그러나 저급한 대중에게는 그런대로 연쇄극이 먹혔기 때문에 1930년대 후반까지도 그런 연극형식이 이따금 무대에 올려진 바 있었다. 다만 한국 영화사 측면에서 보면 〈의리적 구투〉가 창작극영화의 단초가 되기 때문에 대단히 중요한 의미를 지니는 것이다.

2) 3·1운동이후~1920년대 - 소인극운동

신파극은 3·1운동에 따른 여러 분야의 획기적 변화에도 불구하고 겨우 연쇄극이나 만들 정도였기 때문에 곧바로 젊은 아마추어 연극인들에게 밀려나서 변두리를 떠도는 신세가 되었다. 신파극으로서는 3·1운동 직후가 최대의 시련기였다. 사회·문화 등 전 분야에서 새 기운이 돋아나면서 일본 신파의 아류인 신파극은 퇴조할 수밖에 없었다.

연극분야에서만 보더라도 玄 哲과 같은 선구자가 나타나서 서양근대극에 대한 소개와 번역대본도 내놓았으며 배우양성학원도 설립하는 등 새 바람을 일으키기 시작했다. 일본 유학생도 많이 늘어나서 서구연극을 공부할 수 있었기 때문에 신극연구단체인 극예술협회(1920년 봄)가 생겨나기도 했다. 이 단체를 이끈 주역은 와세다 대학에서 영미희곡을 전공한 金祐鎭이었다. 때마침 동경에서 일하고 있던 한국노동자단체인 동우회와 형설회 등에서 극예술협회원들에게 방학기간 동안 모금운동을 해달라는 요청이 옴에 따라 동우회

순회극단이 출범했다. 김우진이라든가 洪海星 등이 素人劇運動의 리더였고 젊은 청년학생들의 애국적 연극운동은 큰 반향을 불러일으켰다. 아마추어연극이기 때문에 작품의 예술적 완성도는 떨어졌지만 애국심에 불타는 청년들의 순수한 열정에 대중이 크게 호응한 것이었다. 그로부터 전국의 주요 도시에서 청년학생들이 너도나도 소인극단을 만들어 민중계몽에 나섰는데, 그런 단체들이 수십 개나 되었다. 마치 요원의 불꽃처럼 소인극운동이 퍼져나갔는데 그렇게 된 데는 일차적으로 민중의 호응 때문이었지만 《조선일보》·《동아일보》 등 언론과 불교·기독교·천도교 등 종교계의 후원도 무시할 수 없는 것이었다.

이들이 내건 주제는 솔직히 자주독립이었고 부수적으로 신교육 고취라든가 금주·금연 또는 물산장려 등을 내걸었다. 따라서 일본 관헌이 그런 것을 보고만 있을 리 만무했다. 그들이 탄압의 손길을 뻗친 것은 두말할 나위없는 것이었다. 그 결과 소인극운동은 1925년을 고비로 급속히 수그러들게 되었다. 이러한 소인극운동은 결국 학교 안에서의 학생극 활동으로 그 패턴이 바뀌게 되었다.

한편 청년 학생들의 소인극단체 중에서 1923년 동경에서 조직되어 여름에 조선극장에서 〈吉植〉(박승희작) 등으로 창단공연을 가진 토월회만은 곧바로 전문극단화 되어 1920년대에 있어서 과도기적 신극운동을 주도하기도 했다. 즉 토월회는 朴勝喜의 주도로 서구의 근대극을 부분적으로나마 이식해 보려는 의지를 표명하기도 했지만 역부족이었고 다만 낭만극운동에 그치고 말았다. 그러나 徐月影·朴齊行·卜惠淑·石金星 등 유능한 배우들을 배출했고 1930년대의 극예술연구회가 탄생될 수 있도록 여건을 마련했다고 말할 수 있다.

3·1운동 직후에는 또한 김우진과 같은 뛰어난 연극인도 나타났는데 그는 서양의 첨단적 극작가들과 연극사조를 연구해서 이 땅에 선진 연극이론과 작품을 소개했다. 더 나아가 그는 표현주의 사조라든가 버나드 쇼의 개혁 사조 등을 처음으로 소개하는 데 그치지 않고 스스로 창작으로 실험도 했다. 당시 문단에서는 이제 겨우 리얼리즘을 실험하고 있을 때, 그는 그런 사조를 한단계 넘어선 표현주의를 실험하여 〈산돼지〉와 같은 희곡을 남길 수가 있

었던 것이다.

이 시기의 신파극과 전통극은 대단히 시련기였다. 왜냐하면 3 · 1운동이 계기가 되어 교육열이 높아지면서 새로운 서양문물을 조금씩이나마 호흡한 사람들이 고루하고 진부한 전통극과 신파극을 외면한 것은 극히 자연스런 일이었다. 다만 박승필과 같은 고집스런 극장경영자가 있었고, 또 기량 뛰어난 남성명창과 기생들이 있었기 때문에 전통극은 그래도 명맥을 이을 수가 있었다. 그러나 전통극도 항상 똑같은 레퍼토리로 대중을 붙잡으려니 정도에서 벗어나는 공연을 자주 하게 되었고, 그것을 바로잡으려는 노력도 없지 않았다.

신파극의 경우는 윤백남이 1920년대 초기까지 극단운영을 했지만 곧바로 영화쪽으로 옮겨갔기 때문에 김도산 · 김소랑 · 卞基鍾 등이 리더로서 聚星座와 같은 몇 개의 극단을 이끌었다. 그것도 중앙보다는 지방을 떠돌아다니는 유랑극단으로서 였다. 다행히 신파극이 시련을 겪으면서 나름대로의 노하우를 쌓아갔으며 王 平과 같은 전문 극작가도 탄생시켰다. 신파극에서 전문 극작가가 나오기 시작했다는 것은 그것이 점차 일본신파의 답습에서 벗어나 토착화하는 조짐을 보여주는 것이 된다. 그것은 신파극단 취성좌로부터 였고 1929년에 창단된 朝鮮研劇舍라는 극단부터는 더욱 진일보하게 된다. 池斗漢이라는 연극매니저가 만든 연극사는 연극을 연구하는 집이라는 뜻을 지니는데, 이는 지두한이 자신들의 손으로 극장을 하나 짓는 것을 목표로 삼은 데 따른 것이었다. 이 극단은 90여 명으로 구성된 맘모스 단체로서 음악연주단을 따로 둘 정도였다.

이 시기의 영화도 1910년대에 비해서 많이 발전되었다. 가령 김도산의 신극좌가 연쇄극을 만든 이후 여러 편의 작품이 선을 뵈었었는데 이기세가 만든 〈知己〉라는 연쇄극은 한국인 촬영기사 李弼雨의 작품이기도 했다. 그러나 뭐니뭐니 해도 영화의 진전은 尹白南이 직접 감독해서 만든 〈月下의 맹세〉가 나오면서부터였다. 왜냐하면 이 작품은 한국인이 직접 각본을 쓰고 감독까지 한 최초의 창작 무성영화였기 때문이다. 그로부터 일본인(早川松太郎)이 〈춘향전〉을 영화로 만들었고 단성사 지배인 朴庭顯도 〈장화홍련전〉을 만들어 흥행에 성공하기도 했다. 극영화들이 속속 성공을 거두면서 조선키네마주식회사도 생겨났는데 그것이 1924년 부산에서였다. 이 영화사는 윤백남 감독의 〈雲英傳〉 등을 만들었는데, 羅雲奎가 가마꾼으로 데뷔한 작품이라는 점에서 역사적 의미가 있다고 하겠다.

그런데 이 시기에 가장 중요한 사건은 가마꾼으로 데뷔한 나운규가 직접 각본을 쓰고 감독·주연한 민족영화 〈아리랑〉이 1926년 10월 1일 단성사에서 역사적인 개봉을 한 것이라 말할 수 있다. 큰 성공을 거둔 나운규는 계속해서 〈풍운아〉·〈들쥐〉·〈금붕어〉 등을 만들었고, 1927년에는 직접 나운규 프로덕션을 만들어서 〈잘 있거라〉·〈옥녀〉 등을 제작하기도 했다. 그런데 좋은 영화는 대부분 나운규가 만든 것이 사실이지만 李慶孫이라든가 이필우·李奎卨 등 신인감독들이 등장하여 영화계의 폭을 넓혀갔다. 이 시기에 돋보이는 감독으로는 〈옥녀〉·〈잘 있거라〉·〈벙어리 삼룡〉 등을 만든 尹逢春이라 말할 수 있다. 그리고 영화배우로 주목을 받은 사람은 여배우로는 李月華·복혜숙·金蓮實·申一仙 등이었고 남자배우는 李錦龍·나운규·沈 薰 등이었다.

3) 1930년대－대중극·신극과 영화의 발전

1930년대 들어서면 연극과 영화의 양과 질이 향상된다. 그 이유는 일본 유학생들이 속속 귀국해서 문예활동을 활발하게 폈기 때문이다. 그뿐만 아니라 대중의 교육수준도 향상되었기 때문에 관객수준도 그만큼 성숙되었다고 볼 수 있다. 그것은 물론 기술적 수준도 나아질 수밖에 없었고 자본의 축적도 무시할 수 없다.

우선 전통극을 보면 唱劇이 괄목할 발전을 한다. 圓覺社 시대에 처음 시작된 창극이 1930년대 중반에 와서야 비로소 하나의 연극양식으로 자리를 잡게 된다. 그렇게 되기까지에는 여러 가지 여건이 뒷받침되어야 하는데 그것은 인적 자원과 극장조건, 그리고 재정적 뒷받침 등이 바로 그러한 배경이라 말할 수 있다.

가령 1930년대 들어서면 우선 제대로 된 전문극장이 두 개씩이나 생겨나고 인적 자원도 크게 늘어나는데 그것은 유학생들의 귀국과 그 동안 훈련받은 예술인들이 극장무대를 만나 자신들의 기량을 한껏 발휘할 수 있었으며 연극을 후원하는 사람도 나타났기에 가능한 것이었다.

먼저 전통극 분야를 보면 호남지주 金鍾翊이 서울에다가 큰집을 한 채 마련해서 명창들에게 마음껏 쓰도록 했다. 그것이 계기가 되어 전국의 명창들이 모이게 되고 朝鮮聲樂研究會라는 단체가 조직되었던 것이다. 그것이 1934년의 일이었는데, 이듬해(1935년)에는 동양극장과 부민관이 개관함으로써 원각사 이후 실험해온 창극을 그런대로 정립할 수가 있었던 것이다. 특히 창극이 정립되는데는 신극인들의 참여가 절대적인 작용을 한 것이다. 사실 명창들은 연기와 연출을 모르고 무대미술가도 있을 수 없었다. 그렇기 때문에 신극 전문연출가와 무대미술가 등이 명창들을 지도해서 창극 실험 30여 년만에 오늘에 전승되고 있는 창극의 기본틀을 만들어내게 된 것이다. 그로부터 朝鮮唱劇團 · 東一唱劇團 등 대여섯 개의 직업적인 창극단들이 속출하여 중앙과 지방에서 많은 인기를 끌면서 공연을 가졌고 관객 또한 적지 않았던 것이다. 이들의 레퍼토리는 〈춘향전〉 등 판소리의 다섯 바탕과 고전소설 각색물이었고 이광수의 역사소설도 창극으로 만들어졌었다.

그런데 여기서 간과해서는 안될 것이 창극에 대한 신파극의 영향이다. 동양극장 연출가 朴 珍이 창극 연출을 하면서 명창들의 연기를 지도했기 때문에 창극이 자연스럽게 신극형식을 받아들이게 된 것이다. 아이러니컬하게도 그런 형태의 창극을 관중이 좋아하기도 했다. 그러나 이 시기의 최고 인기 공연물은 단연 개량신파, 즉 토착화된 대중극이었다. 근대연극사에 있어서 소위 대중극의 전성기는 역시 1930년대 후반서부터 1940년대에 걸쳐서 였고 그것은 단연 본격 전문극장이라 할 동양극장 개설부터라 하겠다. 여기서 동양극장 개설을 중요하게 보는 것은 그 동안 유랑극단처럼 정처없이 떠돌던 신파극단들이 동양극장에 와서 비로소 직업극단으로서 자리를 잡았기 때문이다. 즉 신무용가 裵龜子가 설립한 동양극장은 처음부터 연극 · 무용 등 무대예술 전문공연장으로 지어졌고 650여 석이었기 때문에 연극 공연장으로서는 적당했다. 더욱이 동양극장은 대관극장 아닌 본격 공연장으로서 청춘극장과 호화선이라는 전속극단을 두었을 뿐만 아니라 극작가 · 연출가 · 무대미술가 등 전문가들을 소속시켜서 작품을 제대로 만들었고 연중무휴 공연까지 한 것이다.

동양극장이 생겨나기 전에는 극단들이 일본인 소유의 영화관을 빌어 공연을 가졌기 때문에 작품의 완성도도 문제였고 특히 대관료를 과다하게 빼앗아감으로써 극단들은 생존조차 힘들었다. 그런 때 동양극장이 등장하여 연극인들에게 넉넉한 급료까지 제공했기 때문에 대중극이 꽃필 수 있었다. 林仙圭라든가 李瑞求·李雲芳·金 健 등과 같은 재능 넘치는 대중극작가들도 여러 명 탄생했지만 그보다도 黃 澈·車紅女·池京順·변기종·沈 影 등과 같은 명배우들도 많이 등장했다. 그런데 이들을 아우르고 가르쳐서 성숙된 작품을 만들어 낸 조련사로서 연출가 洪海星과 박 진을 꼽지 않을 수 없다. 왜냐하면 홍해성이 제대로 된 연출과 연기를 가르치면서 동양극장 연극이 전 시대보다 진일보했기 때문이다. 동양극장에서 비로소 연기훈련 같은 시스템도 생겨났는데, 이는 순전히 일본 츠키지(築地)소극장에서 연수받은 홍해성이 있었기 때문에 가능한 것이었다. 이러한 동양극장의 활동으로 연극관객도 대폭 확대되었음은 두말할 나위가 없다. 매일 밤 600여 명 이상이 연극을 즐겼다는 것은 대단히 중요한 의미를 지니는 것이다. 그 시기에 또 하나의 공연장 부민관이 문을 연 것도 중요한 의미를 갖는 것이다. 왜냐하면 부민관이 비록 조선총독부가 세운 다목적 홀이었다고 하더라도 1,200여 명의 관객을 포용할 수 있는 공연장이었기 때문에 항상 극장부족에 허덕여 온 극단들로서는 대형 무대에서 마음껏 공연을 할 수 있었기 때문이다. 그러니까 부민관이 연극활성화를 북돋았고 또 대형화도 꾀했던 것이다.

그러나 1930년대의 중요성이 반드시 대중극의 번창에만 있지 않고 정통 서구근대극을 이식하려는 지식인 연극이 나름대로 역할을 한 시대라는 점에서 중요한 의미를 지닌다고 말할 수 있다. 즉 3·1운동 직후 동경에 유학해서 외국문학을 공부하고 돌아와서 학교와 신문사 등에서 활동하고 있던 지식 청년들이 조국을 위해서 뭔가 해보자는 의미로 문예운동을 벌이기 시작했는데, 그 모델은 아일랜드의 문예부흥운동이었다. W. B. 예츠라는 시인이 주동이 되어 시작된 문예부흥운동은 문학보다는 동적인 연극이 주였다. 더블린의 애비소극장을 중심으로 숀 오케이시라든가 씽그 등이 민족적 색채가 농후한 드라마를 만들어냄으로써 피압박 민족의 저항심과 독립의욕을 북돋아 주었던 것이다.

그에 자극받은 인텔리 청년들이 연출가 홍해성의 귀국을 계기로 극예술연구회(약칭 劇硏)라는 연극단체를 출범시켰는데, 그 창립멤버는 홍해성(일본대 예술과) · 윤백남(동경상대) · 柳致眞(입교대 영문과) · 徐恒錫(동경대 독문과) · 崔涏宇(동경대 영문과) · 曺喜淳(동경대 독문과) · 李軒求(와세다대 불문과) · 鄭寅燮(와세다대 영문과) · 李河潤(법정대 영문과) · 金晋燮(법정대 독문과) · 咸大勳(동경외대 노문과) · 張起悌(법정대 영문과) 등 12명이었다. 이처럼 명문대학에서 외국문학을 공부한 엘리트들이 당시까지만 해도 천시받은 연극운동에 나선 것은 특별한 의미를 지니는 것이다. 가령 유치진이 극예술연구회 창립배경과 관련하여 "연극의 전통이 단절된 이 땅에 건전한 연극의 씨앗을 뿌려, 연극 그 자체의 예술적 형태를 탐구하여 우리 민족으로 하여금 올바른 연극문화를 가지게 하자는 뜻에서 일을 만들었다"고 회고한 바 있다.

따라서 극예술연구회 창립 선언문을 보면 "극에 대한 일반의 이해를 넓히고 기성 극단의 邪道에 흐름을 구제하는 동시에 나아가서는 진정한 의미의 '우리 신극'을 수립하려는 데 있다"는 것이다. 여기서 '진정한 우리 신극'이란 무엇인가? 한 마디로 말해서 일본신파를 토착화시킨 대중극과 전통극이 아닌 서구근대극의 한국 이식극을 의미하는 것이다. 이들은 홍해성과 윤백남을 제외하고 연극창조 경험이 없었기 때문에 연수생들과 기성 배우 몇 명을 보태서 창립공연을 가졌는데, 그것이 1932년 5월초 조선극장에서의 〈검찰관〉(고골리작, 홍해성연출) 공연이었다. 세련된 작품은 아니었으나 정석대로 가져간 진지성에서만은 당시의 상업적 대중극보다는 신선한 공연이었다. 창립공연이 언론의 주목을 끌자 지식 청년들이 여러 명 참여해왔는데 毛允淑, 盧天命 등 여류시인들도 무대에 섰던 것이다. 처음에 서구근대극본을 무대에 올린 극예술연구회가 유치진의 〈토막〉으로 데뷔하자 창작극도 곁들여 공연하기 시작했고 잇달아서 李無影 · 金鎭壽 · 咸世德 등이 가세함으로써 균형잡힌 레퍼토리를 가질 수 있었다.

극예술연구회는 시인 朴龍喆 회원의 도움으로 잡지(《劇藝術》)까지 발간할 정도로 의욕적이었는데, 일본경찰의 감시가 심해졌음은 두말할 나위 없었다. 그런 증조는 극예술연구회 공연의 심한 검열에서 잘 나타났다. 즉 극예술연구회가 선호한 아일랜드의 극작가 숀 오케이시의 작품공연을 일절 불허한 것이다. 이들은 한발 더 나아가서 기관지 《극예술》을 폐간조치 하고 '연구회'라는 명칭을 단체 정비해산의 명목으로 설정하고 극예술연구회를 해산토록 한 것이다. 그러니까 일본경찰 측에서는 극예술연구회를 일종의 사상단체로 몰면서 연극을 계속하고 싶으면 '연구회'라는 명칭을 떼라는 것이었다. 그러면서 전문적 직업극단으로 나아가되 극단 조직만은 무식자로만 하도록 명령한 것이다. 결국 극예술연구회 동인들은 순전히 타의에 의하여 단체이름에서 '연구회'를 떼어 내고 일본 직업극단처럼 劇硏座로 바꿨는데, 이 때(1938년) 대부분의 창립동인들이 떠나고 연극을 평생할 유치진과 서항석 · 장기제 3명만 남게 되었다. 물론 극연좌로 바뀐 뒤 크게 달라진 것은 없었지만 다만 순수보다는 흥행쪽으로 약간 기울어졌던 것만은 부인할 수 없었다. 다행히 동경에서 연극을 공부하고 돌아온 李海浪 · 金東園 · 李眞淳 등 신인들이 가담함으로써 극단 보강은 되었던 것이다.

그러나 극연좌도 오래 가지 못했다. 재출범 뒤 내분도 있었던 데다가 재정문제가 겹치는 등의 문제로 진통을 겪다가 일본경찰의 해산명령으로 1년여만에 완전 해산당하고 말았던 것이다. 극예술연구회는 1932년 창립공연을 가진 이래 1939년 5월 해산당할 때까지 만 7년 동안 이 땅에 서구적인 근대극을 이식하는데 앞장서면서 신극사에 중요한 이정표를 남겼던 것이다. 그 공로를 몇 가지로 나누어 평가한다면 첫째 서양연극을 정통적으로 승계 이식해보려고 노력한 점, 둘째 연극을 문화의 차원으로 격상시키려 노력한 점, 셋째 저급한 당시 대중극을 크게 향상시킨 점 등을 꼽을 수 있겠다.

물론 문화계를 주도하다시피 했던 극예술연구회의 약점도 없지는 않다. 가령 연극을 아마추어리즘으로 한 것이라든가 설익은 번역극 일변도가 외화주의로 빠지게 한 점 등은 그들이 비판받은 대목이었던 것이다. 그러나 분명한 것은 극예술연구회가 해산당하면서 정통신극이니 민족극이니 하는 의식 넘치는 연극은 사라지고 영리만 추구하는 흥행 극단들만 우후죽순 솟아나서 전국을 순회하는 대중연극판이 되었다는 사실이다. 물론 1930년대 전반까지만 해도 카프산하의 프로레타리아 극단들이 전국의 주요 도시에서 활동을 했었다. 그러나 1934년 일본경찰이 프로예술인들을 검거하는 등 탄압을 함으로써 국내에서는 소멸하고 소련과 일본에서만 겨우 명맥을 잇고 있었다.

이 시기의 영화도 비교적 활기가 있었다. 영화는 아무래도 기계문명의 산물이므로 시간이 흐를수록 더 나아지는 것은 극히 자연스런 일이었다. 그리고 나운규 감독의 독무대였던 1920년대와 달리 1930년대는 윤봉춘 · 李龜永 · 李奎煥 등 유능한 신인감독들이 여러 명 등장함으로써 영화계를 풍성하게 만들었다. 가령 1930년대의 수작으로 꼽히는 작품만 보더라도 〈큰 무덤〉(윤봉춘 감독), 〈개화당 이문〉(나운규 감독), 〈임자없는 나룻배〉(이규환 감독), 〈청춘의 십자로〉(安鍾和 감독) 등이 나왔다. 그러나 뭐니뭐니 해도 1930년대 영화의 진전은 발성영화가 등장한 점이라 보아야 할 것이다. 즉 한국영화사상 최초의 발성영화가 이필우 · 李明雨 형제 감독이 만들어서 1935년 10월에 개봉된 〈춘향전〉이라 볼 때, 이는 영화 발전의 轉機가 되는 것이다. 이 발성영화는 창작영화가 시작된 지 16년만의 일이었고 서양보다는 8년 뒤졌다는 점에서 우리 영화의 빠른 발전을 단적으로 보여주는 것이기도 하다. 그렇다고 해서 발성영화가 급진전된 것은 아니었다. 역시 기술적인 문제 등으로 인해서 발성영화를 만든 이후에도 여러 해 동안 무성영화를 만들었던 것이다.

그런 가운데서도 1930년대에는 화제작이 적잖게 나왔는데, 가령 안종화 감독의 〈逆襲〉이라든가 나운규의 〈아리랑 3편〉 · 〈五夢女〉(李泰俊 원작소설) 등이 그러한 수작에 들 것이다. 이 시기에는 이태준이라든가 이광수 · 鄭飛石 등이 쓴 소설과 유치진이 쓴 시나리오도 영화화되어 주목을 끌기도 했다. 또 하나 기록될만한 것은 민족지인 《조선일보》가 영화제라는 것을 개최한 점이라 하겠다. 이기세 · 안종화 · 윤봉춘 등 영화계 인사들이 준비한 《조선일보》 영화제에서는 〈아리랑〉 · 〈심청전〉 등이 베스트 텐으로 선정되기도 했다.

4) 1940년대 — 연극 · 영화의 암흑기

1940년대 들어서는 정치 · 경제 · 사회 · 문화 전반이 크게 달라지면서 연극과 영화도 전 시대와는 완전히 다른 모습을 보여주게 된다. 즉 1937년 중일전쟁을 일으킨 일본이 대동아전쟁으로 확대해 갔고 그 연장선상에서 진주만까지 폭격함으로써 세계대전으로 번져갔는데, 그 시점에서 저들이 시급하게 느낀 것은 문화와 지식인에 대한 통제였다. 저들이 극연좌를 해산한 것이라든가 내선일체니 인고단련이니 하는 슬로건을 내걸었던 것도 그 시기였으며 《조선일보》와 《동아일보》를 폐간시킨 것도 그때였다.

그 시기에 일본내에서도 문화에 대한 강력한 통제가 있었으며 소위 국민연극이라는 것을 하도록 강요하고 있었다. 국민연극이란 두말할 것도 없이 나치스의 국책연극을 모방한 것으로서 연극을 통해 일본정신을 구현하고 정책목표를 긍정적 측면에서 선양토록 한 것이다. 그런 국책극을 이 땅에 그대로 전수시키기에 앞서서 일제는 大和塾이라는 것을 두고 지식인을 묶었으며 1940년 말에는 조선연극협회도 조직케 했다. 이 때 앞장섰던 이서구·金寬洙 등은 조선 총독부의 조종을 받으면서 여러 가지 일을 구상했고, 유치진 등 순수 열정파들은 총독부의 속내도 모르고 연극인 양성, 순회공연 등을 주요 사업으로 내걸기도 했다. 그러나 총독부는 순전히 전시체제를 강화시키는 국책극만을 강요한 것이다. 물론 그런 연극을 강요한 총독부가 연극인들에게 특혜도 주기는 했다. 연극인들이 궁핍했던 그 시기에 쌀이라든가 설탕, 구두 같은 것을 배급받고 기차도 자유롭게 이용할 수 있었던 것이다. 그런데 그때 가장 신나했던 이들은 흥행극을 전문으로 하는 연극인들이었고, 지식 연극인들은 소극적이었다.

따라서 총독부는 유치진·서항석 등을 협박하고 회유하여 현대극장을 창단케 했던 것이다. 현대극장이 국민연극시대의 기수가 된 것도 그런 연유에서였다. 당시 연극계의 리더였던 유치진은 현대극장을 이끌면서 〈흑룡강〉·〈北進隊〉·〈대추나무〉 등 친일 목적극을 썼고 함세덕은 마그셀 빠뇰 원작의 〈마리우스〉과 〈화니〉를 일제의 남진정책을 찬양하는 목적극으로 번안하기도 했다.

그리고 조선연극협회도 1941년에는 조선연예협회까지 끌어들여서 조선연극문화협회로 개편되면서 산하에 극단 13개, 악극단 8개, 창극단 3개, 곡마단 9개, 이동극단 2개, 만담반 1개 등 36개 단체를 산하에 거느리게 된 것이다. 따라서 그 회원수는 남자 540명, 여자 380명, 그리고 보조원 10명 등 모두 930명이나 되었다. 이 말은 당시 무대공연을 직업으로 삼고 있는 공연예술인이 거의 1,000여 명에 달했다는 이야기가 되는 것이다. 이들이 전국을 다니면서 正劇으로 또는 창극이나 악극으로, 그리고 만담을 통해서 일제의 군국주의를 찬양하고 다녔다는 이야기가 된다. 물론 인텔리 극단은 현대극장과 高協 정도이고 나머지는 홍행극 단체들이었다. 특히 1940년대에는 동양극장에서 세련된 창극과 악극계통의 단체들이 많은 관객을 확보하고 있었다. 그만큼 대중은 정극보다 노래와 춤이 곁들인 가무극을 좋아했다는 이야기가 된다.

여하튼 조선총독부가 연극문화협회를 장악한 뒤에 마치 연극을 위하는 것처럼 하면서 국책극을 하도록 했는데, 연극인들은 총독부의 저의를 간파하고 그것을 역이용하는 행사를 갖기도 했다. 그런 대표적 행사가 1942년 초가을부터 시작된 연극경연대회였다. 제1회 대회에는 현대극장 등 5개가 참가했는데 단체상은 아랑과 고협이 차지했고, 제2회 대회때는 일어극 공연도 포함시켰다. 이는 저들의 저의가 어디에 있었는가를 단적으로 보여주는 것이다.

이러한 연극경연대회 말고 조선연극문화협회가 추진했던 사업으로 이동극장운동이 있다. 그것은 아무래도 공연이 서울 등 대도시에 집중되어 있고, 지방 특히 농어촌에 사는 사람들은 연극을 볼 기회가 없기 때문에 그들에게도 국책극을 보여주어야 한다는 명분으로 이동극장운동을 확산시킨 것이었다. 이 운동이야말로 연극문화협회가 추진한 사업 중에서 가장 성과를 거둔 경우였다.

그런데 종전이 가까워지면서 창극은 급속히 쇠퇴해갔다. 여성 배우들이 급감했기 때문이다. 그럴 수밖에 없었던 것이 창을 부를 수 있는 젊은 기생들을 일제가 정신대로 끌고 간 데 따른 것이다. 이 시기에 친일어용극, 특히 일본어연극까지 강요하는 일제에 항거하여 연극계를 떠난 연극인도 몇 명 있었다. 가령 동양극장 연출을 전담하다시피 했던 박 진과 동양극장의 실질적 운영자였던 崔獨鵑이 바로 그런 몇 안되는 연극인이었다.

이 시기의 영화도 연극 이상으로 하나의 암흑기였음은 두말할 나위없다. 총독부가 영화분야도 공연예술분야처럼 하나로 묶기는 마찬가지였다. 즉 조선총독부는 1940년 정월에 〈조선영화령〉이라는 것을 공포하여 전국의 영화사를 모두 해체시키고 조선영화제작주식회사라는 것을 만들었다. 그리고 우리 영화인들에게 친일어용영화를 만들도록 했다. 그래서 나온 작품들이 〈승리의 뜰〉(方漢俊 감독), 〈지원병〉(安夕影 감독), 〈반도의 봄〉(李炳逸 감독) 등이었는데, 이들은 제목에서도 나타나듯이 한국청년들이 군에 가도록 하는 것이었다. 물론 이 시기에 〈수선화〉와 같은 멜로물도 없지는 않았다. 그러나 이 시기의 대부분의 영화는 목적성을 띤 어용영화였음은 두말할 나위 없다. 이 시기에는 또 일본인 감독들도 몇 명 내한해서 우리 배우들을 데리고 어용영화를 만들기도 했다.

이상과 같이 일제의 한국병탄 이후 해방될 때까지의 36년 동안은 공연예술과 영상예술은 커다란 암흑기였다. 그런데 그 기간이야말로 우리의 근대극과 영화가 생성되고 발전하는 초입임에도 불구하고 압제라는 너무나 열악한 시대상황이 펼쳐졌던 관계로 연극 영화가 제대로 뻗질 못하고 비틀리고 왜곡되었던 것이다. 그만큼 정치·경제만 어려웠던 것이 아니라 문화·예술도 험난한 도정 속에서 생존을 위해 저항하고 또 순응할 수밖에 없었다고 하겠다.

〈柳敏榮〉

Ⅵ. 민속과 의식주

1. 민　속
2. 의생활
3. 식생활
4. 주생활

1. 민 속

1) 식민지시기 민속의 변화

식민지시기의 민속은 그 동안 조선이 발전시켜온 기존의 생산체계를 부정하고 제국주의적 자본주의를 이식하려는 일제의 영향으로 왜곡·변형되고 또 새로 형성되는 등 과도기적 양상을 나타내었다. 당시 사람들의 표현을 빌자면 '구식과 신식', '봉건과 근대' 등으로 대조되는 이중적 구조 속에서 사회집단의 성격에 따라 그 수용방식도 달랐다.

당시의 어떤 지식인은 1920~30년대의 문화적 상황을 외래어인 '모던(modern)'이라는 말로 설명하면서 선진국에서는 경제적 조건인 자본주의에 의해 생활양식이 문화적으로 발달하지만 조선에는 그와 같은 물질적 기초가 마련되지 않아 '모던'한 문화는 기형적으로 이식된 병적인 문화에 불과하며 거기에 야만성도 나타난다고 보았다.[1] 그러나 한편으로는 "… 하루 속히 서울에 댄스홀(dance hall)을 허락하시어, 우리가 동경 갔다가 '후로리다홀(Florida Hall)'이나 '帝道'홀, '日米'홀 등에 가서 놀고 오는 것 같은 유쾌한 기분을 60만 서울 시민들로 하여금 맛보게 하여 주소서"[2]라고 제국주의가 만들어낸 새로운 대중문화를 동경한 자들도 있었다.

그런데 이것도 서울과 같은 대도시에서나 해당하는 현상으로 대부분의 농촌에서의 삶은 크게 변한 바가 없을 정도여서 도시와 농촌간의 문화적인 격차는 이전 시대보다 훨씬 더 벌어졌다. 서울의 민속, 또는 대중문화는 이제는 '모던'이라는 고유명사로 표현해야 할 정도로 그 근본이 바뀌고 있었으나 농촌의 삶은 그렇지 않아 일제의 영향을 포함한 여러 가지 외래적 문화요소가

1) 임인생, 〈모더니즘〉(《별건곤》 1월호, 1930).
2) 이서구 등, 〈서울에 딴스홀을 許하라－경무국장에게 보내는 我等의 書〉(《삼천리》 1월호, 1937)(김진송, 《서울에 딴스홀을 許하라》, 현실문화연구, 1999, 67쪽에서 재인용).

섞이고 이에 따른 변화가 일어나는 가운데서도 전통의 모습을 유지하였다.

도시 안에 공존하는 '구식'과 '신식'은 도시와 농촌간에도 여러 가지 갈등을 일으켰다. 예컨대 당시 서울에서 활동하던 지식인들 중에는 자기가 태어난 농촌에서 구식으로 결혼한 아내를 버리고 도시로 나온 후 그곳에서 사귄 신식여성과 재혼하는 자들이 많았다. 봉건을 상징하는 구식여성을 버리고 신식여성과 연애하는 것은 전형적인 지식인의 갈등의 표상이었다.[3]

반면에 버림받은 아내와 같은 처지에 놓인 농촌에도 일제자본이 침투하여 화학비료의 투입, 농지정리, 수리시설의 개선 등이 농업생산력에 영향을 주어 1930년대 전반까지 새로운 추가 잉여생산을 발생시켰고 이중 일부는 '민족자본'화하였으나 결국 식민지체도의 틀 안에서 대부분은 다시 일제자본으로 흡수되었다. 1932년 이후의 일제에 의한 농촌진흥운동 또는 農山漁村更生運動은 이의 연장선상에서 농촌의 피폐에 따른 소작쟁의 등이 식민지저항운동으로 나아가는 것을 막고 만주사변에 따른 대륙병참기지로서의 이용가치를 높이기 위해 시행되었다.[4]

조선시기 지방은 군·현을 단위로 운영되어 중앙에서 파견한 지방관은 군·현의 중심지인 邑治에 설치한 관아에 머물렀다. 그러나 1914년의 지방행정개편 이후 행정의 기초운영단위가 면 단위까지 내려가 각 면마다 행정을 담당하는 사무소가 설치됨으로써 농민들은 좀더 직접적인 행정지배하에 놓이게 되었다. 일제 때 농촌에서는 이와 같은 행정체계의 변화 외에도 시장의 재편, 교육체계의 변화, 양력의 사용 등 다방면에서의 변화를 경험하게 되었다. 新作路라고 불렀던 도로의 개설과 이에 따른 교통수단의 변화도 그 중 하나다.

신작로란 기존의 도로를 넓혀 자동차가 다닐 수 있도록 한 도로를 말한다. 한말에서 일제에 걸쳐 작성된 《是言》(1851~1922)과 《紀語》(1898~1936)라는 일기에는 이와 관련한 생활상의 변화들이 기록되어 있다.[5] 일기의 배경이

3) 김진송, 위의 책, 117쪽.

4) 농촌진흥운동의 주요 내용은 '지도부락' 선정, 농사개량, 근검저축, 공동경작 등이다(박현수, 《日帝의 朝鮮調査에 관한 硏究》, 서울대 박사학위논문, 1993, 86~87쪽).

5) 이 일기는 전라남도 구례군 토지면 오미동에 살던 柳濟陽(1846~1922)과 손자

되는 지역에서의 신작로 사업은 1912년 9월부터 시작되었다. 그 과정에서 주민들은 신작로 교량목에 쓸 소나무를 헐값에 强買당하고 전답을 손해보는 것은 물론 가옥이 파손되고 분묘가 훼손되기도 하였다. 또 공사나 보수 때에도 인부로 차출되었으며, 사업에 드는 비용도 부담하였는데 호별로 나눈 등급에 따라 배정되었다. 길이 닦이고 난 다음 자동차가 그 길을 다니기 시작했다. 그 일대에서는 1914년에 자동차운수회사가 설립되자 이전의 장삿길은 완전히 끊기고 그에 의존하던 기존 상권도 쇠퇴하게 되었다. 그러나 서울 출입이 잦은 일부 부농들은 자동차를, 그리고 1920년대 중반 이후부터는 기차를 이용하는 혜택을 누렸다. 육로교통체계의 변화에 따라 정기시장의 위치나 개시일이 바뀌고 재편되는 현상도 일어났다.

농업기간시설이 확보되어감에 따라 일제의 농촌에 대한 착취는 더욱 가혹해져 이농 농가가 늘어났고 농촌인구는 감소하였다. 이농자가 많아지고 도시에 노동자가 증가하면서 도시의 빈민과 노동자들의 생활은 더욱 열악해졌다.

1927년에 간행된《京城府 管內 地籍目錄》에 따르면 경성부 토지의 70% 이상은 일제 및 일본인들이 점유한 것으로 나타난다.[6] 서울 동대문이나 창신동 등지에서 움집을 짓고 사는 빈민 237호(남자 540명, 여자 425명) 중 직업이 있는 사람은 모두 341명으로 지게꾼이 92명, 직공이 83명, 행상인이 45명, 荷車夫가 2명, 날품팔이꾼이 22명, 쓰레기꾼이 15명, 人力車夫가 13명, 목수·미장이가 11명, 차장·운전수가 9명, 상점고용인이 7명, 나머지는 기타 직업에 종사하는 자들이었다.[7] 서울 시내에 집이 없어 헤매는 빈민들은 산비탈, 강 언덕, 토굴 속에서 몸을 담고 겨울을 났다. 1930년의 통계자료에 의하면 10인 이상이 고용되어 있는 공장에서 46.9%의 노동자가 하루에 12시간 이상 노동하였으며 남자노동자의 경우 하루 임금은 대개 60~80전이었고 여성노동자의 경우는 남자의 절반 정도에 지나지 않았는데, 당시 서울의 시내버스나 전차 요금이 5전, 전화가 5전, 택시 80전, '모던보이'들이 드나들던 카

柳瑩業(1886~1944)이 작성한 것으로《求禮 柳氏家의 생활일기》(上·下, 한국농촌경제연구원, 1991)로 정리하여 출간되었다.

6) 姜秉植, 〈일제하 서울(京城府) 토지소유실태와 사회상에 대한 연구-1920년대를 중심으로-〉(《실학사상연구》 3, 무악실학회, 1992), 219쪽.

7) 《동아일보》, 1924년 4월 3일(姜秉植, 위의 글, 269쪽에서 재인용).

페의 커피가 10~15전, 맥주가 40전이었다.[8]

도시의 민속, 특히 서울의 대중문화는 자체의 물질적인 토대도 없이 이러한 계급적인 모순을 안은 채 이식된 외래문화의 영향 속에서 형성·확대되었다. 일년을 주기로 하는 농촌의 생활경험을 안고 도시가 만들어 낸 주 단위의 생활주기에 적응해가면서 대중들은 마당극 대신 신극이나 영화를 즐기고 민요나 창 대신 唱歌를 들었다. 1908년 이후 동물원과 식물원으로 개조되어간 창경궁에서 벚꽃놀이를 즐기게 된 것도, 전차를 타고 다방이라는 밀폐된 공간에서 벗을 만나 차를 마시며 이야기를 나누게 된 것도 도시의 대중들이 겪게 된 새로운 민속이다. 중매가 아닌 연애를 통해 배우자를 만나 예식장에서 신식 결혼식을 올리고 돌아가신 부모를 선산이 아닌 공동묘지에 묻게 된 것도 대중들이 도시라는 공간 속에서 살면서 새롭게 경험하는 민속이 되었다.

이농을 통해 겪게 되는 도시생활에 대한 체험은 歸農者들에 의해 농촌으로 환원되어 농촌 민속에도 일정한 영향을 주게 된다. 그러나 농촌에서의 변화는 이전시기에도 그러했듯이 외부적 요인보다는 변화된 농업생산여건에 따라 크게 좌우되었으며 그 중에는 역으로 과거의 전통으로 회귀하여 이를 강화하는 현상도 그 결과로서 함께 나타났다.

2) 생산관련 민속

일제자본은 도로나 수리시설과 같은 간접적인 기간시설뿐 아니라 농업생산력을 높일 수 있는 화학비료생산에도 투입되었다. 일제 초기부터 주로 흥남비료공장에서 생산되어 보급된 암모니아비료는 한 가마가 쌀 5말에 해당하는 값이지만 그것을 논 3두락에 뿌리면 두 배의 수확량이 되므로 도지로 계약한 소작인들은 이 비료를 적극적으로 사용하였다. 일인 농장이나 척식회사에서는 소작인들이 원하는 대로 비료를 쓰게 하여 이중으로 이익을 올렸다. 이와 같은 화학비료의 사용에 따른 추가 잉여분은 한인 지주에게도 영향

8) 김영근, 〈식민지 노동자의 삶〉(《우리는 지난 100년 동안 어떻게 살았을까》 2, 역사비평사, 1998), 133쪽.

을 주어 산업자본가와 농업자본가로 분기되는 계기를 마련하였다. 1920~30년대에 소위 篤農家가 나타나고 '천석꾼', '만석꾼' 등으로 불리는 대지주가 새롭게 등장한 것이나 고리대금업이 성행한 것도 이와 같은 농업부분에서의 확대재생산의 결과였다. 이 때 유난히 족보발행이 활발했던 것도 그 배경에는 이러한 잉여분이 있었기 때문이다.

일제 후반기부터 나타나기 시작한 현상으로서 생산과 관련한 민속뿐 아니라 다른 부분에도 영향을 준 중요한 변화는 논농사에서의 여성인력의 투입이다. 이는 부분이농, 또는 징용을 통한 남성인력의 부족에서 비롯된 현상이지만 그 동안 논농사가 점차 확대되고 搗精이나 길쌈 등 여성 고유의 노동 분야가 기계화·상품화에 의해 부분적으로 대치된 데에서도 그 원인을 찾을 수 있다. 그러나 여성인력이 모든 논농사 과정에 투입된 것은 아니며 해방 이후까지도 단계적으로, 그리고 지역적인 편차를 가지면서 모찌기·모심기·김매기·벼베기의 순으로 확대되었다. 조선후기 이후 논농사지역을 중심으로 나타났던 남성 위주의 공동노동조직인 두레가 지역에 따라 공동체 성격을 잃고 풍물도 수반되지 않는 '작업반'으로 바뀌는 사례들이 나타나는 것도 일시적으로 품을 파는 고공인력의 증가와 함께 이와 같은 여성인력의 투입이 그 변수가 되었다.

모내기 방식이 전래의 '허튼모', 또는 '막모' 방식에서 줄에 맞추어 모를 심어 노동강도가 높은 '줄모' 방식으로 바뀐 것도 일제에 들어와서다. 제초기가 보급된 것은 1932년 이후인데 '줄모' 방식으로 모를 낸 논에서 사용되었다. 논농사는 논갈이부터 시작하지만 본격적인 절차는 모찌기와 모심기부터다. 이른 아침을 먹고 모판에 모여 모찌기를 하는데 여자들은 엉거주춤 앉아서 쪘고 남자는 짚이나 풀을 한 웅큼 깔고 그 위에 무릎을 꿇은 자세로 했다.

마을에 방앗간이 들어선 것도 일제 때부터로 이는 특히 쌀 수출과 관련된다. 일본으로 수출되는 쌀의 양이 늘어나면서 '석발풍구'로 현미를 만들었으며, 지역에 따라서는 '벼팔이'라는 중간상인이 있어 마을을 돌며 벼를 사서 큰 방앗간에 넘기는 일을 했다.

농촌의 대표적인 민속행사라고 할 수 있는 줄다리기는 일제에 의해 크게 변형되거나 사라지게 되었다. 줄다리기는 어느 지역에서나 마을행사에서 그치지 않고 면 또는 군 단위로 확대되었는데, 이는 일시에 수많은 농민들을 한 장소로 모으기 때문에 일제로서는 매우 위협적인 행사였다. 그래서 광역의 줄다리기는 일제의 전 시기를 결쳐 통제의 대상이 되어 마을 단위의 축소된 행사로 존속되거나 아니면 사라지게 된 것이다.

일제 이후 확대된 교통체계는 기존의 유통체계에 영향을 주어 해안 마을이나 섬마을 주민이 이전시기보다 어업의 의존도를 더 높이는 계기를 마련하였다. 어업의 확대는 유동인구의 흡수와 맞물려 雇工 방식으로 일하는 선원의 수를 늘렸다. 일반적으로 한 사리, 즉 보름동안의 임금을 정하여 선원을 고용하였는데, 이를 '용'이라고 하였다. 고공노동은 煎熬鹽에서 천일염으로 전환한 염밭에서 특히 활발하였다.

교통체계의 변화는 정기시장체계에도 영향을 주었다. 농촌 주민들이 주로 이용하는 장은 여전히 빈터에 場屋이 설치되어 있는 전통적인 5일장이지만 교통수단의 발달로 도시의 상설시장에 대한 이용도도 높아졌다. 또한 도시에서는 상가가 기존의 정기시장을 흡수하는 방식으로 늘어나면서 장의 규모가 커져갔다. 충청남도 대전시장의 경우 대전역에서 인동시장에 이르는 구간에 3층 건물의 일본인 상가가 형성되면서 정기시장체계 속에서 급속히 상설화되어 갔다.

1914년에 〈市場規則〉이 반포되면서 시장세가 국세로 지정되었다. 정기시장은 제1호 시장으로 분류되어 과거의 관례에 따라 賣買高의 1/100을 징수하였는데, 행정당국의 위임을 받은 경영인의 명에 따라 시장관리인이 시장이 열릴 때마다 징수한 듯하다.[9] 또 일제는 음력으로 열던 장날을 1937년에 강제로 모두 양력으로 바꾸었다. 그러나 시장터에서 亂場의 방식으로 벌어졌던 민속행사들은 해방이후까지도 지속되었다. 행사장소로는 장터 한가운데나 우시장 자리가 주로 이용되었다. 난장은 7월 백중이나 추석 무렵에 날을 잡았다. 경찰의 입회하에 씨름판이 벌어졌고 평소에 엄하게 금지되던 도박도 허가되었다. 또한 난장에서 술장사를 하려면 미리 허가를 받아야 했다.

거래관행에 있어서도 1년에 한번 씩 면에 불려가 의무적으로 거래 때 사

9) 文定昌, 《朝鮮の市場》(朝鮮總督府, 1941), 100쪽.

용하는 기구들에 대한 검사를 받는 등 일제의 통제를 받았다. 됫박·저울·말 등의 도량형은 기본적으로 官印을 받은 것을 사용해야 했다. 싸전에서 쌀을 잴 때 사용하는 밀대도 모서리에 관인이 찍힌 것을 사용해야 했는데, 밀대가 완전히 둥그렇지 않거나 또는 가운데가 굽는 등 바르지 못하면 상인의 필요에 따라 조금씩 더 담거나 덜 담게 되기 때문이다.

일제 때 거의 모든 농민들이 고리대로 생활고를 겪었다고 하는데, 이에 관한 사례를 들면 충청남도 당진군 송악면 부곡리의 경우 1930년대 초반까지 長利가 연 10할까지 올라간 적이 있다고 한다. 그후 연 5할로 떨어졌다가 1930년대 후반에는 3할까지 내려갔는데, 그것은 마을주민들 간에 금융조합을 결성했기 때문이며 이로 인해 고리대를 놓던 지주층과 알력이 빚어졌다고 한다. 1936년 당시 부곡리 주민의 부채는 현금 11,823원(금융조합 5,467원, 私債 6,355원)과 곡물 55섬 7말로 총 119호 중 99호가 부채를 안고 있었다. 이와 같이 높은 고리대에 맞서 주민들이 금융조합을 결성하여 3인~5인의 연대보증으로 돈을 빌었다. 공동재산을 확보하고 있는 宗中에서는 여유자금으로 마을사람들을 대상으로 사채를 놓았는데 이자는 일반적인 장리의 수준인 연 5할이었다.

3) 가족과 친족

융희 3년(1909) 3월에 제정된 〈民籍法〉(내부훈령 제39호)에 의하여 〈호구조사규칙〉이 폐지됨으로써 전통적인 호적제도를 대신하여 일제식 호적제도가 강제로 시행되기 시작하였다. 이에 따르면 호주는 家의 주재자가 되어 출생·사망·호주변경·혼인·이혼·입양·파양·분가·이거 등의 변동사항에 대해서 발생일로부터 10일 이내에 본적지 관할 면장에게 신고해야 하는 의무가 주어졌다.[10] 이후 총독부에서는 1912년에 민법에 관한 기본법령을 만들었고 1914년에는 개정한 〈일본호적법〉을 모체로 하여 1921년 12월 18일에 〈조선호적령〉을 공포하였으며 1923년 7월 1일부터 이를 시행하였다. 1939년

10) 朴秉濠, 〈일제시대의 호적제도〉(《고문서연구》 3, 한국고문서학회, 1992), 86쪽.

에는 〈氏選定制限 및 氏名變更에 관한 制令〉으로 창씨개명을 강행하였는데, 이는 이미 1915년의 〈민적법〉 개정을 통해서도 나타났듯이 일제가 식민지배를 공고히 하기 위해 일본식 가족제도를 심으려는 과정의 마지막 단계였다.

농촌에서는 일제 자본주의에 편입되면서 생산단위로서의 가족이 해체되는 경향이 나타나기 시작하였다. 즉 많은 농민들이 농업생산만으로는 먹고살기가 힘들어지자 가족의 일부는 농업 이외의 부문에서 임금을 받는 노동자가 되었다. 도시의 공업화는 농촌가족의 일부 또는 전체를 도시로 끌어들였다. 일정지역에서의 累代에 걸친 分家를 통해 이룩해온 대가족제도의 틀은 이와 같은 가족에서의 역할 분화와 더불어 개인주의 및 남녀평등의식을 담은 외래문화의 영향으로 흔들리게 되었다.

성씨는 세대주의 성을 기준으로 1930년에 행한 국세조사자료에 의하면 250개의 성이 있었고 호적부에 나타난 성은 326개의 성인데 국세조사에만 나타난 성이 15개여서 모두 341개의 성이 존재했던 것으로 추정된다. 족보는 앞서 언급한 대로 1920년~30년대에 많이 발간되었는데, 제작 때 관의 허가를 받아야 했고 실린 내용에 대해서는 관청으로부터 검사를 받았다.

가족 및 친족을 단위로 하는 가장 중요한 행사는 관혼상제로 일컬어지는 가례다. 그러나 이것은 '舊習打破運動'의 주 대상이 되었고, 이로 인해 전통의례에 대한 부정적인 관념도 생겨났다.

관혼상제의 四禮 중 관례는 〈단발령〉 시행으로 가장 먼저 쇠퇴한 의례다. 그러나 반드시 상투를 틀지 않더라도 성년식으로서의 의미를 살려 혼례식 전에 관례를 행함으로써 그 전통이 완전히 사라지지는 않았다.

신식 혼례는 기독교의 전파에 따라 예배당에서의 결혼식으로 확산되었다. 전통 혼례가 돈과 시간을 낭비하는 구습으로 평가되는 가운데 신식 혼례가 유행하자 결혼전문예식장이 등장하였으며 혼례복을 빌려주는 가게와 신부화장을 전문으로 하는 미장원도 생겨났다.[11] 그러나 이것은 주로 도시에서의 추세였고 농촌에서는 여전히 전통 혼례가 행해졌다. 단지 경제적인 사정으로 신부집의 부담을 덜기 위해 지역 용어로 '당일치기'라고 하여 신부집에서 초

11) 고영진, 〈관혼상제, 어떻게 변했나〉(《우리는 지난 100년 동안 어떻게 살았을까》 1, 역사비평사, 1998), 275쪽.

례를 한 후 바로 신랑집으로 오거나 아니면 '싸오는' 혼사라고 하여 신랑집에서 혼례식을 갖는 등의 변형이 나타났다. 청년회가 조직된 어떤 마을에서는 신행 당일 저녁에 미혼의 동네 청년들이 신랑에게 선물도 주고 축가도 부르는 등의 축하행사를 가졌다고 하는데, 이는 전통혼례절차에는 없는 새로운 민속이라고 할 수 있다.

1912년에 총독부령으로 24개 조의 〈묘지·화장장·매장 및 화장취체규칙〉이 제정되었는데 개인묘지보다는 공동묘지를 권장하는 내용이 들어 있으며, 1934년에 총독부가 제정한 〈의례준칙〉은 장사기간을 5일에서 14일 사이로 하고 상복을 입는 기간은 30일로 정하였으며 제사는 기제사와 묘제사만 허락하고 기제는 2대까지로 한정하였으나 실제로는 잘 시행되지 못했고 또 강제력도 갖지 못하였다. 1940년에는 〈묘지규칙〉을 개정하여 埋葬을 신고제에서 허가제로 바꾸어 火葬을 유도하였다. 매장 및 매장지에 대한 규제와 통제로 공동묘지의 조성은 더욱 활발해졌다.

4) 촌락과 향촌사회

갑오경장 등 일제 이전에 행해졌던 제도의 개혁과 이어 국권상실 속에서 식민지적 특성을 반영하는 각종 제도의 시행으로 봉건적인 반상의 신분관계는 더 이상 그 틀을 유지할 수 없는 상황에 직면하였다. 그러나 실생활에 있어서는 그렇지 못하여 특히 농촌지역에서는 일제시기는 물론 해방 후 6·25 전쟁이 일어날 때까지도 과거의 반상은 불평등한 관계를 유지하고 있었다. 1902년 강원도 간성군에서 백정들이 마을공동소유의 상여를 빌리려다 거절당한 사건이 단초가 되었으나 1923년에 이르러서야 비로소 백정들의 전국적인 신분해방운동이 시작된 것처럼 뿌리깊은 신분적 관계와 의식은 쉽사리 제거되지 않았다. 일제가 관공서에 제출하는 이력서에 신분을 명기하도록 함으로써 봉건적 지배관계를 온존하는 정책을 써온 것도 그 잔존에 일조하였다. 백정들이 조직한 형평사는 이후 다른 사회운동단체와 제휴함으로써 민족해방운동의 성격도 갖게 되었다.

조선시기의 촌락자치제도인 향약도 일제에 들어와서 대부분 폐지되었으나 지역에 따라서는 면사무소의 설립과 함께 面約이라는 축소된 형태로 시행되었다. 일제 때 면의 協議員은 면장과 함께 면의 일을 상의하는 역할을 하였는데, 각 면에 17~18명을 두었으며 임기는 3년이었다. 협의원은 재산이 넉넉한 자라야 될 수 있어서 주로 지주들이 이 직책을 맡았다. 면장은 조선인이었던 반면 면 지서의 주임은 일본인이 맡았다.

농촌 마을에서는 어려운 경제사정을 반영하듯 殖利의 성격을 갖는 계가 유행하였다. 위친계나 상여계 등 친목계인 경우에도 결국은 식리가 주된 목적이 되었다. 주로 겨울철에 한번 계모임을 갖는데, 계를 타는 사람은 돈을 내지 못한 계원의 집에 찾아가 볏섬도 가져오고 솥 단지도 뺏어오는 등 오히려 친목을 해치고 계원간에 갈등을 일으키는 일들이 잦았다. 서로 돈을 빌어 곗돈을 마련하다 보면 계모임이 끝날 무렵에는 모두가 빚쟁이가 되었다고 한다. 그러나 '草鞋契'라고 하여 계원들이 농한기를 이용한 공동생산과 판매로써 번 수익금을 식리계를 통해 운영하여 어려운 경제난을 헤쳐나가기도 하고 주식회사로까지 발전시킨 사례도 있었다.

마을마다 자생적이지 않은 여러 가지 단체를 가지게 된 것도 일제시기의 한 특징이다. 앞서 사례로 든 부곡리의 1930년대 마을현황을 보면 다음과 같다.

〈표 1〉 1930년대 한 마을의 단체 현황

내용 \ 단체	振興會	부인회	訓練共勵組合	納稅組合	捕見組合
단체의 수	2	1	2	2	1
설립년도	1932	1932	1936	1918	1934
목적	농촌진흥	부인의 노동	농가경제 갱생	洞里 일반회계	養殖
회원수	125명	25명	42명	全 洞民	595명
재산 및 적립금				150円	70円

* 《1936年 富谷里々勢一班》 참조.

그러나 앞서 언급한 일기 《紀語》의 기사(1925년 1월 27일)를 보면 잘못을 저지른 사람에 대해 洞會에서 태벌을 하는 등 농촌에서는 여전히 이전시기에 있었던 자치적인 촌락생활의 모습들도 유지되고 있었다.

5) 신앙과 의례

유교·불교·도교·무속 등 조선시기에 존재했던 여러 종교 및 신앙형태 중에서 조선의 멸망과 함께 가장 먼저 쇠퇴한 것은 바로 도교다. 유교적 질서 속에서 행해지던 국가의례나 군·현 단위의 의례도 향교제례 말고는 국권상실과 함께 사라졌다. 무속신앙도 일제에 의해 탄압을 받았다. 반면 기독교 신앙은 비록 일제 말기에는 탄압을 받았지만 조선시기보다 번성하였다. 일제말기에는 신사참배가 강요되는 가운데 일본종교가 침투해 들어왔다.

중국 민간도교의 한 형태라고 할 수 있는 三帝君에 대한 신앙은 조선후기 이후 유행하였는데, 특히 삼제 중 關聖帝君(즉 蜀漢의 關羽)을 모시는 關王廟는 임진왜란을 계기로 서울과 지방에 세워졌고 이를 국가 및 지방관아에서 관리하였다. 善陰騭敎·칠성·직성 등 별자리와 관련된 신앙, 그리고 入宅할 때 날을 택하고 방위를 가리는 등의 신앙행위도 모두 민간화한 도교신앙이다. 그런데 관우신앙을 유지해온 집단은 서울의 경우 중인층·상인층 및 하급무관들이었고, 지방의 경우는 향리층이었다. 양반이나 상민, 또는 일반 농민들은 일제에 들어와서도 기존생활의 틀을 크게 바꾸지 않은 반면 농촌에 뿌리를 두지 않았던 이들 집단들은 도시 안에서 새로운 질서에 맞추어 빠르게 변신하였고, 그 결과 이들에 의해 유지되어 오던 신앙들도 쇠퇴의 길을 걷게 된 것이다.

무속에 대한 통제는 시기별로 차이를 보인다. 무단통치기에는 일본이 자국내 유사종교를 단속하기 위해 제정하였던 〈경찰범처벌규칙〉(1912년 3월 25일 제정)을 근거로 경찰력을 동원하여 통제하였고[12], 3·1운동 이후인 문화통치기에는 '숭신인조합' 등 무속인조합을 허가하는 등 완화된 방식으로 통제하였으며, 황민화정책을 강화하면서부터는 이를 신사신앙을 퍼뜨리기 위한 수단으로 삼았다. 그러나 전 시기에 걸쳐 〈경찰범처벌규칙〉은 계속 적용되었으며, 일제는 물론 조선인 단체에서도 미신타파라는 명분으로 무속에 대한 탄

12) 최석영, 《일제하 무속론과 식민지권력》(서경문화사, 1999), 87쪽.

압을 정당화하였다.

'숭신인조합'은 일제가 천도교도 등 독립운동세력에 대항시킬 목적으로 합법화시킨 단체였지만, 무당들의 입장에서는 생계유지를 위해서도 일제가 허가한 이 조합에 가입하지 않을 수 없었다. 1930년대에는 무속이 조선 전통의 신앙임을 인정하고 이를 토대로 신사신앙에 의한 조선인의 '일본인화'를 꾀하려는 정책이 시도되었다. 그래서 무당들로 하여금 일본신도의 天照大神을 자신들이 모시는 다른 신령들보다 윗자리에 올려놓게 하였고, 또 그것을 전제로 巫業을 허가하였다.

일제시기가 사회경제적으로는 물론 가치관이나 세계관 등 사상적인 면에서도 매우 불안정한 시기였음을 반영하듯 이 시기 동안 많은 신종교가 출현하였다. 말세의 도피처로 널리 알려진 계룡산 신도안의 인구는 1918년 말에 585호에 2,667명에서 1923년 말에 1,639호에 7,256명이 되어 5년 사이에 약 3배의 인구가 늘어났는데, 이러한 현상은 당시 이곳에 신종교의 집회처가 많이 들어서고 신도들이 그곳으로 이주하였기 때문이다.

城隍祭·厲祭·기우제 등 유교적 질서 속에서 행해지던 군·현 단위의 의례들은 이를 뒷받침하던 제도가 소멸하고 이를 담당해 온 향리층들이 기존의 향촌조직에서 빠져나감으로써 자연히 중단되었다. 그러나 향교 및 서원·사우에서 지방의 유림집단에 의해 행해지던 享祀들은 대부분 지속되었으며, 특히 서원·사우에서의 제향은 대원군 집정 때 훼철된 것들이 일제에 들어와 대부분 복설되면서 오히려 이전시기보다 활발해졌다.

군·현 단위의 의례가 쇠퇴한 반면 마을공동체를 단위로 하는 洞祭는 일제말기 이전까지는 크게 위축되지 않은 상태에서 지속되었다. 또한 향리층이 주도해 온 성황제나 오거리당산제와 같은 읍치를 중심으로 행해졌던 의례 중에는 마을단위로 축소되어 그 명맥을 유지해온 사례도 보인다. 동제가 위축된 것은 농촌의 경제형편이 열악해진 1930년대 후반 이후부터로 일제는 이러한 공동체 신앙행위가 '황민화'나 신사신앙을 강요하는 데 방해가 된다고 보고 정책적으로 탄압하였다.

일기 《紀語》의 다음 기사들을 보면 농촌의 일상생활 속에서는 기존의 신앙체계가 크게 바뀌지 않았음을 확인할 수 있다.

7월 1일 : 늦가뭄이 불과 같이 심해 곡물이 말라죽으니 손해가 두렵다. 기우제를 지내자는 의견이 가뭄이 심한 들에서부터 있었다(《紀語》, 1928년).

7월 5일 : 면사무소에서는 용두강 용추에서 기우제를 지낸다고 한다(《紀語》, 1928년).

7월 9일 : 면사무소에서 古例에 따라 문수동 용추에 호랑이 머리를 던져 넣은지 몇 일이 되었으나 아무런 기미도 없었다고 한다(《紀語》, 1928년).

7월 11일 : 內竹의 덕천정에 가서 관내의 모모한 사람들과 기우제 건에 대해 상의하였는데 오는 13일로 기우제 날짜를 정하고 밤에 돌아왔다(《紀語》, 1928년).

7월 12일 : 구장 등 임원들로 하여금 기우제 제수 및 모든 일의 준비를 하게 했다. 제관은 이남의 및 이웅현, 정기이다. 나는 감독을 맡았다. 제문은 정기가 지었다(《紀語》, 1928년).

6월 7일 : 관내 당골과 용두진의 뱃사공이 와서 1말씩을 주었다(《紀語》, 1929년).

9월 22일 : 광촌부인을 반곡 천동 선산 아래에 장사지냈다. 김정주의 집에서 노제를 지냈는데 우시장터에서는 노제를 금하기 때문이었다(《紀語》, 1929년).

6) 세시풍속, 예능 및 설화

우리 나라는 1896년부터 양력 사용이 공식화되고 관청·학교·교회 등에서 이를 따랐다. 그러나 설·단오·추석 등 고유의 명절과 조상제사일, 그리고 장날이 모두 음력체계로 움직였기 때문에 실생활에서, 그리고 특히 농촌생활에서는 양력을 거의 사용하지 않았다.

일제는 우선 음력설을 자신들처럼 양력설로 바꾸기 위해 고유의 설날을 舊正으로, 양력 1월 1일을 新正으로 부르게 하였다. 또한 설 무렵에 떡방앗간 폐쇄하기, 설날 아이들이 입고 나오는 새옷에 먹칠하기, 왜식 설, 즉 양력 1월 1일에 시메나와(標繩)라고 하여 새끼에 귤을 꿰어 대문에 달기 등 갖은 방법을 써서 양력설을 강요하였다. 그러나 그럼에도 불구하고 음력을 기준으로 행해지던 설을 비롯한 대부분의 세시풍속을 양력체계로 고칠 수는 없었다.

일제의 통제를 가장 많이 받은 세시풍속 중 대표적인 것은 石戰과 광역 단위의 줄다리기다. 둘 다 많은 군중이 일시에 한 장소에 모이는 대규모 집단놀이로서 체제를 위협할 수 있는 행사로 여겨 처음에는 일인 헌병 또는 경찰들의 감시 속에서 행해지다가 나중에는 행사 자체를 못하게 하였다.

기독교의 전파로 인한 세시풍속의 변화는 일제의 통제와는 달리 강제성을 띠지 않으면서도 사고방식에서부터 복식 등 일상생활에 이르기까지 다양하게 나타났다. 이와 같은 기독교문화의 영향력의 이면에는 일제와는 달리 직접적인 식민지배력을 갖지 못한 상황에서 문화·교육·의료 등의 비정치적 분야로 침투하려는 미국 자본의 관심과 전략이 있었다. 특히 기독교식 생활방식은 일년을 단위로 하는 농촌의 생활양식과는 달리 일주일을 단위로 공휴일을 갖는 도시생활과 맞아 도시에서 생활개념의 한 부분으로 자리잡게 되었다.

사라진 풍속을 대신하여 새로운 풍속도 형성되었다. 서당을 대신한 국민학교에는 운동장이 설치되어 있어 지역사회에서 다양하게 사용되었다. 대표적인 것이 운동회로 학부모 및 학교 인근 주민들이 참여하여 지역행사의 성격을 띠게 되었는데, 그 내용에는 씨름·줄다리기 등 전통의 놀이들이 포함되었다. 기독교의 영향으로 부활절·추수감사절·크리스마스 등도 새로운 세시풍속으로 확산되었다.

일기《紀語》의 다음 기사들을 통해 일제하 농촌의 세시풍속 현황을 살펴본다.

> 씨름판 : 16일 밤 우리면 長市橋에서 씨름판이 벌어졌는데 사람들이 많이 모였으며 순사가 씨름을 하지 못하게 하여 사람들과 싸움이 붙었고 씨름을 못하게 하자 모인 사람들과 투석전까지 벌어졌다고 한다(《紀語》, 1920년 8월 16일).
>
> 줄다리기 : 온 군이 힘을 다해 羊腹坪 모래사장에다 索戰場을 설치했다는 말이 들린다(《紀語》, 1934년 1월 11일).
>
> 달집놀이 : 아이들이 전래에 따라 달이 떠오를 때 月家(달집)를 만들어 불에 태워 한 해의 흉풍을 점친다. 이는 옛날부터 농가에 전해져온 것이다(《紀語》, 1936년 1월 15일).

券番은 일제 때 만들어진 妓生組合이다. 기생을 가르쳐왔던 敎坊이 없어지고 이를 대신하여 흩어진 官妓들을 모아 서울에 新彰組合과 廣橋組合이 설립되는데, 이것이 권번의 시초다. 권번은 전국의 주요 도시마다 설치되었는데 童妓를 교육하기 위한 기생학교를 부설로 두었다. 과거 지방의 기녀들처럼 지방 권번에서 교습을 마치면 일부는 권번의 책임자나 유력자의 주선으로 서울 권번에 입적하였다. 예능을 담당했던 과거 기생들이 그랬듯이 권번도 농촌의 일반 농민들의 삶과는 직접적인 관련이 없었다. 또한 유성기와 같은 새로운 오락기계들은 시골 농민들로서는 장날에 장터에나 나가야 접할 수 있는 것들이었다.

농민들의 예능과 오락을 담당한 전문직업인들은 이전시기와 마찬가지로 사당패나 화랭이패들이었다. 경기도의 경우 화랭이패들은 정월 초하루부터 보름 사이에 당골 마을에 들러 우물고사도 하고 가가호호 방문하여 고사도 지내 주었다. 지역에 따라서는 '짠지패'라고 불리는 연희집단이 형성되었는데 인원편성은 두레 풍물패와 다소 달라 호적 2명, 제금 1명, 장구 1명, 舞童 남녀 각 1명 등으로 꾸며졌다. 이들의 풍물은 두레노동과는 관련이 없는 것으로 뛰면서 노는 두레패와는 달리 앉아서 놀았으며 호적을 많이 불었고 춤가락의 비중이 높았다. 설날·대보름·추석 등의 명절이나 마을에 경사가 났을 때 초청을 받아 공연하였으며 수고비를 별도로 받지 않고 술과 음식을 대접받는 것으로 그쳤다. 특히 백중날 이후 두레패가 해체되기 때문에 그 이후의 연희를 이 집단에 맡기는 마을이 많았다고 한다.

일제 때 만들어진 설화나 전설 중에 특기할 만한 것은 '아기장사' 설화다. 아기장사는 태어날 때부터 힘이 세고 어깨에 날개가 달려 선반과 같은 높은 곳도 뛰어오를 수 있는 등 비범한 재주를 가졌음에도 불구하고 이로 인해 화를 입을까 염려한 부모에 의해 날개를 잘리고 이후 독신으로 동냥밥을 먹으면서 실패한 일생을 살아가게 된다는 이야기다. 약간의 편차는 있지만 어느 지역에서나 나타나는 이 설화의 구성과 내용은 식민시기 민중들의 좌절을 표현하고 있으며 동시에 암담한 현실을 넘어서게 해 줄 초인적인 존재의 출현에 대한 희망도 담고 있었다.

〈鄭勝謨〉

2. 의생활

1) 의생활 변화의 흐름과 양상

근대 우리 나라 의생활 변화의 첫 단계는 개항이후 1884년 衣制改革과 1895년 乙未改革을 정점으로 시작된다. 특히 을미개혁의 〈斷髮令〉과 함께 1899년 외교관 복장의 洋服化, 1900년에는 관원의 大禮服까지 양복으로 바꿈으로써 신라통일 이후 1300여 년간 國制와 中國制가 혼용되었던 二重構造의 틀에서 벗어나서 다시 국제와 西洋制라는 새로운 이중구조를 형성하였다. 〈단발령〉과 함께 외국제 수용이 전재되었던 의제개혁은 민간에게도 적지 않은 영향을 주었다. 이러한 개혁운동은 官과 민간주도로 전개되는데 구체적으로 생활개선이라는 명분에서 한복개량이 주류를 이루었고, 이때 민간인 주도자들은 주로 신교육을 받은 층과 신종교인이었다.

한편 이러한 개혁과 변화들에 대하여 일부 班家나 儒林측에서는 존비·상하의 붕괴와 전통윤리의 상실 등에 대한 우려를 구실로 반발을 일으킨다. 이런 와중에서 전통을 지키려는 수구세력과 이에 대립된 개혁세력 사이에서 우리 옷과 양복이 혼용되는 이중적인 양상이 대두하였으나, 서양복은 이 시기에는 일부 소수층에서만 이용되었다. 이런 세태속에 특히 1900년 초에는 아직 서양옷이 낯선 때이므로 "어떤 여인이 양복을 입고 洋鞋까지 신었는데 그 위에 장옷을 썼다. 장옷을 쓰면서 왜 양장은 입었으며, 양복을 입으면서 왜 장옷을 썼는지 기괴한 일"[1]이라 하여 어설픈 혼용에 대하여 지적하고 있다.

특히 의례를 대표하는 冠婚喪祭와 이에 따른 복식은 그 변화의 비중이 매우 컸다. 이 가운데서도 혼례는 신식과 구식이라는 두 가지 형태가 혼용되는 가운데 "新舊절충으로 하되 대례복은 폐지하도록 하자"[2]는 안이 나오기도 하였다.

---

1) 《帝國新聞》, 1906년 7월 23일.

2) 《매일신보》, 1932년 1월 7일.

한편 일제가 강점하자 일본옷 기모노가 일부 친일파와 유학생들에 의해 서서히 침투되면서 다시 한복·양복·일본옷의 혼용이라는 삼중구조를 이루기도 하였다. 특히 衣服改良運動과 함께 우리 옷은 비실용적이며 비경제적이라는 미명하에 잠시 외면당하면서 원형은 다소 잃었지만, 그 맥은 남게 된다.

2) 흐름의 대세

가장 큰 변화를 주도하는 흐름은 의복개량운동이었다. 의복개량은 한복개량이며, 구체적으로 白衣禁止·長衣폐지·몸뻬(왜바지)와 국민복 출현이라는 현실로 나타났다. 일부 식자들은 이러한 일련의 행위들을 일제에 의한 정신사 말살의 잠재된 의도로 인식하면서도 어쩔 수 없이 세태를 따르게 된다. 따라서 이 시기 우리 나라 의생활사는 어느 시대보다도 가장 빠르게, 그리고 가장 복잡한 혼미속으로 빠져들고 만다.

(1) 의복개량

개량운동은 모든 생활에서 활발히 전개되었다. 이러한 움직임은 각종 집회나 신문·계몽서를 통하여 홍보하고 통보되고 있는데, 주로 "신생활 수립과 구습타파, 의복 개량" 등의 논제를 다루고 있다.

이 가운데서 우리 옷은 제도의 개선과 폐지론이 거론되고 있는데 표면적으로는 생활의 편리성 및 경제적인 측면을 내세우고 있지만, 타인의 이목에 대한 우려도 염려하고 있었다. 생활 개선에 있어서 관혼상제와 색의권장을 주제로 각계 인사들은 "남과 같이 살기 위하여 지금 살림을 고쳐야 한다. 대세를 쫓는 자는 흥하고, 거스르는 자는 망한다"[3]는 현실론을 주장하기도 하였다. 특히 여성 복장에 대한 것이 많은데 주로 부인의 머리와 옷에 대해 지적이었다.

부인복의 결점을 고치는 일은 일본에 있는 동포들도 함께 가세하고 있는데 가슴을 매지 않도록 유방해방을 주장하면서 여학생 옷에는 어깨옷을 권

3) 《매일신보》, 1931년 1월 3·5일.

장하기도 하였다. 또한 실용적인 면을 중시하는 가운데 물건을 간수할 공간이 없는 결점을 보완하기 위하여 주머니 만들기, 폭을 줄이고 자락을 막는 통치마 만들기도 거론되었다.[4)]

폐지론에서는 長衣폐지가 가장 많이 대두되고 있는데 큰 이유로는 "보행에 지장이 있고, 신체에 불편하다"는 것이었다. 장옷이 폐지되면서 周衣가 나오고 있는데 1920년대에는 土産재료 쓰기 및 물산장려와 함께 우리 것과 민족성 찾기 운동의 일환으로 나타나고 있다. 특히 주목되는 것은 "조선사람은 어찌하면 살꼬, 네 손으로 지은 것을 입어라, 이리해야 살리라, 우리 손으로 지은 것만 입기로 해야 우리 손으로 입을 것을 짓게 된다"[5)]는 권면도 나오고 있다. "주의를 예복으로 하자"는 주장과 함께 "생리상과 경제적으로 적당하다"[6)]는 장점을 내세우기도 하였다.

반면 개량에 대한 성급한 주장들에 대하여 "朝鮮風을 망각하지 말고, 특색을 무시하지 말라"는 권고와 함께 여자에게 주의가 보급되면서 "개량할 점은 검박보다는 잘 입는 것이 좋다"는 의견도 내 놓았다. 옷의 색에 대해 어른들의 黑色衣 입기를 강권하면서 "특히 어린아이 것은 형형색색으로 할 것"[7)]을 권하고 있다.

어린이 옷 개량에도 바지의 끈과 대님을 어른의 경우와 같이 폐지할 것을 제기하면서 "손쉬운 개량도 습관이라고 못하고, 귀여운 자제를 병신으로 만들고 있는데 이는 부모가 주의 할 일"[8)]이라는 질책도 함께 나오기도 하였다.

한편 학생복 개량에 대한 제안도 보이는데 1924년 "普校생도들의 복장개량도 필요, 위생과 경제적으로 통일시켜야 한다"[9)]는 것이었다.

개량복의 보급은 실물을 만들어 선보이기도 하였다. 개인연구소에서 고안해 낸 것으로 여성용 개량저고리를 제시하였는데 "부자연한 주름을 없애고 입으면 남자의 양복 웃저고리와 같이 반듯한 게 특색"[10)]이라고 하였다. 의복

---

4) 《동아일보》, 1921년 4월 10일, 9월 11·29일.
5) 《동아일보》, 1922년 12월 21일, 1923년 1월 1·2일.
6) 《매일신보》, 1923년 1월 7일.
7) 《동아일보》, 1921년 9월 14·28·30일, 10월 1일.
8) 《매일신보》, 1923년 12월 9일.
9) 《매일신보》, 1924년 10월 5일.

개량은 1930년대부터는 색과 옷의 형태 외에 옷에 고름 대신에 단추를 달아 입으면 물질과 노력의 경제라고 강조하면서 대님 폐지, 끈을 단추로, 세탁과 풀먹이는 일 폐지, 솜 폐지[11]등 매우 구체적인 부분까지도 강조하였다.

(2) 백의금지와 색의권장

1907년 《帝國新聞》 논설에 "옷 색깔은 검은색이나 심회색으로 하자. 버선이나 행전이 흰색인 것은 법률에 없고 관습에 의한 것이다. 바지를 몇년 전부터 물들여 입듯이 한 사람이 시작하면 차차 익숙해진다. 사람마다 그리하면 국산직물의 산출이 많아지고 시술도 늘 것이다 외국물품이 덜 들어 올 것이므로 개인과 국가의 이익일 것이니 깊이 생각하자. 또한 상하의복을 정부에서 별도로 제도하여 색을 한 빛으로 할 것이며, 비단 신과 순인·銀造紗·관사·唐亢羅 같은 비싼 옷감과 금은으로 修飾하는 것을 삼가고, 기름과 粉을 바르지 말자"고 한 것은 白衣禁止와 色衣勸奬의 좋을 예라 할 수 있다.

백의금지, 백의폐지와 함께 색의권장 운동이 전국적으로 전개되는 중에 때로는 "위생에는 좋지만, 그래도 고치기를 바라"[12]는 白衣 찬사와 개량에 대한 의견을 동시에 주장하는 반응도 있어서, 1917년부터는 '黑色傳習生募集' 광고가 계속되고 있다. 1918년에는 백색에서 赤色으로 변한 경관복으로 순사복과 경시복이 사진으로 제시되기도 하였다.[13]

백의폐지와 함께 색의를 권장하는 이유 중에서 가장 많이 지적되고 있는 것은 '비위생, 비경제론'[14]이다. 이 운동에 대한 구치적인 행위로 염색을 보급하고 강습회를 여는 등 매우 다양한 행사와 노력이 계속되었다. 염색을 주장하는 이유들로는 "백색은 불결한 것이 눈에 잘 띠는 것이 결점이니 염색 옷을 검소히 입고 때때로 빨아 입자"는 것이었다. 한편 교복 색도 학교에 따라 色衣化를 따랐는데, 1924년 진명여자보통학교 졸업생은 白衣黑裳이었다.[15]

---

10) 《매일신보》, 1932년 11월 17일.
11) 《매일신보》, 1931년 1월 16일, 1933년 1월 3·7·8·10일.
12) 《매일신보》, 1913년 2월 7일.
13) 《매일신보》, 1917년 1월 20일, 1918년 7월 25일.
14) 《매일신보》, 1921년 1월 8일, 1923년 2월 9일, 1925년 1월 1일·3일.
15) 《동아일보》, 1924년 2월 1일, 3월 21일.

색의와 염색보급 운동은 1930년대에 들어서면 실효를 거두기 시작하는지 "백의동포란 옛말, 色衣群大進出"이라 하여 색옷 입은 부인들의 무리를 소개하는가 하면, 全北에서는 "道 당국의 노력으로 세배군도 모두 黑衣를 입었다",[16] "우리는 일제히 색옷을 입읍시다. 사람 위해 옷 났지, 옷 위해 사람 났나, 색의를 입는 데서 취미도 향상된다. 원색 의복을 입는 것은 취미가 부족한 증거"[17]라는 자랑과 질책도 함께 나왔다.

1932년 황해도에서는 "백의는 幽靈服이다. 未成服이다. 백의를 버리고 색의를 입으라. 백의를 입은 회원 등에다 '色'자를 墨書하자. 관공리는 솔선수범하라"고 하는가 하면, 삼척면장은 17일부터 "出市한 백의중독환자에게 刻印押을 하자는 영단을 내렸다"[18]는 등 색의 권장에 대한 갖가지 기발하고 강력한 제안과 과감한 행위를 고무시키기도 하였다.

이러한 제안들은 민간인들에게 바로 실행되었으니 "흰색 두루마기를 입고 시장이나 사람이 많이 모인 곳에 가면 먹물이나 빨강물을 물총에 담거나 솔가지에 묻혀서 뿌리곤 해서 흰옷 입기를 꺼려하게 되었다. 그래서 꺼먹물(조다리물·검정물)을 들여 입을 수밖에 없었다"[19]는 경험담은 각지에서 채집된다.

한편 패망을 앞둔 1945년 8월 11일 일제는 "夏衣는 백색이라는 관념을 일소하자. 흰색은 敵機標識이 쉽기 때문에 백의를 벗자. 대국민운동으로 색의의 착용을 권장함"[20]이라는 지시를 내리지만, 바로 며칠 후 강점기의 막이 내림으로써 백의는 다시 한민족의 표상으로 제자리를 찾게되었다.

(3) 몸뻬출현

몸뻬는 1940년 초 일제가 강점기 막바지에 여성의 노동력을 얻기 위해 고안해 낸 하의이다. 동원이나 훈련을 받으러 나갈 때는 반드시 입도록 하는 등 강제로 보급시킴으로써 새로운 형태의 여성용 의복으로 등장하였다. 일부 지역에서는 기차를 탈 때 입지 않으면 태워주지 않았기 때문에 눈속임으로

16) 《매일신보》, 1931년 1월 16일, 2월 22일.
17) 《매일신보》, 1931년 10월 25·27일.
18) 《매일신보》, 1932년 12월 7일.
19) 〈의생활민속〉(《錦江誌》 下, 한남대학교, 1933), 752쪽.
20) 《매일신보》, 1945년 7월 22일.

치마 자락을 두 가랑이 사이에 끼워서 모양이 비슷하게 만들어 모면하기도 하였다.

몸뻬입기는 1941년부터 대대적으로 강력하게 전개시켜 나갔다. 처음에는 입기를 권장하다가 차츰 생활복으로, 국민복화로 강요되었다. "일제히 몸뻬를 입으시오. 반공연습에 기어이 이것은 필요하다"고 하는가 하면, 옷본을 제시하면서 "새것보다는 낡은 것으로 만들도록"[21]하는 내핍생활을 강조한다. 한편 "활동적인 점이 중요하다"고 하면서 戰時形婦人服과 전시활동에 편리한 모자 '다반'을 만들어 쓰도록 옷 사진과 모자 본이 제시되기도 하였다. 또한 "방공연습에 필요하다, 大聖戰 만 오년에 조선여성의 決戰생활, 스란치마복 벗고 늠늠한 몸뻬복"[22]이라 하여 몸뻬입은 모습을 찬양하면서 입기를 부추긴다. 1943년에는 "같은 값이면 모양있게 통상복으로 입도록 하면서, 긴치마 저고리 벗고 몸뻬로 나서자, 싸움에는 두 몫, 사치스런 모양만 찾는 것은 안되며 수수하고 활동적인 것"[23]으로 권장하였다.

그러나 1944년 8월에는 "몸뻬는 가정에서도 必着운동, 全鮮에 전개, 부인국민복은 몸뻬, 결전복장 실행하자"[24]는 등 좀더 강력하게 권장하고 있는데, 강점기 말 패전의 긴박함을 엿볼 수 있다.

한편 이러한 일련의 세태는 전통사회의 가치관을 무시하고 단순히 전시체재에서의 노동력 동원만을 위주로 하였기 때문에 많은 물의를 일으키기도 하였다. 全北 무주에서는 지역민들을 강제로 동원시켜 신사참배와 훈련을 시켰는데, 이 때 여자들은 조끼적삼이나 부라우스에 검정색의 몸뻬를 입고, 게다나 고무신을 신었다. 당시 동원되었던 한 부인은 "시숙이나 시아버지 앞에서 가랑이가 좁은 몸뻬를 입고 다리와 손을 번쩍번쩍 쳐들고 호령을 지르면서 훈련을 받았는데 민망스러워서 혼났다. 시아버님이 '젊은년들 갈구쟁이 쳐들고 운동장 돌아다닌다'고 매우 역정을 내셨다"[25]고 증언하였다.

---

21) 《매일신보》, 1941년 8월 10일.
22) 《매일신보》, 1941년 9월 2·10일.
23) 《매일신보》, 1943년 5월 16·19·21일, 7월 27일.
24) 《매일신보》, 1944년 8월 11·30일.
25) 〈의생활민속〉(《錦江誌》 下, 한남대학교), 757쪽.

(4) 국민복

1940년대가 되면 "국민복"이라는 새로운 용어가 등장하고, 국민복이 제정되는데 이는 전시체제 총력전에 대비함을 목적으로 하고 있다. 이 국민복은 여성노동력 동원을 최대한 용이하게 하고자하는 의도에서 고안된 것으로 활동적이면서 경제적인 옷이었다. 전쟁말기에는 몸뻬가 그 대용으로 겸하게 된다. "의상의 軍國色 통일, 國民服令"이 발표되고, 법령으로 새로 제정된 남자와 여자의 국민복이 제시된다 각 도마다 국민복을 입도록 하며, 부인의 국민복도 제정하였는데 "이 옷은 일류의 교육가·예술가들이 연구하였음"26)을 강조하고 있다. 1942년 6월에는 육군창고피복협회에서 "부인 표준복을 입자"고 권장하는가 하면, 8월에 제정된 大日本婦人會服은 "집에서 헌옷으로 만들 수도 있다"27)고 하는 등 전시말기의 심각한 상황을 나타내고 있다.

3) 변화의 양상

(1) 두식(모발과 관모)

가. 남자

남자의 두발과 모자는 〈단발령〉을 기점으로 우리 나라 역사상 가장 큰 변화를 가져온다. 단발을 함으로써 모발수습에 사용하였던 망건이 실용성을 잃고, 따라서 관모가 필요없게 되었다. 그러나 상투는 잘랐지만 冠을 중시하던 사람들 층에서는 집에서도 宕巾이나 程子冠을 쓰기도 하고, 외출할 때는 黑笠을 썼다.

〈단발령〉이 심한 반발로 많은 물의를 일으키자 1896년《독립신문》에는 "단발은 백성들의 자유 의사에 맡기는 것이 옳고, 관인과 군사와 순경은 단발을 하는 것이 마땅하다"고 하여 어느 정도 융화책을 쓰기도 하였다. 한편 신식군대의 영향을 받은 培材學堂 학생들이 교복을 입고 단발한 것을 격찬하면서 "교복과 단발은 개화의 상징이며 부국강병을 위한 희망"28)이라고 하

26)《매일신보》, 1940년 2월 2일, 1941년 5월 2일.
27)《매일신보》, 1942년 6월 13일, 8월 1일.

였다. 1913년 경남 陜川郡의 단발 찬양론자는 신문에 "상투야 잘 가거라. … 위생에는 상적이 되고 사무에는 마귀로다"라는 상투작별가[29]를 기고하기도 하였다.

〈단발령〉과 양복착용으로 서양화하는 즈음 전통적인 衣冠整齊의 풍속은 1919년 2월 高宗이 승하하여 國喪을 당하자 난관에 부딪힌다. 成人은 국상기간 동안 白笠을 써야하는데 백립은 효용성이 없어지자 생산을 그만 두었으므로 구하기가 어려워졌기 때문이다. 이때 西洋帽를 고안하여 만든 純白中折喪帽, 純白鳥打喪帽[30]가 나왔는데 이 서양모자들은 백립을 마련하지 못한 사람들에게 그런대로 대용품이 될 수 있었다. 한편 일본가게에서 팔고 있는 中折帽인 "나카오리"는 반일감정에 의해 국민들로부터 도외시되자 재빨리 기호에 맞게 바꾸어 팔기 시작하였다. 1926년 純宗 국상 때도 같은 현상이 나타나는데 "국상은 언제 날지 알 수 없으나 시중의 베깁과 흰 신 등은 평소에 팔리는 것보다 많다. 아침에 국상의 비보가 돌자 백립을 사러 나온 사람의 수효가 3배나 늘었으며, 한 개에 값이 육십 전 하던 것이 일 원 이십 전으로 갑절이나 올랐다. 작년 흉작으로 麻布 시세가 高價인데 李王殿下 환후가 위중하심을 듣고 시내 상점들은 마포 유입에 열중하여 그 시세가 폭등하였다"[31]라고 하였다.

서양모자의 수요는 일간지의 광고 빈도에서도 가름할 수 있다. 이는 양복·구두와 함께 가장 많이 광고되고 있는데 종류에 따라 가격이 제시되고 지방에서 구매할 때의 이용법까지 안내하고 있다. 종류는 파나마·맥고·중절모·조타모·방한모·일출모·운동모 등이 있었다. 관모는 의관을 중시했던 우리의 관습상 단발은 하였지만 의례와 외출할 때는 누구나 쓰기를 원했다. 마땅한 관모가 없었던 터에 국상 때 썼던 서양모는 어느 정도 욕구를 채워주기에 합당하였으며, 이에 새로운 관모의 풍속도가 생겨났다. 이 때도 난방용으로는 휘항·아얌·만선두리·남바위가 사용되었으며, 외출 때는 남바

---

28) 《독립신문》, 1896년 5월 26일, 6월 16일.
29) 《매일신보》, 1913년 2월 5일.
30) 《매일신보》, 1919년 2월 19일.
31) 《동아일보》, 1926년 4월 27일.

위 위에 흑립을 얹어 쓰기도 하였다. 노동시에는 日射와 비를 피하기 위한 삿갓이, 상주용으로는 方笠이 남아 있었다. 그러나 두발은 1940년대가 되면 대부분 대머리나 하이칼라머리로 정착되었고 전통 관모인 탕건이나 흑립은 일부 노인층의 전용물로 명맥을 유지하게 되었다.

나. 여자

여성의 頭飾은 두발과 관모 외에 쓰개가 중요한 부분이었다. 상류사회 여인들의 두식과 禮裝物로는 어여머리·큰머리와, 비녀·뒤꽂이·떨잠·첩지·댕기 등이 남아있었다. 모발을 보호하는 전통적인 방법에는 "단오날 창포물에 머리를 감으면 모발이 잘 자라고, 두통이 없어진다"[32]고 하여 계속되었다. 結髮은 미혼은 길게 땋아 늘이고 부인은 낭자와 얹은머리를 하였지만 지역에 따라 그 차이가 있었는데,[33] 畿湖지방을 중심으로 남쪽은 쪽진머리이고, 서북지방은 얹은머리가 유행하였다.

결발 개량이 계속 종용되는 가운데 새로운 유행으로 여학생을 중심으로 한 단발과, 부녀자들을 중심으로 한 일본식 머리가 혼용되어 한때 혼란기를 맞이한다. 단발을 한 여성들이 등장하자 이들을 '단발미인', '毛短걸'이라 하였다. 또 대학생들을 중심으로 챙머리가 유행하더니 얼마 안 가서 트레머리와 둘레머리가 등장한다. 트레머리는 교인들에게 유행하였으므로 '예배당 쪽' 또는 '전도사부인 쪽'이라고 했는데, 1920년경 平安道 安州에서는 여염집 부인에게까지 유행하자 양반부인들은 이러한 머리를 한 부인들이 공동 우물을 쓰지 못하게 하는 일도 있었다.[34] 쪽머리가 유행함에 따라 부인들의 저고리 깃이 머리기름으로 인해서 더러워짐을 방지하는 쪽받힘도 나왔다.[35]

두발에서 무엇보다 가장 큰 변화를 일으킨 것은 파마이다. 1920년대에 미장원이 생기면서 새 전환기가 되었으며, 사회에 적지 않은 물의를 일으킨다. 파마를 한다는 것은 1930년대부터 도회지에서는 보편화하였으나, 시골에서는 1950년대까지도 큰 도전이었다. 파마를 하면 특히 시부모가 계신 경우는 수

32) 《매일신보》, 1914년 5월 30일.
33) 《매일신보》, 1918년 1월 1일.
34) 유희경·김문자, 개정판 《한국복식문화사》(교문사, 2000), 363쪽.
35) 《매일신보》, 1922년 4월 12일.

건을 써서 가리기도 하고, 심한 경우는 친정으로 쫓겨나기까지 하였다. 처음에는 쇠틀에 불을 담아 사용하여 "불파마"라고 하였는데 화상을 입기도 하였다.

쓰개는 조선시대 內外法에 의해 여인의 얼굴을 가리는 데 사용되었던 것으로 쓰개치마·장옷·천의·삿갓 등이 있었다. 쓰개도 계층이나 지방에 따라 달랐으니, 班人계층에서는 쓰개치마를 사용하였으나 차츰 장옷으로 대체되었으며, 西北지방에서는 삿갓이나 천의를 이용하였다. 이러한 쓰개도 의제개혁과 여성의 사회진출로 인하여 차츰 그 실효성을 잃게 된다. 이에 생활개혁의 일환으로 장옷벗기 운동이 일어난다.

학생들의 장옷벗기는 1911년 배화학당에서 교칙으로 정하고 대신 검정우산을 쓰게 하였다. 얼굴을 가리고 內外를 하는 오랜 습속에 젖은 당시 풍토에서는 신식학교에 다니는 여학생들에게도 얼굴을 내놓고 다니기란 쉬운 일이 아니었다. 이에 새로 들어온 우산이 장옷의 대용품으로 등장한 것이다. 여학생들에게 우산가리기 행위는 잠시동안 과도기적 양상으로 나타났으나 점차 사라진다. 그러나 일반 부녀자에게 우산 쓰기는 차츰 확산되어 자유로이 나들이 할 때 번거롭게 낯을 가리거나 몸을 감추던 가마타기나 장옷쓰기가 양산으로 대신하였다. 양산은 1920년대에는 여러 가지 색과 모양이 나오면서 장옷 대신 이용하도록 선전하고 있으나,[36] 민간에서는 쓰개에 대한 인습이 여전히 남아있었다.[37] 시골에서는 얼굴을 내놓거나 우산가리기란 용납될 수 없는 행위였으며, 1930년대까지도 특히 양반행세를 한다는 집에서는 혼례를 치른 새댁이 외출 할 때는 입는 치마라도 반드시 뒤집어 쓰도록 하였다. 그 후 일반 시골노인들에게는 수건이 쓰개의 대용품이 되었으며, 차츰 방한과 치레를 겸한 목도리와 숄이 유행하기 시작하였다.

(2) 의복

1900년에 단행된 관리복식의 양복화와 함께 일반인도 서서히 그 시류에 따르게 되어 한복과 양복의 이중구조가 나타난다. 이중구조는 평상시 한복생

36) 《동아일보》, 1922년 4월 14일.
37) 北川左人, 《朝鮮固有色辭典》(1931), 5쪽.

활을 하는 사람과, 한복과 양복을 겸용하는 사람으로 가름되었다. 전자는 주로 시골사람이나 노인층이고, 후자는 도시에서 직장생활을 하는 사람이거나 학생이었다.

양복화는 1900년 초부터 재봉기계가 도입되고, 1914년에는 裁縫여학교가 신설되면서[38] 가속화하였다. 이와 함께 일반가정에서도 기계직 직물유입과 양장기술 보급으로 옷 만들기는 手工에서 기계화로 발전하면서 그 생산공정이 수월하여지자 다양한 의복이 등장하였다. 한편 1942년에는 학생복이 제정되고 남녀 중등생의 制服이 전국으로 통일된다.[39]

그러나 양복이 간편하고 시세에 따르는 복장이긴 하였지만, 농촌에서는 줄곧 한복을 입었다. 이때 한복의 기본은 上衣와 下衣·袍였다. 상의에는 속적삼·적삼·저고리·조끼·마고자·두루마기·토수 등이 있었다. 속적삼은 1920년대 셔츠가 들어와 대치된다. 마고자는 원래 만주족의 방한복인데 1887년 興宣大院君이 청국에서의 幽居생활에서 풀려 귀국할 때 입고 와서 퍼진 것으로 간편함으로 인해 남녀노소 모두 이것을 본 떠 만들어 입기 시작하였다. 두루마기는 주로 남자들이 입었던 袍의 한가지로 周衣(후루매, 두루마기)라고도 하였다. '두루마기'라 함은 '두루막혔다'는 뜻으로, 의제개혁 이후 상하귀천 없이 입게되면서 袍의 대명사가 되었으며, 더운 여름에도 갖추어 입어 의례복과 통상복의 기능을 겸하였다. 토수는 방한과 방서용으로 남녀노소가 손목에 끼어 사용하였는데, 상류층에서는 사계절 계속 실용과 멋·호사로 이용되기도 하였으나 1920년대부터 장갑이 등장함으로써 차츰 가치를 상실하였다.

신은 짚이나 가죽·옷감으로 만들어 사용하던 것이 고무신과 구두를 이용하게 되었고, 버선은 양말로 변하기 시작하였다. 구두의 판매는 양화만 전문으로 하는 곳이 있는가 하면, 朝鮮鞋·경제화·고무화·학생화 등의 제품을 다양하게 구비한 곳도 있고, 1922년부터는 운동화·야구화·축구화·올림픽화·스파이크저화 등 전문적인 것이 생산되기도 하였다. 그러나 구두를 신는

38) 《매일신보》, 1914년 7월 24일.
39) 《매일신보》, 1942년 3월 19일.

일은 일반인에게는 매우 어려운 실정이었으며, 운동화나 고무신은 배급제로 받아 신었다.[40]

양말도 1910년대부터 구두와 함께 광고되고 있는데, 지방 우송시의 소포비에 대한 것까지 자세히 소개되고 있으며, 1920년에는 양말직조공장에 대한 광고도 등장하였다.

한편 일인들의 굽 높은 나막신 때문에 운동장 흙이 파이는 등 폐단이 심하자 "일인 나막신에 경고, 운동장이 결단난다"[41]는 경고문이 나오기도 하였다.

가. 남자

여성의 '모던 걸'과 대응되는 신용어로 '나카오리 신사'라는 말이 유행하였다. 이는 양복차림의 남성을 지칭하는 것으로 기본형은 서양모자를 쓰고, 양복입고, 구두를 신은 모습이 된다. 〈단발령〉 이후 관직자나 유학생들은 공식석상에서는 양복차림을 하였지만, 그들도 특수층을 제외하고는 집에서나 비공식석상에서는 한복을 입었다. 양복차림은 여성 못지 않게 남성에게도 동경의 대상이었다. 특히 혼기에 있는 처녀들은 상대방 남자가 양복입은 신사이기를 바랬다. 그래서 양복이 귀한 시골에서는 선을 볼 때나 약혼·혼례 때 양복을 빌려 입는 새로운 풍속도가 생기기도 하였다. 빌려 입은 옷이나 구두가 맞지 않아서 어설퍼도 어쩔 수 없었던 것이다.

한복은 기본적으로 바지저고리 위에 袍가 가감된다. 하의는 바지로 속과 겉모양이 같은데 속에 입는 것은 홑으로, 겉에 입는 것은 홑·겹·솜·누비로 하였다. 포는 특히 남성들에게는 통상예복으로 의례나 외출시에는 필수품이었다. 이때의 포는 의제개혁 이후 周衣가 대중적인 것이었으나, 유림이나 班家에서는 道袍나 氅衣류를 입었다. 공직자나 학생들은 의복개량의 하나로 두루마기에 色衣입기가 권장됨으로 인해서 검정색의 두루마기가 보편화되었고, 1940년대부터 상류층에서는 겨울용으로 모직 옷감을 이용하게 된다. 그러나 黑衣 강요에도 불구하고 의례나 여름용 포는 흰색으로 하였다.

양복의 유입에 따라 남성복은 한복과의 절충식이 나오는데 대표적인 것이

40) 《매일신보》, 1941년 3월 1일.
41) 《동아일보》, 1926년 4월 21일.

조끼였다. 조끼는 실용성으로 인해 새로 등장한 옷으로 양복 속에 입는 上衣이다. 소매는 없으나 포켓이 있어 간편하고 편리하므로 양복 조끼를 응용한 한복식 조끼를 만들어 담배 등의 소품을 넣고 다니기 시작하였다. 또한 바지의 허리띠는 옷감을 사용하던 것에서 양복용 가죽띠와 겸용되기도 하였다.

나. 여자

여자 옷에서도 새로운 변화가 일어나는데 한복개량과 양복착용이다. 유교적 윤리 속에 갇혀 살던 여성들에게서 그 굴레에서 탈피하고자 하는 욕구가 일어났는데, 이는 서구화에 대한 동경과 함께 새로운 유행을 따르고자 하는 행위로 표출되기 시작하였다. 이 시기 유행의 주체는 주로 여학생과 전도사·기생들이었으며, 이들은 곧바로 일반 여성들의 모델이 되었다. 시골 여성들에게 짧은 머리에 짧은 치마와 긴 저고리를 입은 신여성은 동경의 대상이었다. 이 가운데서 기생들의 사치가 일반 부인들에게도 문제가 된다하여 1919년에는 개량할 기생의 의복으로 "화려함만 취하지 말고 사회의 풍기를 생각"[42]하도록 권고하고 있다. 이런 추세 속에서 새로운 유행이 생기고 여성들의 사치가 심해지는지 1925년에는 "京城여자들에게 빛이 다른 양산과 야릇한 치마 등이 유행하는데 여염집 부인과 여학생과 기생을 분간하기 어려울 정도"[43]라는 기사도 보인다. 그러나 전통적인 사고와 생활습관에 젖어 살던 시골이나 일반 여염집 여인들은 우리 옷 한복을 고수하고, 양장은 서울을 중심으로 하는 도회지에서 선교사나 신여성들에 의해 주도되었다. 이 때까지도 주류를 이루는 것은 한복이었지만, '개량'이라는 시대적 흐름 속에 크기·형태·색이 조금씩 달라지기 시작하였다.

여성의 저고리 길이는 1900년대 전후가 가장 많이 변한 시기로 조선시대 중에서도 가장 짧고 좁아진다. 이 짧은 저고리에 대한 반응은 "남자도 手足이외에 살이 보이면 체면을 잃었다고 하는데 하물며 여자이겠는가. 여자의 저고리는 소매만 있고 길이가 없어서 아무리 단속해도 허리가 보이므로 여자 저고리 길이를 길게 정해달라"[44]에 잘 나타난다. 이때 저고리의 길이는

---

42) 《매일신보》, 1919년 11월 14·15일.
43) 《동아일보》, 1925년 8월 8일.

20cm 안팎이었다. 1940년대가 되면 '도사저고리'라는 새 유행어가 생긴다. 短小化했던 저고리의 길이가 허리까지 내려와 길어지면서 품도 넉넉해지고 배래의 곡선도 커졌으며 옷고름은 단추나 부로우찌가 유행하면서 예복 외에는 거의 사라지게 되었다.

치마도 변하기 시작했다. 1900년 초부터 "치마는 도랑치마로 하되 통치마로 만들어서 걸음을 걸을 때에 치마 자락이 벌어지지 않게 하라"45)는 요구가 제기되기 시작한다. 이후 차츰 길이가 정강이까지 올라가서 짧아지고, 자락을 막은 통치마가 등장한다. 통치마는 1920년대 이후에는 신여성과 신교인 사이에 유행하기 시작하고 이때 저고리 길이는 길어지기 시작한다. 통치마가 이용되면서 말기는 허리에 매던 것에서 어깨에 걸치는 '어깨말기' 또는 '조끼허리'라는 것이 고안되고 또 많이 활용되기 시작하였다. 특히 검정치마에 흰 저고리는 이들에게 가장 신선하고 새로운 표상이 되었다. 신은 고무신과 洋靴가 병행된다. 이에 맞춰 버선과 양말이 혼용되는데, 버선의 길이는 치마가 짧아짐과 동시에 종아리를 가릴 만큼 길어졌다.

속옷류도 속적삼·다리속곳·속속곳·바지·단속곳 등이 이용되었으나, 편리한 셔츠가 들어오자 이것들은 가치를 상실하게 된다. 1920년대에 가면 여유있는 사람들은 속적삼을 셔츠로 입었고, 짧은치마를 입기 시작한 여성들은 아랫도리에 입는 속옷으로 사르마다를 입기 시작하였다. 속치마도 짧은 통치마에 맞춰 짧아지고 허리말기는 조끼형으로 바뀐다.

또한 褙子·마고자·갖저고리·토수도 있었다. 갖저고리는 방한용이므로 주로 추운 북쪽에서 사용하였고, 배자는 기생이나 상류층에서 사치용으로 입었다. 마고자는 상류층 노인들의 외출용과 방한용으로 쓰였고, 토시는 장갑이 등장하면서 서서히 사라졌다.

한편 서양복이 외교관 부인이나 고관 부인 및 유학생에 의해 유행하기 시작했다. 이들 가운데 한국 여성으로는 尹高羅가 1899년에 최초로 洋裝을 하였고, 1907년 최활란이 당시 동경에서 유행하던 퐘프도어(히사시카미) 머리에 양말과 구두를 신고 검정통치마를 입고 귀국하였다.46) 궁중에서 제일 먼저

44) 《帝國新聞》, 1906년 5월 31일.
45) 《帝國新聞》, 1907년 6월 19일.

양장을 입은 인물은 高宗 皇妃인 嚴妃였다.[47]

여학생 교복도 양장으로 제정되는데 국내에서는 1907년 淑明여학교에서 원피스형으로 하고, 1930년 이후는 모두 서양복으로 바뀌었다.

1920년대의 여성들이 서양복을 입는 유행에 대한 풍자로 장옷 쓴 여인과 안경을 쓴 여인을 비교하면서 "전에는 눈만 내놓더니 지금은 눈만 가리는군," 치마 저고리의 변화에 대하여는 "긴치마를 잘라서 저고리를 느리고 몇 자나 남았노"[48]라고 하였다.

일본옷도 서서히 퍼지기 시작하였는데 처음으로 일본옷을 입은 한국여성은 1894년 귀국한 裵貞子라고 한다. 이 밖에도 일본이 그 세력을 적극적으로 우리 나라에 침투시키고 있을 때였으니 일부 친일파 여인들이 지각없이 일본옷을 착용하기도 하였을 것이다.[49]

(3) 기타

가. 의복재료

옷감은 자급자족의 가내수공업 형태가 공장제공업으로 바뀌면서 풍부하여지고, 구입은 5일장이나 재래시장에서 이루어졌다.

당시 시중에 유통되는 직물 중에서 면직물은 무명·옥양목·고양사, 紵布는 모시, 麻布는 북포·춘포·안동포, 견직물은 명주·생명주·삼팔·갑사·숙고사·항라·당항라·진주사·관사·국사·순인·영초·법단·왜증·문화견, 모직은 세루·사지·융, 인조견에는 강화인조 등이 있었다.[50] 이 옷감 중에서 비단은 대부분 일본이나 홍콩·중국산이었으며, 국내에서 생산되는 것은 품질도 나쁘거니와 소량이었다. 가정에서 가내수공업으로 베틀로 짜던 전통 직물은 자급자족 형태였으며 특산명품은 한산의 모시, 안동의 안동포, 상주의 명주정도였다. 이 외에 공장제 기계공업으로 다량 생산된 것은 1920년

---

46) 유희경·김문자, 앞의 책, 358쪽.
47) 연대는 확실치 않으며 1911년에 사망하였으니 그보다 앞선 것이다.
48) 《동아일보》, 1924년 6월11·15일.
49) 유희경·김문자, 앞의 책, 359쪽.
50) 《조선일보》, 1928년 4월 3일.
《매일신보》, 1928년 11월 17·18일.

대 초부터 선전이 나오기 시작하는데 주로 면직물[51]과 모시이다. 이에 맞춰 "여름이 되면 모시로 모자를 만들 계획, 금년 여름 옷감은 여러 가지로 개량된 조선모시로 하자"[52]는 등 우리 옷감 쓰기 운동의 일환으로 토산옷감을 쓰자는 주장이 많이 나오고 있다. 조선산 광목 이용에 대하여 "해마다 오천만 원이 해외 유출로 빼앗기는데 우리의 힘으로 막으려면 우리 살림은 우리 것으로 해야 하므로 조선광목을 팔고 조선광목을 입자"고 하는가 하면, "우리 살림 우리 것으로 純朝鮮優良木으로"라는 선전과 함께 三星表·불로초·목탁표·삼신산·天桃 등 다양한 상품이 생산되었다.[53]

1940년 水原에서는 목화심기 장려로 "질긴 옷을 입으려면 목화를 심도록"[54] 하였다. 한편 강점기 막바지에 오면 민간에서는 목화심기와 누에치기를 강요당하는데, 목화나 누에고치는 모두 공출 당한다. 혼사 때 이불에 쓰려고 조금씩 마련해 두었던 솜도 모두 뺏기는가 하면, 누에로 실을 내어 옷감을 짜는데도 감시가 심해서 맘대로 하지 못하였다. 베틀소리만 나면 쫓아와서 확인하고 압수당하기 때문에 초저녁에는 가마니를 짜고 옷감은 밤중에 몰래 짰다.

양잠은 왕실에서 왕비도 누에치기를 한다[55]고 근황을 홍보하는 등, 민간에도 계속 蠶業을 장려시키고 있다.[56] 이때 비단이 많이 사용되는데 "현재 쓰고 있는 비단옷감의 종류"[57]와 "예뻐지려면 좋은 옷감을 골라 쓰도록"[58] 하는 안내를 하기도 하였다. 한편 인조도 많이 생산되었는데 비단과 비슷하여 眞假를 알기 어려웠기 때문에 비단과 인조견을 구별하는 법을 안내하기도 하였다.

---

51) 《동아일보》, 1921년 2월 27일, 1923년 4월 15일.
52) 《동아일보》, 1923년 4월 2일, 1925년 5월 26일.
53) 《동아일보》, 1925년 5월 10·25일.
54) 《조선일보》, 1940년 12월 19일.
55) 《매일신보》, 1916년 1월 1일, 5월 30일.
《동아일보》, 1924년 6월 17일.
56) 《동아일보》, 1927년 5월 18일.
57) 《조선일보》, 1936년 3월 14·19일.
58) 《조선일보》, 1935년 3월 13일.

나. 염색

염색은 특히 "의복개량·백의금지·색의권장"이라는 강력한 시책으로 인해 많이 이용되기 시작하였다. 1900년대 초까지도 자급자족 형태의 자연염료로 홍화·치자·쪽물염 등이 이용되었으나, 편리한 화학염료에 의해 자취를 감춘다. 화학염료는 1910년대에는 독일산 수입품이 시판되고,[59] 특히 흑색염료 확산을 목적으로 견습생을 모집하며, 1920년대 말부터는 개인과 단체 및 지방에서도 수없이 권장하였다. 국산염료로는 1917년대부터 수원에서 國産染粉으로 흑색·회색·반물이, 1918년에는 신발명한 韓國産植物性黑色染料 등이 계속 소개되었다.[60]

〈高富子〉

3. 식생활

1) 식생활 환경의 변화

(1) 소작농과 화전민 급증

조선을 식민지화한 직후 일본은 우선적으로 강행한 토지조사사업을 통하여 조선의 농민들로부터 많은 농토를 약탈해 갔다. 그리하여 조선의 농민들은 토지를 잃은 채 일본인 지주들의 소작인이 될 수밖에 없었다. 그 결과 1933년 현재 소작농은 전체 농가 300만 9,000호 가운데 228만 7,000호로 전체의 76.1%를 차지하고 있었다. 그리고 소작민들은 75~90%의 고율의 소작료를 지불하지 않으면 안되었다.[1]

농토를 잃은 농민들은 이농 현상으로 화전민이 되거나 토막민이 되었다.

59) 《매일신보》, 1911년 9월 8일.
60) 《매일신보》, 1917년 9월 27일, 1918년 1월 18·20일.

1) 강인희, 《한국식생활변천사》(식생활개선범국민운동본부, 1988), 211~213쪽.

당시 "화전민이 되기까지의 경과는 대개 소지주로부터 자작 겸 소작인에, 소작인으로부터 막실 소작인(자기 집이 없이 남의 집 행랑간을 빌어 가지고 농사를 짓는 사람)으로 점점 퇴화하다가 그것도 계속하지 못하여 필경은 산 속으로 들어가는 것이 보통이므로…"[2]라는 신문기사에서는 자본주의 발달에 따라 농촌의 파멸이 심하여지니 방책을 세워야 한다고 강조하였다.

급증한 화전민들의 식생활은 굶주린 배를 겨우 채우기에 급급한 정도로 평상시에는 감자나 풀, 나무 열매 등에 옥수수·조·귀리·콩·팥 등의 잡곡이 약간 들어간 죽을 끓이거나 귀리나 메밀가루를 국물에 풀어서 먹는 것이 보통이었다. 화전민들은 재해로 농사를 망치거나 더 이상 지을 수 없게 되면 다시 유랑하거나 굶어서 죽기까지 하였다.[3]

(2) 토막민·실업자·걸인의 급증

이농민들은 도시로 나가서 날품팔이를 하거나 공사장의 인부로 하루하루를 연명해 나갔다. 이들 대부분은 도시의 공터나 다리 밑에 땅을 파거나 거적을 두른 움집에서 살았기에 토막민이라고 불렸다.[4] 특히 1920년 초 산미증산이 시작되면서 두드러지게 생긴 현상이었다. 당시 신문에는 "빈민 소굴의 생활 상태를 본즉 빈민굴이라 할 만한 곳은 만수대 아래를 위시하여 창전리 북부와 본정·남정·유정 하동 일대이며, 토성 일대의 토막민은 가장 적빈자들인데, 그들은 모두 하루에 한끼도 변변히 못하는 可憐 인생들로서 그 수가 무려 5천 명에 달하는 참담한 현상이라"고 하였다.[5]

그 외에 이농민들은 도회지에서 직업을 얻지 못하면 실업자가 되거나 걸인이 되었다. 1930년대 신문에 "시중은 걸인의 沙汰요, 각 철도 정거장은 유랑민으로 가득차 있었다"는 기사가 나오고, 걸인 등은 어린 처자를 데리고 이 집 저 집을 찾아다니면서 밥을 얻어다가 2일에 한끼를 하거나 그나마 못하면 4~5일 씩 굶고 아사하는 경우가 허다하였다고 한다.[6]

---

2) 《동아일보》, 1929년 1월 16일.
3) 강인희, 앞의 책, 214쪽.
4) 강만길, 《일제시대 빈민생활사 연구》(창작과비평사, 1987), 237~239쪽.
5) 《동아일보》, 1924년 6월 28일.
6) 강인희, 《한국식생활사》(삼영사, 1990), 415쪽.

(3) 일본의 곡물 수탈

토지조사사업으로 농토를 빼앗은 일본은 다음 단계로 미곡 수탈하기 위하여 산미증산계획을 세웠다. 1920년부터 15년간 계속되었는데 산미증산계획 이후인 1930년에 일본에 가져간 쌀은 1910년대의 8배에 달하였다. 일본인 학자 야기(八木芳之助)는 이에 대하여 "생산량은 산술급수적으로 증가함에 반하여 수출량은 기하급수적으로 증가했다"고 지적하고 있다.[7]

무리한 미곡의 대일 수출은 국내의 쌀 소비를 격감시켜 서민들을 식량난에 허덕이게 하였다. 산미증산계획 이전에 일인당 연간 쌀 소비량은 0.7188석이었는데 1930년대 들어서서 0.4017석으로 무려 44%가 감소하였다.[8] 일제는 국내의 식량난을 해결하기 위하여 밭곡식인 보리·콩·조 등의 개량과 증식에 주력하였다. 양질의 잡곡은 일본으로 가져가고 한국에는 저질의 수입곡물을 대치하여 들여왔다. 이러한 상황에서 서민들은 대부분 산야에 있는 초근목피로 연명할 수밖에 없었다.

식량난은 1937년 중일전쟁을 계기로 군량에 필요한 곡물을 공출당함으로써 더욱 혹심하여지고 조선인은 감자류를 식량을 대신해야 했다.[9] 1941년 일제의 전쟁 도발이 본격화하면서 한반도는 그들의 군수물자 조달지로 바뀌어 특히 극심한 식량난을 겪게 되었다.

(4) 식품 제조업의 발달

1910년 이후 가공식품이 도입되고 식품제조업체들이 많이 생겼는데 1922년 일본인이 경영하는 식품제조업체로 도정업 208개소, 제분업 8개소, 과자제조업 44개소, 한천제조업 3개소, 제염업 21개소, 양조업 172개소, 청량음료제조업 6개소, 제빙업 2개소, 통조림업 19개소 등 도합 492개소가 있었다.[10] 1919년 사리원에 당면공장이 생겼고, 1920년에는 면실유와 설탕공장이 생겼다. 1920년경 난곡기계농장에서 우유를 생산하고, 양돈을 하여 햄과 소시지

7) 八木苦之助, 《米穀統制論》, 81쪽.
8) 고려대 민족문화연구소 편, 《한국문화사대계》Ⅱ(1965), 906쪽 도표 참조.
9) 강인희, 앞의 책(1990), 411쪽.
10) 《조선식료품 발달지》(1922).

를 만들기 시작하였으며,[11] 1937년이 되면 서울우유협동조합이 생겨서 낙농 식품도 나왔다. 궁핍한 식생활 속에서도 과자·술·청량음료·식용유·각종 통조림 등 서구식 식품이 제조되어 일부 상류층의 식생활은 다양하고 윤택하게 되었다.

(5) 서구식 영양 이론의 도입

우리의 전통적인 보양 섭생의 개념에서 서양의 식품영양학 개념이 도입되었다. 이에 따라 서양의 식품영양학에 의거한 저서들이 출판되었는데, 1930년대에 나온 요리책들에는 유아에게 '우유 먹이는 법'을 상세히 적고 있다.[12]

홍선표는 1940년 《조선요리학》에서 영양학과 식품학에 대한 이론과 식사법을 썼다. 그는 식사법의 원칙으로 "첫째, 조금씩 여러 번 먹고, 배가 고프기를 기다려서 먹는다. 둘째, 식사할 때 오래 씹어 먹는다. 셋째, 위장의 8할 정도로 너무 배부르게 먹지 않도록 한다. 넷째, 자연식 식사법을 하자"고 제안하였다.[13]

김호직은 1944년 《朝鮮食物概論》에서 칠첩반상의 영양가를 환산하였고, 식품 조사표 및 기호도 조사와 식품의 영양 평가 계산표를 실어서 신식 학문으로의 연구 방법을 제시하였다.[14]

(6) 일본과 외국 음식의 전파

개화기에 들어오기 시작한 외국 음식들은 시간이 지나면서 점차 널리 퍼지게 되었는데, 그 중 서양 빵·케이크·비프스테이크·수프·아이스크림·양과자 등이 이 땅에 뿌리를 내리게 되었다.[15]

또한 도회지의 정치 권력층이나 부유계층과 일본 유학생들은 일본을 통해

---

11) 이성우, 《한국 식생활의 역사》(수학사, 1992), 221쪽.
12) 이용기, 《조선무쌍 신식요리제법》(한흥서림, 1930), 272~293쪽.
방신영, 《조선요리제법》(한성도서, 1939), 494~496쪽.
13) 홍선표, 《조선요리학》(조광사, 1940), 20~29쪽.
14) 김호직, 《조선식물개론》(생활과학사, 1944), 115~123쪽.
15) 강인희, 앞의 책(1988), 212쪽.

외국의 문물을 빨리 받아들였다. 서민들은 외국 음식을 구경할 기회조차 없지만 도시인들과 일부 계층에서는 외국 음식을 접할 기회가 많아졌다. 1930 대에 나온 요리책[16]에는 서양요리・일본요리・중국요리를 소개하고 있다.

조풍연은 "경성의 4개 백화점에 대식당이 마련되어 정결하게 꾸며 놓고 비교적 위생 시설이 좋고 음식값이 싼 덕으로 고객들이 많았다"고 하였다. 또 "和信에서는 경양식도 팔았지만 한국 음식을 주로 팔았다. 미쯔고시(三越)에는 1원 50전 짜리 양정식과 각종 原豆 커피가 유명했고, 丁子屋은 메밀국수가 총애를 받았고, 三中井은 자리가 아늑해 데이트 장소로 이용됐다"고 하였다.[17] 그리고 일본식 오뎅집과 우동집은 1927년경에 우미관 앞에 처음 있었고, 라면집은 1940년 명동의 국립극장 자리 앞의 노점상이 처음이었다.

이 시기에는 기호식품의 범위도 넓어져서 커피・홍차・일본차・중국차 등을 마셨고, 여름철에는 사이다・라므네 등의 청량음료와 아이스크림과 일본의 羊羹이나 밤만두 등의 과자를 즐겨 먹었다. 술은 포도주・합성 약주・일본 술・방문주 등을 즐겼다.[18]

(7) 식료품 배급제도

일제는 供出이 애국하는 길이라면서 여러 가지 물자를 착취해 갔기 때문에 농촌・어촌에서는 식료품 이외에도 모든 물자를 구하기 어려운 상태였다. 해방 직전인 1937년에서 1945년까지 한반도의 물자 수급의 실상은 아주 어려웠고, 식료품을 배급받는 생활은 아주 큰 민생고였다.

배급식품은 쌀과 잡곡・밀가루・전분 등 주식의 재료와 소고기・김・멸치・명란젓 등 찬물 재료, 설탕・소금・식물성 기름・물엿 등 조미 식품, 연유와 분유・우유・주류・우무가사리 등이었고, 중요한 식품 15가지를 통제하였다.[19] 이러한 배급제는 기아를 겨우 면할 정도여서 배급 식량을 가지고는

---

16) 이용기, 위와 같음.
방신영, 위와 같음.
이석만, 《간편조선요리제법》(삼문사, 1934), 부록 1~32쪽.
17) 조풍연, 《서울잡학사전》(정동출판사, 1989), 140쪽.
18) 강인희, 앞의 책(1988), 222쪽.
19) 황혜성, 〈飮食〉(서울특별시사편찬위원회 편, 《서울六百年史－1910~1945－》 4,

제사나 잔치도 할 수 없는 비참한 생활이 계속되었다.

(8) 전통 식생활의 전승과 신여성 교육

조선시대에는 남녀의 차별이 심하였고, 여자는 가정 안에서 폐쇄된 생활을 하였지만 1886년 이화학당을 효시로 여성의 신교육이 이루어지고, 1919년 3·1운동을 계기로 여성의 사회 참여가 두드러지게 되었다. 당시의 여성 교육은 옷짓기·수공예·요리 등 가사에 필요한 것을 가르치는 것이었다.

신교육은 처음부터 기독교 선교사들이 참여하면서 사회 전반적으로 서구문화의 영향을 많이 받았다. 일부 권력층은 새로운 서양과 일본의 선진 문화를 받아들여서 서양식을 모방하였다.

여자보통학교와 이화여전과 숙명여전에서는 서구의 신학문을 열심히 받아들이고 요리교육에 있어서도 서양요리에 보다 중점을 두었기 때문에, 전통음식은 자연히 가정에서 어머니로부터 배웠다.[20] 그리하여 1930년대 이후의 요리책들에 나온 식단과 상차림 등을 보아도 일상생활에서 전통적인 식습관은 그대로 유지되고 있었다. 일반적으로 식생활은 풍요롭지 못하지만 각 가정과 지방마다 전해 오는 향토음식이나 통과의례에 따른 식생활 풍속은 이어져 내려왔다. 전통적인 식생활에는 일본의 영향으로 어느 정도 변화를 일으킨 점은 있지만 뿌리까지 흔들리지는 않고 나름대로 명맥은 유지되었다고 볼 수 있다.

2) 식품의 종류와 유통

(1) 식사 횟수와 섭취량

당시 우리 나라 사람의 식사 횟수는 빈부나 계절, 지방에 따라 다르지만 대개 상하를 막론하고 보통 두끼를 먹지만 부자는 더 많이 먹기도 하였다. 노동자들은 때가 없이 배가 고프면 먹으므로 한끼에 3, 4홉 정도의 밥 한 사

1981), 1204~1206쪽.

20) 황혜성, 위의 글, 1207쪽.

발, 비슷한 양의 국 한 대접과 김치를 먹는다. 양으로는 많이 먹지만 영양적으로는 단백질이 부족한 식사였다. 맛있지도 않은 거친 음식에 매운맛이 많은 편이어서 오히려 소화 흡수를 촉진시키고 식욕을 항진시켰다고 한다. 간식은 아주 여러 가지인데 곡류·種實類·根菜類 혹은 참외 등이 있었다. 그중 곡류 간식으로는 국수나 떡·메밀 만두·떡국·청포묵·의이·약밥 등이 있었고, 과자류는 약과·화전·다식·엿 정과 등이 있었다.[21]

(2) 주식의 곡물 식품

주식으로 섭취하는 곡물은 여러 가지지만 쌀이 주가 되었고 쌀보리·조·기장으로도 밥을 지었다. 일부층은 쌀밥을 먹었지만 서민의 대부분은 쌀에 보리나 조 등을 섞어서 지은 잡곡밥을 먹었다. 더욱 빈곤한 이들은 콩깻묵을 솥밑에 깔고 위에 보리를 얹어 지은 대두밥이나 수수밥을 지어 먹었다. 또 감자를 주식으로 하거나 여름철에는 참외로 끼니를 대신하기도 하였다.

농민들은 일년 주식이 일정하게 될 수 없었는데 심할 때는 3~4월경에 전해에 지은 곡류가 거의 없어져 산채류인 고사리·고비·도라지·칡뿌리 등 초목의 어린뿌리를 캐먹거나 미나리·냉이 등 산채들을 캐서 곡물과 섞어 죽을 쑤어 먹었다. 조와 보리 그리고 약간의 쌀에 물을 붓고 푹 끓인 잡탕죽이나 보릿가루에 여러 가지 나물을 섞은 보리죽, 쌀에 물을 붓고 콩가루와 나물을 넣은 콩죽 등을 먹었고, 녹두죽이나 팥죽은 별미로 병중에 있는 사람들에게 주었다. 또 밀·옥수수·메밀 등을 가루로 하여 국수나 수제비를 만들어 주식으로 삼기도 하였다.[22]

(3) 곡류 식품의 생산과 유통[23]

---

21) 村上唯吉,《朝鮮の衣食住》(朝鮮總督府, 1916), 71~73쪽.
22) 강인희, 앞의 책(1988), 219쪽.
23) 이후는 다음을 참고하여 서술하였음.
村上唯吉, 앞의 책, 81~85·46~70쪽.
황혜성, 앞의 글, 1195~1207쪽.
總督官房文書課,《朝鮮の物産》조사자료 19(朝鮮總督府, 1927), 261~290·667~693쪽.

농산물의 생산량은 첫째가 쌀(米), 둘째가 보리(麥), 셋째가 조(粟), 그 다음으로 콩(大豆)·팥(小豆)·피(稷)·옥수수(玉蜀黍)·목화·차수수(蜀黍)·담배·귀리(燕麥)·수수(蜀)·대마(大麻)·깨(荏)·뽕(桑)·모시(苧麻)의 순으로 생산되었다.

쌀 : 일제는 한국 쌀의 증산정책을 세워 일본 본토의 식량문제를 해결하기 위하여 한국의 농정에 힘을 기울였다. 쌀은 나락으로 매매되거나 또는 정백하여 매매되었는데, 멥쌀과 찹쌀·육미(밭벼·찰벼)가 있었다. 쌀은 전라·경상·경기도에서 많이 나는데 생산량은 년간 1,200만 석이 되었다. 경성·인천·목포·군산·평양·진남포 등의 주요 집산지에서는 일본인들이 정미업을 많이 하고 있었다.

맥류 : 맥류 중 생산량은 보리가 가장 많았고, 둘째가 밀, 셋째가 쌀보리였으며, 이외에 귀리(燕麥)·메밀(蕎麥) 등이 생산되었다. 맥류 세 가지의 생산량은 합하여 약 600만 석이 되었다.

남도는 기후가 온난하여 가을갈이 보리를 재배하기에 적당하며, 평남·함남지방은 겨울은 길고 혹한이어서 봄갈이 보리 재배가 적당하였다. 경상·전라·충청지방에서는 논에서 쌀과 보리를 이모작으로 재배하기도 하였지만 그 외의 지역에서는 어려웠다.

밀은 추위를 견디는 힘이 보리보다 강한 작물이므로 평남·함북을 제외한 모든 지방에서 가을갈이 밀이 재배되었다. 남부는 밀보다는 보리 재배가 대부분이었는데 경북이 다른 지역보다 밀 재배량이 약간 많은 편이었다. 경기이북의 강원·황해·평남 등지는 보리보다는 밀의 재배가 유리하였는데, 특히 서북지방의 밀은 점도가 높고 품질이 매우 양호하였다.

두류 : 콩은 아주 중요한 산물의 하나로 수출량도 쌀에 이어 둘째였다. 경기도에서는 삭령·마전 등 임진강 연안의 군에서 나는 것이 유명한데 그 중 경기의 장단콩, 경남의 울산콩, 함남의 단천콩이 품질이 좋았다. 함남에서 가장 많은 생산되었고 일년 생산량은 약 250만 석이었다. 콩은 기름과 장의 원료가 되고, 쌀이나 잡곡과 섞어 밥을 짓고, 콩 그대로 또는 콩나물·두부로 가공하여 찬물의 재료로 쓰였다.

팥은 품질이 좋고 수확량도 많은데, 평남·황해도지방에서 산출되는 진남포팥을 가장 많이 수출하였다. 팥은 붉은팥(赤小豆)과 거피팥(去皮小豆)이 있었는데, 잡곡밥에 자주 넣어 먹어 그 소비량이 많았다. 그 외 검은콩·녹두·오색콩·완두·강낭콩 등이 생산되었는데, 일년간 팥 생산량은 약 85만 석이고, 기타 두류는 약 5만 8,000석이었다.

잡곡 : 조는 보리 다음으로 중요한 작물로 황해도·평안도 등 서북부지방에서 널리 재배되었는데, 콩과 옥수수와 섞어서 심는 경우도 많았다. 조는 서북부지방 농민들의 상식으로 이용되었고 대체로 일년 생산량은 약 320만 석이었다.

기타 잡곡 중에 피·수수·차수수·옥수수·귀리 등은 밭에서 경작하여 농민들이 상식으로 삼았다. 잡곡의 생산량을 보면 피는 90만 석, 수수 11만 5,000석, 차수수는 46만 석, 옥수수는 35만 석, 귀리는 26만 석이었다.

밀가루 : 밀의 산출은 많았으나 농가에서 가루로 하여 국수·과자를 만드는 등 수요가 매년 증가되어 수입해 오고 있었다. 종래 제분은 가내 가업이었으나, 1918년부터 대규모의 회사로 진남포에 만주제분, 용산에 풍국제분이 생겼다.

제면 : 전통적인 국수는 가루를 반죽하여 얇게 밀어 칼국수로 하거나 국수틀에 넣어 눌러서 만드는 방법이 이용되었다. 이후 공장에서 기계로 만드는 국수의 기술이 도입되어 경성·대구·부산·평양 등지에서 가는 밀국수(素麵), 굵은 밀국수(우동), 메밀국수 등이 생산되었다.

(4) 육류 찬물과 축산 식품

가. 육류 찬물

찬물의 재료로 쓰이는 육류는 가축으로 소·돼지·닭 등이 있었고, 사냥으로 얻는 노루·꿩 등이 있었다. 우리 나라 사람들은 쇠고기를 먹는 습관이 매우 오래되어 예로부터 제사나 잔치에 빼놓을 수 없는 찬물이었다. 일상에서는 소고기로 만든 찬을 가장 좋은 찬으로 여겼으며, 회·국·찌개·전골·구이·볶음·편육·순대 등 그 조리법도 아주 다양하였다. 고기는 물론 내장·뼈·꼬리·선지까지도 남김없이 모두 이용하였다. 서민들이 일상식으로 소고기를 먹을 수 있는 경우는 아주 드물었다. 돼지와 닭은 가축 정책으로 많이 사육되었으나 일본인들을 위한 축산 가공품으로 쓰이고 서민들의 부식으로는 많이 이용되지는 못했다. 개고기는 습냉을 막는 데 효과가 있다고 하여 여름철에 개장국을 끓여 먹고, 동네에서 모여 복달임으로 잡아서 먹는 풍속이 있었다.

나. 축산 식품

쇠고기 : 재래종의 한우는 성질이 온순하고 체질이 강건하며 지구력이 강하여 사육 관리가 용이하기 때문에 농가의 축산으로는 이상적이었고, 또 고기 맛도 뛰어나서 국내외에서 평이 좋았다.

우시장은 한 달에 6회 열리는데 각지의 장날은 교통 순로를 따라서 차례로 열리므로 소를 매매하고자 하는 농민은 장날에 장터에 가서 매매하였다. 우시장은 전국에 700여 곳이었고, 일년에 우시장에 나오는 소는 약 230만 마리였고 매매는 약 57만 마리 이상이 되었으며, 일년간 약 23만 마리가 도살되어 식용으로 쓰였다. 일본에 수출하는 소도 매년 증가하였다. 남한지역에서는 육로로 부산에 모아서 선적하여 일본으로 수출하였고, 한때 러시아와 중국에도 수출하였다.

돼지고기 : 예로부터 돼지의 사육은 농가의 부업으로 장려되었고, 주로 체구가 작고 성숙은 더디나 번식력이 강한 흑색 품종이 보급되었다. 그러나 이 시기에는 돼지 사육의 경제적 가치를 높이기 위하여 버크셔종을 도입하고 잡종 개량을 장려하여 주로 경성·인천·평양·대구·마산 등지에서 개량종을 사육하였다. 전에는 우리가 매우 조잡하고 불결하였으며 사료로 소채·쌀겨·보릿겨·장찌꺼기·술찌거기·비지 등을 먹였는데 겨를 먹인 돼지가 특히 맛이 좋았다고 한다. 돼지는 일년에 약 26만 5,000마리가 도살되어 식용으로 하였다. 돼지고기는 쇠고기보다 값이 싸고 잔치나 제사 때 한 마리를 잡아서 온 동네가 두루 나누어 먹는 습관이 있었다. 소는 농우로 사육하고 육용을 목적으로 하지 않지만, 돼지는 오직 식용을 목적으로 키워서 매우 즐겨 먹으며 조리법도 다양하였다.

기타 육류 : 닭고기는 돼지고기 다음으로 많이 먹지만 개는 그리 많이 먹지는 않았고, 꿩은 겨울철에 많이 식용하였다. 일년간 말은 200마리, 개는 약

7만 2,000마리, 염소가 약 2,000마리가 도살되어 식용으로 쓰였다.

(5) 어패류 찬물과 수산 식품

가. 어패류 찬물

우리 나라 근해에서 나는 어패류의 종류는 거의 200여 종에 달한다. 이중에 실제로 부식의 찬물로 많이 쓰이는 것은 고등어·조기·청어·동태·멸치·낙지·대구·잉어·숭어·민어·도미·밴댕이·준치·갈치·가자미·전갱이·새우·뱅어·게·굴·홍합 등이었다.

어류의 조리법은 회로 하거나 구이·찜·전유어·조림·젓갈 등을 만들었다. 동태·대구·조기 등 흰살 생선은 국이나 찌개를 끓였고, 내륙지방에서는 소금에 절인 자반이나 말린 생선으로 구이를 하거나 익혀서 먹었다. 북어는 일상적인 찬물로 전국적으로 두루 쓰일 뿐 아니라 제사·고사 등 관혼상제 때도 빠지지 않았다. 해조류로 미역·다시마·김·파래·청각·우무가사리 등을 이용하였는데 미역은 국으로, 다시마는 튀각으로, 김은 구이로 조리하여 먹었다.

나. 수산 식품

한반도는 그 지형상 삼면이 바다로 해안선이 아주 길고 지세·기후·조류 등이 어업에 좋은 조건을 갖추고 있다 그러나 예로부터 어업 기술이나 개발의 진보가 지진하였다. 주요 수산물의 어획고 순위를 살펴보면 고등어·정어리·조기·청어·대구·도미·갈치·삼치·가자미·민어·전갱이·새우·미역·방아·풀가사리·붕장어·숭어·전복·상어·굴 순이었다.

다. 수산 가공식품

수산물은 저장과 유통에 편리한 방법으로 건조법과 염장법이 발달하였다.

건조가공품 : 어류는 종류에 따라 그냥 말리거나 소금에 절여 말리는데 멸치는 삶아서 말린다. 건어물의 종류와 산지를 살펴보면 다음과 같다.

북어는 함북 탁진·어대진·웅기·청진에서 나고, 새우(鰕)·게(蟹)·海蔘·조개(蛤)를 말린 것은 함북 웅기·청진에서 나며, 절여 말린 대구(鱈)도 같은 지방에서 나왔다.

굴비(鹽乾, 石首魚)는 경기 연평도, 건대구는 경남 거제도·함북 청진에서 나고, 말린 도미는 경남 사천과 마산에서 나고, 건전복은 제주도, 말린 새우와 패주는 여수·고흥에서 많이 났다. 말린 해삼은 원산, 말린 銀魚는 충남 보령, 멸치는 경남 통영·울산·남해에서 많이 났다.

어류 이외 해조류의 가공도 활발하여 김은 목포·통영·남해·부산에서 나고, 미역은 전남 해안지방에서 나오고, 우뭇가사리는 전남 해안지방과 충남 서산에서 나고, 한천 가공은 목포에서 하였다.

염장가공품 : 어물이나 그 부산물을 소금에 절이거나 젓갈로 가공하면 좀처럼 상하지 않고 유통 기간이 늘어나 보급 지역이 넓어진다. 그 종류와 주산지를 살펴보면 자반 고등어는 함북 경흥군, 자반 청어는 함북 웅기와 청진, 자반 갈치는 강원 양양군, 명란젓과 창난젓은 함북 북청군에서 가공하였다.

통조림 가공품 : 새로운 식품 가공품으로 1924년경에 통조림이 생겨나 식품 가공이 산업화하는 시대에 들어섰다. 통조림법은 일본을 거쳐서 들어왔는데, 부유층과 개화파 사람들은 특수 경로를 통해서 통조림을 입수했고, 일반에게는 1945년 이후 유엔군이 한국에 진주하면서 널리 퍼지게 되었다. 장어 통조림은 전남 부안군·평양·경북 울진·영덕·경주에서 만들고, 고등어·소라·게 통조림은 경북 경주군 양화면·부산에서 생산되었다. 전복 통조림은 경북 영일군·영덕군·경주군, 함남 원산과 청진, 강원도 간성군, 울진군 등지에서 만들었다.

기타 가공품 : 일본인들의 전통 식품인 어묵이 국내에서도 만들어졌고, 일본인들의 기호 식품인 장어나 은어 조림도 만들어졌다. 은어 조림은 밀양에서 만들고 어묵(가마보코)은 통영에서 가공하였다.

(6) 소채 찬물과 소채 식품

가. 소채 찬물

농업 정책이 곡물 위주이어서 채소 생산은 활발하지는 못하였다. 일반적으로 많이 쓰이는 소채로는 배추·상추·아욱·쑥갓·미나리·생강·파·마늘·외·가지·시금치·근대·갓·토란·감자·고구마·호박 등이 있었다. 이들 소채로 국·찌개·나물·생채·쌈·김치·장아찌 등 각종 반찬을 만들어

서민들의 밥상에 기본 찬이 되었다. 배추·무·미나리·오이·파 등으로는 김치를 담고, 아욱·근대·배추·시금치·무·콩나물·산채 등으로는 국을 끓이고 나물을 만들었다. 오이·호박·쑥갓·시금치·도라지·미나리 등은 생채나 숙채를 하고, 상추나 쑥갓·호박잎 등은 쌈을 싸서 먹었다. 산야채도 많이 이용하여 그 종류가 무려 300여 종에 달하였는데 고사리·도토리·다래·소나무 껍질·칡뿌리도 일상적으로 많이 쓰였다. 버섯류로는 석이·능이·표고·송이 등으로 국을 끓이거나 볶아서 찬으로 삼았다.

나. 소채 식품과 가공품

재배 채소 : 봄철에는 비가 적게 내려 날씨가 지나치게 건조하여 소채류를 파종하여도 발아에 불리하고, 또 각종 해충 때문에 채소의 재배가 어려웠다. 여름철에는 고온 다습한 기후에서 과도하게 성장하여 연하고 물이 많은 소채가 생산되어 품질이 떨어지기가 쉬웠다. 그러나 蔬果류는 일조시간이 길어서 매우 우량한 것을 생산하였다. 가을철에는 건조 냉량한 기후로 각종 소채류 재배에 적당하여 엽채류·근채류는 우량하였다. 특히 배추와 무의 품질이 좋았는데, 그 중에 개성배추와 평양배추는 김장용으로 인기가 높고 그 수요가 가장 많았고, 무는 재래종이 우량하였다. 감자·고구마도 본격적으로 재배하였고, 참외는 충남 성환이 명산지였다.

천연 소채 : 마른 고사라는 강원·함남·함북에서 가장 많이 나왔으며, 도라지는 평북·함남·충북·강원도에서 많이 나오며, 두릅은 평북에서 많이 나왔다. 산채는 충북·전남에서 많이 나오고, 칡뿌리는 강원·황해에서 많이 나며, 밭 미나리는 함남에서 많이 나오고, 더덕은 강원·경북에서 많이 났다. 蓴菜는 전북 김제군 김제면이 명산지이고, 차는 전북 정읍 입안면이 명산지였다.

버섯류 : 송이는 황해·강원·함남·함북이 명산지이며, 표고는 전남, 목이는 평북·강원·경북이 명산지였다. 표고는 자연산 외에 재배도 하였는데 일반에 널리 퍼지지는 못하였으나 제주도가 유일한 재배지로 산출량이 상당하였다. 제주도는 원래 천연의 표고 산지인데 1910년 일본인이 재배 사업을 조직적으로 개시한 후 경영자들이 수십 명으로 늘어났다.

두부 : 콩을 갈아서 두유를 만들어 간수로 굳힌 두부를 만들어 전을 부치

거나 찌개에 넣고 끓여서 찬물을 만들거나 만두의 소로 넣기도 하였다.

(7) 과실류

실과류 : 일제는 과실 재배를 적극적으로 장려하여 남한 각지에서 과수의 재배가 성황을 이루었다. 특히 사과 · 배 · 포도 · 복숭아 등의 과수류가 많이 재배되어 다른 과일에 비하여 훨씬 증가하였다. 과실의 생산량 중 복숭아는 130만 관, 배는 113만 관, 감은 500만 관, 사과는 14만 관, 포도는 12만 관 정도였다.

사과의 경우 한국은 기후와 토질이 과수 재배에 매우 적합한데 재래종은 작고 품질이 떨어져 우량종을 널리 보급 장려하여 품질이 향상되었다. 그리하여 중국 · 시베리아 시장에서까지 수요가 늘어났다. 한 군을 단위로 과일 조합이 있었고, 대구 · 삼랑진 · 진남포 등 3개소에서 검사, 판매 알선, 재배법 개량을 하였다. 예나 지금이나 사과의 명산지는 변함이 없으며, 대구로 집산되는 것은 삼랑진에서 생산된 것이고, 진남포에 집산되는 것은 황해도 안악군과 황주군, 평남 용강군에서 나는 것들이었다.

배는 경남 남해군이 명산지였고, 포도는 중부지방에서 많이 났다. 감은 중부 이남에서 생산되는데 단단한 감 · 연시 그리고 껍질을 벗겨 말려서 곶감을 만들었다.

견과류 : 밤나무은 과수보다 목재로 더 많이 쓰였고, 밤은 파생적으로 얻는 것이었다. 경기 · 평남에서 집단재배를 하였는데 그 중 양주 · 시흥 · 함종 · 성천 · 순안 · 강서 · 용강 등지가 명산이었다. 연간 400여만 관이 생산되었는데, 특히 해충이 적고 우량 품종들이었다. 밤은 양주 밤과 평양 밤으로 나뉘는데 함종밤은 평양에서 집하되므로 평양 밤이라 하였는데 알이 작고 속껍질이 잘 벗겨지고 맛도 매우 좋아 일본으로 수출하였다. 양주 밤은 모양은 크지만 맛이 약간 떨어졌다.

잣은 오엽송의 종실로 한국에서는 모든 음식에 쓰이며 떡과 과자에 특히 많이 쓰인다. 잣은 한국이 특산지로 중국인들도 좋아해 수요가 매년 증가되었다. 잣나무는 주로 중부 이북에서 많이 나고 특히 강원도 금강산 일원에서 산출되었다. 호두는 충북 · 충남 · 강원 · 경북지방에서 많이 나왔다.

은행나무는 官衙·절, 또는 인가 근처에 많이 심는데 그 열매를 식용하는데 일년간 36석을 생산하였다. 오미자는 약재의 하나로 화채에 많이 쓰이며 평남·함남·함북·강원도가 명산지였다. 도토리는 경기·충남·강원·황해도 등 전국적으로 많이 나는데 가루로 만들어 묵을 쑤어 찬물로 삼았다.

(8) 조미식품

소금 : 민간에서의 제염은 염수를 조리는 방법(煎熬式)이 쓰였으나 연료가 부족하고 생산비가 높아져 조선조 말기에는 값이 싼 중국 소금이 들어와서 발전이 저해되었고, 천일염은 官營으로 생산되었다. 색이 검은 원염은 장 담을 때, 김장할 때, 또는 어류의 염장에 많이 쓰였다. 원염을 정제한 식탁염이라 하는 고운 소금은 일본이나 외국에서 수입하여 공급되었다. 1921년부터 부안의 공장에서 만든 우량 소금이 시장에 나와 많이 팔리자 시설을 더 확장하여 생산량을 급증시켰다. 천일염은 평남 용강군 광량만에서 많이 났고 재제염은 인천 만석동과 궁동에서 많이 났고, 고양군 한지면·부산 영선동·김해군 명지면·청진의 포항동에서도 산출하는 것이 많았다.

장류 : 전통적으로 집집마다 콩으로 만든 간장과 된장으로 음식의 맛을 내었다. 그러나 일본인들이 우리 나라에 많이 이주하면서 일본 된장과 간장을 먹게 되었고, 새로운 장의 맛에 익숙해져 이들 장을 사서 먹는 양이 늘어났다. 일본 간장은 재래 간장과 구별하여 왜간장이라 불렀는데 공장은 대전과 강경에 많이 세웠다. 간장 생산은 1910년에 2만 석이었고, 1924년에는 6만 3,000석으로 증가하였다. 1910년에 일본에서 8,000석을 사들였지만 1924년에는 3,000여 석으로 감소하였다. 1924년에는 2,400여 석을 일본에 수출할 정도로 간장 생산이 많아졌다.

조청 : 전통적으로 엿을 만드는 기술은 어느 가정에서나 잘 전승되어 왔다. 곡식을 엿기름으로 당화시켜서 만든 감미료로 묽은 것은 造淸이라 하고, 되게 조린 것은 갱엿이라 한다. 전쟁 중에는 식량 기근을 겪어서 엿을 만들 여유가 없었고, 설탕 배급은 쌀보다 얻기가 더 어려워 유아의 우유에 넣을 설탕조차 크게 곤란하였다. 그래서 엿을 시골에서 몰래 만들어 시장에 내오면 날개 돋친 듯이 팔렸다고 한다.

꿀 : 淸蜜이라 하여 감미료로 오래 전부터 쓰여 왔다. 자연산으로 강원도를 꼽고 평북의 강계산도 유명한데, 이 들 산간지방에서는 반야생으로 꿀벌을 양봉했다. 꿀은 종류와 채취 방법에 따라 石淸·白淸·熟淸으로 나뉘는데, 그 중 석청은 심산유곡의 바위 구멍에 벌이 집을 짓고 고산식물의 꽃에서 모아진 꿀로 독특한 향이 나며 값이 가장 비쌌다.

양봉은 벌통을 꽃이 많이 핀 곳으로 옮기면서 꿀은 모으는 것으로, 채집하는 식물에 따라 아카시아꿀·유채꿀·싸리꿀·메밀꿀 등으로 나뉜다.

설탕 : 설탕의 원료가 되는 사탕무(甛菜)의 재배가 한국 풍토에 적합하다고 판단하여, 1906년부터 권업모범장이라는 것을 전국에 만들어 시험 재배를 한 결과 평남·황해도 등 서부지방이 우수하였다고 한다. 1917년 조선제당주식회사를 평양에 세우고, 1919년에는 일본제당 주식회사와 합병하여 평양 대동강변 선교리에 공장을 만들고 제당 작업을 개시하였다. 평남·황해도 농민에게 사탕무 재배를 계속 추진하였는데 수확량이 적어서 한국에서 수확한 사탕무는 11월부터 다음해 2월까지 공장에서 제당을 하고, 그 외의 계절에는 대만과 하와이에서 粗糖을 수입하여 精製糖을 만들었다. 이곳에서 만든 설탕은 국내는 물론 일본·남지나까지 수출을 하였다.

(9) 기호식품

술 : 전통적인 술의 종류로는 藥酒·막걸리(濁酒)·母酒·甘酒·過夏酒·合酒·紅露酒·梨薑酒 등이 있었고 지방에 따라 특산의 술이 있었다. 그 중 많이 마시는 술은 약주·막걸리·소주 등이었다.

약주는 밀 누룩과 찹쌀(糯米)로 단기간 양조한 술로 양호한 품질의 술이다. 황해도와 경성 근방에서 많이 양조하였고 생활 정도가 중류이상 되는 사람들이 마셨다. 막걸리는 소곡주와 멥쌀로 양조한 혼탁한 술인데 일반 하층계급 사람들이 즐겨 마셨다. 그 수요가 1917년 이후 매년 60만 석씩 증가하여 1924년에는 137만 6,000석에 달하였다.

소주는 멥쌀·조 기타 잡곡을 원료로 누룩을 사용하여 양조한 후에 증류하여 만드는 독한 술이다. 소규모로 만들다가 1924년에는 생산량이 20여만 석이나 되었다. 주로 서북지방에서 많이 생산되었고, 경기도 이남에서는 적은 편이었지만 경상도 안동에서 나는 안동 소주는 가장 유명하였다.

淸酒는 일본인들이 많이 이주하면서 그 수요가 급증하였다. 일본식 청주는 국내의 기후 조건으로 양조 기간이 길어도 부패되는 일이 적고, 원료와 노동력이 적게 드는 이점이 있어서 부산·인천·경성·광주·평양 등 대도시에서 청주 제조업이 활발하게 이루어졌다. 청주 생산량이 1911년 2만 4,000여 석이었는데 1924년에는 5만 7,000여 석으로 증가하여 일본에서의 이입량은 줄어 들었다. 누룩은 평양에 있는 곡자회사 6개소에서 공급하였다.

과자 : 전통적인 강정·약과 등은 여전히 가정에서 만들었지만 일본식 과자와 양과자가 들어오면서 새로운 맛의 과자에 대한 인기가 많아졌다.

일본의 큰 제과회사가 만든 캐러멜·비스킷·건빵(군수품) 등은 널리 퍼졌으며, 각 지방 특산의 과실을 넣은 과자 종류들이 많이 생겨났다. 대전의 카스텔라, 대구의 사과 설탕 조림, 천안의 호두과자 등이 있었고, 일본식 단과자인 요깡(양갱)에 옥천에서는 대추, 함흥에서는 배, 평양에서는 밤을 넣어 만들었다. 또 평양과 청주의 밤만두, 영주와 청주의 인삼 센베이(煎餠), 청주의 삼색 라구간(落雁, 다식의 일종) 등이 만들어졌다.

엿 : 곡물로 만든 조청을 더 되게 조린 것을 갱엿이라 한다. 또 이를 여러 차례 잡아늘여서 공기가 많이 들어가게 하는 일을 엿을 켠다고 하는데, 가락엿 또는 흰엿(白糖)이라 한다. 16세기 문헌에는 개성의 엿이 가장 으뜸이고, 전주의 흰엿이 다음 가고, 한양의 松針橋 부근에서도 엿을 잘 만들었다고 하였으니, 엿장수는 아주 오래 전부터 있었음을 알 수 있다. 1910년 이후에 제과업이 시작되면서 잣엿(松實飴)과 금강엿(金剛飴), 천안의 호두엿, 함흥의 배엿(梨飴), 옥천의 대추캔디 등이 명물로 팔렸다.

청량음료 : 전통적인 화채·식혜·수정과는 일반 가정에서 여전히 만들어지고 있었으며, 다른 한편으로 공장에서 나오는 청량 음료들도 유행하였다. 청주에서 만들어 진 찬연 사이다와 천연 탄산수·시트론·라므네 등 탄산음료와 각종 과실수(주스)·밀감주(오렌지주스) 등이 인기가 있었다.

〈韓福眞〉

4. 주생활

1) 주생활 개선을 통한 주택개량운동

개항 이후 새로운 외국문물에 자극을 받은 개화파 지식인들은 주생활의 개선을 통하여 근대화를 이루려 노력하였다. 그것은 《독립신문》과 독립협회를 중심으로 한 구국계몽운동의 일환으로서 도시와 건축환경에 대한 개혁도 주장되었다. 도시와 주택환경에 대한 이들의 관심은 주로 위생적인 문제에 집중되어 있었다. 근대적 도시기반시설을 갖추지 못했던 전통도시에서 불량한 도시환경이 미치는 공중보건의 위협은 중요한 가혁대상으로 대두되었다.

1897년 독립협회가 '도로배수가 위생상의 제1방책'이라는 주제의 대중토론회를 시작한 이후, 《독립신문》의 논설을 통하여 수원지·목욕탕과 공중변소의 설치를 주장하는 등 도시의 위생설비를 개선해야 한다는 주장이 지속되었다.[1] 이 중에는 도시화에 따른 다층건물의 필요성을 주장하는 내용도 있었다.[2] 이러한 생각들은 도시화에 의해 새롭게 대두되는 도시 환경의 변화 요구를 반영하고 있다.

개화파 지식인들은 도시환경문제만이 아닌 주거환경에 대하여도 비위생적 요인들을 지적하고 이를 개선코자 하였다. 재래식 화장실의 개선은 주거환경의 차원을 넘어 도시환경에 까지 영향을 미치는 중요한 문제로 인식되었다. 또한 일조와 통풍의 중요성을 분석하여 남향 거실과 높은 처마의 설치 등을 주장하였다. 창호에 통기구를 설치하여 환기를 개선하거나, 산소를 얻기 위해 정원에 초목을 재배하자는 주장도 제기 되었다.[3]

이러한 생활개선운동은 도시와 주거환경에 대한 주체적·근대적 인식의 시작이었다는 점에서 의의를 갖는다. 근대적 의식의 성장과 함께 전통적 관

---

1) 김순일, 〈개화기 住意識에 관한 연구〉(《건축학회지》 26-106, 대한건축학회, 1982. 6), 28쪽에서 재인용.

2) 盧基崇, 〈我韓不衛生的家屋觀〉(《서북학회월보》 1-14, 1909년 7월).

3) 김순일, 앞의 글, 28쪽에서 재인용.

습의 시대적 모순을 파악하고, 서구문물을 참조하면서도 서구화에 경도되지 않고, 그것을 주체적으로 소화하여 민중의 생활환경을 개선함으로써 근대사회로의 이행을 도모했던 것이다. 그러나 개화파 지식인들은 건축교육을 받은 전문인들이 아니었고, 을사보호조약과 함께 일제 식민지기로 전이되면서 실천적 힘을 결여하고 말았다.

전통적 주거환경과 근대화된 생활양식의 모순을 극복하려는 노력은 일제 중반기에 다시 그 맥을 잇게된다. 1922년 생활개선을 위한 사회교화회가 발족되고, 1923년 《동아일보》를 필두로 한 신생활운동이 그것이다. 여기에서는 가족제도 및 의·식·주 등 이중생활의 불편함을 해결하기 위해 조선식 주택의 불합리한 점을 개선해야한다는 주장이 제기되었다. 위생을 위한 채광, 환기의 고려, 주부 노동동선의 편리성을 도모하기 위한 식당의 설치 등 전통주택의 개량에서부터[4], 서양식의 의자식 생활을 채용할 것을 주장하는 내용[5]까지 다양한 제안도 나타난다.

이러한 운동에는 근대적 건축교육을 받은 건축전문가들도 적극적으로 참여하게 된다. 1923년 건축사 李醺雨는 완전히 경험적 반복에 의존하고 있던 재래의 집 짓는 방식에 대하여 불합리함을 언급하면서 전체설계, 구조, 모양의 아름다움, 이 세 가지가 알맞게 되어야 이상적인 주택이라고 주장하였다.[6] 이는 구조·기능·미라는 건축의 근대적 가치가 논의된 최초의 주장이었다.

이러한 주장은 서구적 생활양식으로의 전환에 따른 새로운 주택의 제안으로 이어지기도 했다. 예를 들어 金惟邦은 그의 논문 〈문화생활과 주택〉[7]에서 우리생활의 단점을 제거하고 우리의 힘이 미치는 한에서 서구인 생활의 장점을 취하여 이로써 새로운 생활환경을 만들어야 한다고 주장했다. 재래주택의 장단점을 들어 현재 구미의 소주택 경향과 견주면서 2가지의 주택모델을 제안하기도 했다.

한편 건축가 중에는 서구문화의 맹종을 비판하면서 한국 주거환경의 정체

4) 《동아일보》, 1922년 1월 1일~1928년 1월 7일.
5) 《동아일보》, 1927년 1월 5일.
6) 《동아일보》, 1923년 1월 1일, 〈재래주택의 문제점〉.
7) 《開闢》 32~33(1923년).

성을 찾으려는 노력도 있었다. 朴吉龍은 1930년 〈유행성의 소위 문화주택〉[8]에서 당시의 주택유형을 첫째 구미식의 맹종, 둘째 일본식의 가미, 셋째 재래식과 서양식의 혼합, 넷째 재래식의 고수로 분류하였다. 그는 우리의 신문화 주택이 서양식도 재래전형도 서양식의 혼성체도 아니라고 비판했다. 요컨대 장구한 생활이 낳은 재래형식을 토대로 하여 과학적인 양식의 구축법을 구성수단으로 하고, 우리의 취미로 장식하여 현대 우리생활의 용기가 될 기구가 우리생활의 표현이라고 하고 있다. 이를 통하여 당시 주택에 대한 피상적 논의와 즉흥적인 유행에 대한 자각을 촉구하였고, 도시적 차원에서 생활과 관련시켜 주택지를 설정할 것과 순수 계획적 측면에서 합리적이고 기능적인 근대의 주택을 계획할 것을 주장하였다.

이러한 주장은 구체적인 건축기준 또는 방법의 제안으로 제시되기도 하였다. 박길룡의 〈재래식 주가개선에 대하여〉에서 제안된 내용은 다음과 같다.

① 택지면적과 건축면적 : 집중적 평면채택과 건폐율 4할 제안
② 각실의 배정 : ㄴ, 矩형 평면채택, 주거부분과 종속부분의 분리
③ 각실의 방향 : 주거부분은 동·남향, 종속부분은 북·서향
④ 간 단위의 통일 : 8척
⑤ 대문과 현관 : 일본식 현관 제안
⑥ 행랑의 폐지
⑦ 다락의 폐지와 반침의 설치
⑧ 장독대 : 최소화, 부엌과 가까이에 배치
⑨ 변소 : 현관부분에 배치
⑩ 기초와 장대 : 장대의 폐지와 콘크리트 기초 사용
⑪ 문지방 : 미닫이는 없애고 여닫이 1치 정도
(최순애, 〈박길룡의 생애와 작품에 관한 연구〉, 홍익대 석사논문, 1982, 93~110쪽에서 재인용).

이러한 제안은 일제 식민지시기에 주거건축의 민족적 정체성을 지키면서 근대적 주생활을 수용하려는 건축가의 의지로 평가된다. 그러나 1930년대 이후 급격한 도시화와 극심한 주택난에 처하면서 이러한 전통논의는 지속력을

8) 《조선일보》, 1930년 9월.

상실하게 된다. 전통논의보다는 주택난을 해결하기 위한 합리적이고 규격화된 소주택의 대량공급방안을 모색하는 것이 당면한 과제로 대두되었기 때문이다.

2) 근대건축가들의 등장과 문화주택

근대적 건축기술의 보급은 근대적 교육기관의 설립과 함께 시작된다. 1899년 상공학교의 설립은 근대적 기술교육의 출발점이 되었다. 이후 1916년 경성공업전문학교가 설립되면서 본격적인 건축교육이 이루어진다. 그러나 이 학교는 주로 일본인들을 위한 것으로서 한국인들에게는 극히 소수만이 교육의 혜택이 주어졌다. 1919년에 이르러 박길룡·李起寅 등이 졸업하면서 최초의 한국인 건축가가 탄생한다. 1945년까지 약 60명 정도의 한국인 졸업생이 배출되었고, 이들은 주로 관공서에 배속되어 공공건축의 설계나 시공에 참여하였다.

한국인 건축가가 독립적인 설계를 시작한 시기는 1930년대 이후라고 할 수 있다. 1932년 박길룡 설계사무소의 개소와 미국 유학에서 돌아 와 1933년 개소한 朴仁俊 설계사무소가 그 시작이었다. 근대적 건축교육을 받은 그들은 생활개선운동에 참여하여 전문가적 의견을 개진하면서 새로운 주거형식을 대안으로 제시하였다. 그것은 근대화된 생활양식을 담을 수 있는 새로운 주거형식으로서 소위 '문화주택'의 모델이었다.

김유방은 소위 '문화생활'에 적합한 2개의 주택모델을 《개벽》에 발표하였다.[9] 그의 대안은 현관과 중복도를 갖춘 집중형 평면구성으로서 일본식 도시주택의 평면과 유사하다. 입식생활을 위한 공간구성으로서 대청을 없애고 거실의 독립성 추구하였으며, 그 외관은 서양식 방갈로에 가까운 모습이었다. 평면이나 외관에 있어서 서양식 주택에 가까운 형식으로서, 도시의 중상류층을 대상으로 하는 주택의 모델이었다.

金允基의 〈건강주택안〉[10]은 거주자의 합리적 생활양식·위생성·경제성

9) 김유방, 〈문화생활과 주택〉(《開闢》, 1923년 2월~3월호).

10) 김윤기, 〈유일한 휴양처 안락홈은 어떤 곳에 세울까〉(《동아일보》, 1930년 9월

등을 목표로 제안되었으나, 이 또한 근대 일본의 도시주택 유형을 벗어나지 못했다. 역시 현관과 중복도가 도입되었고, 구조는 목구조로서 외벽은 스터코로 처리되었다. 침실에 다다미만 설치한다면 근대 일본식 도시주택과 크게 다를 것이 없는 평면과 구조를 채택한 것이다.

〈그림 1〉 김윤기의 〈건강주택안〉

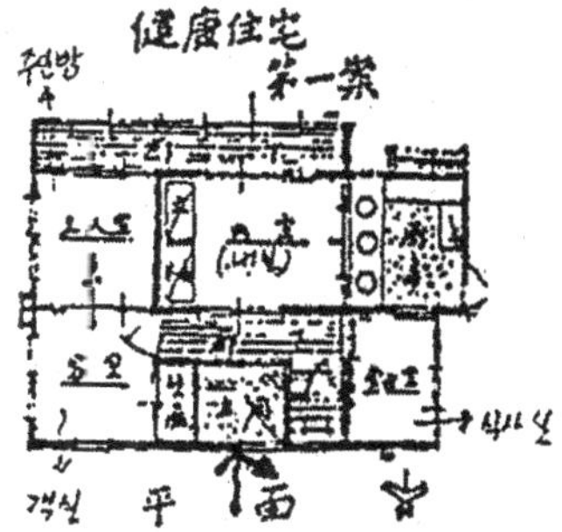

박길룡의 〈개량주택안〉[11]은 재래식 주택의 불합리한 점을 개선하기 위한 구체적 대안으로 제시되었다. 재래 중정식 배치 탈피하여 집중식으로 공간을 배치한 것은 위의 두 안과 유사하나 전통주거의 규범들이 나름대로 지속된 것을 볼 수 있다. 주거부분(침실)과 종속부분(주방·욕실·변소 등)이 분리되었으며, 8척(2.4미터)를 한 간으로 하는 모듈을 사용했다는 점, 현관 가까이에 사랑방을 두어 안방과 사랑방을 격리시킨 점 등은 전통주거규범의 존속으로 볼 수 있다.

吳英燮이 조선건축회 주체의 조선풍 주택경기 대회에 출품하여 1등 당선안[12]으로 채택된 작품은 ㄱ자형 전통주택을 발전시킨 것으로서 주목된다. 전면의 툇마루와 중앙대청을 사이에 둔 침실의 구분이라는 전통적 평면형식을 현관을 사용하여 집중형 평면으로 재구성한 대안이다. 내부 욕실과 부엌을 두어 주생활의 편리성을 추구한 것이 근대적 방법이라고 할 수 있다.

또 1930년대 이후 극심한 주택난에 대응하기 위한 대안들도 제시되었다. 박길룡의 〈소액수입자를 위한 주택시안〉에서는 2호 1동의 연립주택안이 등장했고, 노무자 주택시안에서는 국민주택형의 대량생산을 위한 모델을 제시하였다.

그러나 이러한 안들은 생활개선운동의 일환으로 제안된 건축가들의 계

27일).

11) 박길룡, 〈조선주택 개량안〉(《동아일보》, 1936).
최순애, 앞의 글, 129쪽에서 재인용.

12) 조선건축회, 《조선과 건축》 16-11(1937), 속표지 부분.

〈그림 2〉 〈조선풍 1등 당선안〉

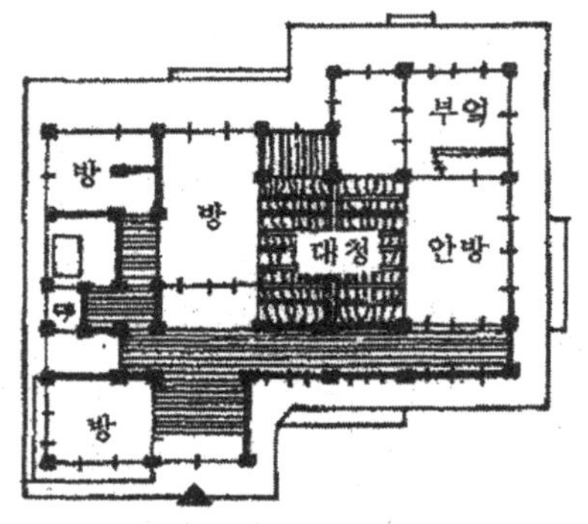

획안에 불과하였다. 이들의 생각이 작품으로 실현된 것은 주로 소수의 상류계층을 대상으로 하는 주택과 별장이었다. 당시 건축가들에게 설계를 의뢰할 만한 수요계층은 소수의 상류계층으로 제한되어 있었기 때문에, 그들의 기호와 요구에 부응할 수밖에 없었던 것이다. 소수의 상류계층에서는 전통건축의 개량을 원하기도 했지만 대부분의 건축주들은 새로운 시대에 유행하는 소위 '문화주택'을 갈망했다.

1930년대 이후 한국인 건축가들에 의해 설계된 주택작품들은 당시 상류계층의 기호와 건축가들의 건축적 방법을 적나라하게 보여준다. 당시 상류계층에 유행하는 문화생활이란 식민지배자로서 일본인들과 그들이 선호하는 유럽인들의 생활양식이었다. 이러한 생활양식을 수용하기 위해서는 그들의 주거양식이 요구되었다. 그것은 일본을 통해 수입된 또 다른 형태의 식민양식이라 할 수 있다.

1929년 박길룡의 작품인 金季秀씨 주택은 서구화된 주거공간의 대표적 사례라 할 수 있다. 2층으로 구성된 철근콘크리트조의 이 주택은 1층에 현관과 주방·식당·욕실·하녀실·객실 등을 두었고, 2층에는 침실·서재·예비실 등을 두었다. 1동의 건물 안에 모든 주거공간을 수용하였고, 현관을 통해 출입하며, 중복도와 계단으로 각 공간이 연결된다는 점에서 서구주택의 집중형 공간구성이라 할 수 있다. 또한 부엌과 식당·욕실 등을 내부공간화 하였고, 입식의 객실과 서재를 두었으며, 공사생활의 층별 분리가 이루어진다는 점도 유럽도시 주택의 전형적 방법이다.

〈사진 1〉 金季秀씨 주택 외관

한국건축가협회, 《한국의 현대건축(1876~1990)》(기문당, 1994), 47쪽.

〈사진 2〉 崔昌學씨 주택 외관

한국건축가협회, 《한국의 현대건축(1876~1990)》(기문당, 1994), 48쪽.

주택의 외관은 식민양식적 경향을 더욱 선명하게 보여준다. 이것은 고급건축의 이미지를 요구하는 당시 상류계층의 기호에 부합한 것으로 보인다. 金世演이 설계한 최창학씨 주택(1936)은 석조 2층 건물로서 르네상스 양식을 채용하였으며, 兪元濬의 작품인 김용제씨 주택(1930) 역시 2층 석조건물로서 서구 고전주의 양식을 모방하였다. 한편 박길룡의 작품인 金明鎭씨 주택(1931)이나 북단장처럼 근대건축의 기능주의적 성격을 갖는 주택도 설계되었다. 이는 한국건축을 세계적인 시대조류에 편입시키는 선구적 시도였다고 볼 수도 있지만, 한편으로는 일본을 통해 유입된 국제적 유행의 모방으로 보여지기도 한다.

이러한 근대성은 특히 건축 구조와 재료 등에서 획기적 변환을 가져왔다. 근대건축의 중요 요소인 철과 유리·시멘트·벽돌 등 공장제 제품이 주택건축에 사용될 수 있다는 실증적 사례를 보여주었다. 이는 건축 생산양식의 획기적 전환인 동시에 형태의 다양성을 열어준 선구적 시도였던 것이다. 다만 서구식 구조와 재료의 도입은 서구 양식의 수입에 포함된 것이기에 비판적 해석을 통한 한국적 양식의 창출로 이어질 수는 없었다.

그러나 이러한 건축가들의 시도 마저 소수의 상류계층에 한정될 수밖에 없었고 그것이 일반화되기는 어려웠다. 상류계층의 요구도 당시 선진국의 유행을 모방하는 것을 갈망하였으며, 건축가들의 건축적 지식 또한 일본인들로부터 전수된 서구의 근대건축으로서 방법적 한계를 가지고 있었다. 그들이 추구하려했던 "우리의 장구한 생활이 낳은 재래형식을 토대로 하여 과학적인 양식의 구축법을 구성수단으로 하고 우리의 취미로 장식하여 현대 우리 생활의 용기가 될 기구"로서의 주택 설계는 실현되기 어려웠다. 따라서 일제 식민지기의 건축가들은 한국건축의 근대화를 시도했던 선구자들로서 일본과 유럽의 건축적 방법을 도입했다는 긍정적 측면과 더불어 이를 전통건축과 접목하는데 실패함으로써 전통단절의 시초적 계기를 마련했다는 비판을 면하기 어렵다.

3) 도시형 한옥의 등장

식민지기 일본인들의 한반도 진출은 전통적인 주택생산양식을 변환시키는 전기를 마련하였다. 한국에 거주하는 일본인 공무원이나 회사원들을 위해 새로운 주택이 요구되었고 일본인 주택업자들에게는 이들을 위해 관사·사택·독신료 등을 공급할 건설시장이 마련된 것이다. 일본인 주택업자들은 1915년부터 주택의 매매·임대를 하면서 주문생산에서 벗어나 주택건설을 사업화하기 시작했다.[13] 공급자와 수요자가 분리된 주택시장의 형성은 소위 집장사라 불리우는 한국인 주택업자들의 출현을 도와주었다.

일제의 식민수탈과 산업화에 따른 이농향도의 인구이동으로 인구의 도시집중이 이루어지면서 대도시에서는 주택수요가 폭증하게 되었다. 이는 한국인 주택업자들에게 새로운 시장을 마련해 주었다. 1920년대까지 이들의 활동무대는 주로 서울의 도심부에 한정되어 있었다. 당시 서울의 도심부에 있었던 대규모 주택은 이들에 의해 소규모 필지로 분할되면서 수십 호의 소주택군으로 건설되었다.[14] 이는 전통적인 주문생산에서 벗어나 상품으로 주택이 건설되는 새로운 생산양식의 시작이었다.

1930년대에 이르러 도심 주변부에 마련된 토지구획정리사업지구는 이들에게 대규모 주택건설의 무대를 제공해 주었다. 서울의 돈암정·안암정·신설정 등 대규모 토지구획정리사업지구에서 이들은 시장적 가치가 있는 주택을

---

13) 대한주택공사, 《대한주택공사 20년사》(1979), 161쪽.

14) 송인호, 《도시형 한옥의 유형연구》(서울대 박사학위논문, 1990), 22~25쪽.

건설해야 했다. 이들이 선택한 주택상품은 개량된 한옥이었다. 일부 상류계층에 의해 선호되는 '문화주택'은 당시 대중들의 주의식을 충족시키지 못할 뿐만 아니라, 생산비가 비싸고, 주택업자들이 가진 기술력의 한계를 넘는 것이었다. 이들은 전래되어 오는 주택양식을 기본으로 근대적 건축부재를 첨가하여 새로운 한옥의 양식을 창출하게 된다. 이를 '개량한옥' 또는 '도시형 한옥'이라고 부른다.

도시형 한옥은 서울 경기지방의 전통적인 중·상류 주택을 모방함으로써 상품적 가치를 강조하였다. ㄱ자 혹은 ㄷ자 형태로 마당을 위요하며, 중앙에 대청을 두어 침실을 분리시키는 평면은 서울·경기지방의 전형적 주택평면이었다. 다만 대지가 협소한 관계로 사랑채나 사랑방은 시설되기 어려웠다. 五樑架構의 목구조에 소로를 수장하고, 부연까지[15] 단 날렵한 처마곡선을 갖는 기와지붕은 조선시대 상류주택의 상징이었다. 이는 양반집을 동경하던 당시 서민들의 주의식과 기호에 부합한 것이었다.

〈사진 3〉 명륜동 도시형 한옥 외관

〈사진 4〉 명륜동 도시형 한옥내부

ㄱ자 혹은 ㄷ자의 평면형태는 사방으로 연접된 이웃집과 통행량이 많은 도로에서 내부공간의 기밀성을 확보하는 데에도 적절한 형태였다. 높은 담을 설치할 경우 담과 건물사이에 공간의 낭비가 발생하며, 폐쇄적인 외벽으로 집중형 공간을 만들 경우 채광과 환기가 불량해 지기 때문이다. 다만 택지의

15) 오량가구란 도리 5개와 장연과 하연을 이용하여 구성된 지붕틀을 의미한다. 소로는 창방과 장혀사이에 넣은 수장재이며, 부연은 덧서까래를 말한다. 오량가구·소로·부연 등은 조선시대 고급주택에서 사용되었던 건축요소였다.

축소로 인해 마당이 축소될 수밖에 없었으며, 도로에 면한 밀집된 대지조건에서 내부공간의 기밀성을 높히기 위해 폐쇄적인 대문간의 설치가 필요했다. 대문간에는 화장실을 설치하여 침실과 격리시키는 전통적 규범을 지속하였다.

〈그림 3〉 경성지방 민가 일반형

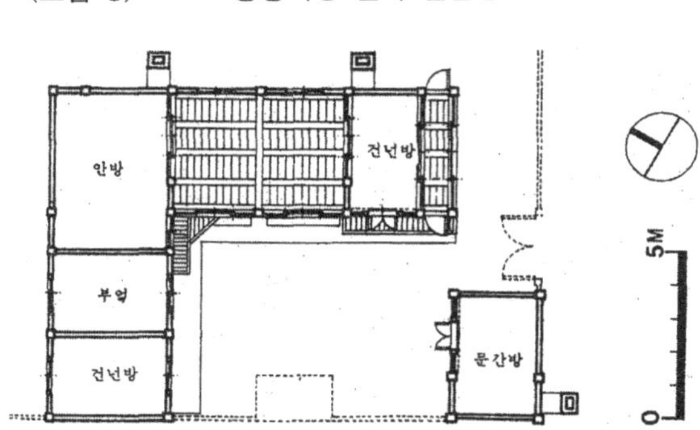

葛西重男, 〈온돌개관〉(《조선과 건축》 19-3, 1940), 22쪽.

도시형 한옥은 공간의 구성이나 성격·형태를 조선시대 상류주거에 근거하면서도 근대적 건축재료를 부분적으로 사용하는 개량적 방법을 사용하였다. 도시형 한옥에 새롭게 사용되기 시작한 재료는 벽돌과 유리, 그리고 함석 등이었다. 이러한 재료의 사용은 도시주택에 대한 법적 규제에 기인된 것도 있지만 공간사용의 편리성이나 구조의 내구성·의장성을 증진시키기 위한 기능적 요구였다.

새로운 재료의 사용에 따른 전통한옥의 변화에 대해 金鴻植은 다음과 같이 서술한다.

> 새로운 재료로서 함석이 저렴하게 공급되자 처마 내밀기를 짧게 하여 지붕의 하중을 줄이는 반면 함석차양으로 처마 내밀기를 대신하였다. 함석의 장점은 물매를 최대한 낮게 할 수 있고 물매의 방향이 자유로웠으므로 추녀 끝을 하늘로 더욱 치켜들 수 있었다. …(중략) 싼 유리의 대량공급으로 대청이나 툇마루에는 미서기 유리문을 설치하여 여름철에만 이용하던 마루의 이용기간을 확대시켰다. 또한 다량의 우수한 벽돌공급은 마루 밑 고막이등 쥐를 막는데 이

용되었을 뿐 아니라 굴뚝은 물론 자연석 혹은 사고석 화장담 상부에 장식으로까지 광범위하게 사용되었다(김홍식, 《민족건축론》, 한길사, 1987, 283쪽).

〈그림 4〉 도시형 한옥 평면

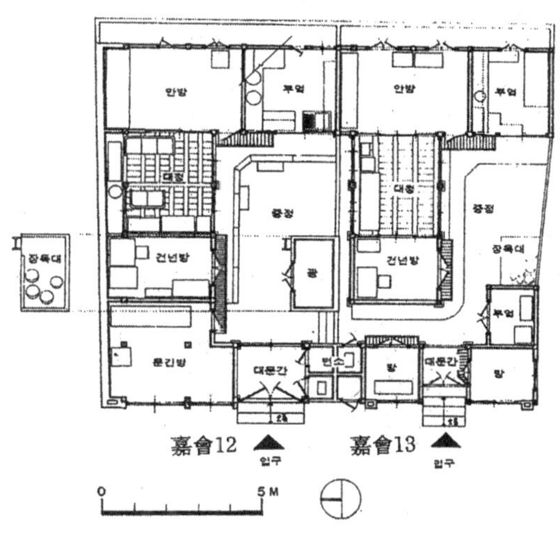

송인호, 《도시형 한옥의 유형연구》(서울대 박사학위논문, 1990), 187쪽.

한편 니스와 페인트·타일 등도 기능적 또는 의장적 이유로 널리 사용되었다. 이러한 도시형 한옥의 등장은 일제시기의 주거양상을 이해하는 데 세 가지 측면에서 시대적 의미를 갖는다. 그 첫째는 주택생산양식의 변화이다. 전술한 것처럼 전래되어 오던 1：1 주문생산방식에서 벗어나 상품생산에 의한 대량공급이 이루어진 것이다. 이것은 자본주의 경제체제로의 이행과정에서 주택건설의 산업화와 주택시장의 형성을 의미한다. 또한 시장에서의 상품적 가치와 대량생산을 위한 규격화와 표준화를 의미한다. 한옥은 산업화 된 주택시장에서 일본식 주택이나 문화주택과 경쟁하여 상품가치를 인정받을 수 있었던 것이다.

두 번째는 도시형 주택으로서 한옥의 가능성이다. 도시형 한옥은 좁은 택지와 밀집된 주거군, 공공도로 등 어려워진 대지조건에서도 적용되었다. 마당의 축소나 사랑채의 부재 등을 제외하고는 전통적 공간구성과 주거형태가 존속될 수 있었다. 오히려 근대화된 건축재료를 적절히 이용하여 기능성을 증진시켰다는 점에서 자생적 근대화의 가능성을 내포하고 있다.

마지막으로 도시형 한옥은 식민지 상황에서 주거문화의 정체성을 유지하는데 기여했다는 점을 들 수 있다. 일본인 건축가 笹慶一은 당시의 한국주택 상황을 다음과 같이 기술하였다.

> 이 때의 한국가옥 지붕의 二重棰柱上에는 斗組를 사용하여 古來의 한국 勾配지붕으로 되돌아 갔다(朝鮮總督府, 《朝鮮》, 통권 273, 1930).

그것은 그때까지 지어 본 각종 방식에 불만이 있어 조선 고래의 국수보존으로 돌아간 것이라고 풀이하면서 그것은 일본식 주택보다 한 발 앞선 것이라고 칭찬하였다. 물론 이러한 주거상황은 도시형 한옥의 보편화에 기인된 것이다.

그러나 일본의 식민지전쟁을 위한 경제적 수탈과 급속한 도시화·공업화의 시대적 상황 속에서 한옥은 더 이상 발전적 확대 재생산이 이루어질 수 없었다. 우선 식민전쟁을 수행하기 위한 일제의 목재남벌로 산림이 급속히 황폐화해 갔으며, 목재가격이 폭등함에 따라 목재를 주요부재로 하는 한옥은 가격경쟁력을 상실하게 되었다. 또한 급격한 도시화에 따라 도시의 주택수요가 폭증하면서 단시간에 대량공급이 가능한 주거유형이 요구되었다.

수공업적 생산방식에 의존하는 한옥의 생산은 이러한 대량생산의 요구에 적합할 수 없었다. 공업재료와 기계적 생산방식으로 생산되는 근대건축에 대한 경쟁력을 확보할 수 없었기 때문이다. 적은 택지에 많은 주택을 싼값에 공급하기 위해 도시주택의 고층화와 고밀화는 필연적 과정이었고, 기계적 생산방식에 적합한 근대건축이 채용될 수밖에 없었다. 이로써 일본을 통해 수입된 서양근대건축이 한옥을 대체하는 보편적 주거유형으로 자리잡게 된 것이다.

4) 조선주택영단의 설립과 영단주택의 건설

일본 제국주의는 한반도의 식민통치와 전쟁을 수행하기 위하여 한반도내에 군수산업을 비롯한 산업시설들을 건설하게 되었고, 여기에 근무하는 노무자들을 고용하기 위하여 많은 농촌인구를 도시로 끌어들이게 되었다. 한편 농촌에서는 일제에 의한 토지수탈정책으로 토지를 빼앗긴 농민들이 도시로 몰려들어 도시에서는 인구가 갑자기 팽창하게 되었다. 1925년에 서울의 세대수가 6만 7,530세대이던 것이 1944년에 22만 938세대로 19년만에 3.3배가 증가한 것은 이러한 농촌인구의 도시이동을 잘 보여주고 있다.

이러한 인구이동에 따라 도시에서는 점차 심각한 주택부족 현상이 일어나게 되었는데, 1944년 서울에서는 거의 절반 정도가 자기 집을 갖지 못하고 세를 얻어 살아야 하는 상황이 벌어졌던 것이다. 주택부족 현상은 서울뿐만 아니라 지방도시에서도 마찬가지였고 새로이 공업도시가 된 청진이나 원산에서는 서울보다 더 심각하였다고 한다.

〈표〉 경성부 호구 누년표

구분	주거(호)	세대	인구	부족률	부족률	1호당인구	備考
1925년	63,802	67,530	302,711	3,728	5.5%	4.45	
1931	69,453	77,710	365,432	8,248	10.6	4.70	
1933	70,767	79,519	332,491	8,920	11.2	4.80	日本人不足率
1935	?	131,239	636,955	29,472	22.5	4.85	4.97%
1936	?	138,583	677,241	30,637	22.1	4.88	韓國人不足率
1938	?	148,856	737,124				
1939	132,000	154,233	930,547				26.8%
1941		173,162	974,933				
1944		220,938	1,078,178	88,938	40.3		

* 조선총독부, 〈조선연감 1925~1944판 인구란〉(《주택공사 20년사》, 1979, 163쪽에서 재인용).

이때까지 도시에서의 주택공급은 일본인들이나 한국인 집장사들이 맡아하였는데 중일전쟁이 일어난 1937년부터는 건축자재가 부족하여지고 주택가격이 통제되어 많은 양을 지을 수는 없었다. 따라서 조선 총독부에서는 주택 문제 해결을 위한 마지막 수단으로 1941년 朝鮮住宅營團을 설립하여 계획적으로 대량의 주택을 공급하게 된다.

〈그림 5〉 구 도림동 영단주택단지 배치도

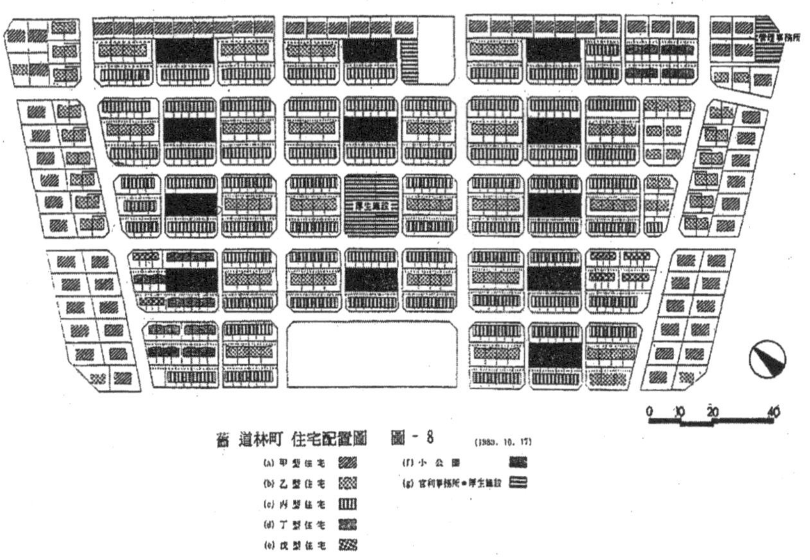

川端貢, 〈조선주택영단의 주택에 관한 연구〉(서울대 석사학위논문, 1990), 25쪽.

조선주택영단은 설립과 동시에 주택건설을 위한 4개년 계획을 수립하였고, 이에 따라 1941년부터 1945년까지 매년 5,000호씩 모두 2만 호를 짓기로 하였다. 이러한 주택을 짓기 위해 신시가지로 개발된 곳에 많은 주택이 들어설 수 있는 주택단지를 조성하게 되었다. 토지구획 정리로 조성된 주택단지는 6~8미터 폭의 격자형 도로망으로 街區를 구획하는 기하학적 패턴으로 만들어졌다. 대가구 내에는 2~3미터 폭의 사도를 계획하여 2~4개의 소가구를 구성하였다. 대가구의 중심에는 공지를 마련하여 소공원의 기능을 부여했다. 한편 단지 내에는 공중목욕탕과 이발소·상점·의원 등 근린생활시설을 위한 대지도 마련되었다.

이러한 주택단지의 형성은 최초의 근대적 주택단지가 도입되었다는 점에서 주목할 만하다. 직선화된 격자형 도로망과 소공원의 설치, 근린생활시설의 계획 등 단지계획에 의한 주거설계가 이루어진 것이다. 이러한 단지계획의 방식은 해방이후 까지 도시 주거단지계획의 전형으로 적용되었다. 그러나 기하학적 틀 속에서 반복적으로 건설된 주택의 외관은 전통적인 도시경관을 변질시키는 요인이 되었다. 또한 경사가 심한 자연지형 안에서 이러한 형식의 단지개발을 위해 지형의 훼손도 예고되어 있었다.

주택영단은 그러한 단지 안에 많은 주택을 반복적으로 건설하기 위하여 다섯 가지 주택형의 표준설계를 만들었다. 갑·을·병·정·무로 분류된 다섯 가지 유형은 본래 수요자의 경제계층에 따라 설정된 것이었다. 그러나 실제로 규모가 큰 甲과 乙형은 일본인 관리나 직원들을 위한 단독주택이었고, 작은 규모인 丙형 이하는 한국인 노무자들을 위한 연립주택이었다. 즉, 한반도에 이주하는 일본인들에게 안정적인 주택을 공급하고, 곁들여 한국인 노무자에게 사택을 제공하여 생산력 확대를 꾀하기 위한 이중적 방책이었다. 여하튼 이러한 주택들은 '營團住宅'이라 하여 서울을 비롯한 지방도시에 까지 대규모 주택단지 안에 건설되었고 1942년에는 3층 아파트까지 등장하게 되었다.

표준주택은 기본적으로 일본식의 주거에 근거한 것이었다. 1동의 건물안에 모든 주거공간을 갖추고 현관을 통해 출입하며, 중복도로 각 공간이 연결되는 폐쇄적 집중형 평면이다. 여기에 다다미 규격을 모듈로 사용하였으며, 일본식 미닫이 장지문을 내부구획으로 둔 점이나 마루바닥에 철제 가마솥을 설치한 욕실 등 일본주거의 내부공간을 그대로 적용하였다. 한국적 기후상황에 따라 온돌방이 일부 설치되기도 했으나 기본적으로 일본식의 주생활을 염두에 둔 공간구성이었다.

외관 또한 일본식 건물을 기준으로 디자인되었다. 일본인들이 개발한 大壁式 구조가 사용되었는데, 대벽식 구조는 3.5촌의 기둥사이를 대나무로 얽어 거기에 시멘트 혹은 흙을 발라 채우고 다시 철망을 덮어 기둥 채 몰탈을 바르는 공법이었다.[16] 유리창과 콘크리트 구조의 기초가 사용되었고, 내부는 회칠로 마감되었다. 여기에 시멘트 기와를 얹은 양만 경사지붕을 사용하여 일본 근대도시주택의 모습을 갖추었다. 이것은 한반도에 이식된 식민도시의 새로운 경관을 만들어 갔다.

〈그림 6〉 영단주택 표준설계도

형별	도 면	평수 및 칸수
갑	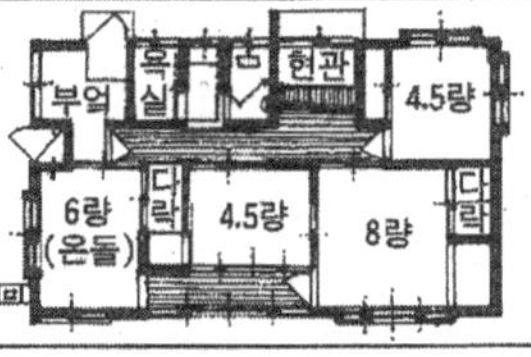	· 20평 4칸 { 8량 / 6량(온돌) / 4량 반 / 4량 반 (이외 10종류 있음)
을	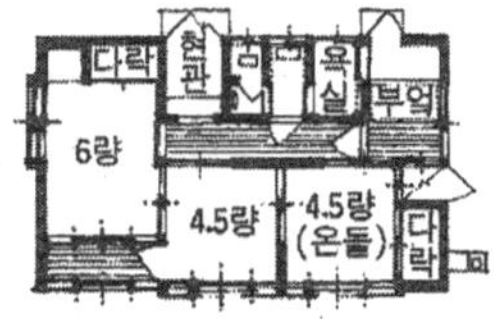	· 15평 3칸 { 6량 / 4량 반(온돌) / 4량 반 (이외 9종류 있음)
병	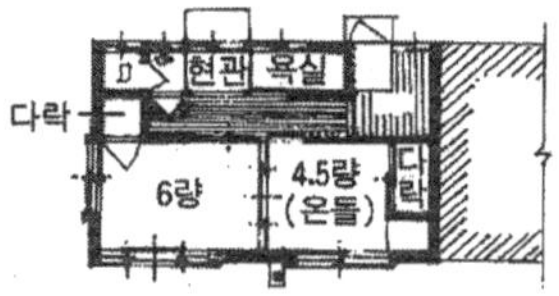	· 10평 2칸 { 6량 / 4량 반(온돌) (이외 3종류 있음)
정	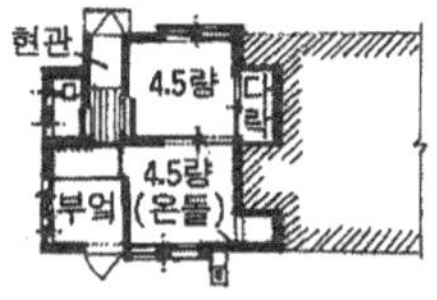	· 8평 2칸 { 4량 반 / 4량 반(온돌) (2종류 있음)
무	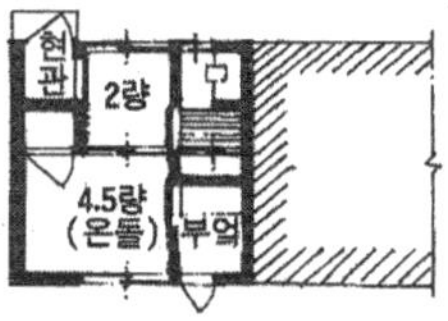	· 6평 2칸 { 4량 반(온돌) / 2량 (2종류 있음)

대한주택공사, 《대한주택공사 20년사》(1979), 175쪽.

16) 대한주택공사, 앞의 책, 181쪽.

영단주택 건설은 최초의 공공주택 사업이며, 단지계획을 통한 집합주거의 등장이라는 점에서 의의를 갖는다. 급속한 도시화의 과정에서 주택의 공급이 정책적 차원에서 다루어진 것이다. 조선주택영단은 해방이후 대한주택공사의 전신이 되어 주택정책을 실행하는 공적기관으로 이어지게 된다. 대한주택공사의 주요한 주택공급방식인 집합주거단지의 개발 또한 영단주택의 계획이 그 효시가 된 것이다.

〈사진 5〉 상도동 영단주택의 외관

영단주택은 또한 근대건축의 요소를 일반화 시켰다는 점에서 의의를 갖는다. 철과 유리·시멘트 등 공장에서 생산된 건축재료가 사용되면서 대량공급을 위한 시공의 경제성이 추구되었다. 이러한 재료의 사용은 새로운 구조와 형태로의 전환을 동반하였다. 그것은 전통적 주거형태를 대체시키는 새로운 건축양식으로의 전환이었다.

그러나 영단주택의 건설은 주택의 정책적 공급이나 근대적 주거로의 전환 이외에 식민지배정책의 일환이었다는 부정적 측면도 가지고 있다. 일제는 주거형식의 변환을 통한 식민지배의 영속화를 꾀하고 있었다. 1939년 경성부에 주택대책 위원회를 설치하면서 그 취지문에서는 다음과 같이 언급하고 있다. 즉, "주거양식이 국민생활에 끼치는 영향이 지대하므로 실생활에서의 內鮮一體의 구체화를 꾀하는 최대로 유효한 방법으로 재래 조선식 주택양식의 개량방책을 장려하기 위한 것"[17]이었다.

이는 주거양식의 개조가 생활과 정신의 변화를 야기시킬 수 있다는 증거이며, 일제는 주택의 개조를 식민화 정책의 최유효한 수단으로 사용했던 것이다. 즉, 주거문화는 한 사회집단의 생활양식이나 정신과 밀접한 관계를 이루고 있기 때문에 주거문화가 변질될 경우 다른 사회집단에 쉽게 동화될 수 있다는 실증적인 예를 보여주는 것이다.

〈姜榮煥〉

17) 《동아일보》, 1940년 3월 1일.

집 필 자

개 요 ………………………………………………………………… 이만열

I. 교 육

1. 일제의 교육정책 ……………………………………………… 노영택
2. 민족교육의 정비 ……………………………………………… 노영택
3. 민족교육운동의 전개 ………………………………………… 노영택

II. 언 론

1. 일제의 언론정책 ……………………………………………… 정진석
2. 무단통치기의 언론 …………………………………………… 정진석
3. 문화통치기의 언론 …………………………………………… 정진석
4. 1930년대의 언론 ……………………………………………… 정진석

III. 국학 연구

1. 국어학 ………………………………………………………… 최기영
2. 국문학 ………………………………………………………… 최기영
3. 국사학 ………………………………………………………… 최기영

Ⅳ. 종 교

1. 일제의 종교정책 ………… 김승태
2. 천도교・대종교 ………… 조규태
3. 불 교 ………… 김광식
4. 유 교 ………… 금장태
5. 개신교 ………… 한규무
6. 천주교 ………… 차기진

Ⅴ. 과학과 예술

1. 과 학 ………… 김근배
2. 음 악 ………… 노동은
3. 미 술 ………… 오광수
4. 체육・무용 ………… 심승구
5. 연극・영화 ………… 유민영

Ⅵ. 민속과 의식주

1. 민 속 ………… 정승모
2. 의생활 ………… 고부자
3. 식생활 ………… 한복진
4. 주생활 ………… 강영환

한국사 51
민족문화 수호와 발전

편찬간행 **국사편찬위원회**

초판1쇄 2003년 11월 30일
2쇄 2013년 6월 4일

번각발행 **탐구당**

등록일 1950년 11월 1일
등록번호 서울 제 03-00993 호
주소 서울특별시 용산구 한강대로 62 나길 6
전화 (02) 3785-2211(대표)
팩스 (02) 3785-2272
홈페이지 www.tamgudang.co.kr
전자우편 tamgudang@paran.com
ISBN 978-89-8236-617-8
978-89-8236-566-9(세트)

값 18,500 원